國譯 耳溪先生文集
이계선생문집

장사경 지음
이지락 옮김

韓國國學振興院

역자소개

이 지 락 李址洛

| 경력 |

경북대학교 한문학과 박사과정 수료
현)한국국학진흥원 객원연구원
현)한동대학교 외래교수
현)동국대학교 외래교수

| 역저 |

양한당선생문집 공역
문월당선생문집 공역

| 논문 |

회재 선생의 사상과 시세계

國譯 耳溪先生文集

인 쇄 2012년 4월 20일
발 행 2012년 5월 10일

발행인 김 병 일
발행처 한국국학진흥원 고전국역실
기 획 고전국역실

주 소 경북 안동시 도산면 퇴계로 1997
전화번호 054-851-0700·0754
팩시밀리 054-851-0759
Homepage http://www.koreastudy.or.kr
E-mail master@koreastudy.or.kr
출판등록 2002년 3월 18일

편집·제작 도서출판 성심
전화번호 054-857-8051
팩시밀리 054-841-8051

ISBN 978-89-6178-121-3 94810
978-89-6178-098-8 (세트)

정가 44,000원

본 도서는 경상북도 영남선현문집번역사업비의 지원으로 발간되었습니다.

‖ 일러두기 ‖

1. 이 번역본은 『耳溪先生文集』(목판본 5권 3책)을 저본으로 하였다.
2. 한글 전용을 원칙으로 하였지만, 한자漢字가 필요하다고 판단될 경우에 한자를 병기倂記하였다. 단, 같은 단어가 인접해서 두 번 이상 나오는 경우에는 이후의 한자를 생략하였다.
3. 시詩의 경우 오른쪽에 원문을 부기하였다.
4. 각주의 한자 표기는 괄호쓰기를 원칙으로 하였지만, 경우에 따라서 원문을 그대로 표현하기도 하였다.
5. 한자 가운데 한글과 음이 다른 표현은 대괄호 [ ]로 표기하였다.
6. 관직명의 경우 여러 관직을 중임하였을 때, 한글은 관직에 따라 띄어쓰고 한문은 붙였다.
7. 원문에 결락된 글자는 '□'로 표기하였다.
8. 본서의 원문은 말미에 영인影印으로 수록하였다.
9. 본서에서 사용된 부호와 그 의미는 다음과 같다.

- 『 』: 책명
- 「 」: 편명
- " " : 인용문이나 대화체
- ' ' : 장·절명 또는 중요한 표현이나 간접 인용문
- [ ] : 한자와 음이 다른 한글 또는 표현
- · : 병렬형 단어의 중간 표시
- …… : 중간 생략문

목차

이계선생문집 제2권

서書

잡저雜著

서序

기記

명銘

논論

이계선생문집 제4권

서해書解

이계선생문집 제5권[부록]

이계선생문집 耳溪先生文集

해 제

▸ 이지락

| 해제 |

『국역 이계선생문집』 해제

이 지 락*

Ⅰ. 머리말

이 책은 이계耳溪 장사경張思敬의 『이계선생문집耳溪先生文集』 목판본 5권 3책을 우리말로 옮긴 것이다. 이계는 1756년 오천烏川에서 태어나 62세를 일기로 하세하였다. 그는 몇 차례 과거에 응시한 적은 있지만, 주로 향촌사회에 은거하여 학문에 진력하였고, 후학양성에 몰두하며 살았던 전형적인 은자적 삶으로 일관하였다. 또한 그는 자신의 학문적 온축과 가문의 명망을 배경으로 당대에 명유名儒들과 교유하며 다양한 시문詩文을 남겼다. 이러한 사실은 그의 유문遺文을 편집하여 간행한 『이계선생문집耳溪先生文集』에서 확인할 수 있다.

이계가 학문에 진력할 수 있었던 것은 자신의 학구열도 있었지만, 아버지 외암畏庵 장운한張雲翰의 학문적 독려와 훈육이 큰 보탬이 되었다. 물론 그가 평생 동안 문자 활동을 하면서 남긴 다양한 시문詩文이 『이계선생문집』에 온전히 다 수록되지는 못했을 것이다. 하지만 『이계선생문집』에는 그의 학문적 경향이나 관심사를 충분히 짐작할 수 있는 다양한 문체의 시문이 수록되어 있을 뿐만 아니라, 『주역周易』에 대한 독특한 해석을 남겼다. 그래서 그의 문집을 통하여 당시 향촌사회에 은거하며 학문에 몰두했던 선비들의 세계관과 문학인식을 살펴볼 수 있는 좋은 자료라고 할 수 있다. 이에 『이계선생문집』을 이해하는데 필요한 그의 가계와 생평, 문집의 구성과 체계 등 몇 가지 사실들을 살펴보기로 한다.

---

* 한국국학진흥원 객원연구원

Ⅱ. 가계와 생애

1. 가계

張金用[上將軍] → 張善[上將軍] (……) → 張彪[郎將] → 張乙濟[奉化縣監] (……)
→ 張孟智[訓練參軍] → 張希浩[忠贊衛] (……) → 張弘翼[訓導] →
張說[主簿] → 張漢佑 → 張達三
→ 張雲翰
‖
[配]清安李氏 → 張思敬
‖
[配]慶州陳氏 → 張應壁[通德郎] → 張心學
張應珠
[女]孫星弼
[女]金 淳

가계도

인동장씨仁同張氏의 시조는 고려삼중대광신호위상장군高麗三重大匡神虎衛上將軍을 지낸 장금용張金用이다. 인동장씨의 흥해興海 입향조入鄕祖는 이계耳溪 장사경張思敬의 14대조인 낭장郎將 장표張彪인데, 그는 '흥의興義'라는 시호를 받았고 난을 피하여 흥해興海로 이주하였다. 낭장공의 네 아들과 세 아들이 벼슬에 오르니, 이를 기념하기 위하여 쌍괴雙槐의 아래에서 잔치를 열고 그 곳에 칠인정七印亭을 열었다. 1807년에 유지遺址에 칠인정을 중건重建하고, 이계가 그 내력에 대해 기문記文을 지었다.

칠인정七印亭 기문

이계의 증조부는 장한우張漢佑이며, 조부는 장달삼張達三이다. 부친이신 외암畏庵 장운한張雲翰[1735~1811]은 젊어서부터 학문에 뜻을 두었기에, 안동의 소호리로 찾아가, 당시 대유大儒로 일컬어지던 대산大山 이상정李象靖[1711~1781]에게 수업을 하였다. 모친은 청안이씨淸安李氏인 이귀징李龜徵의 따님이다.

2. 생애

장사경張思敬은 자字가 경부敬夫이며, 호號가 이계耳溪이며 본관은 인동仁同이다. 그는 1756년에 아버지 외암畏庵 장운한張雲翰과 어머니 청안이씨淸安李氏의 사이에 태어났다. 어려서부터 타고난 자품姿品이 빼어났다. 부친 외암畏庵 장운한張雲漢은 오천이 아이의 훈육訓育에 적합하지 않다고 여기고, 흥해興海로 이주하여 이계耳溪에 자리를 잡아 세거하게 되었다. 당시 9세였던 이계는 이에 대한 자신의 감회를 시로 남겼다.

백 년을 살아온 선대의 고을	百年先墓邑
아홉 구비 예전 강이 흐르네	九曲古江州
귀를 씻은 시내가 어디인가	洗耳溪何處
봄이 무르익은 산길은 느긋하네	春長山路悠

이후 이계는 환로宦路에 나아가기보다 주로 위기지학爲己之學에 뜻을 두었으나, 부모님의 바람을 저버릴 수 없었기에 과거科擧에 몇 차례 응시하였다. 1767년 가을에 소과小科 초시初試에 응시하여 입격入格하였다. 이후 부친의 명으로 농수農叟 최천익崔天翼[1710~1779]에게 나아가 배웠다. 1788년 소과에 입격하여 부모님을 기쁘게 해드릴 수 있었다.

1789년 겨울에 대과大科에 응시하였는데, 시험을 치르는 날에 어머님께서 돌아가셨다. 다급하게 돌아와 비통한 심정을 풀길이 없었으나, 모부인의 염습을 다른 이에게 맡기지 않고 직접 하였다. 이후 부친의 권유로 다시 과거를 준비하여 몇 차례 소과小科에 입격入格할 수 있었으나, 대과大科에서는 뜻을 펴지 못하였다. 결국 평소에 자신이 뜻한 바대로 위기爲己의 학문에 전념하게 되었다.

환로에 대한 꿈을 버리고 고향에서 후학을 가르치면서도 자신의 학문적 성취에 대한 의지를 게을리하지 않았다. 당시 호와好窩 정경鄭炅(1741~1807)·소수재蔬水齋 류인복柳寅福과는 좋은 벗을 맺어 오래도록 왕복하며 서로 매우 돈독하게 지냈다. 특히 소식蘇軾이 배를 띄워 노닐며 「적벽부赤壁賦」를 지은 해와 같은 간지인 임술壬戌 1816년에는 남려南廬 이정엄李鼎儼·동산東山 손승구孫升九 등 여러 어른들과 오도烏島에 배를 띄워 적벽赤壁의 놀이를 재현하기도 하였다.

세상에서의 좌절에 굴하지 않는 학문적 성취의 자세는 다음과 같은 업적을 남겼다. 상수象數의 묘함을 지극히 궁구窮究하여 『주역周易』을 밝힌 도圖가 있으며, 전모典謨의 의리를 탐구하여 『서경書經』을 밝힌 해解가 있으며, 베개와 안석에 잠箴을 지어 수신修身·제가齊家의 도道를 다하였으며, 칼에 명銘을 지어 그 살피고 검속하는 경계로 삼았다. 농서農書 한 책에서는 이해를 조목조목 논의하고 편의를 일일이 열거함으로써 나라를 경영하고 백성을 여유롭게 하는데 도움이 되었다.

학문 세계의 성취와는 달리 인생은 고난의 연속이었다. 읍지에 실릴 정도로 향당의 중망을 입었던 동생 은계隱溪 장사덕張思德이 1811년 3월 21일에 세상을 먼저 떠나니, 남아 계시는 부모님의 슬픔을 염려하여 평상시와 같이 행동을 하며 아버지를 기쁘게 해드렸지만, 침석枕席에서는 형제간의 애통한 정으로 눈물이 마를 날이 없었다. 재주가 매우 뛰어났기에 사람들이 어려서부터 뛰어남을 뽐냈던 양오揚烏[1]에 견주기까지 하였던 둘째 아들 장응주張應珠가 1812년 12월 3일에 세상을 떠났다. 영민한 아들을 뜻하지 않게 떠나보낸 고통스러운 심정은 광지壙誌의 명銘에 잘 남아 있다.

아비가 있고 할아버지가 계시며	父在祖在
어미가 있고 형도 있거늘	母在兄在
눈 속 차가운 산에	雪中寒山
너는 어찌 홀로 있느냐	汝胡獨在

1811년 부친께서 술로 인해 병이 들자 극진히 간호하였다. 부친의 상태를 알기 위하여

1) 양오(揚烏) : 한(漢)나라 양웅(揚雄)에게 양오(揚烏)라는 아들이 있었는데, 매우 총명하였으나 아홉 살에 요절하였다.

변이 달콤한 지 쓴 지를 직접 맛을 보기까지 하였다. 이 해에 부친께서 하세下世하게 되자, 이후로 그는 술을 마시지 않았다.

고인古人의 학문에 힘을 쏟으니 날마다 『중용中庸』·『대학大學』·『심경心經』·『근사록近思錄』 등의 책을 취하여 침잠하며 강구講究하여 도道가 이륜彝倫이 날로 쓰여지는 사이에 있음을 더욱 깊이 체득하였다. 더욱이 학생들을 격려하고 이끌어주는 일을 자신의 임무로 삼아, 종일토록 권하고 감독하기를 학생들의 재질才質에 따라 하니, 학생들이 점점 성취하는 이가 있게 되었다.

1817년 묵은 병으로 매우 고생하고 있었지만, 손님들의 병문안을 마다하지 않고 접빈객接賓客에 소홀하지 않으며 즐겁게 실천하였다. 또한 마지막까지 제자들에게 「삼십육궁위송三十六宮偉頌」을 구술口述하여 적게 하였으니, 철저한 그의 학문적 자세를 엿볼 수 있다. 이 해 12월 2일에 세상을 떠나니 오천현烏川縣 북쪽의 굴암屈巖의 남향南向의 언덕에 자리 잡아 장사를 지냈다.

이계는 경주 진씨慶州陳氏 진순적陳舜績의 따님을 부인으로 맞아 2남 2녀를 두었다. 장남은 통덕랑通德郞 응벽應璧이며, 차남은 응주應珠이며, 장녀는 손성필孫星弼에게 시집갔으며, 차녀는 김순金淳에게 시집갔다. 장남은 서산류씨瑞山柳氏 류의운柳宜雲의 따님과 혼인하여 강해江海 장심학張心學(1804~1865)을 낳았는데, 동부승지同副承旨·통진 부사通津府使를 역임하였다. 차남은 9세의 나이로 요절하니, 이계는 광지壙誌를 남겼다.

이계 장사경 묘소[소재; 포항시 신광면 상읍리(비학산)]

Ⅲ. 문집의 구성과 내용

『이계선생문집』은 모두 5권으로 시詩·서書·잡저雜著·서序·기記·명銘·논論·축문祝文·제문祭文·행장行狀 등으로 구성되어 일반적인 문집의 체제를 갖추고 있다. 문집 서문은 척암拓庵 김도화金道和가 지었다. 그는 궁벽한 곳에서 태어나 뜻을 펴지 못하였음을 아쉬워하면서도 이렇게 글이 전해지고 있음을 다행스럽게 생각하였다.

1권은 모두 시詩로 이루어져 있다. 이들 시詩는 오언五言 고시古詩 9수首, 오언五言 배율排律 21수首, 오언五言 절구絶句 32수首, 오언五言 율시律詩 7수首, 칠언七言 고시古詩 6수首, 칠언七言 절구絶句 55수首, 칠언七言 율시律詩 63수首의 92제題 193수首이다. 시의 내용은 역사를 형상화한 영사시詠史詩, 사물을 관조하고 읊은 경물시景物詩, 고난도의 시재詩才를 요하는 회문시回文詩 등 다양한 한시 작품으로 남김으로써 시인으로서 그의 뛰어난 자질을 엿볼 수 있다. 특히 '고시를 사모하여 삼가 「감흥」시에 차운하다.[慕古吟 謹次感興詩韻]'라는 시 20수에는 팔괘八卦와 서계書契를 처음 만들었다는 복희씨伏羲氏를 필두로 하여, 요堯·순舜·우禹·탕湯·문왕文王 등의 성왕聖王과 공자孔子·안자顔子·증자曾子·자사子思·맹자孟子·주자朱子 등의 성현聖賢들을 소재로 하여 그들 각자의 학문적인 성취를 자신의 시어詩語로 자세하게 묘사描寫하였다. 유학의 흐름을 일목요연하게 보여주고 있는 만큼 유학의 연원을 살펴보려는 후학들에게 많은 도움을 줄 수 있는 작품이다.

뿐만 아니라, '권경천·윤계상과 함께 호상湖上에서 노닐며 입으로 병자를 세 번 불러가며 지었다.[與權擎天尹季常 同遊湖上 口號三丙字]'라는 오언五言 절구絶句의 작품에서 1, 2, 4구에 각각 병丙자의 운자를 두고 노래한 사실과 '한가한 가운데 동파東坡의 회두시체回頭詩體를 따라 짓다.[閒中效東坡回頭詩體]'라는 오언절구의 2수는 청淸, 경輕 운자를 둔 내용에 거꾸로 해석해도 시詩가 될 수 있게 기구起句과 전구轉句 의 맨 앞에 풍風과 홍紅의 운자를 둔, 예컨대 순독順讀하거나 역독逆讀해도 뜻이 통하면서 평측平仄과 운韻이 맞게 지은 회문시回文詩에서 창작의 기교를 엿볼 수 있다. 이러한 문학적인 기교는 일반 개인 문집에서는 쉽게 보기 어려운 한시 작품이다. 훗날 '영남팔대문장가'로 불려졌다는 이계의 문학적 자질을 어느정도 짐작해볼 수 있는 것이다.

또한 '여섯 가지 새 얘기[六禽言]'를 노래한 6수의 금언시禽言詩에서도 이러한 일면이 보인다. 주지하는 바와 같이 금언시禽言詩는 중국 송宋 나라 때 매요신梅堯臣이 창시創始한 시체詩體로서 새의 울음소리를 음차音借하되 여기서 한자의 표의성表意性을 살려 이중적二重的 의미意味를 사용하고 있다. 예컨대 새의 울음소리가 의성어擬聲語로 쓰이면서 또한 해석되기도 하는 이중二重의 기능을 한다. 즉 표의문자表意文字인 한자의 특성을 잘 살린 시체이다. 이 시에서 이계耳溪는 '이상은 농시이다.[右農鳲]'」라는 시에서 '포곡布穀 포곡布穀'을 거듭 반복하여 '뻐꾹 뻐꾹'을 음차音借하였고, '씨뿌려라 씨뿌려라'라는 의미를 내포하였다. '이상은 민가에서 부르는 두견이다.[右俗號杜鵑]'에서 '정소鼎小 정소鼎小'라고 하여 '소쩍소쩍'의 울음소리에 '솥이 작네, 솥이 작네'로 표현하였고, '이상은 까마귀이다.[右烏]'에서도 '제고악啼告惡'이라 하여 까마귀의 울음소리를 묘사하면서 그 울음소리의 내면엔 '시어머니는 악독해 시어머니는 악독해'라는 의미가 숨어 있음을 알 수 있다. 이러한 작품은 조선 시대 권필權韠·장유張維·김윤식金允植 등이 노래한 바 있다. 새의 소리를 빌려 당시 시대상을 보여주고 있는 일종의 사회시이기도 하다. 이는 이계의 시작 활동을 통해 당신의 문학성만을 뽐내려고 한 것이 아님을 알게 해준다. 흥해라는 향촌 사회의 한 선비로서 백성들의 고충을 외면할 수 없었던 한 학자의 고뇌가 담겨 있다.

또한 이계耳溪의 다른 시의 특징은 책을 읽은 후 자신의 감회를 시로 형상화했다는 점이다. 「원도를 읽고[讀原道]」, 「불골표를 읽고[讀佛骨表]」, 「소무전을 읽고[讀蘇武傳]」, 「이릉전을 읽고[讀李陵傳]」, 「고당부를 읽고[讀高唐賦]」, 「이소를 읽고[讀離騷]」 등의 칠언 절구의 시작詩作은 여타의 문집에서 좀처럼 발견하기 어렵다. 책을 읽은 내용을 28자로 축약하여 운자韻字와 평측平仄을 살려 표현하기란 쉽지 않기 때문이다. 또한 이러한 작품들을 통해 이계의 다양한 학문적 욕구를 읽을 수가 있다. 일반 유학자들은 『사서』를 고집하는 자세를 유지한다. 하지만 이계는 자신의 다양한 학문적 욕구를 외면하지 않고 그것을 정독하고 난 소감을 자신의 문학적 재능으로 표현하여 이렇게 남겼던 것이다.

끝으로 이계耳溪가 시인詩人으로 높이 평가하기에 충분한 작품 한 수를 소개하기로 한다.

묻노니, 문자가 만들어진 뒤	借問書契後
시는 어느 시대에서 시작했는가	詩從何代先
요 임금 때는 풍속이 순박하여	堯時風氣淳
노인이 밭을 갈면서 노래하였고	老人歌耕田
훌륭하신 순 임금께서는	尙矣有虞氏
오현금 타면서 남풍가를 불렀네	南風彈五絃
이루었던 고요는	襄哉咎皐陶
노래로 '천명을 삼가라'에 창화했네	賡歌和勑天

오자가 옛 음조를 바꾸니 五子變古調
노래 소리 또한 듣기에 처연하였네 其歌也凄然
성대한 은과 주의 시대에는 盛矣殷周際
시를 삼백 편이나 지었네 多至三百篇
고죽은 불평한 마음을 드러내어 孤竹鳴不平
수양산에서 채미가를 불렀는데 薇歌首陽巓
넝쿨 풀 우거진 백년 뒤에는 蔓艸百年後
조용해져 더는 들을 수 없었다네 廖廖無聞焉
이소는 풍아를 겸하여 楚騷兼風雅
마음이 해와 달처럼 걸려있고 心與日月懸
대풍가는 한고조의 기개로서 大風氣槩祖
등등한 위세는 천추에 전하였네 雄雄千古傳
다시 추풍사를 부른 객이 있어 更有秋風客
분수 가에서 이어서 불렀네 繼鳴汾水邊
도연명의 귀거래사는 淵明歸去來
천년동안 이어온 절조라네 絶調一千年
이백의 원별리는 李白遠別離
변풍 이전의 시풍이요 當居變風前
소릉의 세병마는 少陵洗兵馬
성당의 원기를 모조리 담았네 盛唐元氣專
시는 성정의 바름을 귀하게 여기니 詩貴性情正
염락에도 뛰어난 현인이 많았다네 濂洛又群賢

「이상은 시를 논하여[右論詩]」라는 위의 작품에서는 시가 생성된 유래와 대표작을 소개한 '시사詩史'이다. 예컨대 시는 최초로 신농씨神農氏가 노끈을 묶어 의사를 표현하는 정사[結繩之政]를 펼치다가, 복희씨伏義氏 때에 이르러 서계書契의 문자가 생긴 이래로 요堯임금 시대에 노인이 지었다는 '격양가擊壤歌'에서 비롯되어 순舜 임금이 오현금五絃琴을 처음으로 만들어 '남풍가南風歌'를 지었다. 뒤이어 고요皐陶이 순 임금에게 창화한 사실을 소개하였고, 하夏 나라의 태강太康이 즐기기만 좋아하다가 어느 날 사냥을 나가서 100일이 되어도 돌아오지 않자, 그의 다섯 아우[五子]가 원망을 하며 우禹 임금의 경계를 기술하여 노래한 전고를 밝혔다. 또한 은殷 나라와 주周 나라 때에 성대했던 '『시경詩經』', 주周 나라 무왕의 왕위 찬탈을 부끄러워하며 수양산首陽山에 들어가서 '채미가采薇歌'를 부르며 고사리를 캐어 먹다가 굶어 죽은 백이숙제의 고사를, 굴원屈原이 초 나라에 벼슬하여 충성을 다해 임금을 섬겼는데 상관대부上官大夫가 그를 참소한 까닭으로 추방을 당하여 우수사려憂愁思慮에 잠겨 지은 '이소離騷', 한 고조漢高祖가 천자天子가 된 뒤에 고향인 풍패豐沛을 찾아가 부로父老들과 함께 술을 마시면서 노래한 '대풍가大風歌', 한 무제가 일찍이 하동河東에 행차하여 분수 남쪽[汾陰] 후토后土에 제사를 지내고 나서 배를 타고 신하들과 연음宴飮하면서 지어 부른 '추풍사秋風辭', 진晉나라 도연명陶淵明이 팽택彭澤의 영令으로 있다가 문득 벼슬을 버리고 집으로 돌아오면서 지은 '귀거래사歸去來辭'를 절조絶調로 지목하였다. 아울러 이백李白의 '원별리遠別離'는 변풍變風 이전의 시풍詩風으로, 두보杜甫의 '세병마洗兵馬'는 성당盛唐의 원기를 모조리 담았다고 평가했다. 당唐 나라를 지나 송宋나라에 들어서면서 성리학자들이 등장하면서 염계濂溪의 주돈이周敦頤, 낙양洛陽의 정자程子, 관중關中의 장재張載, 민중閩中의 주자朱子은 '성정性情'을 노래했음을 지적하고 있다. 즉 당대의 대표작품과 시사詩史의 변천 과정을 집약한 수작秀作으로 평가할 만하다.

2권은 서書 9편, 잡저雜著 1편, 서序 1편, 기記 2편, 명銘 4편, 논論 5편과 「신씨申氏 집안 효부孝婦의 일을 아뢰는 도장道狀[申孝婦道狀]」1편, 축문祝文 2편, 제문祭文 3편으로 여타의 문집에 비해 소략疏略한 편이다. 서書는 시詩와 학문學問에 관련된 내용의 편지 글이다. 「설파雪坡 손성악孫星岳에게 주다.[與孫雪坡]」라는 내용이 4편으로 가장 많다. 그 대략을 소개하면 다음과 같다.

① 동산옹東山翁을 오래도록 뵙지 못하였고, 동산옹의 시詩도 오래도록 보지 못하였습니다. ……이미 시 짓기를 그만 두지 않았으니 동산옹의 기거起居가 평안하심은 더욱 상상이 갑니다. ……저 비흥比興 등의 일은 또한 생각이 없는 자라고 하지는 못하겠지만, 회포가 있다고 해도 누구에게 말하며 선창先唱한다고 해도 누가 화답하겠습니까? 더구나 마을의 연기가 땅에 깔리고 산의 추위가 사람들에게 닥쳐오고 있습니다. 옛 사람의 '궁하면 시를 잘 짓는다.[窮則工詩]'라는 말은 빈 말입니다. 비록 그렇지만 고금의 시율詩律을 읽다보면 불현듯 허기와 갈증을 잊고 밤새도록 침잠하게 되니, 온갖 물건들이 쌓인 가게에서 왼 편에서는 여의주如意珠를 탐색하고 오른 편에서는 귀패龜貝를 더듬는 것과 같아 채워지듯이 그 사이에서 얻음이 있는 듯합니다.

들으니 우리 장자長者께서 동산옹께 시를 지어 보냈다는데, 그 시가 단편인지 장편인지, 오언五言인지 칠언七言인지, 흥취를 풀었는지 근심을 떨친 것인지 알지 못하겠습니다. 비록 감상하지 못하였지만, 벌써 맑은 바람이 사람의 마음을 움직이는 것을 느끼겠습니다. 어찌하여 저에게는 멋진 시를 보내 주시지 않으시고 도리어 글상자에 쌓아 두십니까? 동산옹께 원망이 없을 수가 없습니다. 바라건대 인편人便에 적어주시면서 동산옹의 시도 함께 보내 주십시오.

② 동산東山에게 답하신 두 번째 시는 봉래산蓬萊山을 거니는 기상氣象을 얻었을 뿐만 아니라, 끝에는 바로 종용히 겸손해 하시는 기풍氣風이 있으니 더욱 옷깃을 여미고 엄숙히 외우는 일을 스스로 그만두지 못하겠습니다. 생각건대, 동산옹東山翁이 지팡이를 짚고 오셔서 함께 오도烏島가에서 신선 같은 유람을 하는 일은 언제로 정하셨는지요? 금년은 임술壬戌년입니다. 임술년의 가을과 겨울은 곧 소자蘇子가 적벽赤壁에서의 놀이를 읊었던 때입니다. 보내주신 시의 뜻이 여기에서 나왔을 것입니다…… 다만 금년 봄은 퉁소를 불고 노래를 부르며 뱃전을 두드릴 때가 아니니 가을이나 겨울에 그 때를 얻고 그 즐거움을 얻는 것만 못합니다. 이때에는 명월明月의 시詩와 요조窈窕의 장章을 가지고 두 노인의 곁에서 주선하기를 청합니다.

③ 동리의 어른께서 겸손의 덕을 좋아하여 자처하지 않을 것이니, 그런 뒤에 동산옹東山翁에게 부탁하십시오. 이 동산옹은 매양 시를 지을 때마다 당시唐詩로써 자처하십니다. 당시唐詩도 오히려 사양하지 않는데, 하물며 송 나라 동파에 있어서이겠습니까? 어떻게 생각하시는지 알지 못하겠습니다. 마침 외람되이 재석齋席에서 술을 빌어 정성을 바치려고 하니, 혹 얼굴을 가까이에서 대할 수는 없겠는지요?

④ 저의 집은 불행히도 지난 해에 어린 아이를 잃었습니다. 그런데 상사上舍 어른께서 당시 원천루源泉樓에 계시면서 시를 보내주셨습니다. 시어詩語는 완곡하게 동문자東門子로써 말씀하였습니다.

위의 서신 내용은 모두 시詩에 관하여 논의한 내용임을 알 수 있다. 「정 호와에게 보내다.[與鄭好窩]」라는 글에서도 "근래에 『시전詩傳』을 읽다가 「학명장鶴鳴章」에 이르러, 천하의 이치가 이를 근거로 진작되어지니 『중용中庸』과 『대학大學』의 도가 이에서 벗어나지 않는다는 것을 갑자기 깨달았습니다. '학이 울다[鶴鳴]' 이하의 네 구는 '바로 좋아하면서 그 악함을 알고 미워하면서 그 아름다움을 앎이니[好而知其惡 惡而知其美]' 이를 미루면 치국治國·평천하平天下의 도에 이르게 됩니다. 이 시詩를 지은 자는 자사子思와 증자曾子의 도를 알았습니까? 아니면 자주자子朱子가 『중용』과 『대학』에 의하여 해석한 것입니까? 마침 편지 중에서 두 번 이 시를 인용한 것을 보았기 때문에 우연히 이 말을 하니 살펴보시고 혹 가르칠 만하다 여기시어 도외시 하지 말아 주십시오. 열 세 수의 시를 별지別紙에 써 드리는데, 보시고 빙그레 웃으시리라 생각해 봅니다."라는 언표도 앞의 내용과 유사하다. 이계의 치밀한 자세를 엿볼 수 있는 한 단면이다. 자신의 느낀 것으로 자신만의 즐거움을 만들어 그 세계에 갇히기 보다는 느낀 것을 공유함으로 좀 더 나아가려는 자세이다. 다만 『문집』이 이계 사후 100년이 지나 편집되었기 때문에 이러한 유형의 서간문이 문집에 제대로 실리지 못한 것이 안타까울 뿐이다.

잡저雜著의 「도원변桃源辨」에서도 "내가 웃으며 말하였다. '우계현尤溪縣에 예전 도원동桃源洞이 있었기 때문에 시에서 언급하였습니다. 이는 또한 앞에서 언급한 시의 뜻입니다. 시를 설명하는 자는 말로서 뜻을 해치지 않음이 옳습니다. 또 당신이 도원으로서 도원이라고 하지 말고 무이구곡武夷九曲으로서 도원이라고 하면서 나에게 그림을 보여준다면 당연히 당신이 직접 도원을 보고 왔음을 인정할 것입니다.'"라고 하여 시詩로 자신의 논리를 전개하고 있다.

기記는 2편이 있다. 그 중에 「옥계기玉溪記」는 옥玉에 대한 이계의 박학다식함을 볼 수 있는 내용이다. 옥계玉溪를 설명하기 위해 "작爵에는 찬瓚이라 하며, 패佩에는 형珩이라 하며, 서瑞에는 규圭라고 하며, 면冕에는 류琉"라고 한 구분과 "하늘을 관측하는 기구에는 기璣라하고 형衡이라 하였으며, 정악正樂을 연주하는 기물에는 구球라 하고 경磬이라 하였으며, 폐백幣帛에는 포벽蒲璧·곡벽穀璧이라 하였으며, 공물貢物에는 구림璆琳·랑간琅玕이라 하였으며 예기禮器에는 호련瑚璉이라고 하였으며, 호瑚라 하며 련璉이라 하며 구球라 하며 류琉라 하며 규圭라 하며 찬瓚이라 함은 모두 옥玉의 한 이름을 얻었다."라는 전고典故와 옥玉의 성질, 기氣, 용모容貌, 색色, 소리 등을 정확히 묘사하여 옥계玉溪의 수려한 근거를 제시하고 있다. 기문들 속에서도 이계의 박학博學한 한 단면을 볼 수 있다. 많은 기물들의 이름은 다양한 독서가 아니고는 얻을 수가 없다.

명銘은 4편인데, 「궤명几銘」은 안석을 3언에 운자를 넣은 10구이고 「침명枕銘」은 4언 12구, 「경명鏡銘」은 4언 14구로 경물의 모양과 쓰임을 자세히 묘사하고 있다. 사물의 생김새와 삶의 자세를 일반화시켜 경계하고 있다.

논論은 5편으로 '무왕론武王論', '무제론武帝論', '곽광론霍光論', '백이론伯夷論', '이비론二妃論'이 있다. 역사 속에 존재하는 인물들에 대한 기존의 평가와 아울러 자신의 견해를 밝히고 있다. 역사적 사실을 그냥 받아들이는 것이 아니라, 많은 문제의식을 가지고 역사적 사실로써 자신의 가치관을 형성해가는 자세를 엿볼 수가 있다. 이러한 자세는 역사에 대한 문제의식이 부족한 이즈음 중요한 의미를 가진다고 할 수 있다.

축문祝文은 '사직단社稷壇'과 '기룡산騎龍山'에 비를 바라는 내용으로 각각 4언 30구와 26구句이다. 로 다소 긴 2편이 있다. 제문祭文은 장기張錤·김종한金宗漢·진사덕陳師德에 보낸 것이 있다. 집안이나 향내鄕內에서 의지하고 따랐던 분들과의 추억과 그들의 죽음을 애도하고 있다.

3권은 「역괘효찬易卦爻贊」으로 『주역周易』의 64괘에 대한 핵심을 요약한 것이다. 대표적인 건괘乾卦을 보자.

건乾은 굳셈[健]이다. 천도天道는 항상하면서 사덕四德을 갖추고 있기 때문에 괘사卦辭에서 "원하고 형하고 리하고 정하다.[元亨利貞]"라고 하였다. 단사彖辭에서 "때로 여섯용을 타고서 하늘을 부린다.[時乘六龍 以御天]"라고 하였으며, 또 "만물 중에 으뜸으로 나오니 온 나라가 모두 평안하다.[首出庶物 萬國 咸寧]"라고 하니, 구오九五가 건괘乾卦를 통합하는 주효主爻가 됨을 보여준다. 여러 효爻가 모두 용龍을 일컬었는데, 구삼九三과 구사九四에서 용龍을 말하지 않은 것은 사람 자리이기 때문이다. 세 번 그은 괘로 말하면, 구이와 구오가 중심 자리에 해당하기 때문에 두 효爻에서 모두 대인大人이라고 하였다. 이는 바로 인극人極의 도道를 세워 64괘중에 사람 자리의 으뜸으로 삼은 것이다. 구이와 구오는 같은 덕德이기에 서로 응應하는데, 나머지 효爻는 모두 응應하는 것이 없음은 왜인가? 문언文言에서 "성인이 일어남에 만물이 우러러본다.[聖人作而萬物覩]"라고 하였으니, 어찌 같은 소리와 같은 기운이 자연스럽게 응應하는 것이 아니겠는가? 육효六爻는 모두 성인聖人의 일이다. 잠겨 있는 용의 덕이 반드시 드러난 용의 덕보다 못한 것은 아니며, 드러난 용의 덕이 반드시 나는 용의 덕보다 못한 것은 아니다. 다만 지위의 높고 낮은 것이 있을 뿐이다. 끝까지 오름이 비록 지나치게 심하지만, 성인聖人에 있어서는 지나침이 없다. 위대하도다! 성인께서 건乾의 도를 체득體得하셨도다.

위대하도다! 건乾이여. 만물의 부父가 되어 넓고 좁으며 크고 작은 모든 것에 성명性命을 고르게 부여하여 큰 조화로움을 보존하니, 바로 구름이 모여 비가 내리는 것과 같다. 서서 삼극三極[天·地·人]이 되어 열리면 만호萬戶의 중정中正이 되어 순수하게 체득體得하니 덕 있는 군주가 옷을 드리우고 있는 상象이다. 요堯와 순舜이 가까이 있으며, 여섯용이 시절을 따라 잠기고·드러나고·날고·뛰게 된다. 군자가 하늘을 법 받아 스스로 힘쓰고 쉬지 않는다.

초구: 깊은 산속의 순舜이 용龍의 덕을 가지고도 숨어 지내는 때이다. 장차 평생을 마칠 듯하니 신념에 차 민망해하지 않는다.

구이: 견묘畎畝에서 일어나 위로 구오에 응하는 때이다. 용덕龍德이 정중正中하니 그 베푸는 것이 넓기만 하다.

구삼: 그윽한 덕이 위로 알려지니 천하가 귀의歸依한다. 위태롭고 두려운 자리에 있어 밤낮으로 부지런하다.

구사: 대록大麓에 들어가도록 함에 천둥과 비에 흔들리지 않으니 두루 시험해보는 때이다. 상하가 항상하지는 않지만 나아가고 물러남이 마땅함을 얻는다.

구오: 성인聖人이 나옴에 만물이 우러러보니 사해가 모두 추대한다. 해와 달이 광채를 발하고 바람과 구름이 모여든다.

상구: 칙천勅天의 노래는 성대하고 가득함을 경계한다. 나아가고 물러나는 것을 알아 차분하게 읍하고 겸손해 한다.

잘 알려진 바와 같이 『주역周易』은 8괘八卦와 64괘, 그리고 괘사卦辭·효사爻辭·십익十翼으로 되어 있다. 십익이란 새의 날개처럼 돕는 열 가지라는 뜻으로, 즉 단전彖傳 상·하편, 상전象傳 상·하편, 계사전繫辭傳 상·하편, 문언전文言傳·설괘전說卦傳·서괘전序卦傳·잡괘전雜卦傳이 그것이다. 이렇듯 복잡하고 어려운 내용을 이계는 위와 같이 축약 정리하여 한 번 읽어보고도 쉽게 이해할 수 있게 하였다. 예컨대 건乾괘를 통칭하는 원형이정元亨利貞의 사덕四德을 갖추고 있기 때문에 굳셈이다. 여기서 괘사卦辭와 단사彖辭의 복잡한 설명을 단 한 줄로 설명하였다. 또한 구오九五이 건괘乾卦을 통합하는 주효主爻가 됨을 보여주고, 여러 효爻가 모두 용龍을 일컬었는데 구삼과 구사에서 용龍을 말하지 않은 이유가 사람 자리[人位]이기 때문으로 설명하고 있다. 아울러 구이九二과 구오九五이 중심 자리에 해당하기 때문에 모두가 대인大人이므고, 64궤에서 사람 자리[人位]의 으뜸을 삼게 된다는 것이다. 이러한 현상은 문언文言의 [구오九五]의 내용에서도 그 해답을 제시하고 있다. 따라서 군자는 하늘을 법 받아 스스로 힘쓰고 쉬지 않는 자강불식自彊不息을 인식해야만 한다는 것이다. 이어서 아래에 소개한 여섯 가지의 효爻에 대한 설명은 복잡다단한 내용을 이해할 수 있게 한 중요한 자료이다.

『주역』 전체를 일별하고 있다. 그러므로 이 글을 통해 『주역』 전체의 의미들을 알 수가 있다. 특히 각 괘卦의 주효主爻를 밝혀 읽는 이로 하여금 중심을 잡도록 도와주었으며, 각 효爻의 뜻을 풀이하면서 그 효의 성격과 일치하는 역사적인 인물을 제시함으로써 읽는 이로 하여금 높은 이해력을 가질 수 있도록 도와주었다.

4권은 서해書解로 「기삼백연의朞三百衍義」, 「오행전[五行傳]」, 「대역도설大易圖說」, 「하도설[河圖說]」, 「낙서설[洛書說]」, 「방도설[方圖說]」, 「원도설[圓圖說]」, 「선천도설[先天圖說]」, 「후천도설[後天圖說]」, 「팔괘도설[八卦圖說]」, 「64괘도설[六十四卦圖說]」, 「괘일변[掛一辨]」, 「십이월에 대한 변[十二月辨]」, 「36궁변[三十六宮辨]」, 「9·6해[九六解]」, 「삼천양지해[參天兩地解]」, 「대연수기[大衍數記]」, 「건괘乾卦·곤괘坤卦에 대한 논[乾坤論]」, 「함괘咸卦·항괘恒卦에 대한 논[咸恒論]」, 「구괘姤卦·복괘復卦에 대한 논[姤復論]」 등으로 모두 『주역周易』과 관련된 개념어들을 자세하게 풀이하였다. 그 중 하도설河圖說을 살펴보기로 하겠다.

> 황하黃河가 하늘과 통하여 황하에서 용마龍馬가 그림을 지고 나왔다. 용마가 지고 나온 그림은 인문人文이다. 하늘은 말하지 않기 때문에 성인聖人의 손을 빌려 그림에서 설을 끄집어내니 포희씨包羲氏를 기다린 것이다. 포희씨는 하늘의 법을 이어 왕이 되어 우러러 일월성신日月星辰의 형상을 바라보고 구부려 초목조수草木鳥獸의 문文을 살펴서 모두 괘卦를 그을 수가 있었다.

그러나 천지간에서 조화가 끊임없이 생겨나는 차례와 음양陰陽이 대대對待하는 수數가 찬란하게 갖추 어진 것은 하도河圖만한 것이 없다. 하도는 성인이 아니고서는 그 신령함을 드러낼 수 없고, 성인은 하도가 아니고서는 그 변화를 신묘하게 할 수 없다. 이것이 포희씨가 일어나자 용마龍馬가 나온 이유이다.

하도는 둥그니 둥근 것은 하늘이고 그 수는 1을 근원으로 삼는다. 1은 홀수이고, 홀수는 1·3·5·7·9의 양수陽數이다. 2는 짝수이고, 짝수는 2·4·6·8·10의 음수陰數이다. 이를 합하면 55가 되는데 55라는 것은 천지天地의 수이다. 그러므로 「계사상전繫辭上傳」에서 말하였다. "하늘의 수가 25이고, 땅의 수가 30이다.[天數二十有五 地數三十]" 이는 우리 공자께서 하도의 수를 밝혀내신 것이다.

5를 가운데 둔 것은 무엇 때문인가? 수의 시초는 일양一陽·일음一陰일 뿐이다. 그 일양一陽에서 삼參을 가져오고 그 일음一陰에서 양兩을 가져오니 3과 2의 합이 5가 된다. 그러므로 「설괘전說卦傳」에서 말하였다. "하늘에서 셋을 취하고 땅에서 둘을 취하여 수를 의지하였다.[參天兩地而倚數]" 이 또한 공자께서 하도의 가운데 수를 밝혀내신 것이다.

만일 5와 10을 비우면 태극太極이요, 기奇와 우耦가 각각 20이 되면 양의兩儀이다. 1·2·3·4의 자리는 사상四象이고, 7·8·9·6의 수는 팔괘八卦이다. 5는 연수衍數의 근원이 된다. 1·2·3·4는 모두 5로 인하여 6·7·8·9가 된다. 또 2·4는 6이 되고, 1·8은 9가 되고, 2·6은 8이 되고, 3·4는 7이 된다. 그리고 1은 9를 포함하고, 2는 8을 포함하고, 3은 7을 포함하고, 4는 6을 포함하니 음양陰陽·노소老少가 서로 그 집에 간직하는 것이다. 5는 토土이다. 수水·화火·금金·목木은 토土가 아니면 생겨나지 않는 것은 인仁·의義·예禮·지智가 신信이 아니면 서지 못하는 것과 같다. 또 그 가운데 지地의 10을 비우면 소연小衍의 수이고, 5와 10을 비우면 대연大衍의 수이다.

먼저 하도河圖가 황하黃河에 나타난 이유를 설명하면서, 용마龍馬에 나타난 그림이 인문人文이었으므로 성인聖人의 손을 빌려 완성하게 되니 그가 바로 포희씨包義氏라는 것이다. 포희씨는 하늘을 이어 왕이 되어 위로는 일월성신日月星辰의 천체天體 형상을 바라보고 아래로는 지상地上의 초목조수草木鳥獸의 문文을 살펴서 모두 괘를 만들었다는 것이다. 여기서 태극太極, 양의兩儀, 사상四象, 팔괘八卦가 이루어졌으므로, 5는 연수衍數의 근원[母]이 되는 생수生數가 되고 6·7·8·9는 5가 낳은 성수成數가 되었다는 것이다. 따라서 음양陰陽과 노소老少, 수水·화火·금金·목木·토土의 오행五行과 인仁·의義·예禮·지智·신信의 오상五常이 생성되었음을 밝히고 있다. 더 나아가 역기曆紀와 성률聲律 뿐만 아니라 기타 오운五運과 육기六氣을 말한 운기설運氣說과 『주역』·황로黃老·노화삼가三家를 서로 참동하여 일방으로 돌아와 대로大道에 합치했다는 참동계參同契의 설은 모두 하도에서 유래되었음을 밝히고 있다. 따라서 이계는 이를 '만세萬世의 제왕帝王이 서로 전수하는 보배'로 평가하고 있다. 요컨대 우리가 살아가는 모든 근원은 하도河圖에서 비롯되었음을 갈파한 것이다.

5권은 부록附錄으로 「만사[輓]」 19편, 「애사哀辭」 1편, 「제문祭文」 3편, 「행장行狀」 2편이 있다. 이는 이계 사후死後의 평가로 그의 삶과 학문과 사상의 평가를 오롯이 볼 수 있다. 아래는 이계를 평가한 19편의 「만사[輓]」 중에서 선별한 내용이다.

① 훤칠한 풍모는 남쪽 고을의 으뜸이었고　軒軒風槩冠南州
문단文壇에서 제일가는 사람이었는데　人是詞林第一流
② 한 점 문창성이 해동海東을 비추니　一點文星照海東
공이 그 곳에 나서 유풍儒風을 떨쳤네　公生其地振儒風
③ 우리나라 시詩 명성이 바닷가에서 진동하니　東國詩聲動海曲
하늘이 이계耳溪 물가에 거벽을 낳았네　天生巨擘耳溪濆
④ 문장文章은 수백 년 이래 가장 뛰어나고　文章數百年來最
뜻과 사업은 예순이 되었어도 견고하였네　志業六旬老去堅
⑤ 옥을 안은 변화卞和는 끝내 발꿈치 베였고　抱玉卞和終見刖
초현경을 초한 양웅은 부질없이 시름하였네　草玄楊子謾愁牢
⑥ 동오가 말한 태현경을 기뻐하였으니　差喜童烏尚說玄
청산에 묻힌 옥과 명성 견주진 못해도　埋玉青山名未並
⑦ 공의 행한 일은 공로가 있어 영원하리니　公有事功能不朽
책상의 『역찬』은 몽매한 자 깨우쳤네　床頭易賛啓羣蒙
⑧ 뜻 따라 『주역효찬』 지었고　易爻隨意贊
시어 사람을 놀라게 했으며　詩語使人驚
추로鄒魯의 유풍이 남아 있고　鄒魯遺風在
한漢과 당唐의 고율古律을 잘 지었네　漢唐古律鳴
⑨ 비록 시편詩篇으로 대단한 고아함을 떨쳤지만　縱以詩篇鳴大雅
뉘 알리 『역찬』이 몽매한 이들 열었음을　誰知易贊啓羣蒙
⑩ 문장은 당나라 풍을 얻었고　文得八衰後
시詩는 한 세상의 으뜸이 되니　詞爲一世宗
〈중략〉
그대 마음은 복희의 역易과 합하였고　許君心契伏羲爻
자질資質은 주역의 삼백 효를 얻으니　質得連山三百爻
후세後世의 자운子雲이 그대가 아닌가　後世子雲非子否
『태현경』 짓고서 스스로 조롱을 받았네　太玄經罷自貽嘲

주지하는 바와 같이 「만사[輓]」란 죽은 이를 애도哀悼하는 글이기에 어느정도 창작자의 미화美化가 가미될 수 있다. 그러나 이계의 문집에 수록된 내용과 위의 평가는 다소 일치되는 모습을 보여주고 있다. 위에서 언급한 내용 가운데 ①에서 ④까지는 이계의 시詩과 문장文章의 우수성에 대한 평가이고, ⑤에서 ⑦까지는 이계가 저작한 『주역周易』에 대한 평가이며, ⑧에서 ⑩까지는 시詩와 『주역周易』에 대한 평가로 되어 있다. 따라서 이계의 학문과 사상은 시詩와 『주역周易』에 탁월한 면모를 보이고 있음을 알 수 있다. 이러한 평가는 「제문祭文」에서 더욱 구체적으로 묘사하고 있다.

> ① 다만 아쉬운 것은 공이 돌아가신 뒤 장가를 들어 우러러 간곡한 가르침 받지 못하였음입니다. 그러나 시렁 가득한 장물長物은 모두 남기신 글 아님이 없습니다. 「64괘도」를 찬술한 공은 만년의 공부를 깊이 통하였으며, 「36궁변」과 「상량문」은 병든 가운데의 정력이 더욱 독실하였습니다. 세상의 붓을 잡은 선비들이 반드시 여기에서 취함이 있을 것이니, 끝내 좀이 친 종이가 되지는 않을 것입니다.
>
> ② 굴송屈宋은 사부詞賦에 있어 조종祖宗이면서 근심하였으며, 한류韓柳는 서전序傳에 있어 으뜸이면서 궁하였으며, 이두李杜는 시에 있어 공교로웠으면서 관직 또한 낮았네. 당세의 부귀富貴와 번화繁華한 것이 어찌 한계가 있었는가? 지금 천백 년 뒤에 부賦짓는 자, 서序짓는 자, 시詩 짓는 자가 모두 여섯 군자를 으뜸으로 친다네. 공의 평생을 관찰하면 저술들 중에 정액精液은 『시경詩經』·『서경書經』·『역경易經』·『춘추春秋』이며, 영화榮華는 시詩와 부賦 그리고 염락濂洛이며, 법도는 한류韓柳에게서 나왔으며 활발한 기교는 이두李杜에게서 얻었네.

위의 ①은 본관이 월성月城이었던 이지원李之源의 평가이다. 그는 직접 가르침을 받지 못했음을 안타까워하면서 『주역周易』의 64괘도를 찬술한 「역찬易贊」과 「삼십육궁변三十六宮辯」 및 『이계선생문집』에 수록되어 있지 않은 「상량문」을 대표 업적으로 평가하고 있다.

②는 본관이 서산瑞山이었던 유상익柳相翼의 평가로 더욱 포괄적인 면으로 칭송하고 있다. 예컨대 사부詞賦에 있어서 초楚 나라의 불우했던 시인 굴원屈原과 그의 제자 송옥宋玉을 본받았으며, 서전序傳에 있어서 당대唐代에 고문가古文家로 명성이 높았던 한유韓愈와 유종원柳宗元을 배웠으며, 시詩에 있어는 당대唐代의 대표적인 시인이었던 이백李白과 두보杜甫를 사표師表로 삼았다는 것이다. 뿐만 아니라 이계耳溪가 평생토록 공력을 들여 저술한 작품의 정수精髓는 『시경詩經』·『서경書經』·『역경易經』·『춘추春秋』이며, 이러한 학문적 근저는 송宋대의 성리학자인 염계濂溪의 주돈이周敦頤, 낙양洛陽의 정자程子, 관중關中의 장재張載, 민중閩中의 주자朱子의 영향을 받았음을 기술하

고 있다. 이는 시詩와 문文 및 사상思想에 있어서 정통성을 지향한 대가大家였음을 평가하는데 주저하지 않았음을 볼 수 있다.

Ⅳ. 맺음말

『이계선생문집耳溪先生文集』은 이계 사후 100년이 지나 후손들의 주선과 척암拓庵 김도화金道和의 교열에 의해 간행되었다. 문집 일반의 체제를 그대로 갖추고 있으며, 내용면에서도 다양한 작품이 수록되어 있어 그의 학문적 온축과 남다른 세계관을 엿볼 수 있다.

제1권에 수록된 시는 그의 다양한 문학적 관심을 보여주고 있다. 자연을 그대로 담은 경물시景物詩, 시대상을 고발한 사회시社會詩, 벗들과 주고받은 응답시應答詩, 학문적인 관심을 시대별로 엮은 서사시 등 일반의 선비들에게는 쉽게 볼 수 없는 다양한 문학적 재능을 담고 있다. 특히 회문시回文詩는 그의 화려한 기교를 보기에 충분한 작품이다. 2권의 편지, 논論 등의 글을 통해 그의 치열한 학문적 자세와 다양한 학문적인 호기심을 엿볼 수 있다. 조금이라도 의문이 생기면 가르침을 받을 수 있는 이에게 질문하였으며, 다양한 독서를 하면서 얻은 의문들을 묻어두지 않고 자신만의 논조를 과감하게 펼침으로써 학자로서 그의 삶을 엿볼 수 있다. 제3권과 4권은 『주역周易』에 대한 그의 관심과 노력의 결과물이다. 「역괘효찬易卦爻贊」은 주역 전체의 내용을 일별할 수 있도록 체제가 갖추어져 있다. 각 괘卦의 주효主爻를 밝혀 읽는 이로 하여금 중심을 잡도록 도와주었으며, 각 효爻의 뜻을 풀이하면서 그 효의 성격과 일치하는 역사적인 인물을 제시함으로써 주역의 이해의 폭을 넓혀주고 있다. 제4권에서는 주역에서 자주 나오는 개별적 개념어들을 풀어 설명하였다. 개념에 대한 이해의 폭을 넓혀감으로써 주역에 대한 새로운 혜안을 가질 수 있게 한다. 제5권은 그의 사후에 받은 제문과 행장 등을 실었다. 당시 흥해興海의 향촌사회에서 그와 교유했던 인물과 그의 사회적 위상을 짐작하게 하는 좋은 자료이다.

참고서적

심경호 옮김, 『주역철학사』, 1990년
「연표편」, 『한국민족문화대백과사전』 26권
조동일, 『한국문학통사』 권3·4, 2005년
『고문진보대전』, 학민출판사.

이계선생문집 耳溪先生文集

제1권 卷之一

이계선생문집서耳溪先生文集序

선비가 세상에 살아가면서 책을 읽고 경전經傳을 연구하는 것은 앞으로 세상에서 쓰여지기 위해서이다. 하지만 그렇지 못한 사람이 있으면 매우 불행할 따름이다. 비록 그 사람에게 손상을 입히지는 못하겠지만, 훗날 고인의 인격을 논하는[1] 사람이 어찌 세도世道에 유감이 없을 수 있겠는가? 내 듣기에, 이계耳溪 장 선생張先生은 맑고 밝은 자품으로 외옹畏翁의 집안에서 태어났다. 어려서부터 가르침을 받아 오로지 송독誦讀하는 공부에 마음을 쏟았다. 『시경詩經』·『서경書經』·『논어論語』·『맹자孟子』로 기본을 삼았고, 『심경心經』·『근사록近思錄』으로 계정階程[2]을 삼았다. 60년을 하루같이 부지런히 남몰래 닦는 공부는 당시의 사우師友에게 이미 외우畏友[3]로 일컬어졌다. 외암공畏菴公은 만수晩修[4] 선생의 문하에 들어가 직접 지결旨訣을 받든 적이 있었기에 심오하게 가르쳤으니, 공公이 가정에서 가르침을 받은 것이 어찌 나아가 질정 받은 학문이 아니겠는가?

평소의 행실은 어버이를 기쁘게 해드리는 일에 힘을 쏟았으므로 맛있는 음식으로 봉양하는 절차에 정성을 다하였고, 잠깐 사이에도 삼가하는 예를 다하였다. 아버님의 병간호를 하면서 얼음물에서 목욕하는 일도 꺼리지 않았다. 어머님께서 돌아가시자 성화처럼 달려왔으며, 마침 향리에서 뽑아 올리는 행차[5]마저 사양하였다. 집안사람들이 그 효孝를 믿었고 향리사람들이

---

1) 고인의 인격을 논하는[尙論] : 동시대의 선비와 교유할 뿐 아니라, 고인의 인격을 논하여 마음으로 사귀는 일을 말한다. “천하의 선사와 벗하는 것을 만족스럽지 못하게 여겨 또 위로 올라가서 옛사람을 논한다.[以友天下之善士 爲未足 又尙論古之人]”에서 온 말이다.(『孟子』「萬章 下」)

2) 계정(階程) : 계단과 길이라는 뜻이다. 일이 진행되는 순서나 방향등을 이르는 말이니 학문의 나아가는 지표를 말한다.

3) 외우(畏友) : 존경하는 친구를 말한다.

4) 만수(晩修) : 대산 이상정 선생의 별호이다. 「행장」 참조.

5) 향리에서 뽑아 올리는 행차[計偕] : 해마다 지방관이 회계문서(會計文書)를 조정(朝廷)에 올리는데,

그 정성에 감복하였으니, 유자有子의 이른바 "근본이 확립되면 인의 도가 생겨난다.[本立而道生][6)]"는 것이 참으로 우리를 속이지 않았다. 타고난 자질의 아름다움이 이와 같았으며, 학문에 힘쓰는 독실함이 이와 같았으며, 행실을 제어하는 뛰어남이 또한 이와 같았는데, 벼슬하지 못하고 한적한 물가에서 지내다가 알려지지 않은 채 생을 마쳤으니, 또한 하나의 불행일 뿐이다.

비록 그렇지만, 그 글을 살펴보면 충분히 그 사람을 알 수 있다. 지금 유집遺集을 살펴보면, 『서전書傳』에는 해解가 있고 역상易象에는 도圖가 있으니 이수理數의 근원을 지극하게 따졌으며, 침궤枕几에는 명銘이 있고 도검刀劒에는 경계가 있으니 살피고 검속하는 공부를 이루었으며, 농서農書 한 편은 백성들이 일상생활에서 쓰는 것이 아님이 없으니 규각奎閣에서 보관하고 있다. 이는 모두 불후不朽하다고 하기에 충분하다. 그러니 어찌 불행하다는 서운함이 있겠는가?

이제 공의 증손曾孫인 익홍翊弘군의 부탁으로 우선 감회를 적어서 삼가 드러나지 않았던 것을 밝히는 일에 스스로 부쳐둘 뿐이다.

병오년[1906] 9월[寒露節] 통사랑通仕郎 행行 의금부義禁府 도사都事
문소聞韶 김도화金道和[7)]가 삼가 서序를 짓다.

그것을 가지고 가는 아전을 계리(計吏)라 한다. 이 때 지방에서 조정에 추천하는 선비를 계리와 함께 보내는데 그를 계해(計偕)라고 한다.

6) 근본이 …… 생겨난다 : 『논어(論語)』「학이(學而)」에 나온다.

7) 김도화(金道和) : 1825~1912. 자는 달민(達民), 호는 척암(拓庵), 본관은 의성이다. 1893년 69세의 나이로 유일(遺逸)로 천거되어 의금부도사에 제수되었다. 1895년 을미사변이 일어나자 안동통문(安東通文)을 각지에 돌렸으며, 다음해 의병대장에 추대되어 의병활동을 지휘하였다. 1905년 「을사조약」이 체결되자 상소와 격문 등을 통하여 일제에 저항하였다. 저서는 『척암선생문집(拓菴先生文集)』이 전한다.

이계선생문집 제1권

시詩

한가로움 속에 장난삼아 짓다.[閒中戲題]

세간의 한가로운 사람 누가 나만 하랴	世間閒漢孰如吾
아무 일 없이 그저 시만 읊는다네	除却哦詩一事無
동쪽 시장의 어물·소금 파는 노파와 얘기 나누고	東市魚鹽謀野媼
서쪽 밭에서 농사짓는 종의 말에 귀 기울이네	西疇稼穡聽家奴
수죽[1]이 둘러있는 마을은 그나마 속되지 않고	水竹成村猶不俗
벽장에 가득한 책들로 외롭지는 않구나	圖書滿壁未全孤
아전들은 내가 무엇 하는지 알 길이 없으니	吏人不識翁何與
때가 되면 관아에선 세금 내라 독촉을 하네	時遣官家急索租

태극을 보고 감회가 있어[觀太極有感]

무극의 현묘한 이치를 또렷이 살펴보니[2]	無極玄機指掌看

---

1) 수죽 : 수죽(水竹)은 물가에 대나무가 있는 한적한 곳을 말한다. 두보(杜甫) 「봉수엄공기제야정지작(奉酬嚴公寄題野亭之作)」의 "습유가 일찍이 두어 줄의 서신 아뢰었거니, 게으른 성질이 본래 수죽 곁에서 산다오.[拾遺曾奏數行書 懶性從來水竹居]"에서 온 말이다.

2) 또렷이 살펴보니 : 원문의 '지장간(指掌看)'은 손바닥을 보듯이 분명하고 바르게 아는 것을 말한다. "어떤 사람이 체 제사에 대하여 묻자 공자께서 말하였다. '모르겠다. 그 뜻을 아는 사람이 천하를 다스린다면 그것을 여기에서 보는 것 같지 않겠는가?' 그 손바닥을 가리켰다.[或問禘之說 子曰 不知也 知其說者之於天下也 其如示諸斯乎 指其掌]"에서 유래한다.(『論語』「八佾」)

환하게 혼륜의 사이를 갈라놓았네 昭然劈破混淪間
천고토록 시비 아직 정해지지 않았지만 是非千古猶無定
불교[3]의 공부는 상산[4]과 거의 같네 蔥嶺工夫幾象山

잠에서 깨어[睡起]

때마침 봄바람이 초당으로 불어들어 會事春風入草堂
이리저리 책들이 흩어져 널려있네 披離散帙不成行
꿈결에 무슨 일들이 일어났는가 夢裏不知何事做
낮 그늘이 석류 꽃 담장을 넘어가네 午陰移度石榴牆

동쪽으로 흐르는 물[水東流]

어제도 물은 동쪽으로 흐르고 昨日水東流
오늘도 물은 동쪽으로 흐르네 今日水東流
동쪽으로 흐르는 물 멈춘 적 없으니 水東流不曾晝夜舍
솟아나는 근원이 상류에 있다네[5] 上有源泉混混也
공자께서 흐르는 시내를 보고 탄식한 것은 所以吾仲尼在泉歎逝者
여러 군자를 권면하심이라네 勉哉諸君子
길가의 도랑물을 어찌 보지 않는가 盍觀行潦水

---

3) 불교 : 원문의 '총령(蔥嶺)'은 파미르 고원(高原)에 뻗어 있는 산맥(山脈)으로, 북으로 뻗은 줄기가 서역(西域) 지방을 동서로 나면서 천산 산맥과 이어 있다. 불교가 서역에서 왔으므로, 곧 불교를 이르는 말로 쓰인다.

4) 상산 : 육구연(陸九淵, 1139~1193)의 호이다. 상산(象山)은 존덕성(尊德性)을 위주로 하여 우선 먼저 마음의 실체를 깨닫는 것을 중시하였다. "학문이란 진실로 근본을 알아야 하니, 육경(六經)이 모두 나의 주석이다.[學苟知本 六經皆我注脚]"라는 그의 말에서 학풍의 일단을 볼 수가 있다.

5) 물이 …… 있다네 : 원문의 '수동(水東) …… 혼야(混也)'는 공자와 맹자의 말을 섞어 물의 계속된 흐름을 말한다. "가는 것이 이와 같구나 밤낮을 그치지 않는다.[逝者如斯夫 不舍晝夜]"(『論語』「子罕」)와 "근원이 좋은 물이 혼혼히 흘러서 밤낮을 그치지 아니하여 구덩이가 가득 찬 뒤에 전진하여 사해에 이른다.[原泉混混 不舍晝夜 盈科而後進 放乎四海]"(『孟子』「離婁 下」)의 의미를 같이 사용하였다.

8월의 장마 비로 불어나면　八月潦雨集
행인이 건너지 못하지만　行人不能涉
근원 없으니 오래 가겠는가　無源詎久持
마름을 당장 알 수 있네[6]　其涸可立知
바다 본 자에게 물을 말하기 어려우니[7]　觀於海者難爲水
성인의 가르침에 비유하기 좋구나　聖訓洋洋善取比
하늘이 대장부를 낳으시니　皇天生我大丈夫
순과 안연이 누구인가 노력하면 되는 것을[8]　舜何顔何爲則是
가슴에 새겨 잃어버리지 말고　拳拳宜勿失
항상 노력하고 노력하세　孳孳當不已
교룡과 어별이 바다에서 살지만　蛟龍魚鼈生於海
한 국자 물이 모여 크게 된 것이네[9]　一勺之多成其大
청춘은 나를 위해 머물지 않으니　青春不我留
어찌 느긋하고 범범하게 놀겠는가　胡爲悠悠泛泛而浪遊
근본이라는 것이 이와 같으니　根本者如是
그대는 동쪽으로 흐르는 물을 보지 못했는가　君不見東流水

---

6) 마름을 …… 있네 : 원문의 '학가립지(涸可立知)'는 근원 없는 것은 오래하지 못함을 말한다. "진실로 근본이 없으면 7~8월 즈음에 빗물이 모이면 밭도랑이 모두 물로 가득해지지만 말라버리는 것을 서서 기다릴 수 있다.[苟爲無本 七八月之間雨集 溝澮皆盈 其涸也 可立而待也]"에서 유래한다.(『孟子』「離婁 下」)

7) 바다 …… 어려우니 : 원문의 '관어(觀於) …… 위수(爲水)'는 거대한 바다를 본 이에게는 물의 넓음을 말하기 어려움을 말한다. "바다를 본 사람에게는 물에 대해서 말하기 어렵고, 성인의 문하에서 공부한 사람에게는 훌륭한 말이 되기 어렵다.[觀於海者 難爲水 遊於聖人之門者 難爲言]"에서 유래한다.(『孟子』「盡心 上」)

8) 순과 …… 것을 : 원문의 '순하안하(舜何顔何)'는 사람의 무한한 가능성에 대한 신뢰를 말한다. 안연(顔淵)이 말하였다. "순 임금은 어떤 분이며 나는 어떤 사람인가? 훌륭한 행동을 하는 자는 순 임금과 같게 된다.[舜何人也 予何人也 有爲者 亦若是]"에서 유래한다.(『孟子』「藤文公 上」)

9) 한 …… 것이네 : 원문의 '일작(一勺) …… 기대(其大)'는 어떠한 것이라도 근본적인 무엇이 변치 않고 쉬지 않음으로 성대해짐을 말한다. "이제 물은 한 잔의 물이 많이 모인 것인데 그 헤아릴 수 없음에 이르러서는 큰 자라·악어·교룡·용·물고기·자라가 생장하며 재화가 번식한다.[今夫水 一勺之多 及其不測 蛟龍魚鼈生焉 貨財殖焉]"에서 유래한다.(『中庸』「二十章」)

고시를 사모하여 삼가 「감흥」[10]시에 차운하다.[慕古吟 謹次感興詩韻][11]

아주 오랜 옛날 복희씨[12]는	上古包犧氏
건곤의 광대함을 보여주었고	示我乾坤廣
건곤이 이미 자리를 정하자	乾坤旣設位
해와 달이 저절로 운행되었네	日月自來往
획을 긋기 전 원래 역이 있어	畫前元有易
성인이 이미 굽어 우러러보니	聖人已俯仰
여기저기 새 발자국은 문채롭고	縱橫鳥獸文
흩어져 있는 별자리는 빛났네	錯落星宿朗
우연하게 하도[13]를 보고	偶爾觀驪圖
무심의 경지[14]를 확 여니	豁然開象罔
겹겹으로 닫힌 혼돈의 문이	重重混淪門
훤하게 손바닥 보듯 쉬워졌네	洞若視諸掌
천지에 원기가 성대하니	天地元氣盛
평양[15]엔 해가 중천에 뜨네[16]	平陽日方中
오십 년 동안의 태평시대는	五十年太平
흠 한 글자로 시종일관했네	一欽字始終
뜬 구름이 태허를 지나가니[17]	浮雲太虛過

---

10) 감흥 : 주희(朱熹)가 지은 「재거감흥20수(齋居感興二十首)」를 말한다.

11) 본 번역문에서는 주희의 「재거감흥20수」의 운자의 변화와 분절(分節)에 맞추어 분절하여 번역하였다.

12) 복희씨 : 원문의 '포희씨(包犧氏)'는 바로 태고적 중국의 삼황(三皇)의 한 사람인 복희씨로, 팔괘(八卦)와 문자[書契]를 처음 만들었다고 전해진다.

13) 하도 : 원문의 '려도(驪圖)'는 중국 복희씨(伏羲氏) 때 황하(黃河)에서 용마(龍馬)가 가지고 나왔다는 55점의 그림으로 된 하도(河圖)를 말한다.

14) 무심의 경지 : 원문의 '상망(象罔)'은 무심의 경지를 말한다. 황제(黃帝)가 적수(赤水)에서 현주(玄珠)를 잃어버렸을 때, 다른 사람은 아무도 찾지 못했으나 무심(無心)을 뜻하는 상망(象罔)만이 그것을 찾아내었다는 고사에서 유래한다.(『莊子』「天地」)

15) 평양 : 요(堯)의 도읍지 이름이다.

16) 해가 …… 뜨네 : 원문의 '일방중(日方中)'은 해가 중천에 떠 있는 것처럼 드러나니 전성기를 맞은 것을 말한다. "해가 바야흐로 중천에 떠 있거늘, 앞의 상처에 있다.[日之方中 在前上處]"에서 유래한다.(『詩經』「邶風, 簡兮」)

태평[18]을 온 세상[19]이 같이 하였네	玉燭四表同
귀를 씻은 사람[20]은 누구인가	洗耳問何人
공연히 어리석은 이를 놀라게 했네	此語謾驚聾
순 임금[21]이 뒤이어 일어나서	重華繼而作
칠정을 선기옥형으로 들었다네[22]	七政聽璇璣
현덕은 그릇 굽고 낚시할 때도 드러났으니[23]	玄德著陶漁
못에 잠겼다가 또 하늘로 날아올랐네[24]	淵潛又天飛
기뻐하자 천하가 안정되었으니[25]	底豫定天下

---

17) 뜬 …… 지나가니 : 원문의 '부운태허과(浮雲太虛過)'는 자연스럽게 변화하여서 마음 쓰는 것을 용납하지 않음을 말한다. 정 명도(程明道)의 "요순의 사업은 또한 태허 가운데에 뜬 한 점 구름이다.[堯舜之事 亦只是太虛中一點浮雲]"에서 유래한다.

18) 태평 : 원문의 '옥촉(玉燭)'은 사시의 기운이 화창해져 태평한 시대가 돌아옴을 말한다. "네 계절의 기운이 화창한 것을 일러 옥촉이라 한다.[四時和 謂之玉燭]"에서 온 말이다.(『爾雅』「釋天」)

19) 온 세상 : 원문의 '사표(四表)'는 28수(宿)의 밖에 상·하·동·서가 각각 1만 5천 리로서 사유(四維)의 끝이 되는 곳을 말하는데, 여기서는 온 세상을 말한다.

20) 귀를 씻은 사람 : 원문의 '세이(洗耳)'는 듣지 못할 소리를 듣고 이를 물로 씻어냄을 말한다. 요(堯) 임금이 천하를 허유(許由)에게 맡기려 했는데, 허유는 받지 않고 영수(潁水)의 양지쪽 기산(箕山) 아래에 숨었다. 또 불러 구주장(九州長)을 삼으려고 하자 허유는 듣지 않고 귀를 더럽혔다고 하여 영수에서 귀를 씻었다는 고사에서 유래한다.(『史記』「燕世家」)

21) 순 임금 : 원문의 '중화(重華)'는 순 임금이 요 임금의 빛나는 업적을 거듭 이어서 밝혔음을 말한다. "중화하여 제에게 화협했다.[重華協于帝]"에서 온 말이다.(『書經』「舜典」)

22) 칠정을 …… 들었다네 : 원문의 '칠정(七政)'은 일월(日月)과 수화목금토(水火木金土)의 5성을 말하고, '선기(璿璣)'는 고운 주옥으로 꾸민 천문 측량기를 말한다. "선기옥형(璿璣玉衡)으로 살피시어 이로써 칠정을 가지런히 하시다.[在璿璣玉衡 以齊七政]"에서 온 말이다.(『書經』「舜典」)

23) 현덕은 …… 드러나니 : 원문의 '현덕(玄德)'은 순 임금이 임금이 되기 전 홀로 있을 때의 그윽하고 미묘한 덕을 말하며, '도어(陶漁)'는 순 임금이 미천했을 적에 일찍이 하수(河水) 가에서 질그릇을 굽고, 뇌택(雷澤)에서 고기를 잡았던 일을 말한다.

24) 못에 …… 날아올랐네 : 원문의 '연잠(淵潛)'은 연못 속에 숨어 있는 용처럼 순 임금이 낮은 신분으로 덕을 기르던 것을 말하고, '천비(天飛)'는 하늘로 날아오른 용처럼 순 임금이 등용되어 높은 자리에 오른 것을 말한다.

25) 기뻐하자 …… 안정되었으니 : 원문의 '지예(底豫)'는 완악한 고수(瞽瞍)가 순의 효에 감동하여 기뻐하게 됨을 말한다. "순 임금은 어버이를 섬기는 도리를 다하여 고수가 기뻐하기에 이르렀다. …… 고수가 기뻐하게 되자 온 천하의 아비와 자식된 자들이 안정되었으니, 이런 것을 큰 효도라고 한다.[舜 盡事親之道而瞽瞍底豫 …… 瞽瞍底豫而天下化 瞽瞍底豫而天下之爲父子者定 此之謂大

위대하도다! 효를 어기지 않았네	大哉孝無違
구소로 신과 인간을 화합하고[26]	九韶協神人
봉황이 또한 광채를 발하였네[27]	鳳鳥亦覽輝
순의 덕이 이미 광대하게 운행되자[28]	帝德旣廣運
도심의 은미함은 다시 꿰뚫어졌으며[29]	道心更徹微
순 임금이 두 뜰에서 추는 춤을 보자	君看兩階舞
칠십 일 만에 유묘가 항복해왔네[30]	七旬有苗歸

홍수로 예전에 경계함이 있어[31]	洚水昔有警
도산에서 성인이 세상으로 나왔네[32]	塗山聖人出

孝]"에서 온 말이다.(『孟子』「離婁 上」)

26) 구소 …… 화합하고 : 원문의 '구소(九韶)'는 순 임금의 음악이며, '협신인(協神人)'은 조화를 찾았음을 말한다. "8음의 악기가 잘 어울려 서로 차례를 빼앗는 일이 없어야 신과 사람이 화합하게 될 것이다.[八音克諧 無相奪倫 神人以和]"에서 유래한다.(『書經』「舜典」)

27) 봉황이 …… 발하였네 : 원문의 '봉조역람휘(鳳鳥亦覽輝)'는 덕화가 천하에 미쳐 상서로운 징조가 나타났음을 말한다. "소소를 아홉 번 연주하자 봉황이 와서 춤을 춥니다.[簫韶九成 鳳凰來儀]"에서 유래한다.(『書經』「益稷」)

28) 순 …… 운행되자 : 원문의 '제덕기광운(帝德旣廣運)'은 순 임금의 덕이 퍼져나간 묘용을 말한다. "아! 훌륭하다. 임금의 덕이 광대하게 운행되어 거룩하고 신묘하며 무와 문의 덕을 모두 구비하자, 황천이 돌아보고 명하여 사해를 다 소유하고 천하의 군주가 되게 하였다.[都 帝德廣運 乃聖乃神 乃武乃文 皇天眷命 奄有四海 爲天下君]"에서 유래한다.(『書經』「大禹謨」)

29) 도심의 …… 꿰뚫어졌으며 : 요 임금이 순 임금에게 선위(禪位)하면서 '진실로 그 중도를 잡아라.[允執厥中]'라고 하였고, 순 임금이 우 임금에게 선위하면서 말하였다. "인심은 위태하고 도심은 은미하니, 오직 정밀하고 전일하여야 진실로 그 중을 잡으리라.[人心惟危 道心惟微 惟精惟一 允執厥中]"에서 유래한다.(『書經』「大禹謨」)

30) 순 …… 항복해왔네 : 원문의 '군간(君看) …… 묘귀(苗歸)'는 순 임금의 덕에 감화되어 주변의 국가가 귀순해왔음을 말한다. "순 임금이 드디어 문덕의 교화를 펴시어, 방패를 잡고 추는 춤과 일산(日傘)을 잡고 추는 춤을 빈주의 뜰에서 추게 하셨는데 70일 만에 유묘가 와서 항복하였다.[帝乃誕敷文德 舞干羽于兩階 七旬有苗格]"에서 유래한다.(『書經』「大禹謨」)

31) 홍수로 …… 있어 : 순 임금이 홍수라는 어려움으로 스스로 경계한 일을 말한다. "이리 오라. 우야 홍수가 나를 두렵고 경계하게 하였는데, 홍수를 다스리겠다는 말을 믿게 하고 그 공을 이룬 것은 네가 현명하기 때문이다.[來 禹 洚水儆予 成允成功 惟汝賢]"에서 유래한다.(『書經』「大禹謨」)

32) 도산에서 …… 나왔네 : 원문의 '도산(塗山)'은 회계산(會稽山)으로 절강성(浙江省) 소흥현(紹興縣)에 있는데, 하우(夏禹)가 이곳에다 제후들을 집합시키자 옥과 비단을 폐백으로 가지고 온 자가 만여 명이나 되었다. 우 임금은 도산씨의 여자를 아내로 맞이하여 왕위를 계승하게 되는 아들 계(啓)를

8년 동안 집을 돌아보지 못하니	八年不窺家
익과 직이 공경히 부역을 따랐네33)	益稷恭趨役
소굴에서 뭇 생명들을 살려주자34)	巢窟拯群生
사다리와 배로 만국이 찾아왔으며35)	梯航控萬國
문덕의 교화를 사해에 펼치고는36)	文命敷四海
검은 규로 공을 마쳤다고 아뢰었네37)	玄圭告功畢
성인 아니면 우린 물고기 되었으리38)	微聖吾其魚
강산은 우 임금의 자취를 높이고	江山尊禹跡
하늘이 홍범을 내리시어39)	天乃錫洪範
온 세상에 황극을 세웠네40)	四表立皇極

낳았다.

33) 8년 …… 따랐네 : 우와 여러 신하들이 공무에 바빠 집안일을 돌보지 못함을 말한다. "우와 후직은 태평시대를 만나, 세 번이나 자기 집 문 앞을 지나면서도 직무에 바빠 들어가 보지 못하였다.[禹稷當平世 三過其門而不入]"에서 유래한다.(『孟子』「離婁 下」)

34) 소굴에서 …… 살려주자 : 우 임금이 물길을 뚫어 물을 바다로 빼고, 짐승들을 몰아내어 사람들이 평지에서 살 수 있게 해주었음을 말한다. 상고시대에는 홍수 때문에 "낮은 지역에 사는 사람들은 나무 위에 집을 짓고 살고, 높은 지역에 사는 사람들은 굴을 파고 살았다.[下者爲巢 上者爲營窟]"에서 유래한다.(『孟子』「藤文公 下」)

35) 사다리와 …… 찾아왔으며 : 원문의 '제항(梯航)'은 제산항해(梯山航海)의 줄임말이다. "게을리하지 않고 소홀히 하지 않으면 사방의 오랑캐들이 와서 왕으로 받들 것입니다.[無怠無荒 四夷來王]"(『書經』「大禹謨」)의 주에 여러 외국이 옥백(玉帛)의 예물을 가지고 험한 산길에서는 사닥다리를 타고 물에서는 배를 타고 왔다고 하였다.

36) 문덕의 …… 펼치고는 : 원문의 '문덕(文德)'은 우임금의 덕을 말한다. "옛날 위대한 우 임금을 상고해 보건대, 그는 문덕의 교화를 사해에 펼치면서 순 임금을 공경히 받들었다.[曰若稽古大禹 曰文命敷于四海 祇承于帝]"에서 유래한다.(『書經』「大禹謨」)

37) 검은 …… 아뢰었네 : 원문의 '공필(功畢)'은 우임금이 자신의 한 일을 보고하는 것을 말한다. "그의 풍성과 교화가 사해에 다 미치자, 우가 검은 규를 폐백으로 올리면서 순 임금에게 그의 일이 완성되었다고 아뢰었다.[聲教 訖于四海 禹錫玄圭 告厥成功]"에서 유래한다.(『書經』「禹貢」)

38) 성인이 …… 되었으리 : 원문의 '우적(禹跡)'은 우임금의 치수(治水)의 공을 말한다. 소공(昭公) 원년, "아름답도다! 우 임금의 공적이여, 그 밝은 덕이 후세에 멀리 미치도다. 만약 우 임금이 아니었던들 우리는 모두 물고기 신세가 되고 말았을 것이다.[美哉禹功 明德遠矣 微禹 吾其魚乎]"에서 유래한다.(『春秋左氏傳』「昭公」)

39) 하늘이 …… 내리시어 : 원문의 '홍범(洪範)'은 우 임금이 낙수(洛水)에서 신귀(神龜)로부터 얻은 글인데, 훗날 주 무왕(周武王)이 은(殷)을 멸망시키고 은의 현인(賢人)인 기자(箕子)에게 천하를 다스리는 대법(大法)을 묻자 기자가 홍범구주(洪範九疇)로 답하였다고 한다.

한 번 다스려지고 한 번 어지러워지니 一治又一亂
하 나라 왕실이 마침내 쇠퇴하였네 夏室竟陵夷
천명은 본래 무상하고 天命自靡常
인심은 또한 쉽게 떠난다네 人心亦易離
임금을 기다려 '살았다' 하니41) 徯后曰其蘇
탕 임금 내려와 실로 이에 계시어 湯降實在茲
나가 보고 그물을 펼쳐 빌었으며42) 出見張網祝
수레에서 내려서는 눈물을 흘렸네43) 下車爲漣洏
첫 정벌을 구향44)에서 시작하니 初征自仇餉
모든 나라가 공경히 홀을 잡았네45) 萬邦恭執珪
아형46)이 실로 좌우에서 도우니 阿衡實左右
임금과 백성이 요순처럼 되었네47) 君民堯舜爲

---

40) 온……세웠네 : 원문의 '황극(皇極)'은 제왕이 세상을 다스리는 준칙을 말한다. "다섯째는 황극이니 황제는 그 표준을 세움이 있어야 한다.[五皇極 皇建其有極]"에서 유래한다.(『書經』「夏書, 洪範」)

41) 임금을……하니 : 원문의 '기소(其蘇)'는 백성들이 간절히 원함을 말한다. "정벌하러 간 곳의 백성들은 온 집안이 경하하며 말하였다. '우리 임금님을 기다렸는데 우리 임금님이 오시니 우리는 살아날 것이다.'[攸徂之民 室家相慶 曰徯予后 后來 其蘇]"에서 온 말이다.(『書經』「仲虺之誥」)

42) 나가……빌었으며 : 원문의 '장망축(張網祝)'은 탕 임금의 덕 있는 행동을 말한다. "탕 임금이 밖에 나갔다가 어떤 사람이 사면에 그물을 쳐 놓고 빌었다. '상하 사방에 있는 짐승이 다 내 그물로 들어오라.' 이를 본 탕 임금이 말하였다. '아! 다하겠구나.' 삼면의 그물을 걷어 버리고 일면만 남겨 두고서 축원하였다. '왼쪽으로 가려는 놈은 왼쪽으로 가고 오른쪽으로 가려는 놈은 오른쪽으로 가라. 나의 명을 범하는 놈만 나의 그물로 들어오라.'[湯出見野張網四面祝曰 自天下四方皆入吾網 湯曰嘻盡之矣 乃去其三面 祝曰欲左左 欲右右 不用命乃入吾網]"에서 유래한다.(『史記』「殷本紀」)

43) 수레에서……흘렸네 : 우(禹) 임금이 수레를 타고 가다가 시장에서 사형을 받게 된 죄인을 보고서 수레를 내려 그를 잡고 울며, 자신이 정치를 잘하지 못했기 때문에 이런 죄인이 생긴 것이라고 자책하였다는 고사는 있다. 다만 탕 임금에게도 이러한 일이 있었는지는 알 수 없다.

44) 구향 : 원문의 '구향(仇鄕)'은 탕 임금의 정벌이 부득이하였음을 말한다. 갈백이 자신에게 먹을 것을 바친 아이를 죽이니 탕 임금이 이때부터 정벌하기 시작하였다. "갈백이 먹여주는 사람을 원수로 삼았다.[葛伯 仇餉]"에서 온 말이다.(『書經』「仲虺之誥」)

45) 홀을 잡았네 : 원문의 '집규(執珪)'는 모든 나라가 탕 임금을 받들어 그의 조정에 신하로서 나아갔다는 것을 말한다.

46) 아형 : 상(商)의 현상(賢相)인 이윤(伊尹)의 벼슬 이름이다. 탕(湯)을 도와 왕도 정치(王道政治)를 실현하게 하고, 탕의 손자 태갑(太甲)이 무도(無道)한 행동을 하자 동(桐)땅으로 추방했다가, 허물을 고친 후에 다시 복위시켰다.

47) 임금과……되었네 : 나라가 태평해졌음을 말한다. 탕(湯) 임금이 폐백(幣帛)으로 이윤을 초빙하자

진실로 비가 때 맞춰 내리지 않자 苟微時雨降
도탄에 빠진 백성을 슬퍼하였네[48] 塗炭正堪悲
공경을 실천하여[49] 중용을 세우고[50] 躋敬遂建中
한결같은 덕으로 정사에 임하였네 一德臨萬幾

크나큰 우리 문왕께서는 適駿我文王
사방 나라의 기강이 되셨네 四國之紀綱
토끼 잡는 이도 간성의 재주 있고[51] 罝兎干城在
복웅[52]은 훌륭한 보필이 되었네 卜熊輔弼良
높은 산에도 평탄한 길 있었으니[53] 高山有夷行

처음에는 거절하다가 이윽고 다음과 같이 말하고 출사하였다. "내가 초야에 묻혀 있으면서 이대로 혼자 요순의 도를 즐기기만 하는 것보다는 내가 어찌 이 임금으로 하여금 요순 같은 임금이 되게 하는 것만 하겠으며, 내가 어찌 이 백성들로 하여금 요순시대의 백성이 되게 하는 것만 하겠으며, 내가 어찌 그런 태평성대를 몸소 보는 것만 하겠는가.[與我處畎畝之中 由是以樂堯舜之道 吾豈若使是君 爲堯舜之君哉 吾豈若使是民 爲堯舜之民哉 吾豈若於吾身 親見之哉]"에서 유래한다.(『孟子』「萬章上」)

48) 진실로……슬퍼하였네 : 탕 임금은 하 나라를 정벌한 뒤에 가뭄이 극심하게 들자 백성들을 불쌍히 여기며 자신의 몸을 제물로 삼아 기우제를 지냈다. 그러자 바로 비가 내려 해갈(解渴)되었다.

49) 공경을 실천하여 : 원문의 '제경(躋敬)'은 날마다 경을 실천하여 마음을 새롭게 하는 자세를 말한다. "탕 임금의 태어남이 늦지 않으시며, 성덕과 공경이 날로 올라가서, 하늘에 밝게 이름을 그침이 없게 하여, 상제를 이에 공경하시니, 상제께서 명을 내리어, 구주에 모범이 되게 하시니라.[湯降不遲 聖敬日躋 昭假遲遲 上帝是祗 帝命式于九圍]"에서 유래한다.(『詩經』「商頌, 長發」)

50) 중용을 세우고 : 원문의 '건중(建中)'은 중용의 도를 세움을 말한다. "왕께서는 힘써 큰 덕을 밝히시어 백성들에게 중용의 도를 세우십시오.[王懋昭大德 建中于民]"에서 온 말이다.(『書經』「仲虺之誥」)

51) 토끼……있고 : 원문의 '간성(干城)'은 용맹한 장수를 말한다. "맞게 쳐진 토끼그물, 말뚝 소리 정정하 도다. 씩씩한 무부여, 공후의 간성이로다.[肅肅兎罝 椓之丁丁 赳赳武夫 公侯干城]"에서 온 말이다.(『詩經』「周南, 兎罝」) 그 주(註)에 "현명한 인재가 많아 비록 토끼를 잡는 야인이라도 그 재간의 쓸 만함이 오히려 이러했다."라고 하였다.

52) 복웅 : 주 무왕(周武王)을 도와 은(殷)의 주왕(紂王)을 토벌하며 역성혁명을 성공시킨 강 태공(姜太公)을 말한다. 주 문왕(周文王)이 사냥을 떠나려고 점을 쳤던 바 그 복사(卜辭)에 '곰도 아니고 범도 아니고 비휴(貔貅)도 아니고 얻는 것은 패왕(霸王)의 보좌다.'라고 나왔는데, 그날 과연 위수(渭水) 북쪽에서 여상(呂尙, 강 태공)을 만났기에 붙여진 이름이다.

53) 높은……있었으니 : 태왕(太王)이 기산(岐山) 아래 도읍의 터를 닦고 문왕(文王)이 그 유업을 이어받은 것을 말한다. "저 험한 기산에 평탄한 길이 있으니 자손들이 보전하리로다.[彼阻矣岐 有夷之行 子孫保之]"에서 유래한다.(『詩經』「周頌, 天作」)

양산을 넘어 선조의 유업을 이었으며[54] 先緖纘踰梁
지극한 덕을 갖고도 은을 섬겼으니 至德服事商
아! 그 광채가 매우 드러났도다[55] 於乎顯其光
우와 예가 분쟁을 질정하러 오다가 虞芮質厥成
함부로 그 경계를 다투지 않았네[56] 不敢爭其疆
저 무성한 오동나무에는 于彼梧桐樹
봉황이 앉았다 퍼덕이며 날아가네[57] 鳳集翽翽羽
금옥으로써 바탕을 삼았으니[58] 金玉以爲相
저 미인이여! 서방의 사람이로다[59] 彼美兮西方
심원하고 순수하여 그치지 않았고[60] 穆穆純不已
하늘이 편안하여 후손이 번창하였네 燕天厥後昌
능통하고 지혜로워 문무를 겸비하니[61] 宣哲又文武

---

54) 양산……이었으며 : 문왕은 조상인 태왕(太王)의 덕을 잘 이어 천하의 3분의 2를 소유하였다. 태왕은 백성의 목숨을 다치게 하지 않기 위하여 적인(狄人)의 침범을 피해 양산(梁山)을 넘어서 기산 아래에 도읍을 정하고 거주하였다.(『孟子』「梁惠王 下」)

55) 그……드러났도다 : 문왕의 성대한 덕이 매우 드러남을 말한다. 태사(太姒)를 맞아 친영하던 상황을 노래한 "예로 그 길함을 정하시고, 위수에서 친영하사, 배를 만들어 다리를 놓으시니, 그 빛이 드러나지 아니할까.[文定厥祥 親迎于渭 造舟爲梁 不顯其光]"에서 유래한다.(『詩經』「大雅, 大明」)

56) 우와……않았네 : 우(虞)와 예(芮)가 영토 문제로 다투다가 문왕에게 판결을 부탁하러 오는 도중에 문왕의 훌륭한 덕에 대한 소문과 현장에서 그 사실을 보고는 서로 양보하며 돌아갔다는 고사에서 유래한다.(『詩經』「大雅, 綿」)

57) 봉황이……날아가네 : 문왕이 천하를 잘 다스리게 될 것이라는 징조를 말한다. "봉황이 나니, 그 깃을 퍼덕여, 또한 그칠 곳에 앉도다.[鳳凰于飛 翽翽其羽 亦集爰止]"에서 유래한다.(『詩經』「大雅, 卷阿」)

58) 금옥으로써……삼았으니 : 문왕의 바탕이 금옥과 같이 아름다웠음을 말한다. 주(周) 나라 문왕(文王)의 덕을 찬양한 "잘 다듬은 그 문장이요, 금옥 같은 그 바탕이로다.[追琢其章 金玉其相]"에서 유래한다.(『詩經』「大雅, 棫樸」)

59) 저……사람이로다 : 원문의 '서인(西人)'은 서쪽에서 세력을 키운 훌륭한 군주를 말한다. "산에는 개암나무, 진펄에는 감초로다. 누구를 그리 생각하시는가, 서방의 고운님이로다. 저 고운 우리 님은, 서방의 사람이시로다.[山有榛 隰有苓 云誰之思 西方美人 彼美人兮 西方之人兮]"에서 유래한다.(『詩經』「邶風, 簡兮」)

60) 심원하여……않았고 : 문왕의 덕을 말한다. "하늘의 명이, 심원하여 그치지 않는도다. 아! 드러나 지 않겠는가, 문왕의 덕의 순수함이여.[維天之命 於穆不已 於乎不顯 文王之德之純]"(『詩經』「周頌, 維天之命」)와 "문왕이 문이 되신 이유가 순수함이 또한 그치지 않아서이다.[文王之所以爲文也 純亦不已]"(『中庸』「二十六章」)에서 유래한다.

그 도는 한 번 조이고 늦추었네[62] 其道一弛張
그대는 보라, 저물녘 밥 먹으며[63] 君看日昃食
상처 보듯이 백성을 돌보았음을[64] 恤民視如傷

상제께서 서쪽을 돌아보시니 上帝乃西眷
큰 경사가 태에 봉해지며 시작했는데[65] 篤慶自邰封
무열이 문모를 계승함에[66] 武烈承文謨
요순의 풍모가 없지 않았다네[67] 匪無堯舜風
성인이 어찌 내버려 둘 수 있으리 聖人豈得已
독부[68]가 흉악함을 제멋대로 함을 獨夫肆其凶
술지게미 둑[69]과 고기 숲을 둘렀고 糟堤繞脯林

---

61) 능통하고 …… 겸비하니 : 문왕의 능력과 후세에 끼친 영향을 말한다. “능통하고 지혜롭게 사람의 도리를 다하며, 문무를 갖추신 임금이시니, 사람들을 편안하게 하여 하늘까지 미쳐, 그 후손 을 번창하게 하셨도다.[宣哲維人 文武維后 燕及皇天 克昌厥後]”에서 유래한다.(『詩經』「周頌, 雝」)

62) 그 …… 늦추었네 : 문왕의 자기 계발의 실천적 자세를 말한다. “한 번 조이고 한 번 늦추는 것이 문왕·무왕의 도이다.[一張一弛 文武之道也]”에서 유래한다.(『禮記』「雜記下」)

63) 저물녘 밥 먹으며 : 문왕이 많은 정무를 부지런히 보았음을 말한다. “아름답게 부드럽고 공손히 하여 백성을 보호하고 홀아비와 과부를 아껴 한낮과 저녁이 되도록 밥 먹을 겨를도 없이 만민을 화하게 하였다.[徽柔懿恭 懷保小民 惠鮮鰥寡 自朝至于日中昃 不遑暇食 用咸和萬民]”에서 유래한다.(『書經』「無逸」)

64) 상처 …… 돌보았음을 : 문왕이 백성들이 혹시라도 다칠세라 걱정하여 잘 보살핌을 말한다. “문왕은 백성들을 볼 때 다친 데가 있지 않은가 걱정하였으며, 도를 보고도 보지 못하는 것처럼 하였다.[文王視民如傷 望道而未之見]”에서 유래한다.(『孟子』「離婁 下」)

65) 큰 …… 시작했는데 : 우(虞) 나라와 하(夏) 나라 초기에 주(周) 나라의 시조 후직(后稷)이 태(邰) 땅에 봉해졌다. 그의 자손들이 그 직책을 계승하였는데, 15대에 이르러 무왕(武王)이 천하를 차지하였다.

66) 무열이 …… 계승함에 : 무열(武烈)의 무왕이 문모(文謨)의 무왕(武王)을 계승하였음을 말한다. “크게 나타났다. 문왕의 법이여! 크게 계승하였다. 무왕의 공이여![丕顯哉 文王謨 丕承哉 武王烈]”에서 유래한다.(『書經』「君牙」)

67) 요순의 …… 않았다네 : 무왕이 문왕을 계승한 것이 순 임금이 요 임금을 계승한 것과 풍모가 같음을 말한다.

68) 독부 : 하늘도 버리고 백성도 버려 외롭게 된 통치자를 말한다. 폭군 주(紂)를 독부(獨夫)로 명명하였다.(『書經』「泰誓 下」)

69) 술지게미 둑 : 원문의 ‘조제(糟堤)’는 술지게미가 둑처럼 많이 쌓였음을 말한다. 상(商) 나라의 폭군 주(紂)는 도읍에 ‘술로 채운 못[酒池]’을 만들고 ‘술지게미로 된 언덕[糟丘]’을 따라 배를 돌리니

구리 기둥[70]은 다시 높고 높았네	銅柱復崇崇
크게 노하여 모월[71]을 어루만지며	赫然按旄鉞
천명을 받들어 하늘을 두려워하였네	奉命畏蒼穹
갑자일 한 번 청명하게 되었기에[72]	甲子一淸明
「무성」[73]으로 그 공을 고하였네	武成告厥功
800제후 기약하지 않고 모였으니[74]	八百不期會
지극히 공변된 마음을 볼 수 있었네	可見心至公
군마는 화산의 남으로 돌려보내고[75]	歸馬華山陽
옷을 드리우고 편안하게 앉았네[76]	垂衣坐雍容
어찌하여 수양산에서	云何首陽山
고사리 꺾는 노인[77]은 홀로 섰는가	獨立採薇翁

소처럼 몸을 수그려 술을 마시는 자가 3,000명이나 되었다.(『太公六韜』)

70) 구리 기둥 : 원문의 '동주(銅柱)'는 주(紂) 왕이 형벌에 사용하였던 구리 기둥을 말한다. 은(殷) 주왕은 구리 기둥에 기름을 칠하고 그 밑에 탄(炭) 불을 깔아 놓은 다음 죄인을 지나가게 하였다. 도중에 떨어진 죄인이 타는 모습을 보고 웃지 않던 왕비 달기(妲己)가 비로소 웃었다는 고사에서 유래한다.(『列女傳』「殷紂妲己」)

71) 모월 : 백모(白旄)와 황월(黃鉞)을 말하니 장군이 군대를 지휘하는 의장(儀仗)으로서 군권(軍權)을 말한다. "왕이 왼손에는 황금으로 꾸민 도끼를 잡고 오른손에는 흰 깃발을 잡고서 깃발을 휘두르며 말씀하였다. '멀리 오느라 수고했다 서토의 사람들아.'[王左杖黃鉞 右秉白旄 以麾曰逖矣 西土之人]"에서 유래한다.(『書經』「牧誓」)

72) 갑자일에 …… 되었기에 : 원문의 '갑자(甲子)'는 은 나라와 주 나라가 싸운 날이다. "갑자일 새벽에 수(受)가 그 군대를 거느리고 오는데 그 수가 숲처럼 많았다.[甲子昧爽 受率其旅若林 會于牧野]"에서 유래한다.(『書經』「武成」) '청명(淸明)'은 천하가 깨끗해졌음을 말한다. "군대를 풀어 큰 상(商)나라를 정벌하니, 만나서 전쟁하는 날 아침 날씨가 청명하도다.[肆伐大商 會朝淸明]"에서 유래한다.(『詩經』「大雅, 大明」)

73) 무성 : 『서경(書經)』의 편명으로 주 나라가 은 나라를 정벌하고 그 성공을 고한 글이다.

74) 800제후 …… 모였으니 : 무왕이 주를 치기 위해 원정길에 오르니 기약하지 않고 모인 제후가 800이었음을 말한다. "마침내 맹진(盟津)에 이르니, 약속하지 않았는데도 모인 제후가 팔백 명이었다.[遂至盟津 諸侯不期而會者 八百諸侯]"에서 유래한다.(『史記』「齊太公世家」)

75) 군마는 …… 돌려보내고 : 전쟁이 끝나고 천하에 무력을 쓰지 않을 것을 보였음을 말한다. "군마는 화산의 남쪽으로 돌려보내고, 소는 도림의 들판에 풀어놓아 천하에 무력을 쓰지 않을 것을 보였다.[歸馬于華山之陽 放牛于桃林之野 示天下不服]"에서 유래한다.(『書經』「武成」)

76) 옷을 …… 앉았네 : 천하가 절로 잘 다스려져서 태평성대를 이루었음을 말한다. "신의를 돈독히 하고 의리를 밝히며 덕 있는 이를 높이고 공 있는 이를 보답하니, 의상을 드리우고 팔짱을 낀 채로 있었으나 천하가 다스려졌다.[惇信明義 崇德報功 垂拱而天下治]"에서 유래한다.(『書經』「武成」)

돌아와서 기자를 방문하니	歸來訪箕子
홍범구주로 몽매함을 깨우쳐 주었네	九疇啓群蒙

주공은 삼왕의 덕을 겸하니78)	周公兼三王
문물이 성대하게 빛 났으며	文物郁有光
하·은의 예악을 덜고 보탤 때	損益二代樂
마음 저울로 몇 번이나 헤아렸던가	心衡幾低昂
아! 유언비어가 끝이 없어서	流言嗟罔極
성인께서 불행을 당하였는데	聖人不幸當
하늘이 금등편을 열게 하니	天啓金縢篇
동쪽 교외에서 곤의가 빛이 났네79)	東郊袞衣煌
다시 붉은 현의 거문고가 있어	更有朱絃瑟
청묘 옆에서 쟁쟁거리며 울리니80)	鏗鏘淸廟傍
『춘추』에 망국81)이라 하였으며	春秋稱望國

---

77) 고사리 꺾는 노인 : 원문의 '채미옹(採薇翁)'은 백이숙제(伯夷叔齊)를 말한다. 백이숙제는 은(殷) 나라 때 고죽군(孤竹君)의 아들이다. 주 무왕(周武王)이 은(殷) 나라를 치려고 할 때 간하여도 듣지 않으므로, 주(周) 나라 곡식 먹기를 부끄럽게 여기고 수양산(首陽山)에 숨어서 고사리를 캐먹다가 굶어 죽었다.

78) 주공은 …… 겸하니 : 주공의 성대한 덕을 말한다. "주공은 우·탕·문무 삼왕의 선한 일들을 혼자 겸해서 시행하려고 생각하여, 그중에 혹 부합되지 않는 일이 있을 적에는 밤낮으로 우러러 생각하다가 다행히 얻어진 것이 있으면 그대로 앉아서 아침을 기다렸었다.[周公 思兼三王 以施四事 其有不合者 仰而思之 夜以繼日 幸而得之 坐以待旦]"에서 유래한다.(『孟子』「離婁 下」)

79) 하늘이 …… 났네 : 성왕이 주공에 대한 유언비어를 듣고 의심하였는데, 하늘이 이를 풀어준 일을 말한다. 하늘이 변고로 알리자 성왕이 대신(大臣)들과 함께 주공이 일찍이 쇠줄로 봉해 놓은 금등서(金縢書)를 열어보았는데, 일찍이 무왕(武王)이 병들어 위독했을 때 주공이 무왕 대신 자기를 죽게 해 달라고 선왕(先王)께 기도한 글이 그 속에 들어 있었다. 성왕이 그것을 보고는 울면서 말하였다. "지금 하늘이 위엄을 나타내어 주공의 덕을 밝힌 것이니, 이 소자가 주공을 친히 맞아들이겠다." 교외(郊外)로 나가자, 바람이 반대쪽으로 불어서 쓰러진 벼가 다시 다 일어났다는 고사에서 유래한다.(『書經』「金縢」)

80) 붉은 …… 울리니 : 원문의 '갱장(鏗鏘)'은 악기 연주하는 소리이고, '청묘(淸廟)'는 왕자(王者)의 태묘(太廟)로서 국가의 정교(政教)를 행하는 곳을 말한다. "청묘의 거문고는 붉은 현으로 되어 있고, 소리가 느릿하여서 한 사람이 선창하면 세 사람이 화답하여 여음이 있다.[淸廟之瑟 朱絃而 疏越 壹倡而三嘆 有遺音者矣]"에서 유래한다.(『禮記』「樂記」)

81) 망국 : 춘추시대 초기에 주공이 봉해진 노(魯) 나라는 명망이 높아 망국(望國)으로 불려졌다.

주의 예는 동방에서 다 펼쳐졌네[82] 周禮盡東方

아름답도다! 우리 공자시여 猗歟吾夫子
크고 커서 더할 수가 없는 분이며[83] 不可以尚已
사시마다 원기를 갖추었기에[84] 四時備元氣
만고토록 사람들의 기강을 세웠다네 萬古立人紀
수레 하나로 지는 해를 부지하고[85] 一轍扶夕陽
목탁[86] 소리 그치지 않았지 木鐸鳴不止
요순의 도를 조술하면서[87] 祖述堯舜道
하·은의 예를 말할 수 있었네[88] 能言夏殷禮
봉황은 가고 하도마저 나오지 않자[89] 鳳去河不圖

82) 주의 …… 펼쳐졌네 : 주례(周禮)는 주 나라의 예의와 법도이고, 동방(東方)은 노(魯) 나라를 말한다. 주공이 봉해진 노 나라는 주례를 잘 간직하였다.

83) 크고 …… 분이며 : 공자의 도덕이 견줄 대상이 없을 정도로 뛰어남을 말한다. 공자의 삼년상을 마친 제자들이, 유약(有若)이 공자와 비슷하게 생겼다 하여 그를 공자 대신으로 섬기려 하자, 증자(曾子)가 말하였다. "불가하니 강한으로서 씻으며 가을볕으로서 쬐는 것과 같아서 호호하여 더할 수가 없다.[不可 江漢以濯之 秋陽以暴之 皜皜乎不可尙已]"에서 유래한다.(『孟子』「滕文公 上」)

84) 사시마다 …… 갖추었기에 : 운행의 자연스러움을 말한다. 공자께서 말하였다. "하늘이 무슨 말을 하던가. 그럼에도 불구하고 네 계절이 운행하고 만물이 자라난다.[天何言哉 四時行焉 百物生焉]"에서 유래 한다.(『論語』「陽貨」)

85) 수레 …… 부지하고 : 공자가 천하를 주유하며 쇠퇴한 세상의 도리를 바로 세우려 애썼던 일을 말한다.

86) 목탁 : 공자의 도가 장차 천하에 쓰여질 곳이 있음을 말한다. 의(儀) 땅의 봉인(封人)이 공자를 만나보고 나서서 말하였다. "하늘이 장차 그 어른을 목탁으로 삼으실 것이다.[天將以夫子爲木鐸]"에서 온 말이다.(『論語』「八佾」)

87) 요순의 도를 조술하면서 : 공자의 도가 근원이 있음을 말한다. "공자는 멀리 요 임금과 순 임금을 조종으로 받들어 계승하고, 가까이로는 문왕과 무왕의 법도를 드러내 밝혔다.[仲尼 祖述堯舜 憲章文武]"에서 유래한다.(『中庸』「三十章」)

88) 하·은의 …… 있었네 : 정치의 도가 근거 있음을 말한다. 자장(子張)이 십 세를 알 수 있는지를 물으니 공자께서 말하였다. "은 나라는 하 나라의 예를 인하였으니 덜고 보탠 바를 알 수 있고, 주 나라는 은 나라의 예를 인하였으니 덜고 보탠 것을 알 수 있다. 뒤에 혹시 주 나라를 이을 자가 생긴다면 비록 100 왕조 뒤에라도 알 수가 있다.[殷因於夏禮 所損益可知也 周因於殷禮 所損益可知也 其或繼周者 雖百世 可知也]"에서 유래한다.(『論語』「爲政」)

89) 봉황은 …… 않자 : 도의 쇠퇴함을 말한다. 공자께서 말하였다. "봉황새가 오지 않고 하도가 나오지 않으니 나도 이제 그만이다.[鳳鳥不至 河不出圖 吾已矣夫]"에서 유래한다.(『論語』「子罕」)

바닷물에 뗏목 띄우고 싶어 하셨네[90]	欲桴滄溟水
노의 역사책『춘추』 한 부는	一部魯春秋
존엄한 소왕[91]의 법도라네	尊嚴素王軌
공자께서 태극을 관통하시고	夫子一太極
문언전[92]으로 건곤을 밝히셨네	文言煥乾坤
문왕께서 비록 세상 떠났으나	文王縱云沒
하늘은 사문을 버리지 않았네[93]	天不喪斯文
우리 도의 본체를 흐르는 시내가	吾道付逝川
밤낮 쉬지 않고 달림에 견주었으며[94]	不舍晝夜奔
시서를 후학에게 알려주기 위하여	詩書詔來學
깎고 조술하여 성인의 자취를 보존하셨네[95]	刪述聖軌存
담장이 우러를수록 더욱 높아지니[96]	宮墻仰彌高
어떤 사람이 그 문으로 들어갔는가[97]	何人得其門

90) 바닷물에 …… 하셨네 : 무너진 도를 아쉬워하며 바다에 뗏목을 띄우고 멀리 떠나고 싶어했음을 말한다. 공자께서 탄식하며 말하였다. "도가 행해지지 않으니 뗏목을 타고 바다에 뜨리라.[道不行 乘桴浮于海]"에서 유래한다.(『論語』「公冶長」)

91) 소왕 : 제왕(帝王)의 자리에 있지는 못하여도 제왕의 공덕이 있다는 뜻으로 공자를 말한다.

92) 문언전 : 공자가『주역』의 본문을 경(經)으로 해서 이를 보익(輔翼)할 목적으로 알기 쉽게 설명하기 위해 지었다고 전해지는 글이다.

93) 문왕께서 …… 않았네 : 원문의 '사문(斯文)'은 유도(儒道)를 말한다. 공자께서 말하였다. "문왕이 이미 돌아가셨으니, 문이 이 몸에 있지 않겠는가. 하늘이 장차 사문을 없애려 하였다면 내가 사문에 참여할 수 없었을 것이다.[文王旣沒 文不在玆乎 天之將喪斯文也 後死者 不得與於斯文也]"에서 유래한다.(『論語』「子罕」)

94) 우리 …… 견주었으며 : 간단없는 도의 본체의 유행을 흐르는 시내에 견주었음을 말한다. 공자께서 시냇가에 서서 말하였다. "가는 것이 이와 같구나. 밤낮을 쉬질 않는구나.[逝者如斯夫 不舍晝夜]"에서 유래한다.(『論語』「子罕」)

95) 시서를 …… 보존했네 : 공자가 6경(經)을 정리하였던 일을 말한다.

96) 더욱 높아지니 : 원문의 '미고(彌高)'는 공자의 학문적 성취에 대한 감탄이다. 안연(顔淵)이 크게 탄식하며 말하였다. "우러러볼수록 더욱 높고 뚫을수록 더욱 견고하다.[仰之彌高 鑽之彌堅]"에서 유래한다.(『論語』「子罕」)

97) 어떤 …… 들어갔는가 : 원문의 '득기문(得其門)'은 공자의 학문적 성취는 보는 안목에 따라 다름을 말한다. 자복경백(子服景伯)이 숙손무숙(叔孫武叔)의 말을 빌려 자공이 공자보다 낫다는 말을 전하자 자공이 말하였다. "집에다 비유하자면, 나의 담장은 어깨 높이 이기에 나의 살림을 엿볼 수 있지만,

힘이 부족하다고는 말하지 말라[98]	勿言力不足
노력하면 학문이 더욱 도타워지리라	慥慥學彌敦
안씨의 아들이 도에 가까웠으나	顏氏子庶幾
종일 함께 지냄에 어리석은 듯하더니[99]	終日坐如愚
어리석은 듯하나 끝내 현명하니	如愚終不愚
그 마음은 실하면서 허한 것 같으며	其心實若虛
어찌 실하면서 허한 것 같을 뿐이랴	豈惟實若虛
또 다시 있어도 없는 듯하였네[100]	又復有若無
극기복례가 인을 하는 효험이니	克己爲仁效
천하 사람들이 하루만에 좇아오리라[101]	天下一日趨
어찌하여 누추한 골목에 누웠는가[102]	何以臥陋巷
성인의 수레가 길에 있기 때문이네[103]	聖轍方在途

부자의 담장은 몇 길이기에 문을 통해 들어가 보지 못하면 종묘의 아름다움과 백관의 성대함을 알 수가 없소. 그런데 그 문으로 들어가 본 이도 사실 드무니, 숙손무숙의 말이 또한 당연하지 않은가.[譬之宮牆 賜之牆也及肩 窺見室家之好 夫子之牆數仞 不得其門而入 不見宗廟之美百官之富 得其門者 或寡矣 夫子之云 不亦宜乎]"에서 유래한다.(『論語』「子張」)

98) 힘이……말라 : 원문의 '력부족(力不足)'은 인간의 부족한 의지를 말한다. 공자의 제자 염구(冉求)가 힘이 부족함을 호소하자, 공자께서 말하였다. "힘이 모자라는 사람은 중도에서 그만두지만, 지금 너는 한정 짓고 있다.[力不足者 中道而廢 今女畫]"에서 유래한다.(『論語』「雍也」)

99) 안씨의……듯하더니 : 묵묵히 자기화의 과정을 거치는 안연의 실천적 학문 자세를 말한다. 공자께서 제자 안연(顏淵)을 칭찬하였다. "내가 회와 함께 온종일 이야기하였으나 내 말에 이의를 제기하지 않아 어리석은 것 같더니, 물러간 뒤에 그 사생활을 살펴보았는데 또한 발하기에 충분하니, 회는 어리석지 않구나.[吾與回言終日 不違如愚 退而省其私 亦足以發 回也不愚]"에서 유래한다.(『論語』「爲政」)

100) 실해도……듯하였네 : 안연의 성실한 자세를 말한다. 증자(曾子)가 일찍이 안자를 칭찬하여 말하였다. "능하면서도 능하지 못한 이에게 물으며, 많으면서도 적은 이에게 물으며, 있어도 없는 것 같으며, 실해도 허한 것 같았다.[以能問於不能 以多問於寡 有若無 實若虛]"에서 온 말이다.(『論語』「泰伯」)

101) 극기복례가……좇아오리라 : 인의 체득에 의한 효험을 말한다. 안연(顏淵)이 인(仁)의 실천에 대해 묻자, 공자께서 말하였다. "극기복례가 바로 인을 하는 것이다. 하루라도 극기복례하면 온 천하가 인을 허여한다.[克己復禮爲仁 一日克己復禮 天下歸仁焉]"에서 유래한다.(『論語』「顏淵」)

102) 어찌하여……누웠는가 : 안연의 궁핍한 생활을 말한다. "한 대광주리의 밥과 한 표주박의 물을 먹으며 궁벽한 시골에서 사는 것을 다른 사람들은 견디지 못하는데 안회는 그 즐거움을 고치지 않았다.[一簞食 一瓢飮 在陋巷 人不堪其憂 回也不改其樂]"에서 유래한다.(『論語』「雍也」)

나라 다스리는 뜻을 알고 싶으면 欲知爲邦意
노의 『논어』에서 묻기를 청하라[104] 請質魯論書

증씨는 노둔함으로 도를 얻어[105] 曾氏以魯得
자신을 매일 세 가지로 반성하였으며[106] 吾身日三省
열 손가락이 가리키듯 엄중히 하였고[107] 嚴如十手指
신독[108]하며 홑옷 걸침을[109] 생각했네 愼獨思尙絅
책임이 무겁고 길 또한 아득하니[110] 任重道又遠
힘을 다하고 또 계속해서 달렸네 極力復馳騁
공문의 아름다운 심법은 孔門好心法
『대학』의 삼강령[111]에 담겨 있네 大學三綱領

---

103) 성인의 …… 때문이네 : 스승인 공자가 수레를 타고 천하를 주유하며 제후들에게 유세했지만 받아들여지지 않았으므로, 제자인 안연이 세상에 나갈 이유가 없었음을 말한다.

104) 노의 …… 청하네 : 나라를 다스리는 방도가 많이 나옴을 말한다. 안연(顔淵)이 일찍이 나라 다스리는 방도를 묻자, 공자께서 말하였다. "하 나라의 시력을 쓰고, 은 나라의 수레를 타고, 주 나라의 면류관을 착용하고, 음악은 소무를 써야 한다.[行夏之時 乘殷之輅 服周之冕 樂則韶舞]"에서 유래 한다.(『論語』「述而」)

105) 증씨는 …… 얻어 : 증자(曾子)의 간단없는 학문 자세를 말한다. 공자께서 평하였다. "증삼은 노둔한 편이다.[參也 魯]"(『論語』「先進」) 주에서, 정명도는 "증삼은 노둔하기 때문에 마침내 도를 얻었다."라고 말하였다.

106) 자신을 …… 반성하였으며 : 증자의 자기반성의 자세를 말한다. 증자(曾子)가 말하였다. "나는 매일 세 가지 일로 자신을 반성하나니, 남을 위하여 일을 할 때 충실하지 않았는가? 벗과 사귀면서 성실하지 않았는가? 전해 받은 학업을 힘써 익히지 않았는가?[吾日三省吾身 爲人謀而不忠乎 與朋友交而不信乎 傳不習乎]"에서 유래한다.(『論語』「學而」)

107) 열 …… 하였고 : 증자의 성실한 자세를 말한다. 증자가 말하였다. "열 개의 눈이 보고 열 손가락이 가리키니, 이 얼마나 엄중한가?[十目所視 十手所指 其嚴乎]"에서 유래한다.(『大學』)

108) 신독 : 성실함으로 인하여 홀로 함에 삼가는 자세를 말한다. "숨겨진 곳보다 더 드러남이 없으며 은미한 일보다 더 나타남이 없다. 그러므로 군자는 홀로 있을 때 삼간다.[莫見乎隱 莫顯乎微 故君子愼其獨也]"에서 유래한다.(『中庸』)

109) 홑옷 걸침을 : 원문의 '상경(尙絅)'은 자신을 위하는 학문 자세를 말한다. "『시경』에 '비단옷을 입고 겉에 홑옷을 걸친다.'고 하였으니, 이는 문채가 밖으로 드러나는 것을 싫어해서이다.[詩曰 衣錦尙絅 惡其文之著也]"에서 온 말이다.(『中庸』)

110) 책임이 …… 아득하니 : 학문에 임하는 선비의 자세를 말한다. 증자(曾子)가 말하였다. "선비는 도량이 넓고 뜻이 굳세지 않으면 안 되니 책임이 무겁고 길이 멀기 때문이다.[士 不可以不弘毅 任重而道遠]"에서 유래한다.(『論語』「泰伯」)

못 물처럼 고요한 상태에 이르러　及到淵水際
마음이 외로운 촛불처럼 빛나서는　心與孤燭炳
우리 도가 하나로 관통한다는[112]　吾道一以貫
그 경지에 마침내 들어서게 되었네　畢竟入其境

성스런 자사께서 『중용』을 지어　思聖作中庸
만 가지 현상이 한 근본으로 돌아가니　萬殊歸一根
듣지 않고 보지 않는 곳에서도　不聞不覩地
경계하고 두려워함을 늘 보존하였네[113]　常常戒懼存
솔개·물고기의 시를 증거로 삼아서　指證鳶魚詩
마음과 눈의 어두움을 깨트렸네[114]　破人心目昏
고요히 아직 발하지 않은 곳에서　寂然未發處
누가 온갖 변화의 근원을 탐구하였는가　誰探萬化源

위대하도다! 맹자[115]여　偉哉鄒孟氏
우뚝우뚝하기가 태산과 같구나　巖巖若泰山
공리설을 말끔하게 쓸어내고　廓掃功利說
의리의 핵심을 갈라 보여 주었네　剖示義理關
세대 내려가 왕춘[116]이 저물었는데　世降王春暮

---

111) 삼강령 : 명명덕(明明德)·신민(親民)·지어지선(止於至善)을 말한다.

112) 우리 …… 관통한다는 : 오도의 귀결점이 하나임을 말한다. 공자께서 말하였다. "삼아, 우리의 도는 하나로써 관통하느니라.[參乎 吾道一以貫之]" 증자(曾子)가 '예' 하고 대답하였다. 공자가 밖으로 나간 뒤에 다른 문인(門人)이 증자에게 그것이 무슨 뜻이냐고 묻자, 증자가 말하였다. "부자의 도는 충서일 뿐이다.[夫子之道 忠恕而已矣]"에서 유래한다.(『論語』「里仁」)

113) 경계하고 …… 보존하였네 : 도가 어느 곳에나 있으니 항상하는 자세를 가져야 함을 말한다. "도라는 것은 잠시도 떠날 수 없는 것이니, 떠날 수 있다고 한다면 그것은 도가 아니다. 그렇기 때문에 군자는 보지 않는 바에도 계신하며 듣지 않는 바에도 공구하는 것이다.[道也者 不可須臾離也 可離 非道 是故 君子戒愼乎其所不睹 恐懼乎其所不聞]"에서 유래한다.(『中庸』)

114) 솔개와 …… 깨트렸네 : 천지간의 모든 것이 도의 구현처 임을 말한다. "솔개 날아 하늘에 이르고, 물고기 못 속에서 뛰논다.[鳶飛戾天 魚躍于淵]"(『詩經』「旱麓」)를 "위와 아래에 이치가 밝게 드러남을 말한다.[言其上下察也]"라고 하였다.(『中庸』)

115) 맹자 : 원문의 '추맹씨(鄒孟氏)'는 맹자를 말한다. 맹자가 추 땅 사람이므로 이렇게 말하였다.

116) 왕춘 : 왕도 정치의 구현을 말한다. 은공(隱公) 원년의 "원년 봄 왕의 정월[元年春 王正月]"(『春秋』)을 『춘추공양전(春秋公羊傳)』에서 천하를 통일한 제왕의 봄이라고 해석하였다.

채색 꽃 누구 위해 붉게 피웠는가[117]　綵花爲誰丹
슬프도다! 혁추의 바둑이여　哀哉奕秋局
마음은 날아가는 홍곡에 있었네[118]　遊心鴻鵠翰
다스림 나를 버리고 누구로부터 할까　平治舍我誰
왕도정치는 행하기 어렵지 않건만　王道行非難
세상에 노 목공이 없어졌으니　世無魯繆公
자사가 편안할 수 없었다네[119]　子思不能安

공자와 안자가 즐긴 일이 무엇인지　孔顏何事樂
무숙은 매번 찾도록 하였네[120]　茂叔每令尋
작은 뜰에는 오동나무가 지고　小庭梧桐晩
빈 창문에 대나무 빛이 어른거렸네　虛窓竹色侵
「태극도」[121]는 묘한 조짐을 보여주며　極圖觀妙幾
「통서」[122]는 참된 마음이 깃들어 있네　通書寓心眞

---

117) 채색 …… 피웠는가 : 태평성대를 이룰 왕도정치가 시들었는데 왕도정치를 이루고자 하는 일편단심은 누구를 위하여 붉게 피웠는가라는 의미이다. 원문의 '채화(綵花)'는 비단으로 만든 화려한 꽃인데 여기서는 일편단심을 상징한다.

118) 혁추의 …… 있었네 : 이는 학문하면서 전심치지(專心致志)하지 못함을 말한다. 맹자가 말하였다. "혁추는 온 나라에서 바둑 잘 두는 사람이다. 혁추에게 바둑을 두 사람에게 가르치게 하거든, 한 사람은 마음을 다하여 오직 혁추의 말을 듣고 한 사람은 날아오는 기러기를 활로 쏘아 맞출 것을 생각한다면, 비록 함께 배운다 하더라도 그와 같지 못할 것이다.[奕秋 通國之善奕者也 使奕秋 誨二人奕 其一人 專心致志 惟奕秋之爲聽 一人 雖聽之 一心 以爲有鴻鵠 將至思援弓繳而射之 雖與之俱學 弗若之矣]"에서 유래한다.(『孟子』「告子 上」)

119) 세상에 …… 없었다네 : 맹자의 왕도정치를 제대로 이해한 군주가 없었음을 말한다. 옛날 노 목공(魯繆公)이 자사(子思) 옆에 항상 사람을 남겨두어 뜻을 전하게 하여 자사를 편안하게 했던 고사에서 유래한다.(『孟子』「公孫丑 下」)

120) 무숙 …… 하였네 : '무숙(茂叔)'은 북송(北宋)의 유학자 주돈이(周敦頤)의 자이다. "예전 주무숙에게 배웠는데, 매번 중니와 안자가 즐긴 곳과 즐긴 것이 무슨 일인지 찾게 하였다.[昔受學於周茂叔 每令尋 仲尼顏子樂處所樂何事]"에서 유래한다.(『御纂性理精義』)

121) 태극도 : 주돈이가 그린 「태극도설(太極圖說)」을 말한다. 무극(無極)인 태극에서 음양과 오행과 만물이 생성하는 발전과정을 설명하였다.

122) 통서 : 주돈이의 저서로 「역통(易通)」이라고도 한다. 「태극도설」과 표리 관계에 있는데 오로지 윤리설(倫理說)을 다루었다. 인극(人極)으로서의 성인(聖人)의 길을 중정(中正)과 인의(仁義)라 하고, 태극의 본질인 '지선순일(至善純一)'에 도달하는 데는 무욕염담(無欲恬淡)하고 마음의 안정을 기

성인과 멀어지고 말씀조차 막혔으니	聖遠言又湮
도를 누가 맡을 지 걱정하였네	憂道孰能任
산은 정적이고 물은 동적이며	山水動靜地
바람과 달같이 깨끗한 마음이었네[123]	風月灑落襟
선각자가 있음을 힘입어	賴有先覺在
진중하게 유림을 열었네[124]	珍重闢儒林

상서로운 구름 햇살이 자욱할 때	祥雲靄瑞日
백순 역시 안연과 같아서[125]	伯淳又顏淵
도는 천지와 더불어 통하니	道與天地通
한 없이 넓고도 끝없이 깊었네	溥博而淵泉
관조[126]할 때 생기가 넘쳤고	觀物生意溢
만날 때마다 온화한 기운 앞서니	接人和氣先
천 년 동안 참 유자가 없었는데	千載無眞儒
끊긴 맥이 가까스로 이어졌네	墜緒幾緜緜
비바람 치던 오계[127]의 뒤에	風雨五季後
사도를 다시 환하게 밝혔네	斯道復煥然
꽃과 버들은 앞 내에 가득하고	花柳滿前川
봄바람이 아름다운 흥을 끈다네[128]	春風佳興牽

해야 한다고 하였다.

123) 바람과 …… 마음이었네 : 주돈이의 인품을 말한다. 황정견(黃庭堅) 「염계시서(濂溪詩序)」의 "용릉의 주무숙은 인품이 매우 고상하여 가슴속이 깨끗해서 마치 온화한 바람과 맑은 달빛 같다.[舂陵周茂叔 人品甚高 胸中灑落 如光風霽月]"에서 유래한다.

124) 선각자가 …… 열었네 : 선각자인 주돈이가 있음에 힘입어 유학이 크게 일어났음을 말한다.

125) 백순이 …… 같아서 : 운문의 '백순(伯淳)'은 명도 선생(明道先生) 정호(程顥)의 자이다. 정호는 주돈이의 제자로서 공자의 제자 안연(顏淵)과 같은 역할을 했음을 말한다.

126) 관조 : 원문의 '관물(觀物)'은 고요한 가운데 만물의 현상을 살펴 천지자연의 이치를 관조하여 조응(照應)해 보는 일을 말한다.

127) 오계 : 다섯 왕조가 자주 갈린 계세(季世)라는 뜻으로, 후오대(後五代)를 말한다.

128) 꽃과 …… 끈다네 : 학문의 연원이 있음을 말한다. 정호가 호현(鄠縣)의 주부(主簿)로 있을 때 지은 시 「춘일우성(春日偶成」의 "엷은 구름 상큼한 바람 정오가 다 되는 때, 꽃길 따라 버들 따라 앞 시내를 건너가네.[雲淡風輕近午天 傍花隨柳過前川]"에서 유래한다.(『伊洛淵源錄』)

참으로 용문에 사는 노인[129]은	展也龍門翁
모든 행동이 법도 따라 맞으니	規圓而矩方
종일토록 조는 듯 앉아 있는데	終日坐如睡
문 밖에는 바람과 눈이 서늘하였네[130]	門外風雪凉
스승의 도는 존엄을 귀히 여기어	師道貴尊嚴
두 분이 과연 당에 올라가서[131]	二子果升堂
가을 서리나 높은 산맥처럼 서니	霜秋喬嶽立
기상이 엄숙하고 장엄하였네	氣象肅而莊
하도로 복희씨를 직접 보았고	馬圖親見羲
반명[132]으로 탕 임금의 뜻 외웠네	盤銘幾誦湯
삼엄하게 학과의 조목을 세우니	森嚴立科條
학업의 제도가 또한 상세하였네	學制又看詳
사와 달 모두 이와 같았는데	舍達皆如斯
늙은 나뭇꾼은 어딜 바삐 갔는가[133]	樵叟去何忙
긴요한 곳을 차분히 바라보니	看取喫緊處
물고기 뛰고 솔개 날아 오르네	魚躍鳶飛翔

129) 용문 사는 노인 : 원문의 '용문옹(龍門翁)'은 이천(伊川) 정이(程頤)를 말한다.

130) 종일……서늘했네 : 문하에서 가르침을 받음을 말한다. 송 나라 유조(游酢)과 양시(楊時)가 처음 정이(程頤)를 찾아갔을 때 마침 정이가 눈을 감고 앉아 있으므로 두 사람은 인기척을 내지 않고 서서 기다렸는데, 정이가 눈을 떴을 때는 문밖에 내린 눈이 한 자가량이나 쌓여 있었다고 하는 고사에서 유래한다. 후대에는 이를 '정문입설(程門立雪)'이라고 한다.(『宋史』「楊時列傳」)

131) 사도는……올라가서 : 정호와 정이 형제가 스승인 주돈이를 존엄을 위주로 하여 섬기어 마침내 학문의 깊은 경지에 올랐음을 말한다.

132) 반명 : 원문의 '반명(盤銘)'은 목욕(沐浴)하는 그릇에다 새겨 스스로를 깨우치는 글로서 탕 임금의 글을 말한다. "탕의 반명에 새겼다. '어느 날 새롭게 되었으면 날마다 새롭게 하고, 또 날마다 새롭게 하라.[湯之盤銘 曰苟日新 日日新 又日新]"에서 유래한다.(『大學』)

133) 사와……갔는가 : 정이의 마음 수양의 정도를 말한다. 정이(程頤)가 부주(涪州)로 귀양가면서 강을 건너는데 풍랑이 심하여 배가 거의 전복되려 하니, 배 안의 사람들이 모두 부르짖으며 울었다. 그런데 정이만은 유독 옷깃을 단정히 하고 편안히 앉아서 평상시와 같았다. 언덕에 정박하자 초부(樵夫)가 물었다. "배가 위태로울 때 그대만이 유독 두려워하는 기색이 없으니, 사해서 이와 같은 것인가, 달해서 이와 같은 것인가?" 정이가 대답하였다. "마음에 성경을 지녔기 때문이다.[伊川自涪陵舟行遇風 舟人皆懼 惟伊川不動 岸上有負薪者 遙謂之曰 達後如此 捨後如此……伊川曰 心存誠敬爾]"에서 유래한다.(『朱子語類』)

훌륭한 이들이 이 곳에서 나와	伯仲於是出
염락에는 인재가 매우 많으며	濂洛菀群材
하늘의 운수가 아름답고 밝으니	天運屬休明
문교로써 양성할 수 있었네	文敎得栽培
북해엔 푸른 옷깃의 선비가 모였고	北海青襟集
서하에는 붉은 휘장이 열렸네134)	西河絳帳開
누가 들창에 '증완'이라 명했나	銘牖誰證頑
격양옹이 고치도록 하였네135)	擊壤翁打乖
진중한 기영사의 모임에는136)	珍重耆英社
의관 갖춘 이들 모두 헌걸차니	衣冠摠傑魁
삼대의 풍모를 만회하였으며	挽回三代風
문물이 얼마나 어울리는지137)	文物何彬哉
하늘이 자주자 선생으로	天以子朱子
『시』·『서』의 틀린 곳을 바로 잡아	復正詩書訛
우뚝하게 지주138)처럼 서게 하니	巋然砥柱立
서강에는 풍랑이 거세었네139)	西江風浪多

---

134) 북해엔 …… 열렸네 : 학교를 만들어 학문이 크게 일어났음을 말한다. 원문의 '북해(北海)'는 한(漢) 나라 때 건안칠자(建安七子) 가운데 한 사람으로 북해상(北海相)을 지낸 공융(孔融)을 가리키고, '서하(西河)'는 서하교수(西河敎授)로 있었던 자하(子夏)를 가리킨다.

135) 누가 …… 하였네 : 장횡거(張橫渠)가 자기 학당 두 들창에다 왼편에다는 '폄우(砭愚)'라고 쓰고 바른편에다는 '증완(證頑)'이라고 썼다. 이천이 보고, 그렇게 명명하면 논쟁의 소지가 될 염려가 있으니 동명(東銘)·서명(西銘)으로 고치라고 한 고사에서 유래한다.

136) 기영사의 모임에는 : 원문의 '기영사(耆英社)'는 관직은 무시한 채 나이로만 서열을 매긴 모임이다. 송(宋) 나라 문언박(文彦博)이 서경 유수(西京留守)로 있을 때, 당(唐) 나라 백거이(白居易)의 구로회(九老會) 고사를 본떠 부필(富弼)·사마광(司馬光) 등 13인의 노인을 모아 만든 모임이다.

137) 삼대의 …… 적절해졌네 : 송 나라의 문물이 하·은·주 삼대의 풍모를 만회하였음을 말한다.

138) 지주 : 하남(河南) 삼문협(三門峽) 동북쪽 황하 중심에 있는 산 이름이다. 황하의 물결이 아무리 거세게 흘러도 이 산을 무너뜨리지 못하고, 이 지점에 와서 갈라져 두 갈래로 산을 싸고 흐른다. 흔히 난세에 지조를 지키는 선비의 비유로 쓰인다.

139) 서강에는 …… 거세었네 : 원문의 '서강(西江)'은 촉강(蜀江) 또는 양자강의 중하류(中下流)를 말한다. 서강의 풍랑이 거세니 평탄치 못한 인간 세상을 말한다. 두목(杜牧)은 「장호(張祜)에게 답한 시」에서 "북극의 누대 언제나 꿈 속에 들어오고, 서강의 파랑 멀리 하늘을 삼킨다.[北極樓臺長掛夢

진실로 촛불잡고 따르지 않는다면　苟微秉燭隨
이다지도 긴 밤을 어떻게 보낼까　奈此長夜何
만고의 연원을 거슬러 오르며　淵源溯萬古
무이산에서 뱃노래를 불렀네[140]　武夷唱櫂歌

시가 없어진 지[141] 몇 천 년 만에　詩亡幾千年
창주[142]에 바른 말이 있었네　滄洲有雅言
말은 간이하나 주밀하였고　其言簡而密
뜻은 엄정하나 온화하였네　其旨莊而溫
시교[143]를 한결같이 베푸니　詩教一以出
백가들의 떠들던 소리 멈추었네　百家絶啾喧
네 계절의 운행을 차분히 짐작하여　斟酌運四序
북두성을 초저녁에 세웠네　星斗建初昏
위로는 큰 건원을 서술하고　上述乾元大
아래로는 많은 인물에 이르렀으니　下至人物繁
그대는 행주시[144]를 보라　君看行舟詩
성명의 본원이 다 들어있다네　性命有本原

西江波浪遠呑空]"라고 하였다.

140) 만고의 …… 불렀네 : 주희가 무이산(武夷山)에서 노닐며 「무이구곡도가(武夷九曲棹歌)」를 지었음을 말한다.

141) 시가 없어진 지 : 세도(世道)가 무너졌음을 말한다. "왕자의 자취가 사라지고 난 뒤에 시가 없어졌고, 시가 없어지고 난 뒤에 『춘추』가 지어졌다.[王者之迹熄而詩亡 詩亡然後春秋作]"에서 유래한다.(『孟子』「離婁 下」)

142) 창주 : 주희를 말한다. 그가 복건성(福建省) 건양현(建陽縣) 고정(考亭)에 창주 정사(滄洲精舍)를 짓고 그곳에서 기거하자 많은 제자들이 그리로 모여들었다.

143) 시교 : '시교(詩敎)'는 시를 통한 교화를 말한다. 공자께서 말하였다. "그 사람됨이 온유하고 돈후한 것은 시의 가르침이다.[其爲人也 溫柔敦厚 詩敎也]"에서 온 말이다.(『禮記』「經解」)

144) 행주시 : 원래 제목은 「수구행주 2수(水口行舟二首)」이고, 『회암집』 권10의 원문 중 제1수는 다음과 같다. "어젯밤 조각배에 도롱이 쓰고 비 맞았지. 강에 가득한 풍랑이 밤엔 어떠하였던가. 오늘 아침 발 걷고 외로운 거룻배를 보니, 푸른 산은 그대로인데 녹음은 짙어졌네.[昨夜扁舟雨一蓑 滿江風浪夜如何 今朝試捲孤篷看 依舊靑山綠樹多]"

임술년[145] 초가을, 놀이삼아 곡강[146] 뱃노래 10수를 짓고는, 그나마 병든 중에 한 번 웃어본다.[壬戌早秋 戲作曲江櫂歌十首 聊發病中一笑]

엄연한 신령님이 금오산[147]에 있기에	金鰲山上儼仙靈
몇 구비의 길고 맑은 강이 둘러 흐르네	山抱長江幾曲清
무한의 풍광이 아득히 담겨져 있으니	箇裏悠悠無限景
뱃노래[148] 소리를 그려내어 본다네	形容得出櫂歌聲
일곡이라, 강가에서 배 띄우려는데	一曲江邊欲放船
아득한 바다가 잔잔한 강처럼 되었네	蒼茫三海變平川
한 길의 근원처는 종적이 아득하고	源頭一路無尋處
아득하고 긴 들녘엔 저녁연기 깔려있네	漠漠長郊亘暮烟
이곡이라, 붉은 실로 두 봉우리 묶으니	二曲紅線繫兩峯
옥 같이 고운 수선화[149]의 모습이구나	凌波仙女玉爲容
하백[150]이 너무 오래 머문다고 비웃지만	笑他河伯留人久
조개 진주 궁전[151] 몇 길이나 잠겼는지	貝闕珠宮鎖幾重

---

145) 임술년 : 작자의 생존연대로 미루어 순조(純祖) 2년(1811)에 지은 것으로 여겨진다. 저자가 주자(朱子)의 「무이도가십수(武夷櫂歌十首)」를 차운(次韻)하여 지은 작품이다.

146) 곡강(曲江) : 흥해군(興海郡)의 동쪽 7리에 위치하고 있는데, 신광현(神光縣)의 마북산(馬北山)에서 근원하여, 고을 북쪽을 지나 동으로 흘러 고령산(孤靈山) 아래에서 동해로 흘러든다.

147) 금오산 : 곡강의 입구(바다와 맞닿는 지점)에서 내륙으로 좀 들어간 지점에 있는 오산(鰲山)을 말한다.

148) 뱃노래 : 원문의 '도가(櫂歌)'는 뱃사공이 노를 저으며 부르는 노래를 말한다. 주자(朱子)는 무이산(武夷山)에 머물면서 부근의 명승지를 찬양한 「무이도가(武夷櫂歌)」 10수를 남겼는데, 조선시대의 선비들은 차운시를 자주 지었다.

149) 수선화 : 원문의 '능파선녀(凌波仙女)'는 수선화(水仙花)를 말한다. 강에 비친 산모양이 수선화처럼 아름답다는 표현이다. 전설에 의하면 수선화는 요 임금의 딸인 아황(娥皇)과 여영(女英)의 화신이다. 남편인 순 임금이 남쪽으로 순행(巡行)하러 갔다가 중도에 죽자 아황과 여영이 상강(湘江)에 이르러 물에 빠져 따라 죽었는데, 하늘이 두 사람의 지극한 애정을 불쌍히 여겨 두 사람의 혼백을 강가의 수선으로 화하게 하여 납월수선(臘月水仙)의 화신(花神)이 되게 하였다고 한다.

150) 하백 : 중국의 고대신화에 나오는 황하(黃河)의 수신(水神)이다. 풍이(馮夷)라는 별칭으로도 불린다. 하백을 용왕(龍王)에 비유하였다.

151) 조개 진주 궁전 : 원문의 '패궐주궁(貝闕珠宮)'은 강(江)의 신인 하백(河伯)이 살고 있다는 곳으로, 자패(紫貝)와 진주(眞珠)로 장식된 용궁을 말한다. 『초사(楚辭)』「구가(九歌), 하백(河伯)」에 "물고기

삼곡이라, 중류를 자유로이 가는 배	三曲中流自在船
여태까지 몇 년이나 헛되이 힘썼던고[152]	向來費力幾何年
노를 저어 곧장 흥안성첩[153]을 지나니	撑檣直過興安堞
가무를 즐기던 옛터 도리어 가련하여라	歌舞遺墟却可憐
사곡이라, 동서로 기암들이 모였는데	四曲東西摠怪巖
수많은 이끼 꽃이 북실북실 푸르네	苔花無數碧毰毸
앞뒤를 둘러보니 가흥이 넘치는데	瞻前顧後多佳興
하늘엔 솔개 날고 연못엔 물고기 노네[154]	鳶在青天魚在潭
오곡이라, 몇 겹의 구름 병풍이 펼쳐져	五曲雲屛幾疊深
검푸른 절벽 숲엔 안개 끼어있네	丹崖翠壁靄佳林
비 갠 뒤 찬 강물위로 초승달 뜨니	霽餘新月生寒水
천 년의 깨끗한 마음을 상상할 만하네	想得千年灑落心
육곡이라, 물굽이와 닿아 있는 인가는	六曲人家臨碧灣
일 없어 오랫동안 사립문 닫고 있네	長時無事閉柴關
꽃 피고 물 맑으니 빼어난 절경이요	花明水綠又奇絶
흰 새 깊이 잠든 한낮에 봄은 한창이네	白鳥眠深春晝闌
칠곡이라, 세찬 여울 가 낚시터에서는	七曲漁磯傍急灘
고령산[155]의 풍경이 한 눈에 들어오고	高靈山色入回看

의 집이며 용의 전당이여, 자색 조개로 꾸민 대궐 붉은 궁전이라네.[魚鱗屋兮龍堂 紫貝闕兮朱宮]"에서 유래한다.

152) 중류를 …… 힘썼던고 : 바른 길을 돌아 힘을 허비하였음을 말한다. 주희(朱熹)의 철리시(哲理詩)인 「관서유감(觀書有感)」의 "어젯밤 강가에 봄물이 흘러나와서, 크나큰 군함이 한 터럭처럼 가볍구나. 여태까지 잘못 미는 힘만 허비했어라, 이날에야 중류를 자유자재로 떠가네[昨夜江邊春水生 艨艟巨艦一身輕 向來枉費推移力 今日中流自在行]"에서 유래한다.

153) 흥안성첩 : 자세하지는 않으나 왜구의 침입을 막기 위해 조후(趙侯)라는 관리가 백성들을 위무하여 쌓은 성을 말한다. 읍성의 흔적만 남아 있다.

154) 하늘엔 …… 노네 : 주114) 참조.

155) 고령산 : 현재 흥해읍 곡강리에 있는 곡강 입구의 곤륜산(崑崙山, 177m)의 옛 이름이다.

지난밤의 비가 맑은 시내에 더해져 玉流添得前宵雨
도랑으로 흘러드니 여러 길이 차갑네 散入溝塍幾路寒

팔곡이라, 층층바위가 좌우로 열린 곳 八曲層巖左右開
저 구름 속으로 학이 울며 날아가네 戛然雲際鶴飛迴
험준한 꼭대기에 서 있기 어렵다마라 莫道嵋崚難立脚
태산 꼭대기에도 사람이 오른다네 泰山頂上有人來

구곡이라, 넓고 넓은 푸른 바다로 九曲滄溟浩浩然
봉림[156]포구로 뭇 강물이 모여드네 鳳林浦口集群川
한 홉의 물이 이제 이렇게 많아져서 始從一勺多如許
눈길 닿는 저 끝에서 하늘과 이어있네 極目無邊水接天

인정[157] 앞 쌍계의 아홉 굽이[印亭雙溪九曲]

난간 너머 쌍계는 아홉 굽이로 흐르는데 檻外雙溪九曲流
쌍계의 경치는 빼어나면서도 그윽하네 雙溪風物顯而幽
세상 사람들 쌍계의 즐거움 알려거든 世人欲識雙溪樂
꼭 쌍계의 첫 구비로 가야하니 須向雙溪最上頭

– 이상은 쌍계에서[右雙溪]

일곡이라, 붉은 벼랑에 물이 굽이돌고 一曲丹崖繞碧灣
한가한 구름 시냇물에 아득히 펼쳐있네 閒雲流水杳茫間
솔잎 뜨는 물결은 도화랑[158]이 아니건만 松濤不是桃花浪

---

156) 봉림 : 곡강리 일대에는 해풍이 심해 해안선 일대에 해풍을 막기 위해 조성한 큰 숲을 말한다.

157) 인정 : 칠인정(七印亭)을 말한다. 경상북도 포항시 북구 흥해읍(興海邑) 초곡리(草谷理)에 있는 정자이다. 이계선생의 선조인 장표(張彪)가 1409년(태종 9)에 건립하였다. 낙성식 때 장표의 을제(乙濟)·을하(乙河)·을해(乙海)·을포(乙浦) 네 아들과 유정봉(柳廷鳳)·이읍(李邑)·이현실(李玄實)의 세 사위가 모두 관인(官人)으로서 참여하여 정자 앞 쌍괴수에 인수(印綬 : 조선시대에 병권을 가진 관원이 병부 주머니를 찰 때 쓰던 사슴 가죽으로 된 끈)를 걸었다는 것을 기념하여 '칠인정(七印亭)'이라 불렀다고 한다.

산 너머의 고깃배들은 저절로 돌아오네 山外漁舟也自還

– 이상은 하송계에서[右下松溪]

이곡이라, 약수봉에서 흩날리는 폭포 二曲飛泉瀉藥峯
구름 같이 깔려 신선의 자취 숨겼네 白雲多處秘仙蹤
유가에선 투생술을 배우지 않기에 儒門不學偸生術
버리고서 떠나기가 어렵지 않다네 脫屣非難一往從

– 이상은 약수봉에서[右藥水峯]

삼곡이라, 계곡의 기세 점점 아득해지고 三曲溪流勢漸長
마을엔 수죽이 들엔 뽕나무가 가득하네 村多水竹野多桑
지척의 홰나무 두 그루 그늘을 드리우고 雙槐咫尺餘陰覆
비 지난 뜰에는 여기저기 난초 향기 나네 雨過庭蘭幾處香

– 이상은 초곡에서[右草谷]

사곡이라, 서남쪽에 솟은 여러 봉우리 四曲西南碧數岑
봄이 되자 아름다운 나무숲을 만들었네 春來佳木藹成林
민둥민둥함은 산의 본성이 아님을 알 테니 乃知濯濯非山性
소와 말을 풀어 밤낮으로 침범치 마오[159] 莫遣牛馬日夕侵

– 이상은 목령에서[右木嶺]

오곡이라, 갈아 놓은 듯한 한 석대 五曲磨礱一石臺
모서리엔 작은 이끼도 끼지 않았네 廉稜不受細錢苔

158) 도화랑 : '도화랑(桃花浪)'은 복숭아꽃잎이 떠가는 물결을 말한다. 복숭아 꽃잎이 떠내려가는 것을 보고 거슬러 올라가 별천지를 보았다는 도연명(陶淵明)의 「도화원기(桃花源記)」에서 유래한다.

159) 민둥민둥함이 …… 마오 : 밤에 내리는 비와 이슬의 윤택(潤澤)으로 초목의 싹이 자라는데, 소와 말을 풀어 다시 민둥산이 되게 하지 말라는 것을 말한다. "그 밤낮으로 자라나는 바와 우로가 적셔 주는 바에 싹이 나오는 것이 없지 않건마는, 소와 양이 또 따라서 방목되므로 이 때문에 저와 같이 민둥민둥하게 되었다. 사람들은 그 탁탁한 것만을 보고는 일찍이 훌륭한 재목이 있은 적이 없다고 여기니, 이것이 어찌 산의 본성이겠는가.[是其日夜之所息 雨露之所潤 非無萌蘖之生焉 牛羊 又從而牧之 是以 若彼濯濯也 人見其濯濯也 以爲未嘗有材焉 此豈山之性也哉]"에서 온 말이다.(『孟子』「告子 上」)

깊은 숲에서 오래 머문다고 탄식치 말게 深林莫歎盤旋久
무상한 태평 운세는 가면 다시 온다네 泰運無常往復迴

– 이상은 반태동에서[右盤泰洞]

육곡이라, 도솔천[160]이 열린 산에 六曲山開兜率天
신라의 꽃비[161]는 천 년을 이었는데 新羅花雨一千年
안양이란 절은 지금 어디에 있는가 寺名安養今安在
자해[162]가 상전 됨[163]도 가련하구나 慈海桑田亦可憐

– 이상은 안양사에서[右安養寺]

칠곡이라, 향기 찾아서 물가로 왔는데 七曲尋芳到水邊
맑은 못에 비친 달은 둥근 태극도이며 澄潭得月極圖圓
물가에 자란 봄풀은 모두 서대초[164]이니 繞汀春草皆書帶
산과 시내는 언제나 각각 인연이 있네 今古溪山各有緣

– 이상은 서당록에서[右書堂麓]

팔곡이라, 시내 따라 길은 더욱 깊은데 八曲沿溪路轉深
바로 마음과 같이 산 밝고 골 넓어져 山明洞濶正如心
앞길에 볼거리 많음을 비로소 믿으니 前程始信多奇觀

---

160) 도솔천 : 육욕천의 넷째 하늘이다. 수미산의 꼭대기에서 12만 유순(由旬) 되는 곳에 있는 미륵보살이 사는 곳으로 내외(內外) 두 원(院)이 있는데, 내원은 미륵보살의 정토이며, 외원은 천계 대중이 환락하는 장소라고 한다.

161) 꽃비 : 원문의 '화우(花雨)'는 원래 불교의 언어로 제천(諸天)이 부처의 설법하는 공덕을 찬탄하여 꽃을 비처럼 뿌렸던 데서 나온 말이다. 여기서는 불교가 융성했던 신라를 말한다.

162) 자해 : 자비(慈悲)의 교해(敎海)라는 뜻으로, 부처의 자비로써 중생을 제도하는 교법의 광대함이 바다와 같음을 말한다. 여기서는 자비의 가르침을 폈던 안양사의 자취를 말하는 것으로 보인다.

163) 상전 됨 : 원문의 '상전(桑田)'은 상전벽해(桑田碧海)의 줄임말로서, 바다가 변하여 뽕나무 밭이 되고 뽕나무 밭이 변하여 바다가 된다는 뜻으로 세상일의 변화가 매우 크다는 것을 말한다.

164) 서대초 : 풀이름이다. 유소(劉昭)가 진(晉) 나라 복탐(伏琛)의 『삼제기(三齊記)』를 참고하여 주를 내었다. "한 나라 정현이 불기산에서 제자를 가르칠 때 산 아래에 부추처럼 크고 잎사귀의 길이가 한 자 남짓이 되는 풀이 자랐는데, 대단히 질기니 사람들이 '강성(정현의 자)의 서대'라고 불렀다.[鄭玄敎授不其山 山下生草大如薤 葉長一尺餘 堅刃異常 土人名曰康成書帶]"에서 온 말이다.(『後漢書』「郡國志」)

유인[165]이 찾아 오르기 좋은 곳이라네　好是幽人向上尋

– 이상은 정동에서[右正洞]

구곡이라, 산 높아서 시야가 확 열리니　九曲山高眼始開
한 줄기 시내와 풍월이 마음에 가득해지네　一川風月滿襟來
근원에서 솟는 물은 쉼 없이 흐르기에[166]　源頭活水流無滯
빈 배를 띄워 다시 거슬러 올라가리라　且泛虛舟溯復洄

– 이상은 성지동에서[右性智洞]

다시 열 곳을 읊조리다.[又十詠]

한 음이 도의 뿌리가 되기에　一陰爲道根
온갖 경물들을 감싸고 있네　包得萬千景
가뭄 속 상림[167]에 비 내렸으니　歲旱雨桑林
임금님 기우제로 수고할 일 없네　無勞聖主請

– 이상은 도음산에서[右禱陰山]

동쪽으로 우이[168]와 가까우니　東與嵎夷近
서늘하게 해가 멱 감는 물결[169]이네　蒼凉日浴波

---

165) 유인 : 은둔하여 사는 사람을 말한다.

166) 근원에서 …… 흐르기에 : 주희(朱熹) 「관서유감(觀書有感)」의 "반 이랑의 네모난 못이 거울처럼 트였는데, 하늘 빛 구름 그림자 그 안에서 배회하네. 묻거니 어이하여 그처럼 해맑을까, 근원이 있어 솟아나기 때문이라네.[半畝方塘一鑑開 天光雲影共徘徊 問渠那得共如許 爲有源頭活水來]"에서 유래한다.

167) 상림 : 가뭄에 비를 빈 대표적인 지역이다. 은(殷) 나라 탕(湯)임금이 7년 동안 가물었을 때 비를 빈 곳이다. "탕 임금 때 7년 동안 가물었는데 탕 임금이 직접 상림에서 기도할 즈음에 사해의 구름이 몰려와 천 리의 비가 이르렀다.[湯之時 七年旱 以身禱於桑林之際 而四海之雲湊 千里之雨至]"에서 온 말이다.(『淮南子』「主術訓」)

168) 우이 : 우이(嵎夷)는 해가 떠오르는 곳을 말한다. 흔히 양곡(暘谷)이라고도 한다. "희중에게 따로 명하여 동쪽 바닷가 에 살게 하니 그곳이 바로 해 뜨는 양곡인데, 해가 떠오를 때 공손히 맞이하여 봄 농사를 고르게 다스리 도록 하였다.[分命羲仲 宅嵎夷 曰暘谷 寅賓出日 平秩東作]"에서 온 말이다.(『書經』「堯典」)

거령170)이 맡고 있었지만	巨靈知有掌
솟아오르는 태양은 많다네171)	扶上太陽多

– 이상은 대양산에서[右對陽山]

나뉘고 합치는 데를 자세히 보니	細看分合處
우리 도가 그 사이에 있구나	吾道在其間
흘러 움직이는 천기가 활발하니	流動活天機
음과 양은 잠시도 쉬지 않는다네	陰陽不暫閒

– 이상은 쌍계에서[右雙溪]

전해 들으니, 녹문옹172)은	聞說鹿門翁
자손에게 편안함을 물려주었다네173)	以安遺厥後
누가 알리요, 견묘 중에서도	誰知畎畝中
공경하며 지내는 부부가 있었음을174)	相敬對夫婦

– 이상은 서주에서[右西疇]

---

169) 해 멱 감는 물결 : 원문의 '일욕파(日浴波)"는 해가 아침에 바다의 수면 위에 떠오르는 광경을 말한다. "해는 양곡에서 나와 함지에서 목욕을 한다.[日出於暘谷 浴于咸池]"에서 유래한다.(『淮南子』「天文訓」)

170) 거령 : 옛날 신화에 나오는 하신(河神)의 이름이다. 그는 큰 도끼를 가지고 대화산(大華山)과 용문(龍門)을 찍어서 열어 놓았다고 한다.

171) 태양은 많았네 : 요 임금 시대에 해가 많았음을 말한다. "요 임금 시대에 열 개의 해가 한꺼번에 떠올라 초목이 타서 시들자, 예를 시켜 해를 쏘게 했는데, 9마리 새를 맞추어 모두 떨어뜨렸기 때문에 한 마리만 남게 되었다.[요시 十日幷出 草木焦枯 命羿仰射日 中九烏 皆墮死 故留其一]"에서 유래한다.(『淮南子』)

172) 녹문옹 : 후한(後漢) 때의 은사 방덕(龐德)을 말한다. 그는 도량이 넓고 물욕이 없어, 당초부터 처자와 함께 농사를 짓고 살다가, 뒤에는 끝내 처자를 거느리고 녹문산(鹿門山)으로 들어가 약을 캐며 다시 돌아오지 않았다고 한다.(『後漢書』「逸民列傳, 龐公」)

173) 편안함을 물려주었다네 : 방덕(龐德)의 일화를 말한다. 벼슬하지 않고 지내던 방덕을 유표가 찾아가서 그가 밭 매는 것을 보고 말하였다. "당신은 힘겹게 농사지으며 벼슬과 녹봉을 즐겨하지 않는데 후세에 무엇으로 자손에게 물려줄 것입니까.[先生苦居畎畝 而不肯官祿 後世何以遺子孫乎]" 방덕이 답하였다. "다른 이는 모두 자손에 위태로운 것[富貴]을 끼쳐 주지만 나는 자손에 편안한 것을 물려 주려하오.[世人皆遺之以危 今獨遺之以安]"에서 유래한다.(『後漢書』「逸民列傳, 龐公」)

174) 견묘 …… 있었음을 : 부부사이에 항상 공경하는 모습을 말한다. 진(晉) 나라 대부 구계(臼季)가 기(冀) 땅의 기결(冀缺)이 그 아내와 공경하는 모습을 보고 추천하여 하군대부(下軍大夫)가 되었다는 고사에서 유래한다.(『小學』「稽古」)

여산[175]에 가려고 나선 걸음길　欲訪廬山路
어찌하여 북쪽의 강을 건너는가　緣何北渡爲
이 강에 막 다리 놓으려 했건만　方營橋此水
만들지 못했는데 시 벌써 지었네　未就已成詩

– 이상은 석당에서[右石塘]

선조께서 완연히 다시 임하니　先靈宛復臨
다시 뵙는 듯 두렵기만 하구나[176]　怵惕如將見
아이처럼 장난친[177] 정성에 감동해선지　爲感弄雛誠
주렴 걷자 어린 제비가 날아 들어오네　開簾納乳鷰

– 이상은 칠인정에서[右七印亭]

여긴 군자가 살기에 매우 적당하여　此宜君子居
나는 이름 좋은 마을을 아꼈다네　我愛洞名好
한스럽게도 띠풀을 다 뽑지[178] 못해　恨未拔其茅
꽃다운 뿌리들도 절로 시들어 버렸네　芳根也自老

– 이상은 도태동에서[右道泰洞]

일민이 살기에 좋은 곳이라　好是逸民居
마을은 태고 적 같이 조용하구나　村如太古靜

---

175) 여산 : 불가(佛家)에서 전해오는 이야기로 동진(東晉) 때 고승 혜원법사(慧遠法師)가 여산(廬山)에 결사(結社)를 하고, 고사 도잠(陶潛)을 초대하였다. 그러나 도잠은 술 마시는 것을 허락하지 않으면 가지 않겠다고 하였다. 혜원이 허락하자 도잠이 뒤늦게 그곳에 참여하였다는 내용이 있다.

176) 두렵기만 하네 : 원문의 '출척(怵惕)'은 조상을 대하는 후손의 두려운 마음 자세를 말한다. "봄에 비와 이슬이 내려 젖으면 군자는 이것을 밟고 깜짝 놀라는 마음이 있어 마치 부모를 뵐 듯이 여긴다.[春雨露旣濡 君子履之 必有怵惕之心 如將見之]"에서 온 말이다.(『禮記』「祭義」)

177) 아이처럼 장난친 : 원문의 '농추(弄雛)'는 늙으신 어버이에게 세월을 잊게 하려는 자식의 행동을 말한다. "노래자가 효성으로 어버이를 섬겨 70세의 나이에도 …… 어버이 곁에서 아이처럼 병아리 가지고 장난을 하여 부모를 기쁘게 하였다.[老萊子 孝奉二親 行年七十 …… 弄雛於親側 欲親之]"에서 유래한다.(『小學』「稽古」)

178) 띠풀을 다 뽑지 : 원문의 '발기모(拔其茅)'는 어진 이들이 어울려 세상으로 나아감을 말한다. "잔디를 뽑으매 여러 뿌리가 엉키어 함께 뽑힌다.[拔茅 茹以其彙]"에서 유래한다.(『周易』「泰卦」) 주에 "임금이 결백한 덕이 있으면 신하는 자기와 같은 종류를 이끌어 벼슬하도록 한다."라고 하였다.

그대는 국화를 심지 않았는가　黃花君種不
풍설 속에서 나의 그리움 깊어지네　風雪我懷永

– 이상은 사일촌[179]에서[右士逸村]

세모에 푸른 솔 예스러워　歲暮蒼髥古
헌걸찬 장자의 풍모로세　軒然長者風
어찌 복숭아 자두나무[180]가　何如桃李樹
정원에서 붉은 것과 같겠는가　灼灼媚園中

– 이상은 간반송을[右澗畔松]

물길이 이리저리 흐르는 곳　流水徘徊處
한 면에 고르게 이끼 피어　平錯一面苔
그대와 베개 높여 놀아보려　與君高枕好
바위 위로 같이 올라본다네　石上可同來

– 이상은 모래톱 앞의 돌을[右洲前石]

선조의 정자에서 운을 짚어 청자를 얻다.[先亭拈韻得青字]

선조께서 남긴 터에 정자가 있었는데　先祖遺墟有是亭
정자 앞 그 나무[181] 지금도 푸르구나　亭前某樹至今青
비파 울리듯 수석에는 물이 부딪치고　盤渦水石瑲鳴瑟
병풍 두른 듯 산안개 겹겹이 끼어 있네　疊巘烟霞繞作屛
가는 버들이 큰 길에 그늘 드리우고　細柳陰垂容駟巷
긴 대의 그림자는 무반했던[182] 뜰을 덮고있네　脩篁影覆舞班庭

---

179) 사일촌 : 칠인정 근처에 있는 마을 이름이다.

180) 복숭아 자두나무 : 윗 구절의 '창염(蒼髥)'이 푸른 소나무로서 군자의 지조를 상징한다면 복숭아와 자두나무는 시속을 따르는 무리들을 일반적으로 상징한다.

181) 그 나무 : 원문의 '모수(某樹)'는 고향 땅의 나무이니 선조께서 심은 나무를 말한다. 한유(韓愈) 「송양거원소윤서(送楊巨源少尹序)」의 "아무 나무는 나의 아버님께서 심으신 것이고, 아무 물과 아무 언덕은 내가 어린 시절에 낚시질하고 놀던 곳이다.[某樹 吾先人之所種也 某水某丘 吾童子時所釣遊也]"에서 온 말이다.

182) 무반했던 : 원문의 '무반(舞班)'은 일곱 명의 자식과 사위가 장표(張彪) 앞에서 어울린 것을 말한다.

효우로 이름을 나란히 했던 일 생각하자니 追惟孝友名齊義
후손이 선조[183]를 욕되게 했을까 부끄럽도다 慚愧雲仍忝聚星

정자 아래에 작은 연못을 파고 바로 한 편을 짓다.[亭下築小潭 仍賦一篇]

조용히 거문고와 책으로 마음을 씻고자 靜對琴書欲洗心
일부러 정자 가까이 물을 흐르게 하였네 故教流水近亭陰
나무에 핀 꽃은 언덕을 붉게 물들이고 浮紅岸勢來花樹
환한 대 숲은 촌락을 푸르게 적시네 滴翠村容炫竹林
한껏 깨끗해진 모래톱에서 본성을 회복하고 盡淨沙痕回本性
바위틈에서 은은히 울리는 소리 맑기가 은은한데 微鳴石竇有清音
난간 밖엔 반묘의 빈 밭이 남아 있기에 欄外閒田餘半畝
내년 봄에 손질하면 연못이 더 깊어지려나 明春料理一塘深

정자에서 우연히 읊다.[亭中偶吟]

비 개인 후 정자에서 달을 먼저 만나니 霽後山齋得月先
하늘과 땅이 모두 본 모습[184]을 드러내네 端倪呈露渾然天
누대를 안고 졸졸 흐르는 물은 멀어지고 淙淙水抱樓臺逈
골을 점점이 둘러 있는 봉우리는 원만하네 點點峯圍洞壑圓
한가할 때 농사이야기는 온통 기장과 벼이고 暇日農談多黍稌
좋은 밤의 시화엔 태반이 구름과 연기라네 良宵詩話半雲烟
어쩌면 터 닦아 집 지을[185] 계획 이루어 何由得遂誅茅計

"노래자가 효성으로 어버이를 섬겨 70세의 나이에도 어린아이의 놀이를 하며 색동옷을 입었다.[老萊子孝奉二親 行年七十 作嬰兒戲 身著五色斑斕之衣]에서 유래한다.(『小學』「稽古」).

183) 선조 : 원문의 '취성(聚星)'은 덕망과 재주를 갖춘 선조들이 모였음을 말한다. 주157) 참조.

184) 본 모습 : 원문의 '혼연천(渾然天)'은 혼연천성(渾然天成)의 줄임말로 힘을 들이지 않고 자연적으로 본 모습을 이룸을 말한다.

185) 집 지을 : 원문의 '주모(誅茅)'는 띠 풀을 베어내고 터를 닦아 편안히 머물 집을 지음을 말한다. 남조(南朝) 양(梁) 나라 심약(沈約) 「교거부(郊居賦)」의 "혹 풀을 베고 가시를 잘라내기를 혹 서쪽에서

오래도록 친척들과 베개를 나란히 해볼까 永與諸宗一枕聯

선기옥형[186]을 보고[璿璣玉衡]

– 임자년[1792] 3월 응제應製[187]를 볼 때 도산陶山에 들어갔다.

어찌 속은 비었고 밖은 어찌 둥근가 中何空洞外何圓
분명한 도수는 하늘을 담고 있구나 度數分明在器天
순 임금 같은 공부로 조화에 참여하면 如舜工夫參造化
해와 달을 이 사이에서 돌게 할 텐데 能令日月此間旋

명아주 지팡이[靑藜杖]

– 갑匣 속에 있었다.

지극히 순수하고 굳센 산천의 원기가 山川元氣極純剛
아홉 자의 명아주에 모여 단단하니 鍾得青藜九尺强
담소하며 사설배를 내쳐야 하네 談笑應揮邪說輩
– 당시에 천주학天主學이 유행하였다.
지팡이여, 이 세상에선 숨음이 옳지 않다네 杖兮斯世不宜藏

암서헌[188]에서[巖棲軒]

속인을 향해 사립문 열어 두지 않고 柴扉不向俗人開
오동은 왼쪽에 매화는 오른쪽에 심었네 左樹梧桐右樹梅
못 넓혀 구름 그림자 들어오게 하였고 塘濶盖要雲影入

다시 동쪽에서 한다네.[或誅茅而剪棘 或旣西而復東]"에서 온 말이다.

186) 선기옥형 : 혼천의(渾天儀)라고도 하니 천체(天體)를 관측하는 데 사용하는 기계이다.

187) 응제(應製) : 임금의 특명(特命)에 의해 임시로 보던 과거(科擧)의 한 가지이다.

188) 암서헌 : 퇴계 선생이 기거하던 완락재(玩樂齋) 마루의 이름이다.

담 낮추어 짐짓 물소리 들려오게 하였네 墻低故爲水聲來
처마 돌며 세월의 지남을 탄식하고 巡簷起歎茅茨改
방에 들어선 선생님 모신 듯하여 入室翩疑杖屨陪
책 보시던 곳엔 안석[189]만 남아 있어 惟有看書烏几在
종일토록 어루만지며 돌아갈 줄 모르네 摩挲終日不知回

— 선생先生께서 독서하실 때 띠풀을 베어 지붕을 이었던 곳이
지금은 기와로 바뀌었기 때문에 시에서 언급하였다.

돌아오면서 청심루[190]에 올라[回路登淸心樓]

오십천[191]의 끝자락에 누각 하나 있어 五十川窮得一樓
아이 불러서 말 먹이고 잠시 머무는데 呼兒秣馬少淹留
하늘이 온기를 열어 봄기운 화사해도 天開炭勢春宜射
찬 강이 도는 땅은 여름인데 갖옷을 찾네 地挾江寒夏或裘
노을 속으로 들려오는 목동의 젓대소리 즐기며 已喜斜陽來牧笛
문득 달 아래에 고깃배 띄울까 생각하네 翻思明月泛漁舟
남쪽이 좁긴 해도 아름다운 곳을 만나니 南方蓋小臨觀美
이런 바람과 안개 찾기가 쉽지만은 않네 如許風煙未易求

맑게 개어서[晩晴]

동네 아이 일찍 일어나 날씨 좋다 알리는데 村童曉起報新晴
처마 끝에 모인 새들 여기 저기서 지저귀네 曬翅簷禽兩兩鳴
절벽 따라 물든 단풍 가을 나무는 어여쁘고 繞壁添丹秋樹嫩

189) 안석 : 원문의 '오궤(烏几)'는 오궤피(烏皮几)의 준말로 검은 염소 가죽을 덮은 자그마한 안석을 말한다.

190) 청심루 : 청심루는 영덕 현성(縣城)의 서문루이다. 1423년에 지군사(知郡事) 최우(崔宇)가 창건하였으며, 1457년에 현령 염상항(廉尙恒)이 증축하였고, 이 때 권람이 중수기문을 지었다.

191) 오십천 : 영덕현의 성 서쪽에 있다. 그 근원은 둘이 있는데, 하나는 임물현(林勿峴)에서 나오고, 하나는 달로산(達老山)에서 나온다. 현에서 지품원(知品院)에 이르기까지 50개의 건널목이 있으므로 생긴 이름이다.

주렴에 푸름이 맺히며 새벽 산이 밝아오네	滿簾凝翠曉山明
노을 내린 숲에는 잔 그림자들이 생겨나고	林經積靄微生影
세차게 흐르는 여울물 소리는 점점 커지네	灘得飛流轉有聲
밤 되어 비갠 뒤 달 비취는 밤 서재에	入夜書齋通霽月
말쑥하고 깨끗함은 이러한 고금의 정이라네	一般灑落古今情

무진년[1808] 단오에 양동의 여러 벗들과 남암에 모여 이야기하며, 아송의 운을 나누어[192] 령자운을 얻어[戊辰端午 與良洞諸益 會話南庵 分雅頌韻 得嶺字]

암자는 샘 근원의 남쪽이라	菴在源泉南
청량하여 아름다운 풍경이네	清凉一佳境
여산[193]과 같은 작은 숲이요	廬山之少林
회계[194]와 같은 높은 산이네	會稽之峻嶺
동부는[195] 그윽하나 넓어서	洞府奥而曠
오월임에도 입은 옷이 차구나	五月衣裳冷
돌에 물 부딪히는 소리 콸콸나고	鏗瑲水石響
나뭇가지의 꽃과 대 그림자는 엉기네	杈枒花竹影
복숭아 머금은 꾀꼬리 살찌고	啣桃黃鳥肥
시내 소리 맑은 경치를 도우네	流音助清景
객들이 강좌[196]에서 와서는	客從江左來
소요하니 오늘 저녁이 길어지네	逍遙今夕永
흥에 겨워 눈 속에서 노를 저어가[197]	乘興雪棹扣

192) 운을 나누어 : 분운(分韻)은 시회(詩會) 자리에서 각자가 사용할 운자를 정하는 일을 말한다.

193) 여산 : 주175) 참조.

194) 회계 : 중국 절강성에 있는 고을이다. 회계(會稽) 산음(山陰)에 있던 난정에서 동진(東晉) 때 회계내사(會稽內史)로 있던 왕희지(王羲之)를 비롯하여 손작(孫綽)·사안(謝安) 등 당시의 명사 42인이 그곳에 모여 계제사(禊祭祀)를 행한 뒤에 술을 마시고 놀면서 난정서(蘭亭序)를 지었다.

195) 동부 : 도교(道敎)의 용어로, 신선들이 사는 지역을 말한다.

196) 강좌 : 양동이 형산강 왼쪽에 있기에 붙인 이름이다.

197) 흥에 …… 저어가 : 흥을 타고 친구를 찾아감을 말한다. "진 나라 왕자유가 눈 내리는 밤에 섬계에 있는 벗 대안도가 생각나서 작은 배를 타고 찾아갔다가 정작 그곳에 도착해서는 만나지도 않고

밤에 촛불 밝혀 한껏 놀다보니	辨遊夜燭秉
경주의 훌륭한[198] 선비들	東都士冀北
천리마를 기쁘게 달리는 듯하네	騏驥喜馳騁
좌중의 남려[199]라는 벗은	中有南廬友
나이가 거의 서로 비슷한데도	行年較乙丙
우뚝한 고가의 유풍이	嶷然古家風
사람의 관과 옷깃을 여미게 하네	使人冠襟整
좋은 옥은 훌륭함[200]을 우르르지만	良玉仰席珍
쇳조각은 쇳돌을 부끄러워하네	零金愧沙礦
샘에 입 헹구며 번뇌 물리치고	漱泉却煩惱
종소리 들으며 깊이 반성하네[201]	聞鍾發深省
성긴 주렴사이로 상쾌한 공기 들어오니	疏簾納爽氣
마음은 성성함을 깨닫는다네[202]	主翁覺惺惺
백아의 거문고[203]는 물 따라 돌고	牙絃流水轉

문 앞에서 다시 돌아가자 어떤 사람이 그 이유를 물으니 왕자유가 말하기를, '내가 본래 흥에 겨워 왔다가 흥이 다하여 돌아가는 것이니, 대안도를 보아 무엇 하겠는가.'[王子猷居山陰 夜大雪 忽憶戴安道 時戴在剡 卽便夜乘小船就之 經宿方至 造門不前而返 人問其故 王曰 '吾本乘興而行 興盡而返 何必見戴]"에서 유래한다.(『世說新語』「任誕」)

198) 훌륭한 : 원문의 '기북(冀北)'은 중국 기주(冀州)의 북쪽으로, 지금의 하북성(河北省)이다. 이곳에서는 좋은 말이 많이 생산된다. 이 시에서는 훌륭한 선비가 많이 배출됨을 비유하였다. 한유(韓愈) 「송온조처사서(送溫造處士序)」의 "말의 상을 잘 보는 백락이 말의 고장인 기북 지방을 한 번 지나자, 말 떼가 마침내 텅 비게 되었다고 한다.[伯樂一過冀北之野 而馬群遂空]"에서 온 말이다.

199) 남려 : 이정엄(李鼎儼, 1755~1831)의 호이다. 자는 망도(望道), 본관은 여주(驪州)이다. 을묘년(1795)에 진사에 입격하였다. 저서는 『남려유고(南廬遺稿)』가 전한다.

200) 훌륭하다 : 원문의 '석진(席珍)'은 훌륭한 사람 또는 유자다운 유자를 말한다. 석상지진(席上之珍)의 준말이다. 노(魯) 나라 애공(哀公)이 공자(孔子)에게 자리를 권하자, 공자가 모시고 앉아서 말하였다. "유자는 자리 위의 보배를 가지고 초빙해 주기를 기다리는 사람이다.[儒有席上之珍 以待聘]"에서 유래한다.(『禮記』「儒行」)

201) 종소리 …… 반성하네 : 자신에 대한 자각이 일어남을 말한다. 두보(杜甫) 「유용문봉선사(遊龍門奉先寺)」의 "이미 절에서 노닐다가, 다시 절의 경계에 와서 묵노라니, …… 잠을 깨려는데 새벽 종소리 들려와, 깊은 성찰하게 하네.[已從招提遊 更宿招提境 …… 欲覺聞晨鍾 令人發深省]"에서 유래한다.

202) 마음은 …… 깨닫는다네 : 항상 경계하여 마음을 오롯하게 유지함을 말한다. 서암(瑞巖)이란 승려가 매일같이 자신에게 물었다. "주인옹은 깨어 있는가?[主人翁惺惺否]" 자신이 답하였다. "깨어 있노라.[惺惺]"에서 유래한다.(『心經』「卷一, 易坤之六二條之注」)

사조[204]의 책상앞엔 청산이 고요하네 謝榻青山靜
슬프도다! 훌륭한 노인이 떠남은 怊悵好翁去
우리 고을의 한 가지 불행이라네 吾鄕一不幸

한가한 가운데, 모임에서 여러 벗들이 각자 얻은 것을 생각하며, 운을 나누어 여섯 수를 재미삼아 지었다. 그나마 이것으로 나 자신을 위로하고 아울러 함께 한 번 웃어본다.[閒中念會中諸益所得 分韻戲賦六首 聊以自慰兼供一笑]

묻건대 지금이 어느 때인가 借問此何時
단오날 저녁에 만났구나 邂逅端陽夕
단오는 시절의 절기이니 端陽時令節
이 날은 아까워하기 충분하네 此日足可惜
쇠말뚝은 바르고 길하니 金柅貞且吉
양 다섯 음 하나의 획이라[205] 五陽一陰畫
전문은 이 날 태어났는데 田文此日生
문객들이 삼천이나 되었고[206] 門有三千客
굴원이 이 날에 죽자 屈原此日逝
다투어 배 타고 강남을 건넜네[207] 江南競渡船
한 나라 때는 장명루[208]로 漢時長命縷
부적 붙여 전염병을 몰아냈고[209] 繫符去瘟疫

---

203) 백아의 거문고 : 원문의 '아현(牙絃)'은 춘추 시대의 유명한 거문고 연주가인 백아의 거문고를 말한다. 종자기와 지음(知音)의 사귐을 맺었으니 벗들과의 우정을 말한다.

204) 사조 : 남제(南齊)의 시인으로, 일찍이 선성 태수(宣城太守)를 역임하였다. 저술은 『사선성집(謝宣城集)』이 전한다.

205) 쇠말뚝은 …… 획이라 : 좋은 날로 오월을 말한다. 구괘(姤卦)는 초효만 음효이고 나머지 다섯 효는 양효인데, 초육의 효사의 "쇠말뚝에 매면 바르게 함이 길하고, 가는 바가 있으면 흉함을 보리니[繫于金柅 貞 吉 有攸往 見凶]"에서 유래한다.(『周易』) 쇠말뚝은 수레가 움직이지 않도록 고정시키는 물건이다.

206) 전문은 …… 되었고 : 전문(田文)은 전국시대 제(齊)의 맹상군(孟嘗君)인데, 문객이 3천 명이나 되었다고 한다.

207) 굴원이 …… 건넜네 : 굴원의 충언을 듣지 않은 초 나라는 외국의 침입을 받아 배를 타고 피난가기에 바쁘게 되었다고 한다.

208) 장명루(長命縷) : 오색팔찌

초인은 난초 끓여 목욕하며 楚人浴蘭湯
끓인 물로 독기를 물리쳤네[210] 蘭湯毒氣辟
당나라 풍속에 분단을 만들어 唐俗造粉團
각궁을 쏘며 놀이 하였고[211] 戱以角弓射
집집마다 늘어진 수양버들 아래 萬戶垂楊裏
바람이 그네 줄을 밀어 보냈네 風送秋千索
이 날을 그냥 보내기 어려워 此日難虛度
옛날부터 좋은 놀이를 하였네 淸遊自古昔
천석은 그대가 아끼는 것이요 泉石君所愛
안개는 내가 너무 좋아하는 것이네 烟霞我成癖
운초[212]가 짠 베처럼 촘촘하니 芸草細如織
오히려 솔잎 방석보다 멋지네 猶勝龍鬚席
개구리들이 음악을 연주하니 群蛙奏鼓吹
도열한 병사들과 어떠한가[213] 何如列棨戟
산나물은 물고기, 과일과 견주고 山蔬敵魚果
나무잔은 호박잔과도 같구나 材盃當琥珀
숲에서 자리 깔고 한숨 자니 枕藉林間宿
동녘이 밝아오는 줄을 모르겠네 不知東方白

– 이상은 단오를[右端陽]

우연히 단오절에 모였다가 偶作端陽會

---

209) 한 …… 몰아냈고 : 5월 5일 단오절이면 장명루(長命縷)라 하여 오채(五綵)의 실을 팔뚝에 매어서 사악한 조짐을 물리쳤다고 한다.(『風俗通』)

210) 초인은 …… 물리쳤네 : 사기를 물리치는 초 나라의 풍속이다. "난초 끓인 물로 몸을 씻고 향초 끓인 물로 머리 감는다.[浴蘭湯兮沐芳]"에서 유래한다.(『楚辭』「九歌, 雲中君」)

211) 당 나라 …… 하였다네 : 단오절에 즐기던 당 나라의 놀이이다. 당에서는 단오에 분단(粉團)을 만들어 두고는 각궁(角弓)으로 맞춘 이로 하여금 먹게 하는 놀이가 있었다고 한다.(『天寶遺事』)

212) 운초 : 향기 나는 풀을 말한다.

213) 개구리들이 …… 어떠한가 : 개구리의 울음소리가 마치 행진곡처럼 운치가 있음을 말한다. "집안에 풀이 무성한 가운데 개구리가 울자, 어떤 이가 묻기를 '후한 때 진번(陳蕃)처럼 세상을 깨끗이 청소할 생각을 갖고 있는 것인가?'하니, 공규가 대답하였다. '나는 지금 개구리 노래 소리를 양부(兩部) 고취(鼓吹)로 여기고 있는데, 하필 진번을 본 딸 것이 있겠는가?'"라는 고사에서 유래한다.(『南史』「孔珪傳」)

며칠 동안 애써 잔 들었네	强擧幾日觴
앵도는 아직도 설익었는데	櫻桃亦太苦
네 번째 단오절을 맞이하였네	遭此四端陽
벗이 좋은 술을 빚어 보내오니	故人送酒來
후의를 내 어찌 잊겠는가	厚意不可忘
운안의 국미춘[214]과 같고	雲安麯味春
난릉의 울금향[215]과 같네	蘭陵鬱金香
남에는 맛있는 물고기 있어[216]	南又有嘉魚
회가 흰 칼날에 날리네	膾飛白雪鋩
모양은 송강의 농어와 같고[217]	狀如松江鱸
맛은 병혈의 방어와 같네[218]	味如丙穴魴
손발을 경쾌하게 움직이는데	手脚輕欲旋
시원한 보리 바람[219]마저 불어오니	況値麥風凉
미피[220]의 배에 오른 듯하고	疑登渼波舟
적벽에서 노 두드리는 것[221]과 같네	如扣赤壁檣

214) 국미춘 : 운안현에서 나는 특산주(特產酒)의 이름을 말한다. 운안은 사천성(四川省)에 있는 현(縣)의 이름인데, 두보(杜甫)의 「발민시(撥悶詩)」에 "듣자하니 운안의 국미춘은 한 잔만 마셔도 취한다고 하네.[聞道雲安麯米春 纔傾一盞卽醺人]"라고 나온다.

215) 울금향 : 난릉에서 나는 아주 좋은 술을 말한다. 이백(李白)의 「객중행(客中行)」에 "난릉의 아름다운 술에 울금향 그윽해라, 옥사발에 가득 호박빛 술을 담아왔네.[蘭陵美酒鬱金香 玉椀盛來琥珀光]"라고 나온다.

216) 남에는……있기에 : 흥해 지방에 맛있는 물고기가 많음을 말한다. "남녘에 맛있는 물고기가 있으니, 수많은 통발로 잡아내도다.[南有嘉魚 烝然罩罩]"에서 온 말이다.(『詩經』「小雅, 南有嘉魚」)

217) 모양은……같고 : 송강의 농어는 맛도 좋고 모습도 아름답기로 유명하다. 이 시에서는 보기 좋은 물고기를 말한다. 소식(蘇軾)의 「후적벽부(後赤壁賦)」에 "오늘 저물녘에 그물을 걷어서 고기를 잡았는데, 입은 크고 비늘은 가는 것이 송강의 농어처럼 생겼소.[今者薄暮 擧網得魚 巨口細鱗 狀如松江之鱸]"라고 나온다.

218) 맛은……같네 : 원문의 '병혈(丙穴)'은 가어(嘉魚)가 생산되었다는 동혈(洞穴)의 이름이며, 그곳에서 생산되는 방어는 맛이 좋기로 유명하다. 이 시에서는 흥해가 맛난 물고기가 잡히는 곳임을 말한다.

219) 보리 바람 : 원문의 '맥풍(麥風)'은 음력 5월에 부는 바람을 말한다. 이때 보리가 익기 때문에 붙은 이름이다. 또 이때 맛 좋은 고기가 잡힌다고 한다.

220) 미피 : 원문의 '미파(渼波)'는 '미피(渼陂)'의 오기로 보인다. 당 나라 시인 잠삼(岑參)의 형제가 미피 (渼陂)에서 배를 타고 흥겹게 놀았으므로, 두보(杜甫)가 「미피행(渼陂行)」이란 시를 지었다.

221) 적벽의……것 : 소식 「적벽부」의 "뱃전을 두드리며 노래를 불렀다.[扣舷而歌之]"에서 유래한다.

술이 취하면 문득 시를 짓고	酒酣輒題詩
시 지으면 또 길게 노래 불러	詩成歌更長
차분하게 총계사[222]를 읊조리고	沈吟叢桂詞
낭랑하게 백구장[223]을 외워보네	朗誦白駒章
해와 달은 동류수[224]요	日月東流水
하늘과 땅은 무하유지향[225]이니	天地無何鄕
잔질하는 손을 멈추지 말게	盃行莫停手
술 속에는 사상이 없지 않은가[226]	酒中無四廂
산과 물의 맑은 소리 들리니	山水有淸音
금슬 소리에 취하기보다 낫구나	勝醉錦瑟傍
깊은 밤 산 속 누각에 기대니	夜久倚山閣
뜰 가득 별과 달빛이 내려 깔리네	滿庭星月光
산의 남쪽에 설옹이 있기에	雪翁在山南
이야기 나누지 못함이 아쉽네	恨未話一場

– 이상은 물고기와 술을[右魚酒]

바닷가 도도산의 복숭아	海上桃都樹

---

222) 총계사 : 『초사』를 말한다. 회남 소산왕(淮南小山王) 이 말하였다. "계수가 총생함이여, 산의 깊은 곳이네.[桂樹叢生兮山之幽]"에서 유래한다.(『楚辭』「招隱士」)

223) 백구장 : 벗들을 더 오래 머물게 하고자 하는 의도에서 이 시를 외웠다. 어진이가 떠남이 섭섭하여 지은 "하얀 망아지가, 나의 마당에 콩잎을 먹는다하여, 얽어매고 얽어매어, 오늘 밤을 나게 하리라. [皎皎白駒 食我場藿 縶之維之 以永今夕]"에서 유래한다.(『詩經』「小雅, 白駒」)

224) 동류수 : 산중에 살면서 세상에 뜻하고 바라는 마음이 없이 흡족한 상태임을 말한다. 이백(李白) 「몽유천노음유별(夢遊天姥吟留別)」의 "세간의 행락도 이와 같으니, 고금의 만사가 동쪽으로 흐르는 물이어라.[世間行樂亦如此 古今萬事東流水]"에서 온 말이다.

225) 무하유지향 : 아무것도 없이 끝없이 펼쳐진 적막한 세계로 장자(莊子)가 설한 이상향(理想鄕)을 말한다. "또 묘망한 새를 타고서 육극의 밖으로 나가 무하유의 고을에서 노닐어 너른 들판에 처한다.[又乘夫莽眇之鳥 以出六極之外 而遊無何有之鄕 以處壙垠之野]"에서 온 말이다.(『莊子』「應帝王」)

226) 술 …… 않은가 : 원문의 '사상(四廂)'은 근심 걱정이 없음을 말한다. 송 고종(高宗) 때 올출(兀朮)과 싸워 10에서 7~8할을 죽였으므로 금군(金軍)은 혼이 빠져 유기의 깃발만 보아도 도망치게 했던 유기(劉錡)이다. "금 나라 사신이 도정역에 머물며 그 부사와 함께 술을 마셨다. 그 부사가 즐거이 술을 마시지 않자 꾸짖어서 말하였다. '술 속에 어찌 유사상이 있을 수 있겠는가? 왜 마시지 않는가?' [有金使館都亭驛 與其副飮酒 其副不肯飮 訶之曰 酒中安得有劉四廂 何不飮]"에서 온 말이다.(『宋名臣言行錄』)

가지의 길이가 삼만 리나 되니	枝長三萬里
천계가 그 위에서 울고[227]	天鷄啼其上
양곡에서는 목욕한 해 떠오르네[228]	暘谷日浴水
걸터앉은 저 삼족오가	踆彼三足烏
짙푸른 깃을 떨치고 일어나니	蒼涼拂羽起
조금 전 산에 검은 안개 끼었는데	俄者山霧黑
조금 뒤 물에 보라 구름이 내려앉네	少焉水雲紫
혼돈[229]의 구멍이 밝게 터지고	明坼鴻濛竅
어룡의 진영[230]이 붉게 어리어	紅盪魚龍壘
영롱하고도 황홀해지니	玲瓏復怳惚
이 광경을 무엇에 비유할까	光景何所似
오색구름은 하늘 거리[231]에서	五雲亨衢中
한 대의 수레를 끌고나오네	碾出一車子
수레를 모는 이는 누구인가	御輪者誰子
다들 희화씨[232]라고 하네	云是羲和氏
천연한 육수부[233]가	天然陸秀夫

227) 바닷가 …… 울고 : 신화속의 이야기이다. 동남쪽에 도도산(桃都山)이 있는데, 그 위에 큰 나무가 있어서 이름을 도도(桃都)라고 한다. 가지와 가지 사이가 3천 리나 되는데, 그 위에 천계(天鷄)가 있다. 해가 처음 뜨면 먼저 이 나무를 비추어 천계가 울면 천하의 닭이 다 운다는 고사에서 유래한다.(『玄中記』)

228) 양곡에서 …… 떠오르네 : 함지에서 목욕한 해가 양곡(暘谷)에서 떠오른다고 전해진다. "해는 양곡에서 떠올라 함지에서 목욕한다.[日出於暘谷 浴於咸池]"에서 온 말이다.(『淮南子』「天文訓」)

229) 혼돈 : 원문의 '홍몽(鴻濛)'은 여러 가지 뜻이 있으나 여기서는 '어둠'을 말한다.

230) 어룡의 진영 : 바다를 말한다.

231) 하늘 거리 : 원문의 '형구(亨衢)'는 하늘을 말한다. "상구는 하늘의 거리이니, 형통하다.[上九 何天之衢亨]"에서 유래한다.(『周易』「大畜卦」)

232) 희화씨 : 당우(唐虞) 때 희(羲)씨와 화(和)씨가 역상(曆象)에 대한 일을 맡았는데, 그 후 역상을 관장하는 관원을 희화라 일컫게 되었다.

233) 육수부 : 해를 떠오르게 하는 일 맡고 있는 인물이다. 육수부는 송 나라가 원(元) 나라에 의해 패망하자, 복주(福州)에서 익왕(益王)을 세우고 단명전 학사(端明殿學士)가 되었다. 익왕이 죽자 다시 위왕(衛王)을 세우고 좌승상(左丞相)이 되었다. 원(元) 나라 군사가 송의 최후 보루(堡壘)이던 애산(厓山)을 격파하자, 벗어날 수 없음을 알고는 칼을 들고 처자를 바다에 빠져 죽게 한 다음 곧 위왕을 등에 업고 함께 바다에 빠져 죽었던 인물이다.(『宋史』「陸秀夫列傳」)

붉은 구름 속으로 떠올리네 扶上紅雲裏
둥글둥글한 화씨의 구슬 團團和氏璧
갈아내자 붉은 옥새가 되었네[234] 磨出赤玉璽
바다를 떠나 하늘로 오를 때 離海騰天際
세상의 장관이 여기 다 모이니 壯觀都在是
모든 산들은 비단 휘장이 되었고 山皆錦繡帳
물 또한 유리 도시가 되었네[235] 水亦琉璃市
빛나고 빛나는 태양의 정기는 煌煌太陽精
지척인데도 바로 볼 수 없네 咫尺不敢視
이제 알겠네, 만국을 밝힘이 乃知萬國明
우리 동방에서 시작되는 것을 自我東方始
우리 성군께서 이어 밝히면 繼明吾聖君
해가 처음 떠오르 듯 하리라 有如昇初晷

– 이상은 해를 보며[右觀日]

뜻이 너무나도 크고 커서 嘐嘐復嘐嘐
고인을 사모하며 미친 듯 읊조리네[236] 慕古有狂吟
미친 듯 읊조림을 그치지 못하여 狂吟吟不已
사물잠[237]까지 읊조려보네 吟到四勿箴
예전에 우리 주무숙은 昔我周茂叔
즐기던 곳을 매번 찾게 하였네[238] 樂處每令尋

---

234) 둥글둥글한 …… 되었네 : 둥근 해가 붉게 하늘로 떠오르는 모습을 형용하였다. 춘추 시대 초(楚)나라 사람 변화(卞和)가 진귀한 옥돌을 초왕(楚王)에게 바쳤다가 임금을 속인다는 누명을 쓰고 두 차례나 발뒤꿈치를 베이는 형벌을 당하였다. 끝내는 진가(眞價)를 인정받고서 천하제일의 보배인 화씨벽(和氏璧)을 만들었다는 고사가 있다.(『韓非子』「和氏」) 이후 시황제는 이를 옥새의 재료로 사용하였다.

235) 물 …… 되었네 : 햇빛을 받아 반짝이는 바다가 반짝이는 유리로 이루어진 도시 같다는 말이다.

236) 뜻이 …… 읊조리네 : 원문의 '광음(狂吟)'은 간단없이 외우는 자세를 말한다. 만장(萬章)이 광자(狂者)에 대해 묻자 맹자가 금장(琴張)·증석(曾晳)·목피(牧皮)와 같은 이들이 공자가 말씀하신 광자이다고 하였다. 어찌하여 광자라 하는지를 물으니 맹자가 말하였다. "그 뜻만 너무 커서 '옛사람이여, 옛사람이여.[曰其志嘐嘐然曰 古之人古之人]' 하되, 평소에 그의 행실을 살펴보면 행실이 말을 따르지 못하는 자이다."에서 유래한다.(『孟子』「盡心 下」)

237) 사물잠 : 이천(伊川) 정이(程頤)가 지은 시잠(視箴)·청잠(聽箴)·언잠(言箴)·동잠(動箴)을 말한다.

안연은 도에 가까웠기에　庶幾顔氏子
춘풍과 누항과 거문고를 즐겼다네[239]　春風陋巷琴
사람들은 가난을 견디지 못하는데[240]　簞瓢人不堪
어질도다! 도를 즐기는 마음이여　賢哉樂道心
빈천도 옮겨가지 못하였고　貧賤不能移
부귀도 방탕하게 하지 못하였네[241]　富貴不能淫
우러르고 뚫고 보아도 홀연히　仰鑽瞻忽地
우뚝하게 서 계시는 듯하였네[242]　有如卓爾臨
외로운 군사마냥 앞으로 가더니　孤軍向前去
물기[243]는 움직일 때마다 삼엄하였네　勿旗動森森
큰 화로에 한 점 눈송이 녹듯　洪爐消點雪
푸른 하늘 엷은 구름이 걷히었네[244]　青天捲輕陰
백순[245]은 이 큰 뜻을 깨달아　伯淳得此意

---

238) 옛날 …… 하였네 : 원문의 '무숙(茂叔)'은 북송(北宋)의 유학자 주돈이(周敦頤)의 자이다. 주120) 참조.

239) 거문고를 즐겼네 : 안연의 자락(自樂)하는 생활 자세를 말한다. "안회는 곧 거문고를 끌어당겨 튕기면서 노래를 불렀다.[顔回援琴而歌]"에서 유래한다.(『列子』「仲尼篇」)

240) 가난을 …… 견디는데 : 진정한 안빈락도(安貧樂道)의 삶을 산 안연의 모습을 말한다. "한 대광주리의 밥과 한 표주박의 물을 먹으며 궁벽한 시골에서 사는 것을 다른 사람들은 견디지 못하는데, 안회는 그 즐거움을 고치지 않았다.[一簞食 一瓢飮 在陋巷 人不堪其憂 回也 不改其樂]"에서 유래한다.(『論語』「雍也」)

241) 빈천도 …… 못하였네 : 진정한 대장부(大丈夫)의 모습을 말한다. "부귀가 그 마음을 음란하게 하지 못하며 빈천이 그 절개를 옮겨 놓지 못하며 위무가 그 지조를 굽히게 할 수 없는 것을 대장부라 이른다.[富貴不能淫 貧賤不能移 威武不能屈 此之謂大丈夫]"에서 유래한다.(『孟子』「滕文公 下」)

242) 우러르고 …… 듯하였네 : 공자의 경지를 말한다. 안연(顔淵)이 크게 탄식하며 말하였다. "부자의 도는 우러러 볼수록 더욱 높고 뚫을수록 더욱 견고하며, 바라볼 때 앞에 있더니 홀연히 뒤에 있도다.[仰之彌高 鑽之彌堅 瞻之在前 忽焉在後]"에서 유래한다.(『論語』「子罕」)

243) 물기 : 곧 사물(四勿)의 깃대[旗]를 말한다. 공자가 "예가 아니면 보지 말며, 예가 아니면 듣지 말며, 예가 아니면 말하지 말며, 예가 아니면 움직이지 말라.[非禮勿視 非禮勿聽 非禮勿言 非禮勿動]"라고 한데서 유래한다.(『論語』「顔淵」) 이 물(勿) 자로 기를 만들어 세운다는 말로 마음을 군사에 비유하고 물(勿)을 깃발에 비유하였다.

244) 큰 …… 걷히었네 : 이는 모두 마음 속에서 사사로운 욕심을 제거하는 모양을 형용한 표현이다.

245) 백순 : 송 나라 정호(程顥)의 자이다.

한 덩어리 화평한 마음을 이루었네 一團太和襟
붉은 해는 창문을 비추며 저물고[246] 紅見牕日晚
녹음은 시내 버들 따라 짙어지네 綠隨川柳深
생의가 있는 곳을 고요히 관찰하고 靜觀生意處
어항의 물고기는 스스로 부침했네[247] 盆魚自浮沉
옥빛이요 종소리이며[248] 玉色兮金聲
온화한 바람이요 단비라네 和風兮甘霖
안자와 정자는 어떠한 사람인가 顔何程何人
벼슬에 연연한 우리가 부끄럽구나 吾輩愧纓簪
병의 뿌리를 치료하지 못했으니 病根醫不得
정문일침이라도 받기를 원하네 願受頂門針

– 이상은 옛사람을 존모하여[右慕古]

묻노니, 문자가 만들어진[249] 뒤 借問書契後
어느 시대에서 시는 시작했는가 詩從何代先
요 임금 때는 풍속이 순박하여 堯時風氣淳
노인이 밭을 갈면서 노래하였고[250] 老人歌耕田

---

246) 붉은 …… 저물고 : 정 명도(程明道) 「추일우성시(秋日偶成詩)」의 "한가함에 조용하지 아니한 일이 없고, 잠을 깨자 동창에는 해 이미 붉게 떴네.[閑來無事不從容 睡覺東窗日已紅]"에서 유래한다.

247) 생의 …… 부침했네 : 천리(天理) 생의(生意)와 하나 되어 움직이는 모습을 말한다. 주렴계가 창 앞에 무성하게 우거진 잡초를 베지 않고 그냥 놔두고 말하였다. "만물을 살리려고 하는 조물의 뜻을 항상 보고 싶다.[欲常見造物生意]" 또 항아리 속에다 송사리 몇 마리를 기르며 말하였다. "만물이 자득하는 뜻을 관찰하고 싶다.[欲觀萬物自得意]"에서 유래한다.(『宋元學案』)

248) 옥빛이요 종소리이며 : 원문의 '옥색(玉色)', '금성(金聲)'은 옥빛과 종소리는 정호(程顥)의 인품을 말한다. 주희(朱熹)의 「정명도 찬(程明道贊)」에 "양기로 만물을 다습게 하듯 하고 산처럼 우뚝 섰으며, 옥빛처럼 아름답고 종소리처럼 쟁쟁했다.[揚休山立 玉色金聲]"라고 하였다.

249) 문자가 만들어진 : 원문의 '서계(書契)'는 나무에 새겨서 썼다는 최초의 문자를 말한다. 신농씨(神農氏)가 노끈을 묶어 의사를 표현하는 정사[結繩之政]를 펼치다가, 복희씨(伏羲氏) 때 이르러 서계를 만들어서 이를 대체하였다는 기록이 있다.(『周易』「繫辭傳 下」·『史記』「五帝本紀」)

250) 요 임금 …… 노래했네 : 요(堯) 임금 때 노인이 격양가(擊壤歌)를 지어 노래하였다. "해가 뜨면 일어나고 해가 지면 쉬면서 내 우물 파서 물을 마시고 내 밭을 갈아서 밥을 먹나니, 임금의 힘이 나에게 무슨 상관이 있겠는가.[日出而作 日入而息 鑿井而飮 耕田而食 帝力於我 何有哉]"에서 유래한다.(『樂府詩集』「雜謠歌辭, 擊壤歌」)

훌륭하신 순 임금께서는	尙矣有虞氏
오현금 타면서 남풍가를 불렀네[251]	南風彈五絃
이루었던[252] 고요[253]는	襄哉咎皐陶
노래로 '천명을 삼가라'에 창화했네[254]	賡歌和勅天
오자가 옛 음조를 바꾸니	五子變古調
노래 소리 또한 듣기에 처연하였네[255]	其歌也凄然
성대한 은과 주의 시대에는	盛矣殷周際
시를 삼백 편[256]이나 지었다네	多至三百篇
고죽은 불평한 마음을 드러내어[257]	孤竹鳴不平
수양산에서 채미가를 불렀는데[258]	薇歌首陽巓

---

251) 순 …… 불렀네 : 원문의 '유우씨(有虞氏)'는 순(舜) 임금을 말한다. 순 임금이 오현금(五絃琴)을 처음으로 만들어 남풍가(南風歌)를 지어 불렀다. "훈훈한 남쪽 바람이여, 우리 백성의 수심을 풀어 주기를. 제 때 부는 남풍이여, 우리 백성의 재산을 늘려 주기를[南風之薰兮 可以解吾民之慍兮 南風之時兮 可以阜吾民之財兮]"에서 유래한다.(『禮記』「樂記」)

252) 이루었던 : 원문의 '양재(襄哉)'는 이루어 간다는 고요의 말인데, 이 시에서는 고요를 칭송한 말로 사용하였다. 고요(皐陶)가 말하였다. "저는 아는 것은 없으나 날마다 돕고 도와서 일이 이루어지도록 할 생각뿐 입니다.[予未有知 思日贊贊襄哉]"에서 온 말이다.(『書經』「皐陶謨」)

253) 고요 : 원문의 '고고요(咎皐陶)'는 순 임금의 현명한 신하인 고요(皐陶)를 말한다. '고(咎)'는 '고(皐)'와 통하며 고요는 고요(咎繇)라고도 한다.

254) 노래로 …… 창화했네 : 고요가 순(舜) 임금에게 창화한 일을 말한다. 제순(帝舜)이 노래를 지었다. "하늘의 명을 삼갈진댄 때마다 삼가고 기미마다 삼가야 한다.[勅天之命 惟時惟幾]" 이에 고요(皐陶)가 화답하였다. "임금님이 밝으시면 신하들도 훌륭하여 만사가 안정되리이다.[元首明哉 股肱良哉 庶事康哉]" 또 이어서 화답하였다. "임금님이 잗달게 굴면 신하들도 해이해져서 만사가 실패하리이다.[元首叢脞哉 股肱惰哉 萬事墮哉]"에서 유래한다. (『書經』「益稷」)

255) 오자가 …… 처연하였네 : 태강의 다섯 아우가 지은 경계의 노래를 말한다. 하(夏) 나라의 태강(太康)이 즐기기만 좋아하다가 어느 날 사냥을 나가서 100일이 되어도 돌아오지 않자, 그의 다섯 아우[五子]가 원망을 하며 우(禹) 임금의 경계를 기술하여 노래를 지었는데, 그 두 번째 구에 이르기를, "안으로 여색에 빠지거나, 밖으로 지나치게 사냥을 다니거나, 술과 음악을 즐기거나, 집을 으리으리하게 짓고 담에 조각 장식을 하거나, 하는 일 중에 한 가지라도 해당되면, 행여 망하지 않는 사람이 없다.[內作色荒 外作禽荒 甘酒嗜音 峻宇彫牆 有一於此 未或不亡]"에서 유래한다.(『書經』「五子之歌」)

256) 삼백 편 : 『시경』의 시가 일시 다섯 편을 포함하여 306편이므로 큰 수를 들어 이렇게 말하였다.

257) 불평한 마음을 드러내어 : 원문의 '명불평(鳴不平)'은 세상에 자기 뜻을 드러냄을 말한다. 한유(韓愈) 「송맹동야서(送孟東野序)」의 "물(物)이 불평하면 소리를 낸다.[不平則鳴]"에서 유래한다.

풀 넝쿨 우거진 백 년 뒤에는　蔓艸百年後
조용해져 더는 듣지 못하였네　寥寥無聞焉
이소[259]는 풍아[260]를 겸하여　楚騷兼風雅
마음이 해와 달처럼 걸려있고　心與日月懸
대풍가[261]는 한고조의 기개로서　大風氣槩祖
등등한 위세는 천추에 전하였네　雄雄千古傳
다시 추풍사를 부른 객이 있어[262]　更有秋風客
분수 가에서 이어 불렀네　繼鳴汾水邊
도연명의 귀거래사[263]는　淵明歸去來
천 년동안 이어온 절조였고　絶調一千年
이백의 원별리[264]는　李白遠別離
변풍[265] 이전의 시풍이요　當居變風前
소릉의 세병마[266]는　少陵洗兵馬

---

258) 고죽은……불렀는데 : 주무왕의 왕위 찬탈을 부끄러워하며 수양산(首陽山)에 들어가서 채미가(采薇歌)를 부르며 고사리를 캐어 먹다가 굶어 죽은 백이숙제의 고사를 말한다.(『史記』「伯夷列傳」)

259) 이소 : 『초사(楚辭)』의 편명(篇名)으로 굴원(屈原)의 저작이다. 굴원이 초 나라에 벼슬하여 충성을 다해 임금을 섬겼는데, 상관대부(上官大夫)가 그를 참소한 까닭으로 추방을 당하여 우수사려(憂愁思慮)에 잠겨 지은 서정시(敍情詩)로서 사부(詞賦)의 으뜸이 된다.

260) 풍아 : 『시경』의 국풍(國風)과 대아(大雅), 소아(小雅)를 말한다. 이 시에서는 『시경』의 시풍을 말한다.

261) 대풍가 : 한고조가 부른 노래이다. 한 고조(漢高祖)가 천자가 된 뒤에 고향인 풍패(豐沛)를 찾아가 부로(父老)들과 함께 술을 마시면서 "큰바람이 일어남이여 구름이 휼날리도다. 위엄이 사해를 덮음이 여 고향에 돌아왔도다. 어떻게 맹사를 얻어 사방을 지킬꼬.[大風起兮雲飛揚 威加海內兮歸故鄕 安得 猛士兮守四方]"라고 노래하였다.(『史記』「高祖紀」)

262) 추풍사……있어 : 한 무제가 일찍이 하동(河東)에 행차하여 분수 남쪽[汾陰] 후토(后土)에 제사를 지내고 나서 배를 타고 신하들과 연음(宴飮)하면서 지어 부른 노래가 「추풍사(秋風辭)」이다.

263) 귀거래사 : 도연명(陶淵明)이 팽택(彭澤)의 영(令)으로 있다가 문득 벼슬을 버리고 집으로 돌아오면서 지은 사이다.

264) 원별리 : 당(唐) 나라 악부(樂府)의 가곡 이름이다.

265) 변풍 : 『시경(詩經)』 대서(大序)의 국풍(國風) 가운데 패(邶)에서부터 빈(豳)까지의 13국(國)에서 지어진 시 작품을 말한다. 『시경』 대서(大序)에 "왕도(王道)가 쇠하고 예의가 없어지고 정치가 잘못되면서 변풍(變風)과 변아(變雅)가 생기기 시작했다."라고 하였다.

266) 세병마 : 두보(杜甫)의 「세병마행(洗兵馬行)」를 말한다. 세병마는 전쟁에서 승리하고 다시 싸움이 없다는 표시로서 무기와 말을 깨끗이 씻는 것이다.

성당의 원기를 모두 담았네　　盛唐元氣專
시는 성정의 바름을 귀하게 여기니　　詩貴性情正
염락[267]에도 뛰어난 현인이 많았다네　　濂洛又群賢

– 이상은 시를 논하여[右論詩]

달 밝은 밤에 산 누각에 올라　　山樓月明夜
나란히 누워서 서로 말하였네　　聯枕相謂曰
절에서 너무 오래 머물렀기에　　蕭寺留已久
날 밝자마자 버선 끈을 매세나　　天明早結襪
산 바랑엔 새로운 시 가득하고　　山橐新詩滿
깊은 동이엔 막걸리가 바닥났네　　深樽濁醪竭
술이 깨어 문 열고 바라보니　　覺來開戶視
쏟아 붓는 비는 그치지 않고　　飜盆雨不歇
들 나루 지나는 물은 맑은데　　野渡水白白
산다리엔 진흙물이 콸콸거리네　　山橋泥滑滑
지팡이 내려놓고 크게 웃노니　　放杖遂大笑
하늘이 마침 이렇게 하였지[268]　　天公會事發
그대는 담쟁이 사이에 묶여 있고　　絆君蔦蘿間
나는 안개 굴 속에 갇혀 있네　　鎖我烟霞窟
산 속의 샘을 마음껏 마시고　　剩呷山中泉
산 속의 고사리도 실컷 먹었네　　飫喫山中蕨
일부러 황매우[269]로 하여금　　故敎黃梅雨
십 년 묵은 나의 갈증을 적셔주네　　霑我十年暍
또 재잘 재잘거리는 새를 보내고　　又遣嚶嚶鳥
평온하게 산의 나무를 베어냈으며　　穩和山木伐
또 서산의 산뜻한 기운[270]을 몰아　　又驅西山爽

---

267) 염락 : 염락관민(濂洛關閩)의 준말이다. 염계(濂溪)의 주돈이(周敦頤), 낙양(洛陽)의 정자(程子), 관중(關中)의 장재(張載), 민중(閩中)의 주자를 통칭한 것으로, 곧 송대의 성리학자들을 뜻한다.

268) 마침 이렇게 하였지 : 원문의 '회사발(會事發)'은 시기적절하게 일이 이루어짐을 말한다. 노동(盧仝) 「월식시(月蝕詩)」의 "마치 하늘이 때맞추어 일으켜, 간사한 자들을 꾸짖고 주살하는 듯하네.[似天會事發 叱喝誅奸强]"에서 온 말이다.

269) 황매우 : 매실이 익을 무렵 내리는 비로, 보통 6월 중순부터 7월 초순에 걸쳐 내리는 장맛비를 말한다.

오월의 파리해진 몸을 식히네　五月冷瘦骨
또 여래와 인연을 맺었더니　又結如來緣
풍진에 허둥대는 내가 가련하고　憐我塵臼汩
또 잠자기 좋아하는 사람[271]에게　又令渴睡漢
온돌에 코 골며 잠을 자게 하네　鼾鼻臥溫突
또 남풍[272]을 닮은 시로서　又以南豊詩
금곡의 벌주[273]를 넉넉히 면하였네　剩負金谷罰
하늘의 비가 어찌 나만을 위하랴　天雨豈私我
실은 삼농월[274]을 위로함이라네　實慰三農月

– 이상은 비에 의해 막힘을[右滯雨]

도남서사[275]에서의 잡영[道南書社雜詠]

동네 어찌 도를 멀리하지 않는가　洞何不遠道
나는 그 이름 좋아서 아낀다네　我愛其名好
청산의 본 모습이 드러나니　眞面靑山出
뜬 구름은 쓴 듯이 깨끗하구나　浮雲淨若掃

– 이상은 도동에서[右道洞]

---

270) 서산의 산뜻한 기운 : 원문의 '서산상(西山爽)'은 속세를 떠나 산속에 숨어 사는 은자의 마음을 말한다. 당(唐) 나라 시인 왕유(王維) 「송이태수부상락(送李太守赴上洛)」의 "서산의 산뜻한 기운 만약 본다면, 황기의 마음을 응당 알리라.[若見西山爽 應知黃綺心]"에서 온 말이다.

271) 잠자기 좋아하는 사람 : 원문의 '갈수한(渴睡漢)'은 잠자기를 지나치게 좋아하는 사람을 말한다. 송(宋) 나라 문목공(文穆公) 여몽정(呂蒙正)이 과거에 오르기 전에 잠자기를 좋아하였다는 고사에서 유래한다.(『六一詩話』)

272) 남풍 : 송(宋) 나라의 문인(文人) 증공(曾鞏)의 별호인데, 증공이 특히 글을 잘 지었으므로 이른 말이다.

273) 금곡의 벌주 : 원문의 '금곡벌(金谷罰)'은 시를 짓지 못하면 받는 벌주를 말한다. 진(晉) 나라 석숭(石崇)이 자신의 정원인 금곡원(金谷園)에서 빈객들과 연회를 열고, 시를 짓지 못한 사람에게는 세 말의 벌주를 내렸다는 고사에서 유래한다.(『古文眞寶』「春夜宴桃李園序」)

274) 삼농월 : 봄에 씨앗을 뿌리고 여름에 김매 가꾸고 가을에 수확하는 것을 말한다.

275) 도남서사 : 현재 흥해(興海)에 전해지지 않아, 정확하게 어디인지는 알 수가 없다.

물을 좋아하니 지자는 되겠지만[276]	樂水方爲智
뜻을 세우지 못한 내가 부끄럽네	慚吾未立志
이제부터 거울 닦듯이 연마하여	自今新鏡磨
광명의 경지에 이르기를 맹세해보네	誓到光明地

– 이상은 지동에서[右智洞]

새 발자국[277]은 절로 글이 되고	鳥跡自成書
산 구름은 폈다 말았다 하네	山雲爲卷舒
그대들은 앞으로 노력하여서	諸生且努力
삼가 삼여[278]를 간과하지 말게나	愼勿過三餘

– 이상은 서동에서[右書洞]

열 두 구름다리는 신령스러운데	十二雲梯盖有靈
창창한 원기는 북두성에 가깝구나	蒼蒼元氣近台星
바위 매화처럼 다섯 번 정사를 돌보니[279]	巖梅五見調羹實
세상에 나와 도움이 무정임금 같네	出輔人間幾武丁

—이상은 오정동에서[右五政洞]

---

276) 물을 …… 되겠지만 : 지혜로운 자가 물을 좋아함을 말한다. "지혜로운 자는 물을 좋아하고 어진 자는 산을 좋아한다. 지혜로운 자는 동적이고 어진 자는 정적이다. 지혜로운 자는 즐겁고 어진 자는 장수한다.[知者樂水 仁者樂山 知者動 仁者靜 知者樂 仁者壽]"에서 유래한다.(『論語』「雍也」)

277) 새 발자국 : 원문의 '조적(鳥跡)'은 중국 고대의 창힐(蒼頡)이 새의 발자국을 보고 문자를 만들었다는 전설을 말한다.

278) 삼여 : 글을 읽기에 가장 좋은 세 가지 여가(餘暇)를 말한다. 위 나라 동우(董遇)는 가르치기를 즐겨하지 않으며 말하였다. "먼저 책을 백 번 읽으면 뜻이 저절로 드러난다.[當先讀書百遍 而義自見]" 배우는 자가 말하였다. "괴롭게도 읽을 날이 없습니다.[苦渴無日]" 그러자 동우가 말하였다. "세 가지 종류의 여가에 해야 한다.[當以三餘]" 어떤 사람이 세 종류의 여가의 뜻을 묻자 동우가 말하였다. "겨울은 해의 나머지이고 밤은 날의 나머지이며 장마 비는 때의 나머지이다.[或問三餘之意 遇曰 冬者歲之餘 夜者日之餘 陰雨者時之餘也]"에서 온 말이다.(『歲時廣記』)

279) 다섯 번 정사를 돌보니 : 원문의 '조갱실(調羹實)'은 국을 조리하는데 쓰이는 매실이란 뜻으로, 국가의 정사가 도와 잘 다스리는 것을 말한다. 은 고종(殷高宗)인 무정(武丁)이 현상(賢相) 부열(傅說)에게 말한 적이 있다. "내가 만일 국을 조리하려 하거든 그대가 바로 소금과 매실이 되어 달라.[若作和羹 爾惟鹽梅]"에서 유래한다.(『書經』「說命下」) 이 시에서 '조갱실(調羹實)'을 '다섯 번 보았다.[五見]'라고 함은 다섯 번 벼슬자리에 나아간 것을 말한다.

향 연기는 두루 중생들을 덮지만　　香烟遍覆衆生叢
석가의 도는 참된 해탈이 아니라네　　釋道非眞大脫空
가령 어리석은 사람이 악을 행하면　　假使癡氓爲不善
온갖 기도도 아무런 효험 없으리라　　百般祈禱亦無功

– 이상은 기불동에서[右祈佛洞]

만약 이 한 관문을 지난다면　　若過此一關
진실의 경지는 그 사이에 있다네　　實地在那間
말하노라, 여러 군자들이여　　寄語諸君子
아홉 길 산[280]을 훼손치 말게나　　無虧九仞山

– 이상은 성의재에서[右誠意齋]

마음에는 주인이 있으니　　靈臺有主翁
사방으로 활짝 통하는 문이라　　軒豁四門通
안을 곧게 밖을 방정히[281] 하여　　直內宜方外
마음 속에 경은 있도록 해야한다네　　須要敬在中

– 이상은 정심재에서[右正心齋]

사람이 먼 데서 찾아온다면[282]　　人自遠方來
겹겹의 문이 차례로 열리겠지　　重門次第開
이제야 군자의 즐거움이　　乃知君子樂
영재를 기르는 일임을 알았네[283]　　都在育英才

– 이상은 역락헌에서[右亦樂軒]

---

280) 아홉 길 산 : 원문의 '구인산(九仞山)'은 아홉 길의 산으로 공든 탑을 말한다. "자그마한 행동이라도 신중히 하지 않으면 끝내는 큰 덕에 누를 끼칠 것이니, 이는 마치 아홉 길의 산을 만들 적에 한 삼태기의 흙이 부족하여 그 공이 허물어지는 것과 같다.[不矜細行 終累大德 爲山九仞 功虧一簣]"에서 유래한다.(『書經』「旅獒」)

281) 안을 …… 방정히 : 안은 경(敬)으로 곧게 하며 밖은 의로 방정히 하는 존양자세를 말한다. "군자가 공경으로써 안을 곧게 하고 의로움으로써 밖을 방정하게 하여 경과 의가 확립되면 덕이 외롭지 않다.[君子 敬以直內 義以方外 敬義立而德不孤]"에서 유래한다.(『周易』「坤卦文言」)

282) 사람이 …… 오면 : 나의 선(善)을 남이 알아 찾아오게 됨을 말한다. "벗이 먼 곳으로부터 찾아온다면 즐겁지 않겠는가.[有朋 自遠方來 不亦樂乎]"에서 유래한다.(『論語』「學而」)

283) 영재 …… 알겠네 : 군자의 즐거움 중 한 가지가 인재를 기름임을 말한다. "군자가 세 가지 즐거움이 있으니, …… 천하의 영재를 얻어서 교육시키는 것이 세 번째 즐거움이다.[君子有三樂 …… 得天下英才而教育之 三樂也]"에서 유래한다.(『孟子』「盡心 上」)

또 팔경을 읊조리다.[又八景]

옥봉에 밝은 달이 올랐으니	玉嶺宜明月
오동나무엔 새론 비 멈추었네	梧桐新雨歇
무극 옹[284]을 만날 듯하여	如瞻無極翁
다시 섬돌 내려가 뵙고자 하네	更欲下階謁

– 이상은 옥봉의 개인 달을[右玉峯霽月]

한 번의 우뢰 소리 암혈에 울려	一聲巖穴雷
내뿜어지니 짙은 구름이 걷히네	噴薄密雲開
이제야 인간 세상에 내린 비	始識人間雨
이곳에서 몰래 왔음을 알겠네	暗從是處來

– 이상은 대왕암[285]의 은은한 우레 소리를[右王巖隱雷]

절간 동자는 새벽 종을 치는데	山童報曉鍾
초승달은 서쪽 봉우리에 걸려있는데	微月在西峯
문득 동안현[286]의 일이 생각나니	忽憶同安事
일어나 옷깃을 여미게 하네	令人起斂容

– 이상은 오어사[287]의 새벽 종소리를[右魚寺曉鍾]

---

284) 무극옹 : 태극 도설을 지은 주돈이(周敦頤, 1017~1073)의 별칭이다. 본명은 돈실(敦實), 자는 무숙(茂叔), 호는 염계(濂溪), 시호는 원공(元公)이다. 「태극도설(太極圖說)」과 『통서(通書)』를 지었는데, 「태극도설」이 우주론을 설명한 반면, 『통서』는 윤리론을 이야기하고 있다.

285) 대왕암 : 포항시 오천읍 항사리와 대송면 산여리에 있는 운제산(雲梯山) 정상에 있으며 높이 30여m, 둘레 50여m로 독립된 바위다. 바위사이에서 샘이 솟아나오는데, 가뭄이 심할 때 기우제를 지내면 효험이 있다고 한다.

286) 동안현 : 동안현(同安縣)은 천주(泉州)에 있는 현 이름이다. 주자가 일찍이 이곳의 주부(主簿)로 있으면서 백성들의 자제를 뽑아 날마다 성현의 수기치인(修已治人)의 도를 강설하고, 여자들이 승려(僧侶)나 도사(道士)가 되는 것을 금하면서 교화를 편 곳이다.(『宋史』「朱熹傳」)

287) 오어사 : 경북 포항시 남구 오천읍 항사리 34번지에 있는 신라 26대 진평왕(579~632)대에 창건된 사찰이다. 당초에는 항사사(恒沙寺)라 불렀으나 원효대사(元曉大師)와 혜공선사(惠空禪師)가 이곳에서 수도할 때 법력(法力)으로 개천의 고기를 생환토록 시합을 하였는데, 그 중 한 마리는 살지 못하고 다른 한 마리는 살아서 힘차게 헤엄치는지라, 그 고기가 서로 자기가 살린 고기라고 하여 「나 오(吾), 고기어(魚)」자를 써서 오어사(吾魚寺)라 하였다고 한다.(『포항시사』)

서녘 해는 동쪽으로 비추는데 　西日向東照
한가한 늙은이 저물녘에 낚시질하네 　閒翁穩夕釣
제산[288]과 이름이 우연히 같으니 　齊山名偶同
세상일 달관하며 웃지 않겠는가 　達觀得無笑

– 이상은 우현[289]의 동쪽으로 비치는 저녁햇살을[右牛峴返照]

해질녘 고깃배의 노랫소리 들리고 　漁舟晩有唱
물가는 파도 없어 사방이 고요하네 　四渚無風浪
시인[290]은 매우 가난하지 않아 　騷客未全貧
연꽃이 십리나 펼쳐져 있다네 　芙蓉十里帳

– 이상은 연저[291] 어부의 노래를[右蓮渚漁唱]

동산에 또 시원한 기운이 이니 　東山亦爽氣
여름 해가 어찌 다시 두려우랴 　夏日復何畏
꿈에서 복희씨 때 사람[292]을 보니 　夢見羲皇人
그 깨끗한 의미는 한 가지이네 　一般這意味

– 이상은 풍령의 상쾌한 기운을[右風嶺爽氣]

---

288) 제산 : 제 나라에 있는 우산(牛山)을 말한다. 제 나라 수도 근처의 산으로 "제 경공이 우산에서 노닐다가 북쪽으로 국성을 바라보고는 눈물을 흘리며 말하였다. '만약 이대로 가다가 죽으면 어쩌겠는가?'[景公遊於牛山 北臨其國城而流涕 曰若何滂滂去此而死乎]"에서 온 말이다.(『晏子春秋』「諫上十七」)

289) 우현 : 지금의 포항시 우창동(牛昌洞)이다. 2개의 법정동인 우현(牛峴)동과 창포(昌浦)동이 합쳐져 만들어진 지명이다. 시내에서 7번 국도를 따라 흥해로 넘어가는 재(峴)의 생김새가 흡사 '누운 소' 같다 하여 소티(牛峴)라고 부른데서 유래되었다고 한다.(『포항시사』)

290) 시인 : 원문의 '소객(騷客)'은 통상적으로 문인(文人)과 나란히 쓰이며 소인(騷人)이라고도 부르는데, 시인(詩人)의 별칭(別稱)이다. 초 나라의 삼려대부(三閭大夫)이던 굴원(屈原)이 망해가는 나라를 보며 비분에 겨워 지은『이소(離騷)』에서 나온 말로, 뒷날의 사람들이 소객(騷客)으로 시인(詩人)을 형용하거나 혹 뜻을 얻지 못한 문인(文人)의 뜻으로 썼다.

291) 연저 : 포항시 남구 오천읍 항사리의 오어사 앞에 있는 오어지(吾魚池)를 말하는 듯하다.

292) 복희씨 때의 사람 : 세상(世上) 일을 잊고 한가하고 태평하게 숨어 사는 사람을 말한다. 도연명「여자엄등소(與子儼等疏)」의 "오뉴월 중에 북창 아래에 누워 있다가 서늘한 바람이 잠깐 지나가기라도 하면, 스스로 희황 시대의 사람이 아닌가 하고 생각했다.[北窓下臥 遇涼風暫至 自謂是羲皇上人]"에서 유래한다..

석양 속에서 농부 이야기 들으니 西夕聽農談
뿌리고 거두는 맛이 달콤함과 같아 味如稼穡甘
별을 보며 건장한 황소 부리고 戴星驅健犢
해를 맞으며 새 누에를 볕 쬐네 迎旭曬新蚕

– 이상은 송파[293]에서 농부와 담소를 나누며[右松坡農談]

열 두 봉우리 운제산에 남기 어리고 十二雲梯嵐
북두성 남쪽엔 정기 둘러있네[294] 扶輿斗以南
비 개니 가없는 풍경이 보이어 無邊霽後景
쓸쓸한 한 암자에서 시간만 보내네 輸與一孤庵

– 이상은 운제산[295]의 개인 뒤 남기를[右雲梯晴嵐]

팔공산 징월 스님에게 주다.[贈公山澄月上人]

씩씩하고 걸출한 젊은 스님 魁傑少年僧
무슨 낙으로 산 속에 사는가 居山何所樂
짐짓 달마의 유래를 물어보니 試問達摩來
뜰 앞의 한 그루 잣나무라 하네 庭前一樹栢

권 경천·윤 계상과 함께 호상에서 노닐며 입으로 병자를 세 번 불러가며 지었다.[與權擎天尹季常 同遊湖上 口號三丙字]

금년은 병자 든 해인데 今年歲在丙

---

293) 송파 : 지금의 포항 오어사(吾魚寺) 뒤쪽에 있던 마을이다.

294) 정기 둘러있네 : 원문의 '부여(扶輿)'는 '부어(扶於)' 또는 '부여(扶與)'로도 쓴다. 빙 도는 모습을 말한다. "지금의 고무라는 것은 몸을 마치 고리처럼 빙 둘러 굽혀서 땅을 어루만지고는 매우 아름답게 돌아서 빙빙 도는 춤이다.[今鼓舞者 繞身若環 曾撓摩地 扶於猗那 動容轉曲]"에서 유래한다.(『淮南子』「修務訓」)

295) 운제산 : 포항시 오천읍 항사리와 대송면 산여리에 있는 산이다.

세 병자생이 천리에서 모였네　千里同三丙
만약 소동파[296]를 만난다면　若遇東坡翁
마침내 네 병자생이 되리라　遂成四箇丙

올해 이미 병자가 든 해　此歲旣爲丙
남방이 또한 병에 속하니　南方又屬丙
소동파를 기다리지 않아도　不待東坡翁
어느덧 네 병자가 되었네　居然成四丙

– 이상은 경천이 지었다.[右擎天]

자리 셋에 삼인의 병자생이　三席三人丙
평생에 또 병자년을 만났네　百年歲又丙
우연히 좋은 교유 맺었으니　偶然成好遊
훗날 병자년 잊지 못하리라　他日莫忘丙

– 이상은 계상이 지었다.[右季常]

상비[297]의 원망[湘妃怨]

눈물을 뿌려 창오에 비 내리니　涙灑蒼梧雨
성근 빗줄기 방울방울 차갑고　鈴疎滴滴寒
깊이 스며들어 대 싹을 틔우니　入深抽苦竹
마디마디 눈물이 얼룩져 있네　一節一回班

296) 소동파 : 원문의 '동파(東坡)'는 소식(蘇軾, 1036~1101)의 호이며, 그가 태어난 해가 병자년(丙子年)이다. 그는 중국 북송 시대의 시인이자 문장가, 학자, 정치가이다. 시(詩)·사(詞)·부(賦)·산문(散文) 등 모두에 능해 당송팔대가의 한 사람으로 손꼽혔다.

297) 상비 : 순 임금의 비(妃)인 아황(娥皇)과 여영(女英)을 말한다. 순(舜) 임금이 남쪽 지방을 순수하다가 죽었으므로 창오(蒼梧)에다 장사지냈다. 당시 상비가 상강(湘江)에 이르러 둘이 부둥켜안고 울다가 상강에 빠져 죽었다. 당시 그들이 흘린 피눈물이 대나무에 떨어졌으므로 반죽(斑竹)이 생겼다고 전해진다.(『列女傳』)

명비[298]의 원망[明妃怨]

제 나라 놈[299]이 화친을 청하며 齊虜能和親
당시에 단장한 미인을 구했는데 至今求粉黛
다만 두려워라 미색이 줄어들면 但恐減容華
내년에 다시 변방을 침범하겠지 明年又犯塞

직녀의 원망[織女怨]

까마귀 까치 힘든 줄 모르고 烏鵲不知勞
해마다 한 번씩 다리를 놓았네 一年一作橋
나무와 돌로 은하수를 메워서 莫如塡木石
칠석날 둥지에서 편안해 함이 낫겠네 七夕各安巢

관솔불 아래에서 내기를 하며[松燈賭博]

관솔불은 바둑판을 훤히 비추는데 榾火照楸枰
남풍은 북쪽 나그네에게 불어오네 南風吹北客
누가 알랴 쓸쓸한 절간[300]에 誰知蕭寺中

---

298) 명비 : 왕소군(王昭君)을 말한다. 한 원제(漢元帝)는 후궁이 매우 많아서 임금이 매양 당시 사람의 형상을 잘 묘사하던 화공(畫工) 모연수(毛延壽)를 시켜 궁녀들의 용모(容貌)를 그려오게 하여 그 그림을 보고 궁녀를 골라서 합방을 하곤 했다. 이 때문에 궁녀들이 모두 화공에게 뇌물을 주어 자기 용모를 좋게 그려주도록 청탁을 했었으나, 유독 왕소군(王昭君)만은 그에게 뇌물을 주지 않아서 한 번도 임금의 은총을 입어 보지 못했다. 그런데 뒤에 흉노(匈奴)가 미인을 요구하던 때를 당하여 원제가 그림만 보고 왕소군을 보내라고 명하고 나서 실제 왕소군을 한 번 불러본 결과, 용모가 그림과는 판이하여 후궁 가운데 제일의 미인이었음을 새삼 알게 되었다. 뒤에 진(晉) 나라 사람들이 사마소(司馬昭)의 휘(諱)를 피하기 위해 명비(明妃)로 부르기 시작하였다.(『西京雜記』)

299) 제 나라 놈 : 원문의 '제노(齊虜)'는 '제 나라 출신 놈'이라는 뜻으로, 한 고조(漢高祖)의 신하 유경(劉敬)을 가리킨다. 그가 흉노 정벌의 불가함을 말하자 한 고조가 '제로(齊虜)'라고 비난하였다. 한 고조가 그의 말을 듣지 않고 흉노 정벌을 떠났다가 백등(白登)에서 포위당했을 때, 진평(陳平)이 한 나라 미녀의 초상화를 그려 보내는 꾀를 써서 탈출할 수 있었는데, 이 일이 흉노에게 미녀를 보내 화친을 구하는 시초가 되었다.(『漢書』)

300) 절간 : 원문의 '소사(蕭寺)'는 절을 말한다. "양 나라 무제가 절을 짓고 소자운에게 명하여 비백체로

별장 내기 하던 사안[301]이 있다는 것을 賭墅有安石

매기에게 장난삼아 주다.[戲贈梅妓]

봉래산에 머무는 옥녀 蓬萊有玉女
신선의 말로 노래하네 歌用神仙語
신선은 변화가 많지만 神仙多變化
조운[302]처럼 떠나지는 말게 莫學朝雲去

한가한 가운데 동파의 회두시체[303]를 따라 짓다.[閒中效東坡回頭詩體[304]]

바람이 지나니 새소리 부서지고 風過鳥聲碎
이슬이 촉촉하니 매미 소리 맑네 露沾蟬響清
붉은 비단 창에선 봄잠으로 나른하고 紅牕春睡倦
늙은 나무엔 낮 그늘이 상쾌하네 晩樹午陰輕

따뜻한 바람 속의 못 버들은 어울리고 塘柳宜風暖
밝은 달 아래의 뜰 매화는 참 좋네 院梅可月明
방 안에 앉아 소리 내어 읊조리니 堂中坐嘯詠
고요함으로 나그네의 마음 맑아지네 靜裏客懷清[305]

'소'자를 크게 쓰게 하였는데, 지금까지 '소'자가 남아 있다.[梁武帝造寺 令蕭子雲 飛白大書蕭字 至今一蕭字存焉]"에서 유래한다.(『唐國史補』)

301) 사안 : 원문의 '안석(安石)'은 진(晉) 나라 사안(謝安)의 자이다.

302) 조운 : 무산의 신녀 이름이다. 송옥(宋玉) 「고당부(高唐賦)」의 초 양왕(楚襄王)이 꿈에 한 여인을 만나 함께 하룻밤을 잤는데, 이튿날 아침에 그 여인이 떠나면서 말하였다. "저는 무산의 양지쪽 높은 구릉의 험준한 곳에 사는데, 매일 아침이면 아침 구름이 되고 저녁이면 내리는 비가 되어 아침마다 저녁마다 양대의 아래에 있습니다.[妾在巫山之陽 高丘之岨 旦爲朝雲 暮爲行雨 朝朝暮暮 陽臺之下]"에서 온 말이다.

303) 회두시체 : 회문시체(回文詩體)와 같은 말이다. 거꾸로 읽거나, 가로로 읽거나 비껴서 읽거나 서로 교차시켜 읽거나, 한 글자 물려서 읽거나, 한 글자를 빼고 읽거나 간에 모두 시를 이루는 작품을 말한다. 현존하는 회문시 중 가장 이른 것은 서진(西晉)초기 소백옥(蘇伯玉)의 아내가 지은 「반중시(盤中詩)」이다.

304) 시 제목이 목차에는 '이수(二首)'라는 것이 있으나 본문에는 없으니 본 번역문은 본문을 따랐다.

폭포[瀑沛]

물줄기 벼탕진 절벽에 흐르니	飛流生絶壑
기운이 먼 하늘까지 닿았네	一氣亘長天
형세는 우뢰 소리 대적하고	勢敵雷霆鬪
빛은 일월의 밝음을 나누네	光分日月懸
펴지니 두 줄기 흰 비단이요	平鋪雙練白
흩어져서 몇 개의 못이더니	散作幾潭圓
골짝 나서서 소리 더욱 세차	出谷聲猶壯
물결이 해변에서 일어나네	波瀾起海邊

문강[306] 또한 한 폭포라서	文江亦一瀑
엄연히 열려서 하늘과 닿았네	儼闢洞中天
협곡은 사원[307]과 함께 이르고	峽與詞源到
강물은 붓 끝을 따라 흐르네	河從筆舌懸
토하고 삼키며 많은 시내 합하고	吐呑千澗合
어렴풋이[308] 사방엔 산이 둘렀네	隱約四山圓
하필이면 수고로이 발걸음 옮길까	何必勞笻屐
안개가 베게 가를 두르고 있네	烟霞繞枕邊

---

305) 이 시는 위의 회두시체에 대한 주에서 언급한 읽는 방법 중 거꾸로 읽는 방법으로 지었다. 원시(原詩)의 운은 '청(淸)·경(輕)', '명(明)·청(淸)'인데 거꾸로 읽을 때의 운은 '홍(紅)·풍(風)', '당(堂)·당(塘)'으로 다음과 같이 읽을 수 있다. "옅은 그늘 한 낮의 나무에 늦도록 드리우고, 잠에 지친 봄 창가는 붉어지네. 맑은 매미소리 이슬에 젖고, 부서지는 새소리 바람결에 지나가네.[輕陰午樹晩 倦睡春牕紅 淸響蟬沾露 碎聲鳥過風]", "맑은 사람 마음 고요하여, 마루에 앉아 읊조리고 휘파람 부네. 밝은 달 매화 핀 뜰에 비칠 만하고, 포근한 바람 버들 못에 불어오네.[淸懷客裏靜 詠嘯坐中堂 明月可梅院 暖風宜柳塘]"

306) 문강 : 어느 지역에 있는 실제의 강 이름인지 아니면 을 말하는지 주307)의 내용과 견주어 문장력으로 보아야 할 지 자세히 알 수가 없다.

307) 사원 : 문장(文章)이 용솟음쳐 나오는 근원을 말한다. 두보(杜甫)의 「취가행(醉歌行)」에, "문장의 근원은 삼협의 물을 기울인 듯하고, 필력의 전진은 천군을 쓸어낼 기세로다.[詞源倒流三峽水 筆陣獨掃千人軍]"라고 하였다.

308) 어렴풋이 : 원문의 '은약(隱約)'은 어렴풋이 밝지 않은 모습을 말한다. 남조(南朝) 양(梁) 나라의 하손(何遜)의 「초발신림(初發新林)」에, "서울은 어렴풋하고, 집 뜰은 어디에 있나. 떠나자 아득해지니, 품은 마음 어떻게 말하랴.[帝城猶隱約 家園無處所 去矣方悠悠 含意將何語]"라고 하였다.

여섯 가지 새 이야기[六禽言]

뻐꾹 뻐꾹	布穀布穀
늦 봄 서녘들이 더디다 울며 재촉하네	西疇春晚啼相促
길고 짧은 보습 자루는 흰 나무[309]이고	長鑱短鑱柄白木
남촌 북촌에선 누렁소 밭을 갈고 있구나	南村北村耕黃犢
만약 농관들이 이와 같이 닥달한다면[310]	假令農官如是督
농가들이 따르지 않아 쇠고랑만 놀겠네	田家不應空杻杻

– 이상은 농시이다.[右農鳲]

우번분 우번분	雨飜盆雨飜盆
보내는 소리소리 황혼으로 잦아드네	故遣聲聲入黃昏
봄밭에는 두레박질로 겨를이 없고	春圃桔槔無閒暇
메마른 대지에선 사람들이 부르짖네	大地乾槁萬人喧
이 때 한 말의 물이 보배와도 같은데	此時斗水論珠玉
큰비가 동이를 뒤집듯이 내린다면야	何況大雨如盆飜

– 이상은 분조이다.[右盆鳥]

소쩍 소쩍	鼎小鼎小
빈산에서 밤새 울며 새벽을 맞았네	空山永夜啼到曉
소리쳐 울적마다 큰 솥을 원하니	啼時每欲大鼎鐺
농가에 풍년의 조짐을 알리지만	庶幾田家占豊兆
큰 솥의 밥도 사양치 않을 터인데	大鼎調飪却不辭
작은 솥도 채우지 못하는구나	奈爾小鼎無充了

– 이상은 민가에서 부르는 두견이다.[右俗號杜鵑]

---

309) 흰 나무 : 원문의 '백목(白木)'은 흰 나무로 자루를 만든 쟁기이니 농사짓는 도구 중 대표적인 것이다. 두보(杜甫)의 「우거동곡현작가(寓居同谷縣作歌)」에, "흰 나무로 자루를 한 긴 보습이여 긴 보습이여, 내가 너를 의탁하여 생명으로 삼노라.[長鑱長鑱白木柄 我生託子以爲命]"라고 하였다.

310) 이와 같이 감독한다면 : 뻐꾹 뻐꾹[布穀布穀; 곡식 씨앗을 뿌려라. 곡식 씨앗을 뿌려라]하는 소리가 감독하고 있는 듯이 느껴짐을 말한다.

나물 자르는 소리 사각사각	斫菜聲肅肅
누구를 위해 밤새도록 멈추지 않나	爲誰終宵不暫息
풀 뿌리 씹어도[311] 그대 근심치 말게	咬得菜根君莫憂
사람이 무슨 일인들 하지 못 하랴	人間何事不做得
세상에 고기 먹는 이에게 말하노니	寄語世間肉食人
백성을 주리게 해서는[312] 안 된다네	不可令民有此色

– 이상은 채조이다.[右菜鳥]

까악하고 우니	啼告惡
듣는 이 모두 팔을 휘둘러 후치네	聽者無不麾而却
누군들 허물 듣기를 좋아하겠는가	人誰有過樂聞之
묵은 병에 의사와 약을 꺼림과 같네	譬如沈痾忌醫藥
진실로 착해져서 허물을 멀리한다면	苟能遷善遠其辜
필경 자손들이 안락을 누릴 것이네	畢竟兒孫享安樂

– 이상은 까마귀이다.[右烏]

제비들 지저귀며 오르내리니	燕燕鳴上下
‘지지위지지	知之謂知
부지위부지시지야’[313] 라고 하네	不知謂不知是知也
당시에 자로가 그 말을 외더니	當時子路誦其言
백세토록 현자라 칭송 받았네	百世之下稱賢者
사람들 모르면서 잘 안다고 하니	人於不知謂眞知
때문에 고금에 정말 아는 이 드물었네	所以古今眞知寡

– 이상은 제비이다.[右鷰]

---

311) 풀뿌리 씹어도 : 원문의 ‘채근(菜根)’은 가난 속에도 자신을 지키는 것을 말한다. 송(宋) 나라 때 왕혁(汪革)의 “사람이 항상 나물 뿌리를 먹고 살면 온갖 일을 이룰 수 있다.[人常咬得菜根則百事可做]”에서 온 말이다.(『小學』「善行」)

312) 주리게 해서는 : 원문의 ‘유차색(有此色)’은 굶주려 얼굴색이 나물 색으로 되게 함을 말한다.

313) ‘지지위지지 부지위부지시지야’ : 공자께서 제자인 자로(子路)에게 한 말이다.(『論語』「爲政」) 이 시에서는 제비의 울음소리를 표현하는 의성어로 사용하였다.

관마의 질주를 조롱하며[嘲官馬疾馳]

날 듯이 달리는 관마는 범할 수 없어 官馬如飛不可犯
아전은 물과 구름 사이로 내달리네 吏人下落水雲間
파리한 나귀는 시인의 마음 아는 듯 蹇驢似解詩人意
동남쪽 눈 덮인 산에서 머뭇거리네 故逗東南雪後山

해바라기 꽃을[葵花]

태양의 존귀함을 아는 해바라기 어여뻐 愛渠能識太陽尊
짚신을 신고 자주 정원을 드나드는데 芒履三時入小園
비장군 손자[314] 오히려 한 나라를 등지니[315] 飛將家孫猶背漢
곁의 도리[316]는 부끄러워서 말이 없네 在傍桃李愧無言

포도[葡萄]

꿈틀꿈틀 머리 뿔은 풀 중의 용인데 蝹蝹頭角草中龍
풍상을 꺼려 겨울 내내 웅크리고 있었네 怕却風霜久蟄冬
뱃속 가득한 밝은 구슬은 변화가 많아 滿腹明珠多變化
깊은 술 못으로 다시 종적을 감추었네 酒池深處又藏蹤

---

314) 비장군 손자 : 원문의 '비장(飛將)'은 궁술이 뛰어나 흉노와 70여회 교전하여 전공을 많이 세웠던 이광(?~BC.119)을 말한다. 흉노가 "한비장군(漢飛將軍)"이라고 하면서 두려워하였다.(『史記』「李將軍列傳」) '손(孫)'은 이광의 손자인 이릉(?~BC.74)을 말한다.

315) 한 나라를 등지니 : 이광의 손자인 이릉이 천한(天漢) 2년 가을에 교전 중에 흉노 선우에게 항복하였던 일을 말한다. 이 일로 모친과 처자 등은 몰살당했다.(『史記』「李將軍列傳」)

316) 도리 : 복숭아와 자두로 이광 장군을 가리킨다. 사마천이 이광장군을 흠모하여 "복사꽃과 오얏꽃은 말이 없지만 아래에 자연히 길이 이루어진다.[桃李不言 下自成蹊]"라고 평한 글에서 온 말이다.(『史記』「李將軍列傳」)

모란[牧丹]

공자께서 언제 부귀를 싫어했던가　　孔聖何曾厭富貴
불의를 뜬 구름[317] 같이 여기셨네　　至於不義視浮雲
모란 사랑은 나도 남들과 같은데　　牧丹之愛吾從衆
게다가 꽃 중에서 한 왕임에랴　　況復花中特一君

대나무 심는 사람을 보고 감회가 있어[見人種竹有感]

대 심는 이는 응당 대나무를 사랑하리　　種竹人應愛竹人
대도 사랑스러운데 하물며 사람이야　　竹猶可愛況於人
무슨 마음으로 자유는 대 볼려고 왔나[318]　　子猷何意來看竹
대 보려면 먼저 주인에게 물어야 하리　　看竹當先問主人

양봉[養蜂]

군신간의 대의를 너희가 아는가　　君臣大義爾知不
명을 따라 주선하며 자유롭지 않네　　奉命周旋不自由
쇠퇴한 주 나라 임금을 이처럼 높였다면　　若使衰周尊若是
공자께서 굳이 『춘추』를 짓지 않았으리　　仲尼不必作春秋

반포하는 까마귀[哺烏]

새끼 날지 못하니 어미 새가 먹여주고　　雛未飛時母哺雛

---

317) 뜬 구름 : 원문의 '부운(浮雲)'은 의롭지 아니한 부를 말한다. "의롭지 않으면서 누리는 부귀는 나에게 뜬 구름과 같다.[不義而富且貴 於我 如浮雲]"에서 온 말이다.(『論語』「述而」)

318) 자유는 …… 왔나 : 원문의 '자유(子猶)'는 왕휘지(王徽之)의 자이다. "사대부 집에 아름다운 대나무가 있었는데 자유가 보고 싶으면 곧 가마를 타고 대나무 아래에 도착하여 한참동안 시를 읊었다.[士大夫家有好竹 欲觀之 便出坐輿造竹下 諷嘯良久]"라는 고사에서 유래한다.(『晉書』「王徽之列傳」)

새끼 날고 어미 늙으면 먹이 물어주네 雛飛母瘦哺相須
이 마음 어찌하면 봄볕 같은 은혜 갚을꼬 此心那得春暉報
이내 인생 까마귀만도 못해 부끄러워지네 慚愧人生不及烏

들녘의 학[野鶴]

맑은 새소리 늘 구고[319]에서 들리는데 清唳依然動九皐
때론 하늘[320] 높이 짝지어 날아오르네 有時霄漢特高翱
학[321]은 인간 세상에 머물면서 어찌 胎禽豈向人間住
숙오[322] 노릇하는 사대부를 비웃는고 笑爾衣冠假叔敖

원도[323]를 읽고[讀原道]

여섯[324] 조목 두루 통하니 변론이 뛰어나 六腹圓通辨最雄

319) 구고 : 학이 구고에서 정성을 다해 우니 그 울음소리가 하늘에 닿음을 말한다. "학이 깊은 구덩이에서 맑은 울음 쏟아내니, 그 소리가 하늘에까지 사무치도다.[鶴鳴于九皐 聲聞于天]"에서 유래한다.(『詩經』「小雅, 鶴鳴」)

320) 하늘 : 원문의 '소한(霄漢)'은 은하수인데 이 시에서 하늘을 말한다. 중장통(仲長統) 「낙지론(樂志論)」의 "당시의 책임을 맡지 않고 기약된 목숨을 길이 보존한다. 이렇게 하면 하늘을 넘어서 우주 밖으로 나갈 수가 있을 것이다.[不受當時之責 永保性命之期 如是 則可以陵霄漢 出宇宙之外矣]"에서 온 말이다.

321) 학 : 원문의 '태금(胎禽)'은 학의 별칭이다. 남조(南朝) 양(梁) 나라 도홍경(陶弘景) 「전학명(瘞鶴銘)」의 "이 학을 보면 부구공이 지은 경전이네[相此胎禽 浮丘著經]"에서 온 말이다.

322) 숙오 : '숙오(叔敖)'는 춘추 시대 초 나라 재상 손숙오(孫叔敖)를 말한다. 그는 장왕(莊王)을 도와 선정을 베풀었으므로 장왕이 결국 패업(霸業)을 달성하게 되었는데, 손숙오는 천성이 청렴결백했으므로 그가 죽은 뒤에 그의 처자(妻子)는 곤궁하기 이를 데 없었다고 한다. 이 시에서는 거짓으로 손숙오 처럼 청렴결백한 것처럼 내세우는 사람을 비웃는 표현으로 사용되었다.

323) 원도 : 당송팔대가 중의 한 사람인 한유(韓愈)가 지은 「원도(原道)」를 말한다.

324) 여섯 : 원문의 '육복(六腹)'은 여섯 개의 중심으로 대학의 팔 조목에서 격물치지(格物致知)를 뺀 '성의(誠意)·정심(正心)·수신(修身)·제가(齊家)·치국(治國)·평천하(平天下)'를 말한다. 주자(朱子)는 한유(韓愈)가 「원도(原道)」에서 격물치지(格物致知)를 말하지 않았다고 하여 그 이론이 정밀치 못하다고 하였다.

근래의 호걸 중에 누가 공만 할까	近來豪傑孰如公
성의를 첫머리로 삼는 설을 따랐기에	直從誠意關頭說
끝내 사문의 격물치지 공부엔 모자랐네	終欠吾門格致工

불골표[325]를 읽고[讀佛骨表]

추상같은 칼날 늠름한 붓으로 화하니	凜凜霜鋒化筆端
적막한 빈산의 불골은 지금도 서늘해하네	空山佛骨至今寒
훗날 임금들의 귀감을 이처럼 밝혔으니	後王龜鑑昭如許
만고의 공신 중에 한유가 있었다네	萬古功臣有一韓

소무전을 읽고[讀蘇武傳]

북해에서 양을 기른 지 십구 년	北海看羊十九年
전속국[326]이란 관명만 가련하구나	官名屬國正堪憐
기린각의 끝자리에 앉았으니	莫嫌末坐猉獜閣
깊은 산 맹호처럼 웅크리고 있네	隱若深山猛虎然

이릉전을 읽고[讀李陵傳]

산 서쪽의 복숭아 오얏 꽃이 다 질 적에	落盡山西桃李花
담요 깔고 등불 켜니 사방에 호가[327]만 울리네	氈燈四面咽胡茄

---

325) 불골표 : 한유가 지은 「논불골표(論佛骨表)」를 말한다.

326) 전속국 : 원문의 '속국(屬國)'은 한(漢) 나라에 전속국(典屬國)이란 벼슬을 말한다. 외국과의 교제를 맡은 벼슬로 전속국 소무(蘇武)가 흉노(匈奴)에 사자(使者)로 갔다가 억류(抑留)되어 절개를 굽히지 않고 19년이 지나 마침내 돌아온 고사에서 유래한다.

327) 호가 : 호가(胡茄)란 고대 북방 민족의 관악기로 날라리 또는 호적(胡笛)이라고 한다. 이릉(李陵) 「답소무서(答蘇武書)」의 "밤이면 잠들지 못하여 귀 기울여 멀리 들어보면 호가를 서로 불고 기르는 말은 슬피 울부짖는다네.[夜不能寐 側耳遠聽 胡笳互動 牧馬悲鳴]"에서 유래한다.

당시 만약 한연년과 함께 죽었더라면	當時若倂延年死
옛 장수 집안의 충효의 명성 온전하였으리	忠孝全名故將家

고당부[328]를 읽고[讀高唐賦]

산동의 부로마저 함양[329]을 원망했으니	山東父老怨咸陽
두견새 소리 속에 창자가 끊어진다네	魂鳥聲中欲斷腸
부끄럽도다! 고당부·신녀부여	愧殺高唐神女賦
그저 초 양왕만 호탕하게 하였구나	空教浩蕩楚襄王

이소[330]를 읽고[讀離騷]

나라 걱정에 외로운 충신 분을 참지 못해서	憂國孤忠忿不勝
원통한 혼 강의 물고기 배를[331] 의지했었네	江魚腹裏怨魂憑
이제 알겠네, 천하에 어려운 일 없지만	始知天下無難事
중용에 이르기란 불가능하다는 것을[332]	及到中庸不可能

수양산[首陽山]

푸른 산 어딘들 돌아가기에 마땅치 않으랴	靑山何處不宜歸

---

328) 고당부 : 초 나라 대부 굴원의 제자라고 전하는 송옥(宋玉)이 지은 「고당부(高唐賦)」를 말한다.

329) 함양 : 진(秦) 나라의 수도이다. 초 회왕이 진의 술수에 의해 죽음을 당한 이후 초 나라 사람들의 원망이 대단하였다.

330) 이소 : 중국 전국(戰國)시대 초 나라 대부인 굴원(屈原)이 지은 『초사(楚辭)』의 작품 이름이다.

331) 강 물고기 배를 : 원문의 '강어복리(江魚腹裏)'는 강에 빠져 죽음을 말한다. 굴원(屈原) 「어부사(漁父辭)」의 "차라리 상강에 빠져 죽어서 물고기 뱃속에 장사를 지낼지언정[寧赴湘流 葬於江魚之腹中]"에서 유래한다.

332) 중용에 …… 것을 : 이소의 표현들에 감정이 실려 있음을 말한다. 주자는 「이소(離騷)」 주註에서 "굴원의 사람됨이 그 뜻과 행실은 비록 혹 중용에서 지나쳐서 법으로 삼을 수는 없지만 모두 임금에 충성하고 나라를 사랑하는 정성에서 나온 것이다.[原之爲人 其志行雖或過於中庸 而不可以爲法 然皆出於忠君愛國之誠]"라고 하였다.

평양[333]에서 예의 지키며 기내를 사양했네 爲是平壤揖遜畿
요 임금의 교화 초목의 우로마냥 남아 있기에[334] 草木尙沾堯雨露
노래 속에 고사리 꺾은[335] 뜻이 남아 있네 其歌有意採其薇

때 이른 기러기[早鴻]

기러기 어디서 이른 가을을 놀랐기에 霜翁何處早驚秋
늘 가을이 되면 다시 스스로 돌아오는가 每到秋時也自還
벗에게 만약 이렇듯 믿음이 있다면 於友若能如許信
사생환난에도 어려움 없이 구하리라 死生患亂救無難

누에[蠶]

사랑스럽구나, 변화 많은 작은 벌레여 愛爾微虫變化多
개미새끼 같더니 나중엔 나방 같구나 初如蟻子晩如蛾
배 가득한 경륜의 아름다움 알고 싶다면 欲知滿腹經綸美
요·순 임금[336]의 수놓은 옷을[337] 보려무나 看取唐虞黼黻華

---

333) 평양 : 『수서(隋書)』「배구전(裵矩傳)」에 '고구려는 본래 고죽국(孤竹國)이다.'는 말이 있고, 『삼국유사(三國遺事)』1권에 위 책을 인용하여 고죽국이 해주(海州)지역이라고 말하고 있는데, 『여지승람(輿地勝覽)』에는 근거가 없다고 하였다. 그러나 우리 조상들은 고죽국이 고조선 땅 어디쯤이라고 여긴 사람이 많았다. 고구려의 수도가 국내성[지금의 평양(平壤)]이므로 이계선생이 이렇게 표현하였다.

334) 요 임금의……있기에 : 태평성대를 이루었다는 요 임금의 은택이 비와 이슬처럼 아직도 남아 있음을 말한다.

335) 고사리 꺾은 : 백이와 숙제[伯夷叔齊]가 수양산에서 채미가(採薇歌)를 부르며 고사리 꺾어 먹은 사실을 말한다.

336) 요·순 임금 : 원문의 '당우(唐虞)'는 당요(唐堯)와 우순(虞舜)의 병칭이다. 요 임금과 순 임금을 말하는데 태평성대의 의미를 담고 있다.

337) 수놓은 옷을 : 원문의 '보불(黼黻)은 제왕이나 고관들이 입는 옷을 말한다. "보불의 아름다움은 베틀에 달려있다.[黼黻之美 在於杼軸]"에서 온 말이다.(『淮南子』「說林訓」) 고유(高誘)는 주(注)에서 "희고 검은 것이 보가 되고 푸르고 붉은 것은 불이 되니 모두 옷의 무늬이다."라고 하였다.

병에서 일어나서[病起]

멍하게 석 달을 이불 끼고 누웠더니	擁衾三月臥如癡
만사가 아득히 멀어져 나를 몰라보네	萬事悠悠不我知
늦게 일어나 창에 기대어 크게 웃으니	晩起憑牕仍大笑
언제부터 해바라기는 피어 있었던 건가	何時開得向陽葵

장기 두는 것을 보고서[看碁]

한 사람은 두려워하고 한 사람은 교만하여	一人如㤼一人驕
남쪽 말이 길게 달리자 북쪽 말이 도망가네	南馬長驅北馬逃
도망갈 때 다시 올 계책인 줄을 누가 알랴	逃時誰識重來計
끝내 진 나라 군대를 정도에서 격파하였네[338]	畢竟秦兵破定陶

가을 수심[秋愁]

어젯밤 가을바람이 나무에 들어 울리니	昨夜秋風入樹鳴
침상 맴돌던 아이 가벼운 추위에 놀라네	繞床穉子薄寒驚
목화에 병이 들어서 입을 솜옷 없기에	木綿花病無襦着
빈 행랑의 갈옷 다듬는 소리에 웃음 짓네	笑聽空廊綌絺聲

선죽교[善竹橋]

고죽국 풍모[339]가 전해오는 선죽교	孤竹風來善竹橋
수양산의 지는 해 또 고려의 아침이라	首陽殘日又麗朝

---

338) 진 나라……격파하였네 : 원문의 '정도(定陶)'는 시황제가 죽은 뒤 함양으로 진격해 들어가던 길에 유방(劉邦)과 항우(項羽)가 함께 공격한 곳이다. 여기서 항우가 이끄는 부대가 크게 이겼다.

339) 고죽국 풍모 : 고죽국은 백이숙제가 왕위를 사양했던 나라이다. 이후 두 사람은 은 나라에 대한 절의를 지키기 위해 수양산에서 굶어 죽었다. 이 시에서는 고려에 절개를 지켜 선죽교에서 죽은 정몽주를 말한다.

당당하고 센 기운은 기둥이 되어 버티니 堂堂烈氣撑爲柱
하늘의 은하수마저 흔들리지 아니하네 天上星河不動搖

만월대[340][滿月臺]

하늘의 밝은 달빛 높은 누대에 가득하고 一天明月滿高臺
대 아래 여러 사립문 북쪽으로 열렸는데 臺下千扉向北開
늙은이는 망국의 한을 알고 싶어서 古老欲知亡國恨
청산의 꽃비 속에서 여래[341]에게 물어보네 靑山花雨問如來

화석정[342][花石亭]

율곡의 정자가 강을 끼고 자리하여 栗翁亭子枕江流
그윽하게 구름 낀 산의 정상에 있네 窈窕雲山最上頭
화석정 가는 길 안개 끼어 어둡기에 霧暗不分花石路
이번 걸음이 꿈 속을 노닌다고 의심해보네 此行疑是夢中遊

후[343]인 이 득강이 연정의 운을 얻어 지은 시의 운에 공경히 화운하다.[奉和李侯得江 蓮亭韻]

정자에 달은 밝고 못엔 연꽃 가득 一亭明月一塘蓮

---

340) 만월대 : 개성시 송악산 남쪽 기슭에 있는 고려시대의 왕궁터[王宮址]를 말한다.

341) 여래 : 여래는 부처의 열 가지 명호 가운데 하나이다. 여(如)는 같다는 뜻이니, 실상(實相)·진리(眞理)와 같이 왔다 해서 여래(如來)라고 한다.

342) 화석정 : 임진강가 벼랑 위에 자리 잡고 있는 정자이다. 원래 고려 말 대유학자인 길재(吉再)의 유지(遺址)였던 자리라고 전해지며, 율곡의 증조부 이의석(李宜碩)이 보수하였다. 그 후 이이(李珥)가 다시 중수하였다. 선조가 임진왜란 때 의주로 피난 가던 중 한밤중에 강을 건너면서 이 정자를 태워 불을 밝혔다는 이야기로도 유명하다.

343) 후 : 조선 철종 때 흥해 군수 이득강이 읍성과 흥해의 진산인 도음산(禱陰山)의 맥을 보호하고 흥해의 수해 방지를 위하여 북천 제방을 쌓고 4리에 걸쳐 북천숲을 조성하였다는 기록으로 미루어 볼 때 후는 흥해 군수이다.(『한국지명총람』)

반은 수령[344]이고 반은 신선이라　半是遨頭半是仙
올해의 군지에다 몇 경치를 더할까　郡誌今年添幾景
영롱한 치첩[345]은 그림 그린 듯 둥그네　玲瓏雉堞畵圖圓

경주의 고운 기생 연꽃마냥 어여쁜데　東都歌妓嫩如蓮
여섯 군의 수령들은 모두 눈부시네　六郡襜帷共賁然
이제 우리 고을 명승지를 말할 때　從此吾鄕論勝地
시어를 노래와 거문고에 올려봤으면　願將詩話上歌絃

군자다운 우리 군수는 연꽃을 사랑해　君子吾侯特愛蓮
빼어난 새 정자에 신선처럼 앉았네　新亭奇絶坐如仙
백성들이 경영의 뜻을 알지 못하여도　居民不識經營意
일 마치니 매화 핀 처마엔 반달이 오르네　事了梅簷月未圓

백성 아끼는 참 즐거움 연꽃에 담으니　愛民眞樂寓之蓮
물과 같은 마음은 담담하기를 기약하네　如水襟期淡淡然
주렴 밖의 호수와 산엔 아무 일 없으니　簾外湖山無一事
이제부터 집집이 책 읽고 거문고 타리라[346]　從今戶誦又家絃

부교로 왕래하니 걸음마다 연꽃이 피고　浮橋來往步生蓮
화려한 배와 새 정자는 나래 편 듯 하다　畵舫新亭又翼然
백 리의 호수와 산에서 악부[347]를 열고서　百里湖山開樂府
양춘곡 연주하려 삼현금[348]을 움직이네　陽春一曲動三絃

---

344) 수령 : 원문의 '오두(遨頭)'는 지방을 다스리는 지방관을 이른다.

345) 치첩 : 성 위에 낮게 쌓은 담으로 제 몸을 숨겨서 적을 공격하는 곳이다. 성첩(城堞) 또는 여장(女墻)이라고 한다.

346) 거문고 타리라 : 원문의 '가현(歌絃)'은 악기를 연주하고 노래하며 읊는다는 뜻인데, 고대에 『시(詩)』를 배우던 방법이다. 예악의 교화가 베풀어짐과 학습한 것을 외는 것은 태평성대를 말한다. 이 시에서도 이후의 훌륭한 정치를 말한다.

347) 악부 : 고대에 음악을 주관하던 관청이다. 그 지방에서 사용되는 음악을 모아 군주 앞에서 연주하는 일을 맡았다. 음악을 통해 정치의 옳고 그름을 파악하려고 하였으니 현재의 정치가 훌륭함을 빗대어 말하였다.

348) 양춘곡…… 삼현금 : 고아하고 심오한 흥취가 있는 음악을 연주하는 것을 말한다. 삼현(三絃)은,

청하 현령[349] 이병원이 생일잔치에 지은 시의 운에 공경히 화운하다.[奉和淸河李侯秉遠晬宴韻]

초겨울 날씨가 따뜻한 봄날과 같아서 孟冬日氣似陽春
벼슬아치들 사방에서 구름처럼 모였네 冠蓋如雲集四隣
해는 소선의 병자년이 돌아왔고[350] 是世蘇仙回丙子
때는 굴원의 경인일이 내려왔네[351] 當時屈原降庚寅
다행히 천 년 전 요순 같은 성군을 만나 幸逢千載唐虞聖
3년을 소신신과 두시[352] 같은 현령 보내주었네 特借三年召杜仁
고을 백성이 바칠 것 없어 부끄럽기에 慚愧州民無所獻
새로 노인성[353]을 그림 속에 그려넣었네 老人星入畵圖新

관동[354]이 일찍 일어나 매화 뜰 쓸고 官僮曉起掃梅庭
멀리 호산은 그림 병풍처럼 둘러있네 百里湖山繞畵屛
땅은 동해 신선 사는 섬과 가깝고 地近東溟仙子島
하늘에는 남극의 노인성이 드리웠네 天垂南極老人星
먼 고을 삼천 호엔 글 읽는 소리 들리고 遐鄕誦起三千戶
장수 마을엔 60년[355]의 봄이 돌아오니 壽域春回六十蓂

현금(玄琴)·가야금(伽倻琴)·비파(琵琶)를 말하며, 양춘곡(陽春曲)곡은 전국 시대 초(楚) 나라의 양춘곡(陽春曲)을 말한다. 양춘곡과 백설곡(白雪曲)은 너무도 곡조가 고상해서 따라 부를 수 있는 자가 거의 없었다고 한다.

349) 청하 : 현재 포항시 영일군에 속하지만, 조선시대에는 경주부(慶州府)에 속했다.

350) 해는……돌아왔고 : 원문의 '소선(蘇仙)'은 북송의 동파(東坡) 소식(蘇軾)을 가리킨다. 음력으로 병자년(1036, 송 나라 인종仁宗 경우景佑 3년 12월 19일, 양력으로는 1037년 1월 8일)에 태어났다.(『蘇軾年譜』) 이 시에서는 해의 간지를 말하고 있다.

351) 때는……내려왔네 : 굴원(屈原)의 『이소(離騷)』에서 "인년의 정월달 나는 경인일에 태어났네.[攝提貞于孟陬兮 惟庚寅吾以降]"라고 하였다. 이 시에서는 날의 간지가 이에 해당함을 말하고 있다.

352) 소신신과 두시 : 원문의 '소두(召杜)'는 소신신(召信臣)과 두시(杜詩)이다. 소신신은 전한(前漢) 때의 양리(良吏)이고 두시는 후한(後漢) 때의 양리로서 두 사람 모두 남양 태수(南陽太守)가 되어 백성을 자식같이 사랑하고 선정(善政)을 펼쳤다. 백성들이 소신신은 소부(召父)라 불렀고, 두시는 두모(杜母)라 불렀다는 고사에서 유래한다.(『漢書』「循吏傳」)

353) 노인성 : 남극성(南極星)으로, 장수(長壽)를 상징하는 별이다. 이 시에서는 백성이 드릴게 없어 다만 장수를 축원한다는 의미로 사용하였다.

354) 관동 : 관부(官府)에서 심부름을 하는 사람을 말한다.

남은 흥으로 또 노래 맞추어 피리 불면서 餘興又隨歌管發
남여 타고 푸른 산 속으로 날아드네 藍輿飛入內山青

예전 수령인 정만석[356]이 달천을 건너며 지은 시의 운에 공경히 화운하다.[奉和舊使鄭晩錫渡達川韻]

두 왕조의 은혜 입은 외로운 신하가 兩朝拂拭有孤臣
은혜 갚으려는 초심으로 신명에 물어보네 報佛初心庶質神
삼 년 동안의 많은 잘못 매우 부끄러워 深愧三年多罪負
한 세상 성냄과 조롱을 넘치게 하였네 任教一世溢嘲嗔
작은 강은 얕아도 낚시 드리울 만하고 小江清淺堪垂釣
가는 길은 험하여 수레바퀴 부서졌네 行路艱難可斫輪
넓은 모래 벌은 갈매기가 웃을 만하고 浩蕩沙鷗應好笑
가을바람은 백발로 돌아가는 이 붙잡네 秋風白髮倦歸人[357]

곧은 신하 있어야 성주가 되는 것은 聖主由來有直臣
풍운의 감응[358]이 귀신처럼 민첩하네 風雲感應捷如神
조정이 삼 년의 잘못을 용서해주고 天家佛贖三年過
사람의 입이 한 세상의 노여움 막았네 萬口碑當一世嗔
백사장에서 바람 따라 넘실대는 파도를 보며 白地須看風作浪
푸른 하늘의 둥근 달을 어찌 경계하랴 青天何戒月如輪

355) 육십년 : 명(蓂)은 명협(蓂莢)을 말하며, 중국(中國) 요(堯) 임금 때 났었다는 상서(祥瑞)로운 풀의 이름. 초하루부터 보름까지 매일(每日) 한 잎씩 났다가, 열엿새부터 그믐날까지 매일(每日) 한 잎씩 떨어졌으므로 이것에 의(依)하여 달력을 만들었다고 함. 작은 달에는 마지막 한 잎이 시들기만 하고 떨어지지 않았다하여 달력 풀 또는 책력풀이라고 하였다. 그러므로 원문의 '육십명(六十蓂)'의 '명(蓂)'을 세월이란 뜻으로 보아 '년(年)'으로 풀이하였다.

356) 정만석 : 1758~1834. 자는 성보(成甫), 호는 과재(過齋), 본관 온양(溫陽)이다. 1783년 급제하여 전적(典籍)·암행어사 등을 역임하였다. 1812년 평안도관찰사가 되어 피폐된 민생을 잘 수습하여 생사당(生祠堂)이 세워졌다. 청백리(淸白吏)에 올랐다.

357) 정만석의 원시를 옮겨 적었다.

358) 풍운의 감응 : 원문의 '풍운감응(風雲感應)'은 같은 기운의 서로 구함을 말한다. "구름은 용을 따르고 바람은 범을 따른다.[雲從龍 風從虎]"에서 유래한다.(『周易』「乾卦 文言」)

이미 알겠네, 도성문 밖에서 전별하며　　己知出餞都門外
다른 날 강호에서 주인을 찾아갈 것을　　他日江湖訪主人

염자 운으로 시 지어 계림 부윤 송전에게 주다.[廉字呈鷄林尹宋銓]

경주를 가장 공정하고 청렴하게 다스려[359]　　東都風政最公廉
백리의 호산은 일찍이 주렴을 걷었네　　百里湖山早捲簾
드물게 장부를 궤안 위에 올려서 보니　　罕見簿書登几案
현송[360]이 여염집에 일어날 줄 알았지　　已知絃誦起閭閻
백성 근심 한 마디 붉은 마음에 있고　　憂民一寸丹心在
임 그리는 마음 세 갈래로 나뉘니 백발만 더하네　　戀闕三分白髮添
한가한 날 남루에서 노래하고 피리불어　　暇日南樓歌吹發
새들 울면서 매화 핀 처마를 지나가게 하네　　故教啼鳥度梅簷

삼가 수령 윤홍심의 「제석」시의 운에 차운하다.[謹次尹侯弘心除夕韻]

수령[361]으로 남쪽에 와 한 해가 바뀌니　　五馬南來歲已更
도소주[362] 마시는 설을 타향에서 맞이하였네　　屠蘇佳節客中迎
붉은 마음 어찌 작은[363] 보답에만 그치랴　　心丹豈止涓埃報
백발 됨은 가득한 문서와 장부 때문이라네　　髮白應緣簿牒盈

---

359) 다스려: 원문의 '풍정(風政)'은 교화(敎化)와 다스림을 말한다. "다스림이 닦아져 밝으며 사람들에게 사랑을 보내니 다스린 지 7년 만에 길에는 버린 물건을 줍는 사람이 없었다.[風政修明 流愛于人 在事七年 道不拾遺]"에서 유래한다.(『後漢書』「滕撫傳」)

360) 현송 : '현송(絃誦)'은 옛날에 『시경(詩經)』을 배울 적에 거문고, 비파 등 현악기에 맞추어 노래로 불렀는데 이를 현가(絃歌)라고 한다. 그리고 악기의 반주 없이 낭독하는 것을 송(誦)이라고 하는데, 이 둘을 합하여 현송이라고 한다.

361) 수령 : 원문의 '오마(五馬)'는 태수(太守)의 별칭이다. 한 나라 때 태수의 수레를 다섯 필의 말이 끌었던 데서 온 말로, 여기서는 고을 수령으로 부임하는 것을 뜻한다.

362) 도소주 : 원문의 '도소(屠蘇)'는 설날 마시는 약주의 한 가지인 도소주(屠蘇酒)를 말한다. 이 술을 마시면 사기(邪氣)와 질병을 물리친다고 한다.

363) 작은 : 원문의 '연애(涓埃)'는 물방울과 티끌로 아주 미미한 정성을 말한다.

백성의 아픔은 추운 계절 따라 떠나고 民瘼永隨寒序去
읍의 규약은 풍년과 함께 새로워지네 邑規新與歲功成
내일 아침에 또 선정[364]을 베푼다면 明朝且展陽春脚
멀리 호산에서 칭송의 소리 들려오리라 百里湖山頌有聲

상사 호와 정경[365]의 「제석영설」시의 운에 차운하다.[次鄭上舍好窩炅除夕詠雪韻]

세월이 흘러 어느 덧 오십이 되어서 鼎鼎光陰五十年
등불 앞에 쓸쓸히 앉으니 그림자 가련하네 伴燈悄坐影相憐
정월 보름의 서설이 시흥을 더하니 元宵瑞雪添詩興
경루의 송사 짓는[366] 자리에 들어선 듯하네 如入瓊樓撰頌筵

성긴 주렴을 다 걷어도 산은 보이지 않고 捲盡疎簾不見山
지척의 마을 길 조차 아득하기만 하네 村衢咫尺路漫漫
쌓인 기운 머금은 빛으로 밤새 하야니 光含積氣通宵白
섣달의 형세는 특히나 쌀쌀하구나 勢拱窮陰特地寒
옥[367]은 가난한 집을 윤택하게 하고 玉爲家貧庸致潤
꽃은 나무 늙어 둥치 될까 안타까워 하네 花憐樹老巧成團
간간히 내리는 가랑비 윤기를 더해주니 間之霡霂添優渥
이제부터 대지엔 가뭄 걱정이 없겠지 從此無憂大地乾

우리 동방의 천리는 고요하여 먼지 없고 吾東千里靜無塵

---

364) 선정 : 원문의 '양춘각(陽春脚)'은 백성의 마음을 헤아리는 정치를 말한다. 당(唐) 나라의 재상(宰相) 송경(宋璟)이 백성을 사랑하는 정사를 펼치자, "그의 발길이 닿는 곳마다 따뜻한 봄빛이 만물을 비춰 주는 것 같다.[所至之處 如陽春煦物也]"라고 하였다.(『開元天寶遺事』)

365) 정경 : 1741~1807. 자는 회이(晦而), 호는 호와(好窩), 본관은 연일(延日)이다. 1783년 생원시에 입격(入格) 하였다.

366) 송사 짓는 : 원무의 '찬송(撰頌)'은 태평한 시대를 찬양함을 말한다. 두보(杜甫) 「세병마행(洗兵馬行)」의 "은사들은 자지곡을 노래하지 않고요, 문인들은 하청송을 지을 줄 알게 되었네.[隱士休歌紫芝曲 詞人解撰河淸頌]"에서 유래한다.

367) 옥 : 내리는 눈을 옥에 비유하였다.

만세를 이어온 남산엔 왕기[368]가 서렸네	萬歲南山繞紫宸
올해만 풍년 아니라 예전에도 그러했고[369]	豊實非今斯振古
복은 한해 넘기면서 다시 새로워진다네	福應除舊更生新
흥겨움 가득한 자리는 젊은이를 끌기에	戲張滿局留年小
웃으며 잔 들어 늙은이를 위로 하네	笑擧盃觴慰老親
설날 아침 바람비가 사납다 탄식 말라	莫歎元朝風雨惡
올해 정월 초이레는 사람에게 알맞네	今年人日最宜人

눈 발[370]이 현무궁에 날리니	六出花飛玄武宮
바람 따라 바다 산의 동쪽에 쌓였네	隨風多在海山東
건곤의 기상은 밝은 빛 속에 있고	乾坤氣象光明裏
임목의 정신은 담박한 가운데 있네	林木精神淡泊中
어린 매화 꽃 망울을 가볍게 감싼 듯하고	似護弱梅輕點綴
여린 보리 싹이 녹음을 가여워 하는 듯하네	如憐稗麥善消融
설 전에 세 번 내린 눈은 농가의 경사라서	蠟前三白農家慶
내년에는 모두 함께 넉넉히 먹으리라	大椀明年與衆同

태촌 구 양지의 새 살림에 대해 시를 지어주다.[贈台村具養之新居韻]

– 짧은 서문을 병기하였다.

추운 세밑에 이 마음 그리워지기에, 한 통의 편지를 적어서 새 살림의 즐거움을 묻고는, 시詩로서 생각을 대신 표현하며 크게 한 번 웃어본다.

---

368) 왕기 : 원문의 '자신(紫宸)'은 임금이 거처하는 곳으로 왕기를 말한다. 이 시에서는 신라 천 년의 왕기를 남산이 안고 있음을 표현하고 있다.

369) 풍년……그러했고 : 해마다 풍년이 듦을 말한다. "이곳에만 농사일이 이러할 뿐 만이 아니며 올해에만 풍년일 뿐만 아니라 예로부터 해마다 올해와 같았다네.[匪且有且 匪今斯今 振古如玆]"에서 유래한다.(『詩經』「周頌, 載芟」)

370) 눈 발 : 원문의 '육출화(六出花)'는 날리는 눈의 별칭이다. 다른 초목은 대부분 다섯 개의 꽃잎을 가지고 있는 반면, 설화(雪花)만은 육각(六角)으로 되어 있기 때문에 붙여진 이름이다. 육출화(六出花) 혹은 육출공(六出公)이라고도 한다.

내 벗의 새 살림을 한 번 보고 싶어서 吾友新居願一瞻
금강의 가을 물가 푸른 갈대를 읊조리네 琴江秋水詠蒼蒹
이른 봄 산뽕나무의 공은 오히려 넓고 早春桑柘功猶普
팔월에는 오동나무 값이 가장 싸다네 明月梧桐價最廉
흰 새는 사람 따라 저녁 물가를 옮겨다니고 白鳥隨人移夕渚
청산은 주인 알아 아침 주렴에 찾아드네 青山識主入朝簾
그대 잠자리에서 자주 곰 꿈을 꾼다하니 知君枕上多熊夢
남자아이 상서로움은 예전부터 점지함이 있네 男子奇祥古有占

이후의 「중양」 시의 운에 받들어 화운하다.[奉和李侯重陽韻]

국화꽃 피는 시절 나그네 동으로 오면서 黃花時節客東來
가을바람에 고삐 맡겨두고 봉대 지나는데 信轡秋風過鳳臺
예쁜 기생 안장에 앉히고 신선의 피리 부니 紅妓坐鞍仙管發
단풍 핀 좁은 길은 그림 병풍을 펼친 듯하네 丹楓挾路畵屛開
맹가의 짧은 머리 바람에 모자 벗겨지고[371] 孟嘉髮短風欺帽
유량의 누각 높아 달이 잔에 떠오르네 庾亮樓高月上盃
남은 흥으로 삼 폭포를 다시금 찾아가니 餘興更尋三瀑去
흰 구름 푸른 이끼 여기저기 쓸며 지나가네 白雲多處掃蒼苔

동산 손승구의 「동강범주」시의 운에 화운하다.[和孫東山升九東江泛舟韻]

비 개인 뒤 16일[372]의 맑은 놀이로 旣望淸遊霽後天

371) 맹가의 …… 벗겨지고 : 원문의 '맹가(孟嘉)'는 진(晉) 나라 강하(江夏) 사람으로 자는 만년(萬年)이다. 젊었을 때 재명(才名)이 있어 태위(太尉) 유량(庾亮)이 강주(江州)를 다스릴 때 그의 종사관(從事官)이 되었다. 중구일에 정서장군(征西將軍) 환온(桓溫)이 베푼 용산의 주연(酒宴)에 참군(參軍)의 신분으로 참석했다가, 술에 취한 나머지 바람에 모자가 날아가는 것도 알아채지 못했던 고사가 있다.(『晉書』「孟嘉傳」)

372) 십육일 : 원문의 '기망(旣望)'은 보름이 지난 16일이니 뱃놀이 날짜로 많이 정해졌다. 소식(蘇軾)이 「적벽부(赤壁賦)」에서 "임술년 가을 7월 기망(旣望)에 내가 길손들과 함께 배를 띄워 적벽(赤壁)의 아래에서 노닐었다.[壬戌之秋七月旣望 蘇子與客浮舟於赤壁之下]"라고 하였다.

밝은 달 아래 강에다 누선 두 척 띄웠네 一江明月兩樓船
풍류는 소동파보다 뒷자리 차지해도 風流肯落東坡後
사부는 적벽부[373]보다 앞자리 하네 詞賦當居赤壁前
한이라 하는 삼국에선 호걸을 생각하고 三國稱韓想豪傑
바다 통한 십주[374]에선 신선을 배웠네 十洲通海學神仙
짧은 노래 끝나고 길게 피리를 부니 短歌歌罷長簫發
밤새도록 어룡은 잠들지 못하리라 終夜魚龍不敢眠

천고토록 전하는 아득한 7월의 놀이[375] 千古寥寥七月遊
만귀정 아래에 작은 배를 띄우고서 萬歸亭下木蘭舟
동파 이후에 또 오늘 밤을 만났으니 後東坡又逢今夜
무창에서만 가을에 이런 놀이 하리요[376] 一武昌何擅是秋
영남의 산수는 뛰어난 볼거리 많기에 山水嶠南多勝賞
강좌의 사대부들은 풍류를 뽐내지만 衣冠江左耀風流
외로운 학이 맑은 꿈에 오는 줄 아노니 定知孤鶴來清夢
날며 읍하는 자 누구인지 묻지를 말게[377] 莫問蹁躚揖者疇

가을의 흥취, 6수[秋興六首]

급히 짚신 신고 동쪽 울타리를 지나는데 急穿芒屩過東籬
세모에 곧은 자태 또한 절로 기이하네 歲暮貞姿也自奇

---

373) 적벽부 : 동파(東坡) 소식(蘇軾)이 지었다는 부(賦)의 제목이다. 음력 7월에 지은 「전적벽부(前赤壁賦)」와 10월에 지은 「후적벽부(後赤壁賦)」가 있다.

374) 십주 : 옛날 신선이 산다는 열 개의 섬을 말한다. "한 무제가 이미 서왕모의 말을 들으니, 팔방의 거대한 바다 속에 조주·영주·현주·담주·장주·원주·유쥬·생주·봉린주·취굴주가 있는데, 이 10주는 인적이 드문 곳이라 하였다.[漢武帝旣聞王母說 八方巨海之中 有祖洲·瀛洲·玄洲·炎洲·長洲·元洲·流洲·生洲·鳳麟洲·聚窟洲 有此十洲 乃人跡所稀絶處]"에서 유래한다.(『海內十洲記』)

375) 천고에 …… 놀이 : 소식(蘇軾)이 적벽(赤壁)에서 배를 띄우고 놀았던 것이 음력 7월이었다.

376) 무창에서만 …… 하리요 : 배 띄우고 놀만 한 곳이 무창 만이 아님을 말한다. 소식(蘇軾)이 「전적벽부(前赤壁賦)」에서 "동쪽으로 하구를 바라보고 서쪽으로 무창을 바라보니 이곳이 조조가 주유에게 곤란을 당하였던 장소가 아닌가?[東望夏口 西望武昌 此非孟德之困於周郎者乎]"라고 하였다.

377) 외로운 …… 말게 : 소식의 「후적벽부(後赤壁賦)」의 내용을 옮겨왔다.

서리 내린 뒤에야 빼어난 자태를 알아　魁傑方知霜落後
밝은 달 아래에서 옛 벗을 보는 듯하네　故人如見月明時
풍류는 참군의 모자를 즐겨 떨구었고[378]　風流肯落參軍帽
기미는 처사의 잔에다 함께 따랐네　氣味同斟處士巵
거리 메운 동자들이 웃거나 말거나　一任塡街童子笑
돌아올 때 살짝 가득 꽃가지 꽂아보네　歸來滿鬢揷花枝

– 이상은 국화이다.[右黃花]

가을바람에 안문관[379]으로 소식 전했더니　秋風傳信鴈門關
만리 푸른 하늘에서 소식이 돌아왔네　萬里靑天一字還
쓸쓸히 단풍 잎 아래에서 그림자와 짝하고　影伴蕭蕭丹葉下
흰 구름 사이로 소리는 아득히 퍼져가네　聲通渺渺白雲間
중랑은 바닷가로 소식을 보내왔고[380]　中郞海上來消息
제자는 모래톱에서 한가로이 보냈는데[381]　帝子洲前過等閒
즐겁게 무리 불러 분수껏 마시고 쪼니　衎衎呼群分飮啄
희경의 반석으로 나아감을 취하였네[382]　羲經盖取漸于盤

– 이상은 기러기이다.[右鴻鴈]

가을 시내엔 농어 또한 저절로 살찌니　秋水鱸魚也自肥
어부가 구름이 깔린 사립문으로 보내와　漁人送到白雲扉

---

378) 참군의 …… 떨구었고 : 국화주에 취하여 모자가 떨어짐을 알지 못함을 말한다. 주370) 참조.

379) 안문관 : 중국 산서성 패주 지방에 있는 관문인데 북으로 날아가던 기러기가 이 관문에 앉아 쉬었다가 떠나기 때문에 안문(鴈門)이라는 이름이 생겼다.

380) 중랑은 …… 보내왔고 : 원문의 '중랑(中郞)'은 한 나라 무제(武帝) 때 중랑장을 지낸 소무(蘇武)를 말한다. 흉노(匈奴)에 사신으로 간 소무는 흉노의 선우(單于)가 갖은 협박을 하는데도 굴하지 않고 큰 구덩이 속에 갇혀서 눈을 먹고 가죽을 씹으면서 지냈으며, 자신이 억류당한 사실을 편지로 써서 기러기의 발에 매어 한 나라로 부친 고사에서 유래한다.(『漢書』「蘇武傳」)

381) 제자는 …… 보냈는데 : 제자(帝子)는 당(唐) 나라 고조(高祖)의 아들 등왕(滕王) 원영(元嬰)으로 등왕각을 세운 인물이다. 당대(唐代)의 문장가 왕발(王勃)은 「등왕각서(滕王閣序)」를 지었다.

382) 즐겁게 …… 취하였네 : 원문의 '희경(羲經)'은 『주역(周易)』이니, 복희씨(伏羲氏)가 팔괘(八卦)를 처음 그었다고 해서 『주역』을 희경이라고도 한다. 원문의 '점우반(漸于盤)'은 "육이는 기러기가 반석으로 차츰 나아간다. 먹고 마셔 즐겁고 즐거우니, 길하다.[六二 鴻漸于磐 飮食衎衎 吉]"에서 온 말이다.(『周易』「漸卦」) '반盤'은 『주역』에 '반(磐)'으로 되어 있다.

돌솥에 올리니 금빛 기름이 잘잘 흐르고	爛登石鼎金膏滑
회 떠서 솔 소반에 차리니 흰 실이 날리는 듯하네	細入松盤雪縷飛
좋은 밤에 소자의 취흥[383]을 다시 찾고	良夜更謀蘇子醉
가을 깊어지자 돌아간 계응[384]을 추억하네	高秋忽憶季鷹歸
이제부터 남계의 낚시꾼[385]을 짝하고져	從今欲伴南溪釣
처마 가 푸른 등불아래에서 약의[386]를 짜네	簷畔靑燈織蒻衣

– 이상은 농어이다.[右鱸魚]

무보다 부드럽고 배보다 상쾌한 것이	軟於蘿葍快於梨
포구의 깨끗한 모래에서 잘 자라는데	浦上明沙厥土宜
파노[387]의 금 쟁반 포도[388]보단 못해도	坡老金盤羞乳馬
방옹[389]이 끓인 토란국[390]을 비웃는다네	放翁玉糝笑蹲鴟
병을 치료한다는 방언은 믿을 만하고	方言可信能醫病
담박한 맛은 허기 면하기에 그만일세	澹味仍知足療飢
천고에 제갈채[391]의 이름이 전하니	千古名傳諸葛菜

383) 소자의 흥 : 원문의 '소자(蘇子)'는 송 나라 때의 시인 소식(蘇軾)을 가리킨다. 소식이 7월 기망(旣望)과 10월 보름에 적벽(赤壁) 아래에 배를 띄우고 놀던 흥취를 말한다.

384) 깊은 …… 계응 : 원문의 '계응(季鷹)'은 진(晉) 나라 장한(張翰)의 자(字)이다. 그는 낙양(洛陽)에 들어와서 동조연(東曹掾)의 벼슬을 하다가 가을바람이 이는 것을 보고 고향인 오중(吳中)의 순채국과 농어회가 생각나자 곧바로 돌아갔던 고사가 있다.(『晉書』)

385) 남계의 낚시꾼 : 원문의 '남계조(南溪釣)'는 낚시하는 은자를 말한다. 장지화(張志和) 「어부(漁父)」의 "팔월구일 갈대 꽃 날리면, 남계 노인은 낚시하고 돌아가네.[八月九月蘆花飛 南谿老人垂釣歸]"에서 유래한다.

386) 약의 : 약립(蒻笠)과 쇠의(簑衣)의 준말이다. 장지화(張志和) 「어부사(漁父辭)」의 "푸른 대삿갓 쓰고 푸른 도롱이 입었으니, 비낀 바람 가랑비에 굳이 돌아갈 것 없네.[靑蒻笠綠簑衣 斜風細雨不須歸]"에서 유래한다.

387) 파노 : 송 나라 때의 시인 소식(蘇軾)의 호가 동파(東坡)이니 이를 돌려 말하였다.

388) 포도 : 원문의 '유마(乳馬)'는 마유(馬乳)와 같으니 포도의 이칭이다. 한유(韓愈) 「포도(葡萄)」의 "쟁반 가득 마유를 쌓고 싶은 생각이면, 용수가 뻗어가게 대를 보태 이어야지.[若欲滿盤堆馬乳 莫辭添竹引龍鬚]"에서 온 말이다.

389) 방옹 : 남송(南宋)의 시인 육유(陸游)의 호이다.

390) 토란국 : 원문의 '옥삼(玉糝)'은 토란에 쌀가루를 섞어 끓인 죽이다. 원문의 '준치(蹲鴟)'는 토란의 별칭으로, 올빼미가 웅크리고 앉아 있는 것 같다하여 붙여진 이름이다.

청위[392]로 출사할 적을 추억해보네　憶曾淸渭出師時

– 이상은 순무이다.[右蕪菁]

가엾어라! 풀 속에 도사린 규룡이여　爲憐蟠結草中虬
대를 잘라 우선 작은 누각[393]을 만들었네　故剪叢篁起小樓
서촉 땅 앵두의 많은 낱알보다는 못해도　西蜀櫻桃慚萬顆
남회의 천 그루[394] 귤나무를 비웃네　南淮橘柚笑千頭
술동이로 즐거이 양주목사 바꾸었으니[395]　一樽肯換涼州牧
팔월엔 박망후[396]를 따라야 하리라　八月應隨博望侯
오두막 인생은 가을에야 진정 넉넉해지니　白屋生涯秋正富
용의 여의주를 한 동산에서 몇 말 거두네　龍珠幾斗一園收

– 이상은 포도이다.[右葡萄]

농가의 팔월은 맛이 오히려 새로우니　田家八月味猶新
바로 선계에 올라 벼를 베는 철이라　便是登仙獲稻晨
연한 밥을 지으면 노인 봉양에 알맞고　軟作甘飡宜養老
봄 술 빚으면 사람들이 훈훈해지네　釀成春酒特醺人
다시 국과 밥 차려[397] 손님을 대접하고　更謀鷄黍勤留客

---

391) 제갈채 : 무우를 말한다. 촉한(蜀漢)의 승상 제갈량(諸葛亮)이 군사들에게 항상 무만을 심어서 먹게 한 데서 붙여진 이름이다.

392) 청위 : 중국 섬서(陜西) 서안시(西安市) 곁을 흐르는 위하(渭河)로 물이 맑다 하여 붙여진 이름인데, 제갈양이 위하(渭河)에 있는 위(魏) 나라를 치기 위해 출사했었다.

393) 작은 누각 : 원문의 '소루(小樓)'는 포도 넝쿨이 뻗어나갈 수 있게 지지해주는 받침대를 말한다.

394) 천 그루 : 원문의 '천두(千頭)'는 천그루를 말한다. 삼국 시대 이형(李衡)이 재산을 증식할 목적으로 무릉(武陵) 땅에다 남몰래 귤나무 천 그루를 심어 두었다는 고사에서 유래한다.(『三國志』「吳書」)

395) 술동이 …… 바꾸었으니 : 후한(後漢)의 맹타(孟佗)가 장양(張讓)에게 포도주 한 말을 바치고 양주자사(涼州刺史)를 얻었다는 고사에서 유래한다.

396) 박망후 : 한 무제(漢武帝) 때 장건(張騫)의 봉호이다. 그는 중추(仲秋)에 황하의 근원을 찾기 위해 뗏목을 타고 출발하여, 서역으로 갔다가 돌아오면서 포도 종자를 가져 왔다고 한다.

397) 국과 밥 차려 : 원문의 '계서(鷄黍)'는 닭고기와 기장밥으로 잘 대접하는 것을 말한다. 범식과 장소(張卲)는 평소 태학(太學)에서 함께 공부하면서 우정이 매우 두터웠다. 두 사람이 이별할 때 범식이 장소에게 "2년 뒤 돌아올 때 그대의 집에 들르겠다."라고 하였다. 꼭 2년째가 되는 날인 9월 15일에 장소가 닭을 잡고 기장밥을 짓고 범식을 기다리자, 그 부모가 웃으며 말하였다. "산양은 여기서

이미 해소[398]를 끊어 신께 감사드리니　已剪鮭蔬敬賽神
누가 나에게 밥 먹여주는지 알지 못해도　不識不知誰粒我
기뻐 스스로 '요 임금의 백성'[399]이라 하네　怡然自謂帝堯民

– 이상은 향도[400]이다.[右香稻]

시월 보름[十月之望]

운정[401]은 고상한 설당[402]과 매우 흡사하고　雲亭何似雪堂高
혼자서 웃는 서생은 늙을수록 호방하네　自笑書生老更豪
조화옹 곳집 속엔 다함이 없는 달이 오르니[403]　造化藏中無盡月
주인집에는 늘 막걸리가 준비 되어있네[404]　主人家裏不時醪

강물 빠진 바위의 온몸은 표범무늬 같고[405]　石因水落全身豹

천 리나 멀리 떨어진 곳인데, 그가 어찌 꼭 올 수 있겠느냐." 이에 장소가 말하였다. "범식은 신의 있는 선비이니, 약속 기한을 어기지 않을 것입니다." 하였는데, 그 말이 채 끝나기도 전에 범식이 당도하였다는 고사에서 유래한다. (『後漢書』「獨行列傳」)

398) 해소 : 물고기처럼 비린내가 나는 채소라는 뜻으로 부추를 말한다. 유고지는 매우 청빈하여 그의 밥상에는 늘 부추로 만든 반찬 세 가지[三韭; 부추김치·삶은 부추·생부추]만이 놓였는데, 삼구(三韭)가 삼구(三九)와 음이 같은 것을 가지고 어떤 사람이 장난삼아 "누가 유랑더러 가난하다고 하는가, 어채를 항상 27가지나 먹는다오.[誰謂庾郎貧 食鮭常有二十七種]"에서 유래한다.(『南齊書』「庾杲之列傳」)

399) 요 임금의 백성 : 백성이 임금을 모를 정도로 태평하게 사는 것을 말한다. 주249) 참조.

400) 향도 : 벼의 한 가지로, 까끄라기가 붉고 낟알이 희며 향기로운 맛이 있다.

401) 운정 : 무엇을 말하는지 자세히 알 수가 없다. 시상을 일으키게 만든 공간을 말하는 듯하다.

402) 설당 : 소식(蘇軾)의 별칭이다. 소식 「설당기(雪堂記)」의 "동파(東坡) 옆에 버려진 밭이 있기에 집을 짓고 담을 두른 뒤에 설당이라고 하였다.[得廢圃於東坡之脇 號其居曰雪堂]"에서 온 말이다.

403) 조화옹 …… 오르니 : 소식 「적벽부(赤壁賦)」의 "아무리 가져도 말리는 이가 없고 아무리 즐겨도 없어지지 않으니, 이야말로 써도 써도 다함이 없는 조물주의 곳집과 같은 것인데[取之無禁 用之不竭 是造物者之無盡藏也]"에서 유래한다.

404) 주인집에는 …… 되어있네 : 소식의 「후적벽부(後赤壁賦)」에 술이 없어 걱정하는 소식에게 아내가 웃으며 말하였다. "제게 말술이 있는데, 간직해온 지 오래되었습니다.[我有斗酒 藏之久矣]"에서 유래한다.

405) 강물 …… 같고 : 소식 「후적벽부」의 "산은 높고 달은 작은데 강물이 크게 줄어 강바닥의 바위들이

거센 바람에 소나무 온 골짜기를 울리는데　松挾風驅萬壑濤
만약 잔과 술상 대하고 손님마저 있다면　若對盃盤兼有客
계산은 이르는 곳마다 모두 임고라네　溪山到處是臨皐

중양절에 두보 시[406]의 운자를 따라가며[重陽拈老杜韻]

삼 년간 중양절에 마음 편치 않았는데　三歲重陽懷未寬
이번 중양절이 되어 비로소 기쁘구나　重陽今日始成歡
흥이 일자 용산의 두건 절로 떨어지고[407]　興來自落龍山帽
병이 나으니 금리[408]의 갓을 높이 썼네　病去仍高錦里冠
억지로 바둑 소리 빌려 긴 날을 보내며　强借棊聲消日永
술기운에만 의지해 가을 추위를 견딘다네　全憑酒力敵秋寒
영남의 시월엔 꽃이 오히려 남아있으니　嶺南十月花猶在
후일 보기를 기약해도 탈이 없을 것이네　不妨留期後日看

수유의 가절[409]을 다행히 어기지 않아　茱萸佳節幸無違
형제가 나란히 푸른 산에 올랐네　兄弟聯襟上翠微
멀리 바라보니 들판의 빛깔 보기 좋고　望遠偏宜看野色
깊이 앉아 숲 안개에 젖은들 어떠하랴　坐深何妨濕林霏
실컷 마시고 싶어 술 멈추기 어려우나　欲要劇飲難停酒
첫 추위에 병들까 다시 옷을 찾아 입네　病㤼初寒更覓衣
더구나 정자 안에서 화수회를 열었으니　況值亭中花樹會
석양 속의 산길을 함께 부축하며 돌아오네　夕陽山路共扶歸

드러나 있었다.…… 호표(虎豹) 모양의 바위에 걸터앉기도 하고 규룡(虬龍) 같은 모양을 한 구부정한 나무에 올라.[山高月小水落石出 …… 踞虎豹登虬龍]"에서 유래한다.

406) 두보 시 : 두보의 「구일남전최씨장(九日藍田崔氏莊)」을 말한다.

407) 흥이 …… 떨어지고 : 중양절의 잔치에서 풍류를 만끽하였음을 말한다. 주370) 참조.

408) 금리 : 성도현(成都縣)에 있던 금강(錦江) 가의 마을을 가리킨다. 두보는 금강 가의 초당(草堂)에서 지낸 적이 있다. 이 시에서는 두보가 느꼈던 흥취와 비슷한 흥취를 느꼈음을 말한 것이다.

409) 수유의 가절 : 중양절에는 산수유 열매를 따서 사악한 기운을 물리치는 세시 풍습이 있으므로 이렇게 말하였다.

한식에 백련사에 우거하여 시를 짓다.[寒食寓白蓮寺拈韻]

산 다리를 다 쓸고 나니 한낮이 되었는데 掃盡山橋到午時
한가로워 답청[410]하자는 약속 어기지 않았네 閒來不負踏青期
시축 채우기 위해 먼저 비녀장 던져버리고[411] 詩要滿軸先投轄
술잔 세기 위해 이미 가지를 꺾어두었네 酒爲交籌已折枝
좋은 풀 자란 못 가에는 봄비가 개이고 芳艸塘邊新雨霽
살구꽃 핀 담장밖엔 저녁 해가 옮겨가네 杏花牆外夕陽移
갈림길에서 다시 주막에 들러 술 마시니 臨歧更向壚頭飮
황혼의 들 주점에선 손님을 더디 보내네 野店黃昏送客遲

꽃놀이를 이미 마음껏 즐겼으니 遨遊已是辦花時
좋은 풀 우거질 때 되면 다시 만나세나 芳艸繁陰更後期
먼 골짜기에서 날아온 새들 다정히 재잘대고 鳥語丁寧來遠谷
높은 가지엔 매미가 처량하게 노래하네 蟬歌廖亮抱高枝
시원한 바람 베개에 들자 시내 소리 맴돌고 凉飇入枕泉聲轉
흰 달이 누각 비추자 나무 그림자 옮겨가네 皓月當樓樹影移
이 곳 맑은 회포를 누가 헤아릴 수 있을까 此地清懷誰料得
산 속의 멋진 풍경 탓에 나가는 걸음만 늦어지네 入山奇絶出山遲

한식에 우연히 화자로 시 한 연을 짓고는 까맣게 잊었다가, 마침 조용한 여가에 이어서 시를 완성하였다.[寒食偶得花字一聯 遂置忘域 適因靜暇 繼以成篇]

아름다운 동남의 경물을 아끼어 爲愛東南景物佳
청명 시절에 이미 집을 떠나오니 清明時節已離家
궁벽한 영풍원엔 꾀꼬리 나무에서 울고 迎風院僻鶯啼樹
높은 망야대 앞엔 기러기 모래밭으로 내려앉네 望野臺高鴈落沙

---

410) 답청 : 봄에 파랗게 난 풀을 밟고 거닌다는 뜻으로, 보통 청명절(清明節)에 야외에 나가서 산책하며 노니는 것을 말한다. 한식과 청명은 하루 사이이다.

411) 비녀장 던져버리고 : 원문의 '투할(投轄)'은 수레바퀴가 빠지지 않도록 굴대 머리 구멍에 지르는 큰 못인 비녀장[轄]을 빼내 던져버려서 수레를 타고 가지 못 하게 하는 것이다. 머무르게 함을 말한다.

구름 한 점 없는 만 리에는 달빛만 비치고	萬里無雲都是月
온 산에는 비 지나더니 꽃이 피어 있네	一山經雨自然花
깊은 숲에 자주 바퀴 자국을 남긴 것은	深林往往留車轍
강좌의 선비들 나를 멀리하지 않아서라네	江左衣冠不我遐

「적벽도[412]」의 뒷면에 짓다[413][題赤壁圖後]

동남에는 명승지가 몇 곳 있으나	東南幾名區
적벽의 강산은 천하에 다시없는 곳이라네	赤壁江山天下無
이미 천하에 다시없는 곳이라 했기에	旣稱天下無
세상에는 소자범주도[414]가 남아 있네	所以人間有此蘇子泛舟圖

아이가 겨우 말을 배우면 외울 줄도 아노니	小兒纔學語解誦
달빛 밝아 뭇 별들이 드물고	月明星稀
남녘으로 날아가는 까마귀라	南飛之烏
남으로 날아온 까막까치 앉을 가지 없고[415]	南飛烏鵲繞無枝
맹덕이 황수아에게 곤욕을 치렀네[416]	孟德困於黃鬚兒
전함들 천 리에 꼬리를 물어	千里舳艫
양쪽 언덕에 깃발 가득한데	兩岸旌旗
강물 위로 술을 흩뿌리고	釃酒于江
창을 차고 시를 지으면서	橫槊而詩

---

412) 적벽도 : 소식이 지은 「적벽부」의 시상을 그린 그림이다.

413) 자구(字句)의 정형성에 매이지 않고 지은 시(詩)라서, 이해를 돕기 위해 의미상 분절(分節)을 하여 번역을 하였다.

414) 소자범주도 : 소식이 적벽에 배를 띄운 것을 그린 그림으로 적벽도를 말한다.

415) 달빛 …… 없고 : 삼국(三國) 시대 조조(曹操) 「단가행(短歌行)」의 "달 밝고 별은 드문데, 오작이 남으로 날아와, 나무를 세 번 도는데, 어느 가지에 의탁할꼬[月明星稀 烏鵲南飛 繞樹三匝 何枝可依]"에서 유래한다.

416) 맹덕이 …… 치루었네 : 맹덕은 조조이고, 황수아는 '나이가 어려서 수염이 아직 누런 아이'라는 말로 주유를 말한다. 「적벽부」의 "이곳은 조조가 주유에게 곤욕을 치렀던 곳이 아닌가?[此非孟德之困於周郎者乎]"에서 유래한다.

서쪽 하구를 바라보다가	西望夏口
동쪽 무창을 바라 보았네[417]	東望武昌
남쪽 산천은 울울창창하고	南斗山川鬱蒼蒼
울울창창한 속에 영웅의 기운 있어	鬱蒼蒼中有英發之氣
소년 도독을 주랑[418]이라 불렀다네	少年都督稱周郎
모든 배가 파도를 맞자	擧帆中濤
거센 바람에 불은 맹렬하고	火烈風饕
삼국 중에 호걸로서	人豪三國
소교[419]와 풍류를 즐겼네	風流二喬
자첨[420]은 『전국책』[421]을 즐겨 읽었고	子瞻喜讀戰國策
문장은 세상에서 적수가 없었으나	文章世無敵
실의하여 해남에 좌천[422]되었네	失意坐海南
글 지어 적벽에서 자웅을 다투려고	乃欲作文爭雄於赤壁
임술년 가을이 되니	壬戌之秋
손님과 함께 배를 띄웠네	與客泛舟
필봉은 곧 주안을 찍는 칼에 해당되고[423]	詞鋒直當斫案釼

---

417) 전함들……바라보았네 : 소식이 「적벽부」에서 조조의 적벽대전(赤壁大戰)의 광경을 묘사한 부분을 정리한 것이다.

418) 주랑 : 주유(周瑜)를 말한다. 그는 군사 3만을 주면 조조를 격파하겠다고 손권을 설득하여 마침내 오 나라 대도독(大都督)으로 참전하여 적벽대전에서 화공(火攻)으로 위(魏) 나라 군대 80만 명을 대파하였다.

419) 소교 : 원문의 '이교(二喬)'는 교공(喬公)의 두 딸을 말하는지만 이 시에서는 주유의 아내가 된 둘째 딸 소교를 말한다.

420) 자첨 : 소식의 자(字)이다.

421) 전국책 : 중국 전한(前漢) 시대의 유향(劉向)이 동주(東周) 후기인 전국시대 전략가들의 책략을 편집한 책이다.

422) 해남에 좌천 : 소식은 47세 때 황주단련부사(黃州團練副使)로 좌천되었다.

423) 주안을……해당하고 : 원문의 '안(案)'은 주안이니 상주문(上奏文)을 올려놓는 궤(几)를 말한다. 삼국(三國) 시대 오(吳)의 손권(孫權)이 조조(曹操)를 맞이하자는 제장(諸將)의 의논을 듣고 칼을 뽑아 앞에 놓여 있는 주안을 찍으면서 말하였다."여러 장리(將吏)들 중에 감히 다시 조조를 맞이해야 한다고 말하는 자가 있으면 이 주안과 같이 될 것이다."에서 유래한다.(『三國志』「周瑜傳 註」)

연환의 모래톱[424]에서 계수나무 노 두드렸네[425] 桂棹橫擊連環洲
한 줄기 손님의 퉁소 소리는 쓸쓸히 울리고[426] 一縷客簫蕭蕭語
바람 불어오니 낙엽이 너른 들판에 흩어지네 風吹葉落散平楚

누가 알까? 어부와 나무꾼[427]이 誰知漁樵子
풍운을 압도하는 보루에 앉았음을 坐壓風雲壘
그의 문장은 종횡하는 기운에서 나와 其文蓋出縱橫氣
읽다보면 왕왕 안개 물결이 이는 듯하네 讀之往往烟波起
아득히 드넓은 안개 물결 烟波浩茫茫
단청한 정자로 들어오네 輸入丹靑裏

승지를 지낸 권평의 「입춘」시에 차운하다.[次權承旨坪立春韻]

태수의 집에 이제 봄비 그쳤는데도 暖雨初晴太守家
출근하지 않고 대 발 깊은 곳에 머무네 竹簾深處放朝衙
언덕의 한 겨울 눈은 깨끗이 녹아내렸고 岸容淨洗三冬雪
들의 십 리 모래밭이 고르게 펼쳐졌네 野勢平鋪十里沙
바닷가 어느 산이 약초 캐기 알맞은가 海上何山宜採藥
객지에서 맞는 가절은 꽃 피는 철이라 客中佳節近開花
관아에서 봉인의 축원[428]을 절해 바치며 公庭拜獻封人祝

---

424) 연환의 모래톱 : 유비(劉備)와 주유(周瑜)가 조조(曹操)의 군사를 적벽에서 동남풍(東南風)을 이용해 연환계(連環計)로 불살라 대첩을 거두었으므로 이렇게 말한 것이다.

425) 연환의……두드렸네 : 소식 「적벽부」의 "그 노래는 이러하다 '계수나무 노와 목란 상앗대로 맑은 물 속에 빠진 달그림자를 치며 달빛 부서지는 물결을 거슬러 오른다.'[歌曰 桂櫂兮蘭槳 擊空明兮泝流光]"에서 유래한다.

426) 한 줄기……울리고 : 소식 「적벽부」의 "손님 가운데 퉁소를 부는 사람이 있어 노래에 따라 가락을 맞추었다. 그 소리 구슬퍼 원망하는 듯, 그리움에 겨운 듯 흐느끼는 듯, 호소하는 듯 가늘고 길게 이어지는 여음이 실처럼 끊이지 않았다.[客有吹洞簫者 倚歌而和之 其聲嗚嗚然 如怨如慕 如泣如訴 餘音嫋嫋 不絶如縷]"에서 유래한다.

427) 어부와 나무꾼 : 소식 「적벽부」의 "하물며 그대와 나는 강가에서 물고기 잡고 나무하며 물고기와 새우를 짝하고 고라니와 사슴을 벗하며[況吾與子 漁樵於江渚之上 侶魚蝦而友麋鹿]"에서 유래한다.

임금님께서 천년만년 장수하길 기원하네 聖壽千千萬萬加

경주에서 회고하며[東都懷古]

봉황대 위로 자고새[429] 날아 올라가니 鳳凰臺上鷓鴣登
길손은 말 멈추고 흥망성쇠 서글퍼하네 過客停驂感廢興
반월성은 한 조각 반달을 본떴고 半月形容城一片
고운[430]은 천층탑에 자취를 남기었네 孤雲踪跡塔千層
산은 인사하는 듯 세 성씨[431]를 전하고 山如揖遜三傳姓
땅은 또 번화하여 오릉[432]이 남아있네 地又繁華五置陵
천 년 전 옛일을 누구엔가 묻고자하니 欲問一千年故事
저물녘 다리 너머 돌아가는 스님이 있네 夕陽橋外有歸僧

동래부[東萊府]

촘촘하게 들어선 민가[433]는 몇 채인가 撲地閭閻第幾何
산남도[434]의 우뚝한 진이 가장 번화해 山南獨鎭最繁華

---

428) 봉인의 축원 : 요(堯) 임금의 시대에 화(華)라는 땅의 봉강을 지키는 사람이 요(堯) 임금을 위하여 수(壽)·부(富)·다남자(多男子)를 성취되도록 빌었다는 고사에서 유래한다.(『莊子』「天地」)

429) 자고새 : 자고새는 항상 따뜻한 지방에 사는 새이므로 이 새를 통해 남쪽 지방으로 떠나온 시인 자신을 비유하고 있다. 이백 「취제왕한양청(醉題王漢陽廳)」의 "나는 자고새와 같아, 남쪽으로는 즐거이 옮겨가도 북쪽으로 날아가는 데에는 게으르네[我似鷓鴣鳥 南遷懶北飛]"에서 유래한다.

430) 고운 : 최치원(崔致遠)의 호이다.

431) 세 성씨 : 박(朴)·석(石)·김(金)을 말한다.

432) 오릉 : 신라 시조왕인 박혁거세왕과 왕비 알영부인, 남해왕, 유리왕, 자비왕 등 박씨왕 네 분과 왕비 한 분을 한 자리에 모셨다고 하여 오릉이라 한다.

433) 촘촘하게 …… 민가 : 원문의 '박지여염(撲地閭閻)'은 마을이 번성함을 말한다. 왕발 「등왕각서」의 "마을에는 민가들이 촘촘히 들어서 빈틈이 없는데, 그 중에는 식사 때마다 종을 치고 솥을 늘어놓아야 할 큰 집도 많다.[閭閻撲地 鐘鳴鼎食之家]"에서 온 말이다.

434) 산남도 : 경상도를 말한다. 고려 시대에 진주에 소속된 군과 현으로 도를 만들어 주 14와 현 62를 거느렸다.

유리국과 뱃길로 가까워 시장이 크고 琉璃海近豪商市
비단이 담장에 연이어 기생집을 꾸미네 錦繡墻聯軟妓家
피리 소리 삼분은 옛 변방 곡조와 통하고 篴語三分通古塞
노래 소리는 태반이 신라를 배웠네 歌聲太半學新羅
따뜻한 봄날 봉래의 길손이 되니 蓬萊作客春方暖
눈 그친 호수와 산엔 꽃이 다 피려하네 雪後湖山盡欲花

동래 부사에게 드림[奉贈萊伯]

임금님 모시던 관원이 동주로 내려와 侍臣冠佩下東州
삼한 땅 끝의 고을을 다스리는데 按節三韓地盡頭
주남[435]이 궁벽하고 비루함이 많지만 縱道周南多僻陋
마음껏 즐기는 강좌의 풍류에 방해되랴 何妨江左擅風流
밤새도록 조후의 진에서 평온히 자고[436] 通宵枕穩條侯壁
여가에 유량의 누각에서 술동이를 여네[437] 暇日樽開庾亮樓
봉래의 신선과 인연이 앞서 정해졌기에 蓬海仙緣前有定
두 마리 집오리[438] 이미 두 해나 머물렀네 雙鳧已是二年留

---

435) 주남 : 객지 생활을 말한다. 서한(西漢) 때 사마천(司馬遷)의 아버지인 태사공(太史公) 사마담(司馬談)이 병이 위독하여 주남(周南) 지방에 체류하느라, 무제(武帝)가 태산(泰山)에 봉선(封禪)하는 의식에 참가하지 못하여 매우 유감으로 여겼다는 고사에서 온 말이다.(『史記』「太史公自序」)

436) 밤새도록……자고 : 동래를 잘 다스리고 있음을 말한다. 원문의 '조후(條侯)'는 한 문제(漢文帝) 때의 명장 주아부(周亞夫)의 봉호이다. 한 문제가 군율(軍律)이 삼엄한 주아부의 진영(陣營)을 시찰하고 그 방비가 매우 훌륭하다고 평한 고사에서 유래한다.(『史記』「絳侯周勃世家」)

437) 여가에는……여네 : 잔치를 열었음을 말한다. 진(晉) 나라 유량(庾亮)이 무창(武昌)을 다스릴 때, 어느 달 밝은 밤 부하 관원들이 남루(南樓)에서 베푼 주연(酒宴)에 함께 참석하여 격의 없이 유쾌하게 노닐었던 고사에서 유래한다.(『世說新語』「容止」)

438) 두 마리의 집오리 : 두 해째 동래를 다스리고 있었음을 말한다. 후한(後漢) 때 하동(河東) 사람 왕교(王喬)가 섭현(葉縣)의 수령으로 있으면서 자주 도성(都城)에 드나들었는데, 올 때 수레나 말도 보이지 않고 오직 두 마리의 집오리만 날아오는 것을 이상하게 여겨 그물로 잡은 결과 그물 속에 신발 한 짝만 있더라는 고사에서 유래한다.(『後漢書』「王喬傳」) 보통 현령의 고실(故實)을 이야기할 때 부석(鳧舄)이라는 표현을 사용한다.

근심 나눈[439] 두 수령 잠자리 같이 하니 分憂二境每同衾
조물주도 우애 있는 마음을 알아주어서 造物猶知友愛心
양호의 띠를 드리우니 고상한 명망이 있고[440] 雅望媛垂羊祜帶
자유의 거문고[441]를 타니 어진 명성이 있네 仁聲徐按子游琴
오늘 밤도 고향으로 돌아가는 꿈 꾸지만 今宵也做還鄕夢
원일인데도 임금 그리는 정성으로 수고롭네 元日應勞戀闕忱
그 속에 머무는 눈썹 쉰 강해의 나그네 中有蒼眉江海客
양춘곡[442] 한 곡조로 친구를 의탁해보네 陽春一曲托知音

원천루에서 동락을 운으로 짓다.[源泉樓同樂韻]

절을 중수한 것이 누구의 공로인가 重新佛宇是誰功
현묘한 조화옹에게 묻지 말라 莫問冥冥造化翁
꽃과 대 속의 절집 팔상[443]으로 단청하고 八相丹靑花竹裏
시내 구름 속의 세 암자에서 풍경이 울리네 三庵鈴鐸水雲中
맑은 가을 절벽은 천 장의 비단장막이요 淸秋絶壁千張錦
해질녘 높은 누각에선 피리 소리 들리네 落日高樓一篴風
이로부터 산속에는 세금이 없을 테니 從此山中無一稅

---

439) 근심을 나눈 : 원문의 '분우(分憂)'는 군주의 근심 걱정을 나누어 맡는다는 뜻으로, 지방관이 되어 백성을 다스림을 말한다.

440) 양호의……있고 : 변방에서도 여유 있는 마음으로 한가롭게 시간을 보내고 있음을 말한다. 진(晉)나라 장군 양호(羊祜)가 진중(陣中)에서 갑옷을 입는 대신, 가볍고 따뜻한 옷[輕裘]에 허리띠를 헐렁하게 매고[緩帶] 한가하게 소요했다는 고사에서 유래한다.(『晉書』「羊祜列傳」)

441) 자유의 거문고 : 고을을 잘 다스리고 있음을 말한다. 자유(子游)가 무성(武城)의 읍재(邑宰)가 되어 예악을 가르쳐 고을 사람들이 모두 현악(弦樂)에 맞추어 노래를 불렀다는 내용에서 유래한다.(『論語』「陽貨」)

442) 양춘곡 : 나그네가 자신의 심정을 노래하는 대표적인 곡이다. 송옥(宋玉) 「대초왕문(對楚王問」의 "「양춘곡」·「백설곡」을 노래하자, 국중에서 그것을 이어 노래하는 자는 수십 인에 불과했으니, ……이는 곡조가 고상할수록 창화하는 자가 더욱 적기 때문이다.[其爲陽春白雪 國中屬而和者不過數十人……是其曲彌高 其和彌寡]"에서 유래한다.

443) 팔상 : 팔상성도(八相成道)를 말한다. 석가모니가 중생(衆生)을 제도하기 위하여 일생 중 8가지 상(相)으로 도(道)를 이루었다.

도원의 풍속은 예나 지금이나 같구나	桃源風俗古今同
학성[444]에서 돌아오다 절에 들른 것은	鶴城歸路轉蕭寺
한가로이 취옹[445]을 배워서가 아니요	不是偸閒學醉翁
깊은 산 속 구름은 가마를 감싸 안고	雲擁藍輿四山裏
한 누각 안엔 별이 바리때처럼 늘어있네	星排蓮鉢一樓中
객은 중양절을 헛되이 보내지 않았고	客非虛度重陽節
스님도 태고의 풍모로 같이 돌아가네	僧亦同歸太古風
고을 다스린 지 삼 년 한가한 날 많아서	治郡三年多暇日
곳곳마다 백성과 함께 거문고와 노래를 즐기네	絃歌隨處與民同

곡강의 광풍대에서 동락을 운으로 짓다.[曲江光風臺同樂韻]

이번 유람은 그림으로 전하기 알맞은데	玆遊端合畵圖傳
들옷에 산두건 쓰고 태수가 노닌다	野服山巾太守遊
백 리에 안개 가득하여 일 없는 이 곳	百里烟霞無事地
풍월 머문 누각에 거문고 소리 정답구나	一樓風月有情絃
정자에 올라 영숙처럼 즐거워하고	幸因永叔登亭樂
우연히 요부의 격양편[446]에 화운한다	偶和堯夫擊壤篇
훗날 병법[447]을 익힌 삼도의 장수는	異日鞱鈐三道帥
분명히 이 대에 머물며 꿈을 꾸리라	分明留夢此臺前

444) 학성 : 경상남도 동해안에 위치한 울산(蔚山)의 옛 이름이다.

445) 취옹 : 송(宋) 나라 문장가인 구양수(歐陽脩)의 별호(別號)이다. 여릉(廬陵) 사람으로 자(字)는 영숙(永叔)이다. 그의 「취옹정기(醉翁亭記)」에는 스님이 지은 정자를 찾아가 한가로이 노닐었던 내용이 있다.

446) 요부의 격양편 : 요부는 송(宋) 나라 학자 소옹(邵雍)을 말한다. 그는 「이천격양시집(伊川擊壤詩集)」을 지었다.

447) 병법 : 원문의 '도검(韜鈐)'은 고대의 병서(兵書)인 『육도(六韜)』와 『옥검편(玉鈐篇)』의 병칭이다.

오도[448]에서 동락을 운으로 짓다.[烏島同樂韻][449]

안개와 구름 걷힌 드넓은 가을 하늘	烟收雲盡廓秋天
좋은 날 아득한 가에서 자리를 여니	吉日開筵縹緲邊
산성의 주막 깃발이 섬을 둘러싸고	山廓酒旗環島嶼
강촌의 고기잡이 불 다락배를 에워싸네	江村漁火擁樓船
물가의 물새는 현령[450]을 맞이하고	繞汀鷗鷺迎飛舃
파도 일으키는 어룡도 거문고 소리 들으니	吹浪魚龍聽緩絃
오래 앉았어도 찬바람과 이슬이 싫지 않고	坐久不嫌風露冷
봉래[451]가 지척이라 거의 신선이라네	蓬萊咫尺庶幾仙
망망히 퍼진 안개와 물은 하늘보다 푸르고	茫茫烟水碧於天
동녘의 부상에서는 해가 떠오르는데	東指扶桑日出邊
칠원[452]의 늙은이는 당시 바다만큼 떠 벌렸고	漆叟當年誇是海
진 나라 동자들은 배 타고 어디서 늙었는가[453]	秦童何處老於船
허공에 걸린 무지개 가인[454]의 칼을 둘렀고	半空虹繞佳人釼
만리의 바람은 태수의 거문고에 불어오네	萬里風來太守絃
우습도다! 인간 세상 구루령[455]이여	却笑人間句漏令
단사로 신선술 익히며 참으로 괴로워하네	丹砂良苦學神仙

448) 오도 : 경상북도 포항시 북구 흥해읍 오도리에 있다.

449) 『이계집』의 목차에는 '삼수(三首)'가 들어 있으나 본문에는 없다. 본 번역에서는 본문을 따른다.

450) 현령 : 원문의 '비석(飛舃)'은 현령을 말한다. 주437) 참조.

451) 봉래 : 신선이 사는 곳이다.

452) 칠원의……떠벌렸고 : 원문의 '칠수(漆叟)'는 장자(莊子)를 말한다. 장자가 몽(蒙) 땅 칠원(漆園)이란 곳의 관리(官吏)로 있었기 때문에 붙여진 이름이다.

453) 진 나라……늙었는가 : 불사약을 구하는 것이 부질없음을 말한다. 진 시황(秦始皇) 때 방사(方士) 서복(徐福) 등이 불사약(不死藥)을 구해 오라는 진 시황의 명에 따라 소년 소녀 수천 명을 데리고 봉래(蓬萊), 방장(方丈), 영주(瀛州) 등 삼신산(三神山)이 있다는 동해로 들어갔으나 끝내 돌아오지 않았다는 고사에서 유래한다.(『史記』「秦始皇本紀」)

454) 가인 : 아름다운 사람이니 고을 수령을 말한다.

455) 구루령 : 신선이 되려고 노력한 사람을 말한다. 옛날 갈홍(葛洪)이 선술(仙術)을 좋아하여 교지(交趾)에 단사(丹砂)가 많이 난다는 말을 듣고, 그 곳 구루(句漏)의 수령을 자원한 일에서 유래한다.

푸르디 푸른 외론 섬 반은 하늘로 솟고 孤島蒼蒼半落天
안개 낀 파도 바라보니 가없이 넓구나 烟波一望浩無邊
술동이를 여니 구월의 국화주라 樽開九月黃花酒
사람들 천 년 전 띄운 적벽의 배에 맡기네 人倚千年赤壁船
바람이 허공을 의지하니 홀연히 소매 끌고 焂爾憑虛風引袂
유유히 오래 앉으니 달빛이 현을 비추네 悠然坐久月侵絃
그대 보이는가, 이 곳 사람들 바다 같이 많음을 君看此地人如海
자그마한 고을에 태반이 신선이라오 十室吾鄕太半仙

원천루에서 떠나려는데 비를 만나다. [源泉樓臨發値雨]

다음날 공들과의 이별을 아쉬워했는데 明朝一別悵諸公
깨어보니 동창에 비올 기색이 완연하네 睡覺東牕雨色濛
물 가까운 들창에서는 달 보기 어렵고 近水簾櫳難得月
꽃 떨어지는 시절에 매양 바람이 많네 落花時節每多風
상 울리는 바둑을 천 번은 두어야 하고 鳴床玉子應千遍
축에 가득한 시편이 또 한 통이야 하니 滿軸瓊篇又一通
앞마을에 술 빚이 많다고 말하지 마오 莫道前村多酒債
농가엔 올해에도 풍년이 들 것이라네 農家今歲又占豐

옥계 거문고 곡조에 화답하다. [和玉溪琴][456]

신선의 풍모 간직한 설파[457] 노인이 雪坡老子有仙風
명산에서 석상동[458]을 쉽게 얻으니 坐得名山石上桐
조물주가 곳집 안에 유독 아끼던 것 造物藏中偏愛惜

456) 『이계집』 목차에는 '사수(四首)'가 들어 있으나 본문에는 없다. 본 번역은 본문을 따른다.

457) 설파 : 손성악(孫星岳, 1741~1815)의 호이다. 자는 숙옥(肅玉). 본관은 월성이다. 대산 이상정을 사사하였다. 25세 때 『대학』의 경문을 본받아 「치가팔정(治家八政)」을 적고는 이를 실천하고자 애썼다.

458) 석상동 : 악기를 만드는 오동나무는 돌 틈에서 자라 스스로 말라죽은 오동나무가 최고라고 한다. 이 시에서는 거문고를 만들 최고의 재목을 얻었음을 말한다.

훌륭한 장인이 손으로 잘 갈고 닦았네　　良工手裏善磨礱
도 가까운 노 음악은 문왕의 곡조이고[459]　　庶幾魯樂瞻文操
수월한 기의 소악은 순공을 도우니[460]　　容易夔韶佐舜功
가끔 빈 당에서 소리가 저절로 나면　　往往虛堂聲自發
소나무 시냇물[461]과 같이 소리 하네　　松篁澗瑟與之通

옥계 곡 이해하는 이 없다 말하지 마오　　莫道無人解玉溪
아양곡[462]의 본모습이 강서에 있다네　　峩洋眞本在江西
깊은 못에선 용들에게 이미 듣게 하였고　　深潭已使群龍聽
높은 나무에는 봉황이 일찍이 깃들었네　　高樹曾經老鳳捿
우레 잠긴 설창산[463]은 은미한 상이 있고　　雷伏雪山微著象
달 밝은 하곡[464]에는 통서[465]가 환하네　　月明霞谷炯通犀
만약 경경[466]더러 이 악보 알게 했다면　　如使慶卿知此譜

---

459) 노 …… 곡조이고 : 공자가 문왕의 곡조를 배우면서 문왕을 알게 되었음을 말한다. "공자가 악사 양자에게 거문고를 배웠다. …… 공자가 말하였다. '제가 그 사람됨을 얻었습니다. 어두우면서 검고 헌걸차게 커서 눈길은 멀리 보는 듯하여 사국의 왕이 된 듯하니 문왕이 아니면 누가 능히 이렇게 하겠습니까?' 사양자가 자리하고는 재배하였다. '스승께서 문왕의 곡조라고 하였습니다.'[孔子學鼓琴師襄子 …… 曰丘得其爲人 黯然而黑 幾然而長 眼如望羊 如王四國 非文王其誰能爲此也 師襄子席再拜曰 師蓋云文王操也]"에서 유래한다.(『史記』「孔子世家」)

460) 기의 …… 도왔네 : 순 임금의 공을 악관인 기가 음악으로 도운 사실을 말한다. 순(舜) 임금의 악관(樂官)인 기(夔)가 아뢰었다. "소악을 아홉 번 연주하니, 봉황이 와서 춤을 추었습니다.[簫韶九成 鳳凰來儀]"에서 유래한다.(『書經』「益稷」)

461) 소나무와 시냇물 : 원문의 '송황간슬(松篁澗瑟)'은 생황 소리 같은 소리를 내는 소나무와 거문고 소리 같은 소리를 내는 시냇물임을 말한다.

462) 아양곡 : 춘추 시대 백아(伯牙)가 타고 종자기(鍾子期)가 들었다는 거문고의 곡조 이름이다. 주57) 참조.

463) 설창산 : 원문의 '설산(雪山)'은 현재 양동 마을에 있는 설창산(雪蒼山)의 줄인 표현이다.

464) 하곡 : 현재 경주시 안강읍에 있는 지명이다.

465) 통서 : 상서로운 기운을 말한다. 서역(西域) 지방에서 산출된다는 물소[犀牛]의 뿔로 통천서(通天犀)라고도 한다. 뿔 속에 특이한 광채가 있고 하얀 결이 실낱처럼 되어 있어 진귀하게 여겼다.

466) 경경 : 진시황(秦始皇)을 죽이려고 기도하다가 실패하여 처참하게 죽은 것으로 유명한 전국 시대 말기 위(衛) 나라의 협객 형가(荊軻)의 별칭이다. 형가는 생전에 연(燕) 나라에 가서 축(筑)을 잘 타는 고점리(高漸離) 등과 친교를 맺었는데, 매일 이들과 연 나라 도읍의 저자에서 술을 마셨다. 그러다가 취흥이 오르면 고점리는 축을 치고 그는 노래를 부르며 함께 즐거워하다가 이내 알아주는 사람이 없는 현실을 한탄하며 강개한 마음으로 통곡하곤 하였다고 한다.(『史記』「荊軻傳」)

허투루 약낭으로 견제467) 받지 않았으리　　不應虛受藥囊提

오음이 흘러나오는 육현은 성글고　　五音流動六絃疎
그 몸통 텅 비어 태허를 본떴는데　　其體空空傚太虛
부상의 누에 뱃속 실을 뽑아내 당기고　　張以扶桑蚕腹線
남국의 상아 얼레빗으로 떠 받쳤네　　拄之南國象牙梳
간간이 흐르는 물을 시원하게 연주하고　　間將流水泠泠奏
때로 온화한 바람 살랑살랑 불어 보내니　　時送和風靄靄嘘
오묘한 악보 어찌 다른 곳에서 구하랴　　妙譜何須求別處
당시 부자께서 '화음을 이룬다' 하였네468)　　當時夫子語純如

나는 이 거문고 유래가 있음을 아끼니　　吾愛斯琴有自來
풍사는 어느 밤 기이한 재목을 보냈는가　　風師何夜送奇材
다만 거북을 짝한 청헌469)을 따랐으나　　直隨清獻龜爲伴
봉황을 중매로 삼은 상여470)엔 부끄럽네　　羞向相如鳳作媒
세월 한가로이 보내며 만년471)을 맞이하고　　酬與桑榆閒歲月
아름다운 누대에서 산수를 읊조렸네　　鳴來山水好樓臺
꽃이 핀 옥산서원 글 읽기472)에 알맞아　　花時玉院宜絃誦
엄연하면서도 봄바람 같은 스승을 모시리라　　儼若春風杖屨陪

---

467) 약낭으로 견제 : 형가가 하무저의 방해로 시황제를 죽이지 못한 일을 말한다. "시의(侍醫) 하무저가 가지고 있던 약낭으로 형가를 저지시켰다.[侍醫夏無且 以其所奉藥囊提荊軻也]"에서 유래한다.(『史記』「荊軻傳」)

468) 부자께서 …… 하였네 : 곡조가 서로 적절하게 어울림을 말한다. "공자께서 노 나라 태사(악관)에게 음악에 대해 말씀하셨다. '음악은 알 수 있으니, 처음 연주를 시작할 때는 여러 음이 합해지고, 울려 퍼질 때에는 서로 화음(和音)을 이루면서도 각각의 음이 분명히 드러나고, 곡조가 계속 순조롭게 이어지면서 한 곡이 완성되는 것이다.[子語魯大師樂曰 樂其可知也 始作 翕如也 從之 純如也 皦如也 繹如也 以成]"에서 온 말이다.(『論語』「八佾」)

469) 거북을 짝한 청헌 : '청헌(清獻)'은 송 나라 조변(趙抃)의 시호이다. 그는 성도(成都)의 전운사(轉運使)로 부임할 때에 오직 거문고 한 장과 거북 한 마리만을 가지고 갔으며, 재임할 때는 거북을 보고 거문고를 탔다고 한다.(『夢溪筆談』)

470) 봉황을 …… 상여 : 사마상여(司馬相如)는 「봉구황곡(鳳求凰曲)」을 지어 탁문군을 그리는 마음을 수컷 봉황새가 암컷 봉황을 찾는 것에 비겨 표현하였다.

471) 만년 : 원문의 '상유(桑榆)'는 저녁이 되면 해가 상유의 사이에 있으므로, 만년을 말한다.

472) 글 읽기 : 주359) 참조.

한 성제에게 주다.[贈韓聖濟]

바위 위 마른 생황[473]도 절로 시원하고	石上瘦篁也自清
때로 쓸쓸한 거문고[474] 가을 소리 내는데	有時蕭瑟作秋聲
속된 오얏 거친 복숭 다투어 활짝 필 때	俗李麤桃爭解笑
누가 참으로 세한의 정[475]을 알게 될까	誰知眞箇歲寒情
말씀은 홀로 죽림의 맑음[476]을 얻었고	高談獨得竹林清
반평생 지은 시가는 이미 명성이 났네	半世詩歌已有聲
벗은 예전부터 천 리 밖에 있었으니	故人從古在千里
어찌 구구하게 떠나가는 정을 서글퍼하랴	何用區區惜去情

아송[477]의 운자를 써서 곡강의 여러 벗들을 회상하다.[用雅頌韻 懷曲江諸友]

저문 산엔 꾀꼬리 울어대는데	山晩黃鸝轉
선방은 일마다 유한하네[478]	禪房事事幽
계림에서 온 소식은	鷄林來信息
섬[479]에서 풍류를 뽐 낸다 하네	鰲背擅風流

473) 마른 생황 : 대나무를 말한다.

474) 쓸쓸한 거문고 : 소나무를 말한다.

475) 세한의 정 : 어려움에도 변하지 않는 의지를 말한다. "날씨가 추워진 뒤에야 소나무와 잣나무가 늦게 시듦을 안다.[歲寒然後 知松柏之後彫也]"에서 유래한다.(『論語』「子罕」)

476) 죽림의 맑음 : 죽림은 진(晉)의 죽림칠현(竹林七賢)을 말한다. 그들은 진(晉) 초에 노장(老莊)의 사상을 숭배하여 속세를 떠나 죽림에서 노닐었다.

477) 아송 : 『시경』의 아(雅)와 송(頌)을 말한다.

478) 일마다 유한하네 : 원문의 '사사유(事事幽)'는 느긋한 산림에서의 생활을 말한다. 두보 「강촌(江村)」의 "맑은 강물 한 굽이 마을을 보듬고 흐르는 곳, 해 긴 여름날 강촌에는 일마다 유한해라.[清江一曲抱 村流 長夏江村事事幽]"에서 온 말이다.

479) 섬 : 원문의 '오배(鰲背)'는 섬들이 솟아 있는 것을 말한다. 옛날 발해(渤海) 동쪽의 다섯 산이 파도에 떠밀리자, 상제가 다섯 마리의 자라로 하여금 이를 떠받치게 했다는 전설에서 유래한다.(『列子』「湯問」)

앵도[480] 익는 계절에 해 길어지고 日永含桃節
보리 익는 가을의 바람인가 의심하네 風疑大麥秋
우리 고을엔 미더운 선비 많아 吾鄕多信士
아름다운 손님들 쉴 틈이 적네 嘉客少焉休

숲 너머 풍경소리 들려오고 鈴鐸少林外
그윽한 별채에 안개 깔리네 烟霞別院幽
해동의 아름다운 일을 전하니 海東傳勝事
강좌의 청류들이 모였네 江左集清流
샘은 삼시우[481]를 닮았고 泉學三時雨
바람은 오월에도 가을인 양 風疑五月秋
벗들은 시율에 뛰어나지만 故人詩律壯
세상이 놀라니 바로 멈추었네 驚世便應休

정 호와를 애도하는 만사[輓[482]鄭好窩[483]]

나천[484]의 샘물처럼 차고 달아도 羅泉之水冽而甘
행로는 안타깝게 정괘 구삼[485]이었네 行路咨嗟井九三
사호헌 앞엔 얼음 같은 달이 비치고 四好軒頭氷月照
거문고 소리는 회복의 기운[486] 머금었네 一張琴腹地雷含

---

480) 앵도 : 원문의 '함도(含桃)'는 앵도의 별칭이다. "앵도를 올리면 먼저 종묘에 천신(薦新)한다.[羞以含桃 先薦寢廟]"에서 온 말이다.(『禮記』「月令, 仲夏之月章」)

481) 삼시우 : 단비를 말한다.

482) 輓 : 『이계집』 목차에는 '만(挽)'으로 되어 있으나 본문에는 '만(輓)'으로 되어 있다. 본 번역에서는 본문을 따랐다. 아래의 만사 10편도 이와 같다.

483) 『이계집』 목차에는 '삼수(三首)'가 있으나 본문에는 없다. 본 번역에서는 본문을 따랐다.

484) 나천 : 돌아 간 이와 관계된 곳으로 여겨지나 정확하게 알 수가 없다.

485) 구삼 : '구삼(九三)'은 경국제세(經國濟世)의 뜻을 지니고 있으나 등용되지 못한 것을 말한다. "우물을 깨끗이 쳤는데도 먹지를 않으니 내 마음이 슬프다. 임금이 밝아서 길어다 먹기만 하면 모두 복을 받으리라.[井渫不食 爲我心惻 可用汲 王明 並受其福]"에서 유래한다.(『周易』「井卦, 九三」)

486) 회복의 기운 : 원문의 '지뢰(地雷)'는 복괘를 말한다. 양(陽)의 기운이 처음 회복되어지니 군자의 법도가 자라난다.

천인책[487]은 옛날의 경륜이 쌓여있고　天人策古經綸蘊
용학도[488]로 새롭게 이기를 탐구하였네　庸學圖新理氣探
남겨진 둥지[489]에 있는 굳센 깃털을 보면　請看遺巢毛羽勁
만 리를 날아올라 남쪽으로 가버렸네　扶搖萬里可圖南

성 동쪽의 초가에 경쇠[490]가 걸리니　城東茅屋磬懸如
차비한 말들 성하게 한 집에 모였네　鞍馬闐闐集一閭
온화하고 믿음 있어 원근을 사귀었고　顒若有孚交遠近
온전하게 틈 없어 친소를 맞이하였네　渾然無間接親疎
뜰 그늘의 꽃과 대나무에 회포를 풀고　庭陰花竹開懷抱
주렴 가 구름 산이 머무는 곳을 둘러있네　簾畔雲山擁起居
목숨이 인함만 못하면 누가 선을 권하겠는가　壽不如仁誰勸善
마을에 심고 북돋운[491] 일 허사가 되었네　栽培一里竟歸虛

평생 가난하다[492]고 탄식하지를 않고　生平不作屢空歎
성실의 관문 깨달으니 몸 더욱 살쪘네[493]　透得誠關體愈胖

---

487) 천인책 : 한 무제(漢武帝) 때의 학자인 동중서(董仲舒)가 하늘과 사람은 일치한다는 내용을 적어서 무제(武帝)에게 바친 글이다. 이 만사에서는 정 호와가 지은 글로 보인다.

488) 용학도 : 사서(四書) 중『대학(大學)』·『중용(中庸)』의 내용을 그림으로 그린 것을 말한다. 이 만사에서는 정호와가 지은 도(圖)로 보인다.

489) 남은 둥지 : 원문의 '유소(遺巢)'는 뒤 구절의 '부요만리(扶搖萬里)'로 볼 때 붕새가 날아가 버리고 남은 둥지를 뜻한다. 붕새가 날아갔다는 것은 죽음을 비유한다. 그렇다면 새가 남긴 깃털이란 정호와가 남긴 뛰어난 문장을 말하는 것으로 보인다.

490) 경쇠 : 옥으로 만든 경쇄가 아름다운 소리를 내듯 훌륭한 인품으로 사람들에게 알려졌음을 말한다.

491) 심고 북돋운 일 : 원문의 '재배(栽培)'는 하늘은 원래 좋은 나무나 곡식을 심어 놓았으면 이것을 북돋아 잘 키우듯이 훌륭한 인물을 탄생시켰으면 그에게 많은 복록과 수명을 누리게 하는 것을 말한다. "심어 놓은 것을 북돋아 잘 키운다.[栽者培之]"에서 유래한다.(『中庸』)

492) 가난하다 : 원문의 '누공(屢空)'은 자주 끼니를 굶는 가난함을 말한다. "안회는 도에 가깝구나, 자주 쌀독이 비는데도 변함이 없구나.[回也 其庶乎 屢空]"에서 온 말이다.(『論語』「先進」)

493) 몸 더욱 살쪘네 : 원문의 '체유반(體愈胖)'은 마음의 넉넉함이 몸으로 드러남을 말한다. "부는 집을 윤택하게 하고, 덕은 몸을 윤택하게 하니, 덕이 있으면 마음이 넓어지고 몸이 펴진다. 그러므로 군자는 그 뜻을 반드시 그 뜻을 성실하게 한다.[富潤屋 德潤身 心廣體胖 故 君子 必誠其意]"에서 유래한다.(『大學』「第六章」)

산 멀어 땔나무 부엌을 그을리지 못했고494) 新或山遙未黔竈
시장이 가까운데도 생선 반찬 드물었네 魚何市近罕登盤
촌 벼495)로 술 빚어 가을 흥을 읊어보고 釀須村白題秋興
창고의 묵은 곡식 불 때어 저녁밥 먹었네 炊待倉紅供夕餐
한 권의 『심경』 참된 삶의 계책이라서 一部心經眞活計
기쁘게 종일토록 의관을 바르게 하였네 怡然終日整衣冠

설파 손성악을 애도하는 만사[輓孫雪坡星岳]

설창산 빛이 울창하고 가파르듯이 雪蒼山色鬱崔嵬
한 시대의 호걸이라 참으로 우뚝하였네 一代人豪信傑魁
매장의 시 속엔 천 길 나는 봉황이었고 梅丈詩中千仞鳳
류군의 거문고 속은 우뢰 같이 울렸네 劉君琴腹一聲雷
대궐에 명하496)송을 아뢰지 못하였으니 天門未奏明河頌
초야에 부질없이 동량 재목으로 버려졌네 草野空抛大樑材
흰 머리 물든 눈썹 바닷가497)의 나그네 皓髮蒼眉江海客
그리운 그대 보지 못해 홀로 서성이네 思君不見獨徘徊

예전 당나귀 타고 설창산을 지날 적에 昔我騎驢過雪山
겨울 소나무498) 아래에서 활짝 웃었네 冬青樹下笑開顔

494) 부엌을……못했고 : 불을 때면 그을음이 생기는 법인데 밥을 못하고 끼니를 자주 거르다 보니 그을음이 생기지 않았다. 정 호와의 가난한 일생을 말한다.

495) 벼 : 원문의 '백(白)'은 제사나 연회 때에 사용하는 뻑은 벼이다. "겨울에 왕사인 주공 열이 빙문하러 왔다. 잔치에 창포 김치와 볶은 쌀, 볶은 기장, 다져서 호랑이 모양으로 만든 소금이 있었다.[冬王使周公閱 來聘 饗 有昌歜白黑形鹽]"에서 온 말이다.(『左傳』「僖公三十年」)

496) 명하 : 『고문진보(古文眞寶)』에 수록되어 있는 송지문의 걸작 명하편(明河編)을 말한다. 등용되지 못한 자신의 처지를 밝힌 작품이니, 손설파의 훌륭함이 조정에 전해지지 못하였음을 말한다.

497) 바닷가 : 원문에서 '해강(江海)'이라 한 것은 추측건대 강과 바다가 모두 있는 곳을 말한다. 이계 자신이 곡강과 동해 사이에 머물러 있음을 말한다.

498) 소나무 : 원문의 '동청수(冬青樹)'는 겨울에도 푸른 잎을 가진 나무, 즉 소나무를 말한다.

골짝마다 안개와 노을이 살기에 좋고	萬壑烟霞經濟好
매화와 대 두른 곳이라 지내기 한가하네	繞屛梅竹起居閒
시 화답할 이 드무니 자주 읊지 않았고	詩稀敵手無多詠
거문고 아는 이 적으니 오래도록 타지 않았네	絃少知音久不彈
술 마신 뒤 문담을 나누며 밤을 새우니[499]	酒後文談仍秉燭
창 밝아져 해가 높이 뜬 것도[500] 몰랐네	牕紅不覺日三竿

두건과 신발 느슨한 장자의 거동으로	巾屨翛然長者儀
한평생 했던 일 사람들이 아는 것이라서	一生行事對人知
고풍이 어찌 남쪽 선비들에게만 그렇겠는가	高風豈止南州士
아망은 성균관 좨주가 되기에 마땅했네	雅望宜爲太學師
수하는 곳의 안개 꽃 삼성[501]의 세상이요	壽域烟花三聖世
이름난 고을의 산수 두 어진 이[502] 터전이었네	名都山水兩賢基
동문의 지나친 간략함[503]과 서하의 국량[504]이라	東門太簡西河局
공은 오직 자식 위해 곡 하면서도 종용하였네	公獨從容哭子時

499) 밤을 새우니 : 원문의 '병촉(秉燭)'은 밤을 지새우며 대화를 나누는 것을 말한다. 이백(李白) 「춘야연도리원서(春夜宴桃李園序)」의 "옛사람들이 촛불 잡고 밤에도 놀았던 것이 참으로 까닭이 있었도다.[古人秉燭夜遊 良有以也]"에서 온 말이다.

500) 해 높이 뜬 것 : 원문의 '일삼간(日三竿)'은 해가 장대 세 개의 길이만 큼 높이 올랐음을 말한다.

501) 삼성 : 영조(英祖)·정조(正祖)·순조(純祖) 세 임금을 말한다.

502) 두 어진 이 : 우재 손중돈과 회재 이언적을 말한다.

503) 동문의 지나친 간략함 : 자식의 죽음을 이피로 받아들이고 슬퍼하지 않는 것을 말한다. "양 나라에 동문오란 사람이 있었는데 그 자식이 죽어도 근심치 않았다. 그 보모가 말하였다. '공처럼 자식을 사랑한 자는 세상에 없습니다. 지금 자식이 죽었는데도 근심치 않으니 어찌된 것입니까?' 그러자 동문오가 말하였다. '나는 일찍이 자식이 없었습니다. 자식이 없을 때 근심치 않았는데 지금 자식이 죽었으니 바로 자식이 없던 때와 같습니다. 제가 어찌 근심하겠습니까?[梁人有東門吳者 其子死而不憂 其相室曰 公之愛子也 天下無有 今子死不憂 何也 東門吳曰 吾嘗無子 無子之時不憂 今子死乃卽與無子時同也 臣奚憂焉]"에서 유래한다.(『戰國策』「秦策三」)

504) 서하의 국량 : 자식의 죽음을 너무 슬퍼함을 말한다. 자하(子夏)가 서하(西河)에 있을 때 아들을 잃은 슬픔에 통곡하다가 실명(失明)했던 고사에서 유래한다.(『史記』「仲尼弟子傳」)

손 사상을 애도하는 만사[輓孫士常]

시 배우고 어찌 임심[505]을 경계치 않으리　學詩何不戒臨深
허물을 보고서 나는 효자의 마음을 알았네　觀過吾知孝子心
위에는 하늘이 있어 머리를 어루만지고　上有天翁應撫頂
곁에는 나그네가 많아 옷깃을 다 적셨네　傍多行旅盡沾襟
얼음 속 잉어 찾으려[506] 오히려 위험 잊었고　將探凍鯉還忘水
맛있는 음식 드리려[507] 숲에서 길을 잃었네　欲哺慈烏返失林
영혼이 앎이 있다면 혼령은 참 괴로워서　魂若有知魂正苦
아침엔 감동[508]에 돌아오고 저녁엔 청산으로 가리라　朝歸甘洞暮蒼岑

김종한을 애도하는 만사[輓金宗漢]

영천 북쪽의 노항에[509]　永北有魯巷
자양정이 크고도 아름답네[510]　輪奐紫陽亭
물은 도화원에 비길 만하고　水疑小桃園

---

505) 임심 : '임심(臨深)'은 항상 두려워하는 자세로 조심하는 것을 말한다. "매우 두려워하고 조심하여, 깊은 못에 임한 듯, 얇은 얼음을 밟는 듯이 한다.[戰戰兢兢 如臨深淵 如履薄冰]"에서 온 말이다.(『詩經』「小雅, 小旻」)

506) 얼음 속 잉어 찾으려 : 진(晉) 나라 왕상(王祥)의 고사이다. 겨울철에 그 계모가 병이 들어 이어(鯉魚) 먹기를 원하자, 왕상이 강에 나가 옷을 벗고 얼음 위에 엎드리니 얼음이 스스로 녹으며 잉어가 나왔다고 한다.(『五倫行實圖』「孝子」)

507) 맛있는 음식 드리려 : 원문의 '자오(慈烏)'는 효조(孝鳥)라 불리는 까마귀를 이르는 말한다. 반포조(反哺鳥)라고도 불리는데, 까마귀는 새끼가 다 크고 나서 자기 어미에게 먹이를 물어다 먹인다고 한다. 그러므로 만사에서는 손사상이 부모님께 음식으로 봉양한 일을 말한다.

508) 감동 : 손사상의 부모께서 계시는 고을 이름으로 여겨진다.

509) 노항에 : '노항(魯巷)'은 노 나라의 거리이니 유학을 익히는 사람이 사는 고을을 말한다. 김종한이 살았던 동네 이름으로 여겨진다.

510) 크고도 아름답네 : 원문의 '윤환(輪奐)'은 낙성한 건물이 크고 아름다움을 축하할 때 사용하는 상투적인 표현이다. 진(晉) 나라 헌문자(憲文子)가 저택을 신축하여 준공하자 대부들이 가서 축하하였는데, 이때 장로(張老)가 말하였다. "규모가 크고 화려하여 아름답도다. 제사 때에도 여기에서 음악을 연주하고, 상사 때에도 여기에서 곡읍을 하고, 연회 때에도 여기에서 국빈과 종족을 모아 즐기리로다.[美哉輪焉 美哉奐焉 歌於斯 哭於斯 聚國族於斯]"에서 유래한다.(『禮記』「檀弓 下」)

산은 대은병[511]과 유사하네	山如大隱屛
정자 앞에 있는 은행나무[512]	亭前文杏樹
드리운 그늘이 누런 뜰을 덮었고	垂陰覆黃庭
풍속은 절로 온화하여	土風自溫雅
현가[513]의 소리를 들을 수 있었네	絃歌庶幾聽
주인 옹은 나이와 덕이 높아	主翁年德尊
위로 노인성[514]에 응하셨네	上應老人星
마음 높고 기상이 우뚝하여	滿腹嵬磊氣
환한 얼굴 모습이 뛰어났네	軒眉傑魁形
구름과 산은 별 세계 만드니	雲山營別局
그윽하여 머물기에 편안하였네	幽邃起居寧
창엔 붉은 꽃나무 가득하고	滿牕花樹紅
거리엔 푸른 뽕과 삼이 둘렀네	繞巷桑麻青
손님을 좋아함은 천성이어서	愛客自天性
문에 빗장을 만들지 아니하니	門扉不設扃
훌륭한 말[515] 좋은 뜰에서 울고	鏤馬鳴玉坪
따뜻한 술[516] 술병에 넘쳤네	暖蟻溢金甁
공은 또 나가 유람함을 즐겨	公又喜出遊

511) 대은병 : 무이산의 만정봉(幔亭峰)에 대은병이란 곳이 있다. 이 만사에서는 주변 경관의 빼어남을 설명하기 위하여 가져왔다.

512) 은행나무 : 원문의 '행수(杏樹)'는 은행나무로 학문을 익히는 장소로 널리 쓰였다. "공자가 치유의 숲 속에서 노닐며, 행단 위에 앉아서 휴식을 취했나니, 제자들은 글을 읽고 공자는 거문고를 타며 노래를 불렀다.[孔子遊乎緇帷之林 休坐乎杏壇之上 弟子讀書 孔子弦歌鼓琴]"에서 유래한다. (『莊子』「漁父」)

513) 현가 : 비파와 거문고를 타면서 읊고 노래하는 것으로 널리 '예악(禮樂)의 교화', '학습의 송독(誦讀)'이란 뜻으로 쓰인다.

514) 노인성 : 남극성(南極星)으로, 장수(長壽)를 상징하는 별이다. 수성(壽星)이라고도 하며, 흔히 나이가 많은 원로를 뜻하는 말로 쓰인다.

515) 훌륭한 말 : 원문의 '누마(鏤馬)'에서 '누(鏤)'는 금루안(金鏤鞍)이니 꽃을 장식으로 새긴 말안장을 말한다. "머뭇거리는 청총마는 금으로 아로새긴 안장을 얹었네.[躑躅青驄馬 流蘇金鏤鞍]"에서 온 말이다.(『玉台新詠』「古詩爲焦仲卿妻作」) 이 만사에서는 장식을 한 훌륭한 말이다.

516) 따뜻한 술 : 원문의 '난의(暖蟻)'에서 '의(蟻)'는 '부의(浮蟻)'를 말한다. '부의(浮螘)'라고도 하는데 술 위에 떠 있는 거품을 형용한 것으로 술을 의미한다.

말을 타고가다 때 없이 머무니	鞍馬無時停
임고[517]에서 달을 감상하고	翫月臨皐下
횡계[518] 물가에서 바람 쐬었네	溯風橫溪汀
예전 입암으로 가는 길에서	曩於立巖路
공의 기운 성성함을 하례했는데	賀公氣惺惺
생각이나 했나, 날렵한 여상[519]	孰謂鷹揚呂
갑자기 정령위 학[520]이 될 줄이야	遽隨化鶴丁
말 달려 어두워 도착하니	騙馬到昏黑
빈 방엔 촛불만 푸르게 빛나고	虛堂燭青熒
두건과 옷은 움직이지 아니하니	巾裳似不動
과연 저승은[521] 매우 어둡구나	九原果冥冥
여린 자식과 효성스런 자손들	弱子與孝孫
여러 번 기절했다 겨우 깨어나	屢絶僅蘇醒
눈물 훔치며 서로 어루만지니	拭淚仍撫摩
그 모습은 전형[522]이 있네	眉眼有典刑
봉황은 단혈[523]에서 나고	鳳旣生丹穴
붕새는 남명[524]을 도모하니	鵬可圖南溟

517) 임고 : 영천(永川)시 임고면을 말한다.

518) 황계 : 영천시 화북면 황계리를 말한다.

519) 날렵한 여상 : 원문의 '응양여(鷹揚呂)'는 매처럼 날렵하게 싸우는 여상을 말한다. "태사인 상보가, 때로 매가 날듯이 하여, 저 무왕을 도와, 군대를 풀어 상을 정벌하니, 싸우는 날 아침이 청명하도다.[維師尙父 時維鷹揚 涼彼武王 肆伐大商 會朝淸明]"에서 유래한다.(『詩經』「大雅, 大明」) 이 만사에서는 김종한의 훌륭한 능력을 말한다.

520) 정령위 학 : 원문의 '학정(鶴丁)'은 신선이 되었음을 말한다. 한(漢) 나라 요동 사람 정령위(丁令威)가 영허산(靈虛山)에 가서 신선술을 배워 천 년이 지난 뒤에 학이 되었다는 고사에서 유래한다.(『搜神後記』) 이 만사에서는 김종한의 죽음을 말한다.

521) 저승은 : 원문의 '구원(九原)'은 전국 시대(戰國時代) 진(晉) 나라 경대부의 묘지를 말한다. 이후 묘지나 황천(黃泉)을 가리키는 말로 사용되어 왔다.

522) 전형 : 후손들의 상례(喪禮) 치르는 모습이 법도에 맞음을 말한다.

523) 단혈 : 전설상의 산 이름으로, 이곳에 오색영롱한 봉황새가 산다고 한다.(『山海經』「南山經」)

524) 남명 : 남쪽에 있는 큰 바다를 말한다. "붕새가 남쪽 바다로 날아갈 때는 물을 3천 리나 박차고 회오리바람을 타고 9만 리나 날아오른 뒤에야 6월의 대풍을 타고 남쪽으로 날아간다.[鵬之徙於南冥也 水擊三千里 摶扶搖而上者九萬里 去以六月息者也]"에서 온 말이다.(『莊子』「逍遙遊」)

알겠네, 황금 상자 남기는 일	乃知遺金籯
한 경전 가르침보다 못한 줄을[525]	不如教一經
넉넉한 경사[526] 아직도 남아서	餘慶尚未艾
증손자들 또한 매우 훌륭하네	曾孫又寗馨
큰 아이는 또한 아홉 살이요	大兒又九歲
작은 아이는 겨우 몇 살이라	小兒纔數齡
어려서 부모 잃음이 안타깝고	所嗟早失恃
외롭게 된 것이 슬프기만 하네	含恤步伶俜
나도 그다지 늙지는 않았는데	余亦未甚老
갑자기 여나명[527] 짓게 되었네	奄題女挐銘
청산은 고요하게 말 없어	青山寂無語
방황하며 저절로 눈물만 떨구네	彷徨涕自零
무덤[528]이 다행히 서로 가까워	佳城幸相近
그대 신령에게 의지하리라	憑依賴尊靈

이형룡 어른을 애도하는 만사[輓李丈亨龍]

건장하신[529] 우리 고을의 구십 어른	矍鑠吾鄉九十翁

525) 황금……줄을 : 원문의 '금영(金籯)'과 '일경(一經)'은 자손에게 물려주는 두 종류의 대표적인 물건을 말한다. "자식에게 황금 만 상자를 물려주기보다는, 경서 한 권을 가르치는 것이 훨씬 낫다.[遺子黃金萬籯 不如一經]"에서 유래한다.(『漢書』「韋賢傳」)

526) 넉넉한 경사 : 원문의 '여경(餘慶)'은 선조의 음덕으로 후손들이 받게 되는 복을 말한다. "선을 쌓은 집에 반드시 넉넉한 경사스러움이 있다.[積善之家 必有餘慶]"에서 온 말이다.(『周易』「坤卦, 文言」)

527) 여나명 : 죽음을 애도하는 명이다.

528) 무덤 : 원문의 '가성(佳城)'은 무덤을 말한다. 한(漢) 나라 등공(滕公)이 말을 타고 가다가 동도문(東都門) 밖에 이르자 말이 울면서 앞으로 나아가지 않은 채 발로 오랫동안 땅을 굴렀다. 사졸(士卒)을 시켜 땅을 파 보니 깊이 석 자쯤 들어간 곳에 석곽(石槨)이 있고, 거기에 글귀가 있었다. "가성이 울울하니, 삼천 년 만에야 해를 보도다. 아! 등공이여, 이 실(室)에 거처하리라.[佳城鬱鬱 三千年見白日 吁嗟滕公 居此室]"에서 유래한다.(『西京雜記』)

529) 건장하신 : 원문의 '확삭(矍鑠)'은 씩씩하고 건장한 노인을 말한다. 동한(東漢)의 복파장군(伏波將軍) 마원(馬援)이 62세의 나이에도 불구하고 말에 뛰어올라 용맹을 보이자, 광무제(光武帝)가 찬탄하며 말하였다. "이 노인네가 참으로 씩씩하기도 하다.[矍鑠哉 是翁也]"에서 유래한다.(『後漢

눈은 흐릿하지 않고[530] 귀 밝으시며	眼無花霧耳無聾
정기는 남극성[531]과 빛을 나누었고	精應南極星分照
말재주는 은하수와도 서로 통하였네	辯亦銀河水與通
봄 거리의 밖에 뽕나무와 삼을 심고	措置桑麻春巷外
매화와 대 속에서 지내니 그림 병풍인 듯	起居梅竹畵屛中
어느 밤 훌쩍 황학을 타고 오르시니[532]	翩然一夜乘黃鶴
뜰에는 부질없이 백일홍만 남아 있네	庭除空餘百日紅

사문 신몽양을 애도하는 만사[輓申斯文夢陽]

꿈속의 아름다운 가르침은 몇 편이지만	夢中嘉訓若干篇
생각하니 청도[533]의 글 아는 신선이요	遙想淸都識字仙
화노의 정성[534]으로 세 군주를 만났고	華老丹忱三値聖
태공 같은 백발에 4년을 더하였네[535]	太公白髮四添年
하늘은 좋은 벼슬로 어진 집을 얽었고	天將好爵縻仁宅
땅은 복 가득한 무덤 자리로 갚으리라	地設佳城報福田
듣자니, 자손들이 빼어나고 많다하니	聞說孫枝頗峻茂
집안 명성이 응당 세상에서 이어지리라[536]	家聲應續海山絃

書』「馬援列傳」)

530) 눈은……않고 : 원문의 '화무(花霧)'는 나이가 들어 눈앞이 꽃이 어른어른 하는 듯 희뿌옇고 어두워 잘 보이지 않음을 말한다.

531) 남극성 : 장수(長壽)를 상징하는 별이다. 수성(壽星)이라고도 한다. 흔히 나이 많은 원로를 뜻하는 말로 쓰인다.

532) 황학을 타고 오르시니 : 학(鶴)이란 십장생 중의 하나인데 신선술을 배우면 학이 된다고도 한다. 이 만사에서는 죽음을 상징한다.

533) 청도 : 신몽학이 누구인지 알 수가 없어 정확하지는 않으나, 이계 선생께서 살던 근처인 청하를 말하는 것으로 보인다.

534) 화노의 정성 : 순 임금에게 축원의 말을 올린 화봉인(華封人)과 같은 정성을 말한다.

535) 태공……더하였네 : 태공의 나이를 이계선생께서 어떻게 이해하고 있는지 알 수가 없으나, 80으로 여긴 것으로 보인다. 즉 신몽양의 연세가 84세인 것으로 추측되어진다.

536) 세상에 이어지리라 : 원문의 '속산해현(續海山絃)'은 끊어진 옛것을 잘 계승함을 말한다. '속현(續絃)'은 '속현교(續弦膠)'이다. 전설(傳說)에 의하면, 서해(西海) 가운데 봉린주(鳳麟洲)가 있는데,

구양지를 애도하는 만사[輓具養之]

그대 집안은 대대로 시로서 이름이 나	君家世世擅鳴詩
옥패와 경거[537]로 크게 떨쳤네	玉佩瓊琚大放之
집 뒤의 청산은 사조[538]와 응하고	屋後青山應謝眺
유수의 거문고 곡은 누가 종자기인가[539]	琴中流水孰鍾期
묘당[540]엔 공연히 현량책[541]이 모자라고	廟堂空漏賢良策
나라에선 오직 효우의 모습을 칭찬 받았네	郡國惟稱孝友姿
태촌[542]에 규성[543] 비치는 것을 보니	試看台村奎又暎
단혈의 봉황 깃[544] 뛰어남이 이유 있네	由來丹穴鳳毛奇
동량이 될 천 길의 아름다운 나무가	千尋美木棟樑材
장석[545]의 뜰에서 잘 길러져서	匠石園中善養來

선가(仙家)에서 봉의 부리[鳳喙]와 기린의 뿔[麟角]을 합해 고아서 만든 아교(阿膠)를 속현교(續絃膠)라 한다. 이것으로 이미 끊어진 궁노(弓弩)의 줄을 능히 이을 수 있다는 고사에서 유래한다.(『海內十洲記』)

537) 옥패와 경거 : 모두 잘 가공된 훌륭한 옥을 말한다. 이 만사에서는 상대의 훌륭한 작품을 말한다.

538) 사조 : 464~499. 자는 현휘(玄暉)이며, 진(晋) 나라 사람이다. 풍경 묘사에 뛰어나 청신(淸新)한 풍격을 지닌 작품을 많이 남겼다.

539) 유수의 ……종자기인가 : 원문의 '유수(流水)'는 유수곡(流水曲)을 말한다. 주57) 참조.

540) 묘당 : 원래는 대신(大臣)이나 비변사 당상(備邊司堂上)이 회좌(會坐)한 것을 가리키는 말인데 통상 '조정'을 지칭하는 말로 쓰인다.

541) 현량책 : 한 문제(漢文帝)가 조서(詔書)하여 현량(賢良)·방정(方正)·문학(文學)·재력(材力)의 4과(科)를 두고, 재주 있는 선비를 들어서 순서를 따르지 않고 등용한 일에서 유래한다.(『漢書』「文帝紀」)

542) 태촌 : 구양지의 후손들이 살고 있는 동네 이름으로 여겨진다.

543) 규성 : 원문의 '규(奎)'는 '규성(奎星)'을 말한다. 하늘에서 문관(文官)의 수장(首長)이란 의미로 쓰이어 문운(文運)과 문장(文章)의 성쇠를 주재(主宰)하는 신을 의미한다.

544) 봉황 깃 : 원문의 '봉모(鳳毛)'는 봉황의 날개 깃털을 말한다. 구양지의 자손 중에 그의 부모 같은 재주를 지닌 자가 있음을 말한다.

545) 장석 : 널리 솜씨가 뛰어난 기술자나 글 솜씨가 훌륭한 사람을 말한다. "영 땅의 사람이 그의 코끝에 파리가 앉은 것처럼 살짝 묻은 하얀 흙을 싫어하여 장석에게 없애달라고 하였다. 장석이 도끼를 들고 움직이자 바람소리가 나는 것을 들었을 뿐인데 그 부분이 잘려 나갔다. 그러나 코끝은 조금도 다치지 않아 영인은 가만히 서서 전혀 놀라지 않았다.[郢人堊慢其鼻端若蠅翼 使匠石斲之 匠石運斤成風 聽而斲之盡堊 而鼻不傷 郢人立不失容]"에서 온 말이다.(『莊子』「徐無鬼」)

정신은 눈 내린 뒤 산처럼 높이 솟고　雪後精神山偃蹇
기상은 달빛 속의 학이 배회하는 듯 하였네　月中氣像鶴徘徊
보검이 북두성 치는 것 누가 동정하랴　誰憐寶釼衝星斗
나는 거문고로 은거함을[546] 사랑하네　我愛瑤絃隱地雷
함께 천 리 길에 말고삐 잡지 못함이 아쉬워　恨不同驅千里轡
강산의 구름과 나무 꿈꾸며 자주 돌아가네　湖雲嶺樹夢頻回

상사 손국제를 애도하는 만사[輓孫上舍國齊]

의관과 문물이 성대한 옛 동도에　衣冠文物古東都
덕과 나이 높은 큰 선비 한 분 있었네　德卲年高一鉅儒
담박한 생애 가난한 집[547]을 편안해하며　淡泊生涯安磬室
맑고 고상한 마음은 티 없이 깨끗하였네[548]　清高心事見氷壺
세 임금이 다스린 시대는 참 태평하여[549]　三朝日月康衢世
온전히 음양의 태극도와 같았네　一圈陰陽太極圖
인간세계에 다소의 부채를 떨쳐버리고　了却人間多少債
어느 곳으로 학이 되어 외로이 나시는지　不知何處鶴飛孤

---

546) 은거함을 : 원문의 '지뢰(地雷)'는 일양(一陽)이 비로소 태어나는[始生] 복괘(復卦)이다. 양이 처음 생겨나긴 하지만 아직 만물은 생겨나지 않은 때이니 은거함을 말한다.

547) 가난한 집 : 원문의 '경실(磬室)'은 아무것도 없는 가난한 사람의 집을 말한다. "방은 매단 경쇠와 같고 들에는 푸른 풀이 없으니 무엇을 믿고 두려워하지 않겠는가.[室如懸磬 野無靑草 何恃而無恐]"에서 유래한다.(『國語』「魯語上」)

548) 티 없이 깨끗하였네 : 원문의 '빙호(氷壺)'는 '빙호추월(氷壺秋月)'의 줄인 말로 티 없이 맑은 사람의 인품을 말한다. 등적(鄧迪)이 주자(朱子)는 스승인 연평(延平) 이동(李侗)의 인품을 제문에서 '마치 빙호추월(氷壺秋月)과 같아 티 없이 맑고 깨끗하니 우리들이 미칠 수 없다.'라고 한 데서 온 말이다. (『宋史』「李侗列傳」)

549) 태평하여 : 원문의 '강구(康衢)'는 '강구연월(康衢煙月)'의 줄인 말로 태평성대의 풍요로운 모습을 말한다. 요 임금이 천하를 다스린 지 50년 뒤 민정(民情)을 살피러 미복(微服)을 하고 나라를 순시하였다. 번화한 거리에서 어린아이들이 「강구요(康衢謠)」를 부르는 소리를 듣고 기뻐하였다. "우리 백성들을 먹여 살리는 것이, 그대의 지극한 덕 아님이 없어, 깨닫지 못하는 사이에, 임금의 법칙에 순종하네.[立我蒸民 莫匪爾極 不識不知 順帝之則]"에서 유래한다.(『列子』「仲尼」)

족형 기를 애도하는 만사[輓族兄錡]

선조 추모의 마음으로 편안치 못하여	慕先一念不遑居
새 정자 경영하니 칠인정550)의 터라네	經起新亭七綏墟
비오는 밤 주춧돌을 노심초사 배열하였고	雨夜勞心排礎後
서리 낀 아침에 기운 내어 들보를 올렸네	霜朝作氣上樑初
매화와 대나무를 더하여 새 울음 통하고	思添梅竹通啼鳥
못을 파서 물고기 뛰어놀게 하려고 했네	擬鑿池塘玩躍魚
혼령이시어 떠난들 어찌 이곳을 잊으리	魂去何曾忘此地
오 리에 뻗은 붉은 만장이 한 번 머뭇거리네	丹旐五里一躊躇
세모에 정자에 오르니 눈물이 옷깃 가득	歲暮登亭淚滿裾
눈앞의 세상일은 쑥대 자란 오두막과 같네	眼前人事一蓬廬
저동의 옛 재상은 공연히 마름 풀 남기고	苧東故相空留藻
솔 아래 신선옹은 부질없이 책 뒤적이네551)	松下仙翁謾揭書
지난 봄 꽃 잔치에서 윗자리에 계셨는데	花會前春延上座
오늘 저녁 만가552)로 돌아가는 수레를 탔네	薤歌今夕有歸車
경전 가르침은 상자 남김553)보다 나으니	藏經勝似遺籯計
조만간에 영광이 의려554)에 답하리라	早晚榮光答倚閭

족형 기를 애도하는 만사[輓族兄鐖]

돈을 내어 전적을 사서	散金買典籍

---

550) 칠인정 : 원문의 '칠수(七綏)'는 칠인과 같은 표현으로, 선대가 지은 칠인정(七印亭)을 말한다.

551) 저동의 …… 뒤적이네 : 부질없는 삶과 죽음을 말하는 고사로 보이나 정확한 일은 알 수가 없다.

552) 만가 : 원문의 '해로(薤露)'는 악부에 나오는 「상화곡(相和曲)」의 이름으로 고대의 만가(輓歌)이다. 초 나라 송옥(宋玉) 「대초왕문(對楚王問)」의 "양아곡, 해로곡을 노래하자, 나라 안에서 그것을 이어 창화(唱和)하는 자는 수백 명이었다.[其爲陽阿薤露 國中屬而和者 數百人]"에서 온 말이다. 해(薤)는 부추 종류인데 사람의 목숨이 부추 잎에 맺힌 이슬처럼 쉽게 소멸된다는 뜻에서 나온 말이다.

553) 경전 …… 남김 : 주524) 참조.

554) 의려 : 원문의 '의려(倚閭)'는 '의려(倚廬)'로 여막(廬幕)을 말한다. 송 나라 호계종(胡繼宗)은 "어버이께서 돌아가시면 의려에서 거처한다.[親喪 居倚閭]"라고 하였다.(『書言故事』「死喪」)

자식을 어질게[555] 가르치니　教子善其鳴
이어가는 가풍의 유래가 있기에　繼世知風自
고을에선 정직하다 이름났고　居鄕以直名
증손은 선조를 부를 수 있네　曾孫能喚祖
늙은 아내는 아직 경[556]을 부르네　老婦尙呼卿
가장 마음이 아픈 점은　最是傷心處
새 정자를 다 짓지 못한 것이라네　新亭未落成

정염 어른을 애도하는 만사[輓鄭丈㦘]

십 년 동안 우리 고을 유림들을 이끌며　吾鄕十載領儒林
옷깃 바로하고 앉아 조용히 담소하였네　談笑從容坐整襟
수령이 고을에 오면[557] 꼭 먼저 물었고　太守下車須早問
팔경 유람하는 손님들 늘 먼저 찾았네　嘉賓八景每先尋
안빈낙도 평소의 뜻은 원헌[558]과 같았고　安貧雅志同原憲

---

555) 어질게 : 원문의 '선기명(善其鳴)'은 인품과 덕행으로 세상에 알려지는 어진 사람을 말한다. 한유(韓愈) 「송맹동야서(送孟東野序)」의 "더욱 그 잘 우는 자를 가려서 그를 빌려 울게 하나니, 요 임금 순 임금 시대에는 고요와 우가 그 중에 잘 우는 이들이었으므로, 그들을 빌려 울게 하였다.[尤擇其善鳴者而假之鳴 其在唐虞 皐陶禹其善鳴者也而假之鳴]"에서 유래한다.

556) 경 : 원문의 '경(卿)'은 아내가 남편을 친근하게 '그대' 정도의 의미로 부르는 말이다. 진(晉) 나라 왕안풍(王安豐)의 아내가 항상 안풍을 그대라고 하였다. 왕안풍이 "아내가 남편을 그대라고 하는 것은 예법에 있어 불경한 것이니, 다시는 그러지 마시오."라고 하니 아내가 말하였다. "그대를 친애하여 그대를 그대라 하는 것이니, 내가 그대를 그대라 하지 않으면 누가 응당 그대를 그대라 하겠소.[親卿愛卿 是以卿卿 我不卿卿 誰當卿卿]"에서 온 말이다.(『世說新語』「惑溺」)

557) 고을에 오면 : 원문의 '하거(下車)'는 수령이 고을로 부임함을 말한다. 이백(李白) 「여한형주서(與韓荊州書)」의 "옛날에 왕윤이 예주자사가 되자 수레에 내리지도 않아서 순상(荀爽)을 불렀고, 수레에 내리자마자 또 공융(孔融)을 천거하였다.[昔王子師爲豫州 未下車 卽辟荀慈明 旣下車 又辟孔文擧]"에서 온 말이다.

558) 원헌 : 공자의 제자인 원사(原思)이다. 그는 너무 가난하였다. "토담집에 거적을 치고 쑥대로 만든 문은 온전하지 못하며, 뽕나무로 지도리를 삼아 깨진 독으로 구멍을 낸 창문 문에다, 방 두개에 갈토로 담장을 발랐는데 지붕이 새어 축축한 방에서 바르게 앉아 금슬을 연주하였다.[環 堵之室 茨以生草 蓬戶不完 桑以爲樞 而甕牖二室 褐以爲塞 上漏下濕 匡坐而弦]"라고 전해진다.(『莊子』「讓王」)

화락하게 대하니 유하혜[559]보다 나았네	接物和風更展禽
벼슬살이 응당 사마의 눈물[560] 많으리니	攀綿應多司馬淚
평생 즐기며 이불 함께 하여 누웠네	一生湛樂臥同衾

채후 어른을 애도하는 만사[挽蔡丈垕]

평소 단중하여 우스갯말이 드무니	端重平居罕笑言
운옹[561]의 고택에 법도가 남아 있었네	耘翁古宅典刑存
뜬 구름 같은 자체는 삼대를 내려왔고	浮雲字體從三世
가는 비 속 농장은 온 마을을 덮었네	細雨農庄厭一村
이 밤에 정신은 학[562]으로 변해가니	此夜精神應化鶴
노년의 회포 산란함[563]을 어찌할꼬	老年懷抱奈啼猿
아! 처사의 비석만 공연히 남아	嗚呼處士碑空在
비옥을[564] 갖추고 성은 입을 길이 없네	緋玉無由荷聖恩

수경 정호신을 애도하는 만사[挽鄭秀卿虎臣]

고인은 동쪽마을의 집에서	東里故人宅
오로지 자식을 가르쳤네	專心敎子初
고을에선 순후하고 근실[565]하다 했으며	鄕稱醇謹石

559) 유하혜 : 원문의 '전금(展禽)'은 춘추 시대 노(魯) 나라 유하혜(柳下惠)의 이름이다. 그가 유하(柳下)에 살았고 시호가 혜(惠)이므로 유하혜라고 한다. "유하혜는 성인 중에 화한 분이다.[柳下惠 聖之和者也]"라고 하였다.(『孟子』「萬章下」)

560) 사마의 눈물 : 원문의 '사마루(司馬淚)'는 벼슬살이에 부침(浮沉)이 있어 좌천의 눈물을 흘림을 말한다. 당 나라 백락천(白樂天)이 강주사마(江州司馬)로 멀리 좌천(左遷)되어 갔는데, 강상(江上)에서 여자의 비파소리를 듣고 자기의 신세를 한탄하여 눈물을 흘렸던 일에서 유래한다.

561) 운옹 : 채후의 조상 중에 어느 분을 말하는 것으로 보이나, 자세히 알 수가 없다.

562) 학 : 은거하며 신선술을 닦아 학이 되어 날아갔다는 의미로 죽음을 상징한다.

563) 산란함 : 원숭이는 행동이 어수선하기에 불교에서는 '원심(猿心)'을 산란한 마음이라고 한다. 이 제문에서 상대의 죽음으로 인하여 산란해진 자신의 마음을 표현하고 있다.

564) 비옥을 : 비옥은 비단옷과 옥관자(玉貫子)로, 당상관(堂上官)의 관복을 말한다.

뛰어난 자식566)이라고 사람들은 말하였네	人道絶奇徐
온화하게 마침내 약방에 머물렀는데	醞藉方居藥
맑고 참되며 글 솜씨마저 좋았네	淸眞又善書
물은 주었으되 열매 익지 않았기에	漑根遲食實
만가567)로 상여를 막아보네	薤唱逗靈輿

남려 이정엄에게 보낸 시찰[與李南廬鼎儼詩札]

엎드려 생각건대, 어제 중에	伏惟前日中
두 분을 모시게 되었는데	得御兩執事
단비가 마음의 빗장 열어주니	好雨解關人
조물주가 원래 장난하지 않았다네	造物元非戲
하도낙서568) 깊은 뜻을 찾고	河洛探奧旨
강호는 시흥을 움직여	江湖動詩思
옥 같은 약간의 글을 주니	瓊琚若干篇
선물569)을 받은 듯하였네	怳如百朋賜
말에 안장 얹어 진흙길 출발하니	鞍馬銜泥發
물 걱정에 오래 잠들지 못했는데	愁水久未寐
다행히 금옥 같은 소식을 받으니	幸承金玉音

---

565) 근실 : 『이계집』에는 근(醒)으로 되어 있으나 본 번역에서는 '근(謹)'의 오기로 보아 근실로 풀이하였다.

566) 뛰어난 자식 : 원문의 '서절기(絶奇徐)'는 서릉(徐陵)의 뛰어난 두 자식으로 이 만사에서는 정호신이 뛰어난 자식이었음을 말한다. 두보(杜甫) 「서경이자가(徐卿二子歌)」의 "그대는 보지 못했는가? 서릉의 두 자식 태어나면서 남보다 특별히 뛰어나 길한 꿈이 감응하여 서로 뒤따랐다는 것을. …… 큰 아이는 아홉 살에 얼굴이 맑아 가을 물 같은 정신에 옥 같은 뼈대를 지녔지. 작은 아이는 다섯 살에 문장의 기세 소를 삼킬 만하여 집에 가득한 손님들이 모두 머리를 돌려 보았다네.[君不見徐卿二子生絶奇 感應吉夢相追隨 …… 大兒九齡色淸澈 秋水爲神玉爲骨 小兒五歲氣食牛 滿堂賓客皆回頭]에서 유래한다.

567) 만가 : 주551) 참조.

568) 하도낙서 : 원문의 '하락(河洛)'은 하도(河圖)와 낙서(洛書)의 준말이다.

569) 선물 : 원문의 '백붕(百朋)'의 붕(朋)은 옛날의 화폐(貨幣) 제도로 5패(貝)가 1붕(朋)이다. 백을 넣어 많은 선물을 말한다. "무성한 풀이 언덕에 있구나. 이미 군자를 보았으니 나에게 백붕을 준 것 같다.[菁菁者莪 在彼中陵 旣見君子 錫我百朋]."에서 온 말이다.(『詩經』「小雅, 菁菁者莪」)

기거하심이 과연 편안 하였네	起居果珍毖
우리 마을의 서포 어른께서	吾郡西浦丈
얼마 전에 병이 나으셨다네[570]	近得勿藥利
그대 가문의 90 어른도	貴宗九十翁
우뚝한 소나무처럼 건재하여	健如喬松比.
장자방과 황석공[571]처럼	子房與黃石
한 마을의 좋은 의리를 맺었네	同村結好義
평안할 땐 이빈[572]과 같았고	平安李國賓
일 많을 땐 장의[573]를 맡았네	多事張掌議
만초[574]의 매화를 잘 살피더니	萬初善觀梅
하백의 빌미를 알았고	能知河伯祟.
행원[575]의 전승이 넉넉하더니	行源戰勝肥
쌀 밥[576] 한 그릇을 먹었네	雲子喫一器
모두 그대 잊지 못하는 것이기에	皆君所未忘
사람으로 매우 감사하게 만드네	令人感荷至
저 같이 못난 사람도	如弟無一善
멀리 버리지 아니 하였네	亦蒙不遐棄

570) 병이 나으셨네 : 원문의 '물약(勿藥)'은 약을 쓰지 않는 상태가 되었음이니, 병이 완치되었음을 말한다. "구오는 잘못이 없는 병이니 약을 쓰지 않아도 나을 것이다.[九五 无妄之疾 勿藥有喜]"에서 온 말이다.(『周易』「无妄卦, 九五」)

571) 장자방과 황석공 : 원문의 '자방(子房)'은 장량(張良), '황석(黃石)'은 황석공(黃石公)을 말한다. 한 나라 대신의 후예인 장량이 진 나라 시황제를 암살하려다 실패하고 도망하여 하비(下邳)땅에 숨어 지냈다. 당시 다리를 지나다가 황석공(黃石公)을 만나 태공병법(太公兵法)을 전수받고는 유방(劉邦)을 도와 한 나라를 일으키는 공신(功臣)이 되었다는 고사가 있다.(『史記』「留侯世家」)

572) 이빈 : 광해조를 살았던 인물이다. 성균관 근처에 살며 인품이 높으니 유생들이 찾아왔다. 뒤에 회덕으로 낙향하니 향교의 어른으로 추대한 인물이다. 언급한 서포라는 분의 삶이 그러함을 말하고자 언급한 것으로 여겨진다.

573) 장의 : 조선시대 성균관 재생(齋生)들의 자치기구인 재회(齋會)의 임원이다.

574) 만초 : 두 사람이 아는 사람으로 여겨지지만 누구인지 알 수 없다.

575) 행원 : 두 사람이 아는 사람으로 여겨지지만 누구인지 알 수 없다.

576) 쌀 밥 : 원문의 '운자(雲子)'는 밥알처럼 자잘한 흰 자갈을 말한다. 전하여 쌀밥으로 비유하기도 한다. 두보「여호현원대소부연미피득한자(與鄠縣源大少府宴渼陂得寒字)」의 "밥으로는 하얀 운자를 떠먹고, 오이는 차가운 수정을 씹는 듯하네.[飯抄雲子白 瓜嚼水精寒]"에서 온 말이다.

오래 병시중을 들다보니 長時侍湯藥
반 평생 세속의 때만 쌓였네 半世積塵累
근심되어 시 짓기 그만두니 憂來詩摠廢
붓[577] 적실 겨를이 없었네 禿豪奚暇漬
다만 들으니 시절의 어지러움 第聞時氣乖
함부로 정양[578]같이 성하다 하니 敢與正陽熾
그대 주위는 요즘 어떠한가 芳隣近如何
그대에게 차근차근 물어보네 憑君問次次
뛰어난 자질로 나이 지위가 높았고 大資年位尊
신의 보호로 은거하니[579] 神衛菟裘地
상체나무[580] 동산의 꽃 경치 좋고 棣園花影重
뛰어난 인물[581]들 오히려 화목하네 白眉尙穩睦
금촌의 옛 사군[582]과 琴村舊使君
끊임없이[583] 서로 오고 가며 源源尙聯臂
눈 내린 정자와 향 난간에서 雪榭與香欄
근래에는 무슨 책을 보는지 近來何書嗜
온화하여 군자다운 선비여 溫溫君子儒
병든 데다 또 초췌하네 枉疚也自悴
욕됨 없는[584] 좋은 주인이여 無忝好主人

---

577) 붓 : 원문의 '독호(禿豪)'는 닳아 대머리가 된 것처럼 털이 듬성듬성해진 붓을 말한다.

578) 정양 : 음력(陰曆) 정월(正月)의 추운 날씨를 말한다.

579) 은거하니 : 원문의 '도구菟裘'는 은거지를 말한다. 노(魯)의 은공의 "도구에 별장(別莊)을 경영하라. 내 장차 거기에 가서 늙으리라.[使營菟裘 吾將老焉]"에서 온 말이다.(『左傳』「魯隱公十一年」)

580) 상체나무 동산 : 원문의 '체원(棣園)'은 형제들이 어울려 우애 있게 지내는 모습을 말한다. "상체의 꽃이여, 드러나게 선명하지 않은가. 무릇 지금 사람들은, 형제만한 이가 없느니라.[常棣之華 鄂不韡韡 凡今之人 莫如兄弟]"에서 유래한다.(『詩經』「小雅, 常棣」)

581) 뛰어난 인물 : 촉(蜀) 나라 마씨(馬氏)의 형제 다섯 중에 눈썹에 흰 털이 난 마량(馬良)이 가장 뛰어났던 데에서 나온 말로써, 후세에 출중한 사람을 지칭할 때 백미(白眉)라 한다.

582) 옛 사군 : 사군(使君)이란 임금의 명령(命令)을 받들고 나라 밖으로나 지방(地方)에 온 사신(使臣)의 경칭(敬稱)이므로, 예전에 지방관을 지낸 적이 있는 사람을 높이는 표현이다.

583) 끊임없이 : 원문의 '원원(源源)'은 끊임없이 자주 만나며 친하게 지내는 모습을 말한다. "그를 늘 보고 싶었으므로 늘 오게 하였다.[欲常常而見之 故源源而來]"에서 온 말이다.(『孟子』「萬章 上」)

숲의 삶이 그윽한 뜻에 가까웠네	林棲近幽意
우리 상사에게 가장 부러웠던 것은	最羡吾上舍
문장이 날로 훌륭해짐일세	文章日益肆
궁벽한 시골엔 좋은 벗이 적어	僻巷小强輔
취한 듯 스스로 부끄러워하네	自愧生如醉
외람되이 그대의 벗이 되니	忝枉知舊末
뒤쫓기를 일찍부터 바랐다네	追遊夙所企
산남에 깨끗한 집이 있는데	山南有淨庵
글을 논하기 좋은 곳이라	好是論文字
지난번 거듭 허락하니	旣荷前諾重
처음 뜻 이룸을 기뻐하였네	兼喜初志遂
언제나 모이기 좋은 날이니	無日不宜會
어찌 회답을 기다리겠는가	何須待回示
좋은 일에 마가 많아	好事自多魔
단란하기 비록 쉽지 않으나	團欒縱未易
앵도가 조만간 붉어지리니	櫻桃早晚紅
이 단양절이 와서	盍此端陽曁
시 지어 청죽을 가득 채우고	題詩靑竹滿
책 보며 붉은 초를 허비하세	檢書紅燭費
번거로운 객이 또 어지러워	便忙客又撓
나머지 일일이 어찌 쓰겠는가	餘何一一記
이 달 십구일에	同月十九日
사경은 예를 갖추지 못하네	思敬姑不備

584) 욕됨 없는 : 원문의 '무첨(無忝)'은 주도적 자기 계발에 의해 조상을 욕보이지 않는 삶을 말한다. "일찍 일어나고 밤늦게 잠들어서, 너를 낳아주신 분을 욕되게 하지 말지어다.[夙興夜寐 無忝爾所生]"에서 온 말이다.(『詩經』「小雅, 小宛」)

이계선생문집 耳溪先生文集

제2권 卷之二

이계선생문집 제2권

서書

정 호와에게 보내다.[與鄭好窩]

지난달에 때마침 안동安東의 승려가 암자로 들러 소호리蘇湖里1)의 일을 매우 자세히 말해주었습니다. 마음속으로 적이 놀라고 의아했는데, 보내주신 편지를 보니 과연 그러하였습니다. 알지 못하겠습니다만, 이 일을 관보官報에서 보셨습니까? 만약 그렇다면 "차라리 가야의 밥 구걸하는 중과 이야기하네.[寧話伽倻乞飯僧]"라는 구절이 더욱 의미가 있음을 느끼겠습니다.

봄비가 지리支離합니다. 한가한 속에 체도體度는 한결같이 절서에 맞게 조섭하시며, 계옥桂玉의 탄식2)은 없으신지요? 엎드려 향하는 저의 마음은 간절합니다.

한양의 막걸리가 비록 묘한 맛은 없으나, 시골에서 거른 것보다는 나을 듯합니다. 그러므로 '홀연히 읊조리며 봄 한강에 이르는[忽然吟到漢江春]' 것은 행료行潦3)와 감호甘瓠4)로도 군자와 사귈 수 있다고 여겨서입니다. 지극한 이치가 또 열 세 춘春자에 붙이어 한 구절 한 구절 깊어짐을

---

1) 소호리(蘇湖里) : 대산(大山) 이상정(李象靖) 선생이 살았던 곳이다. 이계선생의 부친이 대산의 문하에서 수학(受學)하였기에 그 곳의 소식을 전해 들으려고 하였다.

2) 계옥(桂玉)의 탄식 : 몹시 곤궁함을 말한다. 전국 시대 소진(蘇秦)이 초(楚) 나라를 떠나려고 하면서 말하였다. "식량은 옥보다 귀하고, 땔감은 계수나무보다 귀하다.[食貴于玉 薪貴于桂]"에서 유래한다.(『戰國策』)

3) 행료(行潦) : 소박한 술을 말한다. "멀리 저 고인 물을 퍼서, 저기서 떠다가 여기에 부어놓아도, 쌀을 찌고 술밥도 만들 수 있도다. 화락한 군자여, 백성의 부모로다.[泂酌彼行潦 挹彼注玆 可以饙饎 豈弟君子 民之父母]"에서 온 말이다.(『詩經』「大雅, 泂酌」)

4) 감호(甘瓠) : 보잘 것 없는 먹을거리를 말한다. "남쪽에 휜 나무가 있으니, 단 박이 매달려 있네.[南有樛木 甘瓠纍之]"에서 온 말이다.(『詩經』「小雅, 南有嘉木」)

어찌 생각이나 했겠습니까? 시詩 안의 뜻이 모두 평탄한 길을 지시하여 몽매한 저[5]로 하여금 차츰 한 가닥의 방향을 알게 하니, 지극히 감격하여 외우고 있습니다. 뭐라 드릴 말씀이 없습니다.

백정자伯程子[6]께서 저술하는 일을 경계한 것은, 당시 학자들이 학문에는 힘쓰지 않고 오직 저술하는 일을 능사로 삼았기 때문에 구산龜山[7]에게 이 말을 한 것입니다. 그러나 옛사람들이 만약 모두 저술하는 일을 경계하였다면 『서경書經』과 『시경詩經』이 어디에서 나왔겠습니까? 염락濂洛[8]에서 바른 말이 나오지 않았다면, 소자小子와 후생後生들이 또한 어디에서 기술을 하겠습니까? 정자程子는 필연筆硯 등을 가까이하는 일도 오히려 "사물에 정신이 팔려 뜻을 잃는다.[玩物喪志]"라고 생각하였으니, 하물며 책을 짓는 일이겠습니까? 한 때의 폐단을 구하려는 것이지, 이른바 억지로 닫고 말을 하지 못하도록 한 것은 아닙니다. 무언無言이 비록 최상의 도道가 되지만, "때가 적당한 뒤에 말하는 것[9][時然後言]"은 우리 부자夫子께서도 취하였습니다. 하물며 "흥취가 일어나고 감정이 맞아 시구를 멈추기 어려운[10][興來情適句難禁]" 때이겠습니까? 퇴도退陶의 말이 진실됩니다. 만일 한가한 가운데 혹 흥興을 그려내면, 화답和答을 구하기 어렵다고 하지 마시고, 혹 적어 보여주셔서 후생을 인도하는 것도 한 방도일 것입니다.

근래에 『시전詩傳』을 읽다가 「학명장鶴鳴章」에 이르러, 천하의 이치가 이를 근거로 진작되어

---

5) 몽매한 저 : '적식(擿埴)'은 맹인이 지팡이로 땅을 더듬으며 길을 찾는 일이다. 어두워 사리를 분변하지 못함을 말한다. "맹인이 지팡이로 길을 찾음은 어두운 길을 갈 뿐이다.[擿埴索塗 冥行而已]"에서 온 말이다.(『法言』「修身篇」)

6) 백정자 : 북송의 도학자 정호(程顥, 1032~1085)에 대한 존칭이다. 자는 백순(伯淳)이며, 호는 명도(明道)이다. 아우 정이(程頤, 1033~1108)와 함께 뛰어난 학자로, 두 분을 구별하기 위하여 형은 백정자 아우는 정숙자(程叔子)라고 한다.

7) 구산 : 송 나라 학자 양시(楊時, 1053~1135)의 호이다. 자는 중립(中立), 시호는 문정(文靖), 검남(劍南) 사람이다. 그의 학문은 나종언(羅從彥)과 이동(李侗) 등을 거쳐 주희에게로 이어져 이학(理學)의 형성과 발전에 중요한 영향을 끼쳤다. 저서는 『이정수어(二程粹言)』·『구산어록(龜山語錄)』·『구산집(龜山集)』등이 전한다.

8) 염락 : 주돈이(周敦頤) 와 정호(程顥)·정이(程頤)를 말한다. 염은 주돈이가 거주하던 염계(濂溪), 낙(洛)은 정호·정이가 거주하던 낙양(洛陽)이다.

9) 때가……것 : 예의가 마음속에 충만하여 알맞게 말하는 것을 말한다. 공자(孔子)께서 공숙문자(公叔文子)를 공명가(公明賈)에게 물으니 답하였다. "부자께서는 때에 맞은 뒤에야 말씀하시므로 사람들이 그 말을 싫어하지 않았다.[夫子時然後言 人不厭其言]"에서 온 말이다.(『論語』「憲問」)

10) 흥취가……어려운 : 퇴계 선생의 「화자중한거이십영和子中閑居二十詠」 중의 '음시(吟詩)'에 나오는 구절이다.(『退溪先生文集』 卷三)

지니 『중용中庸』과 『대학大學』의 도가 이에서 벗어나지 않는다는 것을 갑자기 깨달았습니다. "학이 울다.[鶴鳴]" 이하의 네 구는 '바로 좋아하면서 그 악함을 알고 미워하면서 그 아름다움을 앎이니[好而知其惡 惡而知其美][11]' 이를 미루면 치국治國·평천하平天下의 도에 이르게 됩니다. 이 시詩를 지은 자는 자사子思와 증자曾子의 도를 알았습니까? 아니면 자주자子朱子께서 『중용』과 『대학』에 의하여 해석한 것입니까? 마침 편지 중에서 두 번 이 시를 인용한 것을 보았기 때문에 우연히 이 말을 하니, 살펴보시고 혹 가르칠 만하다고 여기시면 도외시 하지 말아 주십시오.

열 세수의 시는 별지別紙에 써 보내는데, 보시고 빙그레 웃으시리라 생각해봅니다.

손 설파에게 보내다.[與孫雪坡]

동산옹東山翁을 오래도록 뵙지 못하였고, 동산옹의 시詩도 오래도록 보지 못하였습니다. 동산東山에서 오는 사람이 있으면 번번이 동산옹의 기거起居가 평안하신 지를 물어 보지만, 연세가 많아 시 짓기를 그만 두었을 것이라고 생각하였습니다. 우리 상사上舍 어른께서 내려주신 편지를 받고서, 삼가 동산옹과 주고받은 몇 편을 살펴보았습니다. 그러한 뒤에 비로소 동산옹의 시벽詩癖은 연치年齒가 높다고 해서 그만두는 것이 아님을 알았습니다. 이미 시 짓기를 그만 두지 않았으니, 동산옹의 기거起居가 평안하심은 더욱 상상이 갑니다. 비록 오래도록 그 시를 보지 못했지만, 이제 우리 동산옹을 뵙는 것 같았습니다. 두 어른들께서 90리나 떨어져 있으면서 서로 시를 주고받아 울연히 성대한 문장이 있으니, 늙음이 앞으로 닥쳐오는 줄도 알지 못하신 듯합니다.[12] 그러니 저승과 이승의 감탄한 귀신이 쟁그랑 금석金石의 소리를 발하여, 사람으로 하여금 만사를 제쳐놓고 두 분 어른들 아래에서 노닐고 싶도록 만들었습니다.

섣달그믐이 하루밖에 남지 않았는데, 기운氣韻은 만중萬重하십니까? 엉성하고 둔한 저는 해가 갈수록 업業은 퇴보하고, 게다가 하나도 좋은 모습이 없습니다. 오직 아버님의 체후體候가 편안하심이 다행일 뿐입니다.

---

11) 좋아하면서 …… 앎이니 : 『대학(大學)』「전8장(傳八章)」에 보인다.

12) 늙음이 …… 합니다. : 진리 터득에 의한 즐거움으로 늙음도 넘어서는 자세를 말한다.(『論語』「述而」)

저 비흥比興[13] 등의 일에는 또한 생각이 없는 자라고 하지 못하겠지만, 회포가 있다고 해도 누구에게 말하며 선창先唱한다고 해도 누가 화답하겠습니까? 더구나 마을의 연기가 땅에 깔리고 산의 추위가 사람들에게 닥쳐오고 있습니다. 옛 사람의 '궁하면 시를 잘 짓는다.[窮則工詩]'라는 말은 빈 말입니다. 비록 그렇지만 고금의 시율詩律을 읽다보면 불현듯 허기와 갈증을 잊고 밤새도록 침잠하게 되니, 온갖 물건들이 쌓인 가게에서 왼 편에서는 여의주如意珠[14]를 탐색하고 오른 편에서는 귀패龜貝[15]를 더듬는 것과 같아 채워지듯이 그 사이에서 얻음이 있는 듯합니다.

들으니, 우리 장자長者께서 동산옹께 시를 지어 보냈다는데, 그 시가 단편인지 장편인지, 오언五言인지 칠언七言인지, 흥취를 풀었는지 근심을 떨친 것인지 알지 못하겠습니다. 비록 감상하지 못하였지만, 벌써 맑은 바람이 사람의 마음을 움직이는 것을 느끼겠습니다. 어찌하여 저에게는 멋진 시를 보내 주시지 않으시고, 도리어 글상자에 쌓아 두십니까? 동산옹께 원망이 없을 수가 없습니다. 바라건대, 인편人便에 적어주시면서 동산옹의 시도 함께 보내 주십시오.

이만 새해를 맞아 만복萬福하시기를 기원합니다.

손 설파에게 보내다.[與孫雪坡]

가까이 하는 시詩와 서書 중에 받은 것이 많습니다. 새해에 한 번 찾아뵈어야 함에도 오히려 이러한 지경이 되었으니, 어찌 후배가 장노長老를 섬기는 도리이겠습니까? 이를 개의치 않으시고 오히려 간절하게 다시 가르쳐 주시려는 뜻을 보여 주시니, 기쁘고 송구한 마음이 교차하여 무어라 감사 인사를 드리지 못하겠습니다.

봄추위가 아직 매서운데, 체도體度가 절서節序를 따라 평안하시기를 지극히 바라고 지극히 바라고 있습니다.

동산東山께 답하신 두 번째 시는 봉래산蓬萊山을 거니는 기상氣象을 얻었을 뿐만 아니라,

---

13) 비흥(比興) : 시(詩)의 이른바 '육의(六義)' 중의 하나인 비(比)와 흥(興)의 병칭이다. 이 편지에서는 시(詩)나 작시(作詩)를 말한다.

14) 여의주(如意珠) : '여주(驪珠)'는 본디 검은 용[驪龍]의 턱 밑에 있는 구슬이란 뜻으로, 여의주를 말한다.

15) 귀패(龜貝) : 거북이 껍질로 만든 화폐를 말한다.

끝에는 바로 종용히 겸손해 하시는 기풍氣風이 있으니, 더욱 옷깃을 여미고 엄숙히 외우는 일을 스스로 그만두지 못하겠습니다. 생각건대, 동산옹東山翁께서 지팡이를 짚고 오셔서 함께 오도烏島가에서 신선 같은 유람을 하는 일은 언제로 정하셨는지요? 금년은 임술년壬戌年[1802]입니다. 임술년의 가을과 겨울은 곧 소자蘇子가 적벽赤壁에서의 놀이를 하고 「적벽부」를 읊었던 때[16] 입니다. 보내주신 시의 뜻이 여기에서 나왔을 것입니다. 그렇다면 가을로 약속하시겠습니까? 올해 겨울로 하시겠습니까? 15일입니까? 아니면 16일입니까?[17] 다만 변변치 못한 제가 비록 두 손님의 수數에 들기를 감히 바라지는 못하지만, 그래도 배 가운데 베고 눕는 도구는 되지 않겠습니까?[18] 어른들을 따라 놀기를 바라고 있습니다.

오도烏島의 경관은 동쪽으로 바다 입구를 바라보면 북두성과 견우성을 배회하는 달이 있으며, 서쪽으로 비학산飛鶴山을 바라보면 훨훨 소리 내면서 지나가는 모습이 있습니다. 검고 푸르며 날개 짓하고 머뭇거리는 것이 남으로 날아가는 까마귀인가요? 서있고 엎드리며 웅크리고 입을 벌린 것이 험준한 표범 바위입니까? 천 길 깎아지른 낭떠러지는 곡강曲江이 비슷하며 천리 연이은 것은 상선들이 비슷합니다.[19] 그 외에 서로 화답하는 뱃노래와 여기저기 비추는 고기잡이 불빛, 어렴풋한 안개와 울창한 산수山水는 참으로 적벽赤壁의 광경에 뒤지지 않으니, 어찌 반드시 기이한 곳을 찾아 멀리 남해 바닷가와 황강黃岡의 땅에 이른 뒤에야 적벽赤壁의 유람을 한다고 하겠습니까? 또 장공長公[20] 이 유람을 혹 7월에 하고 혹 10월에 한 것은 모두 때에 따라 흥을 타고 하였던 것이지, 7월과 10월이 아름다워서 유람한 것은 아닙니다. 이는 갑자기 마련한 음식[21] 을 보면 알 수 있습니다. 그렇다면 비록 2월이나 4월로 약속하여도 좋고 8월이나 9월로 날짜를

---

16) 소자가 …… 때 : 소동파의 적벽부는 임술년[1082년] 가을과 겨울 두 차례 황주의 적벽에서 놀면서 지은 작품이다. 7월에 지은 것을 「전적벽부(前赤壁賦)」, 10월에 지은 것을 「후적벽부(後赤壁賦)」라고 한다.

17) 15일 …… 입니까? : 소동파의 「전적벽부」는 임술년 7월 16일[旣望]에 놀면서 지었고, 「후적벽부」는 이해 10월 15[望]일에 놀면서 지었기 때문에 한 말이다.

18) 배 …… 않겠습니까? : 「전적벽부」 마지막 구절에서 "손님과 서로 배안에서 서로 베고 누워[相與枕藉乎舟中]"라고 하였다.

19) 천 길 …… 비슷합니다. : '단안천척(斷岸千尺)'은 「후적벽부」에 나오며, '연환천리(連環千里)'는 「전적벽부」의 "축로천리(舳艫千里)"의 오기(誤記)로 보인다.

20) 장공 : 소동파를 이르는 말이다. 동파가 소철(蘇轍)의 형이기 때문에 이렇게 불려 졌다.

21) 갑자기 마련한 음식 : '불시지수(不時之需)'는 「후적벽부」에 나오는 말이다.

잡아도 좋습니다. 만일 별과 달이 명랑한 저녁이나 바람과 이슬이 맑고 깨끗한 밤을 만나 손님이 있고 술이 있으며 술이 있고 안주가 있으면 모두 뱃놀이할 만합니다. 다만 금년 봄은 퉁소를 불고 노래를 부르며 뱃전을 두드릴[22] 때가 아니니, 가을이나 겨울에 그 때를 얻고 그 즐거움을 얻는 것만 못합니다. 이때에는 명월明月의 시詩와 요조窈窕의 장章[23]을 가지고 두 노인의 곁에서 주선하기를 청합니다. 바라건대, 저를 따르지 못한다고 여겨 내치지 마시고, 소동파의 임술년 유람을 잇게 한다면, 또한 임술년을 헛되이 보내지는 않을 것입니다.

손 설파에게 보내다.[與孫雪坡]

여러 차례 편지를 보내주시니 감사함이 실로 깊습니다. 봄 날씨가 날로 따뜻해지고 있습니다. 기운氣韻이 화창하여 추운 창가에서 언 손을 불던 때로 돌아가지 않을 것을 생각하니 기쁘고도 기쁩니다. 저는 절 방에서 책을 읽고 있지만 실은 흉년에 밥이나 먹을 계책에서 나온 것이니, 뭐라고 말할만한 몰골이 있겠습니까?

후세의 동파東坡는 절로 그러한 사람이 있습니다. 비록 백 명의 동파[24], 천 명의 동파, 만 명의 동파가 있다고 한들 어찌 초학자初學者가 견줄 수 있겠습니까? 당시 두 객[25]의 반열에도 감히 나란히 하지 못하였는데, 하물며 이른바 동파이겠습니까?

이미 풀이하면서 "'자위自爲' 두 글자가 진실로 의미가 있다."라고 하였습니다. 만천曼倩[26]이

22) 퉁소를……두드리는 : 「전적벽부」의 "뱃전을 두드리며 노래하고……손님 중에 퉁소 부는 이 있어[扣舷而歌之……客有吹洞簫者]"에서 유래한다.

23) 명월의……장 : 「전적벽부」의 "명월의 시를 읊조리며 요조의 장을 노래했다.[誦明月之詩 歌窈窕之章]"에서 유래한다..

24) 백 명의 동파 : '백동파(百東坡)'는 동파를 닮으려는 사람이 여럿임을 말한다. 소식 「범영시(泛潁詩)」의 "갑자기 물결이 비늘처럼 일어, 나의 수염과 눈썹을 산란케 하네. 동파가 여러 사람으로 분산되었다가, 순식간에 다시 제자리에 있구나.[忽然生鱗甲 亂我鬚與眉 散爲百東坡 頃刻復在玆]"에서 유래한다.

25) 두 객; '이객(二客)'은 「후적벽부」의"두 객이 나를 따라 황니의 비탈을 지났다.[二客從予 過黃泥之坂]"에서 온 말인데, 두 객은 임고(任孜)와 임급(任汲)을 말한다. 이 편지에서는 동산(東山)과 설파(雪坡)를 말한다.

26) 만천(曼倩) : 동방삭(東方朔)의 자이다. 전한(前漢) 사람으로 해학과 문장에 능하였고, 선술(仙術)을 배웠다고 전해진다.(『史記』〈東方朔傳〉)

스스로를 뽐냈고 모생毛生[27]이 스스로를 천거하였으며, 무염無鹽[28]이 서자西子[29]에게 스스로를 비유하였고 우맹優孟[30]이 스스로 숙오叔敖[31]를 위한 것은 예전에도 그러하였습니다. 저를 가리켜 "그대가 스스로 후동파後東坡가 되려고 한들 무슨 탈이 있겠는가?"라고 하신 것이 비록 그러하지만, 모르는 자들의 비웃음을 받을까 두렵기 때문에 숨겨두고 감히 되풀이하여 읽지[32] 못하였습니다. "강산江山이 비로소 후동파를 얻었다."라고 하시니, 또한 그 누구를 가리키는지 알지 못하겠습니다.

마침내 가을 16일[33]에 술을 세 순배 돌린 뒤 마땅히 '후동파後東坡' 세 글자로써 우리 동리東里의 어른께 받들어 올리십시오. 생각건대, 동리의 어른께서 겸손의 덕을 좋아하여 자처하지 않을 것이니, 그런 뒤에 동산옹東山翁에게 부탁하십시오. 이 동산옹은 매양 시를 지을 때마다 당시唐詩로써 자처하십니다. 당시唐詩도 오히려 사양하지 않는데, 하물며 송 나라 동파에 있어서이겠습니까? 어떻게 생각하시는지 알지 못하겠습니다. 마침 외람되이 재석齋席에서 술을 빌어 정성을 바치려고 하니, 혹 얼굴을 가까이에서 대할 수는 없겠는지요?

---

27) 모생(毛生) : 전국(戰國) 때 조(趙) 나라 사람 모수(毛遂)를 말한다. 진(秦)이 조의 한단(邯鄲)을 치자 조정에서는 평원군(平原君)을 시켜 초(楚)의 원병(援兵)을 청하였다. 평원군은 문무(文武)를 갖춘 20인의 수행원을 데리고 가기로 하였는데, 19명이 이미 준비되었으나 단 한 사람을 채우지 못하자 모수는 자기를 추천하여 함께 가게 되었다.(『史記』「平原君列傳」)

28) 무염(無鹽) : 전국 시대 제(齊) 나라 무염 땅의 유명한 추녀(醜女) 종리춘(鍾離春)의 별칭이다. 제(齊) 나라 왕의 부인이 되었는데, 어진 덕을 소유했지만 단지 모습이 추하다는 이유로 비난과 조롱을 당하곤 하였다

29) 서자(西子) : 춘추 시대 월(越) 나라의 미녀인 서시(西施)로, 범려(范蠡)가 오왕(吳王) 부차(夫差)에게 그녀를 보내 오 나라를 패망케 하였다 한다.(『吳越春秋』「句踐陰謀外傳」)

30) 우맹(優孟) : 초(楚) 나라 배우인 맹(孟)을 말하는데 우스개소리를 잘했다고 한다.

31) 숙오(叔敖) : 초 장왕(楚莊王) 때의 어진 정승인 손숙오이다. 그가 죽은 뒤 그의 아들이 워낙 빈곤하자, 우맹이 그를 구해줄 목적으로 손숙오의 의관(衣冠)을 차리고 초 장왕 앞으로 나아가 노래를 불렀다. 이 일로 손숙오의 아들은 벼슬을 얻었다고 전해진다.(『史記』「滑稽傳」)

32) 되풀이하여 읽지 : '규복(圭復)'은 글의 내용을 반복하여 읽음을 말한다. "남용이 백규의 글을 세 번씩 되풀이하여 읽거늘, 공자가 형의 딸을 그의 아내로 삼아 주었다.[南容三復白圭 孔子以其兄之子 妻之]"에서 유래한다.(『論語』「先進」)

33) 가을 16일 : 소식(蘇軾)이 7월 16일에 적벽강(赤壁江)에서 선유(船遊)하고 「적벽부」를 지었기에 그러한 유람을 말한다.

손 설파에게 보내다.[與孫雪坡]

저는 두 번 절하고 말씀드립니다. 천만 뜻밖에 맏 아드님이 원통하게도 죽었다는 부고를 받고는, 놀라고 슬퍼 실색失色하였다가 눈물을 흘렸습니다. 어찌 우리 설파雪坡처럼 어질며 우리 설파처럼 복 있는 분에게 이렇게 달포 전의 농담 같은 광경이 있을 줄 생각이나 했겠습니까? 천리天理가 이와 같으니 더욱 헤아릴 수가 없습니다. 어제 뵈었던 사형査兄에게 그 이유를 삼가 여쭈니, 상사上舍 어른께서 봄부터 여름까지 몸이 편치 않아 맏 아드님이 밤낮으로 애태우며 어찌할 바를 모르다가, 막 형강촌兄江村에서 수구壽具[34]를 마련하고는 날이 저물어 돌아올 즈음에, 급하게 허둥지둥하여 구덩이를 분간하지 못하고 오직 채찍질을 하여 빨리 달리며 저녁에 탕약湯藥을 드리는 것만 생각하다가 이러한 변고에 이르렀다고 하였습니다. 생각건대, 정경情境이 모두 효자孝子가 어버이를 사랑하는 지극한 생각에서 벗어나지 않았지만, 근심과 걱정이 지나쳐서 허둥지둥 매우 급히 하여 위험을 무릅쓰며, 깊은 곳으로 다가간 줄을 스스로 몰랐던 것입니다. 더군다나 그의 소매에는 겨우 명주明紬 한장一匠이 있었으니, 사람으로 하여금 매우 목이 막히게 하는 일입니다.

비록 그렇지만 간 사람은 그만입니다. 애통해 하여도 도움이 되지 않습니다. 다만 천명天命에 붙이고 이치로써 보내는 것이 옳습니다. 어떤 이가 말하였습니다. "상사上舍께서는 본래 삼가하는 것이 있었는데, 참혹한 일을 겪고는 증세를 더하여 치료하기 어려운 지경에 이르기가 쉽습니다." 제가 말하였습니다. "우리 설옹雪翁은 장자長者입니다. 설옹은 대현大賢의 문에서 태어나 선생先生의 집에서 자랐습니다. 읽은 책은 만 권이나 되고 명성은 한 도道에 가득하여 성대하게 동도東都 사대부들의 사표師表가 되었습니다. 그 식견識見은 매우 높고 기국器局는 매우 크시니, 변화를 당하여 일에 응하는 것은 진실로 마땅히 이치를 따르시어 반드시 생기生氣를 해치지 않으실텐데, 그대의 말이 어찌 그리도 망령됩니까? 또 역리逆理의 참혹함은 옛부터 공자孔子께서도 벗어나지 못함이 있었습니다.[35] 애석도다! 자하子夏는 성인의 문하에서

---

34) 수구(壽具) : 장사 지내는 데 필요한 수의나 기타의 물건을 말한다.

35) 공자께서도…… 있었습니다 : 공자(기원전 551~479)의 아들 공리(孔鯉, 기원전 532~482)가 공자보다 3년 앞서 죽었음을 말한다. "내 아들 리가 죽었을 때에도 관만 있었고 외관은 없었다.[鯉也死有棺而無槨]"에서 알 수 있다.(『論語』「先進」)

직접 배우며 독실하게 성인을 믿었는데도 오히려 실명[36]을 하였으니, 이에 문학文學의 공부가 덕행德行에 매우 미치지 못한 것을 알 수 있습니다. 저의 집은 불행히도 지난해에 어린 아이를 잃었습니다. 그런데 상사上舍 어른께서 당시 원천루源泉樓에 계시면서 시를 보내주셨습니다. 시어詩語는 완곡하게 동문자東門子[37]로써 말씀하였습니다. 지난해에는 아우를 잃었는데, 상사 어른께서는 당시 양진암養眞庵에 계셨습니다. 편지를 보내주셨는데, 뜻이 또한 넉넉하시어 '화기和氣를 상하는데 이르지 말라.[毋至傷和]'라는 네 글자로 비유하여 위로하셨으니, 어찌 남의 근심에 넉넉해 하시면서 스스로 그 말을 실천하시지 않으시겠습니까? 우리 설옹께서는 반드시 그러하지 않으십니다. 더군다나 막내 아드님이 아직 있고 3살의 젖먹이 손자도 있으니, 참으로 마땅히 스스로 삼가하고 자중自重하여 하늘로부터 받은 나이를 다하여 손자들이 성장하는 시절을 살펴보도록 기약하는 것이 옳습니다. 설파와 같은 문학과 설파와 같은 식견과 설파와 같은 기국器局으로 바르고 크며 넉넉하고 온화하여 한 도道의 유종儒宗이 되시니, 설파 같은 분이면서 어찌 슬퍼하고 탄식하여 - 결락되었다[缺落] - 조화造化 소아小兒가 괴로워한 것으로 병증을 더하여 치료하기 어려움에 이를 이치가 있겠습니까?"

원통함을 묻어두는 등의 절차에 이르러서는 오로지 두 명의 훌륭한 종형제와 여러 소년들의 말을 들으시어 마시고 먹으며 생활하기를 평소와 같이 한다면, 정신이 온전하고 기운이 화평해져 평소의 침통함은 자연스럽게 벗어나게 될 뿐입니다. 지성의 기쁨으로 늘그막의 남은 날을 잘 보내는 것이 어찌 「계사전繫辭傳」에서 이른바 '삶과 죽음을 안다.[38][知死生]'는

---

36) 실명 : 상명(喪明)은 자식의 죽음을 슬퍼하다 시력을 잃어버린 것을 말한다. 자하(子夏)가 서하(西河)에 있을 때 아들을 잃은 슬픔에 통곡하다가 실명(失明)을 하였다고 한다.(『史記』「仲尼弟子傳」)

37) 동문자(東門子) : 자식의 죽음을 이치로 받아들이고 슬퍼하지 않는 것을 말한다. "양 나라에 동문오란 사람이 있었는데 그 자식이 죽어도 근심치 않았다. 그 보모가 말하였다. '공처럼 자식을 사랑한 자는 세상에 없습니다. 지금 자식이 죽었는데도 근심치 않으니 어찌된 것입니까?' 그러자 동문오가 말하였다. '나는 일찍이 자식이 없었습니다. 자식이 없을 때 근심치 않았는데 지금 자식이 죽었으니 바로 자식이 없던 때와 같습니다. 제가 어찌 근심하겠습니까?[梁人有東門吳者 其子 死而不憂 其相室曰 公之愛子也 天下無有 今子死不憂 何也 東門吳曰 吾嘗無子 無子之時不憂 今子死 乃卽與無子時同也 臣奚憂焉]"에서 유래한다.(『戰國策』「秦策三」)

38) 삶과 죽음을 안다 : 삶과 죽음을 관조하는 자세를 말한다. "역은 천지의 준칙이기 때문에 천지의 도를 모두 포괄할 수 있다. 우러러 보아 천문을 관찰하고 숙여보아 지리를 살피기 때문에 유명의 연고를 안다. 시작을 근원하여 마지막을 돌이키기 때문에 생사의 이치를 안다.[易與天地準 故能彌綸天地之道 仰以觀於天文 俯以察於地理 是故知幽明之故 原始反終 故知死生之說]"에서 유래한다.

설이 아니겠습니까? 안연顔淵께서는 아성亞聖입니다. 안로顔路가 안연을 잃었으니 그의 마음 아픔은 생각건대, 다른 사람의 부자父子됨과는 다를 것입니다. 안연이 죽었을 때 공자 나이는 거의 70이었고, 안로顔路는 공자보다 6세 적었으니 역시 60이 넘었습니다. 쇠약하고 늙은 나이에 이렇게 훌륭한 아들의 죽음을 만났으니 지나친 슬픔으로 병이 나는 것이 마땅한데도, 또한 이로 인하여 수壽를 해쳤다는 소리는 듣지 못하였습니다. 그렇다면 안로顔路의 어짊으로 이러한 자식을 낳은 것은 합당합니다. 엎드려 빌건대, 우리 설옹께서는 성인聖人을 스승 삼으시고 자하子夏로 경계하시며, 또 저의 말이라고 저버려 사람들의 웃음거리가 되지 않으신다면 매우 다행이겠습니다.

족인 유백[39]에게 과거를 권하며 보내다.[與族人儒伯勸擧]

삼가 봄기운이 한창 화창和暢한 이즈음 자당慈堂을 모시고[40] 기거起居하는 것이 만중萬重함을 알게 되었네.

얼마 전 향교鄕校에서 베개를 나란히 할 즈음에 그대에게 서행西行[41]을 권하였는데, 끝내 의향이 없었지. 그러므로 돌아와 크게 탄식하며 말하였네. "유백儒伯같이 사부詞賦를 잘 짓는 이가 늙도록 이름이 없는 것은 비단 가운家運의 기울어짐만이 아니라, 실로 우리 고을 운수의 불행이다." 이어서 혀를 차면서 말하였네. "성응聖應 이근오李覲吾[42]와 원회元晦 권규權during[43]가

(『周易』「繫辭傳 上」)

39) 유백 : 장응휴(張應休)의 자이다. 호(號)는 유암(由菴), 본관은 인동(仁同)이다. 과거(科擧)를 포기하고 학문(學問)에 전심(專心)하여 저술(著述)에 힘을 쏟았다. 저서는 『노론심근(魯論心近)』이 전한다. 이계 선생과 정확한 관계를 알 수 없으나, 「은적암 동유록 서문」에 유백이 선생보다 7세 적은 것으로 나와 있다.

40) 자당을 모시고 : '시하(侍下)'는 조부모 또는 부모를 모시고 있는 사람을 말한다. 부모가 모두 생존해 계시면 구경하(具慶下), 아버지만 모시고 있을 때에는 엄시하(嚴侍下), 어머니만 모시고 있을 때에는 자시하(慈侍下), 부모를 모두 잃었을 때에는 영감하(永感下)라고 칭한다.

41) 서행 : 「은적암동유록서(隱跡庵同遊錄序)」에서 유백을 언급한 것으로 보아, 이 서행(西行)은 달성으로 가는 것으로 보아야 한다.

42) 이근오(李覲吾) : 1760~1834, 자는 성응, 호는 죽오(竹塢), 본관은 울산(蔚山)이다. 시문을 지을 때는 꾸미지 않아도 화려하고 떠다니는 구름과 흐르는 물처럼(行雲流水) 자유롭게 표현하여 문장의

어찌 모두 우리 유백보다 어질겠는가?" 어제 채옥여蔡玉汝를 만나서 그대의 동정動靜을 물었는데, 옥여도 알지 못하였네. 생각하건대, 꼼짝 않고 움직이지 않는 것인가?

나 같은 사람은 본디 잘하는 것이 없네. 처음에는 별 생각 없이 아우·자식과 함께 우소寓所에서 화목하게 지내고 있었네. 그런데 아버님께서 말씀하셨네. "너는 과거보러 가거라." 부모를 모시고 있는 사람으로 아버님의 명命을 어기기 어려워 이제 말을 먹이고 출발을 기다리고 있네. 가만히 생각해보면, 과장科場의 일에 여러 친구44)들이 없지는 않으나 우리 동성同姓보다는 못할 것이네. 또한 칠인정의 일을 생각해보면, 우리 두 사람은 이른바 이름은 알려졌으나 한 가지 일도 이룬 것이 없어서 장차 서인庶人에 이른다면, 어찌 감히 그 할아버지의 손자라고 말하겠는가? 속담俗談이 있네. "떠나고 머묾이 모두 어리석은 짓이나 떠나는 자의 어리석음이 머무는 자보다 낫다." 이 말이 비록 속되지만 또한 절로 이치가 있네. 영조 시절에는 콩 장사와 땔나무꾼 또한 모두 과거科擧에 참여하였고, 정조 시절에는 이광국李光國45)이 몇 번이나 출신出身하여 끝내 상격賞格46)에 들어 입시入侍하였네. 이는 그대와 내가 손 모아 기원하는 일이네.

또 들으니 이웃 고을의 큰 성씨들은 대부분 석권席捲하였다는데, 우리 인동仁同 장씨張氏의 이른바 모모某某한 사람이 스스로 한정47)하고 나아가지 않는다면 과연 말이 되겠는가? 읍안에서 동반하는 사람이 누가 누군지 알지 못하나 경천景天 노형老兄이 마음을 정하고 서행西行하였다고 하니, 이는 몹시 부러운 일이 아니겠는가? 또 오랫 동안 어버이를 보살피지 못하는 것으로 근심한다면 두 손자가 뜰에 있으며, 농사가 바쁨으로 급하다면 윤달이 오히려 받쳐주며,

---

거수(巨手)로 일컬어졌다. 1789년 진사시에 입격하여 벼슬이 병조정랑(兵曹正郎)에까지 올랐다.

43) 권규(權𢡮) : 1774~1826. 자는 원회, 호는 대치재(大痴齋), 본관(本貫)은 안동(安東)이다. 1809년 대과에 급제하여 사헌부 지평(司憲府持平)을 지냈다. 유고(遺稿)가 전한다.

44) 친구 : 익(益)은 자신의 계발에 도움이 되는 친구를 말한다. "유익한 벗이 세 가지이고 …… 벗이 곧으며 벗이 성실하며 번이 견문이 많으면 유익하다.[益者三友 …… 友直 友諒 友多聞]"에서 온 말이다.(『論語』「季氏」)

45) 이광국(李光國) : 계사년(영조 49, 1773)에 증광시(增廣試)에 입격한 인물이다. 자는 백경(伯卿), 경주인이다. 봉사(奉事)에 올랐다.

46) 상격(賞格) : 과거에 급재한 사람을 권장하기 위하여 국왕이 하사하는 것을 말한다.

47) 스스로 한정 : 자획[自畫]은 땅에 금 긋듯이 스스로 한정 짓는 것을 말한다. 공자의 제자인 염구가 힘이 부족함을 말하자 공자가 말하였다. "힘이 부족한 자는 중도에 그만두니, 지금 너는 한계를 긋는 것이다.[力不 足者 中道而廢 今女 畫]"에서 유래한다.(『論語』「雍也」)

삼가하는 것으로 염려한다면 지금은 춥지도 않고 덥지도 않은 때이네. 다만 멈추려는 뜻을 가지고 반드시 "나가려 해도 탈만한 말이 없고 가려해도 노자할 만한 것이 없다."라고 할 것이네. 그러나 나에게 한 필의 말이 있으니 번갈아 탈 수 있으며, 나에게 몇 달의 양식이 있으니 함께 먹을 수 있네. 만약 돌아오는 양식이 넉넉하지 않다면 마전교馬廛橋[48] 아래에서 말을 팔고 돌아오면 되니, 이러한 일들은 염려하지 않아도 되네. 다만 하루 이틀 행자行資할 도구만 갖추어서 힘을 다해 주선周旋하여 향교鄕校 근처로 나를 찾아온다면 새벽에 출발할 것이니, 어찌 한천寒泉한 늙은이의 조치라 하고, 대궐 문에 방榜을 걸 사람이 되지 않겠는가? 때문에 다시 혀를 끌끌 차며 말을 하네. "도道가 만약 있다면 유보儒甫의 어짊으로 반드시 그 길을 권할 터인데, 갑자기 천고千古의 사람이 되었으니 세 개의 염주 중에 하나가 부족한 한스러움이 없을 수 있겠는가?"

화수루[49]의 간역소에 보내다.[與花樹樓刊[50]役所]

하룻밤의 단란한 이야기는 근년近年의 쉽게 얻어지는 일이 아니었습니다. 게다가 붉고 푸름이 울긋불긋 빛나는 시절에 둘러앉은 사람들이 모두 백발인 자들이겠습니까? 요 며칠간 여러분의 생활에 도움이 있으며, 간역刊役하는 여러 가지 일들은 모두 지휘하시는 대로 되고 있는지 모르겠습니다. 축하드리고 아울러 그립습니다.

저는 작금昨今에 모두 한 모습이니 말씀드릴 만한 것이 없습니다. 다만 명明 나라 연기年紀 중에 경태景泰[51]와 천순天順[52]의 순서가 뒤섞인 듯합니다. 고명高明하신 분들께서 일처리를

48) 마전교 : 서울의 동부(東部)에 염초청(焰焇廳) 근처에 있는 다리 이름이다.(『練藜室記述』「天文典故」) 이 글에서는 말을 팔 수 있는 지역을 대신하여 사용하였다.

49) 화수루 : 경상북도 영덕군 창수면 갈천리에 있다. 조선 단종(端宗)의 외숙부인 권자신(權自愼)이 세조(世祖)에게 화를 당하고 그 아들 권책이 유배되어 여생을 보낸 곳에 지어진 루(樓)로 지어진 연대는 확실하지 않다. 숙종(肅宗) 때 단종이 복위되자 대봉서원이 지어졌다. 고종 때 흥선대원군의 서원철폐령으로 화수루와 청간정만 남아 있다.

50) 간 : 간(刊)은 『이계집』에는 '천(刋)'으로 되어 있으나 의미상 '간(刊)'으로 보아 번역하였다.

51) 경태 : 명(明) 나라 경제(景帝)의 연호(1450~1456)이다.

52) 천순 : 명(明) 나라 영종(英宗)의 연호(1457~1464)이다.

신중하게 하는 도가 없을 수 없습니다만, 의심스러운 점이 있습니다. 저는 영종英宗 황제가 경제景帝에게 선위禪位하였다가 끝에 다시 복위하였을 것으로 여겼는데, 집으로 돌아와 『속사략續史略』과 『황명통기皇明通紀』를 상고해 보니 과연 그러하였습니다. 다만 영종이 처음에는 경종景宗에게 손위遜位하지 않았습니다. 모두 선황제宣皇帝의 아들로 형은 천자天子가 되고 아우는 성왕郕王[53]이 되었는데, 정통正統[54] 14년[1449] 기사己巳에 교활한 오랑캐 야선乜先의 난[55]을 만나 천자가 청의靑衣를 입고 북쪽으로 순행하는 행차가 있었습니다.[56] 그러므로 아우인 성왕이 황태후의 명에 따라 황제의 자리에 올랐으니, 이 분이 경제景帝가 되어 형을 상황上皇으로 추존追尊하고 연호를 경태景泰로 고쳤습니다. 이해 경오년[1450] 8월에 오랑캐가 중국과 화친하여 상황上皇을 명 나라로 돌려보내자, 상황은 남궁南宮으로 자리를 피해 있었던 것이 모두 8년이었습니다. 경제가 병이 나고 후사後嗣가 정해지지 않자 인심人心이 위태롭고 불안해졌습니다. 그러므로 태후가 다시 상황에게 복위하기를 명하니, 경태景泰 8년을 천순天順 원년으로 삼았습니다. 그렇다면 경태의 기원紀元은 마땅히 정통과 천순의 사이에 있어야 합니다. 이것을 가지고 보면, 귀 족보의 연도年圖가 과연 사실 기록이 되니 부디 의심하지 마시고 즉시 판각板刻하여 속히 일을 마치는 것이 옳을 것입니다.

---

53) 성왕 : 명(明) 나라 제7대의 황제 기옥(祁鈺)이니, 영종(英宗)의 아우이다. 묘호는 경제(景帝)이다.

54) 정통 : 명(明) 나라 영종(英宗)의 연호(1436~1449)이다.

55) 야선의 난 : 야선은 몽고(蒙古) 와랄부(瓦剌部)의 승상(丞相) 탈환(脫懽)의 아들로, 아버지의 뒤를 이어 승상이 되어 태사(太師)라 칭하고 국정(國政)을 멋대로 하여 자주 명(明) 나라의 변경을 침범하였다. 명 영종(明英宗) 정통(正統) 14년에 대거 침입하여 친정(親征) 나온 영종을 토목보(土木堡)에서 사로잡아 몽고로 데려가고, 그 기세를 몰아 경사(京師)를 함락하였으나, 영종의 아우 경종(景宗)에게 패배하였다. 뒤에 명 나라에 화친을 청하여 영종을 돌려보냈다. 영종은 출정(出征)에 앞서 조선(朝鮮)에 구원을 청했는데, 조선에서는 말 5백 필(匹)만을 보냈다.(『明史』「朝鮮傳」)

56) 천자가 …… 있었습니다. : 영종이 토목보(土木堡)에서 야선에게 붙잡혀 끌려가서 치욕을 당한 일을 말한다. 천자의 일이기에 북으로의 순행이라고 완곡하게 표현하였다. 청의(靑衣)는 일반적으로 신분이 비천한 자들이 입는 옷이다. 진 회제(晉懷帝)가 310년에 흉노족(匈奴族)인 유총(劉聰)의 공격을 받아 흉노병에게 사로잡혔는데, 다음해 정월 유총이 광극전(光極殿)에서 신하들에게 잔치를 베풀면서 회제에게 푸른색의 옷[靑衣]을 입히고 술을 따르게 했다는 일에서 유래한다.(『晉書』「孝懷帝紀」)

호수 진사덕에게 답하다.[答陳好叟師悳]

최근 흥해興海 수령을 통해 삼가 좌하座下께서 삼가하는 일이 있어, 약방 가까이서 지낸다고 들었습니다. 근래에 씨를 뺀 곳에 과연 생기가 돌았는지 알지 못하겠습니다. 날은 차고 바람은 세찬데, 진중珍重함으로 스스로를 아껴 조금 나았다고 소홀히 하지 마십시오.

기우시騎牛詩는 병객病客의 의사意思를 읊은 것이 아니요, 관문關門을 나서는 기상이 있는 듯하여 지극한 부러움을 견디지 못하겠습니다. 동파東坡의 편지에 양생養生의 설說이 많이 있어 감히 홀로 누리지 못하고 가까이에 봉헌하였는데, 보내주신 편지에 "한 의사와 견줄 만하다."라고 하니 과연 힘을 얻음이 있습니까? 이는 바로 실지의 제목題目입니다. 청컨대 개중箇中의 산수山水와 인물人物이 약藥의 이름과 비슷함이 있어, 장章을 끊고 뜻을 취하여 좌하座下께서 한 번 크게 웃도록 하겠습니다.

책을 지은 자는 소자蘇子입니다. 편 머리의 온공溫公[57]은 감초甘草이며, 산곡山谷[58]은 황정黃精이며, 만경曼卿[59]은 석영石英이며, 원장元章[60]은 미호米糊이며, 계상季常[61]은 진피陳皮이며, 요석廖釋은 사삼沙蔘입니다. 그 나머지 범요부范堯夫[62]·진소유秦少遊[63]·범자풍范子豊·이공택李公擇[64] 사군자四君子는 바로 불적암佛跡巖[65] 폭포 위의 못 물과 같으며 구루句漏[66] 청산靑山의 단사혈丹砂穴과 같습니다. 적벽부赤壁賦에서는, 주공근周公瑾[67]은 약을 명命하는 곳이며 동남東南[68]은 하나의

---

57) 온공(溫公) : 송 나라의 명신인 사마광(司馬光)의 봉호(封號)이다.
58) 산곡(山谷) : 송(宋) 나라의 문인 황정견(黃庭堅)의 호(號)이다.
59) 만경(曼卿) : 송(宋) 나라의 시인인 석연년(石延年)의 자(字)이다.
60) 원장(元章) : 송(宋) 나라의 서화가인 미불(米芾)의 자(字)이다.
61) 계상(季常) : 송(宋) 나라의 진조(陳慥)의 자이다.
62) 범요부(范堯夫) : 송(宋)의 명재상 범중엄(范仲淹)의 아들 범순인(范純仁)의 자(字)이다.
63) 진소유(秦少遊) : 송(宋) 나라의 문인 진관(秦觀) 의 자(字)이다.
64) 이공택(李公擇) : 송(宋) 나라의 이상(李常)의 자이다
65) 불적암(佛跡巖) : 『소동파시집(蘇東坡詩集)』의 「백수산불적암(白水山佛跡巖)」에 나온다.
66) 구루(句漏) : 단사(丹砂)가 나는 곳으로 한(漢) 나라 때 갈홍(葛洪)이 연단(鍊丹)을 하기 위해 부임했던 곳이다.(『晉書』「葛洪傳」)
67) 주공근(周公瑾) : 삼국 시대 오 나라 장수 주유(周瑜)의 자이다.
68) 동남(東南) : 강동 지역과 강남 지역으로 적벽 대전이 일어난 주변을 말한다.

큰 화로입니다. 우선羽扇과 윤건綸巾[69]은 좌사佐使[70]하는 도구이며 조적燥荻과 고시枯柴[71]는 문무화文武火[72]입니다. 강을 굽어보며 마신 술은 주초酒炒이며 연환連環의 굴대는 육적肉炙입니다. 무창武昌[73]의 입구는 반하半夏이며 화용華容의 길은 당귀當歸이니 바로 소선蘇仙의 우화羽化입니다. 물이 빠지고 돌이 드러난 것은 종유鍾乳가 아니겠으며, 산이 높고 달이 적은 것은 관계官桂가 아니겠습니까? 나뭇잎이 모두 떨어진 것은 지황地黃이 아니고 무엇이며, 바가지 술잔을 서로 이은 것은 신곡神曲이 아니고 무엇이겠습니까? 동쪽에서 오는 학이 어찌 우객羽客이 아니겠으며, 남으로 날아가는 까치가 어찌 편작扁鵲이 아니겠습니까? 또 눈을 그려둔 집은 바람을 막기에 충분하며 물을 헤아렸던[74] 루樓는 마음을 맑게 하기에 충분합니다. 남해南海의 차를 모두 끓일 수 있으며 황강黃岡의 대나무로 모두 그를 수 있으면, 척독尺牘의 설은 조각조각 황금으로 변할 수 있어 『본초강목本草綱目』 한 책을 상대하기에 충분합니다. 그런데 약을 제조하는 방법은 반드시 그 성질에 맞게 하는 것이 중요하니, 영은靈隱[75]의 솥에서 김을 쐐고 연명淵明[76]의 두건으로 거릅니다.

집구集句[77]의 법으로 모으고 회시回詩[78]의 묘한 흐름으로 댑니다. 서초瑞草와 교과자橋果子

---

69) 우선(羽扇)과 윤건(綸巾) : 제갈공명이 바람을 빌며 사용한 도구이다.

70) 좌사(佐史) : 한약 처방의 기본 원리를 이르는 말이다. 좌(佐)는 병을 주로 다스리는 약재인 군(君)과 상반되는 성분을 가진 약재로 병 치료에 효험을 주는 약재를 말하고, 사(使)는 약재와 병을 서로 조화시키는 구실을 하는 약재를 말한다.

71) 조적(燥荻)과 고시(枯柴) : 마른 갈대와 마른 섶을 말하는데, 황간이 고육지계(苦肉之計)를 사용하여 조조의 함선에 다가설 때 화공(火攻)을 위해 싣고 간 것이다.

72) 문무화(文武火) : 약이나 차[茶]를 달일 때에 적당한 시간과 농도 등을 맞추기 위해 화력을 높였다 낮췄다 하는 것을 말한다.

73) 무창(武昌) : 삼국 시대 오 나라의 도읍이다.

74) 물을 헤아렸던 : 조수調水는 소식이 옥녀동(玉女洞)의 물을 사랑하여 길어 오는데, 심부름꾼에게 속임을 당할까 염려하여 대를 쪼개어 신표로 하고 그중의 하나를 중이 간직하게 하여 왕래의 신표로 삼았다고 한다.

75) 영은(靈隱) : 절강성(浙江省) 항주(杭州) 서호(西湖) 서북쪽 영은산(靈隱山)을 말한다. 진(晉) 나라 함화(咸和) 원년(326)에 인도의 승려 혜리(慧理)가 이곳에 절을 창건하고 말하였다. "부처가 세상에 있을 때 대개 선령의 비호를 받는다.[佛在世日 多爲仙靈之所隱]"에서 유래한다.

76) 연명(淵明) : 진(晉) 처사(處士) 도잠(陶潛)을 말한다.

77) 집구(集句) : 옛사람들이 지어 놓은 글귀를 도아서 시를 만드는 것을 말한다.

세 조각을 사용하여 아미산峨嵋山의 눈 녹은 물과 섞어 달여서 이홍반二紅飯[79]을 반 먹은 뒤에 복용을 하면 비록 장기瘴氣[80]가 가득한 굴 안에 있더라도 자연스럽게 위영衛榮[81]이 펴져 윤택해지니 경국京國의 수단手段이라도 또한 어찌 족히 묻겠습니까.

돼지[猪]·양羊·오리[鴨]·닭[鷄]을 만나면 먹으시고, 피하여야 할 것은 오직 흑모란[黑牧丹][82]의 치료를 만나는 것이니, 매우 삼가하는 것이 좋습니다.

약값을 말하신다면 따뜻한 두병肚餠[83] 값으로 갚아주시는 것이 어떠하십니까? 만일 하루 40리를 가는 우슬牛膝[84]을 이 병餠에 견주면 금곡우金谷牛의 십이분의 일에 비교될 뿐만 아니니, 어찌 메울 수 있겠습니까?

남南으로 이를 날이 가까우니 삼가 바라건대, 문을 닫고 조섭하면서 책 속의 49분 경험방經驗方을 사용하는 것이 옳습니다. 쇠퇴한 병이 조금 나으면 마땅히 강가의 밤에 이야기하던 때와 같이 함께 가련해하는 회포를 펴보았으면 합니다.

유상익에게 보내다.[與柳相翼]

날씨가 이와 같이 차가운데, 형제분들은 잘 지내시는지요? 삼가 생각건대, 만중萬重하시다고

---

78) 회시(回詩) : 위에서 내려 읽거나 아래에서 치읽거나 다 말이 되는 시체(詩體)를 말한다. 진(晉) 나라 소백옥(蘇伯玉)의 처(妻)가 지은 반중시(盤中詩)가 발단이 되었고, 전진(前秦) 두도(竇滔)의 처(妻)가 선기도(璿璣圖)를 지음으로써 체제가 크게 갖추어졌다고 전해진다.

79) 이홍반(二紅飯) : 보리와 팥을 섞은 밥을 말한다. 소동파(蘇東坡)가 노비를 시켜 이런 음식을 만들어 놓고 그의 아내와 함께 자못 풍미가 있다고 예찬하였다고 한다.(「記先夫人二紅飯語」)

80) 장기(瘴氣) : 축축하고 더운 땅에서 일어나는 독기를 말한다.

81) 위영(衛榮) : 혈(血)은 영이 되고 기(氣)는 위가 되니 혈기(血氣)를 말한다.

82) 흑모란[黑牧丹] : 무소[水牛]의 희칭(戲稱)이다. 당(唐) 나라 말기 유훈(劉訓)이란 사람은 경사(京師)의 부인(富人)이었는바, 경사에서는 모란꽃 완상을 가장 훌륭한 봄놀이로 여겨 왔으므로, 유훈이 한 번은 손들을 맞이하여 꽃을 완상할 적에 무소 수백 마리를 앞에 매어두고 그것을 가리켜 "유씨의 흑모란이다.[劉氏黑牧丹也]"라고 한 데서 유래한다. 여기서는 소고기는 몸에 좋지 않으니 피하라는 말로 여겨진다.

83) 따뜻한 두병(肚餠) : 『동파전집(東坡全集)』「수양(修養)」이라는 글 속에 주고받은 물건이다.

84) 우슬(牛膝) : 쇠무릎지기로 이뇨(利尿)·강장제(强壯劑) 등으로 사용된다.

하니 우러러 보잘 것 없는 제 마음이 위로됩니다. 저는 지난날 같이 수고롭고 용렬하지만, 오직 아버님의 체후體候가 편안하심을 다행으로 여길 뿐입니다.

아드님이 기쁘게도 사내아이[85]를 얻었으니, 집사執事께서 손자를 안고 싶어 했던 회포를 펴기에 충분하겠습니다. 세간世間의 어떤 경사가 이것만한 것이 있겠습니까? 집사를 위하여 받들어 매우 축하드립니다. 집사께서도 이미 다른 사람의 할아버지가 되었으니, 반드시 남이 손자를 안는 즐거움을 미루어 알 것이라 생각됩니다. 혹시 제가 범아範兒를 꿈에서 만나는 심정을 알 수 있습니까? 이 아이의 나이가 겨우 여섯인데, 잔글씨로 된 책 서너 권을 깨쳤고, 지금 일과日課 또한 수 십 줄 이상하고 있으니 재주가 범상치는 않은 듯합니다. 평소 제가 다른 사람이 아이 자랑하는 것을 비웃었기에, 형兄의 집안에서 아이가 태어나지 않았다면 또한 이 말을 꺼내지는 않았을 것입니다. 집사께서 손자를 본 해는 우리 범範이가 태어나기 일 년 전입니다. 집사와 내가 만약 함께 70이 되면 집사의 손자는 23살이 되고 우리 범範이는 22살이 됩니다. 22·23살의 장부丈夫라면 무슨 일인들 하지 못하고 무슨 공功인들 이루지 못하겠습니까?

보내주신 편지 가운데 함께 회포를 펴자는 이야기는 혹 그럴 듯하지만, 이 모두 비분강개悲憤慷慨한 말입니다. 다만 말뜻이 과거科擧보는 것을 가리키는 것 같은데, 이는 사람들을 크게 웃게 만드는 곳입니다. 우리들 모두 머리가 희게 되도록 과거 준비로 수고롭고 바쁘게 살아 일생을 그르친 것이 이러합니다. 어찌 이것으로 손자들에게 기대할 수 있겠습니까? 고인古人들은 자제子弟를 공경公卿으로 만들고도 오히려 농단한다는 비난을 면치 못하였는데,[86] 하물며 이른바 과거보는 일이겠습니까? 축원을 쑥대 화살로 함은 마땅히 사방을

---

85) 사내아이 : '농장(弄璋)'은 사내아이를 얻었음을 말한다. "아들을 낳으면 구슬을 가지고 놀게 하고…… 딸아이를 낳으면 실패를 가지고 놀게 한다.[乃生男子 載弄之璋 …… 乃生女子 載弄之瓦]"에서 유래한다.(『詩經』「小雅, 斯干」)

86) 농단한다는 …… 못하였는데 : 농단(龍斷)은 사회의 이익을 독점하려는 어리석은 짓을 말한다. "계손씨가 말하기를, '괴이하다, 자숙의여! 자기로 하여금 정사를 하게 하다가 쓰여 지지 않으면 그만두어야 할 것인데, 또 그 자제로 하여금 경을 삼게 하였으니, 사람들이 누구인들 부귀하고자 하지 않겠는가마는, 홀로 부귀 가운데에도 농단을 독점하는 이가 있다.'[季孫曰 異哉子叔疑 使己爲政 不用 則亦已矣 又使其子弟爲卿 人亦孰不欲富貴 而獨於富貴之中 有私龍斷焉]"에서 온 말이다.(『孟子』「公孫丑 下」)

경영하라는 뜻으로 기대하는 것입니다.[87] 그런데 오히려 자기를 닮을까 염려한 다음에야, 그 뒷날의 성취를 기대할 수 있겠습니까? 우습고도 우습습니다.

87) 축원을 …… 것입니다 : 사내아이에게 바라는 것을 말한다. 옛 풍속에 아들을 낳으면 커서 사방을 경영하라는 의미로 쑥대 활과 뽕나무 화살로 사방(四方)을 보고 쏘았다.

잡저雜著

도원변桃源辨

내가 그림을 좋아하니 손님 중에서 도원도桃源圖를 보여주며 말하는 자가 있었다. "특이합니다. 도원桃源이여. 풍속에는 군장君長이 없고 밭에는 세금이 없으며 사는 사람들은 신선술神仙術을 얻었다고 합니다. 진秦으로부터 진晉에 이르기까지 거의 500여 년인데, 우연히 어부가 꽃잎 떨어져 흐르는 물을 인하여 그 경계에 들어가서야 마침내 세상에 전해졌습니다. 꽃·대나무·구름·나무의 승경勝景과 닭·개·원숭이·새의 즐거움과 방·골목길·계산溪山·전원田園의 깊고 빼어난 것이 바로 하나의 별천지別天地입니다."

내가 대답하였다. "아닙니다. 그렇지 않습니다. 일 만들기 좋아하는 이들이 만들어낸 것입니다. 세상에 어찌 신선이 있겠습니까? 진황秦皇이 육왕六王을 멸망시키고서, 아방궁을 짓고 마침내 만리장성을 쌓았습니다. 공물을 보내는 부역이 천하에서 일어나니 원망의 노래가 유하游河에 미쳤습니다. 이때를 당하여 진秦 나라 백성 중에 산 속으로 도망한 자들의 삶은 신선의 그것에서 멀지 않았습니다. 그러므로 유인劉因[88]은 도원행桃源行에서 '육왕이 사라지자 아방궁이 일어나고, 도원과 진은 한 물길에서 나누어졌네.[六王掃地阿房起 桃源與秦分一水]'라고 하였으며, 곽 공보郭功父[89]는 시에서 '신선의 유무를 어찌 헤아리겠는가? 다만 무릉의 산수 뛰어남을 아낀다네.[神仙有無何可量 但愛武陵山水强]'라고 하였으며, 원 덕명元德明[90]은 시에서 '예전

88) 유인(劉因) : 원(元) 나라 사람으로 자는 몽길(夢吉)이다. 『정수집(靜修集)』이 전한다.

89) 곽공보(郭功父) : 송(宋) 나라 사람으로 이름은 상정(祥正)이다. 저서는 『청산집(青山集)』이 전한다. 인용시의 제목은 「도원행기장병부(桃源行寄張兵部)」이다.

90) 원덕명(元德明) : 금(金) 나라 사람으로 이름은 호문(好問)이다. 저서는 『중주집(中州集)』이 전한다.

식구 이끌고 암곡으로 숨음을 생각하니, 진인들의 반은 장성을 향하여 곡을 하였네.[憶昔携家竄巖谷 秦人半向長城哭]'라고 하였습니다. 이는 모두 시인이 진 나라가 백성들을 내몰아 숨게 만든 일을 풍자하여 후대의 왕들에게 경계를 내린 것입니다. 풍속에 군장君長이 없으면 어지러워지며, 전지田地에 세금이 없으면 질책하게 됩니다. 만약 도원桃源의 백성이 요순堯舜의 시대에 있었더라면, 반드시 어지러워지고 질책 받는 지경이 되어 용납 받지 못하였을 것입니다. 당신은 어찌 신선이 되었다는 말을 할 수가 있습니까? 우선 진秦과 진晉의 시대적 거리는 거의 500년이나 됩니다. 애초에 진秦의 백성들이 산에 들어갈 때 그 부로父老들의 나이를 가늠해보면, 또한 6·70세의 아래가 아니니 진晉 때에 와서 계산해보면 모두 600세를 꽉 채웁니다. 그 자손들 또한 신선술을 익혀 죽지 않았다면 또한 몇 천만 호가 될 지 알 수 없습니다. 도원이라는 한 구역이 반드시 남는 땅이 없게 되어 무릉武陵 및 주변의 군현郡縣으로 흩어져 지내는 자가 많을 것이니, 비록 어부가 아니더라도 세상이 어찌 도원桃源을 분변하지 못할 이치가 있겠습니까? 또 무릉武陵 한 현縣의 땅은 수백 리에 불과합니다. 그 산수山水 중에 그윽하고 깊은 곳이 비록 혹 인적이 드문 곳이 있으나, 어부가 이미 도원桃源의 설을 전하였다면 무릉의 사람들이 작은 땅이라도 찾았을 것입니다. 그리고 천하天下에서 도원의 이야기를 듣고 생각한 자가 또 모두 무릉武陵 한 현의 수백 리 안으로 들어가려 한다면 산장山庄과 수촌水村이 하나하나 채워질 수 있을 것이니, 하물며 산이 열리고 물이 흐르는 넓은 땅이겠습니까? 옛 사람이 '어부가 복숭아 꽃잎 떠있는 강에서 느긋하게 낚시하다가 편안히 흰 돌을 베고서 꿈결에 꽃나무 아래의 인가人家를 보고는 마침내 도원이라고 여겼다.'라고 말한 것이 있습니다. 이것은 예전 괴안槐安을 꿈꾼 것[91]과 같을 뿐입니다. 그러므로 내가 일 만들기 좋아하는 이 들이 만들었다고 한 것입니다."

객이 말하였다. "당신이 나를 믿지 못한다면 무이도가武夷棹歌 중에 '어랑漁郞이 도원을 찾는다.[漁郎覓桃源][92]'라는 설이 있음은 어째서입니까? 유인劉因·원덕명元德明·공덕보郭功父 여러

인용시의 제목은 「도원행(桃源行)」이다.

91) 괴안(槐安)을 꿈꾼 것 : 남가몽(南柯夢)을 말한다. 당(唐) 나라 순우분(淳于棼)이 낮에 회나무 밑에서 자다가 꿈에 괴안국(槐安國)에 가서 괴안국왕의 딸에게 장가들고 남가군 태수(南柯郡太守)에 봉해지는 등 극도로 현영(顯榮)하였다. 그러다가 깨었더니, 회나무 밑엔 개미집이 있고, 그 안에는 큼직한 한 마리의 개미만 있었다는 고사에서 유래한다.(『異聞錄』)

사람은 우선 제외하더라도 자주자子朱子께서 어찌 우리를 속였겠습니까?"

내가 응하여 말하였다. "고루하도다. 당신의 시 해석함이여. 무이武夷는 천하의 명산名山입니다. 제9곡이 벽소동碧宵洞인데, 예전에는 소도원小桃源이라고 하였습니다. 이는 무이 지방에 사는 사람들이 명명命名한 것입니다. 무이정사武夷精舍가 있는 곳이 모두 벼랑과 이끼 낀 절벽 사이여서 고깃배가 아니면 건너지 못합니다. 그러므로 그 지명을 빌려 흥興을 도가棹歌에 붙인 것이지, 참으로 도원이 있음을 취하여 말한 것은 아닙니다."

객이 말하였다. "참으로 당신의 설과 같다면 「황당령黃唐嶺」[93] 이라는 시에 '도화원을 찾아가고자 하네.[欲覓桃花源]'라는 구句가 있는데, 이는 모두 잘못되었습니까?"

내가 웃으며 말하였다. "우계현尤溪縣에는 예전에 도원동桃源洞이 있었기 때문에 시에서 언급하였습니다. 이는 또한 앞에서 언급한 시의 뜻입니다. 시를 설명하는 자는 말로써 뜻을 해치지 않음이 옳습니다. 또 당신이 도원으로써 도원이라고 하지 말고 무이구곡武夷九曲으로써 도원이라고 하면서 나에게 그림을 보여준다면, 당연히 당신이 직접 도원을 보고 왔음을 인정할 것입니다."

---

92) 어랑이 도원을 찾는다 : 주자의 「무이도가십수(武夷棹歌十首)」 중 제9수에 나온다.

93) 황당령(黃唐嶺) : 주자가 지은 시의 제목이다. 바른 제목명은 「과황당령(過黃唐嶺)」이다.

서序

「은적암[94]동유록」의 서문[隱跡庵同遊錄序]

달성達成은 영남嶺南의 큰 도회지이다. 남쪽 십 리 거리에 은적암隱跡庵이 있는데, 고려 태조가 머물렀던 자리이다. 계축년[1793] 10월 8일 나는 유백儒伯과 과거를 보러 갔는데[95] 3일 만에 달성으로 들어갔다. 과거 일자는 남아 있고 성안은 시끄러워 머물 수 없었다. 마침내 말을 두고 나란히 걸어서 이 암자에 도착하였다. 암자는 매우 조용하였다. 북쪽에는 바위가 있는데 바위 아래에 대나무가 있으며, 남쪽에는 누각이 있는데 누각 옆에 샘이 있으며, 샘 위에는 늙은 소나무 한 그루가 있었다.

갑자기 글 읽는 소리가 들려 문을 열고 보니, 모인 자들은 모두 명경과明經科에 응시하는 사람들이고 정대응鄭大應만이 진사과進仕科에 응시한다고 하였다. 한 번 어울려 이야기하고는, 곧 죽마고우와 같이 친해졌다. 5~7일 동안 질탕跌宕하게 날마다 강講을 듣는 것으로 일삼았다. 미언未焉이 갑자기 아쉬워하며 말하였다. "우리들이 각자 4백 리 안에 살고 있으니, 훗날 한 번 만나고 싶어도 쉽게 하지는 못할 것입니다. 마침 우연히 만나서 이런 변변치 않은 음식을 먹으면서 고생하였습니다. 경부敬夫께서 한 마디 말로 기록하지 않을 수 있겠습니까?" 이에 자범子泛이 종이를 펼치고, 용현容見이 벼루를 꺼내 먹을 갈고, 유백이 붓을 잡으니 명원明遠·현문顯文·행중行仲·계령季靈이 모두 무릎을 나란히 하고 앉았다. 대응과 치권致權 두 소년은 손을 마주

---

94) 은적암 : 현재 대구의 표충재 뒤편의 왕산(王山)에 있는 암자이다. 이곳에서 왕건이 숨어서 정세를 살폈다고 해서 붙여진 이름이다.

95) 과거를 보러 갔는데 : '가록(歌鹿)'은 '녹명시를 노래함'이라는 뜻으로 과거를 보는 것을 말한다. 「녹명(鹿鳴)」은 본래 임금이 신하를 위해 연회를 베풀며 연주하던 악가(樂歌)이다.(『詩經』「小雅」) 후대에는 군현의 장리(長吏)가 향시(鄕試)에 급제한 거인들을 초치하여 향음주례(鄕飮酒禮)를 베풀어 주며 그들의 전도(前途)를 축복하는 뜻으로 이 노래를 부르게 하였다.

잡고 꿇어 앉아 나에게 기록하기를 청하였다. 나는 문장이 졸렬拙劣함으로 사양하지 못하고 마침내 차례대로 기록하였다.

"조제趙濟 미언未諺은 백천白川 사람으로 상산商山의 남쪽에 거주하며, 신필교申必敎 자범子泛은 아주鵝州 사람으로 영양永陽의 원곡原谷에 거주하며, 전희룡全熙龍 용현容見은 축산竺山 사람으로 이 군郡의 명산鳴山에 거주하며, 이정대李正大 명원明遠은 합천陜川 사람으로 단성丹城의 청현靑峴에 거주하며, 권정범權正範 현문顯文은 안동安東 사람으로 이 현縣의 단계丹溪에 거주하며, 이우건李佑健 행중行仲은 성주星州 사람으로 이 현縣의 강루江樓에 거주하며, 박계린朴啓璘 계령季靈은 밀양密陽 사람으로 현문과 같은 곳에 거주하며, 정필임鄭必任 대응大應은 청주淸州 사람으로 미언과 같은 곳에 거주하며, 이달신李達臣 치권致權은 재령載寧 사람으로 함안咸安의 두곡杜谷에 거주하며, 나와 유백儒伯은 인동仁同 사람으로 곡강曲江의 칠인정七印亭 서북쪽에 살고 있다.

나는 병자년[1756]에 태어났으며, 미언은 나보다 다섯 살이 적으며, 유백과 자범은 미언보다 두 살이 적다. 용현은 자범보다 한 살이 적으며, 명원은 용현보다 한 살이 적다. 현문은 명원보다 세 살이 적으며, 행중과 계령은 현문보다 세 살이 적다. 대응은 계령보다 두 살이 적으며, 치권은 대응보다 두 살 적다."

기록을 마치고 읽게 하였다. 읽기를 마치고 마침내 손뼉을 치며 크게 웃었다. 다시 옷깃을 단정하게 하고 『논어』 몇 장을 강론하였다. 다음날 모두 서로 인사하고 돌아갔다.

기記

옥계 계곡[96]의 기문[玉溪記]

계곡을 옥玉으로 이름 한 것은 그 계곡이 옥과 같아서이다. 예전에는 옥玉으로 사물을 이름 한 것이 많았다. 작爵에는 찬瓚이라 하며, 패佩에는 형珩이라 하며, 서瑞에는 규圭라고 하며, 면冕에는 유琉라고 하였다. 하늘을 관측하는 기구에는 기璣라 하고 형衡이라 하였으며, 정악正樂을 연주하는 기물에는 구球라 하고 경磬이라 하였다. 폐백幣帛에는 포벽蒲璧·곡벽穀璧이라 하였으며, 공물貢物에는 구림璆琳·낭간琅玕이라 하였으며 예기禮器에는 호련瑚璉이라고 하였다.

호瑚라 하고 연璉이라 하며, 구球라 하고 유琉라 하며, 규圭라 하며 찬瓚이라 함은 모두 옥玉의 한 이름을 얻었으니, 무엇이 이 시내와 같아 옥이라고 이름 한 것인가. 옥의 성질은 따뜻하니 따뜻한 것은 덕德의 기본이다. 물이 발원하여 그 도道를 따르기 때문에 이러한가? 옥의 기氣는 윤택하니 윤택한 것은 덕의 점점함이다. 물이 웅덩이를 지나 그 흐름을 편안히 하기 때문에 이러한가? 옥의 용모는 깨끗하니 깨끗함을 덕행으로 여긴다. 물이 채워져 그 악을 내치고 비워져 그 아름다움을 모으기 때문에 이러한가? 옥의 색은 엄하니 엄함은 덕용德容으로 여긴다. 물이 깊게 못을 이루어 멀리서 바라볼 수는 있어도 함부로 가지고 놀 수 없기 때문에 이러한가? 서려서 웅덩이가 된 것은 맑은 옥이 빼어나게 맑으며, 매달려 폭포가 된 것은 부서지는 옥의 소리이다. 돌에 부딪치며 달리는 것은 쪼고 가는 듯하며, 숲을 뚫고 울리는 것은 쟁그랑거리는 듯하며, 날려 흩어져 포말을 일으키는 것은 옥의 가루인 듯하며, 편안히 흘러 못이 된 것은 옥쟁반인 듯하다. 달이 뜨니 흰 구슬이 잠긴 듯한 모습이 있으며, 별이 빛나니 구슬을 가지고 노는 듯한 형상이 있다. 바람이 불어오면 옥을 울려 연주하는 소리가 나며, 얼음이 녹으면

---

96) 옥계 계곡 : 경북 영덕군 달산면에 위치한 계곡 이름이다.

옥이 부서지는 소리가 울린다.

정말이구나! 이 시내의 기이한 구경거리는 보배로움을 품고 있는 자를 머뭇거리게 만드는 이유이다. 그렇다면 숲과 뫼가 그윽하게 이 시내를 둘러 있는 것을 비록 '옥봉玉峯'이라고 이름 하여도 괜찮으며, 꽃과 나무의 떨기들이 이 시내를 덮어 아름답게 꾸미고 있는 것을 비록 '기수琪樹' 라고 이름 하여도 괜찮다. 예전 문효공文孝公 노盧선생[97]이 따뜻하고 윤택한 자품과 희고 깨끗한 용모로 덕을 이 시내에 견주어, 그 비연斐然한 문장을 이루었으며 그 혼연渾然한 덕을 품었다. 덕을 이 시내에 견주어 그 사람이 옥과 같다고 하는 것은 마땅하다.

시주헌의 기문[詩酒軒記]

시주옹詩酒翁은 시를 읊고 술을 마시는 것을 좋아하지 않는 데도 굳이 '시주헌詩酒軒'이라고 자호自號하였다. 시주詩酒의 의미가 시를 읊고 술을 마시는 것에 있지 않고, 시주詩酒의 밖에 있으면서 시주詩酒의 청아한 의미를 마음으로 얻어서 시주詩酒에 의탁하였다. 이백李白이 날마다 백 편의 시를 읊은 것은 시 읊기를 좋아해서가 아니며, 날마다 10말의 술을 마신 것은 술 마시기를 좋아해서가 아니다. 미공眉公 진계유陳繼儒[98]가 또 말하였다. "사람이 한 글자를 엮지 않아도 시 짓는 일에 마음이 많으며, 한 잔의 술을 입에 대지 않아도 술 마시는 일에 마음이 많은 것은 천성이 순수하고 호탕하기 때문이다." 시 읊기를 힘쓰는 사람은 시에 매인 사람이요, 술 마시기를 일삼는 사람은 술에 매인 사람이다. 초연超然히 시주詩酒의 밖에서 정신으로 교유하고 마음으로 맺은 사람이라야 시주詩酒의 참 의미를 안다. 내가 지난날 공公의 정자에 올라 공의 술을 마셔보니 그 맛이 담박하였으며, 공의 시를 읊어보니 그 성조聲調가 드물었다. 아! 이분이야말로 진정으로 시주詩酒의 의미를 아는 사람이 아니겠는가? 이에 기문記文을 짓는다.

---

97) 문효공 노선생 : 조선 중기의 문신이 옥계(玉溪) 노진(盧禛, 1518~1578)의 시호가 문효공(文孝公)이다. 다만 옥계 노진이 영덕의 옥계와 무슨 관계가 있는지 알 수 없다.

98) 진계유(陳繼儒) : 1558~1639. 중국 명 나라 말기의 문인이다. 생애를 마칠 때까지 풍류와 자유로운 문필생활로 일생을 보냈다.

명銘

궤명几銘

아름다운 그 무늬	斐其章
새까만 그 바탕에	烏其質
시서를 간직하고	藏詩書
금슬을 담아두네	貯琴瑟
이곳에 보관되어	隱於是
여러 날을 지내며	聊永日
그 고요함을 본받아	象其靜
함부로 행동하지 말며	毋妄動
그 바름을 체득하여	體其正
스스로 조심하도록 하네	俾自重

침명枕銘

누우면 착한 생각이 나고	臥有善念
또 나쁜 생각도 일어나니	亦有惡念
순 임금과 도척[99]의 구분	舜蹠之分
한 베개에서 비롯된다네	始於一枕

99) 도척 : 춘추 시대 노(魯) 나라 사람인 유하혜(柳下惠)의 아우로 무리 수천 명을 모아 가지고 천하에 횡행하며 온갖 못된 짓을 하고 또 무고한 사람을 많이 죽였다고 전해지는 인물이다.(『史記』「伯夷列傳」)

순 임금의 베개인가 舜之枕耶
나는 거둘 것이요 吾其斂之
도척의 베개인가 蹠之枕耶
나는 버릴 것이네 吾其斬之
만지며 허물을 뉘우치고 撫當悔過
높다고 뜻대로 하지 말라 高勿肆志
한 낮에 한 짓은 朝晝所爲
꿈에서 나타난다네 發於夢寐

경명鏡銘

거울이란 물건은 鏡之爲物
본래 비고 밝다네 本來虛明
한 번 먼지로 더럽혀지면 一爲塵汚
가려져서 밝지 않게 되네 埋沒不明
사람들 "이 거울이 人曰是鏡
원래 정명치 않다"라고 하며 本非精明
버리기를 아까워하지 않으니 棄不自惜
이 일을 누가 밝혀줄까 此事誰明
아! 뭇 사람들아 嗟嗟衆人
거울에 돌이켜 밝음을 찾으라 反鑑索明
밝음이 어찌 밖에 있겠는가 明豈在外
그 속은 밝다네 其中則明
닦고 또 닦는다면 磨之又磨
예전대로 광명하리 依舊光明

광명壙銘[100)]

응주應珠는 나의 둘째 아들이다. 부친의 회갑년인 을묘년[1795]에 태어났다. 마침 부친과 같은 달에 태어났는데, 날짜가 4일 먼저이니 부친께서 여러 손자들 중에 특히 사랑하였다. 3세에 100자 남짓을 이해하였고, 4세에는 「양양가襄陽歌」[101)]를 암송하였다. 5세에는 「귀거래사

歸去來辭」·「전적벽부前赤壁賦」·「후적벽부後赤壁賦」·성당盛唐의 5언 7언시 등을 읽었다. 6세에는 「서명西銘」·「태극도설太極圖說」 등을 배웠다. 7세에는 『효경孝經』의 뜻을 통하였으며, 8세에는 『대학大學』을 익히니 보는 사람마다 기뻐하며 웃었다. 금년이 9세가 되는 해인데, 봄부터 겨울까지 천연두를 앓았기 때문에 책 읽기를 허락하지 않았다.

아비가 사방으로 유람 다니는 것을 좋아했으므로 내가 출입할 때마다 나를 기다렸다. 만약 이 날에 동쪽으로 출타하면 앵두나무 담장에서 나를 기다렸으며, 서쪽으로 출타하면 탱자나무 옆 오얏나무 밑에서 나를 기다렸으며, 남쪽으로 출타하면 버드나무 시내 밖에서 기다렸으며, 북쪽으로 출타하면 대나무 울타리 밖에서 기다렸다. 혹 한 달이 넘게 돌아오지 않으면 저의 형에게 물었다. "아버지께서는 언제 돌아오시지?" 혹 밤늦게 자고 있을 때 돌아오면 제 어미에게 물었다. "아버지께서는 오셨어요?"

막 젖 떨어질 때부터 그 아비를 공경할 줄을 알아 비록 평상시 자고 깰 때도 반드시 공경으로 대하였다. 천연두에 걸려서도 그 어미가 여러 날 밥 먹지 않은 것을 민망히 여겨 말하였다. "어머니께서 식사하셔야 저도 밥을 먹겠습니다." 어미가 그 말에 감동하여 물 잔과 밥그릇을 들고서 밥 먹고 물 마시는 모습을 보이니 드디어 아이가 억지로 몇 숟가락 먹었다. 대개 사람이 정신이 오락가락 할 때에 당황하지 않음이 드문데, 너는 아비에게 공경히 대답하였다. 사람의 혼백은 숨이 끊어질 때가 되면 제대로 수렴收斂하기가 드문데, 너는 어미에게 식사를 권유하였다. 아! 네가 부모를 사랑하고 공경함은 아마도 천성天性일 것이다.

응주應珠가 태어난 것은 을묘년 5월 7일이며, 응주가 죽은 날은 계해년[1812] 12월 3일이며, 응주가 묻힌 것은 12월 28일이며, 응주의 묘는 서산서당西山書堂의 남쪽 사향巳向의 언덕에 있다.

---

100) 광명(壙銘) : 실용문 중에는 광지(壙誌)라 하여 죽은 사람의 성명과 생몰년·행적 등을 돌에 새기거나 사기판에 써서 묘 속에 묻는 글이 있다. 이 글의 형식은 '광지'와 유사한데 명(銘)이라 하였으니, 무덤 속에 들어가야 할 글을 지어놓고는 신변 가까이 두고 보면서 죽은 아이에 대한 그리움을 자주 달랬던 것으로 여겨진다.

101) 양양가 : 이백이 호북성의 양양에 머무르면서 일대의 명승과 고적에 관한 감회를 읊은 장시이다. 조선시대에는 이에 토를 달아서 노래하는 '양양가'라는 노래가사가 있었다.

명銘을 지어 말한다.

아비가 있고 할아버지가 계시며 父在祖在
어미가 있고 형도 있거늘 母在兄在
눈 속 차가운 산에 雪中寒山
너는 어찌 홀로 있느냐 汝胡獨在

논論

무왕[102]에 대한 논[武王論]

어떤 이가 나에게 물었다. "공자孔子가 무왕武王의 시대에 태어났다면 태공太公[103]을 따르겠습니까? 아니면 백이伯夷[104]를 따르겠습니까?" 내가 응하여 말하였다. "맹자孟子께서 말하였습니다. '백이는 도량이 좁고 유하혜柳下惠는 공손하지 못하니, 도량이 좁고 공손하지 못함을 군자가 따르지 않는다.[伯夷隘 柳下惠不恭 隘與不恭 君子不由也]'[105] 부자께는 반드시 백이를 따르지 않았을 것입니다. 공자께서 말하였습니다. '태백太伯과 우중虞仲[106]은 지극한 덕이 있다고 이를 만하다.'[107] 또 말하였습니다. '주周 나라의 덕은 지극한 덕이라고 이를 만하다.[周之德其可謂至德也已矣]'[108] '무악武樂을 평하시되 지극히 아름답지만 극진히 좋지는 못하다.[謂武盡美矣 未盡善也]'[109] 부자夫子께서는 반드시 태공太公을 따르지 않았을 것입니다."

어떤 이가 말하였다. "그렇다면 공자께서 당시에 태어났다면 장차 어떻게 처신했겠습니

---

102) 무왕 : 은(殷) 나라의 주왕을 물리치고 주(周) 나라를 세운 인물이다.

103) 태공(太公) : 주(周) 나라 문왕(文王)의 스승 여상(呂尙)이니 태공망(太公望)이라고도 한다. 역성혁명을 찬동한 인물이다.

104) 백이(伯夷) : 고죽국(孤竹國)의 왕자로 무왕(武王)의 역성혁명에 반대하여 수양산(首陽山)에서 고사리 캐어 먹다가 죽은 인물이다. 역성혁명에 찬동하지 않은 인물이다.

105) 백이는 …… 않는다. : 『맹자(孟子)』「공손추상(公孫丑 上)」에 보인다.

106) 우중(虞仲) : 주 태왕(周太王)의 차남이다. 태왕이 셋째 아들 계력(季歷)에게 후사를 전하려 하자 계승권은 버리고 형[태백]과 함께 형만(荊蠻)으로 도피하였다.

107) 태백과 …… 만하다. : 왕위 계승권을 버렸음에도 그 행적을 뽐내지 않은 태백을 칭송한 말이다. 『논어(論語)』「태백(泰伯)」에 보인다. 다만 「태백」편에는 우중(虞仲)이 보이지 않고 「미자(微子)」편에 일민(逸民)을 말하며 태백과 나란히 보인다.

108) 주 나라의 …… 만하다. : 『논어』「태백(泰伯)」에 보인다.

109) 지극히 …… 못하다. : 『논어』「팔일(八佾)」에 보인다.

까?" (응하여 말하였다) "공자께서 말하였습니다. '위태로운 나라에는 들어가지 않는다.[危邦不入]'110) 맹자께서 말하였습니다. '중니께서는 너무 심한 것은 하지 않았다.[仲尼 不爲已甚者]'111) 부자께서 무왕이 주紂를 벌伐하지 않았을 때를 당하면 당연히 은거하여 천하가 맑아질 때를 기다리기를 백이·태공과 같이 하였을 것이며, 무왕이 이미 주紂를 벌한 뒤에 있으면 성인聖人은 때에 따라 알맞게 처리하고 일에 임하여 권도權道로 대응하는 분이기 때문에, 또한 반드시 방도가 있을 것입니다."

어떤 이가 말하였다. "그 방도는 무엇입니까?" (응하여 말하였다.) "부자께서는 주紂를 벌한 갑자일甲子日에 반드시 무왕을 가서 보고 미자 계微子啓112)를 세우라고 권하였을 것입니다."

어떤 이가 말하였다. "무왕이 따르지 않으면 어찌 하겠습니까?" (응하여 말하였다.) "무왕은 성인이십니다. 요순堯舜께서 읍손揖遜하신 아름다움을 알지 못한 것은 아니지만, 주紂가 포악함을 고치지 않아 백성이 도탄에 빠짐이 극도에 달하였고, 8백 명의 제후諸侯가 기약하지 않았는데도 모였습니다.113) 그러므로 정벌은 부득이함에서 나왔습니다. 반드시 미자 계를 세우자는 말을 즐겁게 듣고 물러나 서백西伯114)이 되었을 것입니다."

어떤 이가 말하였다. "그렇다면 미자가 와서 천자天子의 지위에 올랐겠습니까?" (응하여 말하였다.) "미자는 인인仁人입니다. 제기祭器를 안고 떠나갔음은 다만 선왕先王의 제사를 차마 끊지 못했기 때문입니다. 참으로 1백 리의 땅을 얻어 선왕의 제사를 이으면 충분하니, 어찌 천하를 얻는 것으로 즐거움을 삼았겠습니까? 무왕이 비록 굳이 사양하더라도 미자는 반드시 즐거이 천자가 되지는 않았을 것입니다."

어떤 이가 말하였다. "미자微子가 이미 천자天子가 되는 것을 달갑게 여기지 않고, 무왕武王도 물러나 서백西伯의 직분을 수행한다면 천하에 군주가 없게 됩니다. 천하에 군주가 없어도

---

110) 위태로운 …… 말라 : 『논어』「태백(泰伯)」에 보인다.

111) 중니 …… 않았다 : 『맹자(孟子)』「이루 하(離婁下)」에 보인다.

112) 미자 계(微子啓) : 은(殷) 나라 주왕(紂王)의 서형(庶兄)이다. 주 무왕(周武王)이 은 나라를 멸망시킨 뒤에 미자(微子)를 송(宋) 나라에 봉하여 은 나라 선왕의 제사를 받들게 하였다.

113) 8백명의 …… 모였습니다 : 무왕이 주(紂)를 치려고 할 즈음에 약속을 하지 않고도 맹진(孟津)에 모인 제후가 8백이나 되었다 한다.(『史記』「周本紀」)

114) 서백(西伯) : 서방의 제후를 통할하는 우두머리를 말한다. 주 문왕(周文王)이 주(紂)에 의해 서백의 지위를 부여받았기에 문왕이 죽은 뒤 아들 무왕(武王)이 이을 수 있었다.

괜찮습니까?" (응하여 말하였다.) "천하에 어찌 군주가 없을 수 있겠습니까? 천하에 노래하고 조근朝覲하며 송옥訟獄하는 자[115]들이 주 나라로 다시 돌아오게 될 것입니다. 노래하고 조근하며 송옥하는 자들이 다시 주 나라로 돌아오면 무왕武王이 천자가 되지 않으려 하더라도 되겠습니까? 반드시 부득이하게 천자의 지위에 오를 것입니다. 부득이해서 천자의 지위에 오르는 것이 요순堯舜의 읍손揖遜이 아니겠습니까? 그렇다면 주周 나라의 지극한 덕이 어찌 유독 태백太伯·문왕文王 뿐이겠습니까? 지극히 아름답고 또 지극히 좋다고 이를 만할 것입니다. 애석하도다! 무왕武王이 공자孔子를 만나지 못함이여."

무제론武帝論

나는 「무제기武帝紀」 3편을 살펴보고 한무제漢武帝가 두 사람이라고 여겼다. 원봉元封[116] 이전은 진시황秦始皇이 신선을 구한 일이요, 정화征和[117] 이후는 진목공秦穆公이 과오를 뉘우친 일[118]이다. 만약 원봉 이전과 정화 이후가 똑같은 한무제라면 망한 진秦을 이어받았을 뿐이니 어찌 위태롭지 않겠는가? 그런데 여태자戾太子의 하소연할 곳 없는 억울함[119]은 불행하게도 부소扶蘇[120]와

115) 노래하고……자 : 순 임금이 요 임금의 뒤를 이어 천하를 다스리게 된 것이 민심(民心)에 있었음을 설명하기 위해 인용한 대표적 사람들이다.(『孟子』「萬章 上」)

116) 원봉(元封) : 한 무제(漢武帝) 때의 연호이다. 원봉 원년은 기원전 110년이다.

117) 정화(征和) : 한 무제 때의 연호이다. 정화 원년은 기원전 92년이다.

118) 진목공이……일 : 진목공(秦穆公)이 정(鄭) 나라를 치려고 군사를 보냈으나, 도중에 효산(崤山)에서 진(晉) 나라 군사에게 크게 패하였다. 목공이 정 나라를 탐내다가 패하였음을 뉘우치고 여러 신하들에게 훈시했다.(『書經』「秦誓」)

119) 여태자의……억울함 : 한 무제(漢武帝) 정화(征和) 원년(B.C.92)에 일어난 옥사를 말한다. 무제가 방사(方士)들을 신임하여 많은 무당들이 궁중에 왕래하면서 궁녀들을 위해 액막이를 하였는데, 그때마다 지붕에 나무로 만든 인형을 묻어 놓고 제사하였다. 그 후 궁녀들의 질투가 심해지자 서로 상대방이 자신을 해치기 위해 주술을 부린다고 고자질하였는데, 마침 무제가 위독하자 강충(江充)이 말하였다. "이것은 바로 주술 때문이다." 이에 무제가 강충에게 주술을 결단하는 일을 맡겼는데, 평소 여 태자(戾太子) 거(據)와 사이가 나빴으므로 "태자의 궁궐에서 나무로 만든 인형이 많이 나왔는데, 이것은 무제를 저주한 것이다."라고 모함하여 큰 옥사를 일으켰다.(『漢書』「田千秋傳」)

120) 부소(扶蘇) : 진시황(秦始皇)의 장자였다. 시황제가 일으킨 갱유의 부당함을 아뢰다가 미움을 받아 만리장성 공사를 맡게 되었다. 시황제가 죽자 조고와 이사등이 거짓 교서로 죽음을 내리니 그 명을

닮았으니, 정화 이후의 무제 역시 진황제秦皇帝와 같은 결과를 면할 수 없었다. 마침내 전천추田千秋의 한 말에 힘입어 의심을 풀고 깨달아 말하였다. "고황제高皇帝의 신령이 공公을 시켜 나를 가르쳤다.[高廟神靈 使公教我][121]" 마침내 호숫가에 귀래망사대歸來望思臺[122]를 세웠으니, 이 또한 진목공秦穆公의 마음이 없을 수 없었다. 이 어찌 두 명의 한무제가 아니겠는가?

아! 사람이 누가 허물이 없겠는가? 과오를 깨닫는 자가 드물고 과오를 깨닫고 뉘우칠 수 있는 자는 더욱 드무니, 단지 일찍 과오를 뉘우치지 못함을 한스러워할 뿐이다. 만약 정화 이후의 마음을 들어 원봉 시절에 적용했다면, 연燕·제齊의 우활하고 괴이한 방사方士[123]들은 물러가고 현량賢良으로 방정方正하여 바른 말을 지극하게 간언하는 신하들이 날로 앞에 달려왔을 것이다.

그렇다면 급암汲黯[124]은 회양 태수淮陽太守가 되지 않았을 것이며, 동중서董仲舒는 강도상江都相으로 좌천되지[125] 않았을 것이다. 현량賢良으로 추천 받은 원고생轅固生이 파직 당하지[126] 않았을 것이며, 신공申公은 실천에 힘쓰라는 말 때문에 소원疎遠하게 되지[127] 않았을 것이다. 석경石慶은

받아 죽은 인물이다.(『史記』「秦始皇本紀」)

121) 고황제 …… 했도다 : 『자치통감(資治通監)』「한기14(漢紀十四)」에 보인다.

122) 귀래망사대 : 한 무제(漢武帝)가 강충(江忠)의 모함을 믿고 태자 거(據)를 자결하도록 몰고 갔다. 후에 전천추(田千秋)의 상소로 인하여 뉘우치고 태자를 위하여 사자궁(思子宮)과 귀래망사대(歸來望思臺)를 지어 위로하였다.(『資治通監』「漢紀十四」)

123) 방사 : 신선술을 익힌 방술사(方術士)를 말한다.

124) 급암(汲黯) : 성품이 우직 호협하고 기절(氣節)을 숭상하여 황제도 그를 대하기 꺼려할 정도로 바른말을 잘했기 때문에 한 자리에 오래 있지 못하고 외직으로 밀려났다.(『史記』「汲黯列傳」)

125) 동중서는 …… 좌천되지 : 동중서는 무제(武帝) 때 강도상(江都相)과 교서상(膠西相)을 역임하였는데, 「현량대책(賢良對策)」을 올려 유학을 존중하고 백가 사상을 배척할 것을 주장하여 경학의 지위를 높이는 데 큰 영향을 끼친 인물이었지만, 결국 중용되지 못하고 강도상(江都相)으로 임명되었다.(『史記』「儒林列傳」)

126) 현량으로 …… 당하지 : 경제(景帝) 때 원고생(轅固生)은 청렴하고 강직함을 인정받아 경제의 아들인 청하왕(淸河王)의 태부(太傅)가 되었으나, 한참 지나 병으로 그만두었다. 무제(武帝)가 즉위하여 다시 현량(賢良)으로 불렀는데, 당시 이미 아흔이 넘었다. 그를 미워하던 선비들이 그가 늙은 것을 이유로 비방을 하자 무제는 그를 그냥 돌려보내고 말았다.(『史記』「儒林列傳」)

127) 신공은 …… 되지 : 신공(申公)은 노(魯) 나라 사람으로 초 나라 태자의 사부(師傅)로 있다가 물러났다. 후에 어사대부 왕장(王臧)의 추천으로 무제를 알현한 자리에서 치란(治亂)에 대한 무제의 질문에 "다스림은 말을 많이 하는 데 있지 않고 다만 얼마나 힘써 실천하느냐에 달려 있습니다."라고

근신謹愼한 일처리로 견책 당하지[128] 않았을 것이며, 안이顔異는 복비법腹誹法으로 주살 당하지[129] 않았을 것이다. 한안국韓安國은 피를 토하는 지경에 이르지[130] 않았을 것이며, 사마천司馬遷은 궁형宮刑을 당하는[131] 지경에 이르지 않았을 것이다. 이광李廣은 자살하는 지경에 이르지[132] 않았을 것이며, 곽해郭解는 멸족 당하는 지경에 이르지[133] 않았을 것이다. 전분田蚡은 함부로 고공지考工地를 청하지[134] 않았을 것이며, 왕회王恢는 함부로 마읍馬邑에 군사를 매복시킬 것을 계획하지[135] 않았을 것이다. 노박덕路博德은 함부로 간교한 계책을 내지[136] 않았을 것이며,

---

대답하자, 당시 문사(文詞)를 좋아하던 무제는 그의 대답을 탐탁지 않게 생각하여 그를 태중대부(太中大夫)로 삼고 명당(明堂)에 관한 일을 논의하게 하였다. 그러나 노자(老子)의 학설에 심취하여 유학을 좋게 생각지 않던 두태후(竇太后)가 왕장의 과실을 찾아내어 무제를 책망하자, 무제는 명당에 관한 일을 중단하였고 이에 신공도 파면되어 귀향하였다.(『史記』「儒林列傳」)

128) 석경은 …… 당하지 : 한(漢) 나라 때 만석군(萬石君) 석분(石奮)은 그의 네 아들인 석건(石建)·석갑(石甲)·석을(石乙)·석경(石慶)과 함께 모두 효경(孝敬)과 근신(謹愼)으로 이름이 높았다. 석경이 태복(太僕)으로 있으면서 임금을 모시고 나갔을 적에 임금이, "수레에 말이 몇 마리 채워졌느냐?"고 묻자, 그는 채찍을 가지고 말을 하나하나 세본 다음에야 손을 들어 "여섯 마리입니다."라고 대답할 정도로 조심스러웠다고 한다.(『史記』「萬石君傳」)

129) 안이는 …… 당하지 : 안이(顔異)에게 어떤 문객이 법령이 불편하다는 불평을 했었는데 안이는 그냥 듣고만 말았다. 장탕(張湯)은 그 일을 죄로 삼아 아뢰기를, "구경(九卿)으로서 법령이 불편함을 보고도 아뢰지 않고 뱃속으로 비방하였다." 하여 사형으로 논하여 죽였다.(『史記』「平準書」)

130) 한안국은 …… 이르지 : 한안국(韓安國)은 재물을 좋아하고 탐하기는 하였으나, 자신보다 청렴하고 현명한 선비들을 추천하여 선비들이 그를 칭찬하고 앙모하였다. 무제도 그를 재목으로 여겨 무안후가 죽자 승상의 자리에 임명하려 했으나 다리를 심하게 절어 다른 사람을 기용했다. 그 후 지위도 떨어지고 소원해져 우울하게 지내다가 피를 토하고 죽었다.(『漢書』「韓安國傳」)

131) 사마천은 …… 당하는 : 패전한 장수 이릉(李陵)을 두둔하다가 무제의 노여움을 사 궁형(宮刑)을 받았다.(『漢書』「司馬遷傳」)

132) 이광은 …… 이르지 : 이광(李廣)은 문제·경제·무제 때 70여 차례에 걸쳐 흉노와 싸워 공을 세워 비장군(飛將軍)으로까지 불린 장수이나, 그의 재주를 시기하는 조정대신들에 의해 궁지에 몰려 결국 자진(自盡)하게 되었다.(『漢書』「李廣傳」)

133) 곽해는 …… 이르지 : 곽해(郭解)는 젊어서부터 무협기질이 강하여 무고한 사람들을 많이 살해하여 한무제의 협객 제거 대상자로 지목 되어 결국 대역무도죄로 처형되고 그의 가족도 멸문의 화를 당했다.(『漢書』「游俠傳」)

134) 전분은 …… 청하지 : 한경제(漢景帝)의 황후의 친동생으로 무제(武帝) 때 무안후(武安侯)에 봉해지고 승상에 올라 권력을 남용하였으며 매우 교만하고 방자하였다. 뒤에 저택을 넓히기 위하여 국가의 공물(工物) 제작소인 고공(考工)의 부지(敷地)를 하사해 줄 것을 청하다가 거절당하고 권좌에서 물러났다.(『漢書』「田蚡傳」)

동방삭東方朔은 해학諧謔을 좋아하지137) 않았을 것이다. 공손홍公孫弘은 함부로 베 이불을 덮지138) 않았을 것이며, 주보언主父偃은 함부로 뇌물을 받지139) 않았을 것이다. 종군終軍은 함부로 부서符瑞를 버리고 들어가지140) 않았을 것이며, 사마상여司馬相如는 함부로 봉선서封禪書를 짓지141) 않았을 것이다. 위청衛青·곽거병霍去病·이광리李廣利 등은 함부로 군사에 관한 말을 하지142) 않았을 것이며, 공근孔僅·상홍양桑弘羊·동곽함양東郭咸陽 등은 감히 이재理財를 말하지143) 않았을

---

135) 왕회는 …… 계획하지 : 한 무제(漢武帝) 때 흉노(匈奴) 선우(單于)가 한 나라를 자주 괴롭히므로 무제가 이에 대한 방책을 묻자 왕회(王恢)가 그들을 쳐야 한다고 건의하였다. 이리하여 30만의 군대를 마읍(馬邑) 골짜기에 정돈하고 선우를 유인하여 습격하려 하였으나, 선우가 그 사실을 미리 알고 달아나버림으로써 목적을 달성하지 못하였다. 이로 인해 왕회는 수모자(首謨者)로서 진격(進擊)하지 않았다는 죄로 하옥되어 죽었다.(『漢書』「武帝本紀」)

136) 노박덕은 …… 내지 : 한무제가 흉노를 치기 위해 어린 이릉(李陵)을 장수로 임명하자 이를 시기한 노박덕(路博德)이 말하기를, "지금은 바야흐로 가을철이므로 흉노의 말이 살찐 계절이라 전쟁을 치를 수 없다."고 무제에게 고했다.(『漢書』)

137) 동박삭은 …… 좋아하지 : 유창한 변설과 재치로 한무제의 사랑을 받았으나 그가 제시한 부국강병책이 받아들여지지 않자 이를 자조(自嘲)한 문장 『객난(客難)』과 『비유선생지론(非有先生之論)』을 지었다 한다.(『漢書』「東方朔傳」)

138) 공손홍은 …… 덮지 : 공손홍(公孫弘)이 한(漢) 나라 삼공의 지위에 있으면서 검소를 가장하여 베 이불을 덮었다고 한다.(『漢書』「公孫弘傳」)

139) 주보언은 …… 받지 : 주보언(主父偃)이 무제에게 제후왕(諸侯王)들의 세력을 약화시키라는 글을 올리고, 아울러 제후왕들의 비밀스런 일들을 밀고하여 무제의 신임을 받았다. 그러자 대신들이 모두 그의 입을 두려워하여 몰래 뇌물을 바쳤다. 이에 어떤 사람이 주보언에게 지나치게 하는 것이 아니냐고 고하자, 주보언이 말하기를, "대장부는 살아서 오정(五鼎)의 음식을 먹지 못하면 죽어서 오정에 삶기는 형(刑)을 받을 뿐이다. 나는 갈 길은 멀고 해는 짧으므로 일상적인 법도만을 따라서 할 수 없다." 하였다. 그러나 끝내 죄를 얻어 멸족 당했다.(『史記』「主父列傳」)

140) 종군은 …… 들어가지 : 한(漢) 나라 종군(終軍)이 나이 18세에 박사자제(博士子弟)로 뽑히어 관문(關門)을 들어가는데, 관리(關吏)가 종군에게 수(繻)를 주므로, 종군이 물었다. "이것은 무엇 하는 것인가." 관리가 말하였다. "다시 역마를 타고 돌아올 때 합부(合符)해야 된다." 종군이 이를 버리고 갔다. 뒤에 알자(謁者)가 되어서 절(節)을 세우고 나오니, 관리가 알아보고 말하였다. "이 사자(使者)가 전에 수를 버리고 간 선비이다."(『漢書』「終軍傳」)

141) 사마상여는 …… 짓지 : 한 무제 때 사마상여(司馬相如)가 죽기 전에 책 한 권을 남기면서 황제의 사자(使者)가 와서 찾거든 주라고 하였는데, 그 책이 바로 봉선서(封禪書)였다.(『史記』「司馬相如列傳」)

142) 위청 …… 하지 : 한무제 때 흉노를 물리친 명장들이지만 모두 말로가 좋지 않았다.

143) 공근 …… 말하지 : 한 무제가 재정정책을 맡긴 상인 출신 관료들이다. 이들은 이익을 독점하고 백성의 사정은 아랑곳하지 않았다.

것이다. 장탕張湯·왕온서王溫舒 등은 법조문의 심한 적용을 말하지[144] 않았을 것이며, 난대欒大·이소옹李小翁 등은 감히 희귀한 약방문藥方文을 말하지[145] 않았을 것이다. 장건張騫은 감히 무과毋寡[146]가 좋은 말을 숨겨 놓았다고 말하지 않았을 것이며, 공경公卿은 감히 노인이 개를 끌어야 한다고 말하지 않았을 것이다. 정당시鄭當時는 대문을 걸어 잠그지 않았을 것이며, 공손하公孫賀는 눈물을 흘리는 지경에 이르지[147] 않았을 것이다. 아관兒寬의 어질고 후함으로 세금 거두는 일을 저버림은 마땅하지[148] 않은 것이며, 복식卜式의 바른 말은 비 내리기를 기약할 만하며,[149] 무공작武功爵[150]은 설치하지 않았을 것이다. 균수평준법均輸平準法[151]을 담당하는 관원을 두지 않았을 것이며, 곤명지昆明池[152]를 파지 않았을 것이다. 태실사太室祠[153]를 일으키지 않았을 것이며, 백량전栢梁殿·건장궁建章宮·장양궁長楊宮·오작궁五柞宮 등의 궁전을 짓는 역사役事를 일으키지 않았을 것이다. 백린白獜·주안朱鴈·천마天馬·보정寶鼎[154] 등의 노래를 짓지 않았을 것이며, 금위군

---

144) 장탕 …… 말하지 : 법집행을 각박하게 한 혹리(酷吏)들이다.

145) 난대 …… 말하지 : 모두 방사(方士)들로서 희귀한 처방에 대하여 말하였다.

146) 무과(毋寡) : 완(宛)국의 왕 이름이다.

147) 공손하는 …… 이르지 : 한(漢) 나라 무제(武帝) 때 조정에 일이 많아 대신들에게 책임을 지우니 공손홍(公孫弘)이 문책을 당한 이후로 대신들이 일에 연좌되어 죽는 경우가 많았다. 공손하(公孫賀)는 이러한 때에 승상에 임명되자, 인수(印綬)를 받지 않고 머리를 조아리며 눈물을 흘리고 일어나지 않으니, 무제는 그대로 나가 버렸다. 이에 공손하는 부득이 일어나 사은숙배하였다.(『漢書』「公孫賀傳」)

148) 아관의 …… 마땅하지 : 한(漢) 나라 무제(武帝) 때 사람으로 동해(東海) 지방의 수령으로 있을 때에 선정(善政)을 베풀어 이민(吏民)들의 존경을 받았다. 그가 세금을 걷지 못하여 인사 고과에서 최하 등급을 받아 면직되게 되었는데, 백성들이 다투어 세금을 바치어 인사 고과에서 다시 최고 등급을 얻게 되었다고 한다.(『漢書』「兒寬傳」)

149) 복식의 …… 만하며 : 한 무제 때에 날이 가물자 무제가 백관에게 비를 청하게 하였다. 복식(卜式)이 술과 소금을 전매하면서 백성을 괴롭힌 상홍양(桑弘羊)을 미워하여 "홍양을 삶아 죽여야만 하늘이 비로소 비를 내릴 것입니다."라고 상주(上奏)하기도 하였다.(『漢書』「卜式傳」)

150) 무공작(武功爵) : 한 무제 때 군비를 마련하기 위하여 백성들에게 돈을 받고 벼슬자리를 판 제도이다.

151) 균수평준법(均輸平準法) : 한 무제의 재정정책의 하나이다. 가격이 싼 지방의 물자를 비싼 지방으로 옮겨 팔고, 값이 쌀 때 물자를 사 두었다가 비쌀 때 팔아 물가를 조절하는 정책이다.

152) 곤명지(昆明池) : 섬서성(陝西省) 장안현(長安縣) 서남에 있는 주위 40리의 큰 못이다. 한 무제가 곤오이(昆吾夷)를 치기 위하여 이 연못을 파고 여기서 주전(舟戰)을 교련하였다 한다.(『史記』「武帝記」)

153) 태실사(太室祀) : 무제가 후씨(候氏)에 가서 중악(中岳) 태실(太室)에 제(祭)를 지냈는데, 종관(從官)들이 산 밑에서 만세(萬歲) 소리 삼창이 들리는 듯하다 하므로 조칙(詔勅)하여 태실사(太室祠)를 증축(增築)하게 하였다.

禁衛軍이 사냥하던 장소는 모두 농사짓는 전장田場이 되었을 것이다. 금동金銅으로 만든 승로반承露盤[155]은 모두 경사京師의 동전銅錢이 되었을 것이며, 여산廬山 골짜기를 메울 만큼 많은 곡식은 강회江淮의 백성들을 구제하였을 것이며, 안문雁門을 틀어막을 만큼의 말들은 흉노왕 혼야混邪[156]를 대적하였을 것이다. 문경文景[157] 시대의 풍요로움을 이어받았으며, 성강成康[158] 시대와 같은 형조刑措[159]를 이루었을 것이다. 명당明堂[160]을 확 열어 제치고 사방 이족국夷族國들의 조공을 받았을 것이며, 삼대三代의 예악을 거의 전술傳述할 수 있었을 것인데 구태여 동쪽으로 낙랑樂浪과 현도玄菟를 설치[161]하고, 남쪽으로 주애朱崖와 담이澹耳를 설치[162]하며, 북으로 영거令居[감숙 영등현 서북]와 대막大漠[고비사막]을 관통하고, 서쪽으로 대하大夏[박트리아]와 안식安息[파르티아]을 관통한 후라야 천하를 호령할 수 있었겠는가?

이 같은 일을 행하지 않았다면, 단지 진시황제가 했던 것을 그대로 반복하는 격이 되었다. 그러므로 세상의 논자論者들이 반드시 진시황제와 한무제를 함께 꼽으니 안타까움을 다할 수 있겠는가? 아! 분수汾水의 가을바람[163]은 47년 된 병도 고치기에 충분하였으니, 한 나라가 한 나라답게 된 것은 오직 이 일에 힘입었을 뿐이다. 그러므로 내가 정화征和 이후의 일로 진목공이 허물을 뉘우친 일과 비교하여 한무제가 둘이라고 여긴 것이다.

---

154) 백린·주안·천마·보정 : 모두 상서로운 동물이나 솥 등을 얻고서 지어진 노래이다.

155) 승로반(承露盤) : 하늘에서 내리는 장생불사의 감로수를 받아먹기 위하여 만들었다는 쟁반이다.

156) 혼야(混邪) : 무제의 계속되는 정벌에 한(漢)에 투항했던 인물이다.

157) 문경(文景) : 한(漢)의 문제(文帝)와 경제(景帝)시기의 치세기 연호이다.

158) 성강(成康) : 주(周)의 성왕(成王)과 강왕(康王)시기의 치세기 연호이다.

159) 형조(刑措) : 형법은 있으나 시행하지 않음을 말한다.

160) 명당(明堂) : 천자가 정무를 보는 정전(正殿)이다.

161) 낙랑과……설치 : 한(漢)은 기원전 108년에 위만조선(衛滿朝鮮)의 영역과 복속되었던 지역에 낙랑군(樂浪郡)·임둔군(臨屯郡)·진번군(眞番郡)을 설치하고 그 이듬해에 현도군(玄菟郡)을 설치하였다.

162) 주애와……설치 : 기원전 110년 복파장군(伏波將軍) 노박덕(路博德)은 해남도 북부를 점령하고 주애(珠崖), 담이(澹耳) 등 2개 군과 5개 현을 설치하여 서한왕조는 정식으로 해남도를 관할하였다.

163) 분수의 가을바람 : 한 무제(漢武帝)가 분수(汾水)에 배를 띄우고 흔연히 중류(中流)에서 「추풍사(秋風辭)」를 지어서 늙음을 탄식하였다.

곽광론霍光論

옛날 대신大臣은 반드시 학문을 했으니, 이는 학자學者가 큰일에 닥쳐 미혹되지 않으려고 했기 때문이다. 편안해지려 하지 않았는데도 바로 편안해짐은 주공周公의 학문이며, 협일協一[164]해서 하나로 돌아감은 이윤伊尹의 학문이다. 이윤伊尹이 배웠기 때문에 태갑太甲을 도와 오로지 상商 나라를 아름답게 하였으며,[165] 주공周公이 배웠기 때문에 성왕成王을 보필하여 좋은 명성[166]에 흠이 없었다.[167] 천하의 큰 변화에 임하여 천하의 큰 권세를 누렸지만, 행동거지가 적절하고 진퇴가 이치에 합당한 것은, 자신에게 있는 것이 넉넉하여 그 근원을 가까이에서 만났기 때문이다.

아! 삼대三代 이후로 주공周公의 지위에 처하고 이윤伊尹의 일을 행한 사람은 한 나라의 곽광霍光이다. 곽광은 사람됨이 소심小心[168]하고 삼가하며 침착하고 세심하였다. 20년 동안 궁중을 출입하였지만 나가고 그침이 항상 하는 곳이 있어 한 자 한 치도 틀리지 않았으니, 비록 이윤과 주공인들 어찌 이보다 더했겠는가? 한漢의 무제武帝는 참으로 사람을 잘 알아본다. 그런데 이윤·주공의 자질로 이윤·주공과 같은 학문이 없었기 때문에 이따금 큰 이치에 어두웠으니 어찌 애석하지 않겠는가?

---

164) 협일(協一) : 요약하여 지극히 한결 같은 이치에 맞추는 것을 말한다. 이윤(伊尹)이 말하였다. "덕은 떳떳한 법이 없어 선을 주장함이 법이 되며 선은 떳떳한 주장이 없어 능히 한결같음에 합합니다.[德無常師 主善 爲師 善無常主 協于克一]"에서 유래한다.(『書經』「咸有一德」) 후대의 학자들은 주선(主善)은 유정(惟精)에 해당시키고 협일(協一)은 유일(惟一)에 해당시켰다.

165) 태갑을 …… 하였으며 : 탕왕(湯王)이 죽은 후 즉위한 태갑(太甲)은 어리석고 포악하여 탕왕(湯王)의 법을 어기고 불의(不義)를 행하자, 이윤(伊尹)이 그를 탕왕(湯王)의 능묘(陵墓)가 있는 동궁(棟宮)에 있게 하였다. 3년이 지난 뒤 크게 깨달아 잘못을 반성하고 선인(善人)이 되니 이윤(伊尹)이 다시 태갑(太甲)을 받들어 국도로 돌아와 정사를 돌려주었다.(『書經』「商書, 太甲」)

166) 좋은 명성 : '덕음(德音)'은 덕이 있는 자의 말이나 또는 그에 대한 좋은 명성을 말한다. 현재『시경』에는 빠져 있는 기초시의 "기초의 얌전하고 온화함이여, 덕 음을 밝힌다.[祈招之愔愔 式昭德音]"에서 유래한다.(『春秋左傳』「昭公三年」)

167) 성왕을 …… 없었다 : 무왕(武王)이 죽은 후 어린 성왕(成王)이 즉위하자, 주공(周公)은 어린 조카를 도와 주(周) 나라 예악(禮樂) 등의 문물제도를 완성하여 기틀을 다졌다. 관채(管蔡)의 반란과 유언(流言) 등의 어려움을 모두 극복한 뒤 주공(周公)은 정사를 성왕에게 돌려주고 제후의 예를 갖추었다.(『書經』「金縢·大誥」)

168) 소심(小心) : 조심조심하여 아주 근신함을 말한다. "오직 이 문왕이여, 조심조심하여 공손하고 삼가시다.[維 此文王 小心翼翼]"에서 온 말이다.(『詩經』「大雅, 大明」)

청컨대 배우지 않아 저지른 잘못을 낱낱이 거론해 보겠다. 무제武帝가 속으로 불릉弗陵을 후사로 삼고자 하여 여러 신하들을 살펴보니, 오직 곽광에게 큰일을 맡길 만하였다. 그러므로 내시內侍를 시켜 '주공이 성왕을 업고 제후를 조회하는 그림[周公負成王朝諸侯圖][169]'을 그리게 하여 곽광에게 주었다. 후원後元 2년[기원전 87]에 무제가 병들자 곽광이 물었다. "누가 후사로 마땅합니까?" 무제가 말하였다. "그대는 지난번 그림의 의미를 깨닫지 못하였는가?" 그렇다면 주공의 일을 곽광이 필시 몰랐으니, 이는 학문하지 않은 첫 번째 실수이다.

창읍왕昌邑王[170]이 음란하게 행동하자, 곽광이 근심하여 홀로 친분이 있는 옛 관리 전연년田延年[171] 에게 물었다. 연년延年이 말하였다. "장군은 나라의 중임을 맡은 대신이 되어 이 사람의 불가함 을 알았으면 어찌하여 다시 어진 이를 가려 뽑아 세우지 않습니까?" 곽광이 말하였다. "옛날에 이런 일이 있었는가?" 그렇다면 이윤의 일을 곽광은 필시 몰랐으니, 이는 학문하지 않은 두 번째 실수이다.

시원始元 5년[기원전 86]에 어떤 남자가 황독거黃犢車를 타고 북궐北闕에 이르러 스스로 위태자衛太子[172]라고 하였다. 조서를 내려 공경公卿·장군將軍·중이천석中二千石들에게 여러 가지로 알아보도록 했는데, 보고 온 자들이 함부로 말을 하지 못했다. 경조윤京兆尹 준불의雋不疑가 뒤에 도착하여, 따르는 관리를 호령하며 그 남자를 잡아 결박하고는 말하였다. "예전에 괴외蒯聵가 망명했을 때 출공出公 첩輒이 막고 나라 안으로 들이지 않았는데,[173] 『춘추春秋』에서는 그것을 옳다 하였다." 곽광이 듣고는 칭찬하였다. "공경대신公卿大臣은 마땅히 경술經術이 있어 대의大義에 밝은 사람을

---

169) 주공이 …… 그림 : 무왕(武王)이 죽고 어린 성왕(成王)이 즉위하자 주공이 보필하고 있는 모습을 그린 그림이다.

170) 창읍왕(昌邑王) : 한의 유하(劉賀)의 봉호(封號)이다. 무제(武帝)의 손자로서 곽광(霍光)의 추대로 황제에 즉위하였으나 방탕하여 27일 만에 폐위되어 해혼후(海昏侯)에 봉해졌다.(『漢書』)

171) 전연년(田延年) : 『이계집』에는 엄연년(嚴延年)으로 되어 있지만, 『한서(漢書)』「혹리전(酷吏傳)」에는 전연년(田延年)으로 되어 있어 본 번역에서는 전연년이라고 한다.

172) 위태자(衛太子) : 한무제의 아들로 무고를 당하여 죽은 유거(劉據)를 말한다.

173) 괴외 …… 않았는데 : 괴외(蒯聵)는 춘추시대 위영공(衛靈公)의 태자(太子)이고 첩(輒)은 괴외(蒯聵)의 아들이다. 괴외는 아버지 영공의 첩인 남자(南子)를 죽이려고 시도하다가 실패하여 국외로 망명하였다. 영공이 죽고 첩(輒)이 위군(衛君)이 되었다. 뒤에 괴외가 귀국하려 하였는데, 아들인 첩은 위후(衛侯)의 位를 잃을까 우려하여 막고 들어오지 못하게 하였다.(『左傳』「定公十四年·哀公十六年」)

써야 한다." 『춘추』는 공자孔子의 일이다. 공자께서 첩輒의 일을 허여許與하지 않았는데, 준불의雋不疑는 다만 임기응변의 말로 결단하였다. 그렇다면 공자의 일을 곽광은 필시 알지 못하였으니, 이는 학문하지 않은 세 번째 실수이다.

이윤伊尹·주공周公·공자孔子는 바로 천하天下에 만세토록 인신人臣들의 표준表準이다. 보필하고 도우는 도道와 왕실을 높이고 이적夷狄을 물리친[174] 공功이 이윤·주공·공자에게 있는데, 신하된 자가 이윤·주공·공자의 일을 알지 못한다면 옳겠는가? 비유하자면, 의사醫師가 군신좌사君臣佐使[175]의 기술과 문화文火와 무화武火[176]를 알맞게 쓰는 방법을 알지 못함과 같다. 다만 삼가하고 세심한 것만으로 스스로를 믿으면 실패하지 않는 경우가 드물 것이다.

아! 곽광은 불행히도 이윤·주공·공자의 큰 도를 듣지 못하였도다. 만약 다행히 이윤·주공·공자의 큰 도道를 들었다면 삼대三代의 기풍氣風을 거의 이룰 수 있었을 것이니, 어찌 백성들이 충실充實해지고 사방의 오랑캐들이 복종할 뿐이었겠는가? 또 이윤의 뒤에 이섭伊涉이 있었고 주공의 뒤에 백금伯禽이 있었는데, 곽광은 죽은 지 겨우 3년 만에 자손이 주살 당하여 후예가 끊어졌다. 슬프도다! 뒷날의 대신大臣들이 곽광의 지위에 처하여 곽광의 일을 행하는 자가 학문을 하지 않을 수 있겠는가? 「곽광전霍光傳」에 있다.

왕 임천[177] 「백이론」의 뒤에 쓰다. [書王臨川伯夷論後]

공자孔子와 맹자孟子의 글을 읽는 사람은 마땅히 먼저 성현聖賢의 은미한 뜻을 알아야 한다.

---

174) 왕실을 …… 물리친 : 『이계집』에는 '존양(尊讓)'으로 되어 있지만, 본 번역에서는 춘추대의로 말하는 '존왕양이(尊王攘夷)'의 의미로 해석하였다.

175) 군신좌사(君臣佐使) : 한의학에서 약재의 역할을 이르는 말이다. 주약재인 군재(君材)와 보조 역할을 하는 신재(臣材), 주요 약재의 부작용을 막아주는 좌재(佐材)와 여러 약물을 조화시키는 사재(使材)를 말한다.(『素問』「至直要大論」)

176) 문화(文火)와 무화(武火) : 약을 달일 때의 약한 불과 강한 불을 말한다.(『淸異錄』「藥」)

177) 왕 임천 : 왕안석(王安石)이 태어난 곳이 임천이다. 1021~1086. 자는 개보(介甫), 호는 반산(半山)이다. 신법(新法)이라는 개혁책을 통해 균수법(均輸法)·청묘법(靑苗法)·시역법(市易法)·모역법(募役法)·보갑법(保甲法)·보마법(保馬法) 등을 실시하였다. 하지만 이러한 개혁의 노력에도 불구하고 당쟁이 격화되고 정치가 혼란에 빠지면서 큰 성과를 거두지는 못하였다. 당송팔대가 중의 한 사람이다.(『宋史』「王安石傳」)

만약 은미한 뜻이 있는 곳을 알지 못하고 한갓 문사文辭로만 이해한다면 이따금 편견과 독식獨識에 빠져 성현께서 입언立言한 본뜻을 알지 못하게 되는데, 왕개보王介甫의 「백이론」이 이것이다. '공자께서 지덕至德[178]을 논하면서 태백泰伯[179]과 문왕文王[180]을 두 번 일컬었으면서도 무왕武王은 언급하지 않았으며, 맹자께서 성선性善을 논할 때 반드시 요순堯舜을 일컬었으면서도 무왕은 언급하지 않았다'고 했으니, 은미한 뜻이 있는 곳을 대체로 보았다고 할 수가 있다.

공자와 맹자는 주周 나라 사람이다. 백이숙제伯夷叔齊가 무왕武王의 말고삐를 잡음과 수양산首陽山에서 고사리를 캐 먹은 일[181]은 참으로 숨겼어야 했다. 그러므로 자주 백이를 칭송하고 자세히 백이의 일을 기록하면서도 끝내 이 일은 언급하지 않았다. 그러나 그 은미한 뜻은 사람에게 보여주지 않은 적이 없었다. 노론魯論[182]에 말하였다. '백이는 수양산 아래에서 굶어 죽었다.'[183] 또 말하였다. "일민이다.[逸民也][184]" 추전鄒傳[185]에 말하였다. "백이는 그 임금이 아니면 섬기지 않았다.[非其君不事]"[186] 또 말하였다. "성인의 맑은 분이다.[聖之淸者]"[187] 말고삐를 잡음과 고사리를 캐 먹는 등의 일은 언외言外에 붙여 그 숨은 뜻을 드러내었다. 사마천司馬遷과 한유韓愈의 글을 비록 모두 믿을 수는 없지만 옛날과 (시대적) 거리가 멀지

---

178) 지덕(至德) : 덕이 지극하여 다시 더할 수 없음을 말한다. 공자께서 말하였다. "태백은 지극한 덕이라고 이를 만하다.[子曰 泰伯 其可謂至德也已矣]"에서 유래한다.(『論語』「泰伯」)

179) 태백(泰伯) : 주(周) 나라 태왕(太王)의 장자이다. 막내 동생인 계력(季歷: 문왕(文王)의 부친)에게 왕위를 물려주기 위해 만형(蠻荊)으로 몸을 피하자 그곳 사람들이 귀의하여 임금으로 세우고 오태백(吳泰伯)이라고 일컬었다. 오(吳) 나라의 시조(始祖)가 되었다.(『史記』「吳太白世家」)

180) 문왕(文王) : 주 나라의 건국의 기초를 닦은 인물이다. 공자는 문왕에 직접 지덕(至德)이라고 하지는 않았으나 "주 나라의 덕은 지극한 덕이라고 이를 만하다.[周之德 其可謂至德也已矣]"라고 하였다.(『論語』「八佾」) 일반적으로 주 나라의 덕은 문왕의 덕으로 해석되기에 문왕을 직접 거론하였다.

181) 백이 …… 먹은 일 : 주104) 참조.

182) 노논(魯論) : 『논어』를 말한다. 공자가 노 나라 사람이기에 이렇게 부른다.

183) 백이는 …… 죽었다 : 『이계집』에는 '아사수양지하(餓死首陽之下)'라고 되어 있으나, 『논어』「계씨(季氏)」에는 '아우수양지하(餓于首陽之下)'로 되어 있다.

184) 일민이다 : 학문과 덕행을 지니고서도 초야에 묻혀 벼슬하지 않는 사람을 가리킨다. 『논어』「미자(微子)」에 나온다.

185) 추전(鄒傳) : 『맹자(孟子)』의 별칭이다. 맹자가 추(鄒) 땅 사람이기 때문에 이렇게 부른다.

186) 그 임금 …… 않았다 : 『맹자(孟子)』「공손추 상(公孫丑 上)」에 나온다.

187) 성인 …… 분이다 : 『맹자(孟子)』「만장 하(萬章 下)」에 나온다.

않아 보고 들은 것이 매우 넓으니, 어찌 감히 말고삐를 잡음과 수양산에서 고사리를 캐먹은 설을 가지고 허황되게 백이에게 지어냈겠는가? 『춘추전』에 말하였다. "무왕이 구정九鼎[188]을 낙읍洛邑으로 옮기니 의로운 선비가 혹 그것을 그르다고 했다.[武王 遷鼎於洛邑 義士 猶或非之][189]" 여기서 의로운 선비는 백이이다. 좌씨左氏의 말이 비록 혹 허식적이고 과장되었다고 하지만[190] 이는 좌씨의 말이 아니다. 바로 장애백臧哀伯[191]이 임금에게 고한 말이니, 어찌 장애백보다 현명함이 있으면서 근거 없는 설로 고정郜鼎[192]을 간한 일로 증명을 하겠는가? 개보介甫가 『춘추』를 썩어 문드러진 종이로 여겼기 때문에 반드시 깊이 성찰하지 않았을 뿐이다.

개보는 '두 노인은 천하의 대로大老[193]로서 나이가 모두 80세 정도이다. 혹 북해에서 죽었거나 혹 도로에서 죽었거나, 혹 문왕의 도읍에서 죽었다고 하면서도 무왕의 시대를 언급하지 않음이 의심스럽다'고 하니 이 또한 그렇지 않다. 강태공姜太公[194]이 서쪽으로 온 초기에 나이가 80이라고 말한 것은 그나마 믿을 수 있지만, 백이에 대해서는 그 나이가 얼마인지를 말하지 않았으니, '나이가 모두 80 정도이었다.'라고 말한 것은 반드시 모두 대로大老로 칭했기 때문일

---

188) 구정(九鼎) : 중국 하(夏)의 우(禹)임금 때 구주(九州)에서 금을 모아 주조한 솥이다. 삼대(三代) 당시에는 나라를 전하는 보물로 여겨 은(殷)은 하(夏)로부터 받고, 주(周)는 은(殷)으로부터 넘겨받았으며, 왕도(王都)를 따라 옮겼으므로 무왕이 은(殷)을 이긴 후 수도인 낙읍(洛邑)으로 옮겼다.

189) 무왕 …… 그르다 : 『춘추(春秋)』「환공 이년(桓公二年)」에 나온다.

190) 좌씨의 …… 하지만 : 좌씨에 대한 한유의 평가이다. 한유(韓愈) 「진학해(進學解)」의 "좌씨는 허식적이고 과장되었다.[左氏浮誇]"에서 유래한다..

191) 장애백(臧哀伯) : 장손달(臧孫達)을 가리킨다. 노 환공(魯桓公) 2년에 공(公)이 뇌물인 고정(郜鼎)을 송(宋)에서 받아 태묘(太廟)에 들여놓자 장애백이 들여놓지 말도록 간하는 말을 주(周)의 내사(內史)가 듣고서 '장손달이 노 나라에 훌륭한 후손을 두겠다. 임금의 잘못을 잊지 않고 덕(德)으로 간하는구나.' 하였다.(『春秋左氏傳』「桓公二年四月」)

192) 고정(郜鼎) : 고 나라에서 만든 솥이다. 춘추 시대 때 송 나라의 태재(太宰) 독(督)이 상공(殤公)을 죽이고 정(鄭) 나라에서 풍(豐)을 맞아다가 옹립하였는데, 주위에 있는 나라들이 이를 규탄할까 두려워하여 먼저 노(魯) 나라 환공(桓公)에게 고정을 뇌물로 주었다. 이로부터 고정은 비리(非理)로 받는 뇌물을 뜻하게 되었다.

193) 대로(大老) : 덕과 명망이 높은 나라의 큰 어른을 말한다. "백이와 태공 두 노인은 천하의 대로이다.[二老者 天下之大老也]"에서 온 말이다.(『孟子』「離婁 上」)

194) 강태공(姜太公) : 강태공은 태공망(太公望) 여상(呂尙)을 가리킨다. 그는 위수(渭水) 가의 반계(磻溪)에서 낚시질하다가 문왕(文王)을 처음 만나 사부(師傅)로 추대되었다. 뒤에 문왕의 아들인 무왕(武王)을 도와서 은(殷) 나라를 멸망시키고 천하를 평정하였다.(『史記』「齊太公世家」)

뿐이다. 맹자의 이른바 대로大老는 그 나이가 모두 80임을 가리킨 것이 아니라, '큰 덕을 지닌 노인'을 특별히 말하였다. 사람이 참으로 큰 덕이 있다면 나이 비록 50이나 60이라도 대로大老가 되기에 문제가 없는데, 어찌 이 때문에 무왕의 시대까지 미치지 못했을 것이라고 의심하겠는가?

개보介甫가 말하였다. "천하의 도道는 둘이니 인仁과 불인不仁이다. 백이가 진실로 불인不仁한 주紂를 섬기지 않았다면 반드시 어진 무왕을 섬겼을 것이다." 이 또한 그렇지 않다. 공자께서 말하였다. "백이숙제는 인을 구하다가 인을 얻었는데 또 무슨 원망이 있겠는가?[求仁 得仁 又何怨乎]"[195] 백이가 비록 수양산에서 굶어 죽었더라도 그 인을 얻음에 해가 되지 않는다. 만약 이것으로 의심한다면 비간比干의 죽음[196]과 미자微子의 떠나감[197] 기자箕子의 미침[198]은 인仁이 된다고 할 수 없는가? 가령 비간이 주왕에게 죽지 않고 신하로서 무왕을 섬겨야 마침내 그 인仁을 칭송할 수 있단 말인가?

개보가 말하였다. "백이가 죽지 않고 살았다면 그 공렬功烈을 어찌 홀로 태공이 차지했겠는가?" 이 또한 그렇지 않다. 태공은 일세一世에 임금이 없음을 염려하였고, 백이는 만세萬世에 임금이 없음을 염려하였다.[199] 그러므로 백이가 말고삐를 부여잡았을 때 태공이 말하였다. "의로운 사람이다.[義人也]" 부축하여 떠나가게 하니, 그 도를 같이 행하며 서로 어긋나지 않았다. 어찌 가지런히 '두 늙은이'라고 칭송한다고 해서 공렬이 같다고 믿겠는가?

맹자께서 비록 백이伯夷·이윤伊尹·유하혜柳下惠·공자孔子를 성인으로 함께 칭송했지만, 그 행한 일은 크게 같지 않은 점이 있다. 아! 한유韓愈·사마천司馬遷·좌구명左丘明은 비록 믿기에 부족하지만, 공자와 맹자의 말을 믿지 않을 수 있겠는가? 심하도다! 개보介甫의 고집이여. 비록 그렇지만

195) 백이숙제는 …… 있겠는가 : 『논어(論語)』「술이(述而)」에 나온다.

196) 비간의 죽음 : 은 나라의 충신으로 주왕(紂王)의 숙부인데, 주왕의 음란함을 간하다가 죽임을 당하였다.(『史記』「殷本紀」)

197) 미자의 떠나감 : 주(紂)의 서형(庶兄)으로 주의 무도(無道) 함을 보고 관직을 떠나 종사(宗祀)를 보존(保存)했다.(『史記』「殷本紀」)

198) 기자의 미침 : 주 임금의 서삼촌으로써 주임금의 폭정을 피하고자 미친 사람 흉내를 내면서 지냈다고 한다.(『史記』「殷本紀」)

199) 태공은 …… 염려하였다 : 동래(東來) 여조겸(呂祖謙)의 말이다. 태공(太公)이 무왕을 도와 은(殷)의 주왕(紂王)을 무너뜨린 것은 일세에 임금이 없는 행동이며, 백이(伯夷)는 만세라도 섬길 만한 임금이 아니면 임금으로 여기지 않을 것이라는 뜻이다.(『東萊集』)

개보가 어찌 공자와 맹자의 글을 알지 못해서이겠는가? 다만 성현이 남기신 은미한 뜻이 어디에 있는지를 알지 못해서일 뿐이다.

이비론二妃論

내가 지난날 「요전堯典」을 읽어보고, 밝으신 대요大堯께서 자식인 이비二妃의 덕이 순舜에게 짝이 될 만하다는 것을 알고 있었다는 것을 알게 되었다. 방제放齊가 맏아들 단주丹朱가 계명啓明하다고 하니 제帝께서 말하였다. "아! 어리석고 다투니 괜찮겠는가?[吁 嚚訟 可乎]" 사악四岳[200]이 순舜을 천거하자, 바로 두 딸을 치장하여 규수嬀水의 북쪽으로 시집보내 우순虞舜의 아내가 되게 하시고 이어서 말하였다. "공경하라.[欽哉]"[201]

천하天下는 중기重器이니 후부인后夫人의 덕이 천지天地에 짝하지 아니하면 천하를 다스릴 수 없다. 만약 이비二妃가 맏이인 단주丹朱와 같이 어리석었다면 제帝가 어찌 순舜의 아내로 삼을 수 있었겠는가? 아! 이비二妃는 여자 중의 순舜이다. 순이 우물을 파고 창고를 수리하려고 함에[202] 용조가龍鳥歌를 지어서 순을 위태로움에서 벗어나게 하여 순의 성스러움을 이루었다. 그렇다면 사해四海가 순 임금의 공덕을 추대하는 것에는 이비二妃의 힘이 포함되어 있다.

그 어짊이 이와 같은데, 세상에서는 순 임금이 창오蒼梧에 묻히니, 이비가 따르려 해도 미치지 못하여 원상沅湘의 사이에 빠져 죽었다고 여긴다. 어떤 이가 말하였다. "순이 남으로 삼묘三苗[203]를 정벌하는 길을 따라갔다가 원상沅湘의 사이에서 죽었다." 초의 『이소離騷』·『진기秦紀』 및 유향劉向·정현鄭玄·왕일王逸의 글에서 보이는 것이다. '상군湘君·상부인湘夫人'이라고 한 것은 다

200) 사악(四岳) : 관명(官名)이니, 한 사람으로서 사악(四岳)에 있는 제후의 일을 총괄하였다.

201) 방제 …… 공경하라 : 『서경(書經)』「요전(堯典)」에 나온다.

202) 우물을 …… 함에 : 고수(瞽瞍)가 시켜서 순이 한 일인데, 이 때 순을 해치려고 하였다. "부모가 순으로 하여금 창고를 손질하게 하고는 사다리를 치운 다음 고수가 창고에 불을 질렀으며, 우물을 파게하고는 나오거늘 따라서 흙으로 덮어 버렸다.[父母使舜 完廩捐階 瞽瞍焚廩 使浚井 出 從而揜之]"에서 유래한다.(『孟子』「萬章 下」)

203) 삼묘(三苗) : 요순 시대 때 있었던 남방의 오랑캐이다. 삼묘가 동정호 일대에서 반란을 일으켰다가 요 임금에 의해 정벌되었다.(『書經』「舜典」)

헤아릴 수가 없을 지경이다. 유독 곽박郭璞의 『해산해경解山海經』에서 말하였다. “제순帝舜의 후后를 낮추어 부인夫人이라고 하는 것은 마땅하지 않다.” 이녀二女가 천제天帝의 딸임을 의심하였다. 기타 『악부樂府』 등 여러 편에서 말하였다. “죽지가竹枝歌[204]를 부르고 비파를 연주하며 황릉묘黃陵廟[205]에서의 먼 이별을 원망한다.” 또 그 무엇인지 알지 못하니, 이와 같이 하기를 오래할수록 더욱 그릇 되어졌다. 예禮에서 말하였다. “부인이 보내고 맞이함에 문을 나서지 않는다.[夫人送迎 不出門]” 『춘추전春秋傳』에서 말하였다. “전쟁에는 여인의 기물을 가까이 하지 않는다.[戎事不邇女器][206]” 아! 남쪽을 정벌하는 일은 후비后妃가 알 것이 아니니, 어찌 빠져 죽고 길에서 죽을 이치가 있겠는가? 제요帝堯의 딸이며 대순大舜의 아내가 이와 같지는 않았다.

또 물物이 생함에 그 씨는 한결같지 아니하니, 매화는 검으며 국화는 희며 대나무는 분홍색이다. 각각 그 성질 때문이고 혹은 그 토질 때문이니, 상강湘江의 반죽班竹이라고 하는 것이 어찌 이비二妃의 눈물 자국에 물든 것이겠는가? 산에 혹 석종石鍾이 있고 물에 혹 부경浮磬이 있는데, 수선水仙[207]의 노래와 풍이馮夷[208]의 두드림이 이따금 신령함을 드러내니, 이른바 상영湘靈과 고슬鼓瑟이라고 말하는 것이 어찌 이비二妃의 원망의 말에 의해 발한 것이겠는가?

아! 나는 그 그릇됨이 이유가 있음을 알고 있다. 「순전舜典」[209]에서 말하였다. “순 임금께서 승하하시어 이에 돌아가셨다.[陟方乃死]” ‘척陟’은 승하함이니 ‘방내사方乃死’를 승하함으로 풀이하여 돌아가셨다고 한 것이다. 만약 “남방南方”이라고 하면 마땅히 ‘하방下方’이라 해야 하고 ‘척방陟方’이라고는 말하지 못한다. 저 굴원屈原은 초楚 나라에서 태어났다. 순舜이 남방을

---

204) 죽지가(竹枝歌) : 악부(樂府) 가운데 하나로, 본래 사천(泗川) 일대의 민가(民歌)인데, 당 나라의 시인 유우석(劉禹錫)이 새 가사로 개작하였다. 주로 삼협(三峽)의 풍광과 남녀 간의 연정(戀情)을 읊었다. 이녀가 부른 죽지가의 내용은 자세히 알 수가 없다.

205) 황릉묘 : 황릉묘는 순(舜) 임금의 두 비(妃)인 아황(娥皇)과 여영(女英)을 모신 사당이다.

206) 전쟁에는 …… 않는다 : 『춘추좌전(春秋左傳)』「희공이십이년(僖公二十二年)」에 나온다.

207) 수선(水仙) : 물의 신을 말한다. 두보 「도죽장인(桃竹杖引)」의 “뿌리 자르고 껍질 벗기매 자옥과 같으니, 강비와 수선이 애석해도 어쩔 수 없어라.[斬根削皮如紫玉 江妃水仙惜不得]”에서 온 말이다.(『古文眞寶』「前集」)

208) 풍이(馮夷) : 수신인 하백(河伯)의 이름으로 빙이(氷夷)·풍수(馮修)라고도 한다.

209) 순전(舜典) : 『이계집』에는 「요전(堯典)」으로 되어 있지만, 『서경(書經)』에는 「순전(舜典)」의 내용이기에 본 번역에서 따랐다.

정벌하다가 죽었다고 여겼기 때문에, 「이소離騷」나 「구가九歌」에서 이른바 상군湘君·상부인湘夫人이라고 한 것은 내가 지적한 이비二妃인데, 진秦 나라 박사博士들이 시황제始皇帝의 물음에 이로써 대답하였다. 한유漢儒 및 당唐 나라의 시인들도 이로써 『산경지지山經地誌』 및 『악부樂府』 여러 편에 적었다. 『전傳』[210]에서 말하였다. "순 임금은 제풍에서 나서 명조에서 졸하였다. [舜 生於諸馮 卒於鳴條]" 『진기秦紀』에서 말하였다. "순 임금이 창오의 들판에서 붕하였다. [舜崩於蒼梧之野]" 이것은 창蒼과 명明 그리고 조條와 오梧의 소리가 서로 가깝기 때문이다. 또 창오의 들판에 구의산九疑山이 있고 산 아래 동정호洞庭湖가 있다. 그러므로 말하는 자들이 이비가 순의 미로迷路를 따랐다라고 생각하여 '빠져 죽었다 길에서 죽었다.'라고 한 것이 그러하다. 만약 이비의 어짊으로 참으로 이러한 일이 있었다면, 어찌 남의 지혜로움을 아는 요堯께서 어찌 단주丹朱에게는 밝고 아황娥皇·여영女英에게는 어두웠겠는가? 사마군실司馬君實이 시에서 말하였다. "어찌 아득한 상수를 건넘이 있겠는가?[豈有迢迢渡湘水]" 충분히 천고千古토록 전해온 시인詩人의 의심을 깨뜨렸다.

신씨 집안 효부의 일을 아뢰는 도장[211][申孝婦道狀]

시생侍生들이 엎드려 생각하니, 효孝는 백행百行의 근원이거늘, 선비 중에서도 잘 행하는 이가 적습니다. 선비마저 이미 잘 행하는 이가 드무니, 하물며 부인에 있어서이겠습니까? 부인이면서 효도하는 것은 더욱더 잘하기 어려운 일입니다. 천 백여 년에 한 두 명이 있었으니, 진효부陳孝婦[212]와 당부인唐夫人[213]이 그렇습니다.

---

210) 전(傳) : 『맹자(孟子)』을 말한다. 인용문은 「이루 하(離婁 下)」에 나온다.

211) 도장 : 도백(道伯)에게 올리는 소장(疏章)을 말한다.

212) 진효부(陳孝婦) : 후한(後漢) 때 사람으로 수자리 간 남편을 대신하여 홀몸으로 부모를 잘 모신 결과 조정에서 황금 40근과 종신 면역(免役)의 은전을 내리어 그 효행을 포상하였다.(『小學』)

213) 당부인(唐夫人) : 최산남(崔山南)의 조모(祖母)이다. 최산남은 당(唐) 나라 때 산남서도 절도사(山南西道節度使)를 지낸 최관(崔琯)이다. 최관의 증조왕모(曾祖王母) 장손 부인(長孫夫人)이 늙어서 이(齒)가 없어 음식을 먹지 못하였다. 조모(祖母)인 당 부인(唐夫人)이 시어머니를 효도로 매우 잘 섬겨 매양 젖을 먹여 드려서 장손 부인이 수년 동안 밥을 먹지 않고도 건강했다는 고사가 있다.(『小學』)

시생들이 살고 있는 경상도 의성현義城縣에 사는 월성최씨月城崔氏는 바로 아주인鵝州人 신용찬申龍燦의 처입니다. 대구大邱의 세자사부世子師傅 최동집崔東集[214]이 바로 그녀의 5대조이며, 현감 최수학崔壽學이 바로 그녀의 조부이며, 효자孝子 승지承旨 최흥원崔興遠[215]의 사촌 누이동생입니다.

부인은 효성이 독실한 집안에서 태어나 어려서는 남다르게 뛰어난 행실이 있었고, 움직일 때는 「내칙內則」[216]을 따랐습니다. 부인의 나이 11살 때 어머니의 병이 위독하였는데, 밤낮으로 곁에서 모시며 반걸음도 떨어지지 않으면서 약은 반드시 먼저 맛을 본 이후에 올렸습니다. 하루는 어머니께서 참외를 먹고 싶어하셨지만 의원이 병에 해롭다고 말하기에 마침내 드리지 못하였는데, 그 뒤로 종신토록 참외를 먹지 않았습니다. 어머니께서 돌아가시자 몹시 슬프게 울부짖고 곡하니, 거의 혼절하였다가 소생한 것이 여러 번이었습니다. 이미 염습殮襲한 뒤에는 마침내 남은 옷가지·수건·손발톱·머리카락 등을 수습하여 별도로 한 물건을 만들어 개인 상자에 보관하면서 말하였습니다. "내가 죽는 날에 마땅히 삼가 받들어 묻어 달라." 뒤에 그 말과 같이 하였으니, 그 효성은 천성天性이었습니다.

신용찬申龍燦의 집안으로 시집온 후로는 시어른을 섬기기를 친정 부모를 섬기는 것과 똑같이 하였습니다. 저녁에 잠자리를 살피고 아침에 문안드리며, 겨울에 따뜻하게 해드리고 여름에 서늘하게 해드리는 것 외에도, 혹 날씨가 추우면 반드시 몸소 일어나 불을 지펴 그 온돌을 따듯하게 하여 시어른을 편안하게 모셨습니다. 아침저녁의 봉양[217]하는 것 외에도 혹 맛좋은 음식을 만나면 번번이 분주히 손을 움직여 장롱을 열어서 그 옷을 저당 잡혀 음식을 마련하였습니다. 시어미는 안동 정씨 鄭氏인데, 나이 80에 치아가 다 빠져 먹고 마실 수 없었습니다.

---

214) 최동집(崔東集) : 1586~1661. 자(字)는 진중(鎭仲), 호(號)는 대암(臺巖), 본관은 경주(慶州)이다. 1616년 진사시에 입격하였다. 1640년 세자인 효종의 사부(師傅)로 특선되었다. 저서는 『대암집(臺巖集)』이 전한다.

215) 최흥원(崔興遠) : 1705~1786. 자는 태초(太初)·여호(汝浩), 호는 백불암(百弗菴), 본관는 경주(慶州)이다. 1778년 학행으로 참교관(參敎官)이 되었다. 장악원(掌樂院) 주부(主簿)·세자익위사(世子翊衛司) 좌익찬(左翊贊) 등을 역임하였다. 저서는 『백불암집(百弗庵集)』이 전한다.

216) 내칙(內則) : 『예기(禮記)』의 편명으로 부녀자들이 지켜야 할 규범(規範)과 준칙(準則) 등의 내용이 담겨 있다.

217) 봉양 : '숙수지환(菽水之歡)' 콩을 먹고 물을 마시는 가난한 처지(處地)에서도 부모(父母)에게 효도(孝道)를 다하여 그 마음을 즐겁게 봉양하는 일을 말한다.

최씨崔氏는 번번이 유모乳母를 구하였는데, 혹은 음식을 나누어 주고 혹은 옷가지를 벗어주어 그 마음을 움직이니, 그 시어머니에게 젖을 먹였습니다. 유모가 최씨에게 동화되어 이따금 제 자식은 잊어버리고 젖을 먹였습니다. 젖이 혹 중간에 떨어지면 가깝고 먼 것을 가리지 않고 성심誠心을 다해 구하니, 젖이 나오는 사람들이 젖을 짜주지 않음이 없었습니다. 자식을 낳게 되자, 아들 낳은 것은 기뻐하지 않고 충분히 젖 먹일 수 있게 된 것을 기뻐하였습니다. 매일 당堂에 올라 시어머니를 먹이고 남으면 물러나 아이에게 먹이니, 아이는 수척해지고 시어머니는 살이 쪘습니다. 최씨는 본래 기氣가 약하여 젖이 또 끊어지자 다시 힘을 다해 사방으로 구하기를 처음처럼 한결같이 하였습니다. 시어머니가 백수白壽를 누린 까닭은 최씨가 20년 동안 젖으로 봉양한 힘입니다.

시어머니가 또 병이 들어 감주甘酒를 찾았는데, 처음에는 드리려고 하다가 의원에게 물어보고는 그만두니, 이때부터 또 종신토록 감주를 마시지 않았습니다. 아! 참외와 감주는 모두 사람의 입을 달게 하는 것입니다. 사람들이 즐기는 것인데, 홀로 종신토록 입에서 끊었으니 정성이 견물생심見物生心하는 마음 보다 돈독하지 않았다면 이와 같았겠습니까? 젖을 아끼는 것은 시골 아낙의 흔한 일인데, 번번이 제 자식을 잊어버리고 남의 시어미를 먹인 것은 정성이 남을 넉넉하게 감동시키지 않았다면 이와 같았겠습니까? 또 자식 사랑은 사람의 보통 감정인데, 아들을 낳은 것은 기뻐하지 않고 젖이 넉넉해진 것을 기뻐한 것은 천성天性에서 나온 정성이 아니겠습니까? 70은 사람들에게 드문 나이인데, 80부터 젖을 먹어서 100세까지 이른 것은 하늘을 감동시킨 정성이 아니겠습니까? 태어나서는 어머니에게 효도하고 시집가서는 시어미에게 효도한 사람은 천 백여 년 동안 오직 최씨 한 사람 뿐입니다. 이것으로 보건대, 진효부와 당부인보다 훨씬 어질다고 하겠습니다.

삼가 엎드려 생각건대, 우리 성조聖朝에서 효성을 권장하고 풍속을 닦는 방법이 예전보다 뛰어나서, 효자孝子와 열녀烈女를 나라에 보고하라는 신칙申飭이 매년 초에 있었습니다. 그리하여 비록 여염閭閻의 사람들일지라도 진실로 스스로 그 부모에게 다함이 있다면 표창하고 드러내어 정려旌閭[218] 하는 은전恩典이 차례대로 모두 거행되지 않음이 없었습니다. 하물며

---

218) 정려(旌閭) : 『이계집』에는 '도설(棹楔)'로 되어 있으나 이는 '작설(綽楔)'의 잘못된 표현이다. '작설(綽楔)'은 문 위에 세워 정표(旌表)하는 뜻을 나타내는 나무이다. 정려(旌閭)의 뜻으로 쓰인다.

효자孝子 승지承旨[崔興遠]의 누이로서 탁월하게 하늘을 감동시킨 효행이 있는데도, 아직 기록하지 않는다는 것은 어찌 추로鄒魯의 고을[219] 사림士林들의 일대 수치로서 개탄慨嘆할 일이 아니겠습니까?

이에 감히 그 일의 대체를 모아 한 목소리로 우러러 하소연합니다. 엎드려 삼가 바라옵니다. 합하閤下께서는 특별히 가련하게 여겨 살펴주시어, 최씨가 젖으로 봉양한 지극한 효성이 때에 맞게 조정에 보고되도록 해주신다면 시생侍生들은 지극히 두려워 땀이 나는 것을 감당하지 못할 것입니다. 삼가 어리석음을 무릅쓰고 아룁니다.

---

219) 추로(鄒魯)의 고을 : 추(鄒)는 맹자(孟子)의 고향이고 노(魯)는 공자(孔子)의 고향이라서 이를 묶어 유학을 말한다. 유학에 의해 문화와 예의가 흥성한 지방이라는 말이다.

축문祝文

사직단[220]에 비를 바라는 제문[社稷壇祈雨文]

사직께서	社稷
우리 백곡을 주관하셨습니다	主我百穀
백성의 하늘은 먹는 것에 있어	民天在食
예전부터 신령함을 드러냈습니다	靈著古昔
우리가 농사짓게 된 것은	俾我稼穡
당신의 지극한 덕인데[221]	莫非爾極
대지가 거북 등처럼 갈라지고	大地龜圻
못과 하천이 심하게 말랐습니다	澤竭川涸
가뭄이 어찌 이리도 혹독한가	旱何此酷
수령[222]으로 먼 지방 맡아	分憂遐域
꼴과 목초지를 구함이	求芻與牧
태수의 책무입니다[223]	太守之責
달이 필성에 걸리기도 전에[224]	月不離畢

220) 사직단 : 사(社)는 토신(土神), 직(稷)은 곡신인데, 사직단이란 이 두 신에게 제사하기 위하여 만든 단(壇)을 말한다. 위치로는 사는 동쪽, 직은 서쪽에 있다.(『高麗史』「禮志」)

221) 당신의 …… 덕인데 : 상대의 덕을 칭송하는 말이다. "문덕을 지니신 후직이시여, 능히 저 하늘에 짝하셨도다. 우리 백성들을 세우심은, 모두 당신의 지극한 덕이시네.[思文后稷 克配彼天 立我烝民 莫匪爾極]"에서 온 말이다.(『詩經』「周頌, 思文」)

222) 수령 : 원문의 '분우(分憂)'는 임금의 근심을 나눠 갖는다는 뜻으로, 목민관을 말한다.

223) 꼴과 …… 책무입니다 : 지방관의 기본적 책무를 말한다. "지금 남의 소와 양을 받아다가 그를 위하여 기르는 자가 있으면, 반드시 그를 위하여 목장과 꼴을 구하여야 한다.[今有受人之牛羊而爲之牧之者 則必爲之求牧與芻矣]에서 유래한다.(『孟子』「公孫丑 下」)

224) 달이 …… 전에 : 원문의 '이필(離畢)'은 필성에 걸림이니 비가 올 조짐을 말한다. "달이 필성에 걸렸으

해가 쨍쨍 내리 쬐니	日杲杲出
내 마음 타는 것 같고	我心如渴
살아남는 백성이 없습니다	民靡遺子
신이 구휼해 주시지 않으면	神將不恤
내 어찌 살고 싶겠습니까	予豈欲活
혹시라도 금일에	倘及今日
비가 내려 못이 넘쳐나면	降澤洋溢
싹들이 우쩍우쩍 자라나고	苗興斯勃
보리는 생생히 생기가 돌 것입니다	我麥彧彧
우리 콩은 무성하게 되고[225]	我菽翼翼
늦벼와 올벼[226]도 그러하리니	至于重穋
병든 자는 약이 필요 없고	病者勿藥
근심하던 자는 즐거워할 것입니다	憂者以樂
우리 백성들 덕에 보답하여	我民報德
희생은 살찐 것으로 하고	犧牲肥腯
자성은 풍성하고 깨끗이 하리니	粢盛豐潔
대대로 향기로운 제물[227] 흠향하십시오	世歆芬苾

기룡산[228]에 비를 바라는 제문[騎龍山祈雨文]

동해 바닷가	大海之濱
산중에 기룡산이 있는데	山有騎龍

니, 비가 주룩주룩 내리리로다.[月離于畢 俾滂沱矣]"에서 유래한다.(『詩經』「小雅, 漸漸之石」)

225) 보리는…… 되고 : 원문의 '욱욱(彧彧)'과 '익익(翼翼)'은 모두 생기 도는 모습을 말한다. "내 기장이 무성하며, 내 피가 무성하여.[我黍與與, 我稷翼翼]" (『詩經』「小雅, 楚茨」)와 "강장이 정연하거늘, 서직이 무성하니[疆埸翼翼, 黍稷彧彧]"에서 온 말이다.(『詩經』「小雅, 信南山」)

226) 늦벼와 올벼 : 원문의 '중륙(重穋)'은 먼저 심은 벼와 늦게 심은 벼를 말한다. "서직에는 늦벼와 올벼가 있으며, 벼와 삼, 콩과 보리이니라.[黍稷重穋 禾麻菽麥]"에서 온 말이다.(『詩經』「豳風, 七月」)

227) 향기로운 제물 : 원문의 '분필(芬苾)'은 향기로운 제사 음식을 말한다. "정결하고 향기로운 효손의 제사에, 신령이 그 음식을 달게 받았다.[苾芬孝祀 神嗜飮食]"에서 온 말이다.(『詩經』「小雅, 楚楚者茨」)

228) 기룡산 : 영양(永陽)의 입암(立巖) 동쪽에 있는 산 이름이다.

그 예전 신옹이　　伊昔神翁
여기서 용을 길들였습니다[229]　　於焉擾龍
비늘 있는 곤충 삼백 중에　　鱗虫三百
가장 영험한 것이 용인데　　至靈者龍
변화를 헤아릴 수 없기에　　變化不測
용이라고 불렀습니다　　是故稱龍
구름을 부리니 용이요　　行雲曰龍
비를 일으키니 용이었습니다　　興雨曰龍
지금 너와 약속하려하니　　今與汝約
들으소서, 너 용이시여!　　聽哉汝龍
팔도가 모두 가뭄 들었으니　　八路同旱
근심은 산용에게 절실하여　　憂切山龍
하늘에서 명이 있으니　　有命自天
뭇 용들을 내달리게 하였습니다　　駿奔群龍
산이 관내 동쪽에 있어도　　山在治東
평소에 용에게 기도함은　　終古祈龍
군민들이 두려워 않고　　郡民不恐
오직 믿는 것 용뿐이었습니다　　所恃惟龍
지금 만약 비 내려주시면　　今若賜雨
영험함이 있는 용이시고　　有靈之龍
기도하는데 응하지 않으시면　　禱而不應
영험함이 없는 용이랍니다　　無靈之龍
영험 있고 영험 없고는　　有靈無靈
장차 용에게 달려 있습니다　　將卜於龍

---

229) 용을 길들였습니다 : 원문의 '요용(擾龍)'은 용을 길들이는 것을 말한다. "그 뒤로 유누가 있는데 용 길들이는 것을 배워 공갑을 섬겼다.[其後有劉累 學擾龍 事孔甲]"에서 온 말이다.(『漢書』「高帝紀」)

제문祭文

족형 기에게 올리는 제문[族兄鐖文]

아!	嗚呼
흥해[230] 한 군은	曲江一郡
예전부터 수향이라 불려	古稱壽鄕
장수하고[231] 덕 있는 분	黃髮淵德
출입이 줄을 이루었습니다	出入成行
봄에서 겨울까지 모이니	冬春團會
공의 집에 가득하였는데	滿于公堂
십 수 년 사이 만에	十數年間
거의 다 돌아가시니	零落殆盡
향리의 운과 가문의 복	鄕運門祚
한 때에 모두 기울었습니다	一時俱蹇
우리 종친들 중에	惟我宗親
장로는 서너 분이나	長老數四
그 중 원기 왕성한 분	就中矍喈
공 만한 분이 없었습니다	無如公比
춘추가 얼마인가	春秋幾何
일흔하고 둘인데도	七旬有二
눈은 어둡지[232] 않았고	眼不生花

230) 흥해 : 원문의 '곡강(曲江)'은 흥해의 구명(舊名)이다.(『新增東國輿地勝覽』)

231) 장수하고 : 원문의 '황발(黃髮)'은 장수의 징조를 말한다. "이미 복을 많이 받으시어, 머리도 누렇고 이도 새로 나셨다네.[既多受祉 黃髮兒齒]"에서 온 말이다.(『詩經』「魯頌, 閟宮」)

232) 어둡지 : 원문의 '생화(生花)'는 꽃 잎 날리듯이 눈이 어른거림을 말한다. 두보(杜甫) 「음중팔선가(飮

치아는 흔들리지[233] 않아	齒不搖車
기거하며 먹고 마심이	起居飮食
젊은이 못지 않았습니다	少年不如
기운 탐이 남보다 나아	乘氣加人
격렬하고 강개하니	激節慷慨
위엄은 주려에 퍼졌으며	威行州閭
기개는 수령마저 꺾었습니다	力折守宰
자제를 가르칠 때에	敎誨其子
매우 법도가 있어	甚有法度
연마하여 성취한 것이	磨礱成就
엄부에게서 나왔습니다	出於嚴父
고을에서 중망을 받고	見重鄕曲
영남에 이름 알렸으며	知名嶺下
초사로 이름나니	以楚辭鳴
앞서는 자 드물었습니다	鮮有前者
공이 이미 뿌리에 물 주어	公旣漑根
그 열매 먹으리라 생각했는데	謂食其實
어떻게 한 질병으로	夫何一疾
천고의 이별 하였습니까	千古之訣
시월 보름	十月之望
내가 문병 할 적에	而余候之
살갗 비록 주름졌으나	肥膚雖敗
정신은 쇠하지 않아서	神精不衰
나를 보고 눈물 흘리고	看我出涕
또박또박 말을 하며	琅琅有說
선정 고치는 일을	先亭之事
마치지 못하였다 하였습니다	謂未能畢

中八仙歌)」의 "하지장 말 타는 건 배를 탄 듯이 흔들흔들, 눈은 어른거려 우물 속에 빠져 자기도 했네.[知章騎馬似乘船 眼花落井水底眠]"에서 유래한다.

233) 흔들리지 : 원문의 '요거(搖車)'는 수레가 흔들리듯 이빨이 흔들거림을 말한다. 한유(韓愈) 「제십이랑문(祭十二郎文)」의 "나는 나이 40도 안 되어서 시력은 흐릿하고, 머리털은 희어지고, 치아는 흔들린다.[吾年未四十而視茫茫 而髮蒼蒼 而齒牙動搖]"에서 유래한다.

사당 모습 일으켰고　廟貌可興
포사도 베풀었으며　庖所可設
담장 쌓고 계단을 고친　築垣理級
연후에야 낙성하는데　然後落成
이제 모든 일 그만이니　今焉已矣
한을 품고 간다고 하였습니다　抱恨而行
내 읍하며 대답하기를　余泣而對
형님! 형님!　族兄族兄
어찌 이리 말하십니까　何出此言
평심으로 조섭하십시오　平心調養
싸워 이겨 살이 찌면　戰勝而肥
기운 더욱 씩씩해지리니　氣當益壯
무슨 일인들 못할 것이며　何事不做
무슨 바램 이루지 못하겠습니까　何願不就
말 마치고 웃으며　語畢而笑
"다시 오겠습니다" 하였네　曰復來俟
미처 열흘이 못되어　曾未叶旬
갑자기 이 지경에 이르렀습니다　遽至於斯
휘장 열고 한 번 불러보지만　披帷一號
유명이 영원히 갈라졌습니다　幽明永隔
영혼이 계시거든　不昧者存
바라건대 이르십시오　庶幾來格

계림 김종한을 애도하는 제문[祭鷄林金宗漢]

아! 내가 약관弱冠의 나이로 영천의 여관에서 공을 뵙고 몇 마디 나누지도 않았으나, 공께서 아주 뛰어난 분인 줄 알았습니다. 5년이 지난 뒤 종제從弟의 초행醮行으로 인해 운산雲山의 별장에서 며칠 밤 모시고 말씀을 나누면서 더욱 대단한 언론言論을 들었습니다. 나중에 또 혼인婚姻의 인연을 맺게 되어 출입出入함에 정이 매우 가까워졌습니다. 공의 손자인 순淳이 저를 따라 유학한 것이 10여 년입니다. 성품이 매우 온아溫雅하고 자질 또한 매우 뛰어났으니, 또한 근세의 이름난 선비라 이를 만하여 그 집안의 아이라고 일컬어졌습니다.

공께서 또 저를 연사蓮社로 찾아왔었는데, 이때 수령 유광렴柳光廉이 공의 웅변雄辯을 듣고는 감탄하여 곁에 있는 사람들에게 말하였습니다. "영남의 위인偉人이다." 갑술년[1814] 봄 우리 집안이 불행하게도 거듭 상喪을 당하였습니다. 또 사랑하는 아이234)를 위해 곡哭하며 너무나 슬퍼하여 병이 났었습니다. 그때 공께서 편지를 주시어 저를 꾸짖었습니다. "그대는 독서하는 사람이 아닌가? 어찌 이치로써 심회를 보내지 않았는가? 나도 그러한 아픔을 겪었지만 나이 80이 가깝도록 잘 먹고 편안히 자고 있다네." 이 한 마디 말을 듣고 저도 스스로 치유하였습니다. 매번 사람을 만날 때면 공을 '동문東門235)의 달관達觀한 사람'이라고 일컬었습니다.

그 뒤 8월 공을 입암立巖236)으로 가는 도중에 만나 말을 세우고 눈물을 흘렸더니, 공께서 말고삐를 놓고 크게 웃으며 말하였습니다. "그대는 준俊이 어미가 세상을 떠났다고 한 번도 서쪽으로 오지 않는가?" 제가 눈물을 훔치고 사례謝禮하며 말하였습니다. "겨울에 달성達成으로 가는 길이 있는데 반드시 찾아뵙겠습니다." 그리고 돌아왔습니다. 아! 이번 겨울 하양河陽 다녀오는 길에 공公의 영전에 곡할 줄을 누가 알았겠습니까? 약관弱冠 이후 40년간의 일을 추념追念하니 저도 모르게 눈물이 옷깃을 적십니다. 아!

진사덕을 애도하는 제문[祭陳師德文]

아! 통재라 嗚呼痛哉
공의 성품 순박하고 강직하여 公性純剛
진실로 화락한 군자였네 展也愷悌
어려서 사부를 즐겼고 早喜詞賦
늙어서 시례를 좋아하였네 晩好詩禮
집안에 머무는 도리는 處家之道
우애가 더욱 드러났고 友愛益著
향리에서의 범절은 居鄕凡節

234) 사랑하는 아이 : '소교(所嬌)'는 사랑하는 아이를 말한다. 두보(杜甫) 「북정(北征)」의 "평생 사랑받는 아이[平生所嬌兒]"에서 온 말이다. 이계 선생께서는 1812년 사랑하는 둘째 아들인 응주를 떠나보냈다. 이 글만으로는 정확하게 누구인지는 알 수가 없으나 광명(壙銘)의 내용으로 볼 때 응주를 말하는 것으로 여겨진다.

235) 동문(東門) : 주 37) 참조.

236) 입암(立巖) : 현재 경상북도 포항시 죽장면 입암리이다.

겸손과 공손으로 자처하였네	謙恭自處
나를 멀리 버리지 않고	不我遐棄
나에게 아들을 맡기니	托我以子
그 집안에 딱 맞아	克稱其家
한 고을의 멋진 선비였네	一鄕佳士
을묘년에	歲在乙卯
함께 한양으로 갔었네	同赴漢城
인정전과 물시계	仁政仙漏
나라의 문물 살펴보고	觀國之光
저 남산에 올라	陟彼南山
한양을 내려다 보았네	俯臨長安
종루를 두루 구경하고는	遍過鍾樓
술을 불러 단란하게 마셨네	呼酒團欒
서쪽 연조문[237]을 바라보고	西瞻延詔
동쪽 송동[238]으로 돌아왔네	東還宋洞
삼청동의 냇물은	三淸之水
씻고 놀 만하였네	可濯可弄
한 집의 나그네살이	同舍旅食
정이 더욱 친밀해졌는데	情地尤密
공은 돌아가고 나는 머무니	公歸我留
쓸쓸히 잃어버린 듯하였네	悵悵如失
9월에 나그네 되어	客秋九月
하룻밤 베개 나란히 하며	聯枕一宵
도란도란 담소하니	笑語琅琅
밤부터 아침이 되었네	自宵至朝
달성 가는 한 길이	達城一路
도리어 한양[239]에 이르렀네	轉至西笑

---

237) 연조문 : 조선시대에 중국사신을 맞이하던 모화관(慕華館)의 입구에 세웠던 문이다. 원래는 연조문이라 하였으나 1606년 중국사신 설정총(薛廷寵)의 요구로 그 명칭을 영은문(迎恩門)으로 고쳤다. 연주문(延柱門), 연은문(延恩門) 등으로 불리기도 했다.

238) 송동 : 한양의 숭교방(崇敎坊) 흥덕동(興德洞)의 부근에 있는 동네인데, 이곳에는 우암 송시열의 집이 있었으므로 송동이라고 하였다.

가는 길이 바빠서	行邁忽忽
알릴 겨를 없었네	未暇奉告
구구한 이 마음을	區區此心
젊은이들과 이야기해도	說與年少
천 리 길 불편하여	千里無便
어렵사리 재를 넘었네	艱關踰嶺
열흘 넘겨 집에 돌아오니	浹旬返庭
병 없음이 다행이었네	無病爲幸
어찌 생각하지 않았으리	豈不爾思
실지로 강개함이 많았지만	實多慷慨
가려 해도 가지 못하고	欲往未往
자연스럽게 시일만 넘겼네	自然踰時
어찌 알았으리 한 번의 이별이	豈圖一別
갑자기 천고가 될 줄을	奄成千古
공이 평소 병이 많아	公素多病
십 년 간 약을 의지했네	十年藥臼
내가 "이 병은	吾云是疾
수하는데 해가 없다" 했으니	不害爲壽
부고를 받은 처음엔	承訃之初
꿈인지 참인지 의심했네	疑夢疑眞
말을 타고 가서 보니	鞭馬往視
바로 천고인이 되었네	乃千古人
하늘도 믿기 어렵구나	天亦難恃
수가 어짊과 같지 않네	壽不如仁
아! 우리 고을의 운수가	嗟我鄕運
이 같이 참혹한가	如是慘酷
호옹이 돌아가셨는데	好翁已矣
공이 또 세상을 떠났으니	公又就木
춘추로 지내는 향사에	春秋鄕社

---

239) 한양 : 원문의 '서소(西笑)'는 수도를 말한다. "사람이 장안악을 들으면 문을 나와 서쪽을 향해 웃는다. [人聞長安樂 則出門向西而笑]"에서 유래한다.(『桓譚新論』)

누구와 함께 모일까[240]	誰與盍簪
말과 생각이 이에 미치니	言念及此
나의 회포 암담하네	余懷愔愔
아! 공의 장삿날이	噫公襄期
3월 3일이네	修禊之辰
크게 이별하며	大擬其缺
묘지에서 곡하려 했건만	臨穴沾巾
늙어 부질없이 뜻만 가지고	老而更狂
나는 또 서울로 향했네	我行又西
세 걸음마다 머리 돌리니	三步回頭
내 마음 슬프도다	我心悲兮
아파도 손잡아주지 못했고	病不握手
장례엔 전송도 못하였네	葬不送野
인척의 의리를 가졌으면서도	揆諸姻誼
무정한 사람 같이 하였네	若無情者
사람 시켜 한 잔 술 올림에	一盃替人
눈물이 줄줄 흘러내리니	有隕如瀉
혼령이 계시거든	不昧者存
혼령은 알아주시리라	靈其知也
아! 통재라	於乎痛哉

240) 모일까 : 원문의 '합잠(盍簪)'은 뜻이 맞는 이들이 서로 모임을 말한다. 회합이 빠르고 속함을 말한 것임. 예괘(豫卦) 구사에 "벗들이 모여든다.[朋盍簪]"에서 온 말이다.(『周易』)

이계선생문집 耳溪先生文集

제3권 卷之三

이계선생문집 제3권

역괘효찬易卦爻贊

건상乾上
건하乾下

건乾은 굳셈[健]이다. 천도天道는 항상하면서 사덕四德을 갖추고 있기 때문에, 괘사卦辭에서 "원하고 형하고 리하고 정하다.[元亨利貞]"라고 하였다. 단사彖辭에서 "때로 여섯용을 타고서 하늘을 부린다.[時乘六龍 以御天]"라고 하였으며, 또 "만물 중에 으뜸으로 나오니 온 나라가 모두 평안하다.[首出庶物 萬國 咸寧]"라고 하였으니, 구오九五가 건괘乾卦를 통합하는 주효主爻가 됨을 보여준다. 여러 효爻가 모두 용龍을 일컬었는데, 구삼九三과 구사九四에서 용龍을 말하지 않은 것은 사람 자리이기 때문이다. 세 번 그은 괘로 말하면, 구이와 구오가 중심 자리에 해당하기 때문에 두 효爻에서 모두 대인大人이라고 하였다. 이는 바로 인극人極의 도道를 세워 64괘 중에 사람 자리의 으뜸으로 삼은 것이다. 구이와 구오는 같은 덕德이기에 서로 응應하는데, 나머지 효爻는 모두 응應하는 것이 없음은 왜인가? 문언文言에서 "성인이 일어남에 만물이 우러러본다.[聖人作而萬物覩]"라고 하였으니, 어찌 같은 소리와 같은 기운이 자연스럽게 응應하는 것이 아니겠는가? 육효六爻는 모두 성인聖人의 일이다. 잠겨있는 용의 덕이 반드시 드러난 용의 덕보다 못한 것은 아니며, 드러난 용의 덕이 반드시 나는 용의 덕보다 못한 것은 아니다. 다만 지위의 높고 낮은 것이 있을 뿐이다. 끝까지 오름이 비록 지나치게 심하지만, 성인聖人에 있어서는 지나침이 없다. 위대하도다! 성인께서 건乾의 도를 체득體得하셨도다.

위대하도다! 건乾이여. 만물의 부父가 되어 넓고 좁으며 크고 작은 모든 것에 성명性命을 고르게 부여하여 큰 조화로움[1]을 보존하니, 바로 구름이 모여 비가 내리는 것과 같다. 서서 삼극三極[天·地·人]이 되어 열리면 만호萬戶[2]의 중정中正이 되어 순수하게 체득體得하니 덕 있는 군주가 옷을 드리우고 있는 상象이다. 요堯와 순舜이 가까이 있으며, 여섯용이 시절을 따라 잠기고·드러나고·날고·뛰게 된다. 군자가 하늘을 법 받아 스스로 힘쓰고 쉬지 않는다.

초구; 깊은 산속의 순舜이 용龍의 덕을 가지고도 숨어 지내는 때이다. 장차 평생을 마칠 듯하니 신념에 차 민망해하지 않는다.

구이; 견묘畎畝에서 일어나 위로 구오에 응하는 때이다. 용덕龍德이 정중正中하니 그 베푸는 것이 넓기만 하다.

구삼; 그윽한 덕이 위로 알려지니[3] 천하가 귀의歸依한다. 위태롭고 두려운 자리에 있어 밤낮으로 부지런하다.

구사; 대록大麓에 들어가도록 함에 천둥과 비에 흔들리지 않으니[4] 두루 시험해보는 때이다. 상하가 항상하지는 않지만 나아가고 물러남이 마땅함을 얻는다.

구오; 성인聖人이 나옴에 만물이 우러러보니[5] 사해가 모두 추대한다. 해와 달이 광채를 발하고 바람과 구름이 모여든다.

상구; 칙천勅天의 노래[6]는 성대하고 가득함을 경계한다. 나아가고 물러나는 것을 알아 차분하게 읍하고 겸손해 한다.

---

1) 큰 조화로움 : 대화(大和)는 "하늘의 도가 변화함에 각각 성명을 바르게 하여 큰 조화로움을 보존하여[乾道變化 各正性命 保合大和]"에서 온 말이다.(『周易』「乾卦, 彖辭」)

2) 만호(萬戶) : 우주 공간 안에 살아 있는 모든 것을 말한다. 주자(朱子) 「답원기중논계몽(答袁機仲論啓蒙)」의 "홀연 야밤에 일어나는 한 소리 우레에, 만호 천문이 차례로 열리누나.[忽然半夜一聲雷 萬戶千門次第開]에서 온 말이다.

3) 그윽한……알려지니 : 순(舜)의 그윽하고 훌륭한 덕을 요(堯) 임금이 듣고 등용하게 됨을 말한다. "그윽한 덕이 위에 있는 요 임금에게 들리자, 이에 천자의 지위를 명하셨다.[玄德升聞 乃命以位]"에서 온 말이다.(『書經』「舜典」)

4) 대록에……않으니 : 요(堯)가 순(舜)을 시켜 산림에 들게 함에 폭풍과 뇌우(雷雨)가 쳤지만 총명함으로 흔들리지 않았던 일을 말한다. "대록에 들어가게 하시니 열풍과 뇌우에 미혹되지 않으셨다.[納于大麓 烈風雷雨弗迷]"에서 온 말이다.(『書經』「舜典」)

5) 성인이……우러러보니 : "구름은 용을 따르고 바람은 범을 따른다. 그래서 성인이 나타나심에 만물이 우러러본다.[雲從龍 風從虎 聖人作而萬物覩]"에서 유래한다.(『周易』「乾卦, 文言」)

6) 칙천의 노래 : 제순(帝舜)이 노래를 지었다. "하늘의 명을 삼갈진댄 때마다 삼가고 기미마다 삼가야 한다.[勅天之命 惟時惟幾]"에서 온 말이다.(『書經』「益稷」)

☷ 곤상坤上 곤하坤下

곤坤은 따름[順]이다. 사덕四德이 같으면서 곧음을 암말로서 말하는 것은 그 두터운 덕으로 물物을 실었으면서도 따르고 또 강건하기 때문이다. 괘사卦辭에서 "이로움을 주장한다.[主利]"라고 하였고, 육이 효사爻辭에서 "이롭지 않음이 없다.[无不利]"라고 하여 육이가 곤坤을 거느리는 주효主爻가 됨을 말하였다. 여러 효爻중, 초육에서 "서리를 밟는다.[履霜]", 육삼에서 "아름다움을 머금는다.[含章]", 육사에서 "주머니 끈을 묶는다.[括囊]", 육오에서 "황색 치마[黃裳]", 상육에서 "용들이 싸운다.[龍戰]"라고 하였으니, 상象을 취함이 한결같지 아니함은 왜인가? 건괘乾卦에서는 "여섯 용[六龍]"이라 하였는데, 곤괘坤卦에서 "여섯 말[六馬]"이라 하지 않은 것은 양陽은 오로지 하고 음陰은 섞이기 때문인가? 여섯 효는 모두 인신人臣의 일인데, 응應함이 없는 것은 건乾의 군덕君德에 응하기 때문이다. 황색 치마의 덕은 육이에서 나왔으며, 지도地道의 빛남과 주머니 끈을 묶는 지혜는 육삼에서 나왔으며, 아름다움을 머금은 곧음은 다만 시時의 마땅함과 않음에 있을 뿐이다. 초육과 상육은 바로 음陰의 사그라들고 자라남이다. 진실로 일찍부터 분변할 수 있다면 어찌 용龍이 싸워 음과 양이 모두 다치게 되는 이치가 있겠는가? 지극하도다! 성인聖人께서 곤坤의 도를 체득體得하심이여.

지극하도다! 곤坤이여. 만물의 어머니로다. 날고 잠기며 움직이고 머묾에 형기形氣를 각각 받았다. 벗을 서남西南에서 얻어 오래도록 짝하였다. 건乾을 받들어 마침이 있으며 이로움을 주장하면서 뒤에 머물렀다. 포용하고 너그러우며 빛나고 위대하여 진실로 신하의 절도에 합치되었다. 육오의 황색 치마와 같은 지위는 이윤伊尹7)과 주공周公8)이 비슷하다. 암말이 이롭고 곧으니 유순柔順하여 평안하고 길하다. 군자가 곤坤을 체득體得하여 두터운 덕으로 물을 실어준다.

초육: 음이 비록 매우 은미하나 소홀히 할 수 있겠는가? 차가운 서리와 얼음이 되는

---

7) 이윤(伊尹) : 은(殷) 나라 탕(湯)임금의 신하인데, 이름은 지(摯)이다. 탕을 도와 은을 세운 인물이다.
8) 주공(周公) : 주(周) 나라 문왕(文王)의 아들이며, 무왕(武王)의 동생으로 이름은 단(旦)이다. 무왕을 도와 주를 세워 예악(禮樂)과 문물(文物)을 정비한 인물이다.

경계는 초효에 있다.

육이; 종용히 도와 덕에 맞으니 어찌 때로 익힘을 기다리겠는가? 안을 곧게 하고 밖을 방정히 하면 경의敬義가 확립된다.

육삼; 혹 왕사王事에 종사하면서 대신하여 마침이 있다. 천자天子에게 돌리고 그 공功을 차지하지 않는다.

육사; 군자君子가 말을 삼가하기를 주머니의 끈을 묶은 듯이 한다. 그 어리석음이 미치기 어려우니 때문에 허물이 없다.

육오; 아름답도다! 이 효爻여. 주공周公께서 감당하시는구나. 곤의袞衣[9]와 적석赤舃[10]으로 잘 처리하였지만 위태롭고 의심스러운 자리이다.

상육; 음陰이 궁색한 지경에 이르렀으므로 양월陽月이라고 일컫는다. 위가 검고 아래가 황색이니 높고 낮음의 구분이 있다.

䷂ 감상坎上 진하震下

준屯은 어지럽고 어두움[草昧]이다. 천지天地가 있은 뒤에 사람이 있다. 인도人道는 반드시 사덕四德을 갖추고 있기 때문에 괘사卦辭에서 "크게 형통하고 정함이 이롭다.[元亨 利貞]"라고 하였으며, 인도는 반드시 군장君長을 세우기 때문에 "후를 세움이 이롭다.[利建侯]"라고 하였다. 후侯를 세움에는 반드시 장자長子를 쓰기 때문에 초구가 진체震體로써 준괘屯卦의 주효로 삼았다. 괘안에 오직 양陽이 둘 있는데 육오는 은택을 베풀기 어렵기 때문에 여러 효爻의 뜻이 초구를 인하여 일어났다. 육사의 가면 길하다는 것은 초구와 응함이요, 육삼의 가면 부끄럽다는 것은 초구를 버려서이다. 육이의 말을 타고 머뭇거리는 것은 초구를 타서이다. 상육의 피눈물을

9) 곤의(袞衣) : 왕공의 복장을 말한다. 주공(周公)을 찬미하였다. "내가 그분을 만나 보니 곤의와 수상을 입었도다.[我覯之子 袞衣繡裳]"에서 온 말이다.(『詩經』「豳風, 九罭」)

10) 적석(赤舃) : 왕공의 복장을 말한다. 주공(周公)을 찬미하였다. "붉은 신발이 점잖고 의젓하였다.[赤舃几几]"에서 온 말이다.(『詩經』「豳風, 狼跋」)

흘린다는 것은 초구를 멀리해서이다. 성인께서 어려움을 구제하는 뜻이 깊다.

구름이 비를 만들지 않았는데, 싹이 막 땅에서 나오는 때를 당하였다. 세 사람이 말을 타고 가다가 험난함을 만나 말고삐를 돌렸다. 혼자 힘으로 건너기 어렵기에 후候를 세워서 널리 바탕으로 삼았다. 양강陽剛한 군자가 경륜經綸할 때이다.

초구: 귀하면서 천한 이에게 몸을 낮추니 백성의 마음을 얻는 상象이다. 광무제光武帝가 본받아서 한 나라의 운명[11]을 다시 왕성하게 하였다.

육이: 남은 건너도 나는 건너지 않음은 나는 내 짝을 기다려서라네.[12] 물物이 지극해지면 반드시 돌아오니 10년의 오랜 세월을 지나면 이른다.

육삼: 어찌하여 숲 안에서 사냥하려는 마음을 내겠는가? 기미를 보고 그만 둘 것이요, 짐승을 탐내어 쫓지 말아라.

육사: 임무는 중한데 재주는 약하니 매우 분명하게 스스로를 안다. 아래의 선사善士를 구하여 자기를 비우고 정성을 다한다.

구오: 위엄과 권위가 자기에게서 떠났으니 크게 바르지 못하다. 은 나라 반경盤庚[13]과 주 나라 선왕宣王[14]이 백성들을 점점 길들여서 태평해졌다.

상육: 자리는 높은데 도우는 이가 없으며, 말을 타고 편안해 하려해도 아래의 강한 응원이 없어, 다만 스스로 눈물을 흘리고 있다.

---

11) 한 나라의 운명 : 한 고조(漢高祖)가 화덕(火德)으로 왕(王)이 되었다 하여 한 나라를 염한(炎漢)이라고도 한다.

12) 남은 …… 기다려서라네 : 육이가 정응(正應)인 구오(九五)가 있으나 가까이 있는 초구(初九)의 눈치를 보며 머뭇거리는 모습을 말한다.『시경(詩經)』「패풍(邶風), 포유고엽(匏有苦葉)」에서 온 말이다.

13) 반경(盤庚) : 은 나라 17대 임금이다. 신하들이 사치와 안일에 젖어 있었으므로 국정을 일신하기 위하여 은(殷)으로 도읍을 옮겨 상(商)이었던 국호를 은(殷)으로 고치고 중흥을 이룩한 현군(賢君)이다.

14) 선왕(宣王) : 아버지 여왕(厲王)이 죽자, 주공과 소공에 의해 즉위하여 문왕과 무왕의 유법(遺法)을 본받아서 정치를 잘하여 중흥(中興)의 영주(英主)가 되었다.

䷃ 간상艮上 감하坎下

몽蒙은 어리석고 어두움[蒙昧]이다. 깨우치는 이치가 있기 때문에 괘사卦辭에서 "형통하다.[亨]"라고 하였으며, 바름을 기르면 성인이 되기 때문에 "정하는 것이 이롭다.[利貞]"라고 하였다. 또 "동몽이 나에게 구한다.[童蒙求我]"는 구이가 몽蒙을 깨우치는 주효主爻임을 지적한 것이다. 괘卦에 오직 두 양이 있는데, 상구는 몽매함을 깨우치기 때문에 여러 효爻들의 뜻이 구이로 인하여 일어난다. 육오의 동몽童蒙이어서 길吉함은 나를 응하여서이고, 초육의 몽매함을 깨우치는 이로움은 나를 받들어서이다. 육삼의 여몽女蒙의 잃어버림은 나를 타고 있어서이고, 육사의 몽매함으로 어려움에 처하여 부끄러워하는 것은 나를 멀리 하여서이다. 성인이 몽매함을 열어 주는 뜻이 넓다.

험난함을 만나 멈추니 어찌 물의 성질이겠는가? 구덩이를 메운 뒤에 나가니 사해에 이를 수가 있다.[15] 가르침 또한 방법이 많은데, 몽매할 때에 바름으로 기르면 성공成功하여서는 함께 성인聖人으로 돌아간다.

초육: 법이 형벌이 없는 지경을 기약하면 부끄럽고 또 선에 이름이 있다.[16] 아래 백성들의 몽매함은 질곡桎梏을 벗겨 주듯이 한다.

구이: 몽매함을 깨우치는 주체는 도道와 덕德을 온전히 갖추어야 한다. 포용함이 광대하면 왕사王事를 이룰 수 있다.

육삼: 정응正應을 버려두고 가까이 이웃을 취한다. 여자의 몽매함이라, 금부金夫를 얻고서는 몸을 지키지 못한다.

육사: 홀로 가까이서 도와주는 이가 없으니 무엇으로 스스로를 개발하리오. 대신의 몽매함은 배우지 않으면 방편이 없다.

육오: 동몽으로 자처하니 현자賢者라야 이를 듣는다. 태갑太甲[17]과 성왕成王[18]이 곤란함

---

15) 구덩이를 …… 있다. : 『맹자(孟子)』 「이루 하(離婁下)」에 나온다.

16) 부끄럽고 …… 있다. : 공자가 법치와 덕치를 비교하며 덕치의 공효(功效)에 대해 설명한 것이다.(『論語』 「爲政」)

을 겪고 성인이 되었다.

구오: 몽매함을 치는데 어떻게 하겠는가? 거스름도 있고 따름도 있다. 무력으로 곤궁하게 하면 진秦이요, 묘족을 바로잡듯이 하면 순舜이다.

☵☰ 감상坎上 건하乾下

수需는 두 가지 뜻이 있으니, 하나는 음식飮食이요, 하나는 기다림[需待]이다. 그러므로 구오에서 "주식에서 기다린다.[需于酒食]"라고 하였으며, 또 단사彖辭에서 "큰 내를 건넘이 이롭다.[利涉大川]"라고 하였다. 음식과 큰 내라고 하는 것은 모두 감坎의 상象이 된다. 그러므로 구오가 수괘의 주효主爻가 된다. 괘에서 두 음은 모두 감坎의 체인데, 물의 성질이 위로 들어가 아래로 나오기 때문에 육사에서 "구멍에서 나온다.[出于穴][19]"라고 하였으며, 상육에서 "구멍으로 들어간다.[入于穴]"라고 하였다. 나온 것은 혹 험함을 피한 것과 같으며, 들어간 것은 어려움을 끝내고 험함을 벗어난 것이다. 그런데 흉凶함에 이르지 않은 것은 부드럽고 바르면서 따르고 또 공경하기 때문이다. 여러 효爻들이 감坎을 인하여 뜻을 일으켰는데, 초구의 허물이 없다라는 것은 어려움을 범하지 않아서이며, 구이의 끝내 길하다는 것은 너그러움으로 중中에 있기 때문이다. 구삼의 공경하고 삼간다는 것은 재앙이 밖에 있어서이며, 구오의 정하고 길하다는 것은 가운데에 자리해서이다. 성인이 때를 따라 물物을 기다리는 뜻이 넓다.

구름이 하늘로 오르니 기다린 뒤에 비가 내리며, 사람이 물을 마주하여 기다린 뒤에 건넌다. 기다림의 도道는 너그러움을 귀히 여기니, 군자가 상象을 취하여 음식을 먹으며 편안히 즐긴다.

---

17) 태갑(太甲) : 탕왕(湯王)의 손자로 아형(阿衡)인 이윤(伊尹)의 가르침을 듣지 않고 방탕한 행실을 하다가 이윤에게 축출되어 탕왕의 묘소가 있는 동(桐) 땅에 3년 동안 유폐되었다. 이후 자신의 과오를 뉘우치고 행실을 닦아 올바른 정치를 행하였던 인물이다.

18) 성왕(成王) : 주 무왕(周武王)의 아들로 어려서 즉위하여 삼촌인 주공의 도움을 받아 정치를 하였다.

19) 구멍에서 나온다 : 상육의 단사에서 "구멍에 들어간다.[入于穴]"이라고 한 것으로 인하여 육사의 "나오기를 구멍으로부터 한다.[出自穴]"를 바꾸어 적은 것으로 여겨진다.

초구; 때를 기다리는 군자가 멀리 견묘畎畝의 사이에 머물러 있다. 뜻이 비록 기다리는데 있으나 안정安靜되어 스스로 지킨다.

구이; 모래톱 가의 사람이 중中을 얻어 노닐고 여유롭다. 비록 약간의 말이 있으나 환난患難을 잘 처리한다.

구삼; 어찌 진흙 안에 있는가? 그 험함이 이와 같다. 물이 사람을 빠지도록 하는 것이 아니라 사람이 스스로 물에 빠진다.

육사; 세 양陽이 날카롭게 나아가니 약한 한 음陰이 다툴 수 없다. 우선 그 자리를 비우니 어려움을 알아 물러나 듣는다.

구오; 맑은 술이 있어 내가 넉넉히 노닐며 자적自適한다. 동지同志가 서로 응應하니 기다린 것을 반드시 얻는다.

상육; 수괘需卦의 극極에 있으면서 갑자기 사나운 객客을 만났다. 강剛과 유柔는 대적하기 어려우니 경敬 한 글자가 상책上策이다.

건상乾上
감하坎下

송訟이라는 글자는 언言자와 공公자를 따랐으니, 그 말이 공公에서 나왔다. 괘사卦辭에서 "대인을 봄이 이롭다.[利見大人]"라고 하였으니 구오가 송사를 듣는 주효主爻임을 지적하였다. 초육과 육삼은 음으로 부드러워 다투지 않기 때문에 송사를 말하지 않았다. 구이와 구사는 강함과 부드러움이 서로 도와주기 때문에 쟁송爭訟에서 이기지 못한다. 아래에 있는 자들이 모두 하고 싶은 말을 다하지 못하니, 어찌 구오의 군주가 크게 백성의 뜻을 두려워하여 그렇게 하였겠는가? 그러므로 구오에서 "쟁송함에 크게 선하고 길하다.[訟 元吉]"라고 하였다. 상구는 강剛으로서 윗자리에 머무니 그 쟁송을 다한 자이다. 효사爻辭에서 또 쟁송의 일을 말하지 않은 것은 끝까지 쟁송하는 것을 미워해서이다. 관복은 덕이 있는 자의 명복命服이니 쟁송하는 자가 감당할 것이 아니다. 그러므로 상구의 효사爻辭를 혹或자로 시작하였다. 혹이라는 것은 바로 반드시 이치상에 없는 일임을 말함이다. 성인聖人의 쟁송爭訟이 없도록 하려는 뜻이 엄하다.

내괘內卦가 험하고 외괘外卦가 강건하니 쟁송이 없을 수 없다. 실정이 없는 자가 그쳤다가 믿음이 생기면 움직인다. 송사를 듣는 것이 어려운 일이 아니라, 송사를 끊는 것이 아름다운 일이 된다. 때문에 군자는 일을 하되 처음을 잘 도모한다.

초육; 처음은 물러나는 것이 나으니 내가 약하고 저가 강해서이다. 본래 아름다운 일이 아니니 송사는 오래할 수가 없다.

구이; 의리상 감히 다투지 못하니 내가 조심하여 피할 뿐이다. 격주擊柱[20] 하여도 괜찮고 봉류封留[21] 하여도 충분하다.

육삼; 곤괘의 육삼과 일은 다르지만 뜻은 같다. 비록 위태롭고 두려운 자리에 처했더라도 끝내 길함을 얻는다.

구사; 남과 송사하여 이기기보다는 차라리 내 자신을 이긴다. 잘못을 범하는데도 따지지 않은[22] 뒤에 군자君子가 된다.

구오; 크게 백성의 뜻을 두려워하는 것은 그 덕을 중정하게 가지기 때문이다. 우예虞芮의 군주가 문왕을 보지 않았다.[23]

상구; 위에 있으며 송사를 좋아하니 백성들을 다투게 하여 겁탈함을 베푸는 것이다.[24] 비록 명복命服을 하사받지만 득得이 따르고 실失이 따름이다.

---

20) 격주(擊柱) : 자신의 분수에 넘치는 행동을 말한다. 한 고조(漢高祖)가 막 천하를 평정했을 때 군신(群臣)이 모여 술을 마시면서 서로 공(功)을 다툰 끝에 취하여 함부로 소리를 지르며 칼을 뽑아 기둥을 쳤다는 일에서 유래한다.

21) 봉유(封留) : 자신의 분수를 지키는 일을 말한다. 한 고조가 논공행상(論功行賞)을 하면서 장량에게 3만 호(戶)의 봉지(封地)를 스스로 선택해서 가지라고 하자, 장량이 말하였다. "신은 원컨대 유 땅에 봉해지면 충분합니다. 삼만 호는 감당할 수 없습니다.[臣願封留足矣 不敢當三萬戶]"에서 온 말이다.(『史記』「留侯世家」)

22) 잘못을 …… 않는 : 증자가 안연(顔淵)을 생각하며 한 말이다.(『論語』「泰伯」)

23) 우예의 …… 않았다. : 우(虞)와 예(芮) 두 나라의 임금이 전토(田土)를 놓고 서로 경쟁하다가 서백(西伯)에게 판결을 받고자 하였다. 함께 서백을 찾아가면서 농부·행인(行人)이나 선비·대부(大夫)들이 서로 양보하는 것을 보고 "우리는 소인이다. 군자의 지경을 밟을 수 없다.[我等小人 不可以履君子之境]"라고 하고는, 그 전토를 서로 양보한 고사에서 유래한다.(『詩經』「大雅, 緜」)

24) 백성들을 …… 것이다. : '쟁민시탈(爭民施奪)'은 『대학』「전십장(傳十章)」에 나온다.

☷☵ 곤상坤上 감하坎下

사師는 무리[衆]이다. 무리를 부리는 도는 바름으로 근본을 삼는다. 그러므로 괘사卦辭에서 "바르다.[貞]"라고 하였으며, 또 "장인이라야 길하다.[丈人 吉]"라고 하였으니 구이를 가리킨다. 하나의 양陽이 뭇 음陰의 귀의처가 되니, 강剛으로 중中의 자리에 머무는 덕이 있다. 위로 육오에 응함에, 육오가 총애하고 맡겨 도성 밖의 일을 오로지 처리하기 때문에 주효主爻가 되지 않을 수 없다. 그러나 신하된 도리로 스스로 오로지 할 수 없기 때문에 육오를 인하여 뜻을 일으키니, 구이는 중함을 지닌 장수이다. 육삼은 가볍게 나가는 군대이며, 육사는 어려움을 아는 군대이다. 그러므로 장자長子로서 육오에게 매이니 나머지 효들 또한 그러하다. 처음 군대를 출동할 때 왕이 명을 세 번 내린다. 상육에서 군대를 돌리는 것은 대군大君의 명이 있은 때이다. 난을 금하고 포악한 이를 목 베어 호령하고 절제하는 일을 구이가 비록 주장은 하지만, 공을 논하고 상을 행하여 제후諸侯를 봉하고 경대부卿大夫를 삼는 일은 육오가 마땅히 오로지 주장한다. 이는 성인이 직접 군대를 부리지 않는 도리일 것이다.

삼대三代의 왕사王師는 순리로써 움직였다. 장인丈人이면 길하고 소인小人은 쓰지 말아야 한다. 병법에는 어찌하겠는가? 여섯 효를 암송한다. 무리를 지수地水에서 취하고 군자는 무리를 용납한다.

초육: 군사를 내는 도리는 의義로써 중重함을 삼는다. 진실로 그 규율規律을 어기면 비록 이긴들 어디 쓰겠는가?

구이: 중권中權[25]이 오로지 처리하니 능히 그 직분을 다하였다. 천명을 받들어 나라를 회유한 이는 소호召虎[26]와 방숙方叔[27]이었다.

---

25) 중권(中權) : 중(中)은 중군(中軍)이니 곧 장군(將軍)이 있는 곳을 말하며 권(權)은 책모(策謀)를 통제한다는 의미이다.

26) 소호(召虎) : 주(周) 나라도 한 때에는 국가가 쇠약하였던 것을 선왕(宣王)이라는 왕이 중흥시켰는데, 그때에 대장으로서 전쟁을 승리로 이끈 인물이다.

27) 방숙(方叔) : 주 선왕(周宣王)때의 경사(卿士)로서 왕명을 받아 북쪽으로 험윤(玁狁)을 정벌하고 남쪽으로 형초(荊楚)를 정복하여 공로를 세웠던 인물이다.

육삼: 제대로 된 사람에게 의탁하지 않았으니 어찌 성공을 할 수 있으리오? 공功이 없을 뿐만 아니라 흉凶을 불러들이기에 충분하다.

육사: 덕德과 힘을 헤아려서 전쟁에 이기기를 힘쓰지 아니한다. 굳게 지켜서 군대를 온전히 한 이는 염파廉頗[28]와 이목李牧[29]이었다.

육오: 말씀을 받들어 적을 토벌하니 적들이 바로 복종하였다. 장차 여러 문을 나서니 공적을 어그러뜨리지 않음이 드물다.

상육: 병영兵營 사이의 일에 혹 소인小人을 쓴다. 소인에게 작위爵位를 봉하게 되면 해害가 백성들에게까지 미친다.

감상坎上 곤하坤下

비比는 친애하고 도와주는[親輔] 도이다. 그러므로 단사彖辭에서 "편안하지 못하여 바야흐로 오는 것은 상하가 응함이요[不寧方來 上下應也]"라고 하였으며, 또 "원·영·정[30]하면 허물이 없음은 강으로 중의 자리에 있어서이다.[元永貞无咎 以剛中也]"라고 하였다. 강중剛中은 구오를 가리키니 현비顯比의 주효主爻가 된다. 내괘內卦의 육이는 구오에게 친비親比하여 응하며, 외괘外卦의 육사는 구오에게 친비하여 따른다. 초육의 소상의 다른 길함이 있다는 것은 먼저 구오와 친비함을 안 것이요, 육삼의 나쁜 사람이 해롭다[31] 함은 구오와 친비한 것을 알지 못하여서이다. 상육에 이르러서는 그 재주가 이미 고인高人[32]이 되기에 부족하고, 또 스스로 낮추어 남을 따르지도 못한다. 단사彖辭에서 이른바 뒤늦으면 남자라도 흉하다고 한 것은

---

28) 염파(廉頗): 조 나라의 장수로서 혁혁한 공을 세운 인물이다.

29) 이목(李牧): 조 나라의 북쪽 변방을 지킨 명장이다.

30) 원·영·정: 정자의 『전(傳)』을 살펴보면, "원은 군장의 도리가 있음을 이르고 영은 항상하고 오래함을 이르고 정은 정도를 얻음을 이른다.[元 違君長之道 永 謂可以常久 正 謂得正道]"라고 하였다.

31) 나쁜 사람이 해롭다: 육삼 효사의 "비인과 친하는 것이다.[比之匪人]"와 육삼의 상의 "비인을 친애함이 해롭지 않겠는가.[比之匪人 不亦傷乎]"를 섞어서 한 말이다.

32) 고인(高人): 흔히 세속을 초탈한 은사를 말한다.

이 효爻를 가리키니, 또한 방풍씨防風氏[33]의 유類이다. 이는 성인이 만방萬邦을 화합시키는 도이다.

사람의 친비親比는 물이 땅에 있는 것과 같다. 위와 아래가 친비하니 처음 점을 쳐 원·영·정 세 글자를 얻었다. 무리들은 반드시 친비하기 때문에 사괘師卦의 다음에 하였다. 사師는 근심스럽고 비比는 즐거우니 각각 그 때를 따른다.

초육; 서로 친비하는 도는 믿음으로써 근본을 삼는다. 이미 그 처음이 있으니 끝내 후회와 부끄러움이 없다.

육이; 안에서 스스로 닦고 살피니 구하지 않아도 응한다. 이윤伊尹과 무후武侯[34]는 반드시 세 번 불러줌을 기다렸다.

육삼; 중中도 아니고 정正도 아니니 그 잃어버림을 알 수 있다. 나쁜 사람과 친비하니 참으로 혀를 찰만한 일이다.

육사; 군주君主와 신하臣下의 사이는 정도正道로써 친비한다. 이는 물이 습한 곳으로 흘러가는 것과 같으며, 불이 마른 곳으로 타들어가는 것과 같다.

구오; 사냥터에서 짐승을 사냥하는 일로 비유하면, 진정한 왕은 사방을 완전히 포위하지 않는다. 성탕成湯이 그물을 치고 축원하니[35] 제후諸侯들이 모두 귀의하였다.

상육; 음유陰柔가 스스로 높은 자리에 머무니 사람의 뒤에 있으면서 친비한다. 능히 끝마침이 있기가 드무니 하물며 시작이 없음이겠는가?

---

33) 방풍씨(防風氏) : 옛날 우(禹) 임금이 회계산(會稽山)에 뭇 신(神)들을 불러 모았는데, 방풍씨가 늦게 도착하였기에 우 임금이 그를 죽이니, 그의 신장이 세 길이나 되어 뼈가 수레 하나에 가득 찼다고 한다.

34) 무후(武侯) : 삼국 시대 촉한(蜀漢)의 승상을 지낸 충무후(忠武侯) 제갈량(諸葛亮)을 말한다. 유비가 삼고초려(三顧草廬)하여 재상으로 맞이하였다.

35) 성탕이……축원하니 : 탕임금이 밖으로 나왔다가, 사방의 고기를 모두 잡기를 축원하는 이를 보고는 그물의 삼면(三面)을 열어주고서 말하였다. "왼쪽으로 가고자 하는 놈은 왼쪽으로 가고 오른쪽으로 가고자 하는 놈은 오른쪽으로 가라. 명을 따르지 않는 놈은 바로 나의 그물로 들어오라.[欲左 左 欲右 右 不用命 乃入吾網]" 제후들이 이를 듣고 말하였다. "탕 임금의 덕이 지극하도다. 금수에까지 미쳤구나.[湯德至矣 及禽獸]"에서 유래한다.(『史記』「殷本記」)

☴☰ 손상巽上 건하乾下

소축小畜은 도를 모은 작은 것이다. 한 음陰이 다섯 양陽을 쌓고 있으니 양의 뜻이 행해질 수가 있다. 그러므로 효사爻辭에 "형통하다.[亨]"라고 하였으며, 또 단사彖辭에서 "유柔가 지위를 얻고 상하가 응한다.[柔得位而上下應之]"라고 하였으니 육사가 소축小畜의 주효主爻됨을 지적하였다. 여러 양이 한 음을 인하여 뜻을 일으킨다. 초구와 구이는 뜻이 회복하는 일에 있어서 육사에 의해 멈추지 않는다. 구오와 상구의 체는 손괘巽卦와 같아서 도리어 육사에게 도움을 받아 모인다. 구삼에 이르러서는 총애 받고 미혹됨이 지나치게 심하여 그 지아비의 도를 잃어버리니, 마침내 수레에 바퀴통이 빠지며 부부가 반목反目하는 지경에 이른다. 이는 이른바 영令이 처자妻子에게 행해지지 않는다는 것이다. 그러나 부인의 도리인 곧고 굳음으로 이를 지키면 어찌 위태롭지 않겠는가? 소인小人으로 군자君子를 막아 제재하면 또한 소인의 복福이 아니다. 문왕文王이 경계를 내리신 뜻[36]이 엄하고 또 간절하다고 할 만하다.

성인께서 유리羑里[37]에 갇혀서 우환 속에서 『역易』을 연의하였는데, 상象은 명이明夷[38]에서 취하고 때는 소축에서 사용하였다.[39] 서쪽 교외의 구름은 비를 만들지 못한다. 서교西郊 앞의 아我자에 맛이 있으니 은미한 뜻을 깨달을 수 있다.

초구: 양陽은 본래 위에 있는 것이며 뜻 또한 곧고 굳다. 음陰이 막는다고 수레를 돌려 길을 돌아오지는 않는다.

구이: 이끌어서 돌아오니 함께 하는 근심을 구한다. 덕德이 정正하고 중中하기에 사사로운 기름을 편안해하지 않는다.

---

36) 문왕이 ……뜻: 문왕이 효사(爻辭)를 지어 달았기에 한 말이다.

37) 유리(羑里): 주(紂)가 주 문왕(周文王)을 유폐(幽閉)시켰던 성(城)이다. 문왕이 이곳에 수감되어 주역을 연의(演義)하였다고 전해진다.

38) 명이(明夷): 『주역』의 괘 이름이다.

39) 때는 소축에서 사용하였다: "나의 서교로부터 하였다.[自我西郊]"에서 유래한다.(『周易』「小畜」) 주자는 본의에서 "나는 문왕 자신이다. 문왕이 역을 유리의 옥에서 연역할 때에 기주를 보면 서방이 되니, 바로 소축의 때이다."라고 하였다.

구삼: 중강重剛[40]이면서 중中이 아니니 음陰에게 막히게 된다. 스스로 그 바름을 잃었으니 반목反目하는 지경에 이른다.

육사: 여러 양陽들의 의지가 한 음陰에 모여 있다. 마음을 비우고 정성精誠이 있으면 군주君主의 뜻을 막아도 무슨 허물이 있겠는가?

구오: 정성을 미루어 굳게 맺었으니 상하가 서로 모인다. 나 홀로 부유해지려는 것이 아니라 무리들과 함께 하고자 한다.

상구: 쌓여서 이미 비가 왔으니 달이 또한 장차 차오른다. 부인婦人이면 위태로우니 군자君子가 가지 않는다.

☰☱ 건상乾上 태하兌下

리履는 예禮이다. 예禮라는 것은 사람이 행하는 것이다. 그 법을 다하여 행하면 위태로움을 밟고 있더라도 해가 없다. 그러므로 효사爻辭에서 "범의 꼬리를 밟았더라도 사람을 물지 않으니 형통하다.[履虎尾 不咥人 亨]"라고 하였으며, 단사彖辭에서 "강하고 중정함으로 제위를 밟는다.[剛中正 履帝位]"라고 하였으니 구오가 리괘履卦의 주효主爻가 됨을 지적하였다. 그러나 아래의 태열兌悅과 응應하여 스스로 믿고 스스로 결정하기 때문에 구오의 과감하게 행하는 위태로움[41]이 있는 것이다. 이는 바로 동파東坡 소식蘇軾[42]의 이른바 치세治世에 밝은 군주를 근심한다[43]는 것이다. 건괘乾卦의 구오에 대한 『문언전文言傳』이나 혁괘革卦의 구오에 대한 효사에서는

---

40) 중강(重剛) : 본의에서는 양효(陽爻)로써 양의 자리에 있는 것을 바로 중강이라 하였으며, 정전(程傳)에서는 하효(下爻)와 본효(本爻)가 모두 양(陽)인 것을 중강이라 하였다. 여기서는 본의의 해석을 따랐다.

41) 과감하게 행하는 위태로움 : 구오의 효사(爻辭)인 "결단하여 행함이니 정하더라도 위태로우리라.[夬履貞厲]"를 줄여 표현하였다.

42) 소식(蘇軾) : 1037~1101. 자는 자첨(子瞻), 호는 동파거사(東坡居士)이다. 북송(北宋)시대의 학자로서 당송팔대가(唐宋八大家)의 한 사람이다. 왕안석(王安石)의 신법에 반대하였다. 저서는 『동파전집(東坡全集)』이 전한다.

43) 치세의 …… 근심한다 : 소식 「전표성주의서(田表聖奏議敍)」의 "예전의 군자는 치세를 근심하고 밝은

모두 호랑이를 상象으로 취하였다. 리괘履卦의 구오 또한 그 위位에 해당되기 때문에 육삼과 구사는 꼬리가 되었다. 그래서 육삼에서 "사람을 문다.[咥人]"라고 하였으며, 구사에서 "두려워하고 두려워한다.[愬愬]"라고 하였다. 초구와 상구는 응함이 없기 때문에, 초구에서 "허물이 없다.[无咎]"라고 하였으며, 상구에서 "크게 선하고 길하다.[元吉]"라고 하였다. 구이에 이르러서는 비록 응하는 자리를 차지하였으나, 또한 음陰과 양陽이 정응正應하지 않기 때문에 특별히 유인幽人의 곧음을 이롭게 여겼다. 또 군자의 실천하는 의리로 관찰하면 육삼의 한쪽 눈을 가리고 봄은 상구의 보는 것에 미치지 못해서이며, 구사의 두려움은 초구의 평소대로 함에 미치지 못해서이며, 구오의 과감함은 구이의 평탄함에 미치지 못해서이다. 그 행해야 될 일을 잘 행하는 자는 구이만한 것이 없다. 성인이 도를 바르게 실천함이 자세하고 또한 엄밀하다.

하늘과 못은 차이남이 있어 높고 낮음이 엄하고 바르다. 군자가 행하는 것이 중정中正에서 벗어나지 않아, 예로써 움직이고 공경으로써 행한다. 그 위계질서를 분별하니 백성의 뜻이 절로 안정된다.

초구: 그 평소의 자리를 지켜 행하니 아래에 있으면서도 편안하다. 순 임금이 마른밥을 먹을 때[44]와 안연이 한 대그릇의 밥과 한 표주박의 마실 것[45]으로 지내던 때이다.

구이: 너그러움으로 중中을 얻었으니 행하는 도가 평탄平坦하다. 그 뜻이 그윽하고 맑아 물物이 어지럽히지 못한다.

육삼: 재주는 약하고 뜻은 강한데 바르지 않는 자리를 밟고 있다. 그러므로 절름발이가 가는 것 같으며 맹인이 보는 것과 같다.

구사: 두려움이 많은 자리인데, 게다가 강하여 과감한 이를 받들고 있다. 체體가 강하고 뜻이 부드러우니 비록 위태로우나 길함을 얻는다.

구오: 강剛으로써 태열兌悅과 응하니 그 행할 것을 과감하게 행한다. 밝은 결단이 비록

군주를 위태로워하였다.[古之君子 必憂治世而危明主]"에서 유래한다.

44) 순 임금이……때 : "순 임금이 마른 밥을 먹고 채소를 먹을 때에는 장차 그대로 몸을 마칠 듯하였다.[舜之飯糗茹草也 若將終身焉]"에서 유래한다.(『孟子』「盡心 下」)

45) 안연이……것 : "어질구나 안회여. 한 대그릇의 밥과 한 표주박의 마실 것으로 누추항 시골에 사는 것을 다른 사람은 그 근심을 견디지 못하는데, 안회는 그 즐거움을 변하지 않는구나.[賢哉 回也 一簞食 一瓢飮 在陋巷 人不堪其憂 回也 不改其樂]"에서 유래한다.(『論語』「雍也」)

아름다우나 함부로 자신하지는 말아야 한다.

상구: 사람은 행하면서 그 시종始終을 고찰考察하여야 한다. 아아! 증자曾子께서 연못을 임한 듯 얼음을 밟은 듯하라는 경계[46]를 하셨도다.

☷ 곤상坤上 ☰ 건하乾下

태泰는 통함[通]이다. 군자君子의 도가 자라나기 때문에 효사爻辭에서 "형통하다.[亨]"라고 하였으며, 대상大象에서 "후가 본받아서[后以]"라고 하였으니 육오가 태괘泰卦를 처리하는 주효主爻임을 지적하였다. 그러나 유정柔中한 덕德으로 자기를 비워서 강중剛中한 신하인 구이에 응한다. 태泰를 지극히 하는 공효가 모두 구이에서 나오기 때문에 『본의本義』에서 구이가 "태를 주관한다.[主乎泰]"[47] 라고 하였으며, 선유先儒가 "통태通泰함은 요순의 세대이다."[48] 라고 하였다. 지금 여러 효로 살펴보면, 초구의 동류와 가는 것은 구관九官[49] 과 십이목十二牧이 아닌가? 구이의 거친 것을 포용해줌은 보좌하는 고요皐陶·기夔·후직后稷·설契이 아닌가? 구삼의 가기만 하고 돌아오지 않는 것이 없다와 육사의 경계하지 않아도 서로 믿는다는 '찬 것은 들어냄을 부르고 겸양은 이익을 받는다[50]'는 경계가 아닌가? 육오의 여동생을 시집보내니 이로써

---

46) 증자께서 …… 경계 : "나의 발을 열어보고 나의 손을 열어보아라. 시에 이르기를 '전전하고 긍긍하여 깊은 연못을 임한 듯하고 얇은 얼음을 밟는 듯하라'하니 지금 이후에 내가 면한 것을 알겠노라.[啓予足 啓予手 詩云 戰戰兢兢 如臨深淵 如履薄氷 而今而後 吾知免夫]"에서 유래한다.(『論語』「泰伯」)

47) 태를 주관한다 : 『이계집』에서는 "본의에서 '구이가 태를 주관한다.'[本義曰 九二爲主乎泰也]"라고 하였다. 하지만 주역의 본의를 살펴보면 "태를 주관하여 중도를 얻은 자이다.[主乎泰而得中道者也]"라고 하였다. 본 번역문에서는 『주역』의 『본의』를 따라 왈(曰)의 위치를 고쳐 번역하였다.

48) 통함은 요순의 시대이다 : "축괘와 리괘는 서계 대법의 세대일 것이다. 태통은 요순이 옹희한 세대일 것이다.[畜履 書契大法之世乎 泰通 堯舜雍熙之世乎]"에서 유래한다.(『誠齋易傳』)

49) 구관(九官) : 옛날 순 임금 때 있었던 9가지 관직으로 사공(司空)·후직(后稷)·사도(司徒)·사(士)·공공(共工)·우(虞)·질종(秩宗)·전악(典樂)·납언(納言)을 말한다.

50) 찬 …… 받는다 : 익이 우에게 말하였다. "오직 덕이 하늘을 움직이니 멀다고 이르지 않음이 없습니다. 찬 것은 들어냄을 부르고 겸양은 이익을 받으니 바로 천도입니다.[惟德動天 無遠弗屆 滿招損 謙受益 時乃天道]"에서 유래한다. (.『書經』「大禹謨」)

복을 받는다는 존귀하고 어진 왕공王公이 '사위인 순을 이실貳室에 머물게'51) 한 것이 아닌가? 사육의 성이 무너져 해자로 돌아간다는 '원수元首가 좀스럽고 자질구레하면 고굉股肱이 태만해진다52)'는 경계가 아닌가? 소[陰]가 가고 대[陽]가 오는 것으로 말하면 아래의 삼효三爻는 트이고 위의 삼효는 막힘이다. 어지러움이 다스림에서 생겨난다는 뜻을 볼 수가 있다.

건괘乾卦로부터 곤괘坤卦로 오면서 열 번 변하여 태괘泰卦가 된다. 내괘內卦가 양이고 외괘外卦가 음이니 천지가 통태通泰해진다. 어진 이를 등용하고 간사한 이를 물러나게 하니 조정이 통태通泰해진다. 마름질하여 이루고 도우니 하늘과 사람이 모두 통태通泰하다.

초구; 띠 풀의 뿌리 같이 함께 하는 선비들이 연이어 나아간다. 어찌 길함이 그러한가? 천년의 희운熙運이네.

구이; 통함에 대처하는 방도는 일을 따라 두루하는 것이다. 능히 짝이 되어 중中으로 행하니 덕이 빛나고 드러난다.

구삼; 천운天運은 순환하니 가서 돌아오지 않음이 없다. 참으로 어렵게 여기고 바름을 지킬 수 있으면 거의 복을 누릴 것이다.

육사; 음으로써 윗자리에 머무니 통태通泰함이 중中을 벗어났다. 빨리 나가려는 뜻은 모의하지 않아도 같다.

육오; 지위는 높은데 뜻이 낮으니 순종順從하고 도와야 한다. 상商의 제을帝乙53) 이 누이 동생을 시집보내는 일에 비유된다.

상육; 쌓아서 태泰를 이루고 다시 비否로 돌아간다. 고명告命이 비록 바르지만 어지러워 그치지 못한다.

---

51) 사위인……머물게 : "순 임금이 위로 올라가 요 임금을 뵙거늘 요 임금이 사위인 순을 이실에 머물게 하였다.[舜 尙見帝 帝館甥于貳室]"에서 유래한다.(『孟子』「萬章 下」)

52) 원수가……태만해진다 : 제순(帝舜) 노래의 "원수가 좀스럽고 자질구레하면 고굉이 태만해져서 만사가 폐해질 것입니다.[元首叢脞哉 股肱惰哉 萬事墮哉]"에서 유래한다.(『書經』「益稷」)

53) 제을(帝乙) : 정자(程子)는 제을이 누구인지 정확하게 알 수 없다고 하였다. "제을은 공주를 낮추어 시집보내는 예법을 제정한 자일 것이다.[帝乙 制王姬下家之禮法者也]"라고 단정하며, "제을에 이른 뒤에 예법을 제정하여 그 존귀함을 낮추어 남편에게 순종하도록 하였다.[至於帝乙然後 制爲禮法 使降其尊貴 以順從其夫也]"라고 하였다.

☷ 건상乾上 곤하坤下

비否라는 것은 태泰의 반대이다. 소인의 도가 자라나기 때문에 효사爻辭에서 "군자의 곧음에 이롭지 않다.[不利君子貞]"라고 하였다. 중中에 머물며 처리하는 것은 육이이니 육이가 비괘否卦의 주효主爻가 된다. 이는 유왕幽王과 여왕厲王[54]의 시대일 것이다. 초육의 띠 풀 뿌리를 뽑음은 뭇 음들이 연이어 함께 나아가는 상象이 아닌가? 육이의 품고 있는 것이 순히 받듦은 뭇 음들이 '갓을 털며'[55] 서로 축하하는 때가 아닌가? 육삼의 속에 품고 있는 것이 부끄럽다와 구사의 복을 누리다는 군자와 소인의 마음 쓰는 차이가 아니겠는가? 구오의 총생하는 뽕나무에 매어놓은 듯이 편안하리라는 바로 흥하고 쇠퇴하는 사이에 난을 바로잡는[56] 뜻이니 주 나라 선왕宣王이 중흥하던 때가 아닌가? 상구의 먼저 막히고 뒤에는 기쁘다는 바로 양강陽剛의 재목으로 힘이 넉넉하니 방숙方叔과 소호召虎가 중흥을 도왔던 것이 아닌가? 대[陽]가 가고 소[陰]가 오는[57] 것으로 말하면 아래 삼효三爻는 막히고 위 삼효는 통한다. 위태로운 뒤에 편안해진다는 뜻을 또한 볼 수 있다.

통태通泰한 나머지에 한 번 변하여 비否가 되었다. 내괘內卦가 음이고 외괘外卦가 양이니 천지가 막혀 있다. 아첨하는 무리가 나아가고 어진 이들이 물러나니 조정이 막혀 있다. 검약儉約한 덕으로 난을 피하니 천인天人이 모두 막혀 있다.

초육: 유柔로서 은미한 자리에 처했으니 그 뜻이 변하지 않는다. 동류同類와 함께 정고貞固를 지키라는 경계는 선善의 실천을 권하는 것이다.

---

54) 유왕(幽王)과 여왕(厲王) : 주(周) 나라에서 나라를 망친 대표적인 군주이다. 유와 여는 나쁜 시호[惡謚號]로서 혼암(昏闇)한 것을 유(幽)라 하고, 잔학(殘虐)한 것을 려(厲)라고 하였다.

55) 갓을 털며 : 탄관(彈冠)은 친구 사이에 한명이 벼슬길에 오르면 덩달아 벼슬길에 나아갈 준비를 하는 것을 말한다. "왕길이 관직에 임명되자 공우도 갓의 먼지를 털었다.[王陽在位 貢公彈冠]"에서 온 말이다.(『漢書』「王吉傳」)

56) 난을 바로잡는 : 발난(撥亂)은 탕(湯)임금과 무왕(武王)이 발난반정(撥亂反正)한 일에서 유래한다.

57) 대가 가고 소가 오는 : 『이계집』에는 「태괘(泰卦)」의 효사(爻辭)와 마찬가지로 "소가 가고 대가 온다.[小往大來]"로 되어 있으나 『주역』「비괘(否卦)」의 효사(爻辭)는 "대가 가니 소가 온다.[大往小來]"로 되어 있다. 본 번역에서는 『주역』의 내용을 따라 번역하였다.

육이; 중정中正의 자태로 받들어 순종함으로 맞이한다. 대인大人이 감당하니 몸은 막혀도 도는 형통하다.

육삼; 마음에 품고 있는 것이 사람으로 하여금 부끄럽게 할 만하다. 궁하면 이에 넘쳐서 하지 못할 것이 없다.

구사; 막힘이 이미 중中을 지나니 양이 또 와서 회복한다. 참으로 군주의 명에 맡기면 선류善類들의 복이 된다.

구오; 천하의 막힘을 그치게 하니 덕과 지위가 모두 높아진다. 총생하는 뽕나무의 경계란 거듭 거듭 경계하여 한 말이다.

상구; 천도가 항상하지 않아 막힘이 기울어지면 통태通泰해진다. 그 기쁨을 알 수 있으니 어지러움과 해를 제거한다.

䷌ 건상乾上 리하離下

동인同人이라는 것은 하늘과 불이 함께 하며, 육이와 구오가 인위人位에 있어 서로 응하기 때문이다. 오직 군자라야 천하의 뜻을 소통하여 지극히 바르며 크게 같이 할 수 있다. 그러므로 효사爻辭에서 "형통하다.[亨]"라고 하였으며, 또 "정으로 한다.[貞]"라고 하였다. 단사彖辭에서 "유가 바른 정위를 얻었으며 중을 얻어[柔得位 得中][58]"라고 하였으니 육이가 괘를 이루는 주효主爻가 됨을 지적하였다. 유일한 음이 여러 양들과 함께 하고자 하기 때문에 뜻을 육이에서 일으켰다. 육이와 구오가 정응正應을 하니 이는 응하면서 같이하는 것이다. 구삼과 구사는 응하지 않으면서 육이와 구오의 사이에 끼여 천리天理의 같음과 외물이 이간질 하지 못함을 알지 못한다. 그러므로 구삼에선 군사를 숨겨 둔다고 하였으며, 구사에선 담에 올라간다고 하였으니 다투면서 같이하지 못하는 자이다. 초구와 상구는 응도 없고 다툼도 없다. 다툼이 없는 자는 친비親比하여 같이 하기 때문에 초구에서 "사람과 함께 하되 문을 나서니[同人于門]"

58) 유가 …… 얻어 : 『이계집』에는 "유가 바른 정위를 얻다.[柔得位]"와 "중을 얻어[得中]"의 사이에 이(而)자가 들어 있다. 하지만 『주역』 원문에는 이(而)자가 없다. 번역문에서는 『주역』을 따라 이(而)자를 생략하였다.

라고 하였다. 응이 없는 자는 멀리에서 같이 하는 이가 없기 때문에 상구에서 “남과 함께 하되 교외에서 하니[同人于郊]”라고 하였다. 그러나 육이와 구오의 같음을 응함에서만 취하였다고 하면 군자의 대동大同의 도가 아니다. 그러므로 육이에서 “남과 함께 하되 종당과 함께하니 부끄럽다.[同人于宗 吝]”라고 하였으며, 구오에서 “큰 병력으로 이겨야 서로 만난다.[大師克相遇]”라고 하였다. 이는 군주의 도로써 구오를 취한 것이 아니다. 『계사전繫辭傳』에서 다만 두 사람이 마음을 같이 하였기에 허여하였다. 지극하도다! 성인이 다름을 살펴 같음을 이루었구나.

어찌 천天과 화火만이겠는가. 사람과 사람도 같다. 천하의 뜻은 성인과 소통한다. 순 임금과 문왕이 비록 시대가 멀지만 합치되기는 부절符節과 같다. 군자가 상象을 취하여 족族으로 분류하고 사물을 분별한다.

초구: 음괘가 앞에 있으니 문門이 아니고 무엇인가. 진실로 한 번 나가면 천지가 끝이 없다.

육이: 왕도王道는 무리 지음이 없는데 종당宗黨들과 함께 하니, 비록 정응正應이라고 하나 본래 지극히 공평하지 못하다.

구삼: 강포剛暴한 뜻을 가지고 남의 같음을 빼앗는다. 감히 드러내어 발하지 못하고 3년을 숲 속에 있다.

구사: 처음 담장을 올라가고자 하여도 처자處子들이 끌어당긴다. 스스로 그릇됨을 알아 도리어 의리義理를 취한다.

구오: 구삼과 구사에게 노하여 병사를 서로 더한다. 또한 이미 그침을 이루었기에 먼저는 울부짖다가 나중에는 웃는다.

상구: 동인同人하여야 하는 세상에서 멀리 떨어져 참여하지 않고 있다. 망태기 메고 있는 사람[59]에 가까우니 또한 잘 처신하는 것은 아니다.

---

59) 망태기를 …… 사람 : 세상을 등지고 지내는 은거지사를 말한다. 공자가 위(衛) 나라에서 경쇠[磬]를 치자, 망태기를 메고 공자의 문 앞을 지나던 사람이 말하였다. “마음이 있구나. 경쇠를 침이여. …… 나를 알아줄 이가 없거든 이에 그만 둘 뿐이니라.[有心哉擊磬乎 …… 莫己知也 斯已而已矣]”에서 유래한다.(『論語』「憲問」)

리상離上 건하乾下

대유大有라는 것은 소유한 것이 크다. 문명文明하여 하늘에 응하기 때문에 괘사卦辭에서 "크게 선하고 형통하다.[元亨]"라고 하였으며, 단사彖辭에서 "유가 존위를 얻고 크게 중하여 상하가 응한다.[柔得尊位 大中而上下應]"라고 하였으니 육오가 대유의 주효主爻가 됨을 지적하였다. 한 음이 위에 있어 다섯 양이 종주로 삼는 것은 존위尊位에 머물며 유柔를 잡아 속을 비우고 어진 이에게 낮추기 때문이다. 여러 효들이 소유한 것은 모두 육오의 소유이다. 그러므로 육오를 인해서 뜻을 일으켰다. 구이의 쌓음은 육오와 응해서이며, 구삼의 형통함은 육오를 받들어서이다. 구사의 밝음은 육오와 가까워서이며, 상구의 길함은 육오를 따라서이다. 초구의 어려움은 육오를 멀리해서이다. 건괘와 곤괘로부터 와서 여섯 효의 성대함이 어느 것이 대유大有와 같았는가? 영화롭도다. 선비가 이러한 세상에 태어났도다.

불이 하늘의 위에 있으니 그윽하게 드러내지 못함이 없다. 성명聖明으로 임하여 다스리니 준예俊乂들이 등용된다. 선비가 이러한 세상에 태어나 옥과 같이 빛을 갈무리한다. 군자가 상象을 보고 선善을 드날리고 악惡을 막는다.

초구; 어질면서 재물이 많아 그 마음이 쉽게 움직인다. 대유大有의 초구는 자공子貢[60] 보다 어렵다.

구이; 덕은 두터움으로 실을 수 있고 재주는 크게 쓸 수가 있다. 우뚝하시도다! 이윤伊尹이여, 천하의 무거움을 맡았다.

구삼; 공후公侯들의 부유함은 천자天子에게 돌아간다. 환공桓公·문공文公[61] 과 조조曹操·사마소司馬昭[62] 의 일에서 이를 분별할 수 있다.

---

60) 자공(子貢) : 춘추 시대 위(衛) 나라 사람이다. 성은 단목(端木), 이름은 사(賜)이다. 공자의 제자로 말을 잘하고, 부자로 알려진 인물이다.

61) 환공(桓公)·문공(文公) : 춘추시대 제(齊) 나라의 환공(桓公) 과 진(晉) 나라의 문공(文公)을 말한다. 오패(五覇)의 우두머리로서 제후(諸侯)를 잘 제어(制御)하고 주(周) 왕실을 높였다.

62) 조조(曹操)·사마소(司馬昭) : 조조는 한 헌제(漢獻帝)를 몰아내고 천하를 차지하여 위(衛)를 세웠으며, 사마소(司馬昭)는 위를 무너뜨리고 진(晉)을 세웠다.

구사; 대유가 중中을 지나니 겸손하면서도 잃어버리지 않는다. 위位가 명체明體에 해당하여 찬 달을 잘 관찰한다.

육오; 비어 있으니 믿음이 있고 비추니 위엄이 생긴다. 능히 스스로 경외警畏하니 사해四海가 모두 귀의한다.

상구; 은거한[63] 노신老臣이 물러나 넉넉한 즐거움을 누린다. 행동은 믿음 있게 하고 생각은 순리대로 하니 하늘로부터 복이 내린다.

☷ 곤상坤上 ☶ 간하艮下

겸謙이라는 것은 그 덕德을 가지고 있으면서도 자리에 머물지 않음을 말한다. 감에 마땅치 않음이 없기 때문에 괘사卦辭에서 "형통하다.[亨]"라고 하였으며, 겸손함으로 능히 마칠 수 있는 자가 드물기 때문에 "군자가 끝마침이 있다.[君子有終]"라고 하였으니 구삼이 겸謙의 주효主爻가 됨을 지적하였다. 건괘의 구삼은 군자君子로써 일컬었으며, 곤괘의 육삼은 마침이 있다라고 하였다. 그런데 겸괘謙卦의 구삼은 합하여 군자가 끝마침을 둔다고 말한 것은 천도天道와 지도地道를 겸하였으며, 종일토록 수고함과 아름다움을 머금은 덕이 있기 때문이다. 육오가 비록 겸괘의 주효이지만 군도君道는 겸유謙柔만을 숭상할 수 없다. 위엄 있고 굳세기 때문에 그 효爻에서는 겸謙만을 말하지 않았다. 여러 효는 구삼을 인하여 뜻을 일으켰으니, 육이에서 겸손함을 울린다고 하였으며, 육사에서 겸손함을 베푼다고 한 것은 구삼에서 가까워서이다. 초육은 육이에 의해 막혀 있고, 육오와 상육은 육사에 의해 막혀 있다. 그러므로 초육에서 건넌다고 하였으며, 육오에서 침략하고 정벌한다고 하였으며, 상육에서 군대를 출동한다고 하였다. 초육의 겸손은 사람을 구제할 수 있으며, 육오의 겸손은 사람을 다스릴 수 있으며, 상육의 겸손은 자신을 다스릴 수 있다. 그리고 육이의 겸손은 중中을 얻음을 귀히 여기고, 육사의 겸손은 정正을 얻음을 귀히 여긴다. 오직 구삼의 겸손이면 이 다섯 효의 덕을 겸비하고도

63) 은거한 : 토구(菟裘)는 벼슬을 물러나 은거함을 말한다. 춘추 시대 노(魯) 나라 은공(隱公)이 환공(桓公)에게 자리를 물려주고서 토구 땅으로 돌아가 살고 싶다고 말한 고사에서 유래한다.(『春秋左氏傳』)

그 공을 남에게 낮추기 때문에 상사象辭에서 중함을 이에 돌렸다. 아름답도다! 성인께서 겸謙의 도를 사용하셨다.

진실로 공경하고 능히 겸양하심64)은 성인의 아름다운 일이다. 존위尊位에 처하여 더욱 빛나시니 험함을 겪어도 이롭다. 천지天地와 신인神人의 좋아하고 미워함은 다름이 없다. 이로써 자루를 삼아 물건을 저울질하여 공평하게 베푼다.

초육; 유柔이고 낮은 곳에 처하였기에 겸손하고 겸손하다고 칭하였다. 너로써 큰 내를 건넘65)은 재주와 덕이 모두 넉넉해서이다.

육이; 화순和順함은 중中에 맞으니 그 말 표면에 드러난다. 타고난 자품資稟이 절로 아름다워 애써 노력함을 기다리지 않는다.

구삼; 밟아서 그 위位를 얻으니 무리들이 높인다. 공을 가지고도 남에게 낮추니 아! 주공周公이시다.

육사; 주상主上께서 기뻐 겸손하니 훈신勳臣들 또한 그러하다. 몸이 그 사이에 처하여 상하로 주선周旋을 한다.

육오; 중中이면서 따르는 덕을 지녔으니 아름답도다! 능히 겸손하구나. 너무 유함에 잃어버릴까 염려되어 정벌을 하지 않는다.

상육; 겸손에 뜻을 두고 높은 자리에 처하였으니 편안치 않아 운다. 지나친 공손은 예가 아니니 위엄과 조화를 아울러 행한다.

☳ 진상震上
☷ 곤하坤下

예豫는 즐거움[樂]이다. 단사彖辭에서 "강이 응하여 뜻이 행해진다.[剛應而志行]"라고 하였

64) 진실로 …… 겸양하심은 : 『서경』「요전(堯典)」에서 요(堯)임금의 덕을 기리는 표현이다.

65) 너로서 큰내를 건넘 : 『이계집』의 "너로서 내를 건너다.[用汝涉川]"는 『주역』「겸괘(謙卦)」의 초육 효사의 "큰 내를 건너다.[用涉大川]"를 돌려 표현한 것이다.

으며, 또 "순하고 움직인다.[66][順而動]"라고 하였다. 구사의 효사爻辭에서 "말미암아 즐거워한다.[由豫]"라고 하였으니 모두 구사가 예괘豫卦의 주효主爻가 됨을 지적하였다. 초육의 즐거움을 울림은 구사에 응해서이며, 육삼의 올려보고 기뻐함은 구사에 가까워서이다. 육오의 정정貞正하되 병이 있음은 구사에게 권력을 잃어서이며, 상육의 변함이 있음은 체體가 구사와 같아서이다. 오직 육이가 유순柔順하고 중정中正하니 그 절개가 돌과 같다. 그러므로 구사에 매이지 않는다. 예豫는 여섯 가지 뜻이 있으니, 초육과 상육은 편안한 즐거움이요, 육삼은 머뭇거리는 즐거움이요, 구사는 조화로운 즐거움이요, 육오는 어기는 즐거움이요, 육이는 일을 먼저 하는 즐거움이다. 『계사하전繫辭下傳』에서 "문을 이중으로 하고 목탁을 쳐서 사나운 객을 대비한다.[重門擊柝 以待暴客]"라고 하였으니 이는 즐거움을 예비하는 뜻이다. 상象을 취함이 한결같지 않음이 이와 같다. 늠름하도다! 성인께서 예괘豫卦로써 경계를 하였다.

예의 뜻은 위가 움직이고 아래가 따른다. 사師를 가게 할 수 있으며 후侯를 세울 수 있다. 천지에 질정質正하면 사시四時가 어그러지지 않는다. 우레가 땅 속에서 나오니 음악을 만들어 덕을 높인다.

초육: 가볍고 얕은 소인小人이 뜻을 얻어 매우 시끄럽다. 그 총애를 믿지 말라. 즐거움이 지극하면 어찌하겠느냐?

육이: 중정中正함으로 스스로 지키니 그 절개가 돌과 같다. 먼저 일하고는 즐거움을 도모하니 빨리하고 빨리할 만하다.

육삼: 머문 자리가 정正이 아니니 움직일 때마다 후회가 있다. 그 마음이 머뭇거리니 나가고 물러나기 어렵다.

구사: 예괘豫卦의 주효가 되니 무리들이 함께 허여許與한다. 좋은 벗들이 모여드니 천하의 즐거움을 이루었다.

육오: 즐거움에 빠져 있어 권위는 가도 위位는 보존한다. 아! 위태롭도다. 쇠퇴한 시대의 군주여.

---

66) 순하고 움직인다 : 『이계집』에서는 『주역』과 달리 "순하고 동한다.[順以動]"의 이(以)자를 이(而)자로 적었다. 현재로서는 그 이유를 알 수가 없다. 그러므로 『주역』을 따라 본 번역문에서는 이(以)자로 고쳤다.

상육: 즐거움에 빠져 고질이 되니 치료하기 어려운 사람이다. 한 번 변하면 나아가지만 그 스스로 새로워지기를 힘써야 한다.

䷐ 태상兌上 진하震下

수隨는 두 가지 뜻이 있으니 남이 따르고, 남을 따름이다. 괘卦로써 말하면 남이 따르고, 효爻로써 말하면 남을 따른다. 크게 형통함을 이룰 수 있지만 이로움이 정정貞正함에 있기 때문에 괘사卦辭에서 "크게 형통하니 정함이 이롭다.[元亨 利貞]"라고 하였다. 단사彖辭의 "천하가 때를 따르는[天下隨時]" 때와 『본의本義』에서 왕숙본王肅本에 지之자로 되어 있음[67]은 구오가 수괘隨卦의 주효主爻가 됨을 지적하였다. 여러 효爻들은 구오로 인하여 뜻을 일으킨다. 육이의 장부를 잃는다고 함은 아마도 초구에 비比해서 구오를 떠나서이다. 육삼의 장부에게 얽매인다[68]고 함은 구사를 따라 구오를 가까이함을 허락해서이다. 구사에서 얻음이 있으면 바르더라도 흉하다고 함은 아마도 세를 얻어 구오를 능멸해서이다. 상육에서 붙잡아 묶어서 형통하게 된다고 함은 정성을 다하여 구오를 따라서이다. 음양이 서로 따르는 뜻으로 말하면, 초구·구사·구오가 모두 길吉하여 허물이 없다는 것은 양陽이 매인 것이 없어서이며, 육이·육삼·상육이 모두 매여 길함이 없다는 것은 음陰이 매인 것이 있어서이다. 도道를 따르는 바름이 이와 같도다.

못 안에 우레가 있으니 뢰雷가 움직이고 택澤이 따른다. 수隨의 뜻이 크도다! 천하가 시時를 따른다. 시時를 따라 진퇴進退하며 시時를 따라 늦고 빨리 한다. 기거함이 또한 그러하니 날이 그윽함을 향하니 들어가 편안히 쉰다.

---

67) 왕숙본에 지자로 되어있음 : 『주역』의 단사(彖辭)의 "천하가 때를 따른다.[天下隨時]"를 주자(朱子)는 『본의(本義)』에서 "왕숙본에 시자를 지자로 썼으니 이제 마땅히 따른다.[王肅本 時 作之 今當從之]"라고 한 일을 줄여서 말하였다.

68) 장부에게 얽매인다 : 『이계집』에서 "계장부(繫丈夫)"라고 하였는데 이는 『주역』「수괘(隨卦)」의 육삼 효사(爻辭)의 "계장부(係丈夫)"와는 다르다. 의미가 통하기에 『이계집』을 따른다.

초구; 따르는 처음에 있으니 바름을 따르면 길吉하다. 문에서 사람을 사귀니 사사로운 친함을 버린다.

육이; 바름을 얻으면 사특함을 멀리 하고 그릇됨을 따르면 옳음을 잃는다. 이에 한결같을 수 있음은 오직 중中뿐이다.

육삼; 업業이 이미 위를 따르니 결단하여 마땅히 아래를 버린다. 왕도枉道로 기쁨을 취하니 또한 지자智者가 아니다.

구사; 두려움이 많은 처지인데 천하가 따른다. 진실로 이윤伊尹과 주공周公이 아니면 그 흉凶함을 알 수 있다.

구오; 중中에 자리하여 중中에 응하니 군덕君德이 날로 증진된다. 도를 따르는 길吉함은 선을 따르는 것이 최선이다.

상육; 인심人心을 굳게 묶어 도를 따라 아름다움을 다한다. 태왕太王[69]이 기岐땅에 머무니 포대기에 싸서 짊어지고 따르는 이가 시장가는 듯이 하였다.

☶ 간상艮上 ☴ 손하巽下

고蠱라는 것은 일이 있는 상象이다. 다스림은 반드시 어지러움을 인하기 때문에 괘사卦辭에서 "크게 선하여 형통하다.[元亨]"라고 하였으며, 일을 다스리는 도는 마땅히 그 선先과 후後를 알아야 하기 때문에 "갑으로 먼저하고 …… 갑으로 뒤에 한다.[先甲 …… 後甲]"라고 하였다. 고蠱라는 것은 무너짐이다. 동파東坡 소식蘇軾이 "그릇을 오래도록 사용하지 않으면 벌레가 생기며, 사람이 오래도록 편안함에 빠지면 병이 생기며, 천하가 오래도록 편안하면 폐단이 생긴다.[70][器久不用則蟲生之 人久宴溺則病生之 天下久安而弊生之]"라고 한 것이 이것이다. 고괘蠱卦가 가장 살피기 어려운 것은 또한 정해진 주효主爻가 없이 이루어져서이다. 괘의

---

69) 태왕(太王) : 주(周) 나라의 고공단보(古公亶父)의 추존 칭호이다. 빈(邠)에서 융적(戎狄)의 침입을 받아 기산(岐山) 밑으로 옮겨 살았다. 그의 진정성을 믿었던 빈 땅의 사람이 가산을 챙겨 이주하여 왔다.

70) 그릇을 …… 생긴다 : 『동파역전(東坡易傳)』에 나오는 말로, 『이계집』의 글과는 차이가 약간 있다.

주효로 말하면 초육이 내괘內卦로써 아래에 있으면서 주효가 된다. 음양陰陽이 서로 응하는 도로 말하면 상구 효가 부父가 되고 오육 효가 모母가 되며, 나머지는 모두 일을 주관하는 아들이다. 그러므로 초육에서 "아버지 일을 주관한다.[幹父]"라고 하였으며, 구이에서 "어머니 일을 주관한다.[幹母]라고 하였다. 구삼에서 "아버지 일을 주관한다.[幹父]"라고 하였으며, 육사에서 "아버지 일을 너그럽게 처리한다.[裕父]"라고 하였다. 육오에서 "아버지 일을 주관한다.[幹父]"라고 하였다. 군신君臣의 도리로써 말하면 육오가 주효가 된다. 상구는 일의 밖에 처하고 나머지는 모두 일이 있는 신하이다. 강유剛柔의 효爻와 위位로 말하면 강유가 서로 이루어주는 것이 선善이 된다. 초구는 효爻가 부드럽지만 위位가 강하기 때문에 허물이 없다고 하였다. 구이는 효爻가 강하지만 위位가 부드럽기 때문에 중을 얻었다고 하였다. 구삼은 효爻와 위位가 모두 강하여 지나치게 강하기 때문에 다소 뉘우침이 있다고 하였다. 육사는 효爻와 위位가 모두 유柔하여 지나치게 유柔하기 때문에 가면 부끄러움을 당한다고 하였다. 이는 강유剛柔의 다름으로 득실得失을 판단해서이다. 육오는 유柔로써 강剛의 위位에 자리하니 창시創始하여 전통을 드리우지 못하였다. 그러나 오히려 대를 이은 군주가 되어 능히 강양剛陽한 신하에게 맡기기 때문에 "칭찬을 받는다.[用譽]"라고 하였으니 주관한 일을 마쳤다. 이는 상구가 일이 없이 뜻을 고상히 하는 이유이다.

세 벌레가 그릇을 좀먹고 도는 바람이 산에 있는 것을 떨어뜨린다. 괘卦의 재주가 형통하니 내를 건넌들 무슨 어려움이 있겠는가? 갑으로 먼저 하고 갑으로 뒤로 하니 오래함이 이롭고 폐단이 고쳐진다. 군자가 바람을 보고 백성들을 구제하며 덕을 기른다.

초육; 내괘內卦이면서 일을 맡으니 주관하는 아버지의 도이다. 항상 두려워하고 조심하는 마음을 품으니 뜻이 아버지의 일을 잇는데 있다.

구이; 어머니 같이 군주를 섬기니 정고貞固할 수가 없다. 기뻐하면 다시 간諫하여 따름으로써 주장을 삼는다.

구삼; 지나치게 강하여 후회가 있지만 겸손하니 허물이 없다. 간쟁함이 비록 지나치게 심하지만 뜻은 취할 만하다.

육사; 느긋하고 너그러운 덕이기에 상도常道를 따를 수 있다. 만약 크게 부담한다면 어찌 받들어 담당할 수 있겠는가?

육오; 수성守成[71] 할 만한 재주가 있지만 도와주는 이를 의지한다. 대를 이은 군주가 신하를 얻어 기림을 받는다.

상구: 이 효에 해당하는 이는 이윤伊尹·여상呂尙·증자曾子·자사子思 등이다. 엄릉嚴陵[72]과 같은 처지에 이르니 어찌 본받을 수 있겠는가?

☷ 곤상坤上 ☱ 태하兌下

임臨은 큼[大]이다. 강剛이 점점 자라기 때문에 괘사卦辭에서 "크게 형통하고 정함이 이롭다.[元亨 利貞]"라고 하였으며, 단사彖辭에서 "기뻐하고 순하며 강이 중에 있고 응한다.[說而順 剛中而應]"라고 하였다. 구이 효사爻辭에서 "감동하여 임하니 길하여 이롭지 않음이 없다.[咸臨 吉 无不利]"라고 하였으니 구이가 임괘臨卦의 주효主爻가 됨을 지적하였다. 초구의 감동한 임함은 구이를 따라 점점 자라기 때문에 "정고하여 길하다.[貞 吉]"라고 하였으며, 상육의 돈독한 임함은 구이를 멀리하고 아래에 임하기 때문에 "길하여 이롭지 않음이 없다[73][吉 无不利]"라고 하였다. 육삼의 기쁜 임함은 유柔가 타고서 기뻐하기 때문에 "이로운 바가 없다.[無攸利]"라고 하였다. 육사의 지극한 임함은 간절히 하체下體에 가까이하기 때문에 "허물이 없다.[無咎]"라고 하였다. 육오의 지혜로운 임함은 정응正應에 의지하고 맡겼기 때문에 "길하다.[吉]"라고 하였다. 또 초구와 구이가 감동한 임함인 것은 아랫사람이 윗사람을 임하고 강剛이 유柔를 임해서이다. 육삼·육사의 기쁜 임함·지극한 임함과 육오·상육의 지혜로운 임함·돈독한 임함이라는 것은 윗사람이 아랫사람을 임하고 유柔가 강剛을 임해서이다. 그렇다면 임하는 도가 어찌 상하上下 모두 함께하는 도리가 아니겠는가?

택澤 위에 언덕이 있어 백성을 임하는 상象이다. 화육化育하는 공으로 하늘이 임하여 위에

---

71) 수성(守成) : 창업한 군주가 아니고, 선대(先代)에서 이루어 놓은 것을 이어받아 지키는 임금을 말한다.

72) 엄릉(嚴陵) : 엄광(嚴光)이니 자가 자릉(子陵)이다. 광무제의 어릴 적 친구로 즉위한 이후 불러서 하룻밤을 지냈다. 다음날 태사(太史)가 객성(客星)이 제좌(帝座)에 범했다고 고하니 제(帝)가 웃으며 말하였다. "짐이 친구 엄자릉과 함께 함께 잤을 뿐이다.[朕 故人嚴子陵 共臥耳]"라고 한 고사가 있다.(『後漢書』)

73) 길하여 …… 없다 : 『주역』에서 "허물이 없다.[無咎]"라고 하였다.

있으니 성인이 본받아서 그 도량을 넓고 크게 하였다. 가르치는 생각이 이미 깊으니 포함하는 뜻이 매우 넓다.

초구; 초구의 감동한 임함은 정正으로써 정正에 응해서이다. 그 뜻을 행할 수 있어 마침내 반드시 복이 있다.

구이; 구이의 감동한 임함은 중中으로써 중中에 응應해서이다. 반드시 명을 따르지는 않으나 자연스럽게 감동하여 통한다.

구삼; 아래로 임하는 군자이기에 뜻이 부드럽고 말이 달콤하다. 진실로 능히 한 번 변하면 태괘泰卦의 구삼효가 된다.

육사; 힘이 적은데 맡음이 무겁기에 지성至誠으로 아래에 임한다. 그 위에 자리하였기에 간절히 어진 자를 가까이 한다.

육오; 사악四岳[74]에게 위임을 하고서 옷을 드리우고 백성들에게 임하였다. 아! 방훈放勳이여, 그 지혜가 신神과 같으시도다.

상육; 임의 끝에 자리하니 이미 돈독하고 진실하다. 두터움으로 남을 대하기 때문에 길하게 된다.

䷓ 손상巽上 곤하坤下

관觀은 음가가 둘이니, 괘卦의 이름은 거성去聲이고 육효는 모두 평성平聲이다. 단사彖辭에서 "큰 봄으로 위에 있어 순하고 공손하며 중정함으로 천하에 보여준다.[大觀 在上 順而巽 中正 以觀天下]"라고 하였으니 구오가 관괘觀卦의 주효主爻가 됨을 지적하였다. 관觀이라는 것은 임臨의 대對이다. 임臨하면 먼 것을 취하고 관觀하면 가까운 것을 취한다. 그러므로 여러

74) 사악(四岳) : 벼슬 이름으로 고대에 제후의 일을 도맡아 다스렸다고 전해진다. 일설에 의하면 고대의 사방 제후의 우두머리, 즉 희화(羲和)의 네 아들인 희중(羲仲)·희숙(羲叔)·화중(和仲)·화숙(和叔)을 말한다.

효들이 구오로 인하여 뜻을 일으켰다. 초육의 동자의 봄과 육이의 엿봄은 구오를 멀리했기 때문이다. 육삼의 나의 행동을 봄과 육사의 나라의 빛남을 봄은 구오를 가까이했기 때문이다. 상구의 내는 것을 관찰함은 대략 구오와 더불어 같으면서도 조금 손님과 주인의 차이가 있고, 또한 구오를 가까이하여 혐의가 있기 때문이다. 그렇다면 육삼의 효사爻辭가 구오와 더불어 같은 것은 어째서인가? 구오는 군君의 위라서 우뚝하게 위에 있어 천하의 의표儀表가 되기 때문에 우리 정치의 득실을 살펴보고 민속民俗이 선한 지 아닌 지를 징험한다. 이는 바로 남을 살펴 자신을 닦는 도이다. 육삼은 아래에 있으면서도 중인들이 우러러 보기 때문에 우리 도道의 통하고 막힘을 살피고 진퇴進退의 가부可否를 듣는다. 이는 또한 자신을 살펴 남을 따르는 도이다. 성인이 관괘觀卦를 본받아서 가르침을 베풂이 이와 같다.

바람이 땅위를 지나니 두루 살펴보는 상象이다. 성인이 먼저 나오니 만국萬國이 모두 우러러 본다. 처음 손을 씻는 듯이 하면 지성至誠으로 기리게 된다. 하늘을 법 받아 가르침을 베풂에 대관大觀이 위에 있다.

초육: 자리가 양陽에서 멀어 보는 것이 어둡고 천근하다. 소인이면 괜찮지만 군자이면 부끄럽다.

육이: 여자의 바름이며 규문閨門의 틈이다. 음유陰柔가 내괘에 자리하니 곤坤의 문이 열리지 않는다.

육삼: 스스로 행실을 돌아보니 물러날 수도 있고 나갈 수도 있다. 선하도다! 칠조개漆雕開여. 이에 믿지 못한다하였네.[75]

육사: 바람으로 내 몸에서 직접 대덕大德을 본다. 녹명鹿鳴[76]을 노래함이여. 아! 아름다운 객客이로다.

구오: 천하에서 증험하여 내가 선한지 아닌지를 살펴본다. 세상이 모두 군자라야 비로소 허물이 없어진다.

---

75) 칠조개여 …… 못한다하였네 : 공자가 칠조개에게 벼슬하기를 권하자, 칠조개가 말하였다. "저는 이것에 대해 믿지 못하겠습니다.[吾斯之未能信]"에서 유래한다.(『論語』「公冶長」)

76) 녹명(鹿鳴) : 『시경(詩經)』의 편명이다. 신하나 빈객을 접대할 때 부르는 노래이다.

상구: 이미 공경하고 본받는 이가 되었기에 또한 그 내는 것을 관찰한다. 비록 지위에 있지 않지만 마음은 편안하지는 않다.

䷔ 리상離上 진하震下

서합噬嗑은 합함[合]이다. 천하의 일이 합하지 못하는 것은 간격이 있기 때문이다. 서합噬嗑하면 통하기 때문에 괘사卦辭에서 "형통하다.[亨]"라고 하였다. 괘의 상에 우레와 번개가 밝게 비추기 때문에 단사彖辭에서 "옥사를 씀이 이롭다.[利用獄]"라고 하였으며, "유가 중을 얻어 위로 행한다.[柔得中而上行]"라고 하였으니 육오가 옥사를 처리하는 주효主爻가 됨을 지적하였다. 초구와 상구는 형을 받는 사람인데, 죄의 경중輕重이 있기 때문에 초구에선 "발에 차꼬를 채운다.[屨校]"라고 하였으며, 상구에선 "목에 차꼬를 채운다.[何校]"라고 하였다. 가운데 자리한 사효는 옥사를 다스리는 사람이지만 재주의 강약強弱이 있고 깨묾의 난이難易가 있다. 그러므로 육오에서 "마른고기를 깨문다.[噬乾肉]"라고 하였으며, 육이에서 "살을 깨문다.[噬膚]"라고 하였으니, 육이는 유柔로써 유柔한 자리에 처하였으며 육오는 유柔로써 강剛한 자리에 처하였기에 육오의 재주가 육이보다 났다. 육오에서 황금을 얻는다 하였고 육삼의 독을 만난다고 한 것은 육삼은 유柔이고 중中이 아니며 육오는 유柔이고 중中을 얻었기에 육오의 위가 육삼보다 나아서이다. 비록 그러하나 구사의 길吉함에 미치지 못하는 것은 육오의 유柔가 구사의 강剛에 미치지 못하기 때문이다. 옥을 다스리는 방도는 반드시 강剛으로서 귀함을 삼을 것이로다. 구사를 괘卦 전체로써 말하면 이간질하는 자가 되지만, 여섯 효로써 말하면 틈을 제거하는 자이다. 역易이 불변의 준칙이 되지 못함은 이와 같다.

턱 안에 물건이 있으니 어찌 깨물어 합하기만 하리요. 천하의 마음이 틈을 제거하면 합쳐진다. 천하의 이치가 자신을 이기면 회복한다. 상象으로 우레와 번개를 취하니 군자가 형벌을 밝히고 칙명을 신칙한다.

초구: 아래에 처하여 죄가 적으니 발에 차꼬가 채워져 발꿈치가 상한다. 발꿈치가 어찌 망령되이 움직이겠는가? 도리를 행하지 못한다.

육이: 유柔의 자리에 처하여 중中을 얻으니 살을 깨물되 코가 없어진다. 허물이 없지만

사납게 하는 자는 다스림을 당한다.

육삼: 강剛의 자리에 처하여 바르지 않으니 포를 씹다가 독을 만난다. 마땅히 조금 부끄럽지만 벌 받는 자가 복종하지는 않는다.

구사: 그 틈이 점점 커지니 말린 포를 씹어 화살을 얻는다. 중정中正은 얻지 못하였지만 어렵게 여기고 정고貞固함이 아름답다.

육오: 그 틈이 매우 크니 말린 고기를 씹어 금金을 얻는다. 이미 중정中正의 자리를 얻으니 정고히 하고 위태롭게 여김으로 경계하였다.

상구: 높은 자리에 처하여 악을 쌓이니 목에 차꼬를 써서 귀가 없어진다. 어찌 귀가 밝지 않아 의리를 듣지 못하는가?

☶☲ 간상艮上 리하離下

비賁는 꾸밈[飾]이다. 꾸밈이 없으면 행하지 못하기 때문에 괘사卦辭에서 "비는 형통하다.[賁 亨]"라고 하였으며, 꾸밈이 작기 때문에 "가는 바를 둠이 조금 이롭다.[小利有攸往]"라고 하였다. 비賁가 근본을 돈독히 하고 검소함을 숭상하기 때문에 『본의本義』에서 육오로써 비賁의 주효主爻로 삼았다. 그러나 그 문명文明의 의리가 중함을 취하였기 때문에 정자程子의 『전傳』에서는 육이로써 주효를 삼았다. 여러 효들이 육이로 인하여 뜻을 일으키니, 초구의 발을 꾸민다는 육이를 가까이하니 문명의 아래이며, 구삼의 꾸밈이 윤택하다는 육이를 타고 있으니 문명의 극極이다. 육사의 꾸밈이 희다는 육이에서 떨어져서이며, 육오의 구원에서 꾸민다는 육이에 응應하지 않아서이다. 상구의 꾸밈을 희게 한다는 육이에서 가장 멀어서이다. 그러나 음陰과 양陽 두 물物은 응應하는 것이 있으면 응應함으로 서로 꾸미며, 응應하는 것이 없으면 친함으로 서로 꾸민다. 육사와 초구는 응하는데, 초구에게 꾸밈을 구하기 때문에 초구에서 발을 꾸민다고 하였으며, 육사에서 나는 듯이 달려간다고 하였다. 육이와 구삼은 친하여 붙어 있는데, 구삼에게 꾸며지기 때문에 육이에서 수염을 꾸민다고 하였으며, 구삼에서 윤택하다고 하였다. 육오와 상구는 가까이 의지하여 주효에게 꾸며지기 때문에 육오에서 구원에서 꾸민다고 하였으며, 상구에서 꾸밈을 희게 한다고 하였다. 안의 비賁는 꾸밈을 이루고 밖의 비賁는 바탕 하기 때문에 「잡괘雜卦」에서 "꾸밈에 색이 없다.[賁無色]"라고 하였다. 성인께서 바탕을 숭상하고 꾸밈을 귀히 여기지 않음이 이와 같다.

산 아래 불이 있으니 초목草木을 비추어 본다. 사람에게 아름다운 자질이 있으니 바야흐로 꾸밈을 더한다. 꾸밈이 이기면 화려하고 바탕이 지나치면 질박하다. 군자가 삼가하여 대상大象에서 옥사를 결단함에 과감히 하지 않는다고 하였다.

초구: 그 행하는 발꿈치를 꾸미니 궁窮하여도 의義를 잃지 않는다. 흰 신을 신고 가니 천사千駟를 돌아보지 않는다.

육이: 수염을 꾸미니 어찌 본질本質에 매이겠는가? 육이는 바로 비괘賁卦의 주효이니 비괘賁卦의 실지를 말한다.

구삼: 상하의 정正한 음陰은 그 꾸밈이 윤택하다. 진실로 능히 영구히 하고 정정貞正하니 누가 감히 나를 업신여기겠는가?

육사: 도둑에게 막히니 사람도 희고 말도 희다. 끝내 꾸밈에 해당하니 의리가 우세하고 이치가 곧다.

육오: 남의 제재를 받아 부드러운 기질을 변화시켰다. 비賁의 공功을 이루었기에 조금 부끄러워도 끝내는 길吉하다.

상구: 비괘의 윗자리에 처하니 육오에게 받는다. 그림 그리는 일을 살펴보니 예가 뒤에 있다.77)

䷖ 간상艮上 곤하坤下

박剝은 떨어짐[落]이다. 오음五陰이 한 양陽을 깎아내어 모두 떨어지게 하고자 한다. 소인小人이 자라나기 때문에 괘사卦辭에서 "가는 바를 둠이 이롭지 않다.[不利有攸往]"라고 하였다.

---

77) 그림 …… 있다 : 자하(子夏)가 시의 글귀의 의미를 묻자 공자(孔子)께서 말하였다. "그림 그리는 일이 흰 바탕을 마련하는 일보다 뒤에 한다.[繪事後素] 자하가 말하였다. "예가 뒤이겠습니다.[禮後乎]"에서 유래한다.(『論語』「八佾」)

큰 과일이 박剝의 극極에 있으니 장차 다시 생길 이치가 있기 때문에 상구가 주효主爻가 된다. 초육의 상을 깎되 상의 발에서 한다와 육이의 상을 깎되 가로댄 나무에 이른다는 상구에서 먼데도 점점 양을 깎아내기 때문이다. 육삼의 깎아냄에 허물이 없다는 상구에 응하면서 그 무리를 제거하기 때문이다. 육사의 상을 깎아 살갗에 이른다는 점점 상구에 다가가니 재앙에 매우 가깝기 때문이다. 육오는 즉 깎아내어 군위君位에 미쳤으니 박剝의 극極이기 때문에 다시 깎아냄을 말하지 않고 별도로 한 뜻을 세워 선으로 옮겨가는 문을 열었다. 그러므로 궁인宮人이 순종順從하고 총애 받는 도를 취하였으니 상구에 매우 가깝기 때문이다. 성인聖人께서 음을 누르는 뜻이 이와 같다.

시절이 구월九月이니 하늘이 차고 나뭇잎이 떨어진다. 뭇 음들이 바야흐로 성대하니 한 양이 장차 깎여진다. 군자는 시時를 따라서 말은 겸손히 하고 자취는 감춘다. 사람의 윗사람이 된 자는 아래에 후하게 하여 집을 편안히 한다.

초육; 아래로부터 위로 침범하니 상牀을 깎는데 발에서 한다. 구괘姤卦의 약한 돼지[78]가 그 날뛰고 싶은 마음을 방자히 한다.

육이; 점점 나아가 양을 깎아내니 상을 깎는데 가로댄 나무에서 한다. 둔괘遯卦의 황중黃中[79]이 그 머리를 돌린다.

육삼; 중음重陰에게 끼여 있으며 강剛의 위位에 처하여 강剛과 응應한다. 깎아낼 때에 허물이 없음은 동한東漢의 여강呂强[80]이다.

육사; 양陽을 인정하지 않는 마음으로 상을 깎아 살갗에 이른다. 살갗으로 직접 받는 재앙은 장차 그 몸을 멸한다.

육오; 뭇 음들의 주효이니 후비后妃의 상象이다. 궁인宮人을 통솔하여 총애를 상구에게 얻는다.

---

78) 약한 돼지 : 구괘의 초육에 나온다.

79) 황중(黃中) : 둔괘(遯卦)의 육이에 나오는 황우(黃牛)를 말한다.

80) 여강(呂强) : 자는 한성(漢盛). 후한(後漢) 말기의 환관이다. 황건적의 난이 일어나자 먼저 측근의 탐관오리를 숙청하고 금고에 처한 당인(黨人)들을 모두 사면해 줄 것을 청하였다.

상구: 큰 과일은 인仁이 있으니 생의生意를 반드시 회복한다. 수레를 얻고 집을 허무니 화禍와 복福을 나누어 보여준다.

☷☳ 곤상坤上 진하震下

복復은 돌아옴[反]이다. 양陽이 아래에서 돌아오니 만물을 서로 길러주는 도道가 있다. 그러므로 괘사卦辭에 "형통하다.[亨]"라고 하였으며, 단사彖辭에서 또 "복에서 천지의 마음을 볼 수가 있다.[復 其見天地之心]"라고 하였다. 마음은 본래 안에 있기 때문에 초구가 복괘復卦의 주효主爻가 된다. 여러 효爻들이 초구로 인해서 뜻을 일으켰다. 육이의 아름다운 돌아옴은 뜻이 아래의 인자仁者에게 있어 돌아옴이 아름다운 자이니 초구에 친비親比한다. 육삼의 돌아오기를 자주함은 선으로 옮겨가고자 뜻하지만, 돌아옴이 견고한 자가 아니니 초구에게 자주 잃어버린다. 육사의 가운데를 행하나 홀로 돌아옴은 다시 뭇 음을 밀쳐내는 것을 허락하고 초구에 응해서이다. 육오의 돌아옴에 도타움이니 뉘우침이 없음은 그 천성天性에 연유함을 기뻐하며 초구를 기다리지 않아서이다. 상구의 돌아옴에 혼미함은 이미 인에 낮추는 아름다움과 선으로 옮겨가는 기미가 없고 또 허물을 고치려는 용기와 근본으로 돌아가려는 바람이 없으니 이는 바로 혼미 昏迷하여 그 처음을 회복하지 못하는 것이다. 상구의 돌아옴에 혼미함은 돌아옴을 알지 못해서이다. 육삼의 돌아오기를 자주함은 오히려 돌아옴을 알아서이다. 육사의 홀로 돌아옴은 그 돌아옴을 홀로 해서이다. 육오의 돌아옴에 도타움은 그 돌아옴을 도탑게 해서이다. 육이의 아름다운 돌아옴은 인을 하는 돌아옴이요, 초구의 멀리 가지 않고 돌아옴은 예에 돌아가는[81] 돌아옴이다. 성인께서 양陽을 도우는 것이 이와 같다.

큰 과일이 비로소 떨어지고 양陽이 곤坤의 배 안으로 들어간다. 우레가 한 번 울리니 온갖 문이 홀연히 열린다. 천지의 마음을 복괘復卦에서 볼 수 있다. 선왕先王께서 관문을 닫고서 때를 받들며 법칙을 따랐다.

---

81) 인을 …… 돌아가는 : 안연이 인(仁)을 하는 도를 묻자, 공자께서 말하였다. "자기의 사욕을 이겨 예에 돌아감이 인을 하는 것이다.[克己復禮 爲仁]"에서 유래한다.(『論語』「顔淵」)

초구; 수신修身의 방법 중에 개과改過가 아름답다. 멀지 않아 회복하니 안연顔淵이다.

육이; 처함에 중정中正을 얻었으니 즐거이 따르는 군자이다. 지혜롭지 않으면 누가 할 수 있으리오, 이인里仁[82]이 아름답다.

육삼; 자주 돌아오고 자주 잃어버리니 굳게 지키지 못한다. 선善으로 옮겨가고자 하니 애써 허물없음을 허락한다.

육사; 음陰이 쌓인 중에 유독 정응正應이 있다. 돌아와서 도를 따르기에 오당吾黨에 들 수 있다.

육오; 도와주는 이를 기다리지 않고 선善을 따르는 일에 독실히 한다. 하늘로부터 받은 자품資稟이 아름다우니 절로 중순中順함이 있다.

상구; 도와 상반相反되니 끝내 미혹되어 돌아오지 못한다. 무엇을 시행한들 옳겠는가? 군대를 잃고 나라를 망하게 한다.

䷘ 건상乾上 진하震下

무망无妄은 성실함[誠]이다. 성실이라는 것은 하늘의 도이다. 그러므로 괘사卦辭에서 "크게 형통하고 정함이 이롭다.[元亨 利貞]"라고 하였으며, 단사彖辭에서 "강이 밖으로부터 와서 안에서 주효가 된다.[剛 自外來而爲主於內]"라고 하였으니 초구가 무망无妄괘의 주효主爻가 됨을 지적하였다. 움직이기를 천도天道로서 하면 무망无妄이 된다. 무망无妄괘의 대상大象에 "천시에 성하게 합한다.[茂對時]"라고 하였으니 시時라는 것은 일의 단서이다. 그러므로 여섯 효의 무망은 모두 시時로 인해서 뜻을 일으켰다. 초구의 감에 길하다와 육이의 갈 바를 둠이 이롭다와 육삼의 행인이 소를 얻었다는 움직일 만한 때이다. 구사의 정고히 지킬 수 있으니 허물이 없다와 구오의 약을 쓰지 않으면 기쁜 일이 있다와 상구의 가면 허물이

82) 이인(里仁) : 육이의 처지를 말한다. 공자께서 말하였다. "마을이 인후한 것이 아름다우니 가려서 인후한 마을에서 살지 않으면 어찌 지혜롭다 하겠는가.[里仁 爲美 擇不處仁 焉得知]"에서 온 말이다. (『論語』「里仁」)

있다는 고요히 할 만한 때이다. 움직일 만한데 움직이지 않으면 시時를 잃어버림이요, 고요히 할 만한데 고요히 하지 않으면 또한 시時를 잃어버림이다. 무망无妄괘 여섯 효의 나가고 물러나는 재복災福이 모두 하나의 시時자에서 나온다. 성인聖人께서 시時를 따르는 뜻을 여기서 볼 수 있다.

움직이기를 천리天理로써 하면 바로 무망无妄이 된다. 진실로 바르지 않으면 가는 바가 이롭지 않다. 비록 사심邪心은 없어도 망령됨은 한 가지이다. 군자가 건도乾道를 체득하여, 천시天時에 합하여 물物을 기른다.

초구; 강剛으로 안에서 주효가 되니 무망无妄의 실實이다. 성실하면 물物을 움직여 감에 이롭지 않음이 없다.

육이; 중정中正으로 따르니 지극한 무망无妄이다. 그 도의道義를 밝히고 공리功利는 계산하지 않는다.

육삼; 유柔하면서 바르지 않으니 망령되이 움직이는 사람이다. 비록 얻은 것이 있어도 몸을 잃어버리니 어찌하겠는가?

구사; 뜻이 성실하여 무망无妄하지만 정고貞固함은 기필할 수 없다. 진선盡善함에 힘을 쏟으니 가可자에 맛이 있다.

구오; 무망으로 병이 났으니 교화하여도 고쳐지지 않는다. 대순大舜이 유묘有苗에게, 주공周公이 관숙管叔·채숙蔡叔에게 기뻐하지만 약을 쓰지 않았다.

상구; 무망한 상구이지만 궁하면 재앙이 생긴다. 고비사막과 운남성을 정벌한 한漢과 당唐이다.

☶ 간상艮上 ☰ 건하乾下

대축大畜은 크게 막아 모은 것이다. 사람이 모으는 것은 마땅히 정도正道를 얻어야 하기 때문에 괘사卦辭에서 "정함이 이롭다.[利貞]"라고 하였다. 대축大畜에서 양陽을 막고 있는 것은 육사와 육오이다. 육사가 대신大臣으로 능히 그 군주君主를 막으면 막는 공功을 이루어서 육사가 주효主爻가 된다. 소축小畜 또한 그러한데, 소축小畜의 육사는 손체巽體이고 대축大畜의 육사는 간체艮體

이다. 손巽으로 초구를 막고 있기 때문에 소축小畜의 초구에서 돌아옴이 도로부터 한다는 길吉함이 있으며, 강剛으로 초구를 막고 있기 때문에 대축大畜의 초구에서 위태로움이 있으리니 중지함이 이롭다라는 경계가 있다. 육사가 비록 유효柔爻이나 대축大畜과 소축小畜의 괘체卦體로서 말하면, 손巽은 음이고 간艮은 양이다. 구이와 육오가 모두 중中이면서 또 정응正應이 되기 때문에 육오가 능히 구이를 막지만 어린 소에 가로댄 나무를 더하였으며, 구이가 육오의 막음을 받아들여서 수레에서 그 바퀴통을 빼내게 된다. 그러나 구삼에서 "좋은 말이 달려간다.[良馬逐]"라고 하였으며, 상구에서 "하늘의 거리이니 형통하다.[天衢 亨]"라고 한 것은 모두 한 괘卦의 끝에 처해서이다. 또 서로 응應하는 자리에 처하여 막아 모아서 이러한 경지에 이르니 막는 도가 흩어진다. 대축大畜과 소축小畜의 분별이 또한 이와 같다.

하늘이 산 아래에 있으니 크도다! 모여 쌓임이여. 군자가 자신을 비우고 그 덕을 쌓는다. 나라의 군주가 어진 이를 기름에 집에서 군색하게 먹도록 해서는 안된다. 가언嘉言과 선행善行은 많이 아는 것을 귀하게 여긴다.

초구: 초구가 비록 강건强健하지만 나감에 그 때가 아니다. 정치를 하는 자라면 위태로우니 그만 둘지어다. 그만 둘지어다.

구이: 강중剛中한 재주를 가지고도 위에 의해 막히는 바가 된다. 의리상 범할 수 없으니 수레 바퀴통이 바로 빠진다.

구삼: 동지同志들이 위에서 응하니 좋은 말이 달려가는 듯하다. 그런데 어렵게 여기고 정貞하면 날마다 그 수레를 막는다.

육사: 사람의 악惡을 금지하는데 자라면 막히는 어려움이 있다. 사소한 것을 막음도 기술이 있으니 소를 부림에 어린 소에게 가로나무를 댄다.

육오: 악惡을 멈추는 도는 요점이 근본을 다스림에 있다. 멧돼지가 비록 조급하고 사납지만 그 형세를 멧돼지가 어찌하겠는가?

상구: 오래도록 힘을 쓰면 이치가 반드시 통하여 넓어진다. 어찌하여 하늘의 거리라고 하였는가? 그 길이 비고 넓어서이다.

☶☳ 간상艮上 진하震下

이頤는 기름[養]이다. 기름은 반드시 바름으로써 하기 때문에 괘사卦辭에서 "정하면 길하다.[貞 吉]"라고 하였다. 아래의 세 효爻는 스스로 기르고, 위의 세 효爻는 남을 기른다. 괘 전체에 오직 두 양陽이 있는데, 초구의 양陽은 기름을 구하는 것이기 때문에 상구 효로 바로 간다. 상구에서 "자신으로 말미암아 길러진다.[由頤]"라고 하였으니 상구가 이괘頤卦의 주효主爻가 됨을 지적하였다. 초구·육이·육삼의 흉凶은 모두 진체震體이기에 망령되이 움직이는 자여서이다. 육사·육오·상구의 길함은 모두 간체艮體이기에 그칠 줄 아는 자여서이다. 육오의 경도에 위배된다가 육삼의 기름에 위배된다와 다른 것은 육오는 정중正中이며, 육삼은 정중正中이 아니기 때문이다. 육사의 전도되어 길러준다가 육이의 전도되어 길러준다와 다른 것은 육사는 아래의 어진 이를 구하여 천하를 기르고자하는 자이며, 육이는 아래의 양陽과 친해져서 스스로 그 몸을 기르는 자여서이다. 초구의 턱을 늘어뜨린다가 상구의 자신으로 말미암아 길러진다와 다른 것은 초구는 윗사람을 구하여 스스로 그 몸을 기르고자 하는 자이며, 상구는 사부師傅의 위位에 처하여 천하를 기르고자 하는 자여서이다. 군자가 이頤의 도道를 살펴 바름으로써 하지 않을 수 있겠는가?

천지는 지극히 커서 만물萬物을 양육養育한다. 사람을 기르는 것이 정정貞正하면 길吉하다. 크면 심지心志가 길러지고 적으면 구복口腹이 길러진다. 군자가 상象을 보고서 언어를 삼가며 음식을 절제한다.

초구: 괘卦의 체體가 가운데 비어 있으니 거북이를 취하여 뜻을 삼았다. 자기를 버리고 남을 따르니 빈주賓主가 도치되었다.

육이: 스스로 먹지 못하기에 위아래에서 길러주기를 구한다. 모두 그 유가 아니니 쓸데없이 굽어 올려보는데 수고롭다.

육삼: 체體를 잃었어도 기름이 바르니 뜻이 또한 기뻐 움직인다. 한갓 먹고 씹는 것을 일삼으니 종신終身토록 쓸데가 없다.

육사: 그침에 호랑이의 상이 있으니 오로지 아래를 내려다본다. 기름을 구하여 사람을 기르니 비록 전도顚倒되었으나 또한 길하다.

육오: 현사賢師에게 순종을 하여 천록天祿을 같이 누린다. 비록 어려움을 구제하기는

어려우나 같이 안락安樂함을 즐길 수는 있다.

상구: 이괘頤卦의 주효가 되니 정성을 다하고 힘을 다한다. 예전 성인인 이윤伊尹과 주공周公이 근심하여 부지런히 하고 조심하여 두려워하였다.

䷛ 태상兌上 손하巽下

대과大過는 양陽이 지나침[陽過]이다. 가운데가 강剛하고 본과 말이 약弱하기 때문에 괘사卦辭에서 들보가 휘어지는 상象이 있다고 하였으며, 강剛이 과하면서도 중中에 자리하기 때문에 "가는 바가 이로워 형통하다.[利攸往 亨]"라고 하였다. 대과괘大過卦는 네 양陽이 음陰의 자리에 처하면서 중中의 자리를 얻었기에 선善을 한다. 구사는 비록 음의 자리에 처하였으나 아래에서 초육의 음이 응應하여 유柔함에 지나쳤기 때문에 구사에서 "다른 마음을 두면 하찮게 여길 만하다.[有他 吝]"라고 하였다. 구오가 비록 중中의 자리를 얻었으나 은밀하게 상육의 음을 가까이하여 유柔에 극하였기 때문에 구오의 소상小象에서 "또한 부끄러워 할 만하다.[亦可醜]"라고 하였다. 구삼은 중강重剛이면서 중中의 자리가 아니기에 비록 상육과 더불어 응應하지만 또한 모두 좋지 않아 도움이 있을 수 없다. 그러므로 구이에서 "들보기둥이 휘어지니 흉하다.[棟橈 凶]"라고 하였다. 오직 구이가 중中의 자리에서 스스로 지키며 부드러움으로써 서로 구제하니, 위로는 과를 극한 구오의 응함이 없고 아래로는 지나치게 조심하는 초육의 도움을 가까이한다. 능히 대과大過가 생육生育하는 공功을 이루기 때문에 "이롭지 않음이 없다.[無不利]"라고 하였으니 구이가 대과大過의 주효主爻가 된다. 괘체卦體로 말하면 태兌는 못이 되고 손巽은 나무가 된다. 구이와 구오가 모두 마른 버드나무에서 상象을 취한 것은 버드나무가 못 가까이서 자라기 때문이다. 구산龜山 양시楊時가 들은 촉승蜀僧의 설은 또한 자못 이치에 가깝다. 대체로 이 괘卦가 다른 괘卦와는 서로 응應하는 예가 없다. 중간을 따라 나누어 보면 구삼과 구사가 기둥이 된다. 위는 높고 아래는 휘는 것은 구사는 군주인 구오에 붙어 있고 구삼은 도와주는 이가 없으니 지나친 강剛이라서이다. 구이와 구오는 버드나무인데, 위는 꽃이 피고 아래는 움이 나는 것은 구이는 초육의 막 자라는 음陰을 가까이 하며, 구오는 상육의 이미 다한 음을 가까이 해서이다. 초육과 상육이 깔기를 띠풀로 하고 이마까지 빠짐이 되어 위는 삼가하고 아래는 두려워하는 것은 초육은 강剛을 받들었고 상육은 강剛을 올라탔기 때문이다.

대과大過가 비록 지나치나 중中을 얻어 넘어서지 않는다. 당요唐堯와 우순虞舜는 읍하여 겸손하였으며, 탕왕湯王과 무왕武王은 꾸짖어 정벌하였다. 크도다! 그 때여 성인께서 찬탄贊嘆한 것이다. 세상을 피하고 홀로 서 있는 즈음에 두려워하지 않고 근심하지 않는다.

초육; 유柔하면서 아래에 처하니 깔기를 띠풀로 하는 상象이다. 지나치게 삼가하니 무슨 허물이 있으리오. 그 공경함은 높일 만하다.

구이; 노양老陽과 소음少陰이 지나쳐서 물物을 낳는다. 못가의 마른 버들은 그 뿌리가 오히려 살아 있다.

구삼; 강剛이 강强하여 너무 지나친데 아래에서 도와줌이 없으니 어찌 중임重任을 감당하리오. 약한 기둥과 같다.

구사; 강剛이 부드러워 지나치지 않으니 그 재주를 쓸 만하다. 큰 지붕을 버티는 높은 그 기둥과 같다.

구오; 위의 지나친 극을 가까이하니 남자는 젊고 여자는 늙었다. 쇠퇴한 버들에 비록 꽃은 피나 말라가는 데에 유익함이 없다.

상육; 지나치게 건넜다는 탄식은 시절의 불행을 만나서이다. 비록 흉凶하나 무슨 허물이 있으리오. 위태로움을 보고 목숨을 바친다.

䷜ 감상坎上 감하坎下

감坎은 빠짐[陷]이다. 양陽이 실지로 가운데 있기 때문에 괘사卦辭에서 "마음이 형통하다.[維心亨]"라고 하였으며, 단사彖辭에서 "물이 흘러가나 가득차지 않는다.[水流而不盈]"라고 하였다. 구오 효사爻辭에서 "이미 평평함에 이른다.[祇既平]"라고 하였으니 이는 구오가 감괘坎卦의 주효主爻가 되어서이다. 여러 효들은 험함으로 인해서 뜻을 일으키니, 초육의 깊은 구덩이로 들어간다는 음유陰柔로서 험함의 아래에 처해서이다. 상육의 가시나무 숲속에 가두어 둔다는 음유陰柔로서 험함의 극에 처해서이다. 육삼의 의지해서 구덩이에 드니 쓰지 말아야 한다는 가볍고 조급하여 중험重險의 사이에서 도를 잃어버려서이다. 육사의 맺음을 들이되 통한 곳으로부터 하면 허물이 없다는 곡진하게 어렵고 험한 즈음에 정성을 다해서이다.

구이의 감坎에 험함이 있으나 구함을 조금 얻는다는 강剛이면서 중中을 얻었어도 험함에서 벗어나지 못해서 이다. 구오의 구덩이가 차지 아니하였으니 이미 평평함에 이른다는 중中이면서 존위尊位에 머무니 오히려 험함에서 벗어날 수 있어서이다. 합하여 말하면, 초육과 상육은 모두 도道를 잃었으며, 구이와 구오는 위位를 차지하였거나 위位를 차지하지 못했으며, 육삼과 육사는 정正을 얻거나 정正을 얻지 못하였다. 군자의 험함을 대처하는 도리가 삼가하지 않을 수 있겠는가?

감체坎體는 중간이 실하니 진실로 마음이 성실하다. 성실하면 느껴 통하게 할 수 있기 때문에 마음이 형통하다. 주야晝夜로 쉬지 않음이 물이 계속 이르는 것과 같다. 군자가 본받아서 가르치는 일을 익힌다.

초육: 습감習坎으로 구덩이에 들어가나 밖에서 도와주는 이가 없다. 스스로 그 도를 잃었으면서도 습한 아래에 자리함을 싫어한다.

구이: 지극히 험한 자리이니 중음重陰의 사이이다. 그 재주가 강중剛中하니 오히려 조금 구제 할 수 있다.

육삼: 겨우 구덩이 안에서 나와 또 구덩이 아래로 들어간다. 진퇴하며 함께 머무는 이들이 하나도 옳은 자가 없다.

육사: 신하가 되어 아래에 처하여 맡으면 마땅히 성실을 다하여야 한다. 열어 통하는 술術은 밝은 것을 연유한다.

육오: 물이 평평한 곳에 이르지 않으니 아래에 있는 백성들이 허덕이게 된다. 어찌 현신賢臣을 얻어 함께 험함을 구제하지 않겠는가?

상육: 유약한 자태로 험險의 극極에 머문다. 처지가 이미 도를 잃어버렸으니 영원히 가시나무 숲 속에 둔다.

䷝ 리상離上 리하離下

리離는 붙음[麗]이다. 붙어서 바름을 얻기 때문에 괘사에서 "정함이 이로우니 형통하다.[利貞亨]"라고 하였으며, 단사에서 "거듭 밝음으로 바름에 붙는다.[重明 以離乎正]"라고 하였으니 교화가 천하에서 이루어진다. 대상大象에서 "밝음을 이어서 사방에 비춘다.[繼明 照于四方]"

라고 하였으니 육이가 리괘의 주효主爻가 됨을 지적하였다. 여러 효의 뜻은 밝음으로 인해서 일으킨다. 초구의 발자국이 어긋난다는 아래에 머물면서 강명剛明하기 때문이며, 상구의 소상小象에서 나라를 바로잡는다는 위에 머물면서 위엄이 밝기 때문이다. 구삼에서 해가 걸려 있는데 질장구를 두드린다는 이전의 밝음이 장차 다해가는 때에 있으면서도 편안하고 항상하는 이치에 어두워서이다. 구사의 기염이 불타듯이 급하게 한다는 이후의 밝음이 장차 이어오는 때에 있으면서도 잘 이어가는 도리에 어두워서이다. 육이의 황색에 붙는다는 중순中順한 군주에게 응하여 크게 선하고 길함으로 스스로 닦는 도리에 밝아서이다. 육오의 눈물을 흘리다는 상하의 양을 가까이하면서 위태로워하고 두려워하며 스스로 처신하는 도리에 밝아서이다. 합하여 말한다면, 초구와 상구의 허물없음은 수기修己와 치인治人의 도에 밝아서이다. 육이와 육오의 길함은 중정中正과 중순中順의 도에 밝아서이다. 구삼의 흉함과 구사에서 흉을 말할 겨를이 없음은 잘 처신하고 잘 잇는 도에 밝지 않아서이다. 군자가 명明의 방도를 쓰니 바르지 않을 수 있겠는가?

리체는 가운데가 비어 있으니 비어 있으면 밝음이 생긴다. 이어 붙임에 밝기 때문에 정함이 이롭다고 한다. 상하가 서로 이음이 해가 거듭 빛나는 것과 같다. 성인이 체득하시어 사방을 비춘다.

초구: 양은 본래 움직이는 것이고 리 또한 불의 성질을 지닌다. 만일 다리를 내밀고자 한다면 발걸음을 조심하여야 한다.

육이: 문명文明의 덕과 정중正中의 도이다. 바람과 구름이 즐거이 모이니 불이 마른 곳으로 타들어가는 것과 같다.

구삼: 질동이를 두드리고 노래하며 즐거이 남은 날을 보낸다. 천리를 즐기고 명을 아니 늙음을 탄식하지 말아라.

구사: 잘 잇는 도는 마땅히 겸손하고 사양함에 있다. 이를 하지 않으면 불이 타오르는 것과 같다.

육오: 유약柔弱한 군주가 강한 적들에게 끼여 있다. 마침내 눈물을 흘리는 지경이 되지만 끝내 안락하다.

상구: 능히 결단하고 능히 비추니 위엄과 법을 베풀 수 있다. 『서경』에서 큰 괴수는 섬멸하고 위협에 따르는 자는 다스리지 말라고 하였다.

☱☶ 태상兌上 간하艮下

함咸은 무심無心의 감동이다. 감동함에 마음이 있는 자는 모두 감동시키지 못하기 때문에 마음 심心자를 제거하고 괘卦의 이름을 함咸이라고 하였다. 감동하여 마침내 통하기 때문에 괘사卦辭에서 "형통하다.[亨]"라고 하였으며, 이로움이 바름에 있기 때문에 "정함이 이롭다.[利貞]"라고 하였다. 구사는 정하면 길하고 또 마음의 위位에 해당하기 때문에 함괘咸卦의 주효主爻가 된다. 여러 효爻들이 사람의 몸을 가지고 뜻을 삼았다. 그래서 위의 한 획은 입 속이 되며, 가운데 세 획은 배가 되며, 아래의 두 획은 다리가 된다. 초육의 엄지발가락과 육이의 장딴지와 구삼의 넓적다리는 몸을 따라서 움직여 감동에 응하는 것이다. 구오의 등살은 생각하지 못하니 감동하는 것이 없다. 상육의 광대뼈와 뺨과 혀는 혀로써 감동하니 또한 남을 감동시키기에 부족하다. 오직 구사가 마음의 위位이기에 감동의 뜻을 알 듯한 자이다. 그러나 무심無心한 자는 감동하지 않는 것이 없으며, 유심有心한 자는 또한 감동을 다하지 못한다. 감동하여 통하는 도리가 또한 어렵지 아니한가? 또 감동은 움직임이다. 움직임이 바르지 않으면 부부夫婦는 예禮로써 합치되지 못하며, 군신君臣은 도道로써 합치되지 못하며, 붕우朋友는 의義로써 합치되지 못한다. 흉함과 뉘우침과 부끄러움이 말미암아 생겨나기 때문에 특별히 구사에서 정하면 길하다고 경계를 하였다. 감동하여 통하는 뜻을 함괘咸卦에서 볼 수 있다.

산과 못은 기氣를 통하고 부부에게서 단서를 만든다.[83] 가까이 몸에서 취하니 효爻의 상象에서 볼 수 있다. 천지天地·만물萬物이 감동하여 통하지 않음이 없다. 무심無心한 감동은 확연廓然히 크게 공평하다.

초육: 사람이 보잘 것 없고 감동이 약하니 누가 능히 믿겠는가? 엄지발가락 같이 움직여도 나가지 못한다.

육이: 음陰의 성질은 쉽게 밟히니 가면 흉凶하고 머무르면 길吉하다. 바름을 지켜 움직임

83) 부부에게서 단서를 만든다 : 조단부부(造端夫婦)는 "군자의 도는 부부에게서 단서를 만드니 그 지극함에 이르러서는 천지에 밝게 드러난다.[君子之道 造端乎夫婦 及其至也 察乎天地]"에서 유래한다.(『中庸』「十二章」)

을 따르면 또한 스스로 잃어버리지 않는다.

구삼; 스스로 서지 못하니 남을 따라 발걸음을 옮긴다. 양강陽剛한 군자가 도리어 신복臣僕을 따른다.

구사; 마음은 본래 거울과 같아 물物이 오면 저절로 비춘다. 거울을 잡고 물物을 따르면 그 비춤이 오히려 자잘해진다.

구오; 무엇을 감동하여 임한다고 하는가? 보이지 않음에서 감동하는 것이다. 참으로 가까움에 매이고 천함에 응하면 끝내 무엇을 취하겠는가?

상육; 혀로써 남을 감동시키니 첩부妾婦의 무리이다. 비루하도다! 소진蘇秦과 장의張儀[84]여 육국六國의 예쁜이들이다.

䷟ 진상震上 손하巽下

항恒이라는 글자는 섬과 마음에서 온 글자이니. 하루 동안 세운 마음을 한결 같이 한다는 것이다. 변變하면 통하기 때문에 괘사卦辭에서 "형통하다.[亨]"라고 하였으며, 바름을 지킴이 이롭기 때문에 "정함이 이롭다.[利貞]"라고 하였다. 오래할 수 있는 방도는 중中을 귀히 여기기에 구이 소상小象에서 특별히 능히 중에 오래한다라는 세 글자를 제출提出하였으니 구이가 항괘恒卦의 주효主爻가 된다. 여러 효들이 중中으로 인해서 뜻을 일으켰다. 초육의 깊은 항과 구사의 짐승을 잡지 못한다는 중中에 미치지 못하여서이다. 그러므로 초육 소상小象에서는 "흉하다.[凶]"라고 하였으며, 구사 소상小象에서는 "제자리가 아니다.[非其位]"라고 하였다. 구삼의 항상 하지 않는다와 상육의 진동하는 항이다는 모두 중中에서 지나쳐서이다. 그러므로

---

84) 소진(蘇秦)과 장의(張儀) : 두 사람 모두 전국 시대의 종횡가(縱橫家)이다. 소진은 처음에 진 혜왕을 유세하였으나 쓰이지 않자, 제(齊)·초(楚) 등 육국을 유세, 육국이 합종(合縱)하여 진 나라에 대항하게 하고 육국의 정승이 되었다.(『史記』「卷六十七」) 장의는 진 혜왕(秦惠王)의 정승으로 육국(六國; 제·초·연·한·위·조)을 유세(遊說)하여, 육국이 동맹해서 진 나라에 대항하자는 소진의 종약(縱約)을 반대하고 육국이 진 나라를 섬기자는 연횡설(連橫說)을 내세웠다.(『史記』「卷七十」)

구삼에서는 "부끄럽다.[吝]"라고 하였으며, 상육에서는 "흉하다.[凶]"라고 하였다. 오직 구이와 구오가 중中을 얻었다. 그러나 구이에서 "뉘우침이 없어진다.[悔亡]"라고 하였으며, 구오에서 "정하니 …… 흉하다.[貞 …… 凶]"라고 하였으니 그 유柔가 위태롭고 그 강剛이 이겨서인가? 항괘恒卦의 여섯 효가 모두 항恒의 바름을 다한 것은 아니다. 반드시 단사彖辭에서 말한 일월日月·사시四時의 도道와 천지天地·만물萬物의 정情과 같이 한 연후에 그러할 수 있다. 항상하면서 변화를 알지 못하는 것은 항恒이 아니며, 변화하면서 항상을 알지 못하는 것도 항恒이 아니다. 성인聖人께서 시중時中의 뜻을 항괘恒卦에서 볼 수 있었다.

항구恒久의 도道는 그 중中을 얻음을 귀하게 여긴다. 지나친 것은 길吉하지 않고 미치지 못하면 흉凶하다. 하늘이 높고 땅이 낮음은 부부夫婦의 떳떳함이다. 대상大象에서 우레와 바람을 드러내어 나아감에 방향을 바꾸지 않는다고 하였다.

초육; 믿음이 없는데 간諫하니 듣는 자가 쉽게 화를 낸다. 얕음을 섞어 깊음을 구하니 평소에 아는 사람을 책망한다.

구이; 중中으로서 중中에 응하니 뉘우칠 자리에 있으면서도 뉘우치지 않는다. 현인賢人의 덕업德業은 오래 할 수 있고 크게 할 수 있다.

구삼; 사람이면서 항상 하지 않으니 무당과 의사도 되기 어렵다. 화禍와 복福은 문이 없으니 자기가 부른다.

구사; 그 위가 아닌 곳에 자처하니 항상하고 오래한들 무슨 이익이 있겠는가? 비록 왕량王良[85]이 있더라도 아침을 마칠 때까지 한 마리도 잡지 못한다.

육오; 따름으로써 바름을 삼으니 부婦는 길하지만 부夫는 흉하다. 군상君上의 도道는 강중剛中을 씀을 귀하게 여긴다.

상육; 진 시황제秦始皇帝와 한 무제漢武帝의 위엄이 흉노匈奴에게까지 떨쳤다. 천하에 일이 없는데도 쓸데없이 사람들이 스스로 요란을 떤다.

---

85) 왕량(王良) : 전국 시대 말을 잘 몰던 사람이다. "옛적에 조간자(趙簡子)가 왕량을 시켜 폐해(嬖奚)와 함께 사냥하게 하였다.[昔者 趙簡子使王良 與嬖奚乘]"에서 유래한다.(『孟子』「滕文公 下」).

☰ 건상乾上
☶ 간하艮下

둔遯은 물러남[退]이다. 군자가 물러나 숨어서 그 도를 펴기 때문에 괘사卦辭에서 "형통하다.[亨]"라고 하였다. 괘사에서 "조금 바로 잡음이 이롭다.[小利貞]"라는 것을 이천伊川은 『역전』에서 "크게 바로잡을 수는 없다.[不可大貞]"라고 하였으니 이는 군자君子를 가리켜 말함이요, 주자朱子는 『본의』에서 "비괘의 초효·이효와 서로 비슷하다.[與否初二爻 相似]"라고 하였으니 이는 소인小人을 가리켜 말함이다. 여러 효爻에서는 모두 둔遯을 말하였는데, 육이에서 둔遯을 말하지 않은 것은 아마도 양陽에 가까워서이다. 둔괘遯卦가 물러남이 되는 이유는 육이가 주효主爻가 되어서이다. 효爻가 모두 육이로 인해서 뜻을 일으킨다. 구삼은 육이와 가장 가깝기 때문에 "매어 있는 은둔이다.[繫遯]"라고 하였다. 구사는 구삼에 의해 막혀 있지만, 초육과 응하기 때문에 "좋아하면서도 은둔한다.[好遯]"라고 하였다. 초육은 뒤에 있으며 상구는 멀리 자리하기 때문에 초육에선 "가는 바를 두지 말아야 한다.[勿用有攸往]"라고 하였으며, 상구에선 "이롭지 않음이 없다.[無不利]"라고 하였다. 구오는 중中을 얻어 육이에 응應하기 때문에 "아름다운 은둔이다.[嘉遯]"라고 하였다. 모두가 음陰에 걸려 있기 때문이다. 혹이 말하였다. "육이에서 둔遯을 말하지 않은 것은 육이가 대신大臣이라서 기쁨과 슬픔을 함께 하기 때문이다." 또한 뜻이 통한다. 아래의 삼효는 간괘艮卦라서 그침을 주장한다. 그러므로 초육의 소상小象에선 가지 않는다·육이의 소상小象에선 잡는다·구삼에선 맨다라고 하였다. 위의 삼효는 건괘乾卦라서 행함을 주장한다. 그러므로 구사에선 좋은·구오에선 아름다운·상구에선 여유 있다고 하였다. 그러나 군자君子가 소인小人의 도를 끊어야 함을 둔괘遯卦에서 볼 수 있다.

두 음陰이 바야흐로 자라니 네 양陽이 장차 벗겨진다. 군자는 도를 따라 기미를 보고 일어난다. 끊으려고 하면 어떻게 하여야 하는가? 하늘과 산처럼 아득히 멀어져야 한다. 괘사卦辭의 바로잡음이 이롭다의 경계는 소인小人의 복이다.

초육; 미약한 자는 쉽게 숨으니 하필이면 멀리 숨겠는가? 접여接輿[86]와 신문晨門[87]은

---

86) 접여(接輿) : 초 나라의 은자이다. 공자(孔子)의 앞을 지나며 노래하였다. "봉이여 봉이여, 어찌 덕이 쇠하였는가. 지나간 것은 간(諫)할 수 없지만 오는 것은 그래도 따를 수 있으니, 그만둘지어다.

은거하지 않아야 하는데 은거하였다.

육이; 기쁨과 슬픔을 함께하니 유독 둔遯을 말하지 않았다. 가죽을 황소에게서 취함은 중中이면서 따름이 있기 때문이다.

구삼; 왜 신첩臣妾이라 하는가? 간艮이 혼시閽寺가 된다. 작은 일에 매여 오히려 고달프니 하물며 큰일을 당해서 이겠는가?

구사; 강剛으로써 유柔의 자리에 처했기 때문에 두 경우를 보여준다. 신첩臣妾의 돌아감은 끊음과 끊지 않음에 의해서이다.

구오; 참으로 그 중中을 잡으니 능히 그 뜻을 바르게 한다. 크고도 아름답도다! 순舜 임금이 우禹 임금에게 자리를 물려주심이여.

상구; 일 밖으로 넘어서니 행동거지에 여유가 있다. 산에서 나물 뜯고 강에서 낚시질하면서 여유 있게 노닐며 마시고 먹는다.

䷡ 진상震上 건하乾下

대장大壯은 큰 것이 장성함이다. 사람의 혈기가 바야흐로 강해짐과 같기 때문에 괘사卦辭에서 "크게 장성하다.[大壯]"라고 하였으며, 이로움이 정고貞固함에 있기 때문에 "형통하다.[亨][88]" 라고 하였다. 단사彖辭에서 "강으로서 움직이기 때문에 장성하다.[剛以動 故 壯]"라고 하였다. 구사가 하늘에 있는 우레가 되어 대장괘大壯卦의 주효主爻가 됨을 지적한 것이다. 여러 효爻들은 구사로 인해서 뜻을 일으킨다. 아래 세 양陽은 바퀴살이 되니 바퀴살은 아래에 있는 것이다. 위의 두 음陰은 울타리가 되니 울타리는 앞에 있는 것이다. 바퀴살이 이미 건장健壯하고 울타리가

그만둘지어다. 오늘날 정사에 종사하는 자들은 위태롭다.[鳳兮鳳兮 何德之衰 往者不可諫 來者猶可追 已而已而 今之從政者 殆而]"에서 유래한다.(『論語』「微子」)

87) 신문(晨門) : 은자이다. 자로가 공자의 제자임을 신문에게 밝히니 말하였다. "그가 바로 불가한줄 알면서도 하는 사람입니까?[是知其不可而爲之者與]"에서 유래한다.(『論語』「憲問」)

88) 형통하다 : 『주역』의 「대장괘(大壯卦)」에는 형(亨)이라는 풀이가 없다. 「역괘효찬(易卦爻贊)」에서 형(亨)이라고 한 연유를 알 수 없어 적어둔다.

이미 터지니 위 나아갈 수 있어 막힘이 없다. 음양陰陽의 진퇴進退로써 말하면, 초구와 구삼은 강剛으로서 강剛의 위位에 머무니 나가기를 좋아하는 자이다. 그러므로 초구에서 가면 흉하다고 하였으며, 구삼에서 뿔이 곤궁하다고 하였다. 구이는 강剛으로 유柔의 위位를 밟아 중中에 머무니 스스로 지켜 위로 나가는 자이다. 그러므로 구이에서 정하여 길하다고 하였다. 육오는 유柔로서 중中의 위位에 머무니 장성한 양陽을 받을 수 있다. 그러므로 비록 양羊을 잃지만 뉘우침이 없다고 하였다. 상육은 유柔로서 장성의 끝에 머문다. 그러므로 진퇴하지 못하여도 어려우면 길하다는 경계가 있다. 성인聖人께서 호연지기浩然之氣를 잘 기르니, 지극히 크고 지극히 강해져 천지天地의 사이에 채워지는 이유가 이와 같다.

맹자孟子의 호연지기浩然之氣를 기름은 대장大壯에서 나왔다. 정직함으로 길러 크고 강해지니[89] 천지에 가득하다. 군자君子의 용기는 의리로써 움직인다. 상象이 우레와 하늘에 있으니 예가 아니면 행하지 않는다.

초구; 겸손한 자세로 나가니 바야흐로 일을 할 수 있다. 이 같이 민첩하게 나가면 어찌 흉凶한 자리를 밟겠는가?

구이; 강하도다! 저 사람이여, 중中의 자리에 서서 기대지 않는다. 자기의 사사로움을 이겨 예를 행하는 일에 용기 있는 선비이다.

구삼; 태兌의 상象은 무리지은 양이니 들이받기를 좋아하지만 막힘을 당한다. 군자君子와 소인小人이 함께 잃어버리는 것이 있다.

구사; 진震이 큰 길이 되니 단단한 바퀴살을 사용하는 것이 이롭다. 강剛으로써 유柔를 결정하니 그 힘이 고달프지 않다.

육오; 마음의 자리에 처하여 화이和易를 즐기니 강자剛者를 막아 그치게 하는 자이다. 백의白衣의 문숙文叔[90]이 부드러움으로 천하를 다스렸다.

---

89) 정직함으로 …… 강해지니 : 직이강대(直而剛大)는 “그 기 됨이 지극히 크고 지극히 강하니 정직함으로써 기르고 해침이 없으면 천지의 사이에 꽉차게 된다.[其爲氣也 至大至剛 以直養而無害 則塞于天地之間]”에서 유래한다.(『孟子』「公孫丑 上」)

90) 문숙(文叔) : 후한(後漢) 광무제(光武帝) 유수(劉秀)의 자이다. 천하를 부드러움으로 통치한 인물이다.

상육: 위로 다하니 나아가기 어렵고, 바탕이 부드러우니 이루지 못한다. 일찍이 어려움에 대비하니 길吉한 도道가 바로 이른다.

☲ 리상離上
☷ 곤하坤下

진晉은 나아감[進]이다. 나아감이 이미 밝고 성대하기 때문에 형통하다와 바르다를 말하지 않았다. 단사彖辭에서 "유가 나아가 위로 행한다.[柔進而上行]"라고 하였으니 육오가 대명大明의 주효主爻가 됨을 지적하였다. 여러 효爻들은 육오로 인해서 뜻을 일으킨다. 초육의 나아가거나 물러난다는 육오에서 가장 멀고 구사가 사이에 있어서이다. 육이에서 나아감이 근심스럽다는 육오에 응應하지 못하여 중中으로 스스로 지켜서이다. 육삼의 무리가 믿어주니 뉘우침이 없다는 점차 육오에 가까워지지만 구사가 이간질하지 않아서이다. 상구의 뿔에 나아간다는 육오를 타고 있으니 나아갈 만한 곳이 없어서이다. 아래의 세 음陰은 유柔하면서 따르기 때문에 길吉하여 후회가 없으며, 위의 두 양陽은 위位가 마땅하지 않기 때문에 위태롭고 또 부끄럽다. 군자가 나가기 어려운 이유가 이와 같다. 육오는 밝은 덕으로 나가 존위尊位에 머무니 밝게 비추지 못함을 근심하지 않고 밝음으로 지나감을 근심한다면 천하의 뜻을 통하고 중인衆人의 재주를 자세히 알게 된다. 비록 구사의 탐함이 있더라도 쥐가 사람을 두려워하는 것 같이 하는 자는 또한 장차 개혁改革의 도가 있다. 하물며 나가는 때가 낮이니 쥐가 또한 엎드려 있겠는가? 소소하게 얻고 잃으니 어찌 번거롭게 근심하겠는가? 그러므로 구오에서 길하다고 하였다.

리離의 상象은 명군明君이고 곤坤은 현백賢伯이 된다. 밝혀서 따르니 상하가 서로 얻는다. 하루에 세 번 접하니 제후諸侯에게 말을 하사下賜한다. 군자의 나감은 먼저 명덕明德을 밝힌다.

초육: 나는 맡은 직분이 없으니 말할 책임도 없다. 매우 성을 내고자 않으니 여유 있어 느긋하게 행동한다.

육이: 호괘互卦인 감괘坎卦가 근심을 더하고 간산艮山이 또 막고 있다. 참으로 바름을 지킬 수 있으면 왕모王母가 복을 내린다.

육삼: 이미 후侯의 위位에 처하였고 또 순順의 극極에 해당한다. 무리가 믿고 따르니

마땅히 특별한 은총을 받게 된다.

구사; 나가는 낮에 엎드려 있으니 막힌 쥐가 상象을 보여준다. 비부鄙夫가 위位를 훔쳐 그 정상情狀을 살핀다.

육오; 잃음과 얻음을 논하지 말고 스스로 그 덕德을 밝힌다. 성실하게 미루어 위임委任하니 천하의 복이다.

상육; 지나친 강剛이 스스로 다스리니 효과가 없을 수 없다. 이미 기울었으니 빛이 두루 비추지 못한다.

䷣ 곤상坤上 리하離下

명이明夷는 진晉의 반대이다. 군자가 명이明夷한 때를 당하니 이로움이 어려움을 알아 그 정정貞正을 잃어버리지 않음에 있다. 그러므로 괘사卦辭에서 "어려울 때에 정정함이 이롭다.[利艱貞]"라고 하였으며, 단사彖辭에서 "밝음이 땅 속으로 들어간다.[明入地中]"라고 하였으니 상육이 밝음을 해치는 주효主爻가 됨을 지적하였다. 여러 효爻들이 상육으로 인해서 뜻을 일으킨다. 초구는 지위가 없는 처지에 자리하여 가장 상육에서 멀기 때문에 "날 때에 날개를 늘어뜨린다.[于飛 垂其翼]"라고 하였다. 육이는 대신大臣의 위位에 자리하여 조금 상육에서 머니 끝내는 면함을 얻을 수 있기 때문에 "구원하는 말이 건장하다.[用拯馬壯]"라고 하였다. 구삼이 내괘內卦의 위에 자리하여 상육과 응應하니 밝음으로서 어둠을 이기기 때문에 "남쪽으로 사냥하여 괴수를 얻는다.[南狩 得其大首]"라고 하였다. 육사는 곤회坤晦의 문에 들어섰지만 그 어둠이 아직은 옅으니, 떠날 수 있는 도리가 있기 때문에 "문정에서 나온다.[于出門庭]"라고 하였다. 육오는 어려움에 매우 가까이하니 의리상 떠날 수 없기 때문에 오직 어려움에 정고貞固히 해서 스스로 그 밝음을 감출 뿐이다. 은殷 나라와 주周 나라가 교체하는 시기를 당하여 성인聖人께서 처신하는 방도가 이처럼 같지 않다.

은殷 나라와 주周 나라의 효상爻象은 지地와 화火가 잘 형용한다. 아래에 밝은 성인이 많고 위에 어두운 이들이 다하였다. 밖에서는 유순함이 당연하고 안에서는 어려울 때 정정貞正함이 마땅하다. 군자가 때를 따라 감추어서 밝혀낸다.

초구; 새가 낮 빛을 보고 피하여 멀리서 기다리는 것과 같다. 백이伯夷와 태공太公은 북해北海와 동해東海에서 지냈다.

육이: 왼쪽 다리가 비록 다쳤으나 말의 건장함을 힘입는다. 밖은 순하고 안은 밝으니 문왕文王의 기상이 있다.

구삼: 남쪽으로 사냥하려는 뜻은 천하를 탐내는 것은 아니다. 굳세고 굳센 무왕武王이 목야牧野[91]로 내쳐 물리쳤다.

육사: 문을 나서는 자가 누구인가? 그 마음을 얻는다. 기국器局을 품고 있는 왕자王子가 거친 들판에서 사양한다.

육오: 반은 오르고 반은 떨어지니 그 위태로움에 대처하기가 어렵다. 기자箕子[92]가 거짓되이 미쳤으니 밝힘을 멈출 수가 없다.

상육: 사람의 밝음을 해치니 어두움이 가장 심하다. 독부獨夫[93]인 주紂는 스스로 하늘을 끊었다.

손상巽上 리하離下

가인家人은 안[內]이다. 손괘巽卦의 육사와 리괘離卦의 육이가 유柔로써 바름을 얻었기 때문에 괘사卦辭에서 "여자의 바름이 이롭다.[利女貞]"라고 하였으며, 단사彖辭에서 "가인 중에 엄한 군주가 있다.[家人 有嚴君]"라고 하였다. 구오에서 "왕이 집안을 둔 도를 지극히 한다.[王假有家]"라고 하였으니 구오가 강剛으로서 중정中正하여 가인괘家人卦의 주효主爻가 됨을 지적하였다. 초구의 집에 예법으로 막는다와 상구의 위엄 있으면 …… 길하다는 집을 다스리는 시始와

---

91) 목야(牧野) : 주 무왕(周武王)이 주왕(紂王)의 군대와 결전을 벌여 승리를 거둔 곳이다. "갑자일 동틀 녘에 주왕(紂王)이 수풀처럼 뻗친 군대를 이끌고 나와 목야에 진을 쳤다.[甲子昧爽 受率其旅若林 會于牧野]"에서 온 말이다.(『書經』「武成」)

92) 기자(箕子) : 주왕의 무도(無道)함을 간했으나 듣지 않자, 거짓 광인(狂人) 행세를 하여 노예가 되었다.

93) 독부 : 민심을 잃은 군주를 말한다. "옛사람이 말하기를 '나를 어루만져 주시면 임금이고, 나를 학대하면 원수이다.'하였으니, 독부인 수가 크게 위엄을 세우니, 바로 너희들 대대로의 원수이다.[古人有言曰 撫我則后 虐我則讐 獨夫受 洪惟作威 乃汝世讐]"에서 온 말이다.(『書經』「泰書」)

종終이다. 육이의 규문에 있으면서 음식을 장만한다와 육사 소상小象의 순함으로 지위에 있다는 가도家道가 바름을 얻음이다. 구삼의 지나치게 엄하고 지나치게 기뻐한다는 만일 마주하는 양가兩家의 말이 이와 같으면 흥興하고 이와 같으면 패敗한다. 다섯 효爻는 모두 자부子婦로 각각 음양의 위位를 얻었는데, 상구가 유독 양陽으로서 음陰의 위位에 머무는 것은 어찌 양陽이 아비가 되고 음陰이 어미가 되어서가 아니겠는가? 정자程子의 『역전』에는 구오의 '왕격유가王假有家'를 문왕文王에 견주니 말씀이 믿을 만하다. 구오와 육이가 응應하면 구오는 문왕文王이 되고 육이는 태사太姒가 된다. 구삼과 상구가 응應하면 상구는 왕계王季[94]가 되고 구삼은 태임太任이 된다. 육사와 초구가 응應하면 초구는 무왕武王이 되고 육사는 읍강邑姜이 된다. 한 집안 안이 서로가 도와주고 서로가 아껴주니, 이와 같으면 시詩에서 이른바 "과처에게 법이 되사 …… 집과 나라를 다스렸기 때문이다.[刑于寡妻 …… 以御于家邦]"라는 것이 그러하지 않겠는가? 성인聖人께서 집을 바르게 하는 방도가 이와 같다.

풍風이 화火에서 나오는데 어찌하여 가인家人이라고 하는가? 가르침은 집에서 이루어지고 교화는 백성에게 행해진다. 위에 엄한 군주가 있으니 은혜를 독실히 하고 윤리를 바룬다. 삼가 언행을 닦음에 먼저 그 몸을 바룬다.

초구: 집안의 시작이니 뜻을 막는 일이 아름답다. 가르치는 여인이 처음 와서 자식과 아이들을 가르친다.

육이: 곤도坤道가 이룸이 없어도 중정中正하여 유순柔順하다. 깨끗한 밥 덮은 장에 맹씨孟氏의 가르침이 있다.

구삼: 가도家道가 살찌니 곧 집을 윤택하게 한다. 화순和順함이 안에 쌓이니 금옥金玉을 부러워하지 않는다.

육사: 엄함으로 집을 다스리니 처음에는 후회하지만 끝내 길吉하다. 그 즐기는 것을 함부로 하니 쉽게 가절家節을 잃어버린다.

구오: 성스러움이 문왕文王과 같고 후비后妃가 안에서 돕는다. 마땅히 근심이 없으니 서로 사랑하는 것이다.

---

94) 왕계 : 문왕(文王)의 아버지 계력(季歷)을 말한다.

상구: 근본하기를 믿음으로 하고 거듭하기를 위엄 있게 한다. 어떻게 하면 위엄이 있는가? 몸에 돌이켜 스스로 다스린다.

리상離上 태하兌下

규睽는 흩어짐[離]이다. 사덕四德이 없기 때문에 단지 괘사卦辭에서 "작은 일은 길하다.[小事吉]"라고 하였으며, 단사彖辭에서 "중을 얻어 강에 응한다.[得中而應乎剛]"라고 하였으니 구이가 흩어짐을 구제하는 공功을 이루고 육오가 주효主爻가 됨을 지적하였다. 규睽는 흩어지고 모이는 두 가지 뜻이 있으니 내괘內卦는 흩어지고 외괘外卦는 모인다. 초구의 말을 잃어도 쫓지 않는다는 흩어짐이요, 구사의 훌륭한 남편을 만난다는 모임이다. 구이의 위곡委曲하게 함은 흩어짐이요, 육오의 살을 깨문다는 모임이다. 구삼의 수레가 뒤로 끌린다는 흩어짐이요, 상구의 비를 만난다는 모임이다. 의심한 뒤에 흩어지니 유柔한 것이 심하다. 구이와 육오는 응應하지만 육오가 유柔하기 때문에, 반드시 살을 깨물기를 기다린 뒤에 구이를 골목에서 만난다. 육삼과 상구가 응應하지만 육삼이 유柔하기 때문에 반드시 머리가 깎이고 코가 베임을 기다렸다가 멈추어 비를 만난다. 초구와 구사는 모두 강剛하기 때문에 초구는 형벌을 기다리지 않고 구사는 서로 믿는다. 천하天下에 끝내 흩어질 때는 없으니 성인聖人께서 흩어지고 모임에 대처 한다. 규睽의 도道가 이와 같음이 있도다.

중녀中女와 소녀小女가 함께 지내지만 뜻은 달리 한다. 요 임금이 순 임금에게 두 아내[95]의 법이 되는지 살펴보았다. 크도다! 때로 쓰이여, 천지와 합한다. 다르면서도 반드시 같고 같으면서도 혹 다르다.

초구: 이에 그 말을 잃어버리니 말이 이제 이르렀다. 삼가 마땅히 허물을 피하니 공자孔子께서 남자南子[96]를 보심이다.

---

95) 두 아내 : 요 임금의 두 딸인 아황과 여영을 말한다. "요 임금이 두 딸을 규수 북쪽에 시집보내 우순의 아내가 되게 하였다.[釐降二女于嬀汭 嬪于虞]"에서 유래한다.(『書經』「堯典」)

구이; 강剛과 유柔가 서로 어긋났으니 그 사귐이 굳지 않다. 군주君主의 마땅한 도리로 당겨 위곡委曲하게 서로 만난다.

육삼; 참으로 흩어져 외로운 것이 아니니 아래에 동료들이 있다. 지극한 정성으로 서로 구하면 함께 조정朝廷으로 오른다.

구사; 두 강剛에게 끼여서 진퇴進退함에 머뭇거린다. 망령되이 구하는 자가 제거되니 비로소 응應하여 함께 할 수 있다.

육오; 군주君主를 이미 거리에서 만났고 친척이 또 살을 깨문다. 흩어지는 세상에서 상하上下가 서로 믿는다.

상구; 호체互體인 감괘坎卦는 돼지가 활과 바퀴에서 상象을 본떴다. 처음에는 흩어졌다가 끝에는 모이니 처음에는 도적이다가 혼인을 한다.

☵☶ 감상坎上 간하艮下

건蹇은 어려움[難]이다. 어려움을 구제함에는 반드시 대정大正한 방도로 하면서 그 지킴을 견고堅固하게 하여야 하기 때문에 괘사卦辭에서 "정하다.[貞]"라고 하였으며, 또 "대인을 만나봄이 이롭다.[利見大人]"라고 하였으니 구오가 어려움을 구제하는 주효主爻가 됨을 지적하였다. 여섯 효가 모두 구오로 인해서 뜻을 일으킨다. 구이의 왕의 신하가 어려움에 어렵게 한다는 구오에 응應해서이다. 상육의 가면 어렵고 오면 여유롭다는 구오에 가까이해서이다. 구삼의 가면 어렵고 오면 돌아온다는 돌아서 육이에게 돌아와 한 몸으로 구오에게 구해서이다. 육사의 가면 어렵고 오면 연합한다는 구삼과 연합해서 힘을 합쳐 구오를 구제해서이다. 오직 초육의 가면 어렵고 오면 명예가 있다는 이미 직분을 맡거나 말할 책임이 없으면 기미를 보고서 때를 알아 험난한 곳에 들어가지 않아서 후세後世에 명예가 있어서이다. 여러 효들이 모두 왕래往來를 말하였는데,

96) 남자(南子) : 위 영공(衛靈公)의 부인(夫人)으로 음행(淫行)이 있었다고 한다. 공자가 남자를 만나니 자로가 불평을 한다. 이에 공자가 맹세하여 말하였다. "내가 도리에 어긋난 일을 했을진댄 반드시 하늘이 싫어할 것이다.[曰予所否者 天厭之]"에서 유래한다.(『論語』「雍也」)

육이에서 말하지 않은 것은 왕의 신하가 임무가 크고 책임이 무거워 그 몸을 두지 않으면 어느 겨를에 왕래를 말하겠는가? 성인이 충성스러운 뜻을 권면한 것이 또한 간절하다.

물이 깊고 산이 높으니 그 험함이 이와 같다. 어렵게 나가고 쉽게 물러나니 성인聖人의 뜻이다. 그 피할 곳을 가리켜주고 그 그칠 곳을 허여하였다. 행하고 얻지 못함이 있거든 자신에게 돌이켜 구한다.

초육; 은둔하여도 민망해하지 않으니 천하가 맑아짐을 기다린다. 기미를 보고 그치니 몰세沒世토록 명예가 있다.

육이; 절개가 한결 같으니 원래 다른 의도가 없다. 몸을 굽히고 수고로움을 다하여 죽은 뒤에야 그만 둔다.[97]

구삼; 강剛으로서 강剛의 위位에 머무니 그치는 자리에서 그칠 줄 안다. 편안한 곳으로 돌아 나가니 애오라지 스스로 기쁘다.

육사; 음陰으로서 음의 위位에 머무니 또한 그 위位에 마땅하다. 정성을 미루어 어려움을 구제하니 뭇 사람들의 뜻을 화합한다.

구오; 재목이 강하고 위位가 바르니 군주君主가 참으로 중흥中興할 때이다. 덕을 같이하는 이가 없음이 안타깝지만 서남쪽에서 벗을 얻는다.

상육; 어진 이를 가까이하고 귀한 이를 따르니 어려움이 펴질 수 있다. 여유롭고 큰 공이 이 사람에게 있을 것이로다.

䷧ 진상震上 감하坎下

해解는 흩어짐[散]이다. 준괘屯卦를 뒤집었다. 단사彖辭에서 "천지가 풀려서 우레와 비가 일어난다.[天地解而雷雨作]"라고 하였음은 왕王이 천지와 더불어 덕을 합하는 것을 극언極言

97) 몸을 …… 그만 둔다: 제갈공명의 「후출사표(後出師表)」에 나온다.

하였다. 해괘解卦에는 양陽이 둘인데, 구사는 소인小人인 초육을 버리지 못하였고, 구이는 양강陽剛·중정中正함으로 군주君主인 육오에 응應하기 때문에 세 음을 얻었다. 그러므로 구이가 해괘解卦의 주효主爻가 된다. 해解라는 것은 소인을 버리는 괘卦이다. 육삼이 소인의 우두머리가 되니 도적을 오게 하는 자이다. 여러 효는 육삼으로 인해서 뜻을 일으킨다. 구이의 여우를 잡는다는 육삼을 잡아서이다. 구사의 엄지발가락을 푼다는 육삼을 풀어서이다. 상육의 새매를 쏜다는 육삼을 맞혀서이다. 육오의 징험함이 있다는 육삼을 물러나게 해서이다. 오직 초육이 해괘解卦의 처음에 있으면서 위位는 낮고 재주는 나약懦弱하기 때문에 허물이 없다. 성인이 소인小人을 멀리하는 뜻을 해괘解卦에서 볼 수 있다.

음양陰陽이 서로 통하니 우레와 비가 일어난다. 풀에 싹이 이미 나니 과일이 벗겨지고 껍질이 갈라진다. 왕도王道가 순할 때에는 죄인이 모두 풀려난다. 군자君子는 나가 쓰이고 소인小人은 물러나 배척받는다.

초육: 해괘의 처음에 자리하여 안정安靜을 취하며 휴식休息한다. 재질은 유柔하고 위位는 낮으니 그 책임을 맡지 못한다.

구이: 해괘의 맡음에 자리하여 정貞을 지켜서 바름을 잡는다. 가면 반드시 공이 있으니 세 마리의 여우를 잡게 된다.

육삼: 음陰이 높은 위位를 훔쳤으니 천하의 군대를 불러들인다. 본래 그 물物이 아니니 끝내 또한 반드시 망한다.

구사: 초육을 엄지발가락 풀듯이 버려버리니 구이가 벗이 되어 믿는다. 비록 마땅한 위位는 아니나 그 뜻을 가상히 여길 만하다.

육오: 군자의 풀림은 소인에게서 징험徵驗한다. 소인이 이미 물러나면 군자는 친함을 얻는다.

상육: 기량을 감추고 때를 기다리니 그 새매를 잡는 자이다. 그 해害가 바로 제거되니 천하가 태평太平해진다.

䷨ 간상艮上 태하兌下

손損은 덜어냄[減]이다. 그 과실過失을 덜어내고 눌러서 의리義理로 나아가면 크게 선善하여 길吉하기 때문에 괘사卦辭에서 "크게 선하여 길하다.[元吉]"라고 하였다. 덜어내면서 이치를 따르면 정고貞固히 항상 행할 수 있어 가는 바를 둠이 이롭기 때문에 괘사卦辭에서 "정할 수 있다. 가는 바를 둠이 이롭다.[可貞 利有攸往]"라고 하였다. 모일 때를 대처함에는 큰 희생을 사용하고, 덜어내는 때를 대처함에는 두 그릇을 사용하기 때문에 단사彖辭에서 "덜고 더하며 채우고 비움을 때에 따라 함께 행해야 한다.[損益盈虛 與時偕行]"라고 하였다. 또 "강을 덜어 유에 더한다.[損剛益柔]"라고 하였으니 건乾의 구삼을 덜어내어 곤坤의 상육에 더하여 손괘損卦의 주효主爻를 만들었음을 지적하였다. 아래의 세 효爻는 덜어낸다. 초구에서 "짐작하여 덜어낸다.[酌損]"라고 하였으니 덜어내어 위에 더한다. 구이에서 "자신의 지조를 덜지 않아야 유익하게 된다.[弗損 益之]"라고 하였으니 덜어내지 않아 위에 더한다. 육삼에서 "한 사람을 덜어낸다.[損一人]"라고 하였으니 한 양陽을 덜어내어 위에 더한다. 위의 세 효는 더함이 된다. 육사에서 "그 병을 덜어낸다.[損其疾]"라고 하였으니 불선不善함을 덜어내어 선善을 따름을 이른다. 육오에서 "혹 더해준다.[或益之]"라고 하였으니 비어있어 더할 수 있음을 이른다. 상구에서 "덜지 말라.[弗損]"고 하였으니 곧아서 허비하지 않음을 이른다. 이는 아래에서 덜어내어 위에 더한다는 뜻이다.

아래에서 덜어내어 위에 더하니 이를 손損이라고 이른다. 손損에는 삼의三義[98]가 있고 또 사선四善[99]이 있다. 두 그릇만으로 제향祭享할 수 있고, 흙을 쌓아 성루城壘의 흙에 기본基本을 두텁게 한다. 군자君子가 덜어내는 처지에 있어 욕심을 막고 분노를 징계한다.

초구: 일하는 것을 통하니 나아감에 마땅히 날카롭다. 참으로 짐작斟酌하여 덜어내지 않으면 뒤에 반드시 어려움이 이어진다.

구이: 열說의 자리에 처하였지만 정正이 아니기에 볼만한 것은 중中이다. 그 지킴을 덜어내지 않으니 바야흐로 충忠을 다할 수 있다.

---

98) 삼의(三義) : 손괘(損卦)의 상구를 풀이한 『역전』에 "무릇 손의 뜻이 세 가지 있으니 자기를 덜어 남을 따름과 스스로 덜어 남에게 더해줌과 손도를 행하여 남에게서 더는 것이다.[凡損之義有三 損己從人也 自損以益於人也 行損道以損於人也]"라고 하였다.

99) 사선(四善) : 손괘의 단사에 나오는 "크게 선하여 길하고 허물이 없어서 정할 수 있다. 가는 바를 둠이 이롭다.[元吉 无咎 可貞 利有攸往]"는 것을, 『역전』에서 이 네 가지를 "손의 도에 진선한 것이다.[損道之盡善也]"라고 하였다.

육삼; 천지 사이의 물物은 모두 대대待對한다. 강剛에서 덜어내어 유柔에 더하면 음陰과 양陽이 서로 짝한다.

육사; 아래에 있는 어진이이니 우리의 좋은 의사가 된다. 그 불선不善함을 덜어내니 얼마나 이익이겠는가?

육오; 중中에 자리하여 순順히 받으니 매우 큰 액수를 주는 것과 같다. 천하가 더해지니 그 복福이 날로 증가한다.

상구; 익益의 극極에 자리하여 자기에게서 덜어 남에게 더한다. 덜지 않는 은혜가 바로 신하를 얻음에 이른다.

☴☳ 손상巽上 진하震下

익益은 더함[增]이다. 익益이라는 것은 천하의 도道를 더함이다. 행하면 감을 이롭게 여기고 구제하면 건넘을 이롭게 여기기 때문에 괘사卦辭에서 "가는 바를 둠이 이로우며 큰 내를 건넘이 이롭다.[利有攸往 利涉大川]"라고 하였으며, 단사彖辭에서 "하늘이 베풀고 땅이 낳았다.[天施地生]"라고 하였으니 건乾의 한 양陽이 곤坤의 초구에 더해져서 익괘益卦의 주효主爻가 됨을 지적하였다. 육사가 초구와 응應하기 때문에 육사에선 "의지하며 옮겨감이 이롭다.[利用爲依]"라고 하였으며, 초구에선 "크게 일으킴이 이롭다.[利用大作]"라고 하였다. 육이는 구오의 더해줌을 얻고 또 초구의 더해줌을 받았기 때문에 구오에서 "혹 더해준다.[或益之]"라고 하였다. 육삼이 더해지는 때를 대처하니 흉사가 유익有益하지 않을 수 없기 때문에 "더함을 흉한 일에 쓴다.[益用凶事]"라고 하였다. 육사가 아래를 따라 움직여서 유익有益하기 때문에 "…… 나라를 옮김이 이롭다.[利用 …… 遷國]"라고 하였다. 구오는 사람의 정성에 감동됨으로 유익有益함이 되기 때문에 "은혜로운 마음에 정성을 두고 있다.[有孚惠心]"라고 하였다. 상구는 즉 아래에 더해주는 방도를 알지 못하여 사람들이 더해주지 않기 때문에 "혹 공격한다.[或擊之]"라고 하였다. 위의 세 효爻는 마땅히 덜어내는 것이요, 아래 세 효爻는 더해줌을 받는 것이다. 육이는 더함을 구하지 않아도 혹 더해주며, 상구는 그 더함을 구하는데도 더해주지 않는다. 길흉吉凶의 도리가 어찌 밖에서 오는 것이겠는가? 모두 마음을 말미암아 생겨날 뿐이다. 이는 위에서 덜어내어 아래에 더해주는 뜻이다.

위에서 덜어내어 아래에 더하니 이를 익益이라고 한다. 부富를 백성에게 보관하니 누구와 더불어 부족해하리오. 근본을 굳건히 하고 나라를 평안하게 하며 아래를 두텁게 하고 집을 편안하게 한다. 선善으로 옮겨가고 허물을 고치니 더욱 배움에 절실하다.

초구: 군주君主를 가까이하는 신하에게 우리의 큰일을 맡긴다. 참으로 힘을 다하지 않으면 아마도 그 지혜에 누累가 될까 염려가 된다.

육이: 구오가 그 효爻를 관찰하니 손괘損卦의 육오이다. 본받아서 교제郊祭를 점치니 상제上帝가 그 복을 독실하게 한다.

육삼: 더함에 흉사凶事를 사용한 것은 한 나라의 급암汲黯[100]이다. 공에게 아뢸 때 규를 쓰듯이 하니 성신誠信에 감동한 것이다.

육사: 실지로 백성에게 유익하니 반경盤庚[101]에서 보인다. 진나와 정 나라를 의지하여 주 나라가 도읍을 옮겼고 또 주평周平이 있다.

구오: 군자의 덕은 풀 위에 더해지는 바람이다.[102] 묻지 않아도 길吉함을 아니 유익有益함이 그 속에 있다.

상구: 무익함만이 아니라 공격하는 자가 이르니 누구를 원망하고 누구를 허물하겠는가? 항상하지 않음이 이룬 것이다.

䷪ 태상兌上 건하乾下

쾌夬는 결단함[決]이다. 다섯 양陽이 한 음陰을 결단내고 순수한 건乾이 되고자 하기 때문에

---

100) 급암(汲黯) : 한 무제(漢武帝) 때의 직신(直臣). 황제를 면전에서 사정없이 공박하였으므로 무제가 그를 꺼리며 피하면서도, 옛날의 사직지신(社稷之臣)에 가깝다고 일컬어 주었던 고사가 전한다.

101) 반경(盤庚) : 은(殷) 나라를 중흥(中興)시킨 제17대 임금이다. 은 나라가 17대 동안 경(耿)에 도읍해 왔던 것을 이때에 이르러 비로소 은(殷)으로 도읍을 옮겼다.

102) 군자의 …… 바람이다 :"군자의 덕은 바람이요 소인의 덕은 풀이다. 풀에 바람이 가해지면 반드시 쓰러진다.[君子之德 風 小人之德 草 草上之風 必偃]"에서 유래한다.(『論語』「顔淵」)

괘사卦辭에서 "가는 바를 둠이 이롭다.[利有攸往]"라고 하였으며, 또 "왕의 조정에서 드러낸다.[揚于王庭]"라고 하였으니 구오가 음을 결단내는 주효主爻가 됨을 지적하였다. 여러 효爻들은 상육으로 인해서 뜻을 일으킨다. 구오의 비름나물을 결단하여 끊어낸다는 상육에 비比하여서이다. 구삼의 군자가 결단을 쾌하게 한다는 상육에 응應해서이다. 구사의 머뭇거린다는 상육과 막혀서이다. 구이의 두려워하고 호령한다는 상육에서 멀어서이다. 초구의 앞발에 건장하다는 상육에서 가장 멀어서이다. 많은 군자君子들이 한 소인小人을 제거하면서 초구는 "가서 이기지 못한다.[往 不勝]"라고 하였으며, 구이는 "적병이 있더라도 걱정할 것이 없다.[有戎 勿恤]"라고 하였으며, 구삼은 "광대뼈에 건장하여 흉함이 있다.[壯于頄 有凶]"라고 하였으며, 구사는 "양을 끌 듯 하면 뉘우침이 없다.[牽羊 悔亡]"라고 하였으며, 구오는 "중도에 허물이 없다.[中行無咎]"라고 하였다. 괘사卦辭에서 또한 "병란에 바로 나감은 이롭지 않다.[不利卽戎]"라고 하였으니 성인聖人께서 경계를 드리운 뜻이 깊다.

못이 하늘 위에 있으니 무너져 터진다는 뜻이다. 하나의 유柔가 세勢를 잃으니 다섯 양陽이 뜻을 합친다. 강무剛武만을 숭상하지 않고 오직 의義로 결단하니 이롭다. 군자가 녹祿을 베풀고 덕德에 머물며 법으로 다스림은 꺼린다.

초구; 전진하는 처음에 앞발을 들었지만 너무 높다. 가벼이 대적함이 이와 같으니 막오莫敖[103]와 같음이 있다.

구이; 음우陰雨에 대비함이 있으니 완급緩急을 충분히 믿는다. 비록 밤에 놀랄 만한 일이 있어도 굳건히 누워 일어나지 않는다.

구삼; 노기가 얼굴에 보이고 창의 끝이 너무 드러났다. 온교溫嶠[104]와 왕윤王允이 바로 비를 만나는 것이다.

---

103) 막오(莫敖) : 초 나라 사람인 굴도를 말하니 막오(莫敖)를 지냈다. 행동거지가 거만하여 패망하였던 인물이다. 평소 마름을 무척 좋아하여, 병이 위독해지자 자신의 제수(祭需)에 마름을 쓰라고 종로(宗老)에게 명하였다.

104) 온교(溫嶠) : 진(晉) 나라 때에 왕돈(王敦)과 소준(蘇峻)의 반란 등을 진압하고 시안군공(始安郡公)에 봉해진 인물이다. 출정할 당시 모친 최씨(崔氏)가 극력 만류하였으나 옷소매를 자르고 떠났다. 난의 토벌에 소극적인 자세를 유지하였지만 결국 난을 평정하였다.

구사: 앞의 기뻐하는 양으로 곁에 있는 감이坎耳를 막아야 한다. 강剛함으로 남을 굽히지 못하니 어찌 자신을 이길 수 있겠는가?

구오: 결단을 내리는 주효로써 상육과 매우 가깝다. 이미 강중剛中한 도로써 풀을 베듯이 결단한다.

상육: 천도天道는 돌아오기를 좋아하여 강剛이 자라면 바로 끝이 난다. 결단하여 소인小人을 제거하는 일이 그 안에 있음을 안다.

䷫ 건상乾上 손하巽下

구姤는 기약하지 않고 서로 만남을 이른다. 한 음陰이 다섯 양陽을 만났는데, 괘사卦辭에서 여자가 건장하다고 이르는 것은 점점 장성해져서 양陽을 대적하기 때문이다. 한 음이 생겨난 달을 유빈蕤賓[105] 이라고 이르면 음陰이 주主가 되고 양陽이 빈賓이 되기 때문에 초육이 구괘姤卦의 주효主爻가 된다. 여러 양陽들의 뜻은 초육으로 인해서 뜻을 일으킨다. 구이의 꾸러미에 어물이 있다는 초육과 매우 가까이 있어서이며, 구사의 꾸러미에 어물이 없다는 초육과 사이가 있어서이다. 구삼의 볼기짝에 살이 없으나 그 감은 머뭇거린다는 승承한 것과 승乘한 것이 모두 강剛이어서 진퇴進退하지 못하는 자이니 초육과 만나지 못해서이다. 구오의 기나무 잎으로 오이를 싼다는 단지 나의 정성을 다하고서 천명天命을 듣는 자이니 초육에게 요구하는 것이 없어서이다. 상구의 만남에 그 뿔이다는 이미 궁극窮極의 지위에 처하였고 또 서로 얻을 이치가 없어서 멀리서 초육을 끊어서이다. 대체로 구괘姤卦는 정도正道가 아니다. 오직 가까이 있는 것이 얻기 때문에 정응正應하는 것이 도리어 흉凶을 만난다. 그래서 구삼은 위태로우며, 구오는 아름다움을 함축하며, 상구는 부끄러우니 허물할 데가 없다고 하였다. 성인聖人께서 시절을 만나고 만나지 못함이 어찌 천명天命이 아니겠는가?

절기節氣가 하지夏至에 이르니 유柔가 갑자기 강剛을 만났다. 바로 한 음陰으로써 장차 다섯 양陽을 핍박한다. 그 시의時義를 말하면 품물品物이 모두 밝아진다. 후后는 천풍天風의 상象을

---

105) 유빈(蕤賓) : 12율의 하나인 양률로서 달로는 음력 5월의 별칭이며 방위로는 남쪽을 말한다.

본받아 명命으로 사방四方을 가르친다.

초육: 쇠고동목의 정도貞道는 소인小人을 위해 도모한다. 약한 돼지의 진실은 군자君子의 근심이 된다.

구이: 꾸러미 안의 물고기는 초육을 가리킨다. 홀로 아름다운 물건을 누리니 사람들이 긴 부지깽이를 쏜다.

구삼: 아래에 강한 적이 있어서 왕래에 모두 절뚝거린다. 그침을 알면 위태롭지 않고 허물을 도우면 선善이 된다.

구사: 꾸러미의 고기를 잃어버리니 주主가 도리어 빈賓이 된다. 백성들이 자신을 멀리하는 것이 아니라 자기 스스로 백성을 멀리한다.

구오: 기나무 잎으로 싼 오이가 비록 멀리 있으나 지성至誠이 함축되면 상제가 바로 감동하여 꿈이나 점으로 드러난다.106)

상구: 강剛하면서 위에 있으니 그 상象이 뿔이 된다. 항극亢極에 자처하며 어떻게 만날 수 있겠는가?

䷬ 태상兌上 곤하坤下

췌萃는 모임[聚]이다. 천하의 모임은 반드시 대인大人을 얻어 이루어지기 때문에 괘사卦辭에서 "형통하니 정함이 이롭다.[亨 利貞]"라고 하였으며, 괘사卦辭에서 "왕이 사당을 둠에 지극한 것이다.[王假有廟]"라고 하였으며, 구오의 효사爻辭에서 "모임에 지위를 가진다.[萃有位]"라고 하였으니 구오가 췌괘萃卦의 주효主爻가 됨을 지적하였다. 음陰은 반드시 양陽을 따르는데,

---

106) 꿈이나 점으로 드러난다 : 정자의 『역전』에는 상(商) 나라 고종(高宗)이 나라를 다스릴 방도를 간절히 생각한 나머지 꿈에 인물을 보고 그림으로 찾은 결과 부열(傅說)을 얻었으며, 문왕(文王)이 사냥을 나가 점을 친 결과 점괘를 얻어 위수(渭水)가에서 강태공(姜太公)을 만나 스승으로 섬겼다고 나온다.

괘卦의 두 양陽이 머뭇거리기 때문에 각각 그 모임을 따른다. 초육의 허물이 없다는 믿음이 있고 근심하지 않아서 구사에 응應하기 때문이다. 육삼의 허물이 없다는 중中도 아니고 정正도 아니지만 구사에 비比하기 때문이다. 육이의 허물이 없다는 유순柔順함으로 중中에 처하여 구오에 응應하기 때문이다. 상육의 허물할 데가 없다는 음유陰柔함으로 위位가 없지만 구오에 비比하기 때문이다. 그러나 구사가 군위君位가 아니면 마땅히 아래의 뭇 음陰들을 거느리고 구오에 모인 연후에 크게 길吉하여 허물이 없게 된다. 오五의 자리를 차지한 자는 또한 반드시 항영恒永·정고貞固한 덕德이 있은 연후에 성신誠信으로 천하를 감동시켜야 허물이 없다. 이는 여섯 효가 허물이 없는 도이다. 모이는 것은 성대함이 지극한 때이니 인정人情이 마땅히 기뻐하고 따른다. 초육이 부르고·육삼이 한탄하고·상육이 눈물 콧물 흘리는 것이 어찌 가득차서 머물기 어려워 화禍와 복福을 항상하지 못하는 이유가 되지 않겠는가? 성인이 불우不虞함을 경계하시는 방도를 췌괘萃卦에서 볼 수 있다.

왕자는 묘우廟宇가 있어 여러 모이는 무리들을 취한다. 큰 희생을 씀이 길吉하고 대인大人을 봄이 이롭다. 참으로 성실함과 바름이 아니면 중지衆志를 모으기 어렵다. 불우不虞함을 미리 대비하여 병기들을 수리한다.

초육: 췌萃의 처음에 자리하여 믿음이 있어도 혹 끝내지 못한다. 뭇 사람들의 비웃음을 근심하지 말고 오직 바름을 따라 간다.

육이: 상하上下가 서로 당기며 손순巽順하여 중中을 비운다. 물건이 박薄하고 정성이 두터우니 신명神明을 통할 수 있다.

육삼: 모이기를 바름으로써 하지 않으니 사람들이 받지 않는 것이다. 순順에 처하여 열悅에 응하니 허물이 없는 것이다.

구사: 상上이 비比하고 하下가 비比하니 모이는 도가 매우 엄밀하다. 음陰의 자리에 처하여 바르지 않지만 스스로 권면하면 크게 길吉해진다.

구오: 양강陽剛함으로 존위尊位에 처하니 모임에 위를 얻었다. 오히려 믿지 않음이 있어 그 뜻이 빛나지 않는다.

상육: 자리 아닌 곳을 밟고 있어 모이기를 구하여도 되지 않는다. 즐거움이 극하면 슬프니 고통이 무슨 이익이 있겠는가?

☷☴ 곤상坤上 손하巽下

승升은 올라 나감[升進]이다. 손순巽順함으로 나가기 때문에 괘사卦辭에서 "크게 선하고 형통하다.[元亨]"라고 하였으며, 단사彖辭에서 "유가 때에 따라 올라간다.[柔以時升]"라고 하였으니 괘卦의 변화가 해괘解卦로 부터 왔음을 말한다. 또 괘사卦辭에서 "대인을 만나본다.[用見大人]"라고 하였으니 육오가 계단을 올라가는 주효主爻가 되어 강중剛中한 구이와 응應함을 지적하였다. 초육의 믿고 따라 오른다는 구이에 비比해서 오르는 자여서이다. 구삼의 빈 곳으로 올라간다는 육사에 비比해서 오르는 자여서이다. 상육의 올라감에 어둡다는 끝까지 올라갔으면서도 올라가는 자여서이다. 그러나 췌괘萃卦와 승괘升卦 두 괘卦의 대인大人으로 살펴보면, 췌괘萃卦의 대인大人은 구오를 가리키고 승괘升卦의 대인大人은 구이를 가리킨다. 대大라는 것은 양陽이다. 양陽이 인人의 위位에 처하기 때문에 통하여 대인大人이라고 불렀으니 구이 또한 마땅히 승괘升卦의 주효主爻가 된다. 초육과 구삼의 오름은 구이를 가까이 하였기 때문에 오른다. 상육의 올라감에 어둡다는 구이와 멀기 때문에 올라 나감을 알지 못한다. 또 괘卦의 변화로서 논하면, 육사의 위位는 덕德이 문왕文王과 같다. 문왕文王의 덕은 위로는 그 군주君主를 도道에 올리고, 아래로는 여러 현인賢人들을 조정에 올린다. 이미 또 그 나누어진 자리에 그쳐서 그 덕을 올리면 육사가 또한 마땅히 승괘升卦의 주효主爻가 된다. 상육의 올라감에 어둡다는 쉼 없이 나감을 구하는 마음을 정정貞正한 일로 옮기면 마땅하다. 문왕文王의 순수하여 그치지 않는[107] 덕이 상육의 쉬지 않는 정도에 이롭지는 않을 것이다. 성인聖人의 올라 나감을 여기서 볼 수 있다.

올라 나아가는 도는 손순巽順으로 계단을 삼는다. 순舜 임금은 덕으로써 알려지고 탕湯 임금은 공경으로써 올랐다. 구인九仞의 높음도 한 삼태기의 쌓임이다. 돌아와 상象을 관찰하면 땅 속에서 나무가 자라는 것이다.

초육: 뜻이 유柔하고 체가 순順하니 스스로 분발하지 못한다. 상上과 더불어 뜻을 합하여

107) 순수함이 그치지 않는 : 순수한 자세를 천도(天道)와 똑같이 계속해서 유지하는 것을 말한다.(『中庸』「二十六章」)

중도中途로 함께 나간다.

구이: 정성을 마음에 쌓으니 꾸밀 겨를이 없다. 해와 달이 올라 퍼지니 천하가 복을 입는다.

구삼: 정正하면서 또 손巽하니 위에서 모두 순응順應한다. 흘러넘치는 것을 막지 못하니 빈 지경으로 들어가는 것과 같다.

육사: 위에 순順하고 아래에 순順하니 몸이 순順의 극에 처한다. 끊임없이 부지런한 문왕文王이 그 지극한 덕을 올린다.

육오: 유柔가 존위尊位에 머무니 정고貞固하면 길吉을 얻는다. 곤坤의 흙으로 계단을 만들어 현철賢哲한 이들이 함께 오른다.

상육: 음암陰暗한 이가 오르기를 힘쓰니 한없이 탐하며 구한다. 덕德을 증진시키는 데로 옮겨 쉼 없이 부지런히 한다.

䷮ 태상兌上 감하坎下

곤困은 강剛이 가려짐[剛揜]이다. 감坎의 한 양陽은 두 음陰의 가운데서 막혀 있고, 태兌의 한 음陰은 두 양陽의 위에서 가리고 있다. 이는 양강陽剛한 군자가 음유陰柔한 소인에게 곤란함을 당하는 상象이다. 시절이 비록 곤란해도 도는 형통하며, 몸이 비록 곤란해도 마음은 곧 형통하기 때문에 괘사卦辭에서 "곤함은 형통하다.[困 亨]"라고 하였다. 또 대인大人의 상象이 있기 때문에 괘사卦辭에서 "정정하다.[貞]"라고 하였다. 정貞은 구오를 가리키며 대인大人은 구이를 겸하여 가리킨다. 여러 효爻들이 강유剛柔를 나누지 않고 시절로 인해서 뜻을 일으킨다. 초육과 구사는 응應하는데 구이가 그 사이에 머물기 때문에 초육에선 "어두운 골짜기로 들어간다.[入于幽谷]"라고 하였으며, 구사에선 "쇠수레에 곤하다.[困于金車]"라고 하였다. 구이와 구오는 같은 덕으로 서로 응應하는데, 상하에서 함께 함이 없기 때문에 구이에선 "주불이 바야흐로 온다.[朱紱 方來]"라고 하였으며, 구오에선 "주불에 곤하다.[困于朱紱]"라고 하였다. 육삼과 상육은 모두 음陰인데, 육삼이 양의 위位에 머물기 때문에 육삼에선 "아내를 만나지 못한다.[不見其妻]"라고 하였으며, 상육에선 "동할 때마다 뉘우침이 있을 것이라 하여 뉘우치는 마음을 둔다.[動悔 有悔]"라고 하였다. 양효陽爻에서 "감에 흉하다.[征凶]"

라고 하였으며, 음효陰爻에서 "감에 길하다.[征吉]"라고 한 것은 왜인가? 곤困이 극하면 반드시 변하고 변하면 통한다. 대체로 괘卦가 삼유三柔로서 삼강三剛을 가리지만, 강剛은 길吉하고 유柔는 흉凶하다. 초육에서 "나무 등걸에 곤하다.[困于株木]"라고 말하였으며, 육삼에서 "돌에 곤하다.[困于石]"라고 말하였다. 구이에서 "주식에 곤하다.[困于酒食]"라고 말하였으며, 구사에서 "서서히 하여 …… 마침이 있다.[徐 …… 有終]"라고 하였다. 구오에서 "늦게는 기쁨이 있다.[徐有說]"라고 하였으며 육사에서 바로 "칡덩굴에 곤하다.[困于葛藟]"라고 하였다. 이는 소인小人이 사람을 빠트리고자 하다가 스스로 빠지는 것이니, 이 어찌 너에게서 나온 것이 아니며 너에게로 돌아간 것이 아니겠는가? 성인聖人께서 소인小人을 경계하고 군자君子를 힘쓰게 하는 것이 이와 같다.

세 양陽이 가려짐을 당하니 곤困이 되는 이유이다. 곤困에 대처하는 방법은 바름을 지키고 분수에 편안해함이다. 안자顔子가 즐거움을 바꾸지 않음과 유하혜柳下惠가 궁하여도 민망해하지 않음이다. 군자가 명을 기다려 그 뜻과 바람을 이룬다.

초육; 아래에 자리하고 험함에 머무니 응應은 있어도 구함은 없다. 날이 차가워져 나뭇잎이 떨어지니 위에서 가리고 덮어줌이 없다.

구이; 감坎의 중심인 구이가 주식酒食이 되고 구오에는 주불朱紱이 있다. 성실하면 느낌이 있으니 중中을 지키고 잃지 말아라.

육삼; 등에 가시가 있고 앞에 겹쳐진 돌이 많다. 이미 욕되고 또 위태로우니 처妻를 어찌 볼 수 있겠는가?

구사; 감괘坎卦의 상象이 수레바퀴가 되니 금金은 구이를 가리킨다. 초육이 정응正應이 되니 천천히 오면 만나게 된다.

구오; 위아래가 모두 상처를 입으니 폐슬蔽膝을 쓸 곳이 없다. 곤困에서 구제하여 복을 누리니 요점은 성실함에 있다.

상육; 칡이 부드럽고 덩굴지니 얽어 나무 끝에 이른다. 위에서 곤困의 극에 처하니 움직일 때마다 뉘우치면 길하다.

☵☴ 감상坎上 손하巽下

정井은 기르기를 다함이 없음이다. 괘사卦辭의 고을은 바꾸어도 우물은 바꾸지 아니한다는 정괘井卦의 체體이며, 잃음도 없고 얻음도 없다는 정괘井卦의 덕德이며, 오고가는 이가 우물을 우물로 사용한다는 정괘井卦의 용用이며, 거의 이르러도 우물에 끈은 드리우지 못한다는 정괘井卦가 쓰임에 미치지 못해서이며, 두레박을 깨트린다는 정괘井卦가 쓰임을 잃어서이다. 군자의 도는 체體가 있고 용用이 있어 이루는 것이 있음을 귀히 여김을 말한다. 정괘井卦는 위로 나가는 것으로 공功을 삼기 때문에 상육이 정괘井卦의 주효主爻가 된다. 여러 효爻들이 상육으로 인해서 뜻을 일으킨다. 초육의 우물의 진흙과 구이의 우물이 골짜기 물이다는 상육에서 멀어서이다. 구삼의 우물이 깨끗하다와 육사의 우물에 벽돌을 쌓다와 구오의 우물이 깨끗하다는 상육과 가까워서이다. 삼재三才로써 논하면, 초육의 진흙과 구이의 골짜기는 정괘井卦의 땅이다. 구삼의 깨끗함과 구사의 벽돌은 사람의 일이다. 구오의 깨끗함과 상육의 항상함은 정괘井卦의 하늘이다. 대상大象에서 "백성을 위로 하고 서로 돕는 것을 권면한다.[勞民勸相]"라고 하였으니, 예전의 성인聖人께서 우물의 덕을 법 받아서 그 백성들을 위로하여 오게 하고 서로 도우는 도리로써 권면하였다. 정전井田[108]의 제도가 여기서 나왔다.

정井의 덕됨은 얻음도 없고 잃음도 없다. 고을은 고쳐도 우물은 남아 있으니 사람들이 자연스럽게 와서 머문다. 예전의 정전법井田法이 그 상象을 취하였다. 본받아서 군주가 백성을 기름에 백성으로 하여금 서로 기르게 한다.

초육: 이미 구덩이 아래에 처하여 물物을 구제하지 못한다. 스스로 그 우물을 버리니 금조禽鳥들 또한 끊어진다.

구이: 뜻을 아래에 기울이니 모습이 새는 벽돌과 같다. 단지 두꺼비를 구하여 옆으로

---

108) 정전(井田) : 은(殷)·주(周)시대의 토지 제도로, 사방(四方) 1리(一里) 즉 9백 묘(畝)의 전지(田地)를 정(井)자 모양으로 9등분하여 주위의 8백묘는 사전(私田)으로 삼아 여덟 집에 나누어 주어 경작하게 하고, 중앙의 1백묘는 공전(公田)으로 삼아 여덟 집이 이를 공동으로 경작해서 그 수확만을 국가에 세금으로 바치도록 했던 제도이다.

나오니 어디에 쓰겠는가?

구삼; 그 자태가 청결하지만 식록食祿을 얻지 못한다. 만약 명왕明王을 만나면 백성들이 그 은택을 입는다.

육사; 바름에 처하여 스스로 닦으니 우물에 쌓인 벽돌과 같다. 단지 허물은 면할 수 있어도 넓게 구제하지는 못한다.

구오; 중中을 얻어 선善을 다하니 달고 깨끗한 시내와 같다. 아직 공功을 거두지 못했기 때문에 말하지 않으면 길吉하다.

상육; 감坎의 입구를 가리지 못하니 받아들임이 한이 없다. 널리 베품을 항상하니 정井이 그 공功을 이룬다.

䷰ 태상兌上 리하離下

혁革은 변혁變革이다. 태兌는 기쁨이 되고 리離는 문명이 된다. 밝으면 사물의 이치에 비추어 밝히고 기쁘면 인심에 조화롭고 따르기 때문에 괘사卦辭에서 "크게 형통하고 정함이 이롭다.[元亨 利貞]"라고 하였다. 해는 리離의 상象이다. 처음부터 이二·오五에 이르기까지 하루가 지나야 하기 때문에 괘사卦辭에서 "하루가 지나야 믿는다.[已日 乃孚]"라고 하였다. 단사彖辭에서 "탕왕과 무왕이 혁명을 하여 하늘에 순하고 사람들에게 응하였다.[湯武革命 順乎天而應乎人]"라고 하였으니 구오의 대인大人이 혁괘革卦의 주효主爻가 됨을 지적하였다. 여러 효爻들은 시時를 따라 뜻을 취한다. 초구의 때가 육이의 때와 같지 않기 때문에, 초구에선 길흉吉凶을 말하지 않았지만 육이에선 길하여 허물이 없다고 하였다. 구삼의 때가 구사의 때와 같지 않기 때문에, 구삼에선 정도를 지키고 위태로운 마음을 품는다고 말하였지만 구사에선 명을 고쳐 길하다고 말하였다. 육오와 상육은 범이 변하고 표범이 변하는 때에 있으면서도 그 글이 빛나거 나 성대함의 다름이 있는 것은 왜인가? 밝게 문장이 있는 것은 양명陽明의 상象이며, 은연隱然하게 문채가 있는 것은 유암柔暗의 상象이다. 혁革의 도는 반드시 참으로 믿음을 근본으로 삼고 자세 하게 살피는 것을 중함으로 삼는다. 그러므로 구삼·구사·구오는 모두 "믿음이 있다.[有孚]"라고 말하였으며, 육이와 상육은 모두 "가면 흉하고[征凶]"·"가면 길하다.[征吉]"라고 말하였다. 오직 초구는 위位도 없고 원조援助도 없어 함이 있을 수 없기에 "공고히 하되 황소 가죽을 쓴다.[鞏用黃牛之革]"라고 하였다. 성인聖人의 변혁變革하는 도를 어찌 쉽게 말하겠는가?

혁革의 뜻됨은 물과 불이 서로 키우는 것이다. 사시四時에 미루어보면 건도乾道가 바로 혁革이다. 왕자王者가 천명을 받으니 세도世道가 옮겨간다. 군자가 상象을 관찰하여 보고서 역수曆數를 다스린다.

초구; 혁革의 처음에 있어 원조도 없고 때도 없다. 마음이 순하면서도 스스로 굳건하니 조심하여 함부로 하지 말아야 한다.

육이; 문명文明의 중정中正이니 혁革의 선善에 처한다. 항상 대중의 허락을 기다리니 갑작스럽게 변혁變革하지 못한다.

구삼; 지나치게 강剛하면서 중中이 아니니 부지런히 하면서도 조심하여야 한다. 공언公言이 자주 이르니 변혁하지 않을 수는 없다.

구사; 아래를 떠나 위로 나아가니 변혁變革할 때를 당하였다. 믿음이 있으면 명을 고친다고 하니 그 길함을 알 수 있다.

구오; 밝게 문채가 있으니 천하가 변혁變革한다. 지나는 곳 마다 변혁하고 정신을 보존하니 점치지 않아도 믿음이 있다.

상육; 현賢과 우愚가 변화하니 자연스럽게 깊음과 얕음이 있다. 너무 심하지 않으면 함께 선善을 따른다.

䷱ 리상離上 손하巽下

정鼎은 상象을 취함이다. 『자하역전子夏易傳』에 이른바 처음은 나누어진 발이고 다음은 채워진 배이며, 중간은 비워진 배이며, 위는 강한 현이다는 것이 이것이다. 괘卦의 변화로 말하면, 유柔가 나아가 위에서 행하여 중中을 얻어 강剛과 응하기 때문에 괘사卦辭에서 "크게 형통하다.[元亨]"라고 하였다. 또 단사彖辭에서 "성인이 …… 상제에게 제향한다.[聖人 …… 以享上帝]"라고 하였으니 육오가 정괘鼎卦의 주효主爻가 됨을 지적하였다. 여러 효들이 육오로 인해서 뜻을 일으켰다. 구이의 솥에 담겨진 것이 있다는 바름으로 육오에 따르는 것을 힘써서이며, 구삼의 솥의 귀가 변한다는 마땅함을 육오에게 잃어버린 것을 안타까워해서이다. 구사의 솥의 발이 부러진다는 믿음을 육오에게 잃어버린 것을 책망해서이며, 상구의 솥이 옥으로 만든 현이다는 육오에게 공이 있는 것을 허락해서이다. 오직 초육의 솥이 발이 넘어졌다는 어그러짐에 가까운 듯하면서도 오히려 나쁜 것을 꺼낼 수 있으니, 육오에 가까운 대신大臣들에게서 도움이 없을 수 없다. 상하上下의 정鼎으로 보면 초육은 아래가 되니 솥의 발가락이 되고 구사는 위가 되니 솥의 발이 되며, 구이는 아래가 되니 솥의 담긴 것이 되고 육오는 솥의 누런 귀[109]가 되며, 구삼은 아래가 되니 솥의 귀가 되고 상구는 솥의 현鉉이 된다. 솥의 전체로서 보면 위로 나감으로 공功을 삼는다. 그러므로 상구에서 "크게 길하여 이롭지 않음이 없다.[大吉 無不利]"라고 하였다. 현鉉에 금옥金玉의 다름이 있는 것은 왜인가? 유柔한 육오가 강剛한 상구를 보면 하나의 금현金鉉이 되며, 강剛한 상구가 유柔의 자리에 처함으로부터 또 육오의 부드러움을 얻으면 하나의 옥현玉鉉이 된다. 정鼎이라는 것은 무거운 그릇이다. 성인께서 상象을 보고 그릇을 만든 뜻이 엄하고 또 바르다고 할 만하다.

제왕의 그릇 중에 정鼎보다 무거운 것은 없다. 이로써 끓이고 익혀 상제上帝에게 제향하고 성인聖人을 기른다. 손순巽順하고 총명聰明하니 바름에서 떠나지 않는다. 군자君子가 상象을 취하여 자리를 바르게 하여 명령을 중히 내린다.

초육; 몸을 기울여 위를 섬기니 솥의 발이 넘어진 것과 같다. 첩이 훌륭한 사람을 얻으니 천자天子를 보조한다.

구이; 강剛이 그 중中을 얻으니 솥에 담긴 것이 있는 것과 같다. 음陰을 비比함에 병통이 있으니 끊으면 길吉하다.

구삼; 재주는 있는데 녹祿이 없으니 솥의 귀가 변하는 것과 같다. 위가 이미 총명하니 반드시 끝내 복을 받는다.

구사; 힘은 적고 덕德은 박薄하니 솥이 바칠 음식을 엎은 것과 같다. 그 신임信任을 믿고서 도리어 간특姦慝함을 쓴다.

육오; 중中에 처하여 강剛에 응應하니 현鉉으로 금金을 사용하는 것과 같다. 정괘鼎卦의 주효가 되니 상제上帝께서 흠향하신다.

상구; 이미 강剛하고 또 따뜻하니 현鉉으로 옥玉을 사용하는 것과 같다. 위로 나오는 것을 쓰니 정鼎의 바로 덕을 이룬다.

---

109) 누런 귀 : 『이계집』에는 "솥의 담긴 것[鼎之實]"으로 되어 있으나, 이는 구이에 해당하는 내용이다. 그러므로 본 번역에서는 『주역』의 내용에 따라 "누런 귀[黃耳]"로 고쳤다.

☳ 진상震上
☳ 진하震下

진震은 움직임[動]이다. 한 양陽이 두 음陰의 아래에서 움직이니 상하上下가 나아간다. 두려워함으로 복福을 부르기 때문에 괘사에서 "형통하다.[亨]"라고 하였다. 괘사卦辭[110]에서 "진동이 백리를 놀라게 함에 숟가락과 울창주를 잃지 않는다.[震驚百里 不喪匕鬯]"라고 함은 제사를 주재하는 장자長子를 이른다. 진괘震卦의 여섯 효爻 중에 초구와 구사가 주효主爻가 된다. 하지만 구사는 네 음陰의 가운데에 빠져서 그 진동해야 하는 이유를 잃어버렸다. 그러므로 초구가 진괘震卦의 주효主爻가 된다. 진震은 두 가지 뜻이 있으니 진동震動의 진震이 있고 두려움의 진震이 있다. 초구와 구사 두 양효陽爻가 바로 진괘震卦에서 진震하는 이유가 되는 것은 진동震動 의 진震이어서이다. 육이·육삼·육오·상육 네 음효陰爻는 바로 양陽에 의해 진震하는 것은 두려움의 진震이다. 육이는 양陽인 초구를 타고 있는데, 양의 오는 것이 매우 급하기 때문에 육이에선 화패를 잃는 것을 억측한다고 하였다. 육오는 양陽인 구사를 타고 있는데, 구사의 오는 것이 매우 느리기 때문에 육오에선 하는 일을 상실하지 말아야 한다고 하였다. 이는 진震하는 자리에 처하여 중中을 얻은 자여서이다. 육삼의 신기가 흩어진다와 같은 것은 행함을 인해서 허물이 없어지니 이는 바로 부정不正한 곳을 떠나 바른 곳으로 나가는 자여서이다. 상육의 두려워하고 두려워한다는 두려움으로 인해서 허물이 없어지니, 이는 또한 이웃의 경계를 보고 경계할 줄 아는 자여서이다. 육이의 얻음·육오의 잃음과 육삼의 행함·상육의 그침은 모두 위와 아래에서 나와 진震함이 완급緩急과 원근遠近이 있기 때문이다. 초구의 효사爻辭는 괘사의 단사彖辭와 같기 때문에 여섯 효爻 중에서 유독 길吉을 말하였다. 또 여섯 효爻가 또한 흉함이 없는 것은 바로 우환憂患에서 살고 안락安樂에서 죽는 줄을 알아서이다. 성인聖人께서 움직임을 삼가하는 뜻이 이와 같다.

곤坤에서 양陽이 한 번 찾아 장남長男이 된다. 종묘宗廟와 사직社稷에서는 그 숟가락과 울창주로 주관한다. 진震에 대처하는 방도의 요점은 중정中正에 있다. 군자君子가 상象을 관찰하고 두려워하여 닦고 살핀다.

---

110) 괘사 : 『이계집』에서는 단사(彖辭)의 말이라고 적었으나, 『주역』에는 괘사(卦辭)로 나온다. 본 번역에서는 주역을 따라 고친다.

초구; 초구가 진震의 주효主爻가 되니 괘사卦辭에 다시 드러내었다. 먼저 근심하고 뒤에 웃으니 두려움으로 인해서 길함을 얻는다.

육이; 중中에 자리하고 바름을 얻으니 진震함에 잘 대처한다. 그 지킴이 스스로 굳건하니 산 속에 들어가서도111) 변함이 없다.

육삼; 위位에 자리함이 마땅하지 않으나 움직이면 허물이 없어진다. 마땅히 환난患難으로 인하여 그 부정不正함을 제거한다.

구사; 유柔로서 부정不正한 자리에 처하니 그 강건剛健함을 잃어버린다. 중음重陰에 빠져 있으니 스스로 떨쳐 일어나지 못한다.

육오; 왕래往來함이 비록 위태로우나 중中이기에 스스로 다스린다. 하늘의 위엄을 두려워하니 때로 보존한다.

상육; 음유陰柔함으로 중中이 아니니 두리번거리며 바라본다. 근심이 몸에 미치지 않으니 허물을 고치면 참으로 마땅하다.

☶☶ 간상艮上 간하艮下

간艮은 멈춤[止]이다. 한 양陽이 두 음陰의 위에서 멈추게 하여 나가지 못한다. 괘사卦辭에서 그 등에 그치면 몸을 보지 못한다고 한 것은 자신을 잊어버림이오, 뜰에 가면서도 그 사람을 보지 못한다는 것은 물物과 사귀지 않음이다. 간괘艮卦의 여섯 효는 구삼과 상구로 주효主爻를 삼지만, 구삼은 네 음陰의 가운데에 빠져서 멈추어야 하는 이유를 잃었기 때문에 상구가 간괘艮卦의 주효主爻가 된다. 간괘艮卦는 사람의 몸으로 상象을 취한다. 위의 한 획은 머리의 상象이 있으며, 중간의 두 획은 입의 상象이 있다. 아래의 한 획은 다리의 상象이 있으며, 중간의 두 획은 등의 상象이 있다. 육오의 광대뼈에 그친다와 육사의 그 몸에 멈춘다는 상구의 멈춤

---

111) 산 속에 들어가서도 : 납록(納麓)은 요(堯)임금이 신하인 순(舜)에게 국정을 맡기기 전에 그를 시험해 볼 목적으로 큰 산속으로 몰아 넣었는데[納于大麓], 사나운 바람과 뇌우(雷雨)에도 방향을 잃지 않았다는 고사에서 유래한다.(『書經』「舜典」)

에 독실함을 따라 그치는 자이기 때문이다. 육이의 장딴지에 멈춘다와 초육의 발꿈치에 멈춘다는 구삼의 허리에 멈춤을 따라 그치는 자이기 때문이다. 구삼의 허리는 어렵고 어그러져 그 속이 타들어가 한쪽에 멈추니 위태로운 도이다. 상구의 돈독함은 강건하고 독실하여, 그 내면을 광명光明하게 하여 지선至善에 그치니 길吉한 도이다. 성인聖人께서 멈춤을 아는 뜻이 이와 같다.

산이 겹쳐 있는 것이 간艮이니 간艮의 뜻은 멈춤이다. 물物과 아我의 사이가 없어 동정動靜이 일치한다. 각각 그 곳에 멈추니 치도治道가 갖추어진다. 군자君子가 멈춤을 알아 그 지위를 벗어나지 않음을 생각한다.

초육: 사람이 일의 처음에 먼저 그 발꿈치를 움직인다. 유柔는 오래하고 정고貞固하기 어려우니 경계함이 멈춤을 아는 것에 있다.

육이: 장딴지는 바로 위를 따라 지극하고자 하니 어찌하지 못한다. 비록 나의 허물은 아니지만 마음이 어찌 쾌快할 수 있겠는가?

구삼: 지나치게 강하면서 중中을 잃으니 등뼈를 벌려 놓은 것과 같다. 온 세상이 같이하지 않으니 마음이 절로 타들어간다.

육사: 물物을 멈추지 못하니 그 몸에 그친다. 비록 바름을 얻었으나 어찌 대신大臣이라고 하겠는가?

육오: 그 광대뼈에 그치니 중中을 얻어 존위尊位에 처한다. 고종高宗이 보고서 3년 동안 말하지 않았다.[112]

상구: 형상화해서 잡을 수 없으니 유독 멈춤에 독실하다고 일컬었다. 대학大學의 도는 지선에 그침에 있다.

---

112) 고종이 …… 않았다 : 상을 치르며 말없이 있는 모습을 말한다. "고종이 거상하여 3년 동안 움막에서 지냈는데, 이미 상을 면하고도 아무 말이 없었다.[王宅憂 亮陰三祀 旣免喪 其惟弗言]"에서 유래한다.(『書經』「說命」)

손상巽上 간하艮下

점漸은 점점 나아감[漸進]이다. 나아감이 바르기 때문에 괘사卦辭에서 "이로움은 정해서이다.[利貞]"라고 하였다. 두 체體로써 말을 하면 남男인 간艮이 여女인 손巽의 아래에 있으니, 또한 여자가 시집간다는 뜻이 된다. 진실로 점점함을 길吉함으로 여기니 그 이로움은 더욱 바름을 얻음에 있다. 점괘漸卦의 여섯 효爻는 기러기로써 뜻을 취하였다. 기러기는 물새이다. 나뭇잎이 떨어지면 남南으로 날아가고 얼음이 풀리면 북北으로 간다. 그 왕래往來함이 때가 있고 선후先後함이 질서가 있어, 점점 나감에 점점함을 잃지 않으니 마땅함을 얻었다고 할 만하다. 구오와 육이는 정응正應인데, 구삼이 이간질하고 있기 때문에 구오의 삼 년동안 잉태하지 못하고 이기지 못하는 상象이 있어 구오에선 "기러기가 높은 구릉으로 점점 나아간다.[鴻漸于陵]"라고 하였으며, 육이에선 "기러기가 반석으로 점점 나간다.[鴻漸于磐]"라고 하였다. 구삼과 육사는 매우 가깝지만 필응匹應이 아니기 때문에 구삼의 소상小象의 부인은 잉태하더라도 생육하지 못함은 그 도를 잃어서이다라는 상象이 있어, 구삼에선 "기러기가 육지로 점점 나아간다.[鴻漸于陸]"라고 하였으며, 육사에선 "기러기가 나무로 점점 나아간다.[鴻漸于木]"라고 하였다. 초육과 상구는 점점 나아가는 시始와 종終이다. 초육은 낮은 자리에 있으며, 상구는 지극히 높은 자리에 머무르기 때문에 초육에선 "기러기가 물가로 점점 나간다.[鴻漸于干]"라고 하였으며, 상구에선 "기러기가 점점 공중으로 나간다.[鴻漸于逵]"라고 하였다. 아래 세 효爻는 호체互體가 감괘 坎卦이기 때문에 "물가[干]"·"반석[磐]"·"육지[陸]"라고 하였으니, 모두 기러기가 점점 물의 경계로 나가는 것이다. 위의 세 효爻는 손巽이 되기 때문에 "나무[木]"·"높은 구릉[陵]"·"공중[逵]"이라고 하였으니, 모두 기러기가 점점 바람 밖으로 나가는 것이다. 군자君子의 점점 나감의 순서가 있음이 이와 같다.

점점 나감에 연유가 있으니 어찌 산과 나무만을 살피겠는가? 위位는 계급階級을 말미암고 가르침은 절목節目을 따른다. 사람도 순서를 잃어버리는데 기러기는 그러하지 않는다. 군자君子가 점괘를 본받아서 덕에 머물며 풍속을 선善하게 한다.

초육; 점차 나가는 처음에 원조하는 이가 없고 무리들은 의심의 단초를 가지고 있다. 비유하면 어린 기러기가 서로 물가에서 부르는 것과 같다.

육이; 점차 그 위位로 나가니 헛되이 음식을 들지 않는다. 비유하면, 많은 기러기들이 반석磐石에서 즐거워하는 것과 같다.

구삼: 강剛함이 지나치면서도 순順하니 적을 막음이 이롭다. 비유하면, 제후 기러기가 육지 쪽으로 목을 빼고 있는 것과 같다.

육사: 등용되어 높은 반열에 이르니 위태로움을 품고서 쉬고 있다. 비유하면, 손님 기러기가 나무에 모인 것과 같다.

구오: 아래에 정응正應이 있어 이간질하는 자가 이기지 못한다. 비유하면, 황제 기러기가 높음으로 언덕에 자리하고 있는 것과 같다.

상구: 점점 나아가 극極에 이르니 그칠 줄을 알아 강호로 물러나 지낸다. 비유하면, 윤색潤色한 기러기가 깃을 공중에 걸어두는 것과 같다.

☳☱ 진상震上 태하兌下

귀매歸妹는 단사彖辭에서 천지의 대의이면서 사람의 종과 시이다고 하였다. 여섯 효爻로써 살펴보면 육오의 제을帝乙이 귀매괘歸妹卦의 주효主爻가 됨을 알 수 있다. 구이는 육오와 서로 응應하는데, 귀매歸妹를 말하지 않은 것은 제을帝乙이 시집보내어 구이의 신하에게 내려주기 때문이다. 어진 제을帝乙이 유柔로 존위尊位에 거하여 겸손을 실천하니 누이를 시집보내는 즈음에 덕德과 예禮로써 광화光華를 삼고 의복衣服으로써 꾸미지는 않기 때문에 육오에선 "그 군의 소매가 누이의 소매의 아름다움만 못하다.[其君之袂 不如其娣之袂良]"라고 하였다. 구이의 어짊은 체體는 음陰이면서 본성은 양陽이고, 바탕은 부드러우면서 덕은 강해서이다. 이는 어찌 부부夫婦가 좋은 짝으로 항상 바르고 항상 오래하는 것이 아니겠는가? 여러 효爻가 구이로 인해서 뜻을 일으킨다. 초구는 구이의 아래에 자리하니 바로 누이가 받들어 도우는 자이다. 육삼은 구이의 위에 있으니 바로 누이가 뛰어 넘을 수 있는 자이다. 구사는 구이와 사이하고 있어 기다림이 있는 자이다. 상육은 구이에서 멀어 실實이 없는 자이다. 또 상육에서 누이를 시집보내는 일을 말하지 않은 것은 육삼과 상육 두 효爻가 모두 음陰이라서 합하여 부부가 되지 못해서이다. 이는 귀매歸妹가 끝이 없는 것이다. 귀매歸妹가 정도正道를 얻음이 이와 같다.

사람은 누이를 시집보냄에 종시終始가 매여 있다. 아내가 마땅히 집에 있으니 어미가 되어 대를 잇는다. 기뻐함으로 움직이니 혹 어그러지게 된다. 상象을 뢰택雷澤에서 취하여 마침을 영구히 하여 폐괴함을 안다.

초구; 어질어도 응應함이 없으니 누이의 상象이 된다. 직분상 마땅히 항상함을 지켜 위를 따르고 받든다.

구이; 양명陽明한 덕으로 바로 아름답지 못한 이의 짝이 된다. 마음이 이미 유정幽靜하니 그 항상함을 변하지 않는다.

육삼; 기뻐함을 주관하지만 덕을 잃어 응應함이 없다. 어느 사람이 취하겠는가? 반드시 돌아가 잉첩媵妾이 된다.

구사; 덕이 바르고 지위가 높으니 시간이 지나도 팔리지 않는다. 감히 함부로 따르지 않고 좋은 짝을 기다린다.

육오; 왕희王姬가 아래로 시집가면서 꾸밈을 없애고 실實에 힘쓴다. 함부로 양陽을 대적하지 못하니 기망幾望의 달이다.

상육; 뢰雷의 체體는 위가 비어 있으니 여자가 빈 광주리를 받든다. 태兌가 또 응應하지 않으니 피 흘리지 않는 양羊이다.

䷶ 진상震上 리하離下

풍豐은 성대함[大]이다. 밝음과 움직임이 서로 자뢰資賴하기 때문에 괘사卦辭에서 "형통하다.[亨]"라고 하였으며, 큰 것은 반드시 지나친 성대함에 이르기 때문에 "근심하지 않으려고 할진댄 해가 중천에 있어 비추는 듯하다.[勿憂 宜日中]"라고 하였다. 육오의 군주君主는 재질이 유암柔暗하지만 아름다움을 오게 하는 길吉함이 있기 때문에 풍괘豐卦의 주효主爻가 된다. 여러 효爻들은 유암柔暗한 구오로 인해서 뜻을 일으킨다. 구사의 떼적을 많이 함과 육이의 북두성을 봄은 구이는 육오에 응應하고 구사는 육오에 비比하기 때문이다. 육이에서 "정성을 두어 감발한다.[有孚發若]"는 것은 지성至誠으로 육오에 감발感發함을 기약해서이다. 구사에서 "대등한 상대를 만난다.[遇其夷主]"는 것은 초구를 얻어 함께 육오를 도우고자 해서이다. 유독 구삼과 상육은 응應이 되는데, 구삼은 휘장을 넉넉히 하지만 오른팔이 부러지는 근심이 있으며, 상육은 집을 크게 짓지만 사람이 없다는 탄식이 있으니, 육오를 따르는 이유를 알지 못해서이다. 잡괘雜卦에서 이른바 풍은 연고가 많다고 한 것이 어찌 믿을 만한 일이 아니겠는가?

풍은 실지로 연고가 많으니 근심하면 성대하고 형통하다. 해가 중천에 있는 것과 같고 달이 차 있는 것과 같다. 괘卦의 재주로 말하면 위엄과 비춤을 함께 행한다. 상象을 뢰화雷火에서 취하여 옥사를 결단하고 형벌을 더한다.

초구: 풍豐의 처음에 있으니 밝음과 움직임이 서로 응한다. 양덕陽德이 고르지만 삼가 이기기를 힘쓰지 말아야 한다.

육이: 육이는 바로 밝음을 주관하니 위의 유암幽暗과 응한다. 가면 반드시 의심을 당하니 지성至誠을 발하여야 감동시킬 수 있다.

구삼: 밝아 비록 함이 있지만 진震의 극으로 움직이기 어렵다. 오른팔을 끊어 끝내 쓸 수 없는 것과 같다.

구사: 구사 또한 움직임을 주관하니 아래의 덕德을 같이하는 이에게 나간다. 가려져도 혹 밝힐 수 있으니 어찌 도우는 이익이 없겠는가?

육오: 풍괘豐卦의 주효主爻이니 자신을 비우기를 즐겨하지 않는다. 진실로 혹 아름다움을 오게 하니 천하가 아름다움으로 돌아온다.

상육: 음암陰暗하면서도 높은 곳에 집을 지으니 하늘가에 성대한 집이 있다. 미록麋鹿들이 와서 노니 비어서 사람의 자취가 없다.

☶ 리상離上 간하艮下

려旅는 나그네로 붙어 있음이다. 기려자羈旅子는 본래 크게 통하는 이치가 없기 때문에 괘사卦辭에서 "조금 형통하다.[小亨]"라고 하였으며, 려괘旅卦를 대처하는 방도가 바르지 않으면 흉凶하기 때문에 "려의 도가 정정하여 길하다.[旅貞 吉]"라고 하였다. 나그네는 군위君位를 취하지 못하기 때문에 육이의 중정中正이 려괘旅卦의 주효主爻가 된다. 초육은 뜻이 궁窮하며, 구사는 마음이 유쾌하지 못함은 모두 중中에 미치지 못한 자여서이다. 그러나 초육은 아래에 처하기 때문에 "나그네가 자질구레하다.[旅瑣瑣]"라고 하였으며, 구사는 높지도 않고 낮지도 않은 자리에 처하기 때문에 "나그네로 거처한다.[旅于處]"라고 하였다. 구삼의 나그네가 머무는 곳을 불태운다와 상구의 새가 둥지를 불태운다는 모두 중中에서 지나쳐서이다. 그러나 구삼이 머무는 곳을 태우지만 둥지만은 있으며, 상구는 둥지를 태우니 돌아갈 둥지가 없다. 육이의 나그네가 머무는 곳을 나간다와 육오의 끝내 명예를 얻는다는 중中을 얻은 자여서이다. 그러나 육이는 위位가 마땅하지만 육오는 위位가 마땅하지 않기 때문에 육이에선 도끼를 얻는다.[得斧][113]고 하였으며, 육오에선 화살을 잃어버리는 허비를 면하지 못한다고 하였다. 그렇다면 려괘旅卦에 대처하기를 잘하는 자는 오직 육이일 것이다. 잡괘雜卦에서 "친한 사람이 적음은 려이다.[親寡 旅也]"라고 하였으니, 그 말을 믿지 못하겠는가?

세간에서 나그네는 객客이 되는 것이 가장 어렵다. 높이하면 화를 취하고 낮추면 모욕을 당한다. 쉽게 머무는 집을 잃어버리니 동복童僕을 얻기 어렵다. 상象을 화산火山에서 취하여 형벌을 쓰며 옥사獄事는 지체하지 않는다.

초육[114]; 나그네로써 아래에 있으니 야비하고 추잡스러움이 심하다. 자질구레하고 세세하니 떠도는 자이다.

육이; 유순柔順하고 중정中正하니 나그네에 잘 대처한다. 그 동복童僕을 얻고 그 집을 편안하게 한다.

구삼; 지나친 강剛이면서 중中이 아니니 나그네에 잘 대처하지 못한다. 그 동복童僕을 잃어버리고 그 잘 곳을 태워버린다.

구사; 리離는 병기의 유이니 얻어 그 병기의 자루를 사용한다. 불쾌한 것은 머문 위가 바르지 않아서이다.

육오; 꿩은 문명文明을 상象하고 화살은 마음이 곧음을 가리킨다. 유柔로써 존위尊位에 자리하니 명예와 목록을 여기서 얻는다.

상구; 날아가는 새가 의지할 곳을 잃고 빈우牝牛가 길러지지 못한다. 이른바 상객上客이 말을 해도 귀가 막힌 것과 같다.

---

113) 육이는 도끼를 얻는다 : 『이계집』에는 '육이는 도끼를 얻는다.[二則曰得斧]'라 하여 육이가 득부(得斧)한 것으로 적었다. 하지만 『주역』에서는 부(斧)를 얻은 것은 구사로 나온다. 번역은 『이계집』을 따랐으나 착오가 있는 듯하여 적어둔다.

114) 초육 : 『이계집』에는 '초구(初九)'로 되어 있으나 화산(火山) 여괘의 초효(初爻)는 음(陰)이기에 고쳐 번역하였다.

☴☴ 손상巽上 손하巽下

손巽은 따름[順]이다. 음陰이 주관하기 때문에 괘사卦辭에서 "조금 형통하다.[小亨]"라고 하였다. 단사彖辭에서 "거듭된 손으로 명령을 편다.[重巽 以申命]"라고 하였으며, "강이 중정에 손순하여 뜻이 행해진다.[剛 巽乎中正而志行]"라고 하였으니 구오가 명을 거듭하는 주효主爻가 됨을 지적하였다. 역의 아홉 괘卦가 손巽으로 행함을 권면한다에서 끝맺었다. 행함을 권하는 도道는 중정中正을 벗어나지 않기 때문에 효爻의 뜻 또한 중정中正으로 선善을 삼는다. 초육의 나아가고 물러남과 육사의 사냥하여 세 등급의 짐승을 얻음은 모두 중中에 미치지 못해서이지만, 육사는 바름을 얻고 초육은 바름을 잃었다. 구삼의 자주 공손함과 상구의 공손함이 상牀아래에 있음은 모두 중中에서 지나서이지만, 구삼은 바름을 얻고 상구는 바름을 잃었다. 손巽의 도를 다하는 자는 오직 구오일 것이다. 이 때문에 정하면 길하고 또 길하다 성인이 제재制裁하여 효爻를 세우는 뜻을 여기서 볼 수 있다.

두 바람이 서로 따르니 손巽의 뜻이다. 바름을 얻으면 길吉하여 가는 것이 이롭지 않음이 없다. 선후先後로 두루 생각하니 상하上下가 뜻을 믿는다. 군자君子가 상象을 취하여 명령을 거듭하고 정사를 행한다.

초육: 음유陰柔함으로 낮은 자리에 처하니 진퇴進退함에 과단성이 없다. 위엄으로 뜻을 다스리니 그 겸손하고 나약함을 바로잡는다.

구이: 그 거처를 편안하게 여기지 않으니 사람들이 아첨한다고 생각한다. 귀鬼를 섬기는 공손恭遜으로 사람을 섬기니 누군들 감동하지 않겠는가?

구삼: 때가 비록 손순巽順을 만났지만 뜻은 지나치게 강剛하다. 앞에서 거만하고 뒤에서 공손하니 득실得失이 항상 하지는 않는다.

육사: 한 강剛은 받들고 한 강剛은 탔으니 손순巽順으로 잘 대처하는 자이다. 사냥에서 세 등급의 날짐승을 얻으니 상하上下에 두루 미친다.

구오: 손괘巽卦의 주효主爻가 되니 명령이 나오는 곳이다. 정녕丁寧히 하고 헤아려 삼일을 먼저 하고 삼일을 뒤에 한다.

상구: 손괘巽卦의 극極에 처하니 그 강단剛斷을 잃어버렸다. 소상小象에서 가설하여 문답한 것은 특별히 단안斷按을 위해서이다.

☱ 태상兌上
☱ 태하兌下

태兌는 기뻐함[說]이다. 강剛이 중中을 얻었기 때문에 괘사卦辭에서 "형통하다.[亨]"라고 하였으며, 유柔가 외괘外卦에 자리하니 "정정함이 이롭다.[利貞]"라고 하였다. 기뻐하는 도는 둘이 있으니, 군자君子로써 말하면 구오가 존위尊位에 처하여서 중中을 얻어 기쁨의 도를 다하였기 때문에 구오가 태괘의 주효主爻가 되며, 소인小人으로써 말하면 상육이 유柔로써 상上에 처하여서 기쁨을 극極하였기 때문에 상육이 태괘의 주효主爻가 된다. 초구의 화하여 기뻐한다는 응應도 없고 치우침도 없으니 바름으로 기뻐하는 자여서이다. 구이의 믿어 기뻐한다는 이미 강剛하고 이미 중中하기에 도道로써 기뻐하는 자여서이다. 그러므로 두 효爻에서는 모두 길吉을 말한다. 구사의 기뻐함을 헤아린다는 위로는 중정中正한 구오를 받들고 아래로는 부드럽고 간사한 육삼을 비比하기 때문에 "편안하지 못하다.[不寧]"라고 하였다. 구오의 벗기는 이를 믿는다는 음유陰柔한 사람과 매우 가깝게 지내어 쉽게 강양剛陽한 덕德을 잃어버렸기 때문에 "위태로움이 있다.[有厲]"라고 하였다. 육삼의 와서 기뻐한다는 와서 기뻐하기 때문에 소상小象에서 "마땅하지 않다.[不當]"라고 하였다. 상육의 이끌어 기뻐한다는 이끌어 자라나게 하기 때문에 소상小象에서 "빛나지 못한다.[未光]"라고 하였다. 와서 기쁨을 구하는 악惡은 쉽게 보이지만 이끌어 기뻐하는 정情은 분변하기 어렵다. 그러므로 와서 기쁨을 구하면 "흉하다.[凶]"라고 하였으며, 이끌어 기뻐하면 길흉吉凶을 말하지 않으니 경계가 비효比爻에 있다. 성인聖人께서 영인佞人을 멀리하는 뜻의 이유가 엄嚴하도다.

상하上下의 두 연못이 사귀어 서로 적셔준다. 그 뜻이 기뻐함이니 사람을 감동시켜 깊이 들어간다. 대처함이 수고롭고 쉽게 잊으니 험한 여건이지만 건널 수 있다. 기쁨 중에 어느 것이 큰 것인가? 붕우들과 강습하는 일이다.

초구: 바름으로 기뻐하니 결단코 사심私心이 없다. 화和하면서도 흐르지 않으니 오직 전금展禽[115]과 같은 인물이다.

---

115) 전금(展禽) : 노(魯) 나라의 명재상으로 전(展)은 성이고 금(禽)은 자(字)이다. 식읍(食邑)이 유하(柳

구이: 믿음으로서 기뻐하니 쌓여서 중中의 실實함이 있다. 비록 소인小人과 비比하지만 스스로 지켜 잃어버리지 않는다.

육삼: 기뻐함에 그 도道로써 하지 않으니 자신을 굽혀 남을 따른다. 위位가 머무를 자리가 아니니 화禍가 반드시 몸에 미친다.

구사: 기뻐하는 것을 헤아려 보지만 뜻이 정해짐이 없다. 개연介然하게 스스로 지키니 약藥을 사용하지 않아도 경사慶事가 있다.

구오: 존위尊位에 처하여 중中을 얻으니 기뻐하는 도道가 선善을 다하였다. 벗기는 자와 매우 가까우니 혹 믿을까 경계한다.

상육: 기쁨으로써 주관하니 이끌어 즐거움의 극極에 이른다. 극極이 심하면 맛이 없으니 어찌 생색生色이 있겠는가?

䷺ 손상巽上 감하坎下

환渙은 흩어짐[散]이다. 흩어짐에 반드시 합쳐짐이 있기 때문에 괘사卦辭에서 "형통하다.[亨]"라고 하였으며, 사람의 마음을 모으는 일은 제사보다 나은 것이 없기 때문에 "왕이 사당을 둠에 지극한 정성으로 한다.[王假有廟]"라고 하였으며, 괘卦가 나무를 탄 상象이 있기 때문에 "대천을 건넘이 이롭다.[利涉大川]"라고 하였으며, 환渙을 다스리는 도道는 반드시 바름을 말미암기 때문에 "정함이 이롭다.[利貞]"라고 하였다. 단사彖辭에서 "왕이 마침내 중에 있다.[王乃在中]"라고 하였으며, 육오에서 "흩어짐을 대처함에 왕의 거처가 걸맞다.[渙 王居]"라고 하였으니 구오가 환渙을 구제하는 주효主爻가 됨을 지적하였다. 환渙이 쌓이는 때에 효爻들은 모두 응應함이 없는데, 오직 육삼과 상구가 응應한다. 그러나 육삼은 환함에 그 몸만 하니 뜻은

下)이고 시호가 혜(惠)이므로 일반적으로 유하혜라고 칭한다. 그는 마음이 너그러워 조정에서 세 번 축출을 당하였으나 원망하지 않았으며, 사람이 곁에서 옷을 모두 벗더라도 "너는 너이고 나는 나이니, 네 어찌 나를 더럽히겠는가." 하여 유유히 함께 거처하였다고 한다. 이 때문에 맹자(孟子)는 그를 일컬어 "성인 중에 화한 자이다.[聖之和者]"라고 하였다.

밖에 있으며, 상구는 위位가 없는 자리에 머무니 어찌 때의 흩어짐을 건져서 남에게 미쳐갈 수 있겠는가? 여러 효爻들이 비比로 인해서 서로 구한다. 초육의 말은 구이를 가리키며, 구이의 안석은 초육을 가리키니 단사彖辭에서 이른바 옴에 궁하지 않는 자가 이것이다. 육사의 대선의 길함이다는 구오로 말미암음이요, 구오의 허물이 없다는 육사로 말미암음이니 단사彖辭에서 이른바 자리를 얻어 위와 함께 하는 자가 이것이다. 성인聖人께서 환渙을 건지는 공功은 반드시 상하上下가 서로 비比함으로 인해서 이룬다. 또 어찌 위位가 없는 정응正應을 기다리겠는가?

환괘渙卦 효爻의 상象은 풍수風水의 넓고 아득함이다. 물위의 빈 배는 험하여도 건널 수 있다. 사람 마음을 거두고 모으는 일는 성誠과 경敬이 묘함이 된다. 선왕先王이 보고서 상제上帝에게 제향하고 사당을 세운다.

초육; 환渙하는 처음에 자리하니 비比한 구이가 원조를 한다. 감마坎馬가 아름다운 봄에 애오라지 환渙을 건져서이다.

구이; 환渙의 때에 자리하니 초육과 비比하여 서로 의지한다. 호체互體인 진괘震卦는 나무가 되니 안석과 같이 의지한다.

육삼; 정응正應이 위에 있지만 믿을 수 있는 힘이 없다. 환渙을 몸에서 구제함이 이와 같을 뿐이다.

육사; 붕당朋黨들은 흩어져 가지만 백성들은 언덕 같이 모여든다. 비상한 일은 중인衆人들과 모의하지 않는다.

구오; 환渙에 임하여 호령을 발하니 사람의 몸에 두루 미친다. 또 흩어졌다가 모이는 자리에 처하여 빈민들을 구휼한다.

상구; 양강陽剛함으로 위에 있으니 이미 환渙에서 나왔다. 그 매인 것을 끊어버리니 그 해로움이 바로 멀어진다.

감상坎上 태하兌下

절節은 한도는 지키는[限] 것이다. 중정中正으로 통하기 때문에 괘사卦辭에서 "형통하다.[亨]"라고 하였으며, 지나치면 괴로워서 굳게 지키지 못하기 때문에 "괴로운 절은 정고할 수 없다.[苦節 不可貞]"라고 하였다. 단사彖辭에서 "지위를 담당하여 절제한다.[當位以節]"라고 하였으니 구오가 절괘節卦의 주효主爻가 됨을 지적하였다. 효爻가 모두 응應함이 없는데 초구와 육사는 응應한다. 그러나 초구는 절제를 담당하지만 처음이라서 삼가 지키라는 경계가 있기 때문에 소상小象에서 "통함과 막힘을 알아야 한다.[知通塞]"라고 하였다. 육사는 구오의 강剛하면서 중정中正한 도道를 따라 받드니 자연히 절제함이 있기 때문에 소상小象에서 "위의 도를 받든다.[承上道]"라고 하였다. 여러 효爻들이 비比로 인해서 서로 반反한다. 상육은 중中을 지나쳤기 때문에 "괴로운 절제[苦節]"라고 하였으며, 육오는 중中을 얻었기 때문에 "감미로운 절제[甘節]"라고 하였다. 이는 감미로움과 괴로움의 분별이다. 육삼은 바르지 않기 때문에 "절제하지 않는다.[不節]"라고 하였으며, 육사는 바름을 얻었기 때문에 "절제에 편안하다.[安節]"라고 하였다. 이는 절제함과 절제하지 않음의 분별이다. 초구는 절제를 지켜서 능히 그침을 알기 때문에 "호정을 나가지 않으면 허물이 없다.[不出戶庭 無咎]"라고 하였으며, 구이는 절제함을 알지만 통通함을 알지 못하기 때문에 "문정을 나가지 않으니 흉하다.[不出門庭 凶]"라고 하였다. 이는 출처出處의 분별이다. 단사彖辭에서 이른바 중정中正으로써 통하는 자가 아니겠는가? 또 위位를 담당한 자는 혹 길吉하고 혹 형통하고 혹 허물이 없으며, 위位를 담당하지 못한 자는 혹 탄식하고 혹 흉하니 단사彖辭의 이른바 지위를 담당하여 절제하는 자가 아니겠는가? 성인聖人께서 효爻를 세운 뜻이 절제하고 절제하기에 복종할 수 있다.

못은 스스로 절제함이 있어 물이 넘치지 않는다. 한서寒暑를 절제함이 있어 월령月令[116]을 따른다. 슬픔과 즐거움을 맞게 절제하여 사람의 성품을 바르게 한다. 군자가 절제하여 가르침을 제정하고 행함을 의논한다.

초구: 양강陽剛이 정正을 얻으니 스스로 삼가고 친밀함을 지킨다. 누추한 거리를 벗어나지 않음은 안씨顏氏[117]의 절제이다.

구이: 열說에 처하여 유柔를 받드니 그 시중時中을 잃었다. 행할 만한데 그치니 절제가 통通함을 알지 못한다.

---

116) 월령(月令) : 『예기(禮記)』의 편명이다. 옛날 천자가 실시할 일을 열두 달에 배정한 일종의 연중행사 표이다.

117) 안씨(顏氏) : 공자의 제자였던 안연을 말한다.

육삼; 험險함에 임臨하여 강剛을 받드니 함부로 하여 정도 없이 넘친다. 열說이 다하여 슬픔이 지나치니 장차 누구를 돕겠는가?

육사; 수水와 택澤의 사귐은 자연스럽게 절제를 받게 된다. 그 지위에 편안해하니 초구가 차고 넘치는 행동을 하지 않는다.

구오; 존尊으로 흙 위에 임臨하니 아름다운 가색稼穡을 만든다. 화평和平한 기미氣味로 백성들과 함께 즐긴다.

상육; 홀로 서서 돌아보지 않으니 험險함의 극極을 밟고 있다. 만고萬古의 고절苦節이니 서산西山[118]의 외로운 대나무이다.

☴☱ 손상巽上 태하兌下

중부中孚는 믿음[信]이다. 강중剛中함으로 신뢰 있는 행동을 하기 때문에 괘사卦辭에서 "중부中孚"라고 하였으며, 믿음이 무지한 물物에까지 미쳐가기 때문에 "돼지와 물고기면 길하다.[豚魚吉]"라고 하였으며, 믿음을 지키는 도가 견정堅正함에 있기 때문에 "정함이 이롭다.[利貞]"라고 하였다. 여섯 효爻는 중부中孚를 말하지 않았는데, 유독 구오에 "믿음이 있음이 잡아당기 듯하다.[有孚攣如]"라고 말하였으니 구오가 중부中孚의 주효主爻가 된다. 구이의 학의 그 새끼가 화답한다는 것은 덕德을 같이하여 구오에 응應해서이다. 육사의 말의 짝이 없다는 유類를 끊고서 구오에 비比해서이다. 나머지 세 효爻는 머무는 위位가 각각 스스로 다름이 있고 허虛와 실實이 또 다시 같지 않다. 초구는 믿음의 처음에 자리하면서 정응正應이 있지만 다른 마음을 두면 편안하지 못하다고 하였으니, 이른바 빈 말로 받들면서 정성을 바라는 자이다. 구삼은 열說의 극에 자리하면서 적응適應을 하지만 혹 북치고 혹 노래한다고 하였으니, 이른바 실實이 없음을 탄식하면서도 어른에게 용납받으려는 자이다. 상구는 신信의 극極에 자리하면서 한 음陰이 하늘로 올라간다고 하였으니, 이른바 학문을 좋아하지 않으면서도 믿음이 없는 자이다. 모두 구오를 따름을 알지 못하기 때문이다. 성인께서 느껴 통하는 도가

---

118) 서산(西山) : 수양산(首陽山)의 다른 이름으로 백이(伯夷)·숙제(叔齊)를 말한다.

지성至誠이 아니면 무엇이겠는가?

중부中孚의 상象은 새가 알을 품고 있는 것과 같다. 돼지와 물고기를 부릴 수 있고 금석金石을 끊을 수 있다. 물物이 감동하지 않음이 없으니 천인天人은 한 이치이다. 바람과 못을 잘 관찰하여 옥사를 의논하며 죽음을 늦춘다.

초구; 실實로써 허虛에 응應하니 믿는 것을 경계한다. 참으로 한결같지 않으니 마음이 어찌 안온安穩하겠는가?

구이; 실實로써 실實에 응應하니 믿음이 우는 학과 같다. 마음으로 너를 사랑하니 우리의 천작天爵119)을 함께 한다.

육삼; 허虛로써 실實에 응應하니 마음에 주장하는 것이 없다. 없기 때문에 슬퍼하고 즐거워하며 망령된 태도를 만든다.

육사; 위位는 높고 뜻은 손순巽順하니 달의 기망幾望120)과 같다. 믿음이 질동이에 가득하니 유類를 끊고 위를 따른다.

구오; 믿음의 주효主爻가 되니 새가 알을 품고 있는 것과 같다. 감동이 천하에 통하니 한결같이 보고 사이함이 없다.

상구; 닭이 어찌 하늘을 오르겠는가? 소리는 날지만 모습은 머문다. 소리를 듣고 정情을 지나치게 하니 군자가 부끄러워하는 것이다.

☳☶ 진상震上 간하艮下

소과小過는 작은 것이 과過함이다. 일이 진실로 과過함을 기다렸다가 과過한 뒤에 통하기

119) 천작(天爵) : 인간의 자연스러운 존귀함을 말한다. "인의와 충신을 행하고 선을 즐거워하고 게을리 하지 않음이 이 천작이요.[仁義忠信樂善不倦 此天爵也]"에서 온 말이다.(『孟子』「告子 上」)

120) 기망(既望) : 보름에 거의 가까워졌음을 말한다. 음력 15일을 보름[望]이라 하니 보름에 거의 가까워[幾]짐은 14일이다. 임무를 담당하여 거의 이루었음을 말한다.

때문에 괘사卦辭에서 "형통하다.[亨]"라고 하였으며, 시의時宜를 잃어버리지 않음을 바름이라고 하였기 때문에 "정함이 이롭다.[利貞]"라고 하였다. 괘체卦體가 위는 거스르고 아래는 순하며 내면은 강하고 밖은 부드럽기 때문에 날아가는 새의 상象이 있다. 그러나 「단전彖傳」의 문체와 비슷하지 않아 정자程子가 그릇되었다고 한 것은 옳다. 풀이하는 자들이 아래 문장의 "나는 새가 소리를 남긴다.[飛鳥遺音]"는 구句의 뜻을 풀이하면서 "나는 새의 상이 있다.[有飛鳥之象]"라고 하였는데 그릇되이 「단전」안에 넣었을 뿐이다. 소과小過의 뜻이 가장 골돌鶻突하기 때문에 자주자子朱子께서 말하였다. "이해할 수 없으니 내가 어찌 감히 그 사이에 함부로 말을 하겠는가." 가만히 생각해보면, 소과小過는 음陰이 과하고 양陽이 과하지 않은 때이다. 그러므로 음효陰爻에는 과過를 말하고 양효陽爻에는 불과弗過를 말하였으니, 마땅히 두 양효陽爻의 불과弗過로 구句를 끊어서 일체로 보아야 한다. 왜인가? 구삼은 강剛함으로 바름에 처하였고 구사는 강剛함으로써 유柔를 겸하였으니 모두 지나치지 않음이다. 소과小過의 때에 뭇 소인小人들이 꺼리고 미워하는 자는 오직 이 두 군자君子인데, 구삼은 간체艮體로써 두 음陰의 위에 막고 있으니 마땅히 아래에 있는 음飮을 방비한다. 만약 혹 방비하지 않고 따르면 반드시 해침의 흉凶을 당하게 된다. 구사는 진체震體로서 두 음陰의 아래에서 움직이니 이미 음陰을 앞에서 만났다. 만약 혹 서로 만났는데 간다면 반드시 위태로운 단서가 있게 된다. 그렇다면 구삼이 된 자가 "내가 이미 과하지 못하였다."라고 말하였으니 방비함이 옳다. 구사가 된 자도 "내가 이미 과하지 못하였다."라고 말하였으니 반드시 만난다. 다만 함께 하여 따르지 않으면 무슨 흉凶이 있겠으며, 함께 하여 같이 가지 않으면 무슨 어려움이 있겠는가? 또 구삼은 강剛함을 믿고 방비함을 잊은 자이기 때문에 일의 뒤에 흉凶을 말하였다. 구사는 시時를 따라 순하게 처리하는 자이기 때문에 효爻의 아래에서 먼저 허물이 없다고 말하였다. 상육은 맞지 못하여 과하는 자이니 음유陰柔의 동체動體로 과過의 극에 자리하여 움직임이 모두 과過하였다. 그 "맞지 못하다.[弗遇]"라고 한 것은 양과 함께 만나지 못하니, 초과하여 그 위로 벗어난 것이다. 그 항亢이 이와 같으니 어찌 천재天災와 인생人眚이 없겠는가? 이 세 효爻는 마땅히 구이 효爻로써 견주어 함께 보는 것이 옳다. 여섯 효爻를 합하여 논하면 초육과 상육은 음陰이면서 중中이 아니기에 과過한 자이다. 육이와 육오 중에 육이는 구삼에 비比하고 육오는 구사에 비比하니 두 유柔가 서로 구제한다. 이는 군君이면서 과過할 수 없고 신하이면서 과過할 수 없는 자이다. 모두 과過하지만 중中을 얻은 자이다. 구삼과 구사는 두 양효陽爻가 비록 중中을 얻지 못하였지만 구삼은 정正을 얻었고 구사는 유柔를 겸하였으니 모두 과過하지 않은 자들이다. 성인이 음陰을 누르고 양陽을 올리는 뜻을 소과小過에서 볼 수가 있다.

소과小過의 체體는 날아가는 새의 상象이다. 두 양陽이 가운데에 자리하고 네 음이 밖에서 성대하다. 군자가 때를 따라 지나친 정正의 잘못을 바로 잡는다. 공손하여 슬퍼하고 검소하니 비록 지나친들 무엇이 병통이겠는가?

초육: 원조를 믿고 기뻐 움직이니 날아가는 새보다 빠르다. 그 과過가 이미 심하니 구할 수 없다.

육이: 비록 위로 나아가고자 하여도 신하가 과過할 수 없다. 본 모습으로 돌아와서 중中을 지키면 괜찮다.

구삼: 양덕陽德은 절로 바르게 되고 간체艮體는 그칠 수 있다. 만약 방비를 과過하게 하지 않으면 반드시 군자君子를 해친다.

구사: 위位가 비록 마땅하지 않으나 강유剛柔는 마땅함을 얻었다. 가면 과過하니 정고貞固해도 위태롭다.

육오: 소축小畜의 단사彖辭가 이 효爻의 뜻과 같다. 음陰이 이미 지나치게 성盛하니 큰일을 할 수 없다.

상육: 소인의 과함으로 움직이면 번번이 이치를 어긴다. 비유하면, 날아가는 새가 스스로 그물 속으로 뛰어드는 것과 같다.

䷾ 감상坎上 리하離下

기제旣濟는 결정함[定]이다. 기제旣濟한 때에 소자小者는 오히려 형통하지 못하기 때문에 괘사卦辭에서 "형통함이 작다.[亨 小]"라고 하였으며, 기제旣濟의 도는 정고貞固함이 이롭기 때문에 "정함이 이롭다.[利貞]"라고 하였다. 단사彖辭에서 "유가 중을 얻는다.[柔得中]"라고 하였으니 육이가 기제괘旣濟卦의 주효主爻가 됨을 지적하였다.121) 초구·구삼·구오는 양陽

121) 지적하였다 : 『이계집』에는 "모두 가리키다.[盡指]"라고 되어 있지만, 이는 의미가 통하지 않는다. 문집안의 이전의 예를 따라 진지(盡指)를 개지(盖指)로 고쳐 번역하였다.

이면서 모두 양陽의 자리에 처하며, 육이·육사·상육은 음陰이면서 모두 음의 자리에 처한다. 64괘卦 중에 음양陰陽이 위位를 얻은 것이 비로소 여기서 보인다. 내괘內卦의 세 효爻는 리離이다. 초구는 바퀴를 끈다고 말하였으며, 육이는 가리개를 잃었다고 말하였으며, 구삼은 귀방을 정벌한다 고 말하였으니 이는 기제旣濟의 일이다. 외괘外卦의 세 효爻는 감괘坎卦이다. 육사는 옷과 헌 옷을 장만한다고 하였으며, 구오는 소를 잡는다고 하였으며, 상육은 머리를 적신다고 하였으니 이는 미제未濟로 점점 나아감이다. 성인聖人께서 경계하고 두려워하는 뜻이 간절하다.

천하天下의 만사萬事가 이미 이루어진 때이다. 술은 마시면 취하고 꽃은 피면 흩날리게 된다. 물과 불이 서로 사귀니 음陰과 양陽이 각각 반이다. 끝내 그치면 어지러우니 미리 근심을 방비할 것을 생각한다.

초구; 중강重剛이 바퀴가 되고 초구는 꼬리의 상象이 된다. 기제旣濟의 처음에 조심하여 가볍게 가지 말아야 한다.

육이; 부인이 그 가리개를 제거하니 마땅히 밖으로 나가지 못한다. 일곱 번의 변화를 겪지만 마음의 굳음은 절로 있다.

구삼; 성스러움이 고종高宗[122] 과 같으니 삼 년이 되어 이긴다. 전쟁 뒤에 경계가 있으니 사師의 상육[123] 과 같다.

육사; 육사가 수체水體에 있으니 배를 취함을 뜻으로 삼았다. 그 부드러움이 헌옷과 같아 물이 새는 것을 대비한다.

구오; 제사를 지내고 복을 받는 것은 제물을 준비하는 일에 있지 않다. 은殷 나라와 주周 나라의 흥망興亡을 이 효爻로 결정할 수 있다.

---

122) 고종(高宗) : 은 나라 왕 무정의 묘호이다. 성탕(成湯)을 제사 지내는데 꿩이 날아와서 솥 위에 앉아 울었다. 그러자 고종은 이를 재이(災異)의 조짐으로 여겨 마음속으로 두려워하면서 선정을 베푸니 요기(妖氣)가 없어지고 은 나라가 부흥하였다.

123) 사(師)의 상육 : 사괘의 상육에 "대군이 논공행상의 명을 둠이니, 제후를 봉하고 경대부를 삼을 적에 소인은 쓰지 말아야 한다.[大君 有命 開國承家 小人勿用]"라고 하였다. 기제괘 구삼에 나오는 "소인을 쓰지 말아야 한다.[小人勿用]"의 의미를 설명하였다.

상육: 감坎속의 여우가 머리를 적시니 위태로워할 만하다. 소인小人의 용사用事가 기제既濟와 미제未濟이다.

䷿ 리상離上 감하坎下

미제未濟라는 것은 기제既濟의 반대이다. 끝내 이룰 이치가 있기 때문에 괘사卦辭에서 "형통하다.[亨]"라고 하였으며, 단사彖辭에서 "유가 중을 얻었다.[柔得中]"라고 하였으니 육오가 문명文明으로서 미제未濟의 주효主爻가 됨을 지적하였다. 여러 효爻들은 육오로 인해서 뜻을 일으킨다. 구이는 육오에 정응正應하기 때문에 "정하여 길하다.[貞吉]"라고 하였으며, 육오에선 "진실함이 있다.[有孚]"라고 하였다. 구사와 상구는 육오를 끼고 좌우에서 돕기 때문에 구사에선 "정하면 길하다.[貞 吉]"라고 하였으며, 상구에서는 "진실함이 있다.[有孚]"라고 하였다. 오직 초육과 상구는 음유陰柔하여 서로 구제하지 못하기 때문에 초육에선 "부끄럽다.[吝]"라고 하였으며, 육삼에선 "흉하다.[凶]"라고 하였다. 내괘內卦의 세 효爻는 감坎이기 때문에 초육에선 꼬리를 적셨다고 말하였으며, 구이에선 수레바퀴를 뒤로 끈다고 말하였으며, 육삼에선 가면 흉하다고 하였으니 이는 미제未濟의 일이다. 외괘外卦 세 효爻는 리離이기 때문에 구사에선 상을 내린다고 말하였으며, 육오에선 뉘우침이 없다고 말하였으며, 상구에선 허물이 없다고 말하였으니 이는 기제既濟의 점점 나아감이다. 미제未濟의 여러 효爻들은 모두 기제既濟가 될 수 있는데, 오직 육삼 한 효爻는 험險의 극極에 있으면서 험險을 벗어날 재주가 없기 때문에 특별히 이 효爻에서 미제未濟를 말한 것은 그 사람이 아닌데 그 위位에 자리했기 때문이다. 성인聖人께서 만세萬世를 위해 태평太平함을 여신 뜻의 이유가 깊다.

물物은 다할 수 없기에 미제未濟로써 받았다. 달이 윤輪을 만들지 못하고 꽃이 받침을 맺지 못한다. 두 체體가 사귀지 않으니 세 양陽이 마땅하지 않다. 군자君子가 삼가 사물을 분별하여 제자리에 처하게 된다.

초육: 미제未濟의 처음에 마땅히 위태로움이 일어나게 됨을 안다. 유柔가 가볍게 움직이니 작은 여우가 거의 건넌다.

구이: 공경하는 자세로 천천히 나가니 마음으로 그 기질氣質을 순하게 만든다. 당

나라의 곽자의郭子儀124)·이성李晟125)이 능히 보존하여 끝내 길吉하다.

육삼; 부드러움으로 험한 위치에 처하니 나감을 구할 수 없다. 그러나 구제할 도구는 가지고 위에 자리하니 강剛이 당긴다.

구사; 유柔의 자리에 처하며 바르지 않아 정하면 길하다는 경계가 있다. 힘을 다해 강剛을 쓰니 당연히 정벌하는 것과 같다.

육오; 구오가 겸손謙遜한 주효主爻가 되어 마음을 비우고 강剛에 응하니 어디를 간들 구제하지 못하겠는가? 존尊하면서도 더욱 빛이 난다.

상구; 마시는 것을 조절하고 명命에 편안해하니 예제禮制를 넘지 않는다. 군자가 함이 있으니 미제未濟와 기제旣濟이다.

상경上經에는 건곤乾坤을 먼저하고 감리坎離를 마지막에 하였으며, 하경下經에는 함咸·항恒을 먼저하고 기제旣濟·미제未濟를 마지막에 하였다. 천지天地의 도道는 음양陰陽에 불과하고 오행五行의 쓰임은 수화水火와 같음이 없다. 또 건乾·곤坤·감坎·리離는 음양陰陽의 바름이요, 함咸·항恒·기제旣濟·미제未濟는 음양陰陽의 사귀고 사귀지 않음이다. 음양陰陽이 천지天地의 사이에 왕래往來하는 것은 혹 기름에 과차過差가 없을 수 없어서이다. 대과大過의 뒤를 감坎·리離로 이었으니, 음양陰陽이 중中한 자로서 대과大過의 폐단을 중부中孚로 구한다. 소과小過의 뒤를 기제旣濟·미제未濟로 이었으니, 음양이 사귀어 중中한 자로서 소과小過의 폐단을 구한다. 음양陰陽이 위位를 얻었기 때문에 기제旣濟라고 하였으며, 음양陰陽이 위位를 얻지 못하였기 때문에 미제未濟라고 하였다. 미제未濟의 뜻은 불제不濟와는 다르니 장차 구제할 것인데, 구제함에 미치지 못하였음을 말하였을 뿐이다. 그러므로 잡괘雜卦에서 "미제는 남자의 궁함이다.[未濟男之窮]"라고 하였다. 이 뜻이 어찌 성도成都의 은자隱者이겠는가? 다만 이천伊川이 답하지 않은

124) 곽자의(郭子儀) : 당 나라 화주(華州) 사람이다. 숙종(肅宗)때 안녹산과 사사명(史思明)의 난을 평정할 때에 이광필(李光弼)과 함께 뛰어난 공을 세워 왕실 중흥의 공으로 분양왕(汾陽王)에 봉해졌고, 덕종(德宗) 때에는 상보(尙父)라는 호를 받았다.

125) 이성(李晟) : 당 나라 덕종(唐德宗)때의 장군(將軍)이다. 주자(朱泚)가 요영언(姚令言)의 난군(亂軍)과 합세하여 반란을 일으켜, 국호를 대진(大秦)이라 하고 서울을 장악하였다. 서쪽으로 쫓겨갔던 덕종이 이성을 시켜 서울을 수복하고 사직을 보전하였다.

것은 그 본 것이 어떠한 지 시험해 보고자 하였음이지만 끝내는 허락하는 말이다.[126)]

또 역易이 기제既濟에서 끝나지 않고 미제未濟에서 마친 것은 역의 낳고 낳아 궁하지 않는 뜻을 보여준다. 기제既濟 속의 호체互體가 미제未濟가 되고 미제未濟 속의 호체互體가 기제既濟인 것은 왜인가? 이는 다만 시변時變이 서로 반복하는 것이 아니고 수화水火가 서로 그 집을 감추기 때문이다. 또 한 사람의 몸으로 비유하자면, 심화心火가 이미 내려가면 신수腎水가 이미 올라 일신一身의 기제既濟라고 할 만하다. 그러나 편안히 구제하기를 잘하는 자가, 어찌 오르는 자를 내려가지 못하도록 하고 내리는 자를 오르지 못하게 하겠는가? 정靜이 극하면 다시 움직이고 동動이 극하면 다시 고요해지니 한 번 움직이고 한 번 고요함이 서로 그 뿌리가 되어 순환한다고 하면 옳다. 이는 미제未濟가 기제既濟를 잇는 이유이다. 세상의 치난治亂 또한 같으니 이에서 경계하지 않을 수 있겠는가? 리離가 안에 하고 감坎이 밖에 한 상태에서 리離를 내보내고 감坎을 들이면 기제既濟가 미제未濟가 된다. 천하에 사람이 살아오면서 한 번 다스려지고 한 번 어지러워지는[127)] 것은 양陽이 일이고 음陰이 일이기 때문에 다스려지는 날은 항상 적고 어지러운 날은 항상 많다. 창업創業하는 군주君主는 근심하고 부지런히 함으로써 길吉하고 수성守成하는 군주君主는 편안하고 즐거움으로써 패한다. 이는 성인聖人께서 후세를 걱정한 지극한 뜻이다. 기제既濟는 중도中道를 말하고 미제未濟는 중정中正을 말하며, 기제既濟는 때를 말하고 미제未濟는 절節을 말한다. 중中이면서 때를 잃어버리면 행함에 시중時中하는 뜻이 아니며, 중中이면서 절節이 없으면 발함에 중절中節하는 뜻이 아니다. 역易의 384효爻가 모두 중中으로서 귀하다고 하지만 중中의 쓰임은 또한 한 시時자에서 벗어나지 못한다. 시時의 말됨은 그 절節을 따름을 이른다.

---

126) 성도의 …… 말이다 : 『전(傳)』에서 미제괘(未濟卦)의 단사(彖辭)를 풀이하며, 이천(伊川)이 말하였다. "성도의 은자에게 들었노라[聞之成都隱者]"에서 유래한다.

127) 천하에 …… 어지러워지는 : 기화(氣化)의 성쇠(盛衰)와 인사(人事)의 득실(得失)의 반복에 의해 찾아오는 현상을 말한다. "천하에 사람이 살아온 지 오래 되었는데 한 번 다스려지고 한 번 어지러워졌다.[天下之生 久矣 一治一亂]"에서 온 말이다.(『孟子』「滕文公 下」)

이계선생문집 耳溪先生文集

제4권 卷之四

이계선생문집 제4권

서해書解

기삼백연의朞三百衍義

삼가 살피건대, 공자의 「계사전繫辭傳」[1]은 건곤乾坤의 책수策數인 360으로 기朞의 날수에 해당시켰고, 요堯 임금이 희羲·화和[2]에게 명하여 윤달을 두어 한 해를 이루게 하였으니[3] 366일로 1년을 삼았다. 책력을 다스려 때를 밝힘에 미쳐서는 매 해를 354일로 율律을 삼은 것은 어째서인가?

대개 360일이라는 것은 천지의 상수常數이며, 366일이라는 것은 해가 운행하는 완전한 수이며, 354일이라는 것은 달이 운행하는 본수本數이다. 상수常數로 말하자면, 6일을 더하여 366일이 되고, 6일을 줄여 354일이 된다. 기朞라는 것은 한 해의 전일全日이며, 세歲라는 것은 한 해의 모자라는 날이며, 윤달이라는 것은 3년 동안 모자라는 날을 모아 보충하여서 삼기三朞[4]의 전일全日이 되는 것이다. 기期와 세歲와 윤閏은 각각 마땅한 것이 있다. 그렇다면 공자께서는

---

1) 계사전(繫辭傳) : 각 괘사와 효사를 차례대로 해설한 것이 아니라 주역의 이치를 철학적으로 분석한 개론서로 상·하로 구분되어 있다.

2) 희(羲)·화(和) : 희화는 희씨(羲氏)와 화씨(和氏)를 말한다. 요 임금이 희중(羲仲), 희숙(羲叔), 화중(和仲), 화숙(和叔)에게 사방에 나누어 있으면서 천상을 관측하여 역법(曆法)을 짓도록 한 내용에서 유래한다.(『書經』)

3) 요…… 하였으니 : "요 임금이 말하였다. '아아! 그대 희와 화여! 1년은 366이 있으니 윤달로써 네 계절과 한 해를 이루느니라.[帝曰咨汝羲暨和 朞三百有六旬有六日 以閏月 定四時成歲]"에서 유래한다.(『書經』「堯典」)

4) 삼기(三期) : 만 삼년(滿三年)을 말한다.

그 상수常數를 말씀하고[5] 전수全數를 말씀하지 않았으며, 요 임금[6]은 그 전수全數를 거론하고 겸하여 윤수閏數를 말하였다. 책력에서는, 상수常數 중에 약간의 날로써 윤달로 삼고 끝에 다시 합하여 전수全數로 삼았다. 주자朱子가 '기삼백朞三百'의 뜻을 풀이한 것이 상세하고도 분명하지만, 처음 배우는 자가 이수理數상에 쉽게 통달하여 깨닫지 못하므로 이상과 같이 부연敷衍하였다.

> 천체天體는 지극히 둥글어 둘레가 365와 4분의 1도이며, 땅을 둘러싸고 왼쪽으로 돌되 항상 하루에 한 바퀴를 돌면서 1도를 더 움직인다. 해는 하늘에 걸려 있지만 이보다 다소 늦으므로 해의 운행은 하루에 또한 땅을 한 바퀴 돌되 하늘과 비교하면 1도를 미치지 못한다. 365일과 940분의 235일이 쌓여 하늘과 만나니[7] 이는 1세歲 동안 해가 운행하는 수數이다.

「혼천설渾天說」[8]에서 말하였다. "천체天體는 탄환과 같이 둥글어 반은 땅 위를 덮었고 반은 땅 아래에 있다. 땅 위에 있어 보이는 것은 182.5도 남짓이고, 땅 아래도 그러하다. 만약 180을 배로하면 360이 되고, 그 2.5도를 배로하면 5도가 된다. '강强'이라고 말하는 것은 4분의 1도이다. 어찌하여 그러한 줄 아는가? 사람이 어찌 하늘에서 온 것을 헤아릴 수 있겠는가? 다만 하늘은 체體가 없고 28수[9]가 바로 체體이다. 만약 남북표南北表[10]로써 본다면, 전날 밤에는 어떤 별은

5) 공자께서는 …… 말하고 : "건의 책수가 216이고 곤의 책수가 144이다. 그러므로 모두 360이니 기년(期年)의 일수(日數)에 해당한다.[乾之策 二伯一十有六 坤之策 百四十有四 凡三百有六十 當期之日]"를 말한다.(『周易』「繫辭傳 上」)

6) 요 임금 : 방훈(放勳) 요 임금의 큰 공을 말한다. "이렇게 옛날을 헤아려 보건대 요 임금을 방훈이라고 말하니[曰若稽古 帝堯 曰放勳]"에서 온 말이다.(『書經』「堯典」)

7) 하늘과 만나니 : 천체의 원래 있던 자리로 다시 돌아오는 것을 말한다.

8) 혼천설(渾天說) : 무엇을 말하는지 알 수가 없다. 동한(東漢) 때 장형(張衡)의 『혼의주(渾儀注)』에 "하늘은 수레바퀴처럼 도는데 두루 도는 것이 끝이 없으며 그 모습은 광대하기 때문에 혼천이라 한다.[天轉如車轂之運也 周旋無端 其形渾渾 故曰渾天]"가 나오는데, 이것을 말하는지 자세하지 않다.

9) 28수 : 하늘의 동서남북에 각자 위치하고 있는 28개의 별자리를 말한다. 각·항·저·방·심·미·기(角亢氐房心尾箕)는 동방에 있고, 두·우·여·허·위·실·벽(斗牛女虛危室壁)은 북방에 있으며, 규·누·위·묘·필·자·삼(奎婁胃昴畢觜參)은 서방에 있고, 정·귀·유·성·장·익·진(井鬼柳星張翼軫)은 남방에 있다.

10) 남북표(南北表) : 허탁·이요성이 『주자어류(朱子語類)』를 역주(譯註)하며 남북표를 고대 중국의

어떤 곳에 있었고 오늘 밤에는 조금 멀어졌거나 혹 따로 한 별이 있다. 또 열수列宿 중에 각성角星은 동쪽에 있는 일곱별의 으뜸이 되며, 해와 달은 모두 각성角星을 따라 일어난다. 하늘은 하루의 낮과 밤에 한 번 돌기를 마치고 또 각성角星을 조금 더 지난다. 해는 여전히 각성角星의 위에 있어서 1년이 지난 뒤에 곧 하늘과 모인다.[11]

해와 달의 만남은 모두 별에 달려 있다. 예컨대 정월正月에 북두자루는 인寅을 가리킨다. 인寅은 해亥와 합하고 해와 달이 해亥에 모이면 그 별자리는 추자陬訾[12]이다. 2월의 북두자루는 묘卯를 가리킨다. 묘卯는 술戌과 합하고 해와 달이 술戌에 모이면 그 별자리는 강루降婁[13]이다. 열두 번의 모임이 모두 그러하다. 또 하늘이 지나가는 곳은 바로 해가 물러나는 곳이다. 해가 물러나지 않지만 하늘의 지나감 때문에 물러나는 것으로 보일 뿐이다. 이러한 일에서 하늘과 해와 달의 도수度數를 알게 되는 이유이다.

하늘에 있어 도度가 되고, 세歲에 있어 일日이 된다. 하늘의 1도度는 940분分이 되고, 세歲의 1도度는 940분分이 된다. 이른바 235라는 것은 4분의 1도[14]이다. 그러나 요堯임금 때의 동지冬至는 오늘날의 동지冬至와는 다르다. 해가 허虛자리에 있다는 것은 두성斗星의 자리에 있다는 것이다. 중성中星[15]이 묘昴자리라는 것은 중성中星이 벽壁자리에 있다는 것이다. 대개 하늘에는 365와 4분의 1도 남짓이 있고, 세歲에는 365와 4분의 1도에서 부족함이 있기 때문에 천도天度는

천문 관측을 위한 8척의 나무 막대라고 하였다. 나무 막대를 수직으로 세우고 그 그림자의 길이를 통해서 1년의 길이 등을 관측하였다고 한다.

11) 해는……모인다.: 해는 각성(角星)의 제자리에 있고, 하늘은 조금 더 지나가서 1년 뒤가 되면 각성(角星)에서 해와 하늘이 다시 만나는 것을 말한다.

12) 추자(陬訾): "추자(陬觜)"라고도 하는데 별이름이다. "정월이 추가 된다.[正月爲陬]"에서 유래한다.(『爾雅』「釋天」) 청대의 학의행(郝懿行)은 "추라는 것은 우희가 추자라고 한 것이 바로 그것이다. 추자(陬訾)는 별이름이니 즉 영실동벽이다. 정월에는 해가 영실에 있는데 해와 달이 추자에서 모이기 때문에 맹추로 이름을 삼는 것이다.[陬者 虞喜 以爲陬訾是也 星名 卽營室東壁 正月日在營室 日月會於陬訾 故以孟陬爲名]"라고 하였다.(『義疏』)

13) 강루(降婁): 별자리 이름이다. 열 두 별자리의 하나로서 12신(十二辰)과 서로 짝하여 술(戌)이 되며, 28수(宿)와 서로 짝하여 규(奎)·루(婁) 두 별자리가 된다.

14) 4분의 1도: 940을 4로 나눈 숫자가 바로 235이다.

15) 중성(中星): 허탁·이요성의 역주(譯註)를 보면 28수는 하늘의 사방에 분포하면서 일정한 궤도를 따라서 운행하는데, 매월 남쪽 하늘 한복판의 별을 중성(中星)이라고 부른다. 그리고 중성은 네 계절을 결정하는 기준이 된다.(『朱子語類』「理氣 下」)

늘 고르게 운행하면서 퍼지며, 일도日度는 늘 안에서 돌면서 줄어든다. 이것이 당 나라 때의 일행一行16)이 말한 세차歲差라는 것이다.

동진東晋의 우희虞喜17)는 50년에 1도度씩 물러난다고 여겼으나 너무 지나치다. 하승천何承天18)은 그 해를 배19)로 늘였으나 미치지 못하였다. 수 나라 때의 류작劉焯20)은 두 사람의 중간 수인 75년을 취하였으나 역시 정밀하지 못하다. 이를 말미암아 살펴보면, 성인께서 역법을 만든 처음에는 비록 차법差法이 정립되지 않았으나 그 때마다 추보推步21)하여 변화에 따라 그에 맞게 고치니, 역법이 저절로 천일天日과 그 도度를 합하였다. 이것이 천지에 참여하고 화육化育을 돕는 이유이다.

땅을 둘러싸고 왼쪽으로 돈다는 것은 선천원도先天圓圖22)에서는 양陽은 모두 왼 쪽으로 도는데 건乾은 바로 순양純陽이다. 역법가는 말하였다. "천도天道는 왼쪽으로 돌고, 해와 달과 오행은 모두 오른쪽으로 운행한다.23)" 이는 나아가는 수로는 셈하기 어렵지만 물러나는 수로는 셈하기 쉽기 때문이다. 하늘이 이미 왼쪽으로 돌면 그 속에 있는 것은 모두 순하게 따라간다는 장재의 주장24)은 천고千古의 역법가들이 크게 헷갈리던 것을 깨트렸다고 할 만하다.

하루에 한 번 도는 것을 건괘乾卦의 대상大象에서 "하늘의 운행이 굳건하다.[天行 健]"라고

---

16) 일행(一行) : 683~727. 속명(俗名)은 장수(張遂). 위주(魏州) 창악 출신이다. 당대(唐代)의 고승(高僧)이자 뛰어난 천문학자이다.

17) 우희(虞喜) : 281~356. 자는 중녕(仲寧), 회계 여요(餘姚) 출신이다. 동진(東晉) 때의 천문학자이다.

18) 하승천(何承天) : 370~447. 남조(南朝) 송 나라 사람으로 동해(東海) 담(郯) 출신이다. 경·사·자·집(經史子集)에 두루 통하였고 학식이 깊고 넓었다. 천문과 율력, 계산에 정통하였다.

19) 배 : 동진의 우희가 50년에 1도 물러난다고 본 것의 배, 즉 100년에 1도 물러난다고 본 것을 말한다.

20) 류작(劉焯) : 544~610. 자는 사원(士元), 신도(信都) 창정 출신이다. 수 나라 때의 천문학자이다. 저서는 『계극(稽極)』·『역서(曆書)』 등이 전한다.

21) 추보(推步) : 『좌전(左傳)』 소(疏)에, "일월이 하늘에 운행하는 것이 사람의 행보(行步)와 같으므로 추보라 칭한다." 하였으니, 추력법(推曆法)을 말한다.

22) 선천원도(先天圓圖) : 주역의 선천도(先天圖)에는 세 종류가 있는데 하나는 선천방도(先天方圖)이며 하나는 선천원도(先天圓圖)이고 나머지 하나는 방원합일도(方圓合一圖)이다. 이중 선천원도는 복희 64괘 방위도의 원도(圓圖)를 말한다.

23) 천도는 …… 운행한다 : 『백호통(白虎通)』에서 "천도는 왼쪽으로 돌고 해와 달은 동쪽으로 운행한다.[天道左旋 日月東行]"라고 하였지만, 이 글의 출전을 알 수가 없다.

24) 장재의 주장 : 『장자전서(張子全書)』「참양편(參兩篇)」에 하늘이 왼쪽으로 돈다고 한 주장을 말한다.

하였 는데, 선유先儒들이 풀이하기를 "한 번 쉬는 사이에 하늘은 3만 리 남짓을 간다."라고 하였으니 이치상 혹 그러하다. 해는 하늘에 걸려 있는데 조금 느리다는 것은 해의 운행이 빠르지만 하늘과 비교하면 1도度를 미치지 못한다. 그러므로 "조금 늦다."라고 하였다. 하늘과 만난다는 것은 올해와 내년의 두 동지冬至를 기준으로 삼으나 동지의 하루 전 에 모여 한 세歲를 이룬다. 이것이 한 세歲 동안 해가 운행하는 수이다.

> 달은 하늘에 걸려 있지만 더욱 느려서 하루에 항상 하늘보다 13과 19분의 7도를 미치지 못한다. 29와 940분의 499일이 쌓여 해와 만나니, 열두 번 만나서 전일全日을 얻은 것이 348일이고, 그 나머지가 모여서 또 5988이니, 일법日法에 940과 같이 하여 1일을 여섯 번 얻으면 나누어지지 않고 남는 수가 348이다. 얻은 날을 통틀어 계산하면 354일과 940분의 348일이 되니, 이는 1세歲 동안 달이 운행하는 수이다.

하늘에 걸려 있지만 더욱 느리다는 것은 하늘과 해에 비교하면 몇 도度 미치지 못하기 때문에 더욱 느리다고 한 것이다. 역법가[25]가 말하였다. "해의 운행은 더디고 달의 운행은 빠르다. 해는 1도 운행하며, 달은 13도 남짓을 운행한다." 이 또한 물러나는 수이다. 대저 해라는 것은 양의 정기이고 달이라는 것은 음의 정기이다. 양이 나아가면 음은 물러나고 양이 넉넉하면 음은 모자라니 이것이 하도낙서河圖洛書의 정수定數이다.

주자가 말하였다. "달이 서쪽에서 생겨 점점 동쪽으로 간다." 풀이하는 자가 말하였다. "해와 달은 그믐과 초하루에 만난다. 초하루에는 해가 서쪽에 떨어지자마자 희미한 달도 따라서 떨어진다. 초사흘에 이르러 밝음이 생긴 뒤로 서로의 거리가 점차 멀어져 곧장 15일에 이르면 해와 달이 서로 바라보며 하루가 다하도록 서로 미치지 아니하니 환히 쉽게 보이는 이치이다.[26]" 또 해의 운행은 남음이 있고 달의 운행은 부족하기 때문에 윤달로써 따라간 뒤에 그 수를 보충하니 또한 해와 달의 더디고 빠름을 볼 수 있다.

---

25) 역법가 : 『하씨상서상해(夏氏尙書詳解)』에 의하면 당 나라 때의 공광(孔廣)이 내세운 주장이라고 하지만 공광이란 인물에 대해서는 자세히 알 수가 없다.

26) 해와……이치이다 : 송 나라 호방평(胡方平)의 『역학계몽통역(易學啓蒙通釋)』에 있는 말을 이계선생이 나름의 논리로 정리한 부분으로 여겨진다.

19분의 7도라는 것은 19세歲에 7번 드는 윤달의 수數를 본뜬 것이다. 하도河圖에서 9는 천수天數의 마지막이 되고 10은 지수地數의 마지막이 된다. 그러므로 역술가들이 그 두 마지막을 취하여 19세歲 7윤달의 법을 만들었다. 그 수는 일법日法[27]의 940분을 19분으로 나누고, 매번 나누어 계산하면 49분이다. 19분 중에서 7분을 취하면 모두 340여분이 되니 이는 달이 하루 운행하면서 하늘과 해의 상도常度의 여분餘分에 미치지 못함이다. 이와 같으면 달의 운행은 하루에 해의 12와 346분 반半을 미치지 못한다. 반半이라는 것은 아주 작은 수를 합하였으니 가까운 것으로부터 말하였다.

29일과 499가 쌓여 해와 모인다는 것은 매달 쌓여 이 수에 이르면 해가 나아가 지나치니 도수는 두루하여 본수本數를 얻고, 달이 미치지 못하는 도수 역시 진퇴進退의 본수이니 정확히 해와 만나 한 달을 이룬다. 12달 29일을 합하면 전일全日은 348일이며, 12달의 여분과 5988을 쌓아서 일법日法으로 나누면 6348일을 얻는다. 일日과 분分을 통틀어 계산하면 354일 348분이니 이것은 한 세歲에 달이 운행하는 수이다.

> 세歲에는 12개월이 있고 달에는 30일이 있어 360이라는 것은 1세歲의 상수常數이다. 그러므로 해가 하늘과 만날 때에는 5와 940분의 235일이 더 많은 것을 기영氣盈[28]이라 하고, 달이 해와 만날 때에는 5와 940분의 592일이 적은 것을 삭허朔虛[29]라고 한다. 기영과 삭허를 합쳐서 윤달이 생긴다.

360이라는 것은 오행의 기氣로 말하면 각각 왕성한 72일이고, 육갑六甲의 수로 말하면 매 갑甲은 60이다. 그 60을 여섯 번 곱하고 그 72를 다섯 번 곱하면 또한 모두 360이니 상수常數가 되는 것이 그러하다. 상수常數 이외에 5와 235일이 많은 것은 기영氣盈이 되며, 상수常數 안에 5와 592일이 적은 것은 삭허朔虛가 된다.

기영氣盈이란 24절기의 전수全數이며, 삭허朔虛란 12달의 본수本數이다. 전수全數는 올해 동지로부터 내년 동지 하루 전까지이며, 본수本數는 올해 11월 1일부터 내년 11월 1일 하루 전까지

---

27) 일법(日法) : 1년 365일 940분일(分日)의 1/4을 말한다.
28) 기영(氣盈) : 24절기로 보았을 때 남는 수치이다.
29) 삭허(朔虛) : 삭망월로 보았을 때 부족한 수치이다.

이다. 기영氣盈과 삭허朔虛를 합하여 윤달이 생긴다.

윤달이란 중기中氣가 없는 달이다. 해와 달의 모임은 29일반 남짓에 있고, 두 기운의 날은 항상 그 안에 있다. 두 기운이란 바로 우수와 경칩과 같은 종류이다. 매번 30번 남짓이 모이면, 중기中氣는 반드시 한 번 모이는 밖으로 나오고 다시 모이는 처음으로 들어간다. 오직 한 기운이 그 달의 안에 있어서 보름 전의 반半달은 앞 달을 따르며, 보름 뒤의 반半달은 뒤의 달을 따른다. 이렇게 하면 달은 뒤쳐져서 어긋남이 없이 해日에 이르며, 해日는 여유가 있어서 달月을 기다린다.

또 달에는 크고 작은 달이 있고, 세歲도 크고 작은 세歲가 있다. 354일이라는 것은 작은 세歲의 수數이고, 366일이라는 것은 큰 세歲의 수數이다. 큰 달이 많으면 퇴수退數의 윤달이 34개월에 있다는 것이 있으며, 큰 달이 적으면 윤달이 33개월에 있다는 것이 있다. 윤달이라는 것은 찬 것을 덜어내고 그 빈 것을 불어나게 하는 것이다. 그러므로 기영와 삭허를 합하여 윤달이 생긴다고 하는 것이 이것이다.

> 그러므로 1세歲에 윤閏의 비율은 10일과 940분의 827일이 된다. 3세歲에 한 번 윤달이 들면 32일와 940분의 601일이 된다. 5세歲에 두 번 윤달이 들면 54일과 940분의 375일이 된다. 19세歲에 일곱 번 윤달이 들면 기영과 삭허의 분한分限이 균일하게 되니, 이를 1장章이라 한다.

이 뒤로부터는 모두 기영과 삭허의 수가 쌓여서 이루어진다. 1세歲의 윤일閏日은 기영氣盈과 삭허朔虛의 수를 쌓으면 10일이 되고, 나머지는 827이다. 3세歲의 윤달은 기영과 삭허의 수를 쌓으면 30일이 되고, 나머지는 827이다. 통계通計를 내면 32일이 되고 나머지는 601이 된다. 5세歲에 두 번 윤달이 있어 기영과 삭허의 수를 쌓으면 50일과 나머지 827이 된다. 통계를 내면 54일이고 나머지는 375가 된다. 다만 5세歲 안에 두 번 윤달이 없어서 기영과 삭허의 본수本數로 말하면, 기영은 5일 235분이고 삭허는 5일 592분이다.

두 번의 윤달은 6세歲 안에 있어야 하는데, 「계사전繫辭傳」의 5세歲에 두 번의 윤달이 있다고 말한 것은 기영氣盈 6일과 삭허朔虛 6일로써, 두 번의 윤달이 5년 안에 있으니 성수成數를 들어 말한 것이다. 1세歲 남짓에 10일 827분이 남음으로부터 쌓여 19세에 이르면 전일全日 190일을 얻으며, 나머지가 쌓여서 15713에 이르러 일법日法으로 나눈 계산은 16일이 된다. 6일 73분을 앞에서 얻은 전일全日과 통하면 모두 206일 673분이다. 이 수로 7개의 윤달을 19년에 나누면 30 곱하기 7인 210일에서 3일 267분이 적게 된다.

7개의 윤달 속에서 이 3일 227분을 딱 맞게 나누어, 고르게 3개의 작은 달로 만들면 딱 좋다. 그러므로 기영氣盈과 삭허朔虛의 나눔이 균등하여 1장章이 된다. 1장이라고 말하는 것은 천지天地의 수가 작게는 19세歲에 마치는 것을 말한다. 크게 마치는 것으로 논하면, 27장章이 1회會가 되니 무릇 513년이다. 81장이 3회가 되고 3회가 1통統이 되니 합하면 1539년이다. 3통이 1원元이 되니 합하면 4617년이다. 장章·통統·회會·원元이 끝나면 천지가 끝나고 다시 시작하여 19년이 1장이 된다.

> 그러므로 3년에 윤달을 두지 않으면 봄의 한 달이 여름으로 들어가니 철이 점점 정해지지 못한다. 자월子月인 11월의 한 달이 축월丑月인 12월로 들어가서 세歲가 점점 성립되지 않는다. 이렇게 쌓인 것이 오래되어 세 번 윤달을 잃게 되면, 봄이 모두 여름으로 들어가서 철이 전혀 정해지지 못하고, 열두 번 윤달을 잃으면, 자子로 시작하는 달이 모두 축丑으로 들어가서 세歲가 전혀 이루어지지 못한다. 이렇게 되면 그 명칭과 실제가 괴리되고 추위와 더위가 뒤집어져서 농상農桑의 모든 일이 다 때를 잃게 된다. 그러므로 반드시 남는 날을 가지고 윤달을 만들어 그 사이에 둔 뒤에야 사시四時가 어그러지지 않고 세공歲功이 이루어지니, 이로써 진실로 백관을 다스려 뭇 공적이 모두 넓혀진다.

윤달이 윤달이 되는 것은 비록 하늘의 쓰임이 아니지만, 사람의 책력에는 없을 수 없다. 가령 하늘이 해와 달과 함께 기영과 삭허의 남음과 부족함으로 윤달을 두지 않으면, 시서時序가 정하여지지 못하고 세공歲功이 이루어지지 못하니 무엇으로 천하에 믿음을 두겠는가? 대체로 『서경書經』을 보는 법은 반드시 긴밀해야 한다. 나는 『요전堯典』의 이 1절에서 성인이 입언立言을 하신 순서와 시절을 알려주신 공경함을 알게 되었다.

왜 그런가? 기삼백朞三百 66일이라는 것은 24절기의 전수全數를 총론하여, 기朞가 기朞가 되는 까닭을 말하였다. 윤달을 기영과 삭허가 가지런하게 하지 않는다고 여기면 윤달을 그 사이에 쓰지 않을 수 없다. 사시四時를 정한다는 것은 윤달을 둔 뒤에 봄·여름이 봄·여름이 될 수 있고, 가을·겨울이 가을·겨울이 될 수 있음을 말한다. 성세成歲라는 것은 사시四時가 이미 정해지면 자축子丑의 해가 자축子丑의 해가 될 수 있고, 인묘寅卯의 해가 인묘寅卯의 해가 될 수 있음을 말한다.

진실로 어떤 사람은 기朞에는 정해진 수가 있어서 윤달을 쓸 필요가 없다고 생각한다면, 해의 운행은 늘 넉넉하고 달의 운행은 늘 모자라서 삼 년동안 쌓이면 봄의 1달이 여름에 들어가고, 자子로 시작하는 해의 한 달이 축丑으로 시작하는 해의 한 달에 들어가게 된다. 또 세 번 윤달을 놓치면 봄이 모두 여름에 들어가고, 12번 윤달을 놓치면 자子년이 모두 축丑년에 들어가게 된다. 어떻게 하면 마름질해서 이루어주고 모자라는 것을 돕는 도가 되겠는가? 반드시 남는 것을 윤달로 돌려 해와 달의 운행이 하늘과 함께 모이게 하여 19년에 이르러 기영과 삭허가 고르게 된 뒤에 농사와 모든 일들이 모두 그 때의 다스린 공로와 업적을 빛내는 도를 얻게 된다. 이것이 만세토록 바뀌지 않는 하나의 큰 역상曆象이다.

오행전五行傳

태극太極이 나뉘어져 음양陰陽이 되고, 음양陰陽이 나뉘어 오행五行이 된다. 태극太極은 리理이고, 음양오행陰陽五行은 기氣이다. 리理는 반드시 기氣에 깃들어 있고 기氣는 리理에서 떠나지 않는다. 그러므로 천일생수天一生水·천삼생목天三生木·천오생토天五生土 세 가지는 양陽이 생기는 이유이고, 지이생화地二生火·지사생금地四生金 두 가지는 음이 생기는 이유이니 합하여 오행이 된다.

하늘에 있으면서 봄·여름·가을·겨울의 보좌가 되어 토土가 네 계절에 왕성하며, 땅에 있어서 동·서·남·북의 자리가 되면 토土는 중앙에 있게 된다. 그 서로 낳는 순서는 목·화·토·금·수이니, 이것은 복희伏羲의 선천도先天圖에 있는 오행이다. 서로 이기는 순서로서는 수·화·금·목·토이니, 이는 신우神禹의 육부六府에 있는 오행이다. 처음 생겨나는 순서는 수·화·목·금·토이니 이는 기자箕子의 홍범洪範에 있는 오행이다. 거꾸로 나는 것으로 말하면, 황제黃帝 소문서素文書[30]에 있는 오행이다. 거꾸로 이기는 것으로 말하면, 한유漢儒들이 주장하는 오행론五行論의 오행이다.

그 성질에 따라, 수水는 윤하潤下[31]라고 하고, 화火는 '염상炎上[32]'이라 하고, 목木은 곡직曲直[33]

30) 황제 소문서 : 『황제내경(黃帝內經)』의 「소문(素文)」을 말한다.

31) 윤하(潤下) : 물의 성질은 아래하여 만물을 자라게 하고 윤택하게 함을 말한다. "물을 '윤하'라고 한다.[水曰潤下]"에서 온 말이다.(『書經』「洪範」) 공안국(孔安國)이 전[孔傳]에서 "그 자연의 떳떳한 성질을 말한 것이다."라고 하였다.

32) 염상(炎上) : 화염(火焰)이 위로 오르는 것을 말한다. "불을 염상이라고 한다.[火曰炎上]"에서 온 말이다.(『書經』「洪範」) 공영달(孔穎達)이 왕숙(王肅)의 소(疏)를 인용하여 "불의 성질은 불길이 성하여 위로 오르는 것이다."라고 하였다.

이라 하고, 금金은 종혁從革[34]이라 하고, 토土는 가색稼穡이라고 한다. 그 맛에 따라, 윤하潤下는 짜고 염상炎上은 쓰며, 곡직曲直은 시고 종혁從革은 매우며 가색稼穡은 달다. 사람이 처음 날 때는 다섯 기운의 정精이 묘하게 합하여 맺히는데, 이것을 인仁·의義·예禮·지智·신信의 오성五性이라고 한다. 인仁은 목木에 속하며, 의義는 금金에 속하며, 예禮는 화火에 속하며, 지智는 수水에 속하며, 신信은 토土에 속한다. 주자周子[35]의 이른바 각각 하나의 성性을 가진다[36]라는 것이 이것이다.

오사五事[37]의 차례는 모貌·언言·시視·청聽·사思이다. 모습은 못이 되니 물이며, 말은 드날리니 불이 되며, 보는 것은 흩어지니 나무가 되며, 듣는 것은 거두어들이니 쇠가 되며, 생각은 통하니 흙이 된다. 오덕五德의 용用은 숙肅·예乂·철哲·모謀·성聖이니 숙肅은 단단하게 언 물이 되며, 예乂는 조리條理가 있는 나무가 되며, 철哲은 광명光明한 불이 되며, 모謀는 정밀精密한 쇠와 같으며, 성聖은 곧고 방정한 큰 흙과 같다.

의서醫書에서도 목木은 간肝에 속하며, 화火는 심心에 속하며, 금金은 폐肺에 속하며, 수水는 신腎에 속하며, 토土는 비脾에 속한다고 말하였다. 손과 발이 저리고 마비되는 경우에는 바람이 간肝에 들었기 때문에 불인不仁하다고 말하니, 이 또한 좋은 비유이다.

대체로 모貌와 시視는 정精에 속하기 때문에 정精이 쇠퇴하면 눈이 어두워진다. 언言과 청聽은 기氣에 속하기 때문에 기가 막히면 귀머거리가 된다. 이것은 쉽게 볼 수 있는 것이 아닌가? 또한 모貌·언言·시視·청聽은 생각을 귀하게 여기며, 숙肅·예乂·철哲·모謀는 성聖을 중하게 여기기 때문에 맹자가 말하였다. "마음의 기능은 생각하는 것이다.[心之反則思][38]" 또 말하였다. "대인

33) 곡직(曲直) : 구불구불하고 평평하여 곧음은 성질을 말한다. "나무를 곡직이라고 한다.[木曰曲直]"에서 온 말이다.(『書經』「洪範」)

34) 종혁(從革) : 사람이 바라는 대로 그 모습을 바꿀 수 있음을 말한다. "쇠를 종혁이라고 한다.[金曰從革]"에서 온 말이다.(『書經』「洪範」) 공안국(孔安國)은 전[孔傳]에서 "쇠는 다시 고칠 수 있다."고 하였다.

35) 주자(周子) : 북송의 철학자인 주돈이(周敦頤, 1017~1073)를 말한다.

36) 각각 …… 있다 : 주돈이의 『태극도설(太極圖說)』의 "오행은 하나의 태극이고, 음양은 하나의 태극이며 태극은 본래 다함이 없는 것이다. 오행은 그 생성됨에 있어서 각각 하나의 성을 가진다.[五行一陰陽也 陰陽一太極也 太極本無極也 五行之生也 各一其性]"에서 온 말이다.

37) 오사(五事) : 고대에 통치자들이 수신(修身)하던 다섯 가지 일을 말한다. "오사는 첫째는 모습이고, 둘째는 말이고, 셋째는 보는 것이고, 넷째는 듣는 것이고, 다섯째는 생각하는 것이다.[五事 一曰貌 二曰言 三曰視 四曰聽 五曰思]"에서 유래한다.(『書經』「洪範」)

이면서 저절로 화한 것을 성인이라고 한다.[大而化之之謂聖]"[39] 정자程子의 사물잠四勿箴[40]에서 역시 말하였다. "지혜로운 사람은 기미를 알아서 생각을 성실히 한다.[哲人知幾 誠之於思]" 또 말하였다. "습관과 더불어 성품을 이루면 성현으로 함께 돌아가리라.[習與性成 聖賢同歸][41]" 이것을 말한다.

또 수水·화火·금金·목木은 토土가 아니면 생성되지 못한다. 토土란 오행의 주인이니 하도와 낙서는 모두 토土를 중中으로 삼는다. 무릇 천하의 수천 만 가지 일이 모두 중中을 따라 일어나기 때문이다. 생각건대, 「홍범洪範」에서는 오행은 말하였지만 음양은 말하지 않았으며, 『주역[大易]』에서는 음양은 말하였지만 오행은 말하지 않았다. 이것은 오행이 하나의 음양이며, 음양이 하나의 태극이기 때문이다.

---

38) 마음의 …… 것이다 : '심지반즉사(心之反則思)'는 『맹자(孟子)』 「고자 상(告子上)」의 '심지관즉사(心之官則思)'의 오기(誤記)로 여겨진다. 맹자의 원문은 다음과 같다. "마음의 기능은 생각할 수 있으니 생각하면 이치를 알게 되고 생각하지 않으면 이치를 알지 못한다.[心之官則思 思則得之 不思則不得也]"

39) 대인이면서 …… 한다 : 『맹자(孟子)』 「진심 하(盡心下)」에 나온다.

40) 사물잠(四勿箴) : 정이(程頤)가 자신을 경계하기 위해 지은 잠(箴)이다. 「언잠(言箴)」·「시잠(視箴)」·「동잠(動箴)」·「청잠(聽箴)」이 있다.

41) 지혜로운 …… 돌아가리라 : 「동잠(動箴)」에 나온다.

대역도설大易圖說

하도설河圖說

황하黃河가 하늘과 통하여 황하에서 용마龍馬가 그림을 지고 나왔다. 용마가 지고 나온 그림은 인문人文이다. 하늘은 말하지 않기 때문에 성인聖人의 손을 빌려 그림에서 설을 끄집어내니, 포희씨包羲氏를 기다린 것이다. 포희씨는 하늘의 법을 이어 왕이 되어, 우러러 일월성신日月星辰의 형상을 바라보고 구부려 초목조수草木鳥獸의 문文을 살펴서 모두 괘卦를 그을 수 있었다. 그러나 천지간에서 조화가 끊임없이 생겨나는 차례와 음양陰陽이 대대對待하는 수數가 찬란하게 갖추어진 것은 하도河圖만한 것이 없다. 하도는 성인이 아니고서는 그 신령함을 드러낼 수 없고, 성인은 하도가 아니고서는 그 변화를 신묘하게 할 수 없다. 이것이 포희씨가 일어나자 용마龍馬가 나온 이유이다.

하도는 둥그니 둥근 것은 하늘이고, 그 수는 1을 근원으로 삼는다. 1은 홀수이고, 홀수는 1·3·5·7·9의 양수陽數이다. 2는 짝수이고, 짝수는 2·4·6·8·10의 음수陰數이다. 이를 합하면 55가 되는데 55라는 것은 천지天地의 수이다. 그러므로 「계사상전繫辭上傳」에서 말하였다. "하늘의 수가 25이고, 땅의 수가 30이다.[天數二十有五 地數三十]" 이는 우리 공자께서 하도의 수를 밝혀내신 것이다.

5를 가운데 둔 것은 무엇 때문인가? 수의 시초는 일양一陽·일음一陰일 뿐이다. 그 일양一陽에서 삼參을 가져오고 그 일음一陰에서 양兩을 가져오니, 3과 2의 합이 5가 된다. 그러므로 「설괘전說卦傳」에서 말하였다. "하늘에서 셋을 취하고 땅에서 둘을 취하여 수를 의지하였다.[參天兩地而倚數]" 이 또한 공자께서 하도의 가운데 수를 밝혀내신 것이다.

만일 5와 10을 비우면 태극太極이요, 기奇와 우耦가 각각 20이 되면 양의兩儀이다. 1·2·3·4의 자리는 사상四象이고, 7·8·9·6의 수는 팔괘八卦이다. 5는 연수衍數의 근원이 된다. 1·2·3·4는 모두 5로 인하여 6·7·8·9가 된다. 또 2·4는 6이 되고, 1·8은 9가 되고, 2·6은 8이 되고, 3·4는 7이 된다. 그리고 1은 9를 포함하고, 2는 8을 포함하고, 3은 7을 포함하고, 4는 6을 포함하니 음양陰陽·노소老少가 서로 그 집에 간직하는 것이다. 5는 토土이다. 수水·화火·금金·목木은 토土가 아니면 생겨나지 않는 것은 인仁·의義·예禮·지智가 신信이 아니면 서지 못하는 것과 같다. 또 그 가운데 지地의 10을 비우면 소연小衍의 수이고, 5와 10을 비우면 대연大衍의 수이다.

시초를 세는 것으로 말하면, 하나를 빼두고 49개 시초를 사용하는데 좌우로 나누면 양의兩儀이고, 하나를 걸면 삼재三才이고, 네 개씩 세면 사시四時이고, 중지와 무명지 사이에 두 번 끼면 윤여閏餘이다. 4개씩 계산하여 셈하면 4에 9를 곱하는 것은 노양老陽의 수가 되고, 4에 6을 곱하는 것은 노음老陰의 수가 되고, 4에 7을 곱하는 것은 소양少陽의 수가 되고, 4에 8을 곱하는 것은 소음少陰의 수가 된다.

역기曆紀로써 말하면, 두 시초로써 강유剛柔를 정하고, 두 가운데로써 율력을 정하고, 두 마침으로써 윤달을 기록한다. 두 시초는 1, 2이니, 1은 홀수이므로 강剛이고 2는 짝수이므로 유柔이다. 두 가운데는 5와 6이니, 5는 천간이고 6은 12신辰이다. 두 마침은 9와 10이니, 윤달의 법은 19년을 한 장章으로 삼는다.

성률聲律로써 말하면, 하늘의 가운데 수는 5이니 5는 성聲이 되고, 땅의 가운데 수는 6이니 6은 율律이 된다.

기타 운기설運氣說[42], 참동계參同契[43]의 설은 모두 하도에서 나왔으니, 하도에 이런 내용들이 있기 때문에 하도가 변화를 완성하고 귀신을 운행하는 것이다. 만약 황하에서 그림이 나오지 않았다면 성인이 괘를 그릴 수 없었겠는가? 무극無極 전에 원래 자연의 역易이 있다. 더구나 성인의 마음은 하늘과 묵묵히 들어맞으니 어찌 그림을 엿보고서야 괘를 그렸겠는가? 비록 그러하나 역易은 있는데 그림이 없다면 후세 사람들이 음양변화의 근원 그리고 홀과 짝의 생성의 근원이 어디서 오는 것인지 알 수 없었을 것이다. 이로 보면 그림을 지고 나온 용마 또한

---

42) 운기설(運氣說) : 오운(五運)과 육기(六氣)를 말한다. 오운은 오행(五行)이 기화유전(氣化流轉)하는 곧, 세운(歲運)을 말하는 것으로, "갑기(甲己)의 해는 토운(土運), 을경(乙庚)의 해는 금운(金運), 병신(丙辛)의 해는 수운(水運), 정임(丁壬)의 해는 목운(木運), 무계(戊癸)의 해는 화운(火運)이다." 육기(六氣)는 한(寒)·서(暑)·조(燥)·습(濕)·풍(風)·화(火)를 말한다.(『素問天元紀大論』)

43) 참동계(參同契) : 진(晉) 나라 갈홍(葛洪)의 『신선전(神仙傳)』에 의하면, 한(漢) 나라 위백양(魏伯陽)이 지은 책으로 되었다. 『주역(周易)』의 효상(爻象)을 빌어 단(丹)을 만드는 뜻을 논하였다. 『주역』·황로(黃老)·노화 삼가(三家)를 서로 참동하여 일방으로 돌아와 대로(大道)에 합치시키는 것을 내용으로 하고 있다.(『類選』「經史篇, 經書門」)

신령스럽도다! 『고명顧命』에서 말하였다. "동서에 하도를 편다.[河圖陳于東序]" 이는 만세萬世의 제왕帝王이 서로 전수하는 보배로다!

낙서설洛書說[44]

낙수洛水는 땅의 한 가운데인데, 귀주龜疇[45]가 나타났다. 귀주龜疇라는 것은 떳떳한 도리이다. 이 그림은 머리에 9를 이고 있고, 발에는 1이 있으며, 왼쪽에는 3이 있고, 오른쪽에는 7이 있다. 2와 4는 어깨 부위에 있고, 6과 8은 발 부위에 있다. 5는 가운데 자리에 위치하고 있는데, 그 그림이 한자의 자획과 같았기 때문에 그것을 서書라고 하였다. 우禹[46]가 홍수를 다스리자 하늘이 그것을 우에게 주었다. 5는 기수奇數인데 4개의 우수耦數를 통괄한다. 각각의 수는 그 위치에 있지만, 대개 양이 주축이 되어 음을 통괄하면서 그 변수變數의 운용이 시작된다. 그 형체는 네모지니, 네모진 것은 땅을 본뜬 것이다. 홍범의 길흉이 고요함에서 나타나는 것은 대개 움직임이 반드시 고요해진 연후에 이루어지기 때문이다. 오행五行[47]은 그 운용을 말하지 않고, 황극皇極은 수를 말하지 않는다.

대개 운용을 말하지 않는 것은 모든 운용이 저절로 나오기 때문이며, 운수를 말하지 않는 것은 모든 수가 황극으로 말미암기 때문이다. 1·2·3·4는 경상經常의 범주이니, 하늘을 본받아 사람을 다스리는 것이다. 6·7·8·9는 임기응변의 도리이니, 사람이 그것을 하늘에서 징험하는 것이다. 오황극五皇極[48]의 일주一疇는 항상함을 지키고 변화를 제어하는 법도로, 하늘과 근본을

44) 낙서설(洛書說) : 신령한 우(禹) 임금이 천하의 홍수를 다스리며 낙수(洛水)에 이르렀는데, 갑자기 신령한 거북이가 등에 1에서 9까지의 도형을 새긴 채 우임금에게 나타났다고 한다. 우 임금은 이 도형들을 보고 천하를 다스릴 수 있는 홍범(洪範)의 이치를 깨달았다고 한다. 이 도형을 낙서라고 한다.

45) 귀주(龜疇) : 귀(龜)는 낙수(洛水)에 나타난 거북이란 뜻이요, 주(疇)는 홍범구주(洪範九疇)를 의미한다. 낙서를 보고 우 임금이 부연(敷衍)하여 구주(九疇)를 만들었으니, 이것이 바로 기자가 무왕에게 말한 '홍범구주(洪範九疇)'의 근원이라 한다.(『書經』「洪範序」)

46) 우(禹) : 중국고대 하왕조(夏王朝)의 시조이다. 9년 동안 홍수를 다스리며 천하를 구주(九州)로 나누어 왕정(王政)을 정비하니 순(舜) 임금에게 나라를 선양받았다.

47) 오행(五行) : 홍범구주의 첫 번째 덕목이 오행(五行)이다.

같이하여 백성들의 법칙이 되는 것이다. 복희씨[49]는 하도河圖에 근본을 두고 팔괘八卦를 그렸으니, 팔괘는 하나의 음양陰陽이다. 신령한 우 임금은 낙서洛書에 근본을 두고 홍범구주를 서술했는데, 구주는 하나의 오행五行이요, 오행은 하나의 태극이다. 하도와 낙서의 형상은 씨줄과 날줄 및 표리의 관계이다. 이와 같기에 양陽은 사방의 정위正位에 머물며 음陰의 주재가 된다. 음은 사방의 짝수자리에 위치하며 양의 도움이 된다. 그 위치는 모두 3가지가 같고 2가지는 다른데, 대개 양은 바꿀 수 없으나 음은 바꿀 수 있다. 1·3·7·9는 각각 그 위치가 있으나 5는 근본적인 방위를 상징한다. 외부에 있는 2·4·6·8은 각기 그 부류에 따라 기수의 측면에 붙인다. 손님과 주인·임금과 신하의 구별을 또한 볼 수 있다.

양陽을 귀하게 여기고 음陰을 낮게 여기는 조화는 자연의 묘리에서 나온 것이다. 이와 같기에 그 수 45에서 가운데 수인 5를 빼면, 음양의 수는 모두 40이 된다. 하도河圖는 왼쪽으로 돌면서 오행의 상생관계가 되고, 낙서洛書는 오른쪽으로 돌면서 오행의 상극관계가 된다. 서로 대대待對함으로 말하면 상생관계 속에 상극相克의 형세가 있고, 서로 운행함으로 말하면 상극相克의 관계 속에 상생相生의 이치가 있다.

대개 상생하면서 상극이 없으면 상생하는 것을 따라서 제재할 도리가 없다. 상극하면서 상생이 없다면 상극하는 것이 때때로 끊어질 것이다. 또 그 수는 가로 세로가 15가 되니 7과 8, 9와 6이 합쳐진 것이다. 소식消息의 묘함이 또 이 허중虛中에서 나타나니, 5가 바로 태극이다. 기수의 합과 우수의 합이 각각 20이니 양의兩儀이다. 1·2·3·4에 9·8·7·6을 포함하면 가로 세로가 15이고, 교대로 7·8·9·6이 되면 사상四象이다. 사방의 바른 방위는 건乾·곤坤·감坎·리離가 되고, 네 귀퉁이의 기울어진 방위는 태兌·진震·손巽·간艮이 되니 팔괘八卦이다.

---

48) 오황극(五皇極) : 홍범구주의 다섯 번째 규범이 '황극'이다. "다섯 번째 황극은 임금이 나라 다스리는 법칙을 세우는 것이다. 오복을 거두어 들여서 여러 백성들에게 베풀어 주면 그 백성들도 그대의 법칙에 대하여 그대에게 그 법칙을 보호하게 해줄 것이다.[五皇極 皇建其有極 斂時五福 用敷錫厥庶民 惟時厥庶民 于汝極 錫汝保極]"에서 온 말이다.(『書經』「洪範」)

49) 복희씨(伏羲氏) : 중국 고대신화에 나오는 삼황(三皇)의 한 사람으로 선천팔괘(先天八卦)를 그린 인물이다.

방도설方圖說[50]

모난 것은 땅의 형상이다. 땅은 일정한 이치가 있어서 정靜을 위주로 하기 때문에 괘도卦圖 또한 그러하다. 건乾의 내팔괘內八卦는 북쪽에 배열하고 외팔괘外八卦는 서쪽에 배열하되, 건乾은 서북西北의 모퉁이에 자리한다. 곤坤의 내팔괘內八卦는 그 동쪽을 둘러 있고 외팔괘外八卦는 그 남쪽을 둘러 있되, 곤坤은 동남쪽의 모퉁이에 위치한다. 그 안의 여섯 자괘子卦의 내외內外 팔괘八卦도 각각 생겨난 차례로 동서남북의 방위에 종횡으로 배열하여 자기의 정위正位에서 대對가 있다.

태泰와 비否는 대對가 되며 함咸과 손損이 대가 되며, 항恒과 익益이 대가 되며, 기제旣濟와 미제未濟가 대가 되며, 중부中孚와 소과小過[51]가 대對가 되니 다른 괘도 모두 그러하다. 이 때문에 대전大傳[52]에서 다음과 같이 말하였다. "천지天地가 자리를 정하며, 산택山澤이 기운을 통하며, 뇌풍雷風이 서로 치며, 수화水火가 충돌하지 않는다." 또 말하였다. "우레로 움직이게 하고, 바람으로 흩어지게 하고, 비로 윤택하게 하고, 해로 따뜻하게 한다. 간艮으로 그치고, 태兌로 기뻐하고, 건乾으로 군주 노릇을 하고, 곤으로 감춘다."[53] 이것이 자연의 법상法象이다.

그러나 그 대대對待하는 가운데 변동하고 엇바뀌는 뜻이 있다. 건乾은 남쪽에 곤坤은 북쪽에 있는 것이 선천先天의 바른 위치이나, 지금은 옮겨서 서북西北과 동남東南에 있다. 간艮·태兌·감坎·

---

50) 방도설(方圖說) : 『주역(周易)』의 64괘를 둥글게 그림으로 배열하고, 또 그 속에 네모난 그림을 넣어서 하늘은 둥글고 땅은 모났다는 의미를 표현한 도이다. 이것으로 1년 24절기와 맞추었는데, 이를 64괘의 원도(圓圖)·방도(方圖)라 한다.(『周易』「總目」)

51) 태와……소과 : 도표로 이들 괘를 정리하면 다음과 같다.

곤(坤)							비(否)
	간(艮)					함(咸)	
		감(坎)			미제(未濟)		
			손(巽)	항(恒)			
			익(益)	진(震)			
		기제(旣濟)			리(離)		
	손(損)					태(兌)	
태(泰)							건(乾)

52) 대전(大傳) : 공자가 『주역』의 경문을 해설한 십익(十翼)을 말한다. 인용문은 「설괘전(說卦傳)」에 보인다.

53) 우뢰로……감춘다. : 『주역』의 「설괘전(說卦傳)」에 보인다.

리离·손巽·진震도 모두 자리가 바뀌었으니, 이에서 정靜한 가운데 또 동動이 있음을 알게 된다. 또 방도方圖라는 것은 지도地圖의 강유剛柔이니, 진震·리離·태兌·건乾은 하늘의 양陽이고 땅의 강剛이며, 손巽·감坎·간艮·곤坤은 하늘의 음陰이고 땅의 유柔이다.

지도地道는 하늘의 운행을 받들어, 땅의 강유剛柔로 하늘의 음양에 응하니 동일한 이치이다. 다만 하늘에 있는 것은 한 번은 역逆하고 한 번은 순順하기 때문에 괘의 기운이 운행되며, 땅에 있는 것은 오직 역逆을 위주로 하기 때문에 괘획卦畫이 이루어진다. 진震·손巽으로 나누어서 관찰하면 건乾과 곤坤은 생기지 않은 괘이니, 『주역』에서 말하였다. "역은 역수이다.[易 逆數也][54]"

원도설圓圖說

원圓이라는 것은 하늘의 형상이다. 하늘은 유행하는 기운이 있어서 동動하는 것을 위주로 하니, 괘도卦圖도 그러하다. 건괘乾卦가 남쪽에 자리하니 건이 내괘內卦로 된 여덟 괘는 동남쪽에 있다. 건이 외괘外卦로 된 여덟 괘 중에 구괘姤卦는 오방午方의 가운데 있으며, 둔괘遯卦는 유방酉方의 중간에 있으며, 비괘否卦는 해방亥方의 초입에 있으며, 무망괘无妄卦는 인방寅方의 초입에 있으며, 동인괘同人卦는 묘방卯方의 중간에 있으며, 리괘履卦는 사방巳方의 초입에 있으며, 송괘訟卦는 신방申方의 초입에 있게 된다. 곤괘坤卦는 북쪽에 자리하니, 곤이 내괘內卦로 된 여덟 괘는 서북방에 있다. 곤이 외괘外卦로 된 여덟 괘 중에 복괘復卦는 자방子方의 중앙에 있으며, 임괘臨卦는 묘방卯方의 중간에 있으며, 태괘泰卦는 사방巳方의 초입에 있으며, 명이괘明夷卦는 인방寅方의 초입에 있으며, 승괘升卦는 신방申方의 초입에 있으며, 사괘師卦는 유방酉方의 중간에 있으며, 겸괘謙卦는 해방亥方의 초입에 있게 된다.

그 나머지 육자六子인 진震·손巽·감坎·리離·간艮·태兌의 각각의 여덟 괘도 그 종류별로 동서남북의 방위에 나뉘고 모여서 유행하는 중에 대대待對함이 있으니, 비괘否卦·태괘泰卦·구괘姤卦·복괘復卦의 유와 같은 것이 이것이다.

진괘震卦의 초구는 동지冬至가 되며, 리괘離卦·태괘兌卦·구괘姤卦의 구이는 춘분春分이 되며,

---

54) 역은 역수이다. : 지난 일은 헤아리는 것은 순리적(順理的)이고, 앞으로 다가올 일을 미루어 아는 것은 역리적(逆理的)이므로 역수(逆數)라고 하였다.

건괘乾卦의 상구에 이르러서는 하지夏至와 섞이게 된다. 손괘巽卦의 초육은 하지夏至가 되며, 감괘坎卦·간괘艮卦·건괘蹇卦의 육이는 추분秋分이 되며, 곤괘坤卦의 상육에 이르러서는 동지冬至와 섞이게 된다. 이 또한 자연의 법상法象이다. 그런데 임괘臨卦는 12월 괘이지만 춘분春分과 연계시켰으며, 둔괘遯卦는 6월 괘이지만 추분秋分과 연계시켰으니 이는 선유先儒들이 미처 깨닫지 못한 것이라서 빠트려 둠이 옳다. 원도圓圖 왼쪽 편은 양陽에 속하지만 양 가운데 음陰이 있고, 원도 오른쪽 편은 음에 속하지만 음 가운데 양이 있다. 이것은 음양 중의 노老와 소少가 서로 집에 머무는 것이다.

주자가 말하였다. "곤괘와 복괘 사이가 무극이 된다.[坤復之間 爲無極]" 또 「동지음冬至吟」[55]이라는 시를 지었다.

홀연히 한밤중 한 번의 우레 소리에	忽然半夜一聲雷
수많은 문호들이 차례로 열리는구나	萬戶千門次第開
만약 없음 속에 상이 들어있음을 안다면	若識無中含有象
그대 복희씨를 친견했음을 인정하리	許君親見伏羲來

없음 속에 상象이 들어 있다는 것은 바로 곤괘와 복괘의 사이이니, 바로 무극無極이면서 태극太極인 것이다.

선천도설先天圖說[56]

선천팔괘先天八卦는 역易의 근본이니, 음양의 교합交合으로 체體를 삼았다. 건乾을 아버지라 부르고 곤坤을 어머니라 부르기 때문에 남쪽과 북쪽에 자리한다. 감坎은 중남中男이 되고 리離는 중녀中女가 되기 때문에 동쪽과 서쪽의 사이를 담당한다. 진震은 장남長男이 되고 손巽은 장녀長女가 되기 때문에 동과 서, 남과 북의 모퉁이에 자리한다. 간艮은 소남少男이 되고 태兌는

55) 동지음(冬至吟) : 주자의 「답원기중논계몽(答袁機仲論啓蒙)」시를 말한다.
56) 선천도설(先天圖說) : 우주의 기본 구조인 체(體)를 드러낸 복희씨의 선천팔괘(先天八卦)를 바탕으로 그린 도에 대한 설이다.

소녀少女가 되기 때문에 서와 북, 동과 남의 모서리에 자리한다. 건乾과 곤坤은 순체純體이고 감坎과 리离는 정체正體이기 때문이다.

물성物性으로 말하면, 감坎과 리离는 해와 달이다. 해와 달이 나오는 곳은 동과 서이기 때문에 리离는 동쪽이고 감坎은 서쪽이다. 간艮과 태兌는 산과 못인데, 서북은 땅이 높아 산들이 모두 종주宗主로 삼고 동남은 땅이 낮아 물이 함께 모이는 곳이기 때문에 간艮은 서북이고 태兌는 동남이다. 진震과 손巽은 우레와 바람인데, 우레는 땅을 따라서 일어나고 바람은 하늘로부터 내려오기 때문에 진震은 동북이고 손巽은 서남이다. 이는 『대전大傳』에서 이른바 '하늘과 땅이 자리를 바루고 산과 못이 기운을 통하며, 우레와 바람이 서로 가까이하고 물과 불이 서로 해치지 않는다'는 것이다.

인시人時로 말하면, 건乾과 곤坤은 순양純陽이고 순음純陰이니 마땅히 자오子午의 반半에 있어야 한다. 감坎과 리离는 음양의 중간이니 마땅히 묘유卯酉의 가운데에 있어야 한다. 간艮과 태兌는 음양이 점점 자라는 것이니 마땅히 진술辰戌의 반半에 있어야 한다. 진震과 손巽은 음양이 처음 생기는 것이니 마땅히 축미丑未의 반半에 있어야 한다. 이는 소요부邵堯夫의 '동지가 자의 반이다.[冬至子之半]'[57]라는 설이다. 또 건괘乾卦 「문언전文言傳」으로 미루어보면, 한 달의 초삼일初三日은 진震이 되고 상현上弦은 태兌가 되며, 보름은 건乾이 되고 보름 후는 손巽이 되며, 하현下弦은 간艮이 되고, 그믐은 곤坤이 된다. 『주역』의 원도圓圖로 보면, 동쪽 한 편은 본래 모두 양이고 서쪽 한 편은 본래 모두 음이다. 동편의 양은 모두 서편에서 왔고 서편의 음은 모두 동편에서 왔다. 왼편은 양효陽爻가 192개이고 오른편은 음효陰爻가 192개인데, 각각 서로 대대待對하고 있으니 이는 천지자연의 법상法象이다.

후천도설後天圖說

후천팔괘後天八卦는 역易의 용用이니, 사시四時의 진퇴로써 차례를 삼았다. 건곤乾坤은 노부모이기에 다시 용사用事하지 못하고 육자六子[58]에게 지시를 듣는다. 그러므로 진震·태兌·감坎·리离가

---

57) 동지가 자의 반이다 : 소강절(邵康節) 「동지음(冬至吟)」의 첫 구 "동짓날 자의 반이니, 하늘의 마음은 아직 바뀌지 않았다.[冬至子之半 天心無改移]."에서 유래한다.

사방의 정위正位에 자리하는데, 진震은 동에 자리하면서 양이 되니 나감을 주장하며, 태兌는 서에 자리하면서 음이 되니 물러남을 주장하며, 리离는 남南에 자리하면서 물러남의 가운데가 되며, 감坎는 북에 자리하면서 나감의 가운데가 된다. 리离는 건乾의 지위를 얻었기에 음괘로써 양의 자리에 처하며, 감坎은 곤坤의 지위를 얻었기에 양괘로써 음의 자리에 처하니 남녀가 서로 짝을 짓고 있다.

진震은 생육의 시작에 해당되며, 태兌는 거두고 이루는 시작에 해당되며, 리离는 장양長養의 마침에 해당되며, 감坎은 귀장歸藏의 마침에 해당된다. 손巽과 간艮은 남녀의 늙고 젊음으로써 쓰이지 않으니, 대개 남자는 스승에게 나아가지 아니하고 여자는 장차 행함이 있다. 서남의 곤坤을 여전히 반용半用하는 것은 장양長養과 수성收成의 교대함에 해당되기에 어머니의 도는 친해야하는 것에 해당된다. 서북의 건乾을 완전히 쓰지 않는 것은 엄응嚴凝과 주정主靜의 기다림에 해당되기에 아버지의 도는 존경해야 하는 것에 해당된다. 그러므로 말하였다. "천제는 진震에서 나와 손巽에서 가지런히 하고 리离에서 서로 만나며, 곤坤에서 부역을 하고 태兌에서 기뻐하며, 건乾에서 싸우고 감坎에서 수고하며, 간艮에서 완성하게 된다." 오행五行의 차례로 말하면, 리화离火로 곤토坤土를 얻은 후에 태금兌金을 낳게 된다. 감수坎水로 간토艮土를 얻은 연후에 진목震木을 낳으니, 간艮 역시 쓰임이 없을 수 없다.

바야흐로 선천先天이 변화하여 후천後天을 얻었다. 건乾이 아래하고 곤坤이 위에하여 교태交泰[59] 함으로 건북乾北·곤남坤南이 된다. 건乾은 한 걸음 물러나서 서북에 자리하고, 곤坤은 한 걸음 물러나서 서남에 자리한다. 건乾과 곤坤이 이미 물러나고 리离가 위로 올라가서 건乾의 위치를 얻고, 감坎이 아래로 내려가서 곤坤의 자리를 얻는다. 진震은 아버지를 대신하여 비로소 동에서 용사用事하고, 손巽은 어머니를 대신하여 비로소 동남에서 용사用事한다.

또한 후천의 역은 하도河圖의 가운데서 나왔으니, 감리坎离 두 괘는 각기 수水와 화火의 한 상象에 해당된다. 리离는 지地 2와 천天 7의 화火에 해당하여 남南에 자리하고, 감坎은 천天 1과 지地 6의 수水에 해당하여 북北에 자리하게 된다. 이외의 여섯 괘는 모두 한 가지 상象에 해당되는데,

---

58) 육자(六子) : 팔괘(八卦)의 건(乾)·곤(坤)을 제외한 나머지 6괘를 말한다.

59) 교태(交泰) : 천지의 기운이 크게 통하여 만물이 이루어지는 때를 말한다. "하늘과 땅이 사귀는 것이 태이다.[天地交泰]"에서 온 말이다.(『周易』「泰卦」)

진괘는 목木의 생겨남으로 동에서 천天 3에 의한 목木에 해당하며, 손괘는 목木의 이루어짐으로 동남에서 지地 8에 목木에 해당하며, 태괘는 금金의 생겨남으로 서쪽에서 지地 4에 의한 금金에 해당하며, 건괘는 금金의 이루어짐으로 서북에서 천天 9에 의한 금金에 해당하며, 간괘는 토土의 생겨남으로 동북에서 천天 5에 의한 토土에 해당하며, 곤괘는 토土의 이루어짐으로 서남에서 지地 10에 의한 토土에 해당한다. 이것이 곤괘와 간괘가 유독 짝이 되는 이유이다. 중궁中宮의 5와 10은 토土로써 실지로 사계四季에 붙어 왕성하다.

양의 사상도에 대한 논설[兩儀四象圖說]

획을 긋기 이전의 역에는 태극太極이 있다. 태극이라는 것은 상수象數가 드러나기 이전을 일컬으니, 주자周子의 이른바 '무극이면서 태극이다'는 것이 이것이다. 태극이 나눠어져 비로소 한 기奇와 한 우耦가 생겨난 것이 둘이니 이를 사상四象이라고 한다. 주자周子의 이른바 '음으로 나누고 양으로 나눔에 양의兩儀가 선다.'는 것이 이것이다. 양의의 위에서 각각 한 기와 한 우가 나서 두 획으로 되는 것이 사상四象이라고 한다. 주자周子의 이른바 '양이 변하고 음이 합하여 …… 사시가 행하게 된다'는 것이 이것이다.

천지天地의 도는 음과 양에 불과할 뿐이다. 음과 양이 대소大少·강유剛柔의 분별이 있어 건乾·태兌·간艮·곤坤은 이대二大에서 생겨나서 하늘의 사상四象이 되고, 리离·진震·손巽·감坎은 이소二少에서 생겨나서 땅의 사상四象이 된다. '하늘의 도를 세움은 음과 양이요, 땅의 도를 세움은 유와 강이다'고 한 것이 아닌가?

양의兩儀가 나눠어 사상四象이 되니, 태양太陽이 일一에 자리하고, 소음少陰이 이二에 자리하고, 소양少陽이 삼三에 자리하고, 태음太陰이 사四에 자리한다. 각각 수水·화火·목木·금金의 지위를 점거해서 춘春·하夏·추秋·동冬의 기氣를 차례로 운행한다. '오행이 생겨남에 각각 그 성을 하나씩 간직한다'고 한 것이 아닌가?

한 물 위에 각각 한 음양陰陽이 갖추어져 있어서 미물인 조수鳥獸와 가는 마나 대나무에 이르러서도 절로 자웅雌雄이 있는데, 오직 사람이 가장 영험하다. '성인이 중中·정正·인仁·의義로써 정하여 사람의 극極을 세웠다'고 한 것이 아닌가?

혹 '건곤의 처음 효는 양의가 되고 두 번째 효는 사상이 된다'고 하니 이 설은 잘못되었다. 막 양의兩儀가 나누어짐에 사상四象은 있지 않았으며, 사상四象이 제자리 함에 팔괘八卦가 있지 않았으니, 어찌 먼저 건곤乾坤의 이름과 처음·두 번째의 변화가 있겠는가? 그렇다면 팔괘八卦가 이미 생겨난 뒤에 제삼第三·제오第五의 획은 무엇으로 지목하여야 하는가? '또한 마땅히 이 예例로 물物을 보면 저 팔괘를 가지고 태극이라 하며, 그 위의 제 사효四爻를 양의라고 하며, 제 오효五爻는 사상이라고 하고는 한 획을 더하면 64괘이다.' 아! 오행五行이 음양陰陽에서 나오고 음양이 태극太極에서 나오니, 그 처음을 말하면 성취聲臭로 구할 만한 것이 없다.[60] 그러므로 '태극이 본래 무극이다'고 하였다.

팔괘도설八卦圖說

혹자는 나에게 질문하였다. "그대는 복희씨伏羲氏가 팔괘八卦를 그은 순서를 아는가? 하늘과 땅이 처음으로 생긴 순서를 가지고 말하면 하늘은 자회子會에서 열리고, 땅은 축회丑會에서 이루어졌으니,[61] 건乾과 곤坤은 제일第一과 제이第二의 자리에 머물러야 한다. 하늘이 1이라는 숫자로 수水를 내며, 땅이 2라는 숫자로 화火를 내며, 하늘이 3이라는 숫자로 목木을 내며, 땅이 4라는 숫자로 금金을 내며, 하늘이 5라는 숫자로 토土를 내었으니 낸 순서로 본다면, 육자六子는 태어난 바의 순서로 지위를 삼아야 한다. 건곤乾坤을 부모의 위치에서 관찰하면, 건乾은 아버지가 되고 곤坤은 어머니가 되니 제일第一과 제이第二의 자리에 있어야 한다. 진震이 장남長男이 되고, 손巽이 장녀長女가 되고, 감坎이 중남中男이 되고, 리离가 중녀中女가 되고, 간艮이 소남少男이 되고, 태兌가 소녀少女가 되니 또한 생겨난 바의 순서대로 자리하여야 한다. 그래서 반드시 건乾이 1이 되고, 태兌가 2가 되고, 리离가 3이 되고, 진震이 4가 되고, 손巽이 5가 되고, 감坎이 6이 되고, 간艮이 7이 되고, 곤坤이 8이 되는 것으로 순서를 삼는 것은 어째서인가?"

내가 말하였다. "그대는 저 태극도太極圖[62]를 보지 못했는가? 태극太極이 양의兩儀를 낳으며,

---

60) 성취로 …… 없다 : 겉으로 드러난 자취가 없어 하늘의 의중을 헤아릴 수 없음을 말한다. "하늘이 하시는 일은, 소리도 나지 않고 냄새도 나지 않는다.[上天之載 無聲無臭]"에서 유래한다.(『詩經』「大雅, 文王」)

61) 하늘은 …… 이루어졌으니 : 천지가 한 번 개벽하여 종말이 오기까지는 12만 9천 6백 년인데 이를 일원(一元)이라 하고, 이 일원은 다시 2지지(支地)에 따라 1만 8백 년씩 12회(會)로 나뉘어지는데, 자회(子會)·축회(丑會)에 천지가 개벽하고 인회(寅會)에 사람이 지구상에 생겨나 문명사회(文明社會)가 이루어졌다가, 술회(戌會)가 되면 일월(日月)이 없어지고 하늘이 캄캄해져 종말이 된다고 하였다.(『皇極經世書』)

양의가 사상四象을 낳으며, 사상이 팔괘八卦를 낳았으니 무릇 양의兩儀는 음양陰陽이다. 한 양陽이 태양太陽과 소음少陰으로 나뉘어지고 한 음陰이 태음太陰과 소양少陽으로 나뉘어졌으니, 태양太陽이 아직 사귀기 이전에는 건乾이 아직 생겨나지 않았다. 그러다가 한 기奇를 그 태양太陽 위에 더한 연후에 건乾이 되었는데, 태兌는 아직 생겨나지 않았다. 하지만 그 태兌가 생겨나는 형세는 결단코 그만 둘 수 없으니, 굳이 태양太陽 위에 한 우耦를 더하여야 비로소 태兌가 됨을 알 필요는 없다. 그래서 이미 건乾에 나아가면 다음이 태兌가 됨을 미리 알게 된다.

마찬가지로 소음少陰이 아직 사귀기 이전에는 리离가 아직 생겨나지 않았다. 그러다가 한 기奇를 소음少陰 위에 더한 연후에 리离가 되었는데, 진震은 아직 생겨나지 않았다. 하지만 진震이 생겨나는 형세는 또한 그만두지 못하기에, 굳이 소음少陰 위에 한 우耦를 가하여 비로소 진震이 됨을 알 필요는 없다. 그래서 이미 리离에 나아가면 다음이 진震이 되는 것을 미리 알 수 있다.

다섯 번째의 손巽에서 여덟 번째 곤坤에 이르기까지 순서가 또한 그러하니, 이와 같다면 건곤乾坤이 상하上下에서 자리를 정함에 산택山澤이 기운을 통할 수 있으며, 일월日月이 출입할 수 있으며, 뢰풍雷風이 소리를 낼 수 있다. 또 진震과 손巽이 중中에서 자리를 얻음에 음陰과 양陽이 이로 말미암아 처음 생기며, 한寒과 서暑가 이로 말미암아 출입하며, 동冬과 하夏가 이로 말미암아 고르게 나누어진다. 그러므로 부자께서 말하였다. '역易은 거슬러서 세는 것이다.[63) [易逆數也]'

64괘도설[六十四卦圖說]

64괘는 8괘와 8괘를 곱한 것이다. 6획으로써 8괘를 만들면 삼재三才의 자리가 만들어지고, 그것을 따라 겹쳐서 64괘를 만들면 삼재의 도道가 갖추어진다. 성인聖人이 괘를 긋는 초기에는 하나의 기奇와 하나의 우耦를 그려서 양의兩儀를 이루며, 양의에 하나의 기奇와 하나의 우耦를 더하여 사상四象을 이루며, 사상에 하나의 기奇와 하나의 우耦를 다시 더하여 8괘를 이루었다.

---

62) 태극도(太極圖) : 송대(宋代)의 학자 주돈이(周惇頤)가 만든 도형이다.
63) 역은 …… 것이다 : 『주역』「설괘전(說卦傳)」에 나온다.

8괘의 위에 하나의 기奇와 하나의 우耦를 더하여 4획을 이루며, 4획 위에 하나의 기奇와 하나의 우耦를 더하여 5획을 이루며, 5획 위에 하나의 기奇와 하나의 우耦를 더하여 6획을 이루어 64괘를 완성하였다. 명도明道가 말한 "가일배법加一倍法[64]"이 이것이다. 당시에 성인은 분명 이렇게 생각하지 않았을 것이나 이미 완성된 일이 이와 같이 가지런하니, 이것이 자연스럽게 낳고 낳는 조화造化의 묘함이 아니겠는가?

건괘乾卦에서 태괘泰卦까지는 건괘乾卦를 내괘內卦로 하는 여덟 괘이며, 리괘履卦에서 임괘臨卦까지는 태괘兌卦를 내괘로 하는 여덟 괘이며, 동인괘同人卦에서 명이괘明夷卦까지는 리괘离卦를 내괘로 하는 여덟 괘이며, 무망괘无妄卦에서 복괘復卦까지는 진괘震卦를 내괘로 하는 여덟 괘이며, 구괘姤卦에서 승괘升卦까지는 손괘巽卦를 내괘로 하는 여덟 괘이며, 송괘訟卦에서 사괘師卦까지는 감괘坎卦를 내괘로 하는 여덟 괘이며, 돈괘遯卦에서 겸괘謙卦까지는 간괘艮卦를 내괘로 하는 여덟 괘이며, 비괘否卦에서 곤괘坤卦까지는 곤괘坤卦를 내괘로 하는 여덟 괘이다. 마디마다 상생相生하고 쌍쌍이 상응相應하여 천지가 변화하는 기틀과 음양이 스러지고 자라나는 이치가 자연스럽게 마음속에서 환해지는 것이다. 대개 건乾과 곤坤은 순체純體이며, 감坎과 리离는 정체正體이다. 이괘頤卦와 대과괘大過卦는 건乾과 곤坤의 하나이며, 중부괘中孚卦와 소과괘小過卦는 감坎과 리离의 중간이니, 이 8괘는 뒤집을 수 없다. 그러나 나머지 56괘는 뒤섞여 어지러운 가운데에서도 둘씩 서로 상반된 중에도 질서정연한 기강이 있으니 이것이 더욱 묘한 까닭이다.

그리고 괘卦마다 각각 상象이 하나인데, 수水에 괘가 둘인 것은 어째서인가? 수水가 천하에 많기 때문이니, 구하九河는 움직여서 흘러가는 것이며, 칠택七澤은 고요히 흘러 모이는 것이다. 정靜은 음陰이요 동動은 양陽이니, 감坎은 수水가 되고 태兌는 택澤이 되어 여섯 효가 각기 음양陰陽·동정動靜의 구별이 있으니, 수水와 택澤이 각기 하나의 체體가 되는데 해롭지 않다.

선천先天은 건乾을 군君으로 삼았으며, 후천後天은 진震을 제帝로 삼은 것은 어째서인가? 건乾은 부父이며 진震은 자子이니 하늘의 일을 총괄하는 것[65]은 건乾만한 것이 없으며, 제기祭器를

---

64) 가일배법(加一倍法) : 1에 1을 더해 2로 하고 2에 2를 더해 4로 하는 셈법이다. 『주역(周易)』「계사전(繫辭傳)」의 "태극(太極)이 양의(兩儀)를 낳고 양의가 사상(四象)을 낳는다."라고 한 것에 기초하여 소옹(邵雍)이 수리(數理)를 유추할 때 사용한 방법이다.

65) 하늘의 …… 것 : "위대하도다 건원이여, 만물이 여기에서 비로소 나오나니, 이에 하늘의 일을 총괄하게 되었도다.[大哉乾元 萬物資始 乃統天]"에서 유래한다.(『周易』「乾卦」)

주관하는 것[66]은 진震만한 것이 없으니 이 또한 양陽을 존중하는 뜻이다. 그렇다면 곤坤은 모母인데 일을 맡긴다[67]고 한 것은 어째서인가? 말하였다. "장녀長女가 비록 어미를 대신하지만 어미가 어찌 편안히 앉아서 집안일을 직접 하지 않을 수 있겠는가?" 그 흐름을 따라가고 근원을 소급해 보면 문왕文王의 역易이 또한 복희씨伏羲氏의 역易이니, 선천先天을 한다고 해서 후천後天을 버릴 수는 없다.

괘일변掛一辨[68]

삼가 살펴보건대, 기삼백朞三百에 윤달을 두는 법[69]에 대하여 횡거橫渠 선생이 주에서 천도는 왼쪽으로 돌아가니 그 안에 있는 것은 그것을 따른다고 하니 주자가 말하였다. "이 설이 가장 좋다.[此說最好]" 그렇다면 일월日月과 오성五星이 모두 하늘을 따라 왼쪽으로 돈다. 역법가들만이 천도는 왼쪽으로 돌지만, 일월과 오성은 오른쪽으로 운행한다고 하였다. 한 큰 바퀴가 밖에 있으면서 왼쪽으로 돌면, 그 안의 한 작은 바퀴는 비록 완급緩急의 다름은 있으나, 어찌 오른쪽으로 돌 이치가 있겠는가? 다만 역법가들은 하늘의 운행이 서로 가까워 계산하기 쉬운 곳에서 말하였다. "해는 1도를 운행하고 달은 13도 남짓을 운행하는 것을 오른쪽으로 운행한다고 하였다." 또 말하였다. "해의 운행이 더디고 달의 운행이 빠르다." 이는 그 퇴수退數를 말한 것이다. 이는 혹 한 가지 도리는 되지만, 근세에 시초를 셀 때에 일변一變에서는 산가지 하나를 손가락 사이에 걸어놓지만, 재변再變과 삼변三變[70]에서는 걸지 않는 것을 설명하는 일에 있어서는 매우 불가하다.

---

66) 제기를 …… 것 : "제기를 주관하는 사람은 장자만 한 이가 없기 때문에 그 일을 장자로써 받는다.[主器者莫若長子 故受之以震]"에서 유래한다.(『周易』「序卦」)

67) 일을 맡긴다. : "상제가 진에서 나와 손에 가지런히 하고, 리(離)에서 서로 만나보고 곤(坤)에 일을 맡기다.[帝出乎震 齊乎巽 相見乎離 致役乎坤]"에서 유래한다.(『周易』「說卦傳」)

68) 괘일변(掛一辨) : "하나를 손가락 사이에 걸어서 삼재를 본뜨고[掛一 以象三]."에(『周易』「繫辭上」) 대한 변론의 글이다.

69) 기삼백에 …… 법 : 앞서 「기삼백연의(朞三百衍義)」에 자세하다.

70) 삼변(三變) : 사영(四營)을 세 번 되풀이하는 것을 말한다.

건곤乾坤의 책策은 모두 360이므로 1년의 일수에 해당한다. 윤달을 두는 방법은 산가지 하나를 왼손 약 손가락과 새끼손가락 사이에 걸면 1세歲, 왼손에 있는 산가지를 세면 2세, 왼손 무명지 사이에 끼우면 3세, 오른손에 있는 산가지를 세면 4세, 오른손 무명지 사이에 끼우면 5세인데, 5세는 2윤閏을 상징하니 이것이 일변一變이다. 이렇게 18번을 변하여 육효六爻가 되면 음양의 수가 자연히 나누어지고 고르게 된다.

사람은 만물의 영장으로서 천지의 사이에 참여하여 삼재三才가 된다. 그러므로 변變을 지을 때마다 반드시 산가지를 하나 걸었는데, 지금은 그렇게 하지 않고 마침내 처음 거는 변變으로 거는 것을 하여 윤달을 상징하고, 걸지 않는 변變으로 끼우는 것을 하여 윤달이 없는 세歲에 해당시켰다. 『대전大傳』의 이른바 하나를 걸어서 삼재를 상징하고, 두 번 끼운 뒤에 한 것과 —결락되었다.[缺]— 전혀 서로 응하지 않으며, 또 음양陰陽의 노소老少의 수에도 합치하지 않는 것이 많다. 이것이 어찌 성인이 시초를 세워 괘를 구했던 본래 의도이겠는가?

삼변三變하며 걸고 끼우는 수는 하나라도 폐할 수 없으니, 이는 양의兩儀·삼재三才·사시四時·윤여閏餘의 상징이다. 가령 성인聖人이 당시에 만약 걸고 끼우는 것을 주로 삼지 않았다면 49개의 시초를 둘로 나눈 뒤에 하나를 제거해도 충분했을텐데, 어찌 반드시 산가지를 손가락 사이에 걸어서 삼재三才를 상징하겠는가? 왼쪽에 있는 산가지를 센 뒤에 그 남은 기수奇數를 제거하면 충분했을텐데, 어찌 반드시 산가지를 손가락 사이에 끼워서 윤달을 상징하겠는가? 또 오른쪽에 있는 산가지를 센 뒤에 그 남은 기수를 제거하면 충분했을텐데, 어찌 반드시 두 번 끼워서 재윤再閏을 상징하겠는가? 그렇게 한 까닭은 바로 걸고 끼우는 것을 주主로 삼고자 해서이다.

이는 바로 천지의 상수常數여서 사람의 사사로운 지혜로 유무有無를 취사取舍할 수 있는 것이 아니다. 경방京房[71]·곽박郭璞[72]·초공焦貢[73] 및 당 나라의 일행一行·이순풍李淳風[74]·필중화

---

71) 경방(京房) : 후한(後漢) 원제(元帝) 때 사람이다. 초연수(焦延壽)에게 역(易)을 배워 역전(易傳)을 지었는데, 이를 『경씨역전(京氏易傳)』이라고 한다.

72) 곽박(郭璞) : 진(晉) 나라 때 사람으로 자(字)가 경순(景純)이다. 경술(經術)을 좋아하여 매우 박학하였고, 사부(詞賦)에도 아주 뛰어났으며, 음악과 역산에 특히 뛰어났다.(『晉書』「郭璞列傳」)

73) 초공(焦貢) : 한(漢) 나라 사람으로 주역(周易)에 밝아 『초공역림(焦貢易林)』을 지었다.

74) 이순풍(李淳風) : 당(唐) 나라 때 사람이다. 어려서부터 많은 서적을 두루 읽어 천체(天體), 측산(測算)과

畢中和[75]의 무리들은 분명히 이것을 하지 않았으니, 그것은 아마도 근래의 술수가術數家들 중에 근본을 버리고 말단으로 달려가는 자들이 한 것이리라. 이는 역법가들이 퇴수退數로 윤달을 둔다고 한 설과 같으면서도 다르기 때문에 분변하지 않을 수 없다.

십이월변十二月辨

세歲에는 12달이 있고, 12달에는 팔절八節[76]이 있으며, 8절에는 십육기十六氣가 있으며, 16기는 육십사괘六十四卦를 짝한다. 64괘는 바로 사시四時와 음양陰陽이 유행하는 기운이다. 그런데 달을 나눌 때에는 64괘중에서 12괘를 취하였다. 건乾이 내괘에 들어가 있는 8괘 중에서는 건괘乾卦·태괘泰卦·쾌괘夬卦·대장괘大壯卦로 4개월을 삼았으며,[77] 곤坤이 외괘에 들어가 있는 8괘중에서는 곤괘坤卦·비괘否卦·관괘觀卦·박괘剝卦로 4개월을 삼았으며, 태兌·진震·손巽·간艮이 들어가 있는 각각의 8괘에서는 다만 1개월씩만을 취하였으니 복괘復卦·임괘臨卦·구괘姤卦·돈괘遯卦가 그것이다.

유독 감坎·리离가 들어가 있는 8괘에는 달을 나누어주지 않은 것은 어째서인가? 감坎과 리离가 해와 달이 되면, 해와 달의 빛이 육합六合을 모두 덮기에 달로써 나누어 지목하지 않는 것인가? 말하였다. "그렇지 않다." 감坎과 리离가 물과 불이 되면 물과 불의 기운이 사시四時에 유행하므로 달을 나누어주고 세지 않는 것인가? 말하였다. "그것도 아니다." 감坎과 리离는 바로 음陰과 양陽의 중中이다. 양陽의 작용[用]은 인寅에서 시작하며 음陰의 작용은 신申에서 시작하니, 신申과 인寅이 바로 선천先天의 감과 리의 자리이다. 동지의 양은 비록 생기기는 했으

역산(曆算)에도 밝았다. 또 태종조(太宗朝)에 태사국의 관원으로 혼천의(渾天儀)를 제작하였다.(『新唐書』「李淳風列傳」)

75) 필중화(畢中和) : 당 일행(一行)의 학문을 이어받았다.

76) 8절 : 1년 중에 기후가 변화하는 여덟 절기로 춘분(春分)·추분(秋分)·하지(夏至)·동지(冬至)·입춘(立春)·입하(立夏)·입추(立秋)·입동(立冬)을 말한다.

77) 건이 …… 삼았으며 : 64괘중에서 하괘(下卦)가 건(乾)인 8괘중 4괘, 즉 건·태·쾌·대장괘를 취해서 4개월을 구분하였으며, 곤(坤) 8괘도 마찬가지이다. 하괘가 태·진·손·간 8괘는 각각 1괘만을 취해 1개월로 분배하였으며, 감(坎)과 리(離)괘는 달을 분배하지 않았다.

나 아직 땅속에서 나오지 못하였는데, 정월에 이르면 온후한 기운이 일을 시작한다. 하지의 음은 비록 음이 생기기는 했으나 아직 양을 해치지 못하는데, 7월에 이르면 추운 기운이 일을 시작한다. 소옹邵雍[78] 이 수를 쓰는 것은 음·양의 중에 불과하다고[79] 한 것이 이것이다. 천지 사이의 사물 중에는 상대가 없는 것이 없지만 오직 중中만 상대가 없으니, 어찌 상대가 없는 것을 지목하여 어느 달이라고 하겠는가?

물었다. "건·곤은 육자六子의 부모가 되기에 순일하여 상대가 없는데도, 오히려 달을 나누어 주어 12달 중에 3분의 2[80]를 차지하였는데, 어떻게 감·리는 중中이라 하여 달을 나누어주지 않았는가?"

대답하였다. "1은 비록 상대가 없으나 순양純陽과 순음純陰은 8개월로 나눌 수 있다. 그러나 감·리의 경우에는 바로 천지의 좌우 문이며, 해와 달이 출입하는 곳으로써, 일 년에는 춘·하·추·동이, 한 달에는 그믐·초하루·상하현·보름이, 하루에는 주야와 아침과 저녁이 이것으로부터 나오지 않는 것이 없다.[81] 그렇다면 감·리의 작용은 육자六子 가운데서 가장 크므로 달을 나누어주는 것을 논할 수는 없다. 이러한 까닭으로 역易의 도道는 중中을 귀하게 여기니, 중에 어찌 상대할 만한 달이 있겠는가? 호옥재[82]가 감·리는 음양이 순서에 의해 생기는 것이 아니므로, 달을 나누어받는 데에 해당되지 않는다고 하였으나, 아마도 꼭 그렇지는 않을 것이다.

혹이 물었다. "감은 양기가 음의 가운데를 채웠으며, 리는 음기가 양의 가운데를 텅 비게 하였다. 역법가는 기영氣盈·삭허朔虛가 쌓이는 것으로 윤달을 삼았으니, 혹 윤달에 해당하는 수라고 할 수 있는가?

대답하였다. "기영 삭허로 이미 윤달이 되었으니 윤달은 절로 12달 가운데에 있다. 또 왜 감·리를 기다리겠는가? 그러므로 '중은 본래 상대가 없는 것이다.'고 하였다."

---

78) 소옹(邵雍) : 1011~1077. 송 나라의 학자. 자는 요부(堯父), 시호는 강절(康節)이다. 역학(易學)에 조예가 깊었다. 저서는 『황극경세서(皇極經世書)』·『격양집(擊壤集)』이 전한다.

79) 수를 …… 불과하다고 : 『황극경세서(皇極經世書)』「관물외편(觀物外篇)」에 나온다.

80) 12달 …… 2 : 8개월이 12달의 2/3가 되는 것을 말한다.

81) 일 년에는 …… 없다 : 소자(邵子)의 『주역전의周易傳義』에 나온다.

82) 호옥재(胡玉齋) : 호방평(胡方平)의 호이다. 자는 사로(師魯), 송(宋) 휘주 무원인(徽州 婺源人)이다. 『역(易)』에 능하였다. 저서는 『역학계몽통석(易學啓蒙通釋)』이 전한다.

삼십육궁변三十六宮辨

혹이 나에게 물었다. "역易에 있는 64괘는 64궁이라고 말해야 하는데, 강절康節[83]의 시[84]에서 36궁[85]으로 지목한 것은 무엇 때문입니까?"

나는 응답하였다. "그대는 그 시 속의 의리義理는 다 이해할 수 있으나, 아직 이해하지 못한 것은 36궁인가? 청컨대 그 시의 의리를 먼저 말하고, 그런 뒤에 36궁에 대해 설명하여도 늦지 않을 것이다.

그 시의 두 연聯의 시구는 다음과 같다.

월굴을 탐구해야만 물을 알 수 있거니와	因探月窟方知物
천근을 밟지 못 하니 어찌 사람을 알리오	未躡天根豈識人
건이 손을 만난 때에 월굴을 보게 되고	乾遇巽時觀月窟
지가 뇌를 만난 곳에서 천근을 보게 되네	地逢雷處見天根

이 구절은 선천원도先天圓圖[86]를 가리켜 말했을 뿐이다. 복괘復卦부터 건괘乾卦까지는 양陽이며, 구괘姤卦부터 곤괘坤卦까지는 음陰이다. 양은 인人을 주관하고 음은 물物을 주관하며, 양은 천근天根이 되고 음은 월굴月窟이 된다. 그러나 음양이 그 사이에서 왕래하기 때문에 "온통 봄이로구나.[都是春]"라고 하였으니, 천리天理의 생생生生의 묘妙함이 중단되는 때 없이 끊임없이 유행함을 총론總論하였다.

36궁에 대한 설명은 소자邵子가 일찍이 말했으며, 주자朱子가 상세히 풀이하였다. 8괘의

83) 강절(康節) : 송(宋) 나라의 학자 소옹(邵雍)의 시호이다.

84) 시 : 소옹의 「관물음(觀物吟)」시를 말한다. "이목 총명한 남자 몸으로 태어났으니, 천지조화의 부여가 빈약하지 않구나. 월굴을 탐구해야만 물을 알 수 있거니와, 천근을 못 오르니 어찌 사람을 알리요. 건이 손을 만난 때에 월굴을 보게 되고, 지가 뇌를 만난 때에 천근을 볼 수 있으니, 천근 월굴이 한가로이 왕래하는 가운데 삼십육궁이 온통 봄이로구나.[耳目聰明男子身 洪鈞賦與不爲貧 須探月窟方知物 未躡天根豈識人 乾遇巽時觀月窟 地逢雷處見天根 天根月窟閒往來 三十六宮都是春]"

85) 36궁 : 중국 고대 역법(曆法)에 30도(度)가 한 궁(宮)이므로, 한 주천(周天)이 11궁, 봄·여름·가을 세 철을 양(陽)으로 잡으면 합하여 36궁. 겨울만이 음(陰)인데 동지(冬至) 에 양(陽)이 처음 발생하므로 동지로부터 36궁의 봄이 벌써 시작된다.

86) 선천원도(先天圓圖) : 복희 64괘 방위도의 원도를 말한다.

상象으로 분석하면, 건괘乾卦·곤괘坤卦·감괘坎卦·리괘離卦는 바뀌지 않는 것으로 4괘가 되고, 진괘震卦·간괘艮卦·손괘巽卦·태괘兌卦는 거꾸로 바뀌는 것으로 2괘가 되니, 육변六變하여 8괘를 이룬다. 64괘의 상象으로 말하면, 건괘·곤괘·감괘·리괘·이괘頤卦·중부괘中孚卦·대과괘大過卦·소과괘小過卦는 바뀌지 않는 8괘이다. 가령 준괘屯卦·몽괘蒙卦·수괘需卦·송괘訟卦의 유는 본래 56괘인데 거꾸로 바뀌어서 단지 28괘를 이루니, 모두 36괘가 변하여 64괘가 된다. 합하여 세어보면 또한 36궁이다.

또한 상경上經 30괘 중에서 건괘·곤괘·감괘·리괘·이괘·대과괘 6괘는 바뀌지 않는 것이고, 다른 24괘는 12괘가 되어야 하니, 바뀌지 않는 6괘를 합하면 18괘이다. 하경下經 34괘 중에서 중부괘·소과괘는 바뀌지 않는 것이고, 다른 32괘는 거꾸로 바뀌면 16괘가 되어야 하니, 바뀌지 않는 2괘를 합하면 또한 18괘이다. 총괄하여 헤아려보면 또한 36궁이다.

근세에 음양가陰陽家들은 36궁의 수를 널리 바꾸며 더하고 빼는 것을 헤아리기 어렵다고 여겨서 단지 일건一乾·이태二兌의 상생하는 차례로 해당시키거나, 또는 선천팔괘도先天八卦圖의 건남乾南·곤북坤北이 상대하는 획으로 해당시켰다. 나는 초학자들이 소자邵子의 본뜻을 알지 못하고 술수가術數家들의 설에 쉽게 미혹될까 걱정하였기 때문에 부득불 변론하였다."

구육해九六解

9와 6은 노음老陰과 노양老陽의 수이고, 7과 8은 소음少陰과 소양少陽의 수이다. 역易의 384효爻 중에는 7과 8이 대부분인데, 반드시 9와 6으로 일컫는 것은 무엇 때문인가?

말하였다. "양陽으로 말하면 7과 9는 모두 양이고, 음陰으로 말하면 6과 8은 모두 음이다. 다만 역易의 도道는 그 변화를 점치므로 양에서는 9를 쓰나 7을 쓰지 않으며, 음에서는 6을 쓰나 8을 쓰지 않는다. 이런 까닭으로 건乾에서는 구九를 쓰며 '여러 용을 살펴보되 우두머리가 되지 않는 것이다. 그렇게 하면 길하다.[見羣龍 无首 吉]'라고 하였으며, 소상小象에서는 '천덕은 우두머리가 될 수 없다.[天德 不可爲首也]'라고 하였다. 곤坤에서는 육六을 쓰며 '영구적이고 정고함이 이롭다.[利永貞]'라고 하였으며, 상象에서는 '6을 쓰는 것은 영구적이고 정고하게 하라는 것은 끝까지 성대히 하는 것이다.[用六永貞 以大終也]'라고 하였다."

말하였다. "7과 8을 쓰지 않는 것은 무엇 때문인가?"

말하였다. "노음·노양은 모두 변하나 소음·소양은 변하지 않기 때문이다."

말하였다. "건과 곤은 이미 변했는데, 육자六子는 어찌하여 변하지 않는가? 진괘震卦·감괘坎卦

·간괘艮卦로 보면 음陰이 이미 양괘陽卦의 체體에 섞였으며, 손괘巽卦·리괘離卦·태괘兌卦로 보면 양陽이 이미 음괘陰卦의 체에 섞였으니, 모두 그 변變을 말할 수 없다. 순음純陰·순양純陽 같은 것은 음양의 극極이어서 변하지 않을 수 없다.

9를 잘 쓰는 자는 강剛을 변화시켜 유柔를 만들며, 6을 잘 쓰는 자는 유柔를 변화시켜 강剛을 만들기 때문에, 물物에 앞서지 않으면서도 성대함으로 끝마친다. 또한 용구用九·용륙用六은 변괘變卦의 범례로써 말한 것이지, 역易의 여러 효가 모두 9·6이라고 한 것은 아니다. 양효陽爻는 모두 9를 쓰나 7을 쓰지 않으며, 음효陰爻는 모두 6을 쓰나 8을 쓰지 않는다. 9를 쓰면 노양老陽이 변하여 소음少陰이 되며, 6을 쓰면 노음老陰이 변하여 소양少陽[87]이 된다. 7과 8을 쓰지 않기 때문에 소양·소음은 변하지 않는다. 그러나 유독 건괘와 곤괘 2괘에 대하여 말한 것은 건괘와 곤괘가 여러 괘의 맨 앞에 있고 또한 순양과 순음의 괘가 되기 때문이다.

구양자歐陽子는 구륙론九六論에서 말하였다. '7과 8은 항상 많고 9와 6은 항상 적다. 설시揲蓍[88]로 말하면 7과 8을 매번 쉽게 만나는 것은 어떤 것은 기奇가 되고 어떤 것은 우耦가 되는 것이 가지런하지 않기 때문이다. 9와 6을 매번 만나기 어려운 것은 노양은 3기奇가 되고 노음은 3우耦가 되기 때문이다.' 이 말은 선유先儒들이 미처 도달하지 못한 것을 드러내 밝혔으니 실로 후세의 역학易學에 공로가 있다."

삼천양지해參天兩地解

나는 한가한 중에 우연히 하도河圖를 살펴보고 있었는데, 손님 중에 호남湖南에서 온 이가 나에게 인사하며 말하였다. "주인께서는 삼천양지參天兩地[89]의 뜻을 아십니까?" 나는 말하였다. "아직 모릅니다."

손님이 말하였다. "대연大衍의 수는 50인데[90] 설시할 때에는 그 천일天一을 빼놓고, 천삼天三·

---

87) 소양(少陽) : 원문에는 '소음(少陰)'으로 되어 있으나 오기(誤記)이기에 본 번역에서는 교감하였다.

88) 설시(揲蓍) : 시초를 세어 점치는 일이다.

89) 삼천양지(參天兩地) : 하늘의 숫자는 홀수인 3이고 땅의 숫자는 짝수인 2임을 말한다. "하늘은 3이고 땅은 2로서 서로 숫자가 어울린다.[參天兩地而倚數]"에서 온 말이다.(『周易』「說卦傳」)

지이地二로부터 이하 49까지를 씁니다. 그러므로 '삼천양지'라고 합니다. 또 하도河圖의 1·3·5는 천수天數이고 2·4는 지수地數입니다. 1이 수水를 낳고 3이 목木을 낳고 5가 토土를 낳는 것은 천天에 속하며, 2가 화火를 낳고 4가 금金을 낳는 것은 지地에 속합니다. 합하면 가운데 수의 자리에 처하기 때문에 삼천양지입니다."

내가 말하였다. "만약 그렇다면 성인聖人은 '3은 하늘이고 2는 땅이어서 서로 숫자가 어울린다.[三天二地而倚數]'라고 했어야 했으며, 또한 '하늘은 3이고 땅은 2이어서 서로 숫자가 어울린다.[天三地二而倚數]'라고 했어야 했으니, 응당 삼천양지가 어울리는 숫자라고 하지는 않았을 것입니다.

그대는 앞으로 오십시오. 내가 그대에게 자세히 말해주겠습니다. 대개 수의 시작은 일음一陰·일양一陽으로부터 일어납니다. 『전傳』에서 이른바 '한 번 음이 되고 한 번 양이 되는 것을 도라 한다.[一陰一陽之謂道]'[91]고 한 것이 이것입니다. 양의 수는 기수奇數이며 그 상象은 둥글고 둥근 하늘입니다. 음의 수는 우수耦數이며 그 상은 네모지고 네모난 땅입니다. 물物 중에서 둥근 것은 1을 지나서 3을 둘러싸고, 물 중에서 네모난 것은 1을 지나서 4를 둘러쌉니다.

양은 그 수가 1로 1을 삼아 그 전체를 쓰는데, 상象에 그것을 비기면 실로 3을 둘러싸나 3은 각각의 1기奇가 모두 쓸 데가 있습니다. 그러므로 삼천參天이라고 합니다. 음은 2로 1을 삼아 그 반半을 쓰는데, 상에 그것을 비기면 실로 4를 둘러싸나 4는 2우耦를 합하며 반은 쓸 데가 있습니다. 그러므로 양지兩地라고 합니다.

삼參과 양兩의 합은 5가 되는데, 이는 하도와 낙서의 수가 모두 5를 중앙에 놓는 까닭입니다. 삼천參天은 3으로 삼參한 것이고, 양지兩地는 2로 양兩한 것입니다. 지금 한 개의 천天을 '삼이삼지參而三之'라 하고 한 개의 지地를 '양이이지兩而二之'라 하였으므로 3×3은 9가 되고 3×2는 6이 됩니다. 역易이란 서책이 양효에 대해 9라 일컫고, 음효에 대해 6이라 일컫는 것은 이 때문입니다.

삼參과 양兩의 의리는 마땅히 일음일양一陰一陽으로 보아야 하니, 1은 수數의 조종祖宗입니다.

---

90) 대연(大衍)의 수는 50인데 : "대연의 수가 오십이요 사용하는 것은 사십구이다. 이를 나누어 둘로 만들어서 천지를 본뜨고, 하나를 손가락 사이에 걸어서[掛一] 삼재를 본뜨고, 이것을 넷으로 셈하여 사시를 본뜨고, 남은 수를 손가락 사이에 끼워서 윤달을 본뜬다.[大衍之數五十 其用四十有九 分而爲二 以象兩 掛一 以象三 揲之以四 以象四時 歸奇於扐 以象閏]"에서 온 말이다.(『周易』「繫辭 上」)

91) 한 …… 한다 : 『주역』「계사전 상」에 나온다.

1이 2로 나누어지고 마디마다 이렇게 하여 무궁한 수에 이릅니다. 1은 태극太極이 되고 2는 양의兩儀가 됩니다. 또한 이른바 1이라는 것은 중앙에 자리하면서 양의를 낳는 태극만을 가리키는 것이 아니며, 양兩이라는 것은 태극이 낳은 양의兩儀만을 가리키는 것이 아닙니다.

양의兩儀가 나누어져 사상四象이 되면 양의는 1이 되고 사상은 양兩이 된다. 사상이 나누어져 8괘가 되면 사상은 1이 되고 8괘는 양兩이 됩니다. 이는 모두 삼參과 양兩의 의리 중에서 남은 뜻입니다."

손님이 말하였다 "나는 경일삼양설徑一三兩說을 묻고 3을 둘러싸고 4를 둘러싸는 의리를 배웠습니다." 세 번 읍하고 떠나가므로, 나는 「해解」를 지었다.

대연수기大衍數記

5라는 것은 연수衍數의 어미이다. 천天에는 오행五行이 있는데 각각 하나의 성性을 갖고서 만물을 화생시키며, 만물은 각각 품휘品彙가 있다. 비유하자면, 나무에 뿌리가 있는 것과 같아서 뿌리에는 그 줄기가 있고 줄기에는 그 가지가 있어서, 나누어져 백·천·만 가지에 이르더라도 그 근원을 헤아려보면 오행이 있을 뿐이다. 사람에게는 오상五常이 있는데, 각각 하나의 덕德을 갖고서 만사萬事에 응하니 일이 각각 조리가 있다. 비유하자면, 물에는 근원이 있고 근원에는 샘이 있고 샘에는 그 웅덩이가 있는 것이다. 흩어져 백·천·만의 물갈래에 이르더라도 그 근원을 소급해보면 오상일 뿐이다. 이것이 5가 연衍의 어미가 되는 것이 아니겠는가?

하도河圖의 전체 수는 55이다. 이는 천지의 수를 본받은 것인데, 5를 중앙에 자리하도록 한 것은 5가 중앙의 수가 되기 때문이다. 모든 수의 시작은 일음一陰·일양一陽에 지나지 않는다. 양陽은 원圓을 본떴는데 원圓은 1을 지나서 3을 둘러싸고, 음陰은 방方을 본떴는데 방方은 1을 지나 4를 둘러싼다. 3을 둘러싼 것은 1로 1을 삼기에 그 1양을 삼參하여 3이 된다. 4를 둘러싼 것은 2로 1을 삼기에 그 1음을 양兩하여 2가 된다. 이는 5가 5되는 까닭이다.

1·6은 수水가 되어 북北에 자리하며, 2·7은 화火가 되어 남南에 자리하며, 3·8은 목木이 되어 동東에 자리하며, 4·9는 금金이 되어 서西에 자리하며, 5·10은 토土가 되어 중中에 자리하니, 5로 인하여 노소老少와 기우奇耦의 수를 모두 얻는다. 이는 5·10이 5·10이 되는 까닭이다. 5는 5·10의 원인이 되지만 자신은 원인이 없다. 그러므로 5·10은 자목子目이 되지만 5가 홀로 그 내지內地를 덮는다.

10은 소연小衍의 수이다. 그 바깥의 40은 음양의 수이다. 내외를 합하여 50이 되는 것은 대연의 수이다. 『대전大傳』의 이른바 '대연의 수는 50인데 양의兩儀가 되고, 늘려서 사상이 되고, 늘려서 8괘가 되고, 늘려서 64괘가 된다'는 것이다.

시초를 뽑아 점을 칠 때에는 대연의 수 50안에서 그 천일天一을 비워놓고 그 49를 쓰는데, 점대를 뽑아 걸고 삼변三變한 뒤에 또 그 처음에 걸었던 1을 제거하고 그 48을 쓴다. 연수 안에 있는 곱하고 나누는 계산법과 조화의 차고 줄어드는 오묘함은 본래 한 가지 의론만을 고집할 수는 없다. 비록 그렇기는 하지만, 그 근본은 삼천양지參天兩地의 5를 벗어나지 않는다. 이 5는 오행에서는 토土가 되고, 오상에서는 신信이 된다. 수·화·금·목은 토土가 아니면 운행하지 못하고, 인仁·의義·예禮·지智는 신信이 아니면 서지 못한다. 그러므로 "5는 연衍의 어미이다."라고 하였다.

건곤론乾坤論

태극太極이면서 건곤乾坤이 된다. 건곤은 음양陰陽의 순純으로써 64괘의 머리이다. 옛날 복희씨伏羲氏가 괘를 그을 적에 1기奇를 그어서 양陽을 상象하고 1우耦를 그어서 음陰을 상象하였으며, 그것이 쌓여 하나가 각각 둘을 낳는 데에 이르러서는 64괘가 되었다. 그렇다면 64괘는 8괘를 근본으로 하며 8괘는 1음·1양을 근본으로 하며, 1음·1양은 태극을 근본으로 한다. 이런 까닭에 「계사전」에 "역易에는 태극이 있다.[易有太極]"라고 하였으며, 또 "1음1양을 도라고 한다.[一陰一陽之謂 道]"라고 하였으며, 또 "상을 이룬 것을 건이라 하고, 법을 본받은 것을 곤이라 한다.[成象之謂乾 效法之謂坤]"라고 하였다. 그렇다면 건곤은 비록 2개의 체體이지만 변역變易·교역交易·생물生物·성물成物하는 도道는 하나이다. 역易을 배우는 자는 건곤의 문호門戶를 먼저 얻어야 한다. 그런 뒤에 음양의 효위爻位를 서로 비교하여 관찰하면 길흉소장吉凶消長의 이치와 체용현미體用顯微의 묘함을 미루어 알 수 있다. 어째서 그런가?

건乾의 초효初爻는 잠룡潛龍이지만 곤坤에서 찾으면 복괘復卦이니, 복괘의 동짓날에는 관문을 닫게 한다는 쓰지 말라는 뜻이 아닌가? 곤坤의 2효의 자리에 나아가면 사괘師卦이니, 사괘의 장인丈人은 건괘 구이의 대인大人의 덕德이 아닌가? 3효의 자리에 나아가면 겸괘謙卦이니, 겸괘의 군자가 마침이 있다는 건괘 구삼의 군자가 종일토록 부지런히 한다는 뜻이 아닌가? 4효의 자리에 나아가면 예괘豫卦이니, 예괘의 우레가 땅에서 나와 소리를 떨친다는 건괘 구사의 못의 용이 혹 뛰는 상象이 아닌가? 5효의 자리에 나아가면 비괘比卦이니, 비괘의 나타나게 돕는다는 건괘 문언文言의 성인이 일어나시니 만물이 우러러 본다를 이른 것이 아닌가? 상효上爻의 자리에 나아가면 박괘剝卦이니, 박괘의 마침내 쓰지 못한다는 건괘 상구의 항룡亢龍이 가득 찬 것이 오래가지 못한다가 아닌가?

곤坤의 초효는 서리를 밟지만 건乾에서 찾으면 구괘姤卦이니, 구괘의 마른 돼지가 뛰고 뛰는데 믿음을 둔다는 곤괘의 길들여 이룬다는 상象이 아닌가? 건乾의 2효 자리에 올라가면 동인괘同人卦이니, 동인괘의 문명文明과 중정中正은 곤괘 초육의 곧고 모나서 크므로 땅의 도가 빛난다를 말한 것이 아닌가? 3효의 자리에 올라가면 리괘履卦이니, 리괘의 기뻐서 건에 응한다는 곤괘 육삼의 혹 왕의 일을 좇는다가 아닌가? 4효의 자리에 올라가면 소축괘小畜卦이니, 소축괘의 빽빽이 구름 끼고 비가 오지 않는다는 곤괘 육사의 천지가 닫혔다가 아닌가? 5효의 자리에 올라가면 대유괘大有卦이니, 대유괘의 대중大中과 문명文明은 곤괘 육오의 문채가 중에 있다를 이른 것이 아닌가? 상효上爻의 자리에 올라가면 쾌괘夬卦이니, 쾌괘의 끝까지 길게 하지 못한다는 곤괘 상육의 용이 들에서 싸움은 그 도가 궁하다가 아닌가?

또 논하건대, 건괘乾卦 초구의 문언文言에서 "양이 아래에 있다.[陽在下]"고 한 것은 안타까워서 한 말이고, 곤괘坤卦 초육의 문언에서 "음이 처음 엉김이다.[陰始凝]"고 한 것은 위태롭게 여겨서 한 말이다. 이것이 성인聖이 음을 억누르고 양을 부축하는 의리가 아닌가?

건괘 구이九二에서 "보는 것이 이롭다.[利見]" 하였고 곤괘 육이六二에서 "이롭지 않음이 없다.[無不利]"라고 한 것은, 중정中正의 덕을 귀하게 여겨서이다. 건괘의 구삼九三에서 "종일토록[終日]"이라 하였고 곤괘 육삼六三에서 "마침이 있다.[有終]"고 한 것은, 하괘下卦의 마지막이며 3효의 자리가 대부분 위태롭기 때문이다. 건괘 구사九四에서 "허물이 없다.[無咎]"라고 하였고 곤괘의 육사六四에서 "영예로움도 없다.[无譽]"라고 한 것은, 임금을 가까이에서 모시는 위치로서 4효의 자리가 대부분 두려워하는 자리이기 때문이다. 건괘의 구오九五에서 "날아가는 용[飛龍]"이라고 하였고 곤괘 육오六五에서 "누런 치마[黃裳]"라고 한 것은 임금과 신하의 존비尊卑의 구별 때문이다. 건괘 상구上九에서 "높은 용[亢龍]"이라 하였고 곤괘의 상육上六에서 "용이 싸운다.[龍戰]"라고 한 것은, 음과 양이 궁극에 이르러 생긴 재화災禍인가?

역易을 읽는 방법은 내외內外와 빈주賓主의 법칙을 아는 것이다. 그런 뒤에 단사彖辭를 살펴보면 생각이 절반은 넘는다. 그렇다면 건괘·곤괘 두 괘의 주효가 되는 것은 무슨 효인가? 건乾은 천天인데 건괘의 구오九五는 천天을 말했고, 곤坤은 지地인데 곤괘의 육이六二는 지地를 말하였다. 이것이 건괘의 구오가 건의 주효가 되는 까닭이며 곤괘의 육이가 곤의 주효가 되는 까닭이다.

삼극三極[92]으로 말하면 효의 위치는 똑 같고, 사덕四德[93]으로 말하면 정貞의 체體는 홀로 다르다. 상象으로 말하면 용은 하늘에 있는 동물이고 말은 땅 위를 다니는 동물이다. 건괘의 용구用九와 곤괘의 용육用六으로 말하면 "머리가 되는 일이 없으면 길하리라.[无首吉]"라고 한 것은 건乾이 유柔를 쓸 수 있어서이며, 곤괘의 "큼으로써 마침이다.[以大終]"라고 한 것은 곤坤이 강剛을 변하게 할 수 있어서이다. 또한 건乾·곤坤은 응應함은 없으나 동덕同德으로 서로 응하는 것이니 건은 임금이고 곤은 신하이다. 이것은 고皐·기夔·직稷·설契[94]이 요순의 임금에게 크게 응하여 뜻을 기다린 것[95]이 아닌가?

아! 건곤은 태극에서 시작하여 만물을 화생化生하고, 만물 또한 각각 하나의 태극을 갖고 있다. 태극은 리理이고, 리라는 것은 형체가 없다. 이런 까닭으로 염계濂溪의 「태극도설太極圖說」에서 말하였다. "태극이면서 무극이다.[太極而無極]"

함항론咸恒論

「설괘說卦」에서 말하였다. "산山과 택澤이 기氣를 통하며, 풍風과 뢰雷가 서로 부딪힌다.[山澤通氣 風雷相薄]" 함괘咸卦와 항괘恒卦의 뜻은 이에서 취하였다. 건괘乾卦와 곤괘坤卦가 10번 변하면 비괘否卦와 태괘泰卦가 되며, 비괘否卦와 태괘泰卦가 18번 변하면 함괘와 항괘가 된다. 함괘와 항괘는 부부夫婦의 도이니 인륜人倫의 시작이다. 그러므로 상경上經의 처음은 건괘乾卦와 곤괘坤卦이며, 하경下經의 처음은 함괘咸卦이고 항괘恒卦로 이었다.

건도乾道는 남자가 되고 곤도坤道는 여자가 되니, 남녀가 사귀어 부부夫婦가 되는 이유이다. 택澤이 적셔주면 산山이 받아들이며, 뢰雷가 움직이면 풍風이 발하는 것은 바로 음陰과 양陽이 서로 감응하는 도이며 천지가 항상하고 오래하는 이치이다. 함괘라는 것이 두 소남少男과 소녀少女가 서로 사귀는데, 여자가 위에 하고 남자가 아래 하는 것으로 상象을 삼으니 혼인婚姻의 도가 이루어졌다. 항괘라는 것이 두 장남長男과 장녀長女가 서로 받드는데, 남자가 높고 여자가

92) 삼극(三極) : 삼재(三才)와 같은 말로 천·지·인을 말한다.

93) 사덕(四德) : 원형이정(元亨利貞)을 말한다.

94) 고(皐)·기(夔)·직(稷)·설(契) : 요순 시대의 네 현신(賢臣)인 고요(皐陶)·기·후직(后稷)·설을 말한다.

95) 크게 …… 것 : 우(禹)가 순(舜)에게 말하였다. "당신의 마음이 그치는 바에 편안히 하여 기미를 생각하고 편안히 할 것을 생각하시며 보필하는 신하가 곧으면, 행동하는 대로 크게 응하여 뜻을 기다릴 것입니다.[安汝 止 惟幾惟康 其弼直 惟動 丕應徯志]"에서 온 말이다.(『書經』「益稷」)

낮음으로 상象을 삼으니 실가室家의 도가 바르게 되었다.

혹이 말하였다. "두 소남少男과 소녀少女 그리고 두 장남長男과 장녀長女가 서로 중重한데, 산山과 택澤 그리고 풍風과 뢰雷라는 체體가 있는 것은 손괘損卦와 익괘益卦가 아닙니까?" 말하였다. "손괘의 소남과 소녀에서 남男이 여女에게 아래하지 않으니 모두 감응하는 성실함이 아니다. 익괘의 장남과 장녀에서 여자가 남자의 위에 자리하니 항구恒久하는 의義가 아니다. 다른 괘卦들도 모두 그러하다. 일찍이 산山·택澤 그리고 풍風·뢰雷의 합으로 두 체體를 삼아 논한 것으로 관찰하면, 택澤·뢰雷는 수괘隨卦가 되어 강剛이 유柔에게 낮추지 않는 상象이 있으며, 산山·풍風은 고괘蠱卦가 되어 여자가 남자를 현혹하는 상이 있다. 풍風·산山은 여자가 시집가서 정정貞正함이 길吉한 점漸이 있지만 함감咸感은 아니며, 뢰택雷澤 귀매괘에는 마침을 영구하게 하여 폐괴弊壞함을 아는 뜻이 있지만 항구恒久히 하지는 않는다. 산뢰山雷 이괘頤卦 초구에는 나를 보고서 턱을 늘어뜨리는 실수가 있으며, 풍택風澤 중부괘中孚卦 초구에는 다른 마음을 두면 편안하지 못한다는 경계가 있다. 뢰雷·산山은 작은 것이 지나친 것이며, 택澤·풍風은 큰 것이 지나친 것이다. 모두 소남少男·소녀少女 그리고 장남長男·장녀長女가 다 그 짝을 얻은 것은 아니다.

산山·택澤과 풍風·뢰雷가 나누어져 한 체體가 되는 것으로 살펴보면, 지택地澤 임괘臨卦 초구에서 감동하여 임하는 것은 함감咸感의 도가 아니며, 뢰지雷地 예괘豫卦 육오에서 병이 있으나 항상 죽지 않음은 항구의 뜻이 아니다. 한 음陰이 다섯 양의 위에 있는 것은 택천澤天 쾌괘夬卦이며, 한 양陽이 다섯 음陰의 위에 있는 것은 산지山地 박괘剝卦이다. 뢰천雷天 대장괘大壯卦 구삼에서 사이에 울타리를 받아 뿔이 곤궁한 해가 있다. 풍風·천天은 소축괘小畜卦인데 혹 바퀴통이 빠지며 반목하는 근심을 이루며, 택화澤火 혁괘革卦에는 두 여인이 한 곳에 살되 뜻을 얻지 못하는 상象이 있다. 산화山火 비괘賁卦는 한 양陽에 의해 사이가 막혀서 서로 꾸밀 수 없는 뜻이 있다. 먼저 당기고 뒤에 풀어 놓는 것은 화택火澤 규괘睽卦 상구이며, 먼저는 웃고 뒤에는 울부짖는 것은 화산火山 려괘旅卦 상구이다. 수뢰水雷는 준괘屯卦가 되는데 육이에는 생육을 하지 않는 정도貞道가 있으며, 화풍火風은 정괘鼎卦가 되는데 초육에는 첩을 얻는 이로움이 있다. 택수澤水 곤괘困卦 육삼에는 아내를 보지 못한 흉凶함이 있으며, 산수山水 몽괘蒙卦 육삼에는 여자를 취하지 말라는 경계가 있다. 천풍天風 구괘姤卦 괘사에는 여자가 강건하다는 두려움이 있으며, 수산水山 건괘蹇卦 구오에는 벗이 와서 도와줌이 있다. 천택天澤은 리괘履卦가 되는데 다만 대상에는 상하를 분변하는 의리를 말하며, 천산天山은 둔괘遯卦가 되는데 구삼에는 단지 신첩을 기르는 이로움을 말한다. 택지澤地는 췌괘萃卦가 되는데 대상에는 병기를 제거하여야 하는 근심이 있으며, 수풍水風은 정괘井卦가 되는데 단사에는 물병을 깨뜨리는 경계가 있다. 뢰화雷火 풍괘豐卦 육이의 떼적과, 풍지地風 관괘觀卦의 엿봄과, 수택水澤 절괘節卦 상육의 괴로운 절제와, 지풍地風 승괘升卦 상육의 올라감에 어두움과, 뢰수雷水 해괘解卦 구사의 엄지발가락을 풀어버림과, 풍수風水 환괘渙卦 상구의 피를 흩어버림과, 천뢰天雷 무망괘无妄卦의 바르지 않는 허물과, 풍화風火 가인괘家人卦의 바름이 이롭다는 경계이다. 그러니 또한 누가 소남少男·소녀少女와 장남長男·장녀長女의 함감咸感하고 항구恒久함을 같이하는 것이겠는가?

자사자子思子가 말하였다. '군자의 도는 부부에게서 단서를 짓는다.[96][君子之道 造端乎夫婦]' 이를 말하는 것이 아니겠는가? 함괘咸卦의 단사彖辭에서 말하였다. '천지가 감동해서 만물이 화생하고 성인이 인심을 감동시켜서 천지가 화평해지니 감동하는 것을 보면 천지 만물의 정을 볼 수 있다.' 항괘恒卦의 단사彖辭에서 말하였다. '일월이 천리에 순하여 오랫동안 비추며, 사시가 변화하여 오랫동안 이루며, 성인이 그 도에 오래하여 천하가 교화되어 이루어진다. 항상하는 것을 보면 천지 만물의 정을 볼 수 있다.' 아! 성인께서 건괘乾卦의 단사彖辭에서 성性을[97] 말하였으며, 복괘復卦의 단사彖辭에서 마음[心]을[98] 말하였으며 함괘咸卦·항괘恒卦의 단사彖辭에서 정情을[99] 말하였다. 『주역』을 배우는 자는 능히 그 정情을 인해서 그 성性을 알며 그 성性을 인해서 그 마음[心]을 알면 마음이 성·정을 통솔하는[100] 묘리妙理를 여기서 얻을 수 있다."

구복론[姤復論]

소 요부邵堯夫[101]가 시詩로 말하였다. "건이 손을 만날 때에 월굴을 보고, 지가 뇌를 만난 곳에

---

96) 군자는 …… 짓는다 : 『주용(中庸)』「십이장(十二章)」에 나온다.

97) 성(性)을 : "건도가 변하고 화함에 각각 성명을 바룬다.[乾道變化 各正性命]"에서 온 말이다.(『周易』「乾卦, 彖辭」)

98) 마음[心]을 : "복에서 천지의 마음을 볼 수 있다.[復 其見天地之心乎]"에서 온 말이다.(『周易』「復卦, 彖辭」)

99) 정을 : 함괘(咸卦)와 항괘(恒卦)의 단사(彖辭)에 같이 나오는 "천지 만물의 정을 볼 수 있다.[天地萬物之情 可見矣]"를 말한다.

100) 마음이 성·정을 통솔하는 : 장재(張載)의 말이다. 한 몸의 주인이 되는 마음이 원리[理, 五常]와 작용[氣, 七情]을 모두 가지고 있음을 말한다.

천근을 보네.[乾遇巽時觀月窟 地逢雷處見天根]" 이 두 구는 구괘姤卦와 복괘復卦의 뜻을 잘 형용하였다고 할 만하다. 월굴月窟이라는 것은 모든 사물들의 보금자리이며, 천근天根이라는 것은 모든 양陽의 근저根底이다. 구괘姤卦는 하나의 음이 건괘乾卦의 아래에서 처음 생겨나 그 지극함을 순하게 이루면 반드시 건괘가 변하여 곤괘坤卦가 될 수 있으며, 복괘復卦는 하나의 양이 곤괘의 속에서 처음 생겨나 점차 성대함을 이루면 또한 곤괘坤卦가 변하여 건괘가 될 수 있다. 그렇다면 음양陰陽의 천근과 월굴은 생각건대, 건괘가 손괘巽卦를 만나고 곤괘가 진괘震卦를 만나는 자리에 있지 않은가?

복괘로부터 건괘에 이르기까지 양효가 모두 112개이고, 구괘姤卦로부터 곤괘에 이르기까지 또 음효가 112개이지만 그 처음을 말하면 하나의 음과 하나의 양이다. 이는 천근天根과 월굴月窟이 왕래하는 첫 길[102]이 아니겠는가? 구괘의 단사에서 천지가 모두 밝아지는 도를 말하였으며, 복괘의 상象에서 천지가 만물을 변화시키는 마음을 말하였다. 그리고 「선천원도先天圓圖」에서 또 구괘와 복괘를 동지冬至와 하지夏至, 자오子午의 가운데로 여기니, 여기에서 조화가 생성하는 묘함이 순환하여 끝이 없음을 볼 수 있다.

『주역周易』의 모든 상象에서 군자가 본받아서라고 말하였는데, 구괘와 복괘에 이르러서는 반드시 "후가 본받아서[后 以]"와 "선왕이 본받아서[先王 以]"라고 한 것은 왜인가? 바람이 천하에 행하는 것은 임금이 명령을 내리는 상象이며, 우레가 땅 속에 있는 것은 빗장을 닫는 상象이니 이는 모두 제왕의 일이다. 여기에서 또 선왕先王이 한 가지 생각이라도 천도天道를 받들지 않음이 없고, 한 가지 일이라도 천시天時를 따르지 않음이 없음을 볼 수 있다.

또 「후천도後天圖」로 살펴보면, 진괘震卦는 정 동쪽에 있으며 손괘巽卦는 동남쪽에 자리한다. 그런데 진괘震卦는 우레가 되고 손괘巽卦는 바람이 되니 바람은 두드리고 번개는 진동시킨다. 크도다! 구괘姤卦와 복괘復卦의 변화의 묘함이여. 다만 성인聖人께서 음을 누르고 양을 도왔기 때문에 사라지고 자라는 즈음과 착하고 악함의 분수에 그 구획을 나누지 않을 수 없다. 그래서 복괘復卦에 있어서는 벗이 오는 것을 바랐으며, 구괘에 있어서는 그 딸이 강장强壯함을

---

101) 소 요부(邵堯夫) : 소옹의 자이다.

102) 천근 …… 길 : 소옹(邵雍) 「관물음(觀物吟)」의 "천근과 월굴이 한가로이 왕래하니, 삼십육궁이 온통 봄이로구나.[天根月窟閒往來 三十六宮都是春]"에서 유래한다.

경계하였다. 또 그 길흉을 초구初九와 초육初六에 매었으니, 이것은 또 임금이 군자와 소인의 도를 판별하는 이유이다.

이계선생문집 耳溪先生文集

제5권 卷之五

이계선생문집 제5권 [부록]

만사[輓]

진사進士 이정엄李鼎儼

바다와 산의 밝은 기운이 인걸에게 모여	海山明氣鍾人豪
한 시대의 사단에서 걸음걸이 높았었네	一代詞垣步武高
옥을 안은 변화는 끝내 발꿈치 베였고[1]	抱玉卞和終見刖
『태현경』을 초한 양웅은 부질없이 시름하였네[2]	草玄楊子謾愁牢
세상은 계륵[3]으로 대접한 것을 뉘우치고	土中肯悔啖鷄肋
하늘에선 인재를 찾으라고 재촉하였으리라	天上應催訪駿髦
적막한 절에서 뜬 달을 보며 시를 주고받았던	可耐唱酬蕭寺月
그대의 병든 벗은 공연히 머리만 긁는다네	南廬病伴首空搔

진사進士 한문건韓文健[4]

시인의 곤궁과 영달은 모두 시 때문이니	詩人窮達摠由詩

1) 옥을 …… 베였고 : 원문의 '견월(見刖)'은 제대로 알아보지 못하여 억울한 일 당한 것을 말한다. 변화(卞和)가 박옥(璞玉, 갈지 않은 옥)을 캐서 초 나라 여왕(厲王)에게 바쳤더니 왕은 다른 이들의 말을 듣고 돌멩이를 옥이라고 속였다하여 변화의 왼쪽 발꿈치를 베어버린 고사에서 유래한다.(『韓非子』「和氏」)

2) 태현경을 …… 시름하였네 : 한(漢) 나라 양웅(揚雄)은 명리(名利)만을 좇던 당시의 세태와는 아랑곳없이 오직 『주역(周易)』을 모방한 『태현경(太玄經)』의 저술에 몰두하였으나, 몹시 가난했다는 고사에서 유래한다.(『漢書』「揚雄傳」)

3) 계륵 : 닭의 갈비이니 버리지도 못하고 쓰기도 어려움을 말한다. "양수는 말하였다. '대체로 계륵이란 버리기도 아깝고 먹자니 맛이 없는 것이다. 한중을 비유하였다.'[修曰夫鷄肋 棄之如可惜 食之無所得 以比漢中]"에서 유래한다.(『三國志』「魏志, 武帝記注」)

4) 한문건(韓文健) : 1765~?. 자는 천약(天若), 본관은 곡산(谷山)이다. 1803년 소과에 입격하였다.

하늘 원망치 말고 시절도 원망하지 마시게 莫怨蒼天莫怨時
생각건대, 세상엔 공변된 도가 남아 있으니 惟有世間公道在
그대의 효성과 우애 성대한 이름 알려지리라 張君孝友盛名知

여강인驪江人 이정기李鼎基[5]

교한도수[6]는 옛날에도 오히려 그러한데 郊寒島瘦古猶然
그대 바닷가 외진 곳에 태어났음에랴 生爾偏邦況海壖
만약 참으로 지하의 수문랑[7]이 되었다면 地下修文如可信
세상의 가난[8]을 가련해 할 필요가 없네 世間窮鬼不須憐
위의 달빛[9]은 이백에 견줄 수 있고 可堪梁月猶疑白
동오가 태현경[10] 말하듯 함을 기뻐하였네 差喜童烏尚說玄
청산에 묻힌 옥[11]과 명성을 견주진 못해도 埋玉青山名未並
천추에 응당 사가들의 전함이 있으리라 千秋應有史家傳

---

5) 이정기 : 1759~1836. 자는 사온(士溫), 호는 창려(蒼廬)이다. 1836년에 소과에 입격하였다.

6) 교한도수 : 원문의 '교한도수(郊寒島瘦)'는 맹교와 가도에 대한 인물평을 말한다. 소식(蘇軾) 「제유자옥 문(祭柳子玉文)」의 "원진은 경박하고 백거이는 속되며 맹교는 쌀쌀하고 가도는 파리하다.[元輕白俗 郊寒島瘦]"에서 온 말이다. 이 만사에서는 이계 선생에 대하여 인물평이 제대로 이루어지지 않았음을 말한다.

7) 수문랑 : 원문의 '수문(修文)'은 죽은 뒤 지하에서 영달함을 말한다. 중모령(中牟令)이던 소소(蘇韶)가 죽은 뒤 나타나서 그의 당제(堂弟)인 소절(蘇節)에게 말하였다. "안연과 복상이 지금 수문랑을 하고 있는데 수문랑은 모두 8명으로 귀신 중의 뛰어난 자들이다. …… 나도 지금 수문랑이 되었다.[顏淵卜商 今見在爲脩文郎] 凡有八人 鬼之聖者 …… 吾今見爲脩文郎]官]"에서 온 말이다.(『太平御覽』)

8) 가난 : 원문의 '궁귀(窮鬼)'는 가난함을 말한다. 한유(韓愈)가 「송궁문(送窮文)」에서, 지궁(智窮)·학궁(學窮)·문궁(文窮)·명궁(命窮)·교궁(交窮)의 다섯 궁귀(窮鬼)가 자기를 따른다고 한 일에서 유래한다.

9) 지붕위의 달빛 : 원문의 '양월(梁月)'은 누군가를 그리워하는 매개체를 말한다. 두보(杜甫)가 강남(江南)에 유랑하는 이백(李白)을 생각하여, 그를 꿈꾸고 지은 시화(詩話)에 "지는 달이 지붕을 가득히 비추니, 그대의 밝은 안색 행여 보는 듯[落月滿屋梁 猶疑見顏色]"에서 유래한다.

10) 동오가 태현경 : 동오(童烏)는 한(漢) 나라 양웅(揚雄)의 아들로 어려서 양웅과 『태현경』을 토론할 정도로 자질이 우수하였다. 이 만사에서는 이계선생의 훌륭한 자제들을 말한다.

11) 묻힌 옥 : 원문의 '매옥(埋玉)'은 훌륭한 사람이 묻히는 것을 말한다. 진(晉) 나라 유량(庾亮)이 땅에 묻힐 때 하충(何充)이 말하였다. "옥수를 땅속에 묻으니, 사람의 슬픈 정을 어찌 억제할 수 있으리오.[埋玉樹箸土中 使人情何能已已]"에서 유래한다.(『世說新語』「傷逝」)

여강인驪江人 이정진李鼎搢[12)]

칠인정 너머의 곡강에서 사는	七印亭外曲江城
선비의 풍류는 한 세상을 기울였네	豪士風流一代傾
문단에서 겨루었지만 누가 적수가 될까	百戰場圜誰敵手
끝내 초야로 돌아와 늙은 서생이 되었네	終歸林壑老書生
좋은 시절 절간의 만남 아직 기억나건만	禪樓尚記佳辰會
동해 바다의 뒷날 약속을 이룰 길이 없네	蓬海無緣後約成
붉은 명정 휘날리는 한식절의 해질녘에	落日丹旌寒食節
친구는 자규 소리 속에 창자가 끊어지네	故人腸斷子規聲

오천인烏川人 정운휴鄭雲休

훤칠한 풍모는 남쪽 고을의 으뜸이었고	軒軒風槩冠南州
문단에서는 제일가는 사람이었네	人是詞林第一流
발꿈치 베이게 한 보배 흙으로 돌아가고	三刖奇珍歸土壤
십 년의 안개 장막[13)] 물거품과 같아졌네	十年烟帳等浮漚
세상에서 반갑게[14)] 알아줄 이 누군가	眼青江海誰知己
백두로 늙어서[15)] 홀로 시름 안았지만	頭白桑楡獨抱愁
덕을 심었기에 하늘이 경사로 보답하니[16)]	種德由來天報慶
단혈산 봉황 깃[17)] 뽑혀 나온 것을 본다네	須看丹穴鳳毛抽

---

12) 이정진 : 1754~1828. 자는 사앙(師仰), 호는 향와(香窩)이다. 아들 이연상(李淵祥)이 시종(侍從)이 되었기에 통정첨중추(通政僉中樞)를 제수받았다.

13) 십 년의 안개 장막 : 은거하는 삶을 말한다. 후한 중엽 장해(張楷)는 학식으로 유명하였으나 은거하여 조정에서 그를 여러 차례 맞이하려 하여도 그는 병을 핑계로 끝내 벼슬길에 나아가지 않았다. 장해는 학문만 잘한 것이 아니라, 도술에도 능하여 곧잘 5리에 걸쳐 안개를 만든 것으로 유명하였다.(『後漢書』)

14) 반갑게 : 원문의 '안청(眼青)'은 청안(青眼)의 돌린 표현이니 반갑게 맞이하는 모습을 말한다. 완적(阮籍)이 예교에 얽매인 속된 선비가 찾아오면 흰 눈[白眼]을 뜨고, 맑은 고사(高士)가 찾아오면 청안(青眼)을 뜨고 대했던 고사에서 유래한다.(『晉書』「阮籍列傳」)

15) 늙어서 : 원문의 '상유(桑楡)'는 사람이 늙어감을 말한다. 조식(曹植)의 「증백마왕표(贈白馬王彪)」 시에 "나이는 뽕나무와 느릅나무 사이에 있으니, 그림자가 쫓아갈 수 없네[年在桑楡間 影響不能追]"라고 하였다. 이선(李善) 주(註)의 "나이가 뽕나무와 느릅나무 사이에 있다는 것으로 사람이 늙어가는 것을 비유하였다."에서 유래한다.

16) 덕을 …… 보답하니 : 원문의 '천보경(天報慶)은 선대의 음덕이 후대의 복으로 이어짐을 말한다. "선을 쌓은 집에 반드시 넉넉한 경사스러움이 있다.[積善之家 必有餘慶]"에서 유래한다.(『周易』「坤卦, 文言」)

벽진인碧珍人 이인순李仁純

한 점 문창성[18]이 동해를 비추니	一點文星照海東
공이 그 곳에 나서 유풍을 떨쳤네	公生其地振儒風
사조[19]가 다시 와도 먼저 양보하겠고	玄暉復至應先讓
광록[20]은 비록 와도 함께 하지 못하네	光祿雖來不敢同
붕정[21]이 막히니 재주를 어찌 펼치리	跡阻鵬程才豈達
급제[22]도 하지 못하고 운수도 궁하였네	名空蛇榜數亦窮
옥루[23]를 아마도 혹 다시 세웠는가	玉樓其或重成否
고래 몰고 구름 따라서 하늘로 올랐네	鯨馭隨雲上碧穹

창녕인昌寧人 성학만成學萬

곡강의 물결 넘실넘실 이곡으로 이어지니	曲水遙遙耳谷連

---

17) 단혈산 봉황 깃 : 봉황이 산다는 단혈산에 남아 있는 봉황의 날개 깃털은 남의 자손 중에 그의 부모 같은 재주를 지닌 자, 또는 아름답고 풍모와 걸출한 재주를 지닌 사람을 비유하는 말로 사용되었다.

18) 문창성 : 원문의 '문성(文星)'은 문창성(文昌星) 또는 문곡성(文曲星)이라 하는데, 문재(文才)를 주관하는 별이기에, 문재가 있는 사람을 지칭할 때 많이 사용하였다.

19) 사조 : 원문의 '현휘(玄暉)'는 사조(謝眺, 464~499)의 자이다. 풍경의 묘사에 뛰어나 청신(淸新)한 풍격을 지닌 작품을 많이 남겼다.

20) 광록 : 벼슬한 이를 말하는 것으로 여겨진다. 이계 선생이 벼슬하지 못하였어도, 벼슬한 이 보다 훌륭하였음을 말한다.

21) 붕정 : 원문의 '붕정(鵬程)'은 붕정구만리(鵬程九萬里)의 준말로 원대한 뜻을 품었음을 말한다. "붕새가 남쪽 바다로 날아갈 때는 물을 3천 리나 박차고 회오리바람을 타고 9만 리나 날아오른 뒤에야 6월의 대풍을 타고 남쪽으로 날아간다.[鵬之徙於南冥也 水擊三千里 摶扶搖而上者九萬里 去以六月息者也]"에서 유래한다.(『莊子』「逍遙遊」)

22) 급제 : 원문의 '사방(蛇榜)'은 과거 시험의 합격을 알리는 방문(榜文)을 말한다. 조선의 과거 정기시(定期試)는 자(子)·묘(卯)·오(午)·유(酉)년 5월에 실시하였으나 이어지는 서울에서 행해지는 소과의 2차 시험에 해당하는 복시(覆試)를 보기 위한 시간이 촉박하며, 또 농번기에 이동하는 것이 피해가 많았기에 성종 이후로는 식년(式年)의 한 해 전인 상식년(上式年; 亥 寅 巳 申) 가을에 시험을 보고 복시(覆試)를 식년(式年)에 보았다.

23) 옥루 : 곤륜산(崑崙山) 정상에 있다는 신선이 사는 곳으로 다섯 금대(金臺)와 열두 옥루(玉樓)가 있다고 한다. 당 나라의 천재 시인 이하(李賀, 790~816)가 27세에 죽을 때 천상에서 붉은 옷을 입은 사람이 붉은 용을 타고 내려와서 "상제(上帝)가 백옥루(白玉樓)를 완성하고, 지금 그대를 불러다가 기문을 짓도록 명하였다.[帝成白玉樓立召君爲記]"하고는 그를 데려갔다는 전설에서 유래한다.(『昌谷集』「李長吉小傳」)

지령[24]이 먼저 모여 어진 이를 내었네	地靈先會降仁賢
문장은 수백 년 이래 가장 뛰어났고	文章數百年來最
뜻과 사업은 예순이 되어서도 견고하였네	志業六旬老去堅
현 위의 백설곡[25]을 아는 사람 적지만	絃上少人知白雪
집안에 자식이 있어 가풍[26]을 이었네	家中有子繼靑氈
호수 구름과 산마루 나무는 어느 때 만나랴	湖雲嶺樹何時契
송별의 글 지어 보내며 눈물 절로 흐르네	題送荒詞涕自漣

족질族侄 응걸應杰

글 잘하고 어진 이는 예전부터 궁하였지만	文章賢哲古來窮
얻고 잃음은 모두 조화옹에게 돌렸네	得喪都歸造化翁
공의 행한 일은 공로가 있어 영원하리니	公有事功能不朽
책상의 『역찬』[27]은 몽매한 자 깨우쳤네	床頭易贊啓羣蒙

집에서는 효우롭게 지내니 어짊이요	居家孝友是爲仁
처세에는 어두워도 참됨으로 자임하였네	處世迂疎自任眞
자손에게 모범을 남겨[28] 여경[29]이 있으니	貽厥孫謨餘慶在
하늘의 아주 빼어난 두 명의 기린아라네	絶奇天上兩騏驎

24) 지령 : 땅이 가지고 있는 신령스러운 기운을 말한다. 당 나라 왕발(王勃) 「등왕각서(滕王閣序)」의 "걸출한 인물이 나오는 것은 그 땅이 신령스럽기 때문이다.[人傑地靈]"에서 온 말이다.

25) 현 위의 백설곡 : 백설곡(白雪曲)은 전국 시대 초(楚) 나라의 고아(高雅)한 곡명이다. 송옥(宋玉) 「대초왕문(對楚王問)」의 "양춘곡, 백설곡에 대해서는 온 나라 안에서도 그것을 이어서 화답하여 부를 자가 수십 명에 불과하다.[其爲陽春白雪 國中屬而和者 不過數十人]"에서 유래한다.

26) 가풍 : 원문의 '청전(靑氈)'은 푸른 담요[靑氈]로 집안 대대로 전해오는 것을 말한다. 왕헌지(王獻之)가 도둑이 물건을 훔쳐 갈 적에 가만히 있다가 푸른 모포를 훔치려고 하자 "도둑이여, 그 푸른 모포는 우리 집안의 유물이니, 그것만은 두고 가는 것이 좋겠다.[偸兒 靑氈我家舊物 可特置之]"라고 하였다는 고사에서 유래한다.(『晉書』「王獻之傳」)

27) 역찬 : 『역괘효찬(易卦爻贊)』의 줄임말이다. 이계 선생이 저술한 책이다.

28) 자손에게 모범 남겨 : 원문의 '이궐손모(貽厥孫謨)'는 후손을 위하여 남겨놓은 계책을 말한다. "자기 손자에게 계책 남겨주셔서 공경하는 자식을 편안케 하셨네.[貽厥孫謨 以燕翼子]."에서 온 말이다.(『詩經』「大雅, 文王有聲」)

29) 여경 : 주 16) 참조.

인간세상에선 버려졌음을 약간은 생각했지만	抛却人間多少思
선조 정자에서 화수[30]를 만년토록 기약했는데	先亭花樹晚年期
어찌하여 신짝 버리듯 갑자기 떠나셔서	如何脫屣倐然去
저를 바람 맞으며 눈물 흘리게 만드시는가	使我臨風涕泗洏

순흥인順興人 안태중安泰重

공이 떠났다는 말 듣고 공의 시를 읊어보니	聞公長逝誦公詩
젊은 시절 풍류는 한바탕 꿈인가 하네	少壯風流一夢疑
대궐에 대책문 올릴 일은 끝내 적막하니[31]	策奏天門終寂寞
구름 비단 치마[32]만 부질없이 나부꼈네	裳裁雲錦謾葳蕤
부침은 우리들 아쉬워 할 것이 없으니	升沉不足吾人恨
모범을 남겨서 후배들의 스승 되었네	模範留爲後輩師
문장과 남은 경사 있음을 기뻐하노니	更喜文章餘慶在
어진 자손 훌륭한 자식이 집안을 떨치리	賢孫令子舊門楣

진사進士 이효상李孝相

문장을 명운과 함께 꾀하지 못하여	文章不與命途謀
초야에서 겨루며 재능 숨기고 근심하였네	百戰山河卷甲愁
낡은 비단[33] 어찌 꽃모양 따라 변하리	古錦寧隨花樣變

30) 화수 : 족친 간에 모여 골육의 정을 도탑게 하는 자리를 말한다. 잠삼(岑參) 「위원외화수가(韋員外花樹歌)」의 "그대의 집 형제를 당할 수 없나니, 열경과 어사와 상서랑이 즐비하구나. 조정에서 돌아와서는 늘 꽃나무 아래 모이나니, 꽃이 옥 항아리에 떨어져 봄 술이 향기로워라.[君家兄弟不可當 列卿御使尙 書郎朝回花底恒會客 花撲玉缸春酒香]"에서 유래한다.

31) 대궐에 …… 적막하니 : 원문의 '천문(天門)'은 대궐의 문을 말하니 임금을 뜻하며, '책주(策奏)'는 당시의 문제에 대하여 대책을 글로 올리는 것을 이른다. 끝내 적막하게 되었다는 것은 벼슬을 하지 못하고 끝내 죽게 되니 임금에게 대책의 글을 올릴 길이 없게 되었음을 말한다.

32) 구름 비단 치마 : 원문의 '상재운금(裳裁雲錦)'은 뛰어난 문재를 지녔음을 말한다. 소식(蘇軾) 「조주한문공묘비(潮州韓文公廟碑)」의 "공이 옛날 백운향에서 용을 타고, 손으로 은하수 헤치고 하늘 문장 나눠 얻었는데, 천손인 직녀는 또 공을 위해 구름치마 짜서 바치네.[公昔騎龍白雲鄕 手抉雲漢分天章 天孫爲織雲錦裳]"에서 유래한다.

33) 낡은 비단 : 원문의 '고금(古錦)'은 시를 넣는 주머니를 말한다. "매일 아침 해가 뜨면 쇠약한 말을 타고 나이 어린 종을 따르게 하여 등에 오래된 비단 주머니를 지게 하였다. 시를 지으면 글을 주머니에 넣었는데 처음에 먼저 제목을 지은 뒤에 시를 지은 적이 없었다.[每旦日出 騎弱馬 從小奚奴 背古錦囊

풀벌레 소리 들어오니 벽력 소리 거두네 候虫渾入霹音收
칼로 벤 듯한 아픈[34] 마음 오히려 편안하여 傷如刀鉸情還泰
기름진 음식 다 먹고 맛을 다시 구하네[35] 嚼盡膏油味更求
돌아와 영전에[36] 절하며 위로할 만하니 歸拜修文差可慰
어찌 명부에서 다시 골머리를 앓으리요 豈應冥選更烘頭

여강인驪江人 이상박李相璞

우리나라 시의 명성이 바닷가를 울리니 東國詩聲動海曲
하늘이 이계 물가에 거벽[37]을 낳았네 天生巨擘耳溪濆
거문고 바둑에 취미 얻어 주린 기색 없고 琴碁得趣無貧態
농사로 형을 잊고[38] 세속 분란을 싫어했네 畎畝忘形厭俗紛
마음은 얼음처럼 맑고 옥처럼 깨끗하며 心事氷淸而玉潔
문장은 흐르는 물과 떠가는 구름 같았네 文章流水而行雲
공명이 이르지 않았는데 먼저 돌아가시니 功名未及身先逝
애석하도다! 명정에는 처사라고 하였네 可惜前旌處士云

안동인安東人 권난휴權鸞休

예전에 여러 격언을 들으니 昔聞諸格語
백성[39] 중에 선각자 있었다네 先覺有天民

遇所得 書投囊中 未始先立題然後爲詩]"에서 온 말이다.(『新唐書』「文藝傳下, 李賀」)

34) 칼로……아픈 : 이계 선생의 아들이 먼저 죽은 것을 말하는 것으로 보인다.

35) 기름진……구하네 : 주역에 정심해서 깊이 얻은 것이 있고서도 다시 더 깊은 맛을 추구했다는 뜻으로 보인다.

36) 영전에 : 원문의 '수문(修文)'은 '수문랑(修文郞)'을 말한다. 주 7) .

37) 거벽 : 걸출한 인물을 말한다. "제 나라 인사 중에서는 내가 반드시 중자를 엄지손가락으로 꼽는 바이다.[於齊國之士 吾必以仲子爲巨擘焉]"에서 온 말이다.(『孟子』「滕文公 下」)

38) 형을 잊고 : 원문의 '망형(忘形)'은 물아(物我)를 초탈하여 매이지 않음을 말한다. "지를 기르는 자는 형을 잊게 되고, 형을 기르는 자는 이를 잊게 되고, 도에 이르는 자는 심을 잊게 된다.[養志者忘形 養形者忘利 致道者忘心矣]"에서 온 말이다.(『莊子』「襄王」)

39) 백성 : 원문의 '천민(天民)'은 천리에 밝아 천성대로 살아가는 백성을 말한다. "하늘의 백성인 자가 있으니, 현달하여 천하에 도를 행할 만한 다음에 행하는 자이다.[有天民者 達可行於天下而後 行之者也]"에서 온 말이다.(『孟子』「盡心 上」)

천 년 세월에도 여운이 있으니	千載尚餘韻
내가 뵌 분과는 어떠할까[40]	何如吾見親
근년에 어른[41]을 모셔보니	近年陪杖屨
온아함은 타고난 성품이었네	溫雅是天眞
어찌 문장만 뛰어난 분이랴	豈但文章士
실로 군자이셨도다	實爲君子人
제자[42]가 되어 만났더라면	若逢三尺雪
봄기운 속에 앉은 것 같았으리	如坐一團春
평소 성품 너그럽고도 엄하며	雅性寬而栗
고운 거동 아름답고도 어질었네	令儀美且仁
남쪽 서재에서 경전을 가르치며	南齋多術敎
재주에 따라 게을리 하지 않았네[43]	不倦是材因
원근에서 다투어 와 추앙하니	近遠爭趨仰
뭇 선비들 나날이 새로워졌네	羣儒日日新
아! 저는	嗟嗟余小子
도타운 가르침 배로 받들었네	承誨倍諄諄
어른의 평소를 아득히 생각해보니	遐想翁平素
높은 명성 일찍부터 빼어났다네	高名早絶倫
여러 번 사마시와 어그러지니	累違司馬試
이별 눈물[44]로 얼마나 수건 적셨는가	灞淚幾沾巾

---

40) 내가 …… 어떠할까 : 원문의 '친견(親見)'은 훌륭한 분을 직접 만나봄을 말한다. "내가 어찌 그런 태평성대를 몸소 보는 것만 하겠는가.[吾豈若於吾身 親見之哉]"에서 온 말이다.(『孟子』「萬章 上」)

41) 어른 : 원문의 '장구(杖屨)'는 지팡이와 신으로, 어른이 사용하는 물건 중에 대표적인 것을 말한다.

42) 제자 : 원문의 '삼척설(三尺雪)'은 삼척이나 되는 눈이니 정문입설(程門立雪)의 고사(故事)에서 왔으니 제자를 말한다. 유조(游酢)와 양시(楊時)가 처음 정이(程頤)를 찾아갔을 때 마침 정이가 눈을 감고 앉아 있으므로 두 사람은 인기척을 내지 않고 서서 기다렸는데, 정이가 눈을 떴을 때는 문밖에 내린 눈이 한 자 가량이나 쌓여 있었다고 한다.(『宋史』「楊時列傳」)

43) 게을리 …… 않았네 : 원문의 '불권(不倦)'은 학생들을 재주에 따라 순순히 가르쳤음을 말한다. "공자가 말하였다. '성인은 내가 자처할 수 없지만 나는 배우기를 싫어하지 않고 가르치는 것을 게을리하지 않는다.'[孔子曰聖則吾不能 我 學不厭而敎不倦也]"에서 온 말이다.(『孟子』「公孫丑 上」)

44) 이별 눈물 : 원문의 '파루(灞淚)'는 파교에서 흘리는 눈물로, 이별의 아쉬움으로 흘리는 눈물을 말한다. 지금 섬서성 서안(西安)에 위치하는 파교(灞橋)에 옛날에는 장정(長亭)이 있었는데 옛날에 사람들이 이곳에서 버드나무 가지를 꺾어 송별하는 경우가 많았다.

시어는 꽃과 새도 근심하였고	詩語愁花鳥
필봉은 귀신을 울게 하였네	詞鋒泣鬼神
재주 있는데 어찌 명이 없었던가	有才奈無命
분수에 편안해하며 몸을 닦았네	安分且修身
높고 엄하신 스승의 자리	尊嚴師道地
고을에서 가르침[45] 일으켰네	絃誦起鄕隣
하늘은 어찌 빨리 빼앗았는가	皇天何奪速
곡강 어귀에서 눈물을 뿌리네	淚灑曲江濱
어디에서 덕 있는 이를 살필까	考德從何處
만가[46]로 새벽을 재촉하네	薤歌催曉頻
넉넉한 경사는 계속 이어져	綿綿餘慶在
자손들이 떨침을 축하하네	拜賀子孫振
눈물 섞인 애도의 만사 지으며	和淚題哀輓
적막한 새벽에 방황하네	彷徨寂寞晨

영양인永陽人 이태상李台相

아! 우리 이계 어른	嗟我耳溪翁
어찌 이 길을 가시었는가	胡爲有此行
세상을 비출 동경이 없어졌고	世無銅鏡照
하늘이 옥루의 낙성을 재촉했네	天促玉樓成
백수로 문장이 으뜸이었기에	白首文章伯
붉은 명정엔 처사라고 하였네	丹旌處士名
재주는 일찍부터 탁월하였고	有才曾卓越
받은 기운은 본래 맑고 밝았네	受氣本淸明
책을 보며 선철과 벗 하였고	披冊友先哲
문장 논하여 후생을 깨우쳤네	論文牖後生
뜻을 따라 『주역효찬』 지었고	易爻隨意贊
시어로 사람을 놀라게 하였네	詩語使人驚

45) 가르침 : 원문의 '현송(絃誦)'에서 악기로 연주하며 노래하는 것이 '현(絃)'이고, 악기 없이 낭독하는 것이 '송(誦)'인데 고대에 『시(詩)』를 배우던 방법이다. 널리 수업하고 송독하는 일을 지칭한다.

46) 만가 : 원문의 '해가(薤歌)'는 만사를 말한다. 해(薤)는 부추 종류인데 사람의 목숨이 부추 잎에 맺힌 이슬처럼 쉽게 소멸된다는 뜻에서 나온 말이다.

추로[47]의 유풍이 남아 있고　鄒魯遺風在
한당의 고율을 잘 지었네　漢唐古律鳴
사람 대함에 마음이 넉넉했고　接人款曲意
나를 대함에 정이 매우 깊어서　遇我最深情
이계의 모임에서 자주 가르쳐주시고[48]　溪社頻提耳
강의 누각에서 눈을 열어주셨네　江樓或刮盲
시 읊고 술 마시며 모셨더니　陪遊文酒會
잡아주는[49] 영광을 기다렸네　佇待蓬麻榮
봉황처럼 오르지[50] 못했는데　未上扶搖鳥
먼저 날아 채석강의 고래[51]를 탔네　先飛采石鯨
이계의 집안엔 연기 차고　烟寒耳谷宅
굴암의 무덤엔 구름이 모이네　雲合屈巖塋
상여를 보낼 수 없기에　未得送靈駕
애도하는 말이 편치 못하네　哀詞語不平

족손族孫 시학時學

생각건대 공께서 늘 하는 일은　惟公日用事

47) 추로 : 맹자의 고향인 추(鄒)땅과 공자의 고국인 노(魯) 나라를 아울러 부른 말로, 공·맹(孔孟)의 유학을 말한다.

48) 가르쳐주시고 : 원문의 '제이(提耳)'는 귀에 대고 하는 간절한 가르침을 말한다. "아! 젊은이여, 아직도 선악을 가릴 줄 모르는가? 손으로 잡아 줄 뿐만 아니라, 일로 보여주며, 면전에서 가르쳐 줄 뿐만 아니라, 귀에 대고 말해 주노라.[於乎小子 未知臧否 匪手攜之 言示之事 匪面命之 言提其耳]"에서 유래한다.(『詩經』「大雅, 抑」)

49) 잡아주는 : 원문의 '봉마(蓬麻)'는 '봉생마중(蓬生麻中)'의 준말로 바로 잡아줌을 말한다. "쑥이 삼대 속에 나면 붙잡아 주지 않아도 곧다.[蓬生麻中 不扶而直]"에서 유래한다.(『荀子』「勸學」)

50) 봉황처럼 오르지 : 원문의 '부요조(扶搖鳥)'는 재능을 발휘하여 나아감을 말한다. "그 회오리바람을 타고 구만 리를 올라가 구름을 벗어나고 푸른 하늘을 등에 진 다음에야 남쪽을 도모하여 남쪽으로 간다.[搏扶搖羊角而上者九萬里 絶雲氣 負青天 然後圖南 且適南冥也]"에서 유래한다.(『莊子』「逍遙遊」)

51) 채석강의 고래 : 원문의 '채석경(采石鯨)'은 죽음을 말한다. 이태백(李太白)이 최종지(崔宗之)와 함께 채석(采石)에서 금릉(金陵)까지 달밤에 배를 타고 갈 적에 시와 술을 즐기면서 방약무인(傍若無人)하게 노닐었다는 내용이 있다.(『舊唐書』) 이를 보고 후대의 속전(俗傳)에는 "이백이 술에 만취한 채 고래를 탔다가 심양에서 익사하였다."라고 하였다. 이후 이백이 채석강에 비친 달을 붙잡으려다 빠져 죽었다는 이야기가 만들어졌다.

꾸미지 않아도 끝이 없었네	不孅且無畛
바다 마을의 우뚝이 이름난 선비	海鄕魁名士
칠인정의 유업을 이은 분[52] 이셨네	印亭肯搆人
말세의 기교를 뛰어넘어서	逈超末路巧
자신의 참됨을 기르셨네	養得自家眞
그래서 높은 산처럼 우러러니[53]	是以高山仰
상여에 임하여 눈물이 수건 가득하네	臨輀涕滿巾

오천인烏川人 정지제鄭之濟

이 고을 우리 공 때문에 중해지니	玆鄕玆以我公重
고아한 풍모와 거동은 큰 법도이었네	儒雅風儀大矩規
부곡[54] 에서 따랐던 일 엊그제 같은데	釜谷追隨如昨日
송정[55] 에서 공부한 지 또 오래 되었네	松亭工課又多時
운수가 불행하여 과거에 세 번 떨어졌으나	數奇不幸三場屈
학문이 깊어 백세의 스승이 되었네	學邃聊爲百世師
글로 꾸몄던 강산은 봄에 적막해지고	文藻江山春寂寞
시인의 바른 소리 이제는 쇠퇴해지겠네	詩家從此正音衰

학성인鶴城人 이병찬李秉燦

아! 저는 이제 어디를 우러를까요	於乎小子今安仰
위수[56] 에 달은 차고 강하던 자리 텅비었네	渭水月寒講席空
비록 시편으로 대단한 고아함을 떨쳤지만	縱以詩篇鳴大雅

52) 유업 이은 분 : 원문의 '긍구인(肯搆人)'은 긍구긍당(肯構肯堂)한 사람으로 조상의 업을 잘 계승하였음을 말한다. 주 무왕(武王)이 이룩한 왕업을 계승하는 일을 집 짓는 데 비유하여, 아버지가 집 짓는 법을 확립해 놓았는데도 "그 아들이 기꺼이 집터를 닦으려 하지 않으니 하물며 기꺼이 집을 얽어 만들겠는가?[厥子乃不肯堂 矧肯構]"에서 유래한다.(『書經』「大誥」)

53) 높은 …… 우러러니 : 원문의 '고산앙(高山仰)'은 높은 산과 같이 훌륭한 분을 추앙하는 것을 말한다. "높은 산 우러르고 큰길을 가도다.[高山仰止 景行行之]"에서 유래한다.(『詩經』「小雅, 車舝」)

54) 부곡 : 평해군 아사(衙舍)의 바로 위쪽(서쪽)에 부곡산이 있다. 하지만 이 제문의 글귀만으로는 정확하게 알 수 없다.

55) 월송 : 평해군 아사(衙舍)의 아래쪽으로 월송정이 있다.

56) 위수 : 위수는 맑은 물이 흐르는 곳으로 이계 선생의 인품을 말한다.

뉘 알리 『역찬』이 몽매한 이들 열었음을 誰知易贊啓羣蒙
세상에선 더러 문장으로 재앙을 만났지만 人間倘値文章厄
지하에선 마땅히 효우의 풍모 온전하리라 地下應全孝友風
다행히 어진 자손들이 가업을 이었으니 幸有贒孫能繼業
다른 날 뿌리에 물을 댄 공로 보답받으리라 他時宜報漑根功

서산인瑞山人 류상익柳相翼

이계옹耳溪翁은 우리나라에서 40여 년간을 시로써 명성이 있었는데, 62세에 가난한 선비로써 생을 마쳤다. 슬프도다! 나는 노둔한 사람인데 백아와 종자기[57]처럼 지음知音으로 허락받았고, 금란지교처럼 동심同心을 의탁하였다. 두터운 정의情誼는 가문이 서로 통혼通婚하였기에 그러한 것이 아니었다. 지금 돌아가신 날에 벗 간의 일상적인 관례로 만사를 지을 수는 없다. 삼가 5언·6언·7언으로 만사를 지어서 상엿줄 잡은 이에게 주노라.

귀를 씻은[58] 시냇가의 노인 洗耳溪上翁
명정에는 '처사공'이라 쓰였네 丹旐處士公
이치가 본래 이러한 것인가 理固如是否
머리 긁적이며 하늘에 물어보네 搔首問蒼穹
한 평생 경서를 강마한 공로는 一生經案工
장막의 동중서[59]보다 백 배였네 百倍下帷董
푸르고 푸른 비학산의 봉우리 蒼蒼飛鶴峯
아름다운 기운 병자년에 모였네 佳氣丙年鍾

57) 백아와 종자기 : 원문의 '아양(峩洋)'은 서로 진정으로 알아주었던 백아와 종자기를 말한다. 거문고의 명인인 백아(伯牙)가 높은 산을 마음에 두고 거문고를 연주하면 친구인 종자기(鍾子期)가 "태산처럼 높고 높도다.[峨峨兮若泰山]"라고 평하였고, 흐르는 물을 마음에 두고 연주하면 "강하처럼 양양하도다.[洋洋兮若江河]"라고 평했다는 고사에서 유래한다.(『列子』「湯問」)

58) 귀를 씻은 : 원문의 '세이(洗耳)'는 요 임금이 허유를 초빙하여 황제의 자리를 물려주려 하자 허유는 이에 응하지 않고 추한 말을 들었다 하여 영수(穎水)에서 귀를 씻었다는 고사에서 유래한다.(『高士傳』)

59) 장막의 동중서 : 원문의 '하유동(下帷董)'은 장막을 드리우고 강의하는 동중서를 말한다. 서한(西漢)의 학자 동중서(董仲舒)가 장막을 드리운 채 강론을 하였다. 제자들 중에서도 그 얼굴을 한 번도 보지 못한 자가 있었으며, 독서에 심취한 나머지 3년 동안 집의 뜨락을 내다보지도 않았다는 고사가 전한다.(『史記』「董仲舒傳」)

문장은 당 나라 풍을[60] 얻었고	文得八衰後
사는 한 세상의 으뜸이 되었네	詞爲一世宗
도리 아래에 오솔길 절로 이루어졌고[61]	自成桃李蹊
수레와 말이 골목길에 이어졌네	車馬絡門巷
당시 재자들의 명성이	當世才子名
옹의 말 한 마디에 오르내렸네	一言便陞降

단혈[62]에는 원래 평범한 깃털이 없고	丹穴元無凡毛
주진촌[63]에는 본래 좋은 짝이 있었네	朱陳自有佳配
덮은 칡[64] 바람 소리는 인척에게 미쳐	庇葛風聲及姻
복숭꽃[65] 피는 시절에 누이 시집보냈네[66]	夭桃時節歸妹
서로 가까운 후의로 친척을 맺었으니	相親厚誼結親
장인의 고상한 행실은 옛사람과 같았네	丈人尊行故人
훌륭한 가르침은 집을 세 번 옮겼고[67]	懿訓家有三遷

---

60) 당 나라 풍을 : 원문의 '팔쇠(八衰)'는 팔대가 쇠퇴한 뒤이니 당 나라를 말한다. 소식(蘇軾) 「조주한문공묘비(潮州韓文公廟碑)」의 "팔대의 쇠퇴한 시대에 글을 일으켰다.[文起八代之衰]"에서 온 말이다. 당 나라가 팔대, 즉 동한(東漢)·오계(五季), 즉 후량(後梁)·후당(後唐)·후진(後晉)·후한(後漢)·후주(後周)의 오대(五代) 뒤에 나왔기 때문에 한 말이다.

61) 도리 …… 이루어졌고 : 덕이 높아 사람들이 많이 찾아왔음을 말한다. "복숭아와 오얏은 말이 없으나 그 아래 절로 오솔길이 생긴다.[桃李不言 下自成蹊]"에서 유래한다.(『史記』「李將軍列傳」)

62) 단혈 : 주 17) 참조.

63) 주진촌 : 중국의 서주(徐州) 고풍현(古豐縣)에서 주씨(朱氏)와 진씨(陳氏) 두 성(姓)이 서로 혼인하면서 화목하게 살았던 촌락 이름인데, 백거이(白居易)의 「주진촌(朱陳村)」이라는 시로 더욱 유명해졌다.(『白樂天詩集』)

64) 덮은 칡 : 원문의 '비갈(庇葛)'은 덮고 있는 칡덩굴이니 화목한 집안을 말한다. "칡덩굴도 오히려 근본을 비호할 줄 알기 때문에 군자가 그것을 종족에 비유하는데, 더구나 나라의 군주야 말할 나위가 있겠는가.[葛藟 猶能庇其本根 故君子以爲比 況國君乎]"에서 유래한다.(『春秋左傳』「文公七年」)

65) 예쁜 복숭아꽃 : 원문의 '요도(夭桃)'는 여리고 예쁜 복숭아를 말한다. "여리고 예쁜 복숭아나무, 그 열매 많이도 열렸네. 이 아가씨 시집가면, 시댁을 화순하게 하리.[桃之夭夭 有蕡其實 之子于歸 宜其家室]"에서 유래한다.(『詩經』「周南, 桃夭」)

66) 시집보냈네 : 『주역』에는 누이동생을 시집보낸다는 뜻의 귀매(歸妹)괘가 있다.

67) 세 번 옮겼고 : 원문의 '삼천(三遷)'은 맹자의 어머니가 맹자를 가르치기 위하여 세 번이나 집을 옮겼다는 '맹모삼천(孟母三遷)'의 고사를 말한다. 여기서는 이계 선생의 선조들이 자손의 교육을

명문의 후예[68] 칠인정을 말하네	華胄亭稱七印
아버지와 형이 되어 우애와 자애 있고	爲父爲兄友慈
보고 들리지 않는 곳에서도 경계하고 삼갔네[69]	不睹不聞戒愼
가슴엔 뜬 구름같이 여김을 기약하였고[70]	襟期一點浮雲
눈으론 백가의 남긴 문장을 보았네	眼界百家遺文
뛰어난 재능은 좌전을 매우 좋아했고	夸輝性癖左傳
힘찬 필법은 왕우군[71]을 닮았네	健壯手法右軍
언행은 이웃과 고을에 모범이 되어	言行矜式鄕隣
명성이 원근으로 널리 퍼져 나갔네	名聲傳播遠近
문장을 쌓아온 오래된 가문이기에	積來文章古門
기린 같은 어진 자손을 안아 보냈네[72]	抱送猉獜肖孫
기걸찬 두상은 조상의 모습을 이었고	頎然頭角承武
사랑스런 총명함은 언행을 빼다 박았네	愛爾聰明記言
시경[73]에 일취월장하였고	就將日月經葩
설원[74]에서 고금을 드나들었네	出入古今說苑

위해 집을 옮겼던 일을 말한다.

68) 명문의 후예 : 원문의 '화주(華胄)'는 명문의 후예를 말한다. 당(唐) 나라 하창우(何昌寓)가 이부상서 (吏部尙書)로 있을 적에 민(閔)씨 성을 가진 사람이 찾아와서 벼슬을 구하였다. 하창우가 그에게 누구의 후예냐고 물으니 자건(子騫)의 후예라고 대답하자, 하창우가 입을 가리고 웃으면서 말하였다. "요원한 명인의 후예로다.[遙遙華胄]"에서 온 말이다.

69) 보고 …… 삼갔네 : 유학자의 일반적인 실천적 자세를 말한다. "그렇기 때문에 군자는 보이지 않아도 조심하는 것이요, 들리지 않아도 두려워하는 것이다.[是故 君子 戒愼乎其所不睹 恐懼乎其所不聞]"에서 유래한다.(『中庸』「一章」)

70) 뜬 …… 기약하였고 : 마땅하지 않는 부귀영화에 마음을 두지 않는 마음 자세를 말한다. "거친 밥을 먹고 물을 마시며 팔을 굽혀 베더라도 즐거움이 그 가운데 있으니, 의롭지 않으면서 누리는 부귀는 나에게 뜬구름과 같다.[飯疏食飮水 曲肱而枕之 樂亦在其中矣 不義而富且貴 於我如浮雲]"에서 온 말이다.(『論語』「述而」)

71) 왕우군 : 원문의 '우군(右軍)'은 진(晉) 나라의 명필가인 왕희지(王羲之)의 별칭이다.

72) 기린 …… 보냈네 : 훌륭한 자손이 이어져 나옴을 말한다. 두보(杜甫)가 일찍이 서경(徐卿)의 두 아들을 칭찬하여 지은 「서경이자가(徐卿二子歌)」의 "공자와 석가가 친히 안아다 주었다니, 두 아이는 모두가 천상의 기린아일세.[孔子釋氏親抱送 竝是天上麒麟兒]"에서 유래한다.

73) 시경 : 원문의 '경파(經葩)'는 파경(葩經)의 돌린 말이니 『시경』을 말한다. 한유(韓愈) 「진학해(進學解)」의 "『시경』은 바르고 꽃봉오리와 같다.[詩正而葩]"에서 유래한다.

74) 설원 : 『설원(說苑)』은 한(漢) 나라 유향(劉向)이 지은 책으로 고사를 많이 담고 있다.

어릴 때부터 가르침을 베풀며	貽教自從孩提
조만간 성공하기를 기대하였네	成功期待早晩
공·맹·정·주는 도의 근원이고	孔孟程朱道原
요·순·하·은은 문헌에 남아 있었네	唐虞夏商文獻
곤궁해도 자족하며 근심치 않았고	窮亦不悶由由
늙을수록 더욱 한결같이 씩씩하였네	老當益壯斷斷
평소에 종에게 농사일을 물어보았고	問奴田事生平
함께 공부하며 손자에게 경서를 가르쳤네[75]	教孫經工學半
담론은 지극한 이치의 큰 관문이었고	談論至理大關
기상은 태고의 청산과 같았네	氣像太古青山

옛날부터 무지개다리에서 소식 물었더니[76]	古來消息問虹橋
달은 찬 못에 이르고[77] 하늘에 구름 걷혔네	月到寒潭雲捲霄
이 속에서 어떻게 심법을 터득할까	這裏那將心法得
자양부자께서 가요에 실어두었네[78]	紫陽夫子載歌謠
손 씻고서 아송편[79]에 잠심하며	盥手潛心雅頌篇
공경히 닭 우는 새벽까지 깨어있었네[80]	惺惺喚起鷄鳴曉
아홉 구비 뱃노래[81]를 어디에서 찾을까	九曲權歌何處尋

---

75) 함께 …… 가르쳤네 : 자손들을 가르치며 함께 공부하였음을 말한다. "가르침은 배움의 반이니, 생각의 종과 시를 학문에 몰입하면 그 덕이 닦임을 자신도 깨닫지 못할 것이다.[惟斅學半 念終始典于學 厥德修罔覺]"에서 유래한다.(『書經』「說命 下」)

76) 무지개다리에서 소식 물었더니 : 원문의 '소식문홍교(消息問虹橋)'는 주자(朱子) 「무이도가(武夷棹歌), 일곡(一曲)」의 "홍교가 한 번 끊어진 뒤로 소식이 없으니, 만학과 천암이 푸른 안개 속에 잠겨 있구나.[虹橋一斷無消息 萬壑千巖鎖翠煙]"에서 유래한다.

77) 달이 …… 이르고 : 원문의 '월도한담(月到寒潭)'은 송 나라의 소옹(邵雍) 「청야음(淸夜吟)」의 "달은 하늘 한복판에 이르고, 바람은 물 위에 불어오누나. 이와 같은 청랑한 경지를, 아는 사람 아마도 많지 않으리.[月到天心處 風來水面時 一般淸意味 料得少人知]"에서 유래한다.

78) 자양부자께서 …… 실어두었네 : 원문의 '자양부자(紫陽夫子)'는 주희(朱熹)를 말하며, '가요(歌謠)'는 주희가 무이산 아홉 경치를 읊은 시 「무이도가」를 말한다.

79) 아송편 : 『시경』을 말한다.

80) 깨어 있었네 : 원문의 '성성(惺惺)'은 마음이 혼매(昏昧)하지 않고 밝게 깨어 있음을 말한다. 송(宋) 나라의 사상채(謝上蔡)가 "경은 항상 성성하게 하는 법이다.[敬 是常惺惺法]"라고 하였다.(『心經附註』「卷一」)

81) 아홉 구비 뱃노래 : 주희의 「무이도가」를 말한다.

천 년이 지난 뒤에 같은 가락이 적구나　一千年後少同調

그대 마음은 복희의 역[82]과 합하였고　許君心契伏羲爻
자질은 주역[83]의 삼백 효를 얻었네　質得連山三百爻
후세의 자운이 그대가 아닌가　後世子雲非子否
『태현경』 짓고서 스스로 조롱을 받았네[84]　太玄經罷自貽嘲
달 차지 않은 때에는 꽃 피지 않는다하니　月未圓時花未開
옛날 사람의 주역 풀이 또한 공교롭구나　古人論易亦云巧
앞 사람이 말하지 못한 것을 드러내었으니　發得前人未發語
후세의 군자가 또한 대조하여 교정하리라　後來君子也讎校

증씨가 남긴 글[85] 일생토록 강마하니　曾氏遺書講一生
수신제가의 도리 저절로 밝혀졌네　齊修道理自明明
항상 유념한 참 공부는 팔조목[86]에 빛났고　常目眞工燦八條
심법을 전하는 묘결은 삼강령[87]에 걸려 있었네　傳心妙訣揭三領
배워 그치지 않는 것 모든 사람이 그렇지만　學而不已人皆然
샘 솟는 아홉 길 우물[88]에 미치길 기약했네　期及淸泉九仞井
수 많은 규범이 넓은 천하에 행해지지만　行天下廣許多規

---

82) 복희의 역 : 원문의 '복희교(伏羲爻)'는 복희씨가 양획과 음획을 섞어 팔괘(八卦)를 처음 그은 것을 두고 한 말이다.

83) 주역 : 원문의 '연산(連山)'은 옛날에 있었던 연산·귀장(歸藏)·주역 세 가지 역[三易] 중의 하나이다. 주역을 달리 부른 말로 사용된다.

84) 후세의 …… 받았네 : 자운은 한(漢) 나라 양웅(揚雄)의 자이다. 양웅이 일찍이 『주역』에 견주어 『태현경』을 지었는데, 세상 사람들은 그를 조롱하였다. 그는 「해조문(解嘲文)」을 지어 세상의 조롱을 스스로 해명하였다.(『漢書』 「揚雄傳 下」)

85) 증씨가 남긴 글 : 『대학(大學)』을 말한다.

86) 팔조목 : 『대학』의 팔조목으로 격물(格物)·치지(致知)·성의(誠意)·정심(正心)·수신(修身)·제가(齊家)·치국(治國)·평천하(平天下)를 말한다.

87) 삼강령 : 『대학』의 기본이 되는 세 가지 강령으로 명명덕(明明德)·신민(新民)·지어지선(止於至善)을 말한다.

88) 샘물 …… 우물 : 목적을 이룸을 말한다. "맹자가 말하였다. '무슨 일을 하는 것은 비유하자면 우물을 파는 것과 같으니 우물을 아홉 길이나 팠더라도 샘에 미치지 못하면 오히려 우물을 버리는 것이다.' [孟子曰 有爲者辟若掘井 掘井九軔 而不及泉 猶爲棄井也]"에서 유래한다.(『孟子』 「盡心 上」)

요점은 내 마음의 주일한 경[89]에 있었네	要在吾心主一敬
경서에서 터득하여 시로 드러냈는데	能得於經仍發詩
시가 이루어지니 평범한 읊조림은 아니었네	詩成不是尋常詠

군평이 세상을 버리자 세상도 그를 버려[90]	君平棄世世猶棄
역을 읽는 평상 앞에는 다만 주렴을 내렸네[91]	讀易牀前但下簾
가없는 바람과 달 같은 염계[92]를 사모해	無邊風月慕濂翁
태극도 익히며 낮에도 문을 닫았네	太極圖看門晝掩
하도·낙서의 별 무늬로 벽의 반을 채웠고	河洛星文半壁羅
현묘한 기틀[93]로 음양의 점을 미루어 얻었네	玄機推得陰陽點
때때로 손자들 머리 쓰다듬으며 가르치기를	拊頂時時戒範孫
우리 집의 명성 너희는 욕되게 하지 말아라	吾家詩禮爾無忝
어리석음 연 공부로 밝은 가르침 드리우고	啓蒙案工訓垂明
총명하고 지혜로운 자태로 또 잘 생각하였네[94]	聰慧其姿且克念
풍모는 저물도록 암혈에서 독서하려 했는데	風期晼晩讀書巖
큰 내를 건너지 못했는데 먼저 돛이 꺾였네	未涉大川先折帆
하늘에서는 백옥루를 중수하였으니	天上重修白玉樓
그대의 아름다운 노래 얻어 새 건물 빛내리라	得君美頌耀新檻

---

89) 주일한 경 : 원문의 '주일경(主一敬)'은 마음을 다스리는 중요한 방법론이다. 정자(程子)는 경을 풀이하여 '마음을 집중하여 다른 생각을 하지 않는 것[主一無適]'이라고 하였다.

90) 군평 …… 버려 : 원문의 '군평(君平)'은 한(漢) 나라 때 촉(蜀)의 은사 엄준(嚴遵)의 자이다. 그는 끝내 세상에 나가지 않고 성도(成都)의 시장에서 복서(卜筮)를 업으로 삼아 생계를 유지하였으며, 『노자(老子)』를 전공하여 생도들을 가르치고 십만여 언(言)의 『노자지귀(老子指歸)』를 저술하였다. (『漢書』「王貢兩龔鮑傳」)

91) 발을 내렸네 : 원문의 '하렴(下簾)'은, 한(漢) 나라의 대유(大儒) 동중서가 일찍이 발을 내리고 깊이 들어앉아 학문에 전념했다는 데서 유래한다.

92) 염계 : 원문의 '염옹(濂翁)'은 염계(濂溪)로 송학(宋學)의 비조(鼻祖)인 주돈이(周敦頤)를 가리킨다. 그는 『태극도설(太極圖說)』을 지었다.

93) 현묘한 기틀 : 원문의 '현기(玄機)'는 이계 선생의 사고력을 말한다.

94) 잘 생각하였네 : 원문의 '극념(克念)'은 잘 생각하는 것을 말한다. "성인이라도 잘 생각하지 않으면 광인이 될 수 있고, 광인이라도 잘 생각하면 성인이 될 수 있다.[惟聖罔念作狂 惟狂克念作聖]"에서 온 말이다.(『書經』「多方」)

드디어 노래하였다.

북산 기슭에	北山之麓
한 아름드리 나무가	連抱之木
풍상을 겪어서 앙상하니	飽風禿堅
쾅쾅 찍어 넘길만하네	可伐坎坎
굵어서 집짓기에 알맞아	輻大宜搆
웅장한 집 지을 만한데	渠渠廈屋
세상이 어찌 쓰지 않아	世胡不用
이계 골짜기에 우뚝 서 있나	屹立耳溪谷

이어서 애사를 지었다.

만년에 후학을 가르침이여	晩年牖其後學兮
책임이 선배보다 무거웠도다	己任重於先學
저 이계의 서숙을 돌아봄이여	眷彼耳溪之書塾兮
즐거이 영재들과 학문을 탐구하였네	樂與羣英而商確
시선이 위하여 길잡이 됨이여	詩仙爲之前導兮
향안 곁에서 모시려 하였네	想列侍乎香案側
손때는 유집에 그대로 남아있어	手澤新於遺集
펼쳐보며 글자마다 눈물 적시네	披字字而淚濕
혼탁한 세상의 잡됨을 초탈하였음이여	超濁世之淆雜兮
청도[95]에 오르면 반드시 맞음이 있으리라	上清都焉必有合
한 시대의 훌륭한 스승 이미 모자람을 생각함이여	顧一世之良師旣乏兮
가르치고 기름에 모범이 없을까 두려워라	懼敎養之無法
행하고 남은 힘이 있으면 배우고 물으며[96]	行有餘而學問

95) 청도 : 옥황상제가 산다는 천상(天上)의 궁전을 가리킨다.(『楚辭』「遠遊」)

96) 행하고 …… 물으며 : 원문의 '행유여이학문(行有餘而學問)'은 효도와 공손을 먼저 실천하는 자세를 말한다. "제자가 집안에 들어가서는 효도하고 밖에 나가서는 공손하며, 행실은 삼가고 말은 미덥게 하며, 널리 대중을 사랑하면서도 어진 이를 가까이 해야 한다. 이를 행한 다음 남은 힘이 있거든 글을 배워야 한다.[弟子 入則孝 出則弟 謹而信 汎愛衆 而親仁 行有餘力 則以學文]."에서 유래한다.(『論

화목한 가문의 법도를 귀하게 여겼네　貴家道之和洽

영양인永陽人 이기홍李基鴻

세상에 글이 없음을 상제께서 근심하시어　下界無文上帝憂
한 객을 용에 태워 먼 곳으로 귀양보냈네　騎龍一客謫遐州
신선의 묵은 빚은 단적에 남았어도　仙班宿債留丹籍
속세의 헛된 명예는 늙도록 어긋났네　塵世浮名誤白頭
제호[97]가 동쪽으로 돌아가니 참 안타깝고　齊皥東歸眞可惜
맹교[98]가 남쪽으로 떠나니 누굴 짝 할까　孟郊南去有誰儔
적규[99]가 오는 곳에는 소식 전해지는데　赤虯來處傳消息
요즈음 청도에 옥루를 세웠다고 하네　近日淸都起玉樓

오천인烏川人 정하원鄭夏源

공명의 얻고 잃음은 뜬 구름 같아서　功名得喪等浮雲
구구하게 그대에게 말하고 싶지는 않네　不欲區區說與君
미치기 어려운 별도의 공부는　別有工夫難及處
천인·성명을 담은 마도[100]의 글이라네　天人性命馬圖文

語』「學而」)

97) 제호 : 한유가 지은 「송제호하제문(送齊皥下第文)」에 나오는 인물이다. 당대(唐代)의 재상(宰相)으로 뜻을 이루지 못하고 돌아간 인물이다.

98) 맹교 : 자(字)는 동야(東野)이다. 일찍이 숭산(嵩山)에 들어가 은거하다가 나이 50에 진사(進士)에 등제(登第)했는데, 한유(韓愈)와 망년(忘年)의 교우 관계를 맺고 지냈다.(『舊唐書』)

99) 적규 : 붉은 빛을 띤 규룡(虯龍)으로 신화 속에서 신선이 타는 것이다.

100) 마도 : 복희씨(伏羲氏) 때 황하(黃河)에서 용마(龍馬)가 등에 지고 나왔다는 그림이다. 복희씨가 이를 바탕으로 『주역』의 팔괘(八卦)를 그렸다고 한다.

애사哀辭

벽진인碧珍人 이재진李載珍

멀리 바닷가는 예전부터 걸출한 인물이 많다고 하였네. 훌륭한 인물이 말세末世에 태어나니 누구라서 풍파를 만나지 않겠는가. 이 때문에 문장을 짓는 이들은 모두 문장의 수식이나 하찮은 기예를 앞 다투어 익혀 부질없는 것을 빌려오고 외면을 꾸며대었다. 대부분 천박하고 속된 말로 혹은 기이한 글을 짓고는 스스로 기뻐하였으며, 별도로 한 곳만 뚫는 자도 주객主客이 전도됨을 벗어나지 못하였네. 이 두 가지는 모두 지나치거나 모자람이 없는 지극히 도道가 아니기에, 모두 하루살이의 날개와 반딧불의 빛과 같아서 그늘이나 밤에 생겨났다가 사라진다네. 이 어찌 재주 있는 자의 죄이겠는가? 세상에서 숭상하기 때문이라네.

공은 대대로 덕이 있는 가문의 뛰어난 후손으로 모습은 고상하고 문장은 뛰어나 한 번 머리를 낮추거나 조금 들어내는 것을 즐겨하지 않았네. 홀로 예전 시가詩家들의 기미를 지니고서 육경六經으로 가다듬고 제자백가諸子百家로 꾸며, 마음과 견문을 가다듬고 내면을 드러내었네. 순수하여 종정鍾鼎처럼 질박하고 우뚝하여 검각劍閣[101]처럼 험하였네. 자르고 베어내어 세상의 어지럽게 뒤섞이고 쓸모없는 것을 가다듬으려고 하였네. 이 때문에 염량세태炎凉世態에 알맞지 않았으며, 인심의 얕고 깊음으로 마땅함을 잃어버렸네. 마치 솥으로 수레를 고이고 말로 마을 문을 지키게 하는 것과 같아, 마침내 묵묵하게 인정을 받지 못하고 세월만 보내며 늙어버렸네. 사람들은 바람같이 사는데 불과 같았으며, 사람들은 가죽옷을 입는데 칡베 옷을 입었으며, 피리소리를 좋아하는데 비파를 탔기에 그의 평생은 불우하였네. 그래도 끝내 보았다고 여기기에 애도의 글을 한 수 지어 그대를 위로하네.

---

101) 검각(劍閣) : 중국 장안(長安)에서 서촉(西蜀)으로 들어가는 통로로, 예로부터 험준한 요해지로서 유명하였다.

다음과 같이 말한다.

숫돌로 옥을 다듬음이여	玉攻于錯兮
뛰어난 장인이 쪼고 있네	良工之琢
칼이 상자 속에서 울고 있음이여	釖鳴于匣兮
큰 화로에서 나왔네	大爐之躍
저 물고기가 기뻐함이여	彼魚之樂兮
뭍에서는 알맞지 않네	不宜乎陸
말이 발굽을 물어뜯김이여	馬之蹄嚙兮
밭 가는데 소 보다 못하네	耕不如犢
우리들 모두 눈물 흘림이여	衆皆汩汩兮
그대가 떠나셨다네	惟子之朅
옥과 같은 사람이여	其人如玉兮
저 무덤에 계시도다	戢彼一木

제문祭文

곡강서원 유생 장수학[江院儒生張守學]

아! 후미진 우리 고을이 비록 바다 모퉁이에 있지만, 오히려 문헌文獻[102]으로 충분히 증거댈 만하기에 힘입어 적막한 바닷가가 되지 않았네. 조선중기 이후로 완연히 영남의 70여 고을 중에 명성이 있었던 것은 우리 공이 이 고을에 있었기 때문이라네. 촉산蜀山[103] 같은 우리 고을이 이 때문에 빛이 났으며, 애주崖州[104] 같은 우리 고을은 이로부터 신망이 두텁게 되었네. 문명文名이 알려진 것은 구양수와 같이 자자할[105] 뿐만 아니요, 참된 재주의 독실한 것은 양웅의 초현당[106] 같을 뿐만이 아니었네. 충신忠信한 풍모는 열 집이 사는 조그만 마을에서도 볼 수

---

102) 문헌(文獻) : 학문을 익힐 만한 서책과 그것을 이해하고 있는 사람을 말한다. "그것은 문헌이 부족한 때문이니, 문헌이 넉넉하다면 내가 내 말을 증거댈 수 있을 것이다.[文獻不足故也 足則吾能徵之矣]"에서 온 말이다.(『論語』「八佾」) 집주(集注)에는 "문은 책이고 헌은 어진 사람이다.[文 典籍也 獻 賢也]"라고 하였다.

103) 촉산(蜀山) : 지금의 사천성(四川省) 경내에 있는 산으로 아미산 부근 일대의 산맥을 통칭한다. 가는 길이 매우 험하여 이백(李白)은 「촉도난(蜀道難)」에서 "촉 땅으로 가는 길의 험함은 푸른 하늘에 오르는 것보다 어렵다네.[蜀道之難 難於上靑天]"이라고 하였다.

104) 애주(崖州) : 지금의 중국 해남(海南)에 위치한 지명이다. 중국의 최남단에 위치하여 역사적으로는 대역 죄인을 유배하던 매우 악명 높은 유배지 중의 하나였다. 송 나라 때의 문인인 소식(蘇軾)의 귀양지이다.

105) 자자할 : 이백(耳白)은 명성이 자자해짐을 말한다. "구양수가 일찍이 말하였다. '젊었을 때 어떤 중이 내 귀가 얼굴보다 흰 것을 보고는 명성이 천하에 들리게 될 것이다.'[歐陽文忠公 嘗曰 少時有僧相我耳白於面 名聞天下]"에서 온 말이다.(『東坡志林』)

106) 양웅의 초현당 : 양자(揚子)는 서한(西漢) 때의 유명한 학자인 양웅(揚雄)이며 초현(草玄)은 『태현경(太玄經)』을 초 잡은 곳인 초현당(草玄堂)을 말한다.

있으며,[107] 시와 예의 가르침[108]은 완연히 백세토록 향기가 있는데, 어찌하여 하늘이 남겨주지 않으시고[109] 공을 이리도 빨리 빼앗아 가셨는가? 공으로 말하자면 문헌文獻이 이와 같으나 공업功業을 이루지 못하였으며, 고을로써 말하자면 학문이 이와 같은데 모범을 마무리하지 못하였으니, 오늘의 통곡이 어찌 다만 고을의 규범이 그만이라서 이겠는가? 실로 우리 사림士林의 무한히 사사로운 마음이어서 글로 뜻을 다 표현하지 못하네. 밝으신 영령께서는 흠향하고 돌아보소서. 아! 아프도다.

학성인鶴城人 이기원李基元

아!	於乎
공과 저는	公與不佞
의분은 이종간인데	誼分姨從
정분은 친형제 같았네	情若骨肉
나이는 대여섯 차이 나지만	齒隔五六
깊은 가르침 더욱 돈독했네	深誨彌篤
마주하여 간곡히 가르쳐서	面命提耳
갈수록 더욱더 간절해졌네	去而益圻[110]
쓸쓸한 절과 들의 객사에서	蕭寺野店
몇 번이나 함께 걸었던가	幾同躡屩
가난한 집에 가르침[111]을 펴니	荊圍禮羅

107) 충신한……있으며 : 작은 고을이라도 반드시 충신한 사람이 있음을 말한다. "열 집이 사는 마을에도 반드시 나처럼 충성스럽고 믿음직한 사람이 있을 것이다.[十室之邑 必有忠信如丘者焉]"에서 유래한다.(『論語』「公冶長」)

108) 시와 예의 가르침 : 집안에서의 가르침을 말한다. 공자가 아들 리(鯉)에게 시와 예를 배웠느냐고 물어본 고사에서 유래한다.(『論語』「季氏」)

109) 하늘이 남겨주지 않으시고 : 천불은유(天不憖遺)는 이 세상에 오래 남겨 주지 않고 데리고 가버렸음을 말한다. "원로 한 분을 아껴 남겨 두어서 우리 임금을 지키게 하지 않는구나.[不憖遺一老 俾守我王]"에서 유래한다.(『詩經』「小雅, 十月之交」)

110) 원문의 '근(圻)'은 '흙벽'이란 뜻으로 이 구절과 어울리지 않는다. 본 번역에서는 '절(切)'자의 오기(誤記)로 보아 간절함으로 번역하였다.

111) 가르침 : 원문의 '예라(禮羅)'는 그물로서 동물을 잡듯이 인재를 모아 가르침을 말한다.

매번 깨우침을 받았네	每被誘掖
보잘 것 없는 내가	如我無似
감히 평가하겠는가마는	敢擬聲價
문장은 통달함을 싫어하니[112]	文章憎達
옛 사람이 한 일이었네	古人所遭
파교 위의 절뚝이는 나귀[113]	灞橋蹇驢
공은 오히려 빙그레 웃었네	公猶莞爾
만년의 공업은	晩年功業
생도들의 모범이었네	矜式生徒
『주역』의 효를 찬하고	贊爻羲易
『서경』의 풀이를 지었네	著解虞書
『농서』 한 책은	農書一部
이로움이 백성에게 미쳤네	利及生靈
간행하여 규장각에 있으니	刋在奎閣
고을에서 추망을 하였네	鄕道推望
자손들을 가르침에	課子教孫
경계하는 가훈이 있었네	有箴家訓
사씨집 보배로운 나무[114]요	謝家寶樹
하늘 위의 기린이로다	天上猉獜
바로잡는 침은 묘함에 들어	匡針入妙
소자와 건갈[115] 같이 범하였네	蘇蝎其犯

112) 문장은 …… 싫어하니 : 원문의 '문장증달(文章憎達)'은 재주 뛰어남을 세상 사람들이 시기하여 현달하지 못함을 말한다. 두보 「천말회이백(天末懷李白)」의 "문장은 운명 통달함을 미워하고, 도깨비는 사람 과실을 기뻐하네.[文章憎命達 魑魅喜人過]"에서 유래한다.

113) 파교 …… 나귀 : 원문의 '파교건노(灞橋蹇驢)'는 장안(長安)에 있는 파수(灞水) 위의 다리를 절뚝거리며 걸어가는 나귀를 말한다. 맹호연의 고사와 어울려 시상이 잘 떠오르는 곳을 말하게 되었다.

114) 사씨집 보배로운 나무 : 원문의 '사가보수(謝家寶樹)'는 훌륭한 자제를 말한다. 사현(謝玄)의 숙부 사안(謝安)이, 현의 기량(器量)을 중하게 여겨서 "무엇을 원하느냐."고 물었더니, 현은 "지란(芝蘭)·옥수(玉樹)가 뜰에서 나듯 사씨 집안에 훌륭한 자제가 나게 하는 것입니다.[譬如芝蘭玉樹 欲使其生於階庭耳]"에서 유래한다.(『晉書』「謝玄列傳」)

115) 소자과 건갈 : 원문의 '소갈(蘇蝎)'은 소자(蘇子)와 건갈(乾蝎)의 줄임말로 마음이 어수선할 때 먹는 약재이다. 이 제문에서는 이계 선생이 후학을 가르침에 요긴함이 있었음을 말하는 것으로 여겨진다.

운명이 원수와 도모하니	命與仇謀
알아주는 이가 적었네	斯寡知音
한 병으로 오래 끌다가	沉綿一疾
또 여러 달에 이르니	又至數月
의술도 효험이 없이	歧術無效
상여의 소갈병[116]을 얻었네	相如病渴
시대인가 운명인가	時耶命耶
갑자기 영원히 잠드시니	倏忽長寐
산천엔 문장가가 사라지고	山空文藻
고을엔 스승[117]을 잃었네	鄉失蓍龜
곡하면서 이계를 바라보니	哭望耳谷
나의 창자 끊어지는 듯하네	我腸如摧
무덤 터[118]를 잡으니	青烏卜吉
붉은 명정 비로소 나부끼네	丹旐載飄
지금 맑은 술잔 올리니	今玆泂酌
이미 재실의 법도가 있네	已有齋規
이 밤이 밝아오면	此夜易曉
어느 곳에서 거동을 볼까	覿儀何處
글은 짧고 말은 서툴러도	文短辭拙
일성으로 길게 부르짖으니	一聲長號
영령께서 아신다면	靈如有知
이를 흠향하길 바랍니다	庶幾歆斯

116) 상여의 소갈병 : 당뇨와 비슷한 병이다. "사마상여는 말을 더듬지만 글을 잘 지었다. 항상 소갈병이 있었다.[相如口吃 而善著書 常有消渴疾]"에서 유래한다.(『史記』「司馬相如列傳」)

117) 스승 : 원문의 '시귀(蓍龜)'는 덕망이 높은 스승을 말한다. 소식(蘇軾) 「제구양문충공문(祭歐陽文忠公文)」의 "백성에게는 부모가 있고 나라에는 스승이 있으며, 사문에는 전이 있고 학자에게는 스승이 있다네.[民有父母 國有蓍龜 斯文有傳 學者有師]"에서 유래한다.

118) 무덤 터 : 원문의 '청오(青烏)'는 무덤 터를 말한다. 한(漢) 나라 청오자(青烏子)는 팽조(彭祖)의 제자로 화음산(華陰山)에 들어가서 도를 배워 신선이 되었다. 지리학에 정통하여 풍수서(風水書)인 『장경(葬經)』을 저술하였다고 전한다.

월성月城 이지원李之源

아! 생각건대, 이 곡강曲江은 후미진 바다일 뿐이지만, 땅의 신령함[119]이 모여 있고 규성奎星의 정기[120]가 세상에 내려왔네. 문학에 뛰어나고 박식한 선비와 문단에서 으뜸가는 사람들이 옛부터 배출되어 문명文明의 고을이 되었는데, 공은 또 일찍이 이 세상에 태어나서 재예가 뛰어나고 학력이 넉넉하였네. 시는 조화옹造化翁의 기교에 참여하고 필체는 웅건함을 얻으니 문단에선 독보적이었으며 사문에선 으뜸가는 어른이었네. 불행하게도 운수가 외로워 백수白首로 고생을 하셨네. 과장科場에서 이름을 잃고 얻음은 성대한 이름에 손익損益이 없을 듯한데도, 부질없이 평생을 걸었으니 또한 어찌 통한痛恨스러운 일이 아니겠는가? 저는 늦게 태어나 일찍이 궤석几席아래에서 직접 배우지 못하였으니, 공의 효우孝友와 일족 간의 도탑고 화목한 풍모를 어찌 감히 말하겠습니까? 그러나 사우士友의 입을 통해서 얻은 것이 많았습니다. 다만 아쉬운 것은 공이 돌아가신 뒤 장가를 들어 우러러 간곡한 가르침 받지 못하였음입니다. 그러나 시렁 가득한 장물長物[121]은 모두 남기신 글 아님이 없습니다. 「64괘도」[122]를 찬술한 공은 만년의 공부를 깊이 통하였으며, 「36궁변」[123]과 「상량문」은 병든 가운데의 정력이 더욱 독실하였습니다. 세상의 붓을 잡은 선비들이 반드시 여기에서 취함이 있을 것이니, 끝내 좀이 친 종이가 되지는 않을 것입니다. 아! 저는 죄가 천지天地에 쌓여 가을 7월 달에 갑자기 큰 아픔을 만났습니다. 상여에서 별을 보니 안타까움이 저승과 이승에 맺혔습니다. 슬프고 슬픈 인간 세상이여, 이 무슨 지극함입니까?

세월[124]이 바뀌어 한 해[125]가 이미 지나고 나니 눈 깜박할 사이에 공의 소상小祥이 홀연히 다시

---

119) 땅의 신령함 : 지기(地氣)가 강한 곳에서 인재가 남을 말한다. 당 나라 왕발(王勃) 「등왕각서(滕王閣序)」의 "걸출한 인물은 땅의 신령함 때문이다.[人傑地靈]"에서 온 말이다.

120) 규성의 정기 : 원문의 '규(奎)'는 규성(奎星)을 말한다. 28수(宿)의 하나로 한 나라 때 『효경수신계(孝經授神契)』란 위서(緯書) 중에 "규성은 문장을 주관한다.[奎主文章]"라고 하니 뒤에 "규성(奎星)"은 하늘에서 문관(文官)의 으뜸으로 변하여 문운(文運)과 문장(文章)의 성쇠를 주재(主宰)하는 신이 되었다.

121) 장물(長物) : 좋은 물건, 또는 많은 물건을 말한다.

122) 64괘도 : 선생이 지은 「역찬(易贊)」을 말한다. 행장 참조.

123) 36궁변 : 선생이 지은 「삼십육궁 변(三十六宮辯)」을 말한다. 행장 참조.

124) 세월 : 거저(居諸)는 세월을 말한다. "해이며 달이며, 어찌 바뀌어 이지러지는가.[日居月諸 胡迭而微]"

다가와 빈 휘장에 절하고 곡하니 그림자와 소리가 보이는 듯 들리는 듯[126] 할 뿐, 저의 마음은 저도 모르게 끝없이 아프고 슬픕니다. 오직 저 본 받은 자손들은 문예文藝가 일찍 성취함이 있고 필법이 특별하고 굳세니, 상서로운 깃털이 단혈丹穴에서 나고 죽순이 대 밭에서 나는 줄을 알게 되었습니다. 쌓인 공업이 피어나 선생의 집안이 더욱 성대해지니, 할아버지에게 손자 있어 칠인정七印亭 옛 집이 더욱 빛남이 있다고 할 만합니다. 오직 이로써 우리 공의 영령英靈을 위로합니다. 아! 슬픕니다.

월성月城 김순金淳

아! 슬프구나	嗚呼哀哉
하늘이 사물을 낳음에	天之生物
그 쓰임 각각 마땅하여	其用各當
용문의 오동나무로는	龍門之桐
궁상의 음률을 뽑아내고[127]	律抽宮商
형산의 옥[128] 으로는	荊山之玉
규장을 만들어 내네	器合圭璋

에서 유래한다.(『詩經』「北風, 柏舟」)

125) 한 해 : 곡수(穀燧)는 한 해가 지난 것을 말한다. "일 년이 지나면 묵은 곡식이 없어지고 새 곡식이 올라오며, 불씨 만드는 나무도 새로 바뀐다.[舊穀旣沒 新穀旣升 鑽燧改火]"에서 유래한다.(『論語』「陽貨」)

126) 그림자와……듯 : 정성을 모으면 혼령이 보이는 듯하고 소리가 들리는 해짐을 말한다. "제사지내는 날에 방에 들어가면 흐릿하게 반드시 그 자리에 보이는 것 같고, 돌아서 밖으로 나오면 숙연하게 반드시 그 소리를 듣는 것 같고, 문을 나와서 들으면 개연하게 반드시 그 탄식의 소리를 듣는 것 같다.[祭之日入室 僾然必有見乎其位 周還出戶 肅然必有聞乎其容聲 出戶而聽 愾然必有聞乎其歎息之聲]"에서 유래한다.(『禮記』「祭義」)

127) 용문의……뽑아내고 : 좋은 오동을 구하여 훌륭한 거문고를 만듦을 말한다. 한 나라 매승(枚乘)의 「칠발(七發)」이란 부의 "용문의 오동나무 백 척이나 되지만 가지가 없네. …… 금지로 하여금 자르고 베게 하여 거문고를 만들며, 들에 나는 고치의 실로 줄을 만들게 한다.[龍門之桐 高百尺而無枝 …… 使琴摯斫斬 以爲琴 野繭之絲 以爲絃]"에서 유래한다.

128) 형산의 옥 : 가치 있는 옥을 말한다. 춘추 시대 초(楚) 나라 변화(卞和)가 형산(荊山)에서 옥돌을 얻어 여왕(厲王)에게 바쳤다가 왼쪽 발을 잘리고, 무왕(武王)에게 바쳤다가 다시 오른쪽 발을 잘린 뒤, 세 번째로 문왕(文王)에게 바쳐 진가(眞價)를 인정받았다는 이야기에서 유래한다.(『韓非子』「和氏」)

공변됨으로 공을 보면	以公觀公
이치가 오히려 아득하네	此理還茫
젊어서 학문에 힘써	少也劬書
문단에 높이 올랐네	高步詞場
여러 번 소과에 입격하여	累擧道試
공명을 이룰 수 있었건만	可拾功名
세상에 백락이 없으니	世無伯樂
천리마를 누가 알아주리129)	良驥誰知
문장 짓는 일은 여기였고	詞翰餘事
행실은 순수하고 아름다웠네	實行純美
우애로운130) 형이요	常棣之兄
효성스러운131) 자식이라	白華之子
미루어 남에게 미치니	推以及人
한계 짓지 아니하셨네	不畦不畛
후학132) 들이 집에 가득하니	蛾子滿堂
가르침은 순순하셨네	提耳淳淳
산택에 은거133) 하면서	山澤之癯
시와 예를 가르쳐 주셨네	詩禮之訓

129) 백락이 …… 알아주리 : 원문의 '백락(伯樂)'은 말의 상을 자 보는 사람으로 인재를 알아주는 이에게 비유된다. 한유(韓愈) 「송온조처사서(送溫造處士序)」의 "(말의 상을 잘 보는)백락이 말의 고장인 기북 지방을 한 번 지나자, 말 떼가 마침내 텅 비게 되었다고 한다.[伯樂一過 冀北之野 而馬群遂空]"에서 유래한다.

130) 우애로운 : 원문의 '상체(常棣)'는 우애 있는 형제를 말한다. "아가위 꽃 그 꽃송이 울긋불긋 아름답네. 오늘의 모든 사람 중에 형제보다 좋은 건 없네.[常棣之華 鄂不韡韡 凡今之人 莫如兄弟]"에서 온 말이다.(『詩經』「小雅, 常棣」)

131) 효성스러운 : 원문의 '백화(白華)'는 효성스러운 후손을 말한다. 소철(蘇轍)의 "백화시는 효자의 결백함을 노래한 것이고,[白華 孝子之潔白也]"에서 온 말이다.(『詩集傳』)

132) 후학 : 원문의 '아자(蛾子)'에서 개미처럼 열심히 학문하는 생도를 말한다. "개미는 수시로 흙을 물어 나르는 일을 배워 익힌다.[蛾子時術之]"에서 온 말이다.(『禮記』「學記」)

133) 은거 : 원문의 '구(癯)'는 구선(癯仙)으로 산수(山水) 사이에 은거하는 은자를 말한다. 한(漢) 나라 사마상여(司馬相如)가 일찍이 천자(天子)에게 "역대 신선들이 서로 전해가면서 산택 사이에 거주한 이들은 형용이 몹시 파리하나니, 이것은 제왕이 하고자 하는 신선이 아닙니다.[列仙之傳居山澤間 形容甚癯 此非帝王之仙意也]"에서 유래한다.

만년에 이루신 업적	桑楡晩業
한 책의 『주역』이었네	一部羲易
상을 보고 변화를 음미하니	觀象玩變
문득 얻음이 있었네	怳然有得
감히 찬술한 것이 아니라	非敢撰述
식견을 대강 풀이하고서	粗解咫識
알아주지 않아도 성내지 않고134)	不知不慍
취향135)으로 달아났네	遁于醉鄕
득실을 마음에 두지 않으니	忘懷得失
궁액에도 무엇이 속상하랴	窮厄何傷
나의 옷은 화려하고	我衣之華
나의 패물은 빛이 나네136)	我佩之光
눈 내리는 날 섬계로 배 타고 가니137)	剡溪雪棹
흥을 타고 높이 날았네	乘興翺翔
어찌하여 묵은 병으로	如何昔疾
마침내 돌아가시게 되었는가	竟至不淑

134) 알아주지 …… 않고 : 원문의 '부지불온(不知不慍)'은 자신의 의지를 흔들리지 않고 유지함을 말한다. "남이 알아주지 않더라도 화내지 않으면 그 또한 군자가 아닌가.[人不知而不慍 不亦君子乎]"에서 유래한다.(『論語』「學而」)

135) 취향 : 술에 취하여 온갖 시름을 잊고 지내는 별천지의 세계를 말한다. 당(唐) 나라 왕적(王績) 「취향기(醉鄕記)」의 "완적과 도연명 등 수십 인이 함께 취향에서 노닐다가 죽을 때까지 돌아가지 않고 그 곳에서 죽었다. 중국 사람이 주선이라고 여겼다.[阮嗣宗 陶淵明 等十數人 並遊於醉鄕 沒身不返 死獘其壤 中國以爲酒仙]"에서 온 말이다.

136) 나의 …… 나네 : 군자의 덕과 재능이 저절로 드러남을 말한다. 당 나라 때 사부원외랑(祠部員外郞)인 육참(陸傪)이 흡주 자사(歙州刺史)로 가는 것에 대하여 많은 사람들이 부당하다고 눈물을 흘리며 송별하였다. 한유(韓愈)가 그를 위로하며 지은 「송육흡주참서(送陸歙州傪序)」의 끝에 붙인 시(詩)의 "나의 옷은 화려하고 나의 패물 빛이 나네.[我衣之華兮 我佩之光]"에서 유래한다.

137) 눈 …… 가니 : 원문의 '섬계설도(剡溪雪棹)'는 벗을 그리워하는 마음을 실천으로 옮기는 것을 말한다. "진 나라 왕자유가 산음에 살 때 밤에 큰 눈이 내렸다. …… 문득 대안도가 생각났는데, 당시 안도는 섬계에 있었다. 바로 밤에 작은 배를 타고 밤을 지새워 도착하였다. 문에 이르러 앞으로 나아가지 않고 돌아오니 어떤 사람이 그 이유를 물었다. 왕자유가 말하였다. '내가 본래 흥에 겨워 왔다가 흥이 다하여 돌아가는 것이니, 대안도를 보아 무엇 하겠는가.'[王子猷居山陰 夜大雪 …… 忽憶戴安道 時戴在剡 卽便夜乘小船就之 經宿方至 造門不前而返 人問其故 王 曰吾本乘興而行 興盡而返 何必見戴]"에서 유래한다.(『世說新語』「任誕」)

고을에는 선진[138]이 없어졌고	鄕無先進
가문에는 훌륭한 이를 잃으니	門失長德
알건 모르건	知與不知
듣는 사람들의 슬픔 더하네	聞者增愴
나처럼 모자란 사람이	淳也無似
더욱이 어찌 잊을 수 있으리오	尤何可忘
예전 갑오년에	昔歲青午
저를 사위[139]로 맞아주셨네	賓我東床
저를 자식처럼 여기시고	視我如子
제게 문장을 짓게 하시니	課我詞章
정이 깊은 장인과 사위였고	情深舅甥
의가 중한 스승과 제자였습니다	義重師生
어려서 부모를 잃었기에	孤露之餘
기뻐하고 의지하며 우러렀네	竊喜依仰
아! 지난 날의 자취여	嗟嗟往塵
말하려니 먼저 눈물 흐릅니다	欲言先涕
청산의 외로운 무덤	青山孤塚
두견새[140]는 어디에 있나	杜宇何處
때때로 나아가 절하면	有時趍拜
마주한 듯 목이 메입니다	相對嗚咽
지난 해 여름에	昨歲維夏
공의 병환에	公諐其節
늦게서야 겨우 안부 여쭈니	晩始候問

138) 선진 : 훌륭한 선배를 말한다. "선진들이 예악에는 촌스럽고 후배들은 예악에 군자이다. 만약에 쓴다면 나는 선진을 따를 것이다.[先進於禮樂 野人也 後進於禮樂 君子也 如用之 則吾從先進]"에서 온 말이다.(『論語』「先進」)

139) 사위 : 원문의 '동상(東床)'은 사위를 말한다. 태위인 극감(郄鑒)이 왕도(王導)의 문하(門下)에서 사윗감을 구하였다. 심부름간 이가 "한 사람만은 모른 체하며 동상(東床)에 배를 드러내고 밥을 먹고 있습디다.[惟一人 在東牀坦腹食 獨若不聞]'하고 하자, 그를 사윗감으로 맞이한 고사에서 유래한다.(『晉書』「王羲之傳」)

140) 두견새 : 원문의 '두우(杜宇)'는 두견새를 말한다. "두우는 두주라고도 한다. 하늘에서 내려왔는데 망제라 불렀다. 농사를 좋아하였고 비성을 다스렸다. 뒤에 망제가 죽자 그의 혼은 새로 변하였는데 이름을 두견이라고 한다.[杜宇又曰杜主 自天而降 稱 望帝 好稼穡 治郫城 後望帝死 其魂化爲鳥 名曰杜鵑]"에서 온 말이다.(『成都記』)

저를 침상 곁으로 당기셨네　挽我床側
오직 인을 믿었기에　惟仁是信
오래도록 만수무강을 빌었다네　遐祝無疆
이윽고 돌아간다 말씀드리니　俄乃告歸
공은 마음으로 섭섭해 하셨네　公心卽愴
어찌 알았으랴 이 이별이　那知此別
바로 영결이 될 줄을　乃是永訣
부고를 받고 통곡을 하니　承訃痛哭
내 마음 누가 알아주랴　我懷誰知
마귀의 장난질에　只緣魔戲
사정이 모두 어그러졌습니다　情事俱虧
겨울부터 봄까지　自冬至春
나의 문상이 어찌 늦었던가　我唁何遲
기대를 저버림이 이러하니　辜負至此
부끄러워 이마에 땀이 납니다　靦然顙泚
무덤[141]을 장차 다지니　佳城將築
곧 상여에 멍에하리라　乃駕靈輀
오늘 밤 공을 보내며　送公今夕
무엇으로 위로를 할까요　何以慰之
오직 자손들은　惟是兒孫
옥수요 경지로다[142]　玉樹瓊枝
이후에 있을 보답　異時食報
이들에게 있을 것입니다　政在於斯
한 잔 맑은 술로　一盃靑醪
간략히 정성을 아뢰니　畧陳悃愊
존귀하신 영령께서 아신다면　尊靈有知

---

141) 무덤 : 원문의 '가성(佳城)'은 무덤을 말한다. 한(漢) 나라 등공(滕公)이 말을 타고 가다가 동도문(東都門) 밖에 이르자 말이 울면서 앞으로 나아가지 않은 채 발로 오랫동안 땅을 굴렀다. 사졸(士卒)을 시켜 땅을 파 보니 깊이 석 자쯤 들어간 곳에 석곽(石槨)이 있고, 거기에 "가성이 울울하니, 삼천 년 만에야 해를 보도다. 아! 등공이여, 이 실에 거처하리라.[佳城鬱鬱 三千年 見白日 吁嗟 滕公居此室]"에서 온 말이다.(『西京雜記』)

142) 옥수요 경지로다 : 귀한 집의 재주 있는 사람이니 남의 집 자손을 높여 부르는 말이다.

바라건대 강림하시어 흠향하소서 庶幾歆格

서산인瑞山人 유상익柳相翼

아! 공은 궁벽한 곳 쇠잔한 문중門中에서 태어나 일찍이 한 명命조차 받지 못하였네. 위로는 조정에 드러나고 아래로는 저자거리까지 미쳐서 모두 그 시詩를 외우고 그 이름을 알았네. 다만 세상의 덧없는 영화는 개미집 같은 부귀와 신기루[143] 같은 번화繁華에 불과하니 어찌 많지 않겠는가? 아! 군자君子는 부富를 사양하며 열사烈士는 이름을 따라 죽는다. 그렇다면 예전에도 넓고 큰 문장력을 지니고 비록 평생 궁하고 근심스럽게 살았지만, 능히 죽은 뒤에 영광을 누린 분은 많았네. 굴송屈宋[144]은 사부詞賦에 있어 조종祖宗이면서 근심하였으며, 한류韓柳[145]는 서전序傳에 있어 으뜸이면서 궁하였으며, 이두李杜[146]는 시에 있어 공교로웠으면서 관직 또한 낮았네. 당세의 부귀富貴와 번화繁華한 것이 어찌 한계가 있었는가? 지금 천백 년 뒤에 부賦짓는 자, 서序짓는 자, 시詩 짓는 자가 모두 여섯 군자를 으뜸으로 친다네. 공의 평생을 관찰하면 저술들 중에 정액精液은 『시경詩經』·『서경書經』·『역경易經』·『춘추春秋』이며, 영화榮華는 시詩와 부賦 그리고 염락濂洛[147]이며, 법도는 한류韓柳에게서 나왔으며 활발한 기교는 이두李杜에게서 얻었네. 지금은 비록 공이 영화롭다고 말하지 못하지만, 예전 일로써 지금을 보면, 지금 이후로 반드시 헤아리지 못할 중요한 자리에 있는 자가 오직 공으로 법法을 외울 것이네. 그러니 괴로운 지경에 떨어져 지낸 것이 도리어 연이어 제학提學이 된 것과 한림원翰林院에서 문장을 짓는 일보다 낫지 않겠는가? 내가 이로써 명명冥冥한 곳에 계시는 공을 위로하니, 어찌 반평생 골몰하는 제가 다시 쓸데없이 구구區區하게 말할 수 있겠습니까? 밝으신 존령尊靈이시여! 바라건대, 저의 술잔을 받아 강림하소서. 아! 아프도다.

---

143) 신기루 : '신루(蜃樓)'는 신기루(蜃氣樓)를 말한다. 바다 위나 사막에서 기온의 이상한 분포 때문에 광선이 굴곡하여 먼 데 물체가 거꾸로 보이는 현상이다.

144) 굴송 : 전국 시대 초(楚) 나라의 불우했던 시인 굴원(屈原)과 그의 제자 송옥(宋玉)의 병칭이다.

145) 한류 : 당대(唐代)에 고문가(古文家)로 명성이 높았던 한유(韓愈)와 유종원(柳宗元)을 말한다.

146) 이두 : 당대(唐代)의 대표적인 시인이었던 이백(李白)과 두보(杜甫)를 말한다.

147) 염락 : 염락관민(濂洛關閩)의 준말이다. 염계(濂溪)의 주돈이(周敦頤), 낙양(洛陽)의 정자(程子), 관중(關中)의 장재(張載), 민중(閩中)의 주자를 통칭한 것으로, 곧 송대의 성리학을 뜻한다.

행장行狀

선생先生은 휘諱가 사경思敬이며 자가 경부敬夫인데, 이계耳溪가 그 호號이다. 장씨張氏의 세계世系는 인동仁同에서 나왔다. 고려高麗 상장군上將軍[148] 휘諱 금용金用이 그 시조始祖이다. 고려 쇠퇴기에 낭장郎將[149] 휘諱 표彪가 있었는데, 흥해興海로 피신하였다. 휘諱 을제乙濟를 낳으니 처음으로 조선朝鮮에서 벼슬하였다. 네 명의 아들과 세 명의 사위를 두었는데, 동시에 벼슬에 오르니 칠인정七印亭이 있다고 한다. 조부祖父는 휘諱가 달삼達三이다. 부친父親은 휘諱가 운한雲翰이며 호號는 외암畏菴이다. 대산大山[150] 선생의 문하門下에 유학하여 문학文學으로 알려졌다. 모친母親은 청안淸安 이씨李氏 귀징龜徵의 따님이다. 영조英祖 병자년[1756] 5월 어느 날 공을 낳았다.

타고난 자품姿品이 빼어나고 남달랐으며 배우러 나아가서는 날로 수백의 말을 외우니, 사람들이 모두 기특해하며 사랑스러워하였다. 앞서 조부祖父 처사공處士公이 오천烏川에 우거寓居해 살았는데, 부친父親께서는 오천이 거칠고 궁벽하여 아이를 기를 수 없는 곳이라고 생각하고는, 마침내 마음을 결정하여 돌아와 이계耳溪에 자리 잡아 집을 지었다. 이 때 공의 나이 겨우 9세였는데 시를 지었다.

백 년을 살아온 선대의 고을	百年先墓邑
아홉 구비 예전 강이 흐르네	九曲古江州

---

148) 상장군(上將軍) : 2군 6위의 우두머리로 정3품이다.

149) 낭장(郎將) : 2군 6위의 정6품 무관 벼슬이다.

150) 대산(大山) : 이상정(李象靖, 1711~1781)의 호이다. 자는 경문(景文), 본관은 한산이다. 1735년에 문과에 급제하여 연일 현감(延日縣監)을 지냈다. 학문에 전념하며 거듭된 나라의 부름에 나아가지 않았다. 저서는 『대산집(大山集)』·『리기휘편(理氣彙編)』·『제양록(制養錄)』·『퇴계서절요(退溪書節要)』·『사례상변통고(四禮常變通考)』·『병명발휘(屛銘發揮)』 등이 전한다.

귀를 씻은[151] 시내가 어디인가　洗耳溪何處
봄이 무르익은 산길은 느긋하네　春長山路悠

그 뜻이 오히려 구차苟且하지 않았다. 이 해에 『소학小學』과 『대학大學』을 배워 읽었는데, 글의 뜻을 깨우쳐 풀이하니 대부분 동료들이 미치지 못하는 것이었다. 하루는 모부인母夫人께서 탄식하며 말하였다. "학문은 차분하게 오로지 함이 제일인데, 너에게 길쌈하는 등불 아래에서 책을 읽게 하는 것이 전일專一하게 하지 못할까 염려되니 한스러워할 만하다." 공이 말하였다. "가난은 선비의 일상입니다. 어찌 해가 되겠습니까." 일찍이 『맹자孟子』를 읽다가 '방심을 구한다[152]'는 장章에 이르러 갑자기 위연喟然히 탄식하며 말하였다. "성현의 가르침은 모두 긴요하게 사람을 위하는 곳이다." 이때부터 마음을 알아가는 공부에 뜻을 오로지 하면서 문사文詞를 숭상하지 않게 되었다.

정해년[1767] 가을 동향同鄕의 여러 사람들이 향해鄕解[153]에 입격하였다. 부친께서 말하였다. "지금 국가가 공령功令[과거에 사용하는 시문]으로 선비를 취하니 우선 시무時務를 따라 어버이를 기쁘게 하는 바탕으로 삼는 것이 좋지 않겠느냐?" 공이 뜻을 굽혀 힘써 따르니 울연蔚然히 명성이 있었다. 일찍이 부친의 명으로 최 농수崔農叟[154]에게 배움을 청하였다. 농수가 말하였다. "내 비록 나이가 자네보다 다소 많지만[155] 어찌 스승으로 자처할 수 있겠는

---

151) 귀를 씻은 : 세이(洗耳)는 청절을 지켰음을 말한다. 요(堯) 임금 때의 은사인 허유(許由)와 소부(巢父)의 고사에서 유래한다.

152) 방심을 구한다 : '구방심(求放心)'은 욕망에 물든 마음을 닦아 본연의 순수함을 회복하는 것을 말한다. "학문의 도는 다른 것이 아니라 그 놓은 마음을 구하는 것일 뿐이다.[學問之道 無他 求其放心而已]"에서 유래한다.(『孟子』「告子」)

153) 향해(鄕解) : 과거는 크게 소과(小科)와 대과(大科)로 나눈다. 소과는 다시 1차 시험에 해당하는 초시(初試) 그리고 2차 시험에 해당하는 복시(覆試)로 나뉜다. 『경국대전(經國大典)』에 따르면 초시에서는 700명을 뽑아 식년(式年, 子·卯·午·酉) 2월이나 3월에 서울로 모아 다시 복시를 실시하여 100명을 뽑아 성균관(成均館)의 입소(入所)를 허가하였다. 여기서 향해는 소과의 초시에 해당한다.

154) 최 농수(崔農叟) : 최천익(崔天翼, 1710~1779)의 호이다. 자는 진숙(振叔), 본관은 곡강(曲江)이다. 1750년 진사에 입격하였다. 문장에 출중하여 명성이 높아 관찰사(觀察使)가 지방순시 때 그의 집을 방문하였다. 저서는 『농수고(農叟稿)』·『농수집(農叟集)』이 전한다.

155) 나이가 …… 많지만 : '일일장호이(一日長乎爾)'는 스승이 제자에게 겸손해하는 표현이다. "내 나이

가." 무신년[1788]에 향해鄕解에 입격入格하니 부친께서 기뻐하며 말하였다. "너에게 시문時文을 가르치면서 참으로 오늘이 있을 줄 알았다." 공은 바로 산사山寺로 올라가 밤낮으로 게을리하지 않으며, 부친의 바람대로 하려고 하였지만 끝내 이롭게 여기지는 않았다. 기유년 겨울에 또 복시覆試에 참여하고[156] 돌아오지 못하였는데, 모부인께서 묵은 병으로 시험 치르는 날에 돌아가셨다. 공은 서둘러 달려와서 혼절하였다가 다시 깨어났다. 염습殮襲하는 절차에 더욱 힘써 스스로 다하고 다른 사람에게 맡겨 처리하지 않았다. 상복을 벗으니 부친께서 향리에서 뽑아 올리는 행차에 참여할 것을 재촉하였다. 공이 읍泣하며 대답하였다. "이 뒤로도 어버이를 영화롭게 모실 날은 오히려 많습니다. 어찌 차마 어머님께서 돌아가신 날에 과업을 다시 거행하겠습니까?" 부친께서 말하였다. "너의 성실한 효심이 이와 같으니 반드시 감응할 이치가 있을 것이다." 이 해 겨울에 과연 향시에 입격入格할 수가 있었다. 원근遠近의 고을 사람들이 모두 그 효심에 감응한 일이라며 칭송하였다고 하더라. 그 뒤 여러 차례 입격하고 낙방하였다. 돌아오는 길에 함창咸昌을 들르니, 지현知縣 이병운李秉運[157] 공이 선대의 인연을 추억하며 시를 지어 주었다. 공이 말하였다. "예전 우리 선군先君께서 논어 한 책을 선선생先先生[158]께 받아 읽음에 토를 달아 내려가시던 소리가 오히려 의연依然한 듯합니다. 그러나 돌아보건대, 저는 늦게 태어나 모시지[159] 못하였으니 한스럽습니다." 호와好窩 정경鄭炅·소수재疏水齋 류인복柳寅福과는 좋은 벗을 맺어 오래도록 왕복하며 서로 매우 돈독하게 지냈다. 또 남려南廬·동산東山 등 여러 어른들과 오도烏島에 배를 띄워 소장공蘇長公[160]이 행한 적벽赤壁의 놀이를 하였는데, 해가 같은 병자년[1816]이었기 때문이다.

가 다소 너희들보다 많다하여 나 때문에 어려워하지는 말라.[以吾一日長乎爾 毋吾以也]"에서 유래한다.(『論語』「先進」)

156) 복시에 참여하고 : 준(雋)은 소과의 초시에 입격하고 복시에 응시할 수 있는 자격을 부여받은 이를 말한다.

157) 이병운(李秉運) : 정조 때 문신으로 호는 면재(俛齋), 본관은 한산(韓山)이다.

158) 선선생(先先生) : 대산 이상정을 말한다.

159) 모시지 : 구의(摳衣)는 스승에게 나아가 강론을 듣는 것을 말한다. "옷자락을 추어올리고 구석을 향해 종종걸음으로 가서 앉고, 반드시 응대를 삼가서 해야 한다.[摳衣趨隅 必愼唯諾]"에서 온 말이다.(『禮記』「曲禮」)

160) 소장공 : 동파(東坡) 소식(蘇軾)에 대한 경칭이다.

한 동생이 젊어서 원통하게 죽으니 자식을 기르는 부모님의 슬픔을 제대로 생각하여[161] 침석枕席에서는 눈물이 마를 날이 없었지만, 오히려 어버이를 기쁘게 해드리는 일에 힘을 쏟아 서글픈 낯빛을 지은 적이 없었다. 또 어린 아들의 재주가 매우 뛰어나 사람들이 양오揚烏[162]에 견주었는데, 바닷가의 풍토병으로 일찍 죽었다. 공이 오래도록 애타게 그리워하다가 광지壙誌[163]를 지어 슬픔을 표현하였다. 설파雪坡 손공이 시를 지어 공에게 주었다.

자식[164]은 마땅히 효를 다해야 하지만	哺烏宜盡孝
부모[165]는 슬픔을 함부로 다 말하겠는가	舐犢敢言悲

공公이 바로 척연戚然히 깨닫고는 이어서 포오시哺烏詩를 지어서 스스로 노력하였다.

신미년[1811]에 부친께서 술을 마시고 병을 얻어 날로 위중해졌다. 당시 날씨가 차서 얼음이 얼어 있었는데, 공은 얼음을 갈라 알몸으로 목욕을 하고는 연이어 밤에 기도를 하였다. 또 변이 쓴지 단지를 맛보기를 항상 그렇게 하였다. 초상을 당하자, 너무 슬퍼하여 거의 몸을 지탱하지 못할 지경이 되었다. 이후 종신토록 술을 가까이 하지 않았다. 이어서 벼슬길에 미련을 버리고 더욱 고인古人의 학문에 뜻을 두었다. 날마다 『중용中庸』·『대학大學』·『심경心經』·『근사록近思錄』 등의 책을 취하여 침잠하여 강구講究하였다. 항상 말하였다. "도道는 고원高遠한 것이 아니고 단지 이륜彝倫이 날로 쓰여지는 사이에 있다." 더욱이 학생들을 격려하고 이끌어줌

---

161) 제대로 생각하여 : 극념(克念)은 제대로 생각하는 모습을 말한다. "성인이라도 제대로 생각하지 않으면 광인이 되고, 광인이라도 제대로 생각하면 성인이 된다.[惟聖罔念作狂 惟狂克念作聖]"에서 온 말이다.(『書經』「多方」)

162) 양오 : 한(漢) 나라 양웅(揚雄)에게 양오(揚烏)라는 아들이 있었는데, 매우 총명하였으나 아홉 살에 요절하였다.

163) 광지 : 권2의 광명(壙銘)을 말한다.

164) 자식 : 포오(哺烏)는 자식이 장성한 뒤에 부모에게 효도하여 은혜를 갚는 것을 말한다. 까마귀 새끼가 장성한 뒤에는 먹이를 물어다가 늙은 어미를 먹여 주어 은혜를 갚는다는 고사에서 온 말이다.

165) 부모 : 지독(舐犢)은 자녀를 몹시 사랑하는 부모의 애정을 말한다. 위(魏) 나라의 양수(楊修)가 일찍이 조조(曹操)에게 죽임을 당하였다. 뒤에 조조가 양수의 아비인 양표(楊彪)에게 왜 그토록 야위었느냐고 묻자, 양표가 대답하기를 "김일제와 같은 선견지명이 없었음은 부끄러우나 아직도 늙은 소가 송아지를 핥아 주는 애정만은 품고 있기 때문입니다.[愧無日磾先見之明 猶懷老牛舐犢之愛]"에서 온 말이다.(『後漢書』「楊震列傳」)

으로 자신의 임무를 삼아 종일 권하고 감독하기를 각각 그 재질才質을 따라 하니 점점 성취하는 이가 있게 되었다.

선조先祖를 섬기는 일에는 정성과 공경을 갖추어 지극하였으며, 사람을 대접하는 일에는 멀고 가까움으로 차별을 두지 않았다. 비록 천한 종들이라도 작은 잘못으로는 꾸짖지 않았다. 정축년[1817]에 묵은 병으로 고생하니 손님과 벗들 중에 와서 병문안하는 이들이 계속 이어졌다. 문제자門弟子들이 가려 맞을 것을 청하니 공이 말하였다. "그만두어라. 내가 스스로 이를 즐기니 번거롭지는 않다." 이어서 제생諸生들을 돌아보고 말하였다. "내가 다하지 못한 빚이 있다." 입으로 「삼십육궁위송三十六宮偉頌」을 불러주어 적게 하고는, 마침내 유연悠然히 세상을 떠났다. 향년 62세였다. 오천현烏川縣 북쪽의 굴암屈巖의 남향南向의 언덕에 자리 잡아 장사를 지내니 선영先塋을 따랐다.

배配 경주慶州 진씨陳氏는 처사 순속舜續의 따님이다. 공보다 먼저 돌아가시니 공과 합폄合窆하였다. 아들은 응벽應壁이다. 딸 둘은 손성필孫星弼·김순金淳에게 시집보냈다. 손자는 심학心學인데 부사府使를 지냈다. 나머지는 기록하지 않는다.

아! 공이 초옥에서 궁핍하게 지냈기에 비록 기록記錄할 만한 공적은 없지만 그 잠심하여 닦은 공功과 홀로 선히 한 행실은 대략 유집遺集에 보이니 오히려 살펴 알 수 있다. 일찍이 상수象數의 묘함을 지극히 궁구하여 『주역周易』을 밝힌 도圖가 있으며, 전모典謨[166]의 의리를 탐구하여 『서경書經』을 밝힌 해解가 있다. 베개와 안석에 잠箴을 하여 수신修身·제가齊家의 도道를 다하였으며, 칼에 명銘을 하여 그 살피고 검속하는 경계를 이루었다. 농서農書 한 책은 이해를 조목조목 이야기하고 편의를 일일이 열거하니 나라를 경영하고 백성을 여유롭게 하는 도움이 있다고 할 만하다. 비록 현대부縣大夫의 부탁 때문에 지은 것이지만, 공의 평소의 경륜을 어찌 속유俗儒들이 미칠 수 있겠는가?

어느 날 공의 종증손자從曾孫子인 익홍翊弘군이 유사遺事를 가지고 수백리 길을 지나 나를 찾아와 편차를 매겨 줄 것을 청하였다. 돌아보면, 내가 늙고 거칠어 감당할 수가 없지만, 익홍군이 멀리서 찾아온 정성이 사람으로 하여금 감동하게 만들었다. 내가 마침내 병을 무릅쓰

166) 전모(典模) : 『서경』의 「요전(堯典)」·「순전(舜典)」·「대우모(大禹謨)」 등의 글이다. 성인의 가르침을 말한다.

고 살펴보고 편차하여 기록함이 이상과 같으니 문장가의 가려 택함을 기다린다.

전 행의금부行義禁府 도사都事 문소인聞韶人 김도화金道和는 삼가 지었습니다.

이 책은 이계耳溪선생의 일고逸稿이다. 선생은 총민하고 빼어난 자품으로 애써 부지런히 하여 문장을 닦는 공부를 더하였다. 외암畏菴[167] 선생에게서 호상湖上[168]의 실마리를 받들어 고인古人의 학문하는 방법을 들을 수 있었다. 날로 생도生徒들과 지결旨訣을 교수敎授 받으니 빈빈彬彬[169]하게 아름다운 성취가 많았다. 과거에 쓰이는 문에도 모두 힘을 쏟아 곧 어느 정도의 공工을 얻으니 소문이 원근에 알려졌다. 일찍이 소과小科에 참여하여 자주 입격入格하기도 하고 자주 떨어지기도 하자, 이에 위연喟然히 탄식하며 말하였다. "이는 명命에 달린 것이지 지력智力으로 구할 수 있는 일이 아니다."

날로 『중용中庸』·『대학大學』·『심경心經』·『근사록近思錄』 등의 책을 침잠하여 강구하였다. 항상 말하였다. "도道는 고원高遠한 것이 아니고 단지 이륜彝倫이 날로 쓰여지는 사이에 있다." 후학을 장려하여 나아가게 하는 일로 자임自任하였다. 이웃 고을에서 책 상자를 지고 오는 자가 날로 문을 메우니 이로부터 명성이 지방에 퍼져 나갔다. 더욱 상수象數의 학문에 공을 쏟아 『주역』에 「효단도설爻彖圖說」이 있으며, 『서경』에 「전모집해典謨集解」가 있으니, 그 홀로 이른 공과 정밀한 업業은 세상 사람들이 알 수 있는 것이 아니었다.

아! 선생의 재주와 학문으로 끝내 궁벽하고 적막한 시골에서 늙어 돌아가시니 하늘의 뜻은 알 수가 없다. 만약 성대盛大한 운運을 만나 예문관의 사이에 놓였다면, 그 성취한 것이 어찌 한갓 이러한 지경에 그쳤겠는가? 서반관書班筦으로 높은 관직에 올랐을 것이니 더욱 안타까울 뿐이다.

정미년 상한上澣에 영해寧海 신재석申在錫은 삼가 기록합니다.

---

167) 외암 : 이계선생의 부친이신 장운한(張雲翰)을 말한다.

168) 호상 : 대산선생이 살았던 소호리를 말한다.

169) 빈빈(彬彬) : 내용과 형식이 적절하게 어울린 군자를 말한다. "바탕이 꾸밈을 이기면 촌스럽고, 꾸밈이 바탕을 이기면 겉치레만 잘하니, 꾸밈과 적절히 어울린 뒤에야 군자이다.[質勝文則野 文勝質則史 文質彬彬然後君子]"에서 유래한다.(『論語』「雍也」)

이계선생문집 耳溪先生文集

색인

색 인

가나다 순

(ㄱ)

(ㄹ)

(ㅁ)

(ㅂ)

(ㅅ)

(ㅇ)

(ㅈ)

(ㅊ)

(ㅋ)

(ㅌ)

(ㅍ)

(ㅎ)

이계선생문집 耳溪先生文集

영인본 影印本

目次

耳溪先生文集 卷之二

書

耳溪先生文集 卷之三

艮上離下……五九
艮上坤下……五九
坤上震下……六〇
乾上震下……六〇
艮上乾下……六一
艮上震下……六一
兌上巽下……六二
坎上坎下……六二
離上離下……六三
兌上艮下……六三
震上巽下……六四
乾上艮下……六四

震上乾下……六五
離上坤下……六五
坤上離下……六六
巽上離下……六六
離上兌下……六七
坎上艮下……六七
震上坎下……六八
艮上兌下……六八
巽上震下……六九
兌上乾下……六九
乾上巽下……七〇
兌上坤下……七〇

耳溪先生文集 卷之四

耳溪先生文集 卷之五

耳溪先生文集序

士之立於世也讀書窮經
將以致用也而有不能然者特
不幸焉耳雖非所以加損於
其人而後之尚論者安得無憾
道之憾耶余以所聞耳溪張
先生以清明之姿生畏菴之

庭小少薰染專意誦讀以
詩書論孟爲基本以心經近
思爲階程蓋孳孳闇修之功六
十載如一日當時師友之間已
以畏友稱焉蓋畏菴少嘗從
晩悔先生之門親承旨訣作
爲緖源之訓則其之得於家

庭者非純正之學殆其具之
纖列體以悦欽爲多彌纖畢備
淵之節發揮於經書之間始
而又窮之不懈泳灘之涉奇
星母勿而仍療作僧之外求人
信其孝鄉里服其識則有子
而謂本立而道生者諒不虛

彰也其稟秀之美如是勉學
之篤如是由紛之純又如是而
卒之白首窮經無聞而終
蓋亦不幸之一耳雖然缺至
書是以知其人今以遺集缺之
書傳有細易象有圖究極
字理探之原抱几有銘刀銘有

詩以致其省括之功衆章一篇
莫非生民之日用而並入於奎閣
之藏列是皆足以不朽不泯矣夫
豈有不幸之憾乎今因公之
從曾孫翊弘氏之請敘書以識
感自附於闡幽之章云爾

丙午寒露節通仕郎行

義禁府都事閔韶金道和謹
序

耳溪先生文集目錄

卷之一

詩

卷之二

書

雜著

序

記

銘

論

耳溪先生文集目錄終

耳溪先生文集卷之一

詩

閑中戲題

世間閑漢孰如吾除却哦詩一事無東市魚鹽謀野
媼西疇稼穡聽家奴水竹成村猶不俗圖書滿壁未
全孤吏人不識翁何與時遭官家急索租

觀太極圖有感

無極玄機指掌看昭然劈破混淪間是非千古猶無
定蔥嶺工夫幾象山

睡起

會事春風八草堂披離散帙不成行夢裏不知何事
做午陰移度石榴牆

水東流

昨日水東流今日水東流水東流不曾晝夜舍上有
源泉混混也所以吾仲尼在泉歎逝者勉哉諸君子
盍觀行潦水八月潦雨集行人不能涉無源詎久持
其涸可立知觀於海者難爲水聖訓洋洋善取比皇
天生我大丈夫舜何顏何爲則是孶孶宜勿失孶孶
當不已蛟龍魚鼈生於海一勺之多成其大青春不我
留胡爲悠悠泛泛而浪遊有本者如是君不見東流

水

集古吟謾次感興詩韻

上古包犧氏示我乾坤廣乾坤旣設位日月自來往
畫前元有易聖人已俯仰縱橫鳥獸文錯落星宿朗
偶爾觀龍圖豁然開象罔重重混淪門洞若視諸掌
天地元氣盛平陽日方中五十年太平一歛字始終
浮雲太虛過王燭四表同洗耳問何人此語謾驚聾
重華繼而作七政聽璇璣玄德著陶漁淵潛又天飛
底豫定天下大哉孝無違九韶協神人鳳鳥亦覽輝
帝德旣廣運道心要徹微君看兩階舞七旬有苗歸
絳水昔有警塗山聖人出八年不窺家益稷恭趨役
巢窟拯群生楫航控萬國文命敷四海玄圭告功畢
徽聖吾其魚江山尊禹跡天乃錫洪範四表立皇極
一治又一亂夏室竟陵夷天命自靡常人心亦易離
後后曰其蘇湯降實在玆出見張網祝下車爲漣洏
初征自仇餉萬邦恭執珪阿衡實左右君民堯舜爲
苟微時雨降塗炭正堪悲躋敬逐達中一德臨萬幾
適駿我文王四國之紀綱罝兔干城在卜能輔弼良
高山有夷行先緒纘踰梁至德服事商於乎顯其光
虞芮質厥成不敢争其疆于彼梧桐樹鳳集翽翽翔

金玉以爲相彼羨兮西方穆穆純不已燕天厥後昌
宣哲又文武其道一弛張君看日昃食恤民視如傷
上帝乃西眷篤慶肙命封武烈承文謨匪無堯舜風
聖人豈得已獨夫肆其凶糟堤繞脯林銅柱復崇崇
赫然按旄鉞奉命畏蒼穹甲子一清明武成告厥功
八百不期會可見心至公歸馬華山陽垂衣坐雍容
云何首陽山獨立採薇翁歸來訪箕子九疇啓羣蒙
周公兼三王文物郁有光損益二代樂心衡幾低昂
流言嗟罔極聖人不幸當天啓金縢篇東郊袞衣煌
更有朱絃瑟鏗鏘清廟傍春秋稱皇國周禮盡東方

猗歟吾夫子不可以尚已四時備元氣萬古立人紀
一轍扶多陽木鐸鳴不止祖述堯舜道能言夏殷禮
鳳去河不圖欲桴滄溟水一部魯春秋尊嚴素王軌
夫子一太極文言煥乾坤文王繼云没天不喪斯文
吾道付逝川不舍晝夜奔詩書詔來學刪述聖軌存
宮墻仰彌高何人得其門勿言力不足慥慥學彌敦
顔氏子庶幾終日坐如愚如愚終不愚其心實若虛
豈惟實若虛又復有若無克己爲仁效天下一日趍
何以臥陋巷聖轍方在途欲知爲邦意請質魯論書
曾氏以魯得吾身日三省嚴如十手指愼獨思尚絅
任重道又遠極力復馳騁孔門好心法大學三綱頎
及到淵水際心與孤燭炳吾道一以貫畢竟入其境
思聖作中庸萬殊歸一根不聞不覩地常常戒懼存
指證鳶魚詩破人心目昏寂然未發處誰探萬化源
偉哉鄒孟氏巖巖若泰山廓掃功利說剖示義理關
世降王春暮緑花爲誰丹哀哉弈秋局遊心鴻鵠翰
平治舍我誰王道行非難世無魯繆公子思不能安
孔顔何事樂茂叔每令尋小庭梧桐晩虛牕竹色侵
極圖覷妙幾通書寓心眞聖遠言又湮憂道孰能任
山水動靜地風月灑落襟賴有先覺在珎重闢儒林

祥雲靄瑞日伯淳又顔淵道與天地通溥博而淵泉
觀物生意溢接人和氣先千載無眞儒隧緒幾縣縣
風雨五季後斯道復煥然花柳滿前川春風佳興牽
展也龍門翁規圓而矩方終日坐如睡門外風雪凉
師道貴尊嚴二子果升堂霜秋喬嶽立氣象肅而莊
馬圖親見義盤銘幾誦湯森嚴立科條學制又看詳
舍達皆如斯樵叟去何枉着取喫緊處魚躍鳶飛翔
伯仲於是出濂洛苑羣材天運屬休明文教得栽培
北海靑襟集西河絳帳開銘牖誰證頑擊壤翁打乖
珎重耆英社衣冠摠傑魁挽回三代風文物何彬哉

一八

天以子朱子復正詩書訛巋然砥柱立西江風浪多
苟微秉燭隨祭此長夜何淵源溯萬古武夷唱櫂歌
詩亡幾千年滄洲有雅言其言簡而密其旨莊而溫
詩教一以出百家絕啾喧斟酌運四序星斗建初昏
上述乾元天下至人物繁君看行舟詩性命有本原
壬戌早秋戲作曲江櫂歌十首聊發病中一
笑
金鰲山上儼仙靈山抱長江幾曲清箇裏悠悠無限
景形容得出櫂歌聲
一曲江邊欲放船蒼茫三海變平川源頭一路無尋
處溪濱長郊豆暮烟
二曲紅絲繫兩峯凌波仙女玉爲容笑他河伯留人
久貝闕珠宮鎖幾重
三曲中流自在船向來費力幾何年撐檣豈過興安
堞歌舞遺墟却可憐
四曲東西揔壯巖苔花無數碧氍毹瞻前顧後多佳
興奮在青天魚在潭
五曲雲屛幾疊溪丹崖翠壁靄佳林霽餘新月生寒
水想得千年灑落心
六曲人家臨碧灣長時無事閉柴關花明水綠尤奇

絕白鳥眠溪春晝閑
七曲漁磯傍急灘高靈山色入田看玉流添得前宵
雨散八灘勝幾路寒
八曲層巖左右開蒼然雲際鶴飛廻莫道崢嶸難立
脚泰山頂上有人來
九曲滄溟浩浩然鳳林浦口集羣川始從一勺多如
許極目無邊水接天
印亭雙溪九曲
檻外雙溪九曲流雙溪風物顯而幽世人欲識雙溪
樂須向雙溪最上頭
右雙溪

一曲丹崖繞碧灣閒雲流水杳茫聞松濤不是桃花
浪山外漁舟也自還
右下松溪
二曲飛泉瀉藥峯白雲多處秘仙蹤儒門不學偷生
術脫屣非難一往從
右藥水峯
三曲溪流勢漸長村多水竹野多桑雙槐咫尺餘陰
覆雨過庭蘭幾處香
右草谷
四曲西南碧數岑春來佳木蔚成林乃知濯濯非山
性莫遣牛馬日夕侵
右木嶺
五曲磨礱一石臺廉稜不受細錢苔溪林莫歎盤桓
久泰運無常往復廻
右盤泰洞

六曲山開兜率天新羅花雨一千年寺名安養今安
住慈海桑田亦可憐　右安養寺

七曲尋芳到水邊澄潭得月極圖圓繞汀春草皆書
帶今古溪山各有緣　右書堂麓

八曲沿溪路轉深山明洞豁正如心前程始信多奇
觀好是幽人向上尋　右正洞

九曲山高眼始開一川風月滿襟來源頭活水流無
滯且泛虛舟溯復洄　右性智洞

又十詠

一陰爲道根包得萬千景歲旱雨桑林無勞　聖主

禱　右禱陰山

東與嵎夷近蒼凉日浴波巨靈知有掌扶上太陽多
右對陽山

細着分合處吾道在其間潑動活天機陰陽不暫閒
右雙溪

闘說鹿門翁以安遺厥後誰知畎畝中相敬對夫婦
右西疇

欲訪廬山路緣何北渡爲方營橋此水未就已成詩
右石塘

先靈宛復臨怵惕如將見爲感弄雛誠開簾納乳鸞

此宜君子居我愛洞名好恨未拔其茅芳根也自老
右七印亭

右道藏洞

好是逸民居村如太古靜黃花君種不風雪我懷永
右士逸村

歲暮蒼髯古軒然長者風何如桃李樹灼灼媚園中
右澗畔松

流水徘徊處平鋪一面苔與君高枕好石上可同來
右洲前石

先亭拈韻得青字

先祖遺墟有是亭亭前某樹至今青盤渦水石琤鳴
瑟疊巘烟霞繞作屛細柳陰垂容駟巷脩篁影覆舞
班庭追惟孝友名齋義慚愧雲仍忝聚星

亭下築小潭仍賦一篇

靜對琴書欲洗心故教流水近亭陰浮紅岸勢來花
樹滴翠村容炫竹林盡淨沙痕由本性微鳴石竇有
清音欄外開田餘半畝明春料理一塘深

亭中偶吟

霽後山嵐得月先端倪呈露渾然天源源水花[illegible]
迥點點峯團洞壑圓暇日農談多忝徐良宵[illegible]話半

雲烟何由得遂誅茅計永與諸宗一枕聯

璿璣玉衡 壬子三月應製時入陶山

中何空洞外何圓度數分明在器天如舜工夫參造化能令日月此間旋

青藜杖 在匣中

山川元氣極純剛鍾得青藜九尺強談笑應揮邪說時有天主學輩杖兮斯世不宜蔵

巖棲軒

紫扉不向俗人開左樹梧桐右樹梅塘濶盖要雲影入墻低故爲水聲來巡簷起歎茅茨改八室翩疑杖屨陪惟有看書鳥几在摩挲終日不知田 先生讀書時誅茅之所以今改以瓦屋故詩及之

田路登清心樓

五十川窮得一樓呼兒秣馬必淹留天開炭勢春宜射地挾江寒夏或表已喜斜陽來牧笛翻思明月泛漁舟南方盖小臨觀羨如許風烟未易求

晩晴

村童曉起報新晴曬翅簷禽兩兩鳴繞壁添丹秋樹嫩滿簾凝翠曉山明林經積雨微生影灘得飛流轉有聲入夜書齋通霽月一般灑落古今情

戊辰端午與良洞諸益會話南塵分雅頌韻得嶺字

菴在源泉南清凉一佳境廬山之火林會稽之峻嶺洞府奥而曠五月衣裳冷鏗瑲水石響杈枒花竹影啣桃黃鳥肥流音助清景客從江左來逍遙今夕永乘興雪棹扣辦遊夜燭秉東都士冀北騏驥喜馳騁中有南廬友行年較乙丙嶷然古家風使人冠襟整良玉仰席珍零金愧沙礦瀨泉却煩惱聞鍾發深省踈簾納爽氣主翁覺惺惺牙絃流水轉謝榻青山靜惆悵好翁去吾鄉一不幸

閑中念會中諸益所得分韻戲賦六首聊以自慰兼供一笑

借問此何時邂逅端陽夕端陽是令節此日足可惜金柅貞且吉五陽一陰畫田文此日生門有三千客屈原此日逝江南競渡舶漢時長命縷繫臂去瘟疫楚人浴蘭湯蘭湯毒氣辟唐俗造粉團戲以角弓射萬戶垂楊裏風送秋千索此日雖虛度清遊自古昔泉石君所愛烟霞我成癖芸艸細如織猶勝龍鬚席羣鮭奏鼓吹何如列棨戟山蔬敵魚果村盃當琥珀枕藉林間宿不知東方白 右端陽

偶作端陽會強舉幾日觴櫻桃亦太苦遣此四端陽
故人送酒來享意不可忘雲安麴味春蘭陵鬱金香
南又有嘉魚膾飛白雪鋩狀如松江鱸味如丙穴魴
手脚輕欲旋況値麥風凉疑登渼波舟如扣赤壁檣
酒酣輒題詩詩成歌更長沈吟叢桂詞朗誦白駒章
日月東流水天地無何鄉盃行莫停手酒中無四廂
山水有淸音勝醉錦瑟傍夜久倚山閣滿庭星月光
雪翁在山南恨未話一塲　右魚酒

海上桃都樹枝長三萬里天鷄啼其上暘谷日浴水
跋彼三足烏蒼凉拂羽起俄者山霧黑少焉水雲紫
明圻鴻濛竅紅盪魚龍蟲玲瓏復怳惚光景何所似
五雲亭衢中碾出一車子御輪者誰子云是羲和氏
天然陸秀夫扶上紅雲裏團團和氏璧磨出赤玉璽
離海騰天際壯觀都在是山皆錦繡帳水亦琉璃市
煌煌太陽精咫尺不敢視乃知萬國明自我東方始
繼明吾　聖君有如昇初暑　右觀日
嘐嘐復嘐嘐慕古有狂吟狂吟吟不已吟到四勿箴
昔我周茂叔樂處每令尋庶幾顏氏子春風陋巷琴
簞瓢人不堪賢哉樂道心貧賤不能移富貴不能淫
仰鑽瞻忽地有如卓爾臨孤軍向前去勿旗動森森

洪爐消點雪青天捲輕陰伯淳得此意一團太和襟
紅見聰日晚綠隨川柳溪靜觀生意處盆魚自浮沉
玉色兮金聲和風兮甘霖顏何程何人吾輩愧纓簪
病根醫不得願受頂門針　右慕古
借問書契後詩從何代先堯時風氣淳老人歌耕田
尚矣有虞氏南風彈五絃襄哉咎皐陶賡歌和勑天
五子變古調其歌也淒然厥矣殷周際多至三百篇
孤竹鳴不平薇歌首陽巓蔓卅百年後寥寥無聞焉
楚騷兼風雅心與日月懸大風氣槩祖雄雄千古傳
夏有秋風客繼鳴汾水邊淵明歸去來絕調一千年

李白遠別離當居變風前少陵洗兵馬盛唐元氣專
詩貴性情正濂洛又羣賢　右論詩
山樓月明夜聯枕相謂曰蕭寺留已久天明早結襪
山槖新詩滿溪樽濁醪竭覺來開戶視翻盆雨不歇
野渡水白白山橋泥滑滑放杖遂大笑天公會事發
絆君蔦蘿間鎖我烟霞窟剩呻山中泉飲喫山中蕨
故教黃梅雨需我十年暍又遣嚶嚶鳥穩和山木伐
又驅西山爽五月冷瘦骨又結如來緣憐我癯白汩
又令渴睡漢鼾鼻臥溫突又以南豐詩剩貪金谷罰
天雨豈私我實慰三農月　右滯雨

道南書社雜詠

洞何不遠道我愛其名好眞面靑山出浮雲淨若掃

右道洞

樂水方爲智慚[illegible][illegible]立志自今新鏡磨誓到光明地

右智洞

鳥跡自成書山雲爲卷舒諸生且努力愼勿過三餘

右書洞

十二雲梯盖有靈蒼蒼元氣近台星巖梅五見調羹實出輔人間幾武丁

右五政洞

香炯遍覆衆生最釋道非眞大脫空假使癡迷爲不善百般祈禱亦無功

右祈佛洞

若過此一關實地在那間寄語諸君子無虧九仞山

右誠意齋

靈臺有主翁軒豁四門通直內更方外須要敬在中

右正心齋

人自遠方來重門次第開乃知君子樂都在育英才

右亦樂軒

又八景

王嶺更明月梧桐新雨歇如瞻無極翁更欲下階謁

右王峯霽月

一聲[illegible]霆噴薄密雲開始識人間雨暗從是處來

右王巖隱雷

山童報曉鍾微月在西峯忽憶同安事令人起斂容

右漁寺曉鍾

西日向東照閒翁穩夕釣齊山名偶同達觀得無笑

右牛峴返照

漁舟晩有唱四渚無風浪騷客未全貧芙蓉十里帳

右蓮渚漁唱

東山亦爽氣夏日復何畏夢見羲皇人一味這意味

右風嶺爽氣

西夕聽農談味如稼穡甘戴星驅健犢迎旭曬新蚕

右松坡晨談

十五雲梯嵐扶輿斗以南無邊霽後景輸與一孤菴

右雲梯晴嵐

贈公山澄月上人

魁傑少年僧居山何所樂試問達摩來庭前一樹栢

與權擎天尹季常同遊湖上口號三丙字

今年歲在丙千里同三丙若還東坡翁遂成四箇丙

此歲既爲丙南方又屬丙不待東坡翁居然成四丙

右擎天

二三

三席三人丙百年歲又丙偶然成好遊他日莫忘

丙　　右李常

湘妃怨

淚灑蒼梧雨鈴踈滴滴寒入深袖苦竹一節一回班

明妃怨

齊虜能和親至今汙粉黛但恐減容華明年又犯塞

織女怨

烏鵲不知勞一年一作橋莫如塡木石七夕各安巢

松燈賭博

榾火照楸枰南風吹北客誰知蕭寺中賭墅有安石

戲贈梅妓

蓬萊有玉女歌用神仙語神仙多變化莫學朝雲去

閑中效東坡回頭詩體

風過鳥聲碎露沾蟬響清紅總春睡倦晚樹午陰輕

塘柳宜風暖院梅可月明堂中坐嘯詠靜裏客懷清

瀑布

飛流生絕壑一氣亘長天勢敵雷霆鬪光分日月懸

平鋪雙練白散作幾潭圓出谷聲猶壯波瀾起海邊

文江亦一瀑儼闢洞中天發與詞源到河從筆舌懸

吐吞千澗合隱約四山圓何必勞筇杖烟霞繞枕邊

六禽言

布穀布穀西疇春晚啼相促長鑱短鑱柄白木南村

北村耕黃犢假令農官如是督田家不應空杼柚

右農鳩

雨飜盆雨飜盆故遣聲聲入黃昏春圃桔槔無閑暇

大地乾槁萬人喧此時斗水論珠玉何况大雨如盆

飜　　右盆鳥

鼎小鼎小空山永夜啼到曉啼時每欲大鼎鐺庶幾

田家占豐兆大鼎調飪卻不辭柰爾小鼎無充了

右俗號杜鵑

採菜聲肅肅為誰終宵不暫息咬得菜根君莫憂人

間何事不做得寄語世間肉食人不可令民有此色

右菜鳥

啼告惡聽者無不麾而卻誰有過樂聞之譬如沈疴

忌醫藥苟能遷善遠其辜畢竟兒孫享安樂

右鳥

知知鳴上下知之謂知不知謂不知是知也當時子

路誦其言百世之下稱賢者人於不知謂眞知所以

古今眞知寡

右知鳥

嘲官馬疾馳

官馬如飛不可犯吏人下落水雲間蹇驢似解詩人意故逗東南雪後山

葵花

愛渠能識太陽尊芒屨三時入小園飛將家孫猶背漢枉傍桃李愧無言

葡萄

鏫鏫頭角草中龍怕却風霜久蟄冬滿腹明珠多變化酒池淺處又藏蹤

牧丹

孔聖何曾厭富貴至於不義視浮雲牧丹之愛吾從衆況復花中特一君

見人種竹有感

種竹人應愛竹人竹猶可愛況於人子猷何意來看竹看竹當先問主人

卷蜂

君臣大義甯知不奉命周旋不自由若使衰周尊若是仲尼不必作春秋

哺烏

雛未飛時母哺雛雛飛母瘦哺相須此心那得春暉報慚愧人生不及烏

野鶴

清唳依然動九皐有時霄漢特高翺胎禽豈向人間住笑爾衣冠假叔敖

讀原道

六腑圓通辨最雄近來豪傑孰如公亶從誠意關頭說終欠吾門格致工

讀佛骨表

凜凜霜鋒化筆端空山佛骨至今寒後王龜鑑昭如許萬古功臣有一韓

讀蘇武傳

北海看羊十九年官名屬國正堪憐莫嫌未坐麒麟閣隱若淺山猛虎然

讀李陵傳

落盡山西桃李花氊燈四面咽胡笳當時若併迴年死忠孝全名故將家

讀高唐賦

山東父老怨咸陽魂鳥聲中欲斷腸愧殺高唐神女賦空教浩蕩楚襄王

讀離騷

憂國孤忠忿不勝江魚腹裏怨魂憑始知天下無難事及到中庸不可能

首陽山

青山何處不宜歸爲是平壤揖遜畿草木尚沾堯雨露其歌有意採其薇

早鴻

霜翁何處早驚秋每到秋時也自還於友若能如許信死生患亂救無難

蠶

愛爾微虫變化多初如蟻子晩如蛾欲知滿腹經綸

美看取唐虞黼黻華

病起

擁衾三月臥如癡萬事悠悠不我知晩起憑牕仍大笑何時開得向陽葵

看碁

一入如惻一入驕南馬長驅北馬逃逃逃時誰識重來計畢竟秦兵破定陶

秋愁

昨夜秋風入樹鳴繞床稺子薄寒驚木綿花病無禱着笑聽空廊絡緯聲

善竹橋

孤竹風來善竹橋首陽殘日又麗朝堂堂烈氣撐尚柱天上星河不動搖

滿月臺

一天明月滿高臺臺下千扉向北開古老欲知亡國恨青山花雨問如來

花石亭

栗翁亭子枕江流窈窕雲山最上頭霧暗不分花石路此行疑是夢中遊

奉和李侯得江蓮亭韻

一亭明月一塘蓮半是遨頭半是仙郡誌今年添幾

景玲瓏雉堞畫圖圓

東都歌妓嫩如蓮六郡韃帷共貫然從此吾鄉論勝地願將詩詰上歌絃

君子吾侯特愛蓮新亭奇絶坐如仙居民不識經營意事了梅簷月未圓

愛民眞樂寓之蓮如水襟期淡淡然簾外湖山無一事從今戶誦又家絃

浮橋來往步生蓮畫舫新亭又翼然百里湖山開樂府陽春一曲動三絃

奉和淸河李侯秉遠晬宴韻
孟冬日氣似陽春冠蓋如雲集四隣是歲籙仙包丙
子當時屈辰降庚寅年逢千載唐虞聖特借三年召
杜仁慚愧州民無所獻老人星入畫圖新
官僮曉起掃梅庭百里湖山繞畫屛地近東溟仙子
島天垂南極夫人星遐鄕誦起三千戶壽域春回六
十齡餘興又隨歌管發藍輿飛入內山靑
奉和舊使鄭晩錫渡達川韻
兩朝拂拭有孤臣報佛初心麻質神浹愧三年多
罪負任教一世溢嘲嗔小江漬淺堪垂釣行路艱

難可斫輪浩蕩沙鷗應好笑秋風白髮倦歸人
聖主由來有良臣風雲感應捷如神千家佛贖三年
過萬口碑當一世嗔白地須看風作浪靑天可戒月
如輪已知出餞都門外他日江湖訪主人
廉字皇鷄林尹宋銓
東都風政最公廉百里湖山早捲簾四字見簿書登几
案已知絃誦起閭閻憂民一寸丹心在戀闕三分
白髮添暇日南樓歌吹發故教啼鳥度梅簷
謹次尹侯弘心除夕韻
五馬南來歲已更屠蘇佳節客中迎心丹豈止消埃

報長白應緣簿牒盈民瘼永隨寒序去邑覩新與歲
功成明朝且展陽春脚百里湖山頌有聲
次鄭上舍好寫貝除夕詠雪韻
鼎鼎光陰五十年伴燈悄坐影相憐元宵瑞雪添詩
興如入瓊樓撰頌遊
捲盡疎簾不見山村衢咫尺路漫漫光含積氣通宵
白勢拱窮陰特地寒王爲家貧庸致潤花憐樹老巧
成團開之靄霏添偃蹇從此無憂大地乾
吾東千里淨無塵萬歲南山繞紫宸豐瑞非今斯振
古福應除舊更生新戲張蒲局留年少笑舉盃觴慰

老親莫歎元朝風雨惡今年人日最宜人
天出花飛玄武宮隨風多在海山東乾坤氣象光明
裏林木精神淡泊中似護弱梅輕點綴如憐稚麥善
消融臘前三白農家慶大椀明年與衆同
贈台村貝眷之新居韻并小序
天寒歲暮此心憧憧當裁一書以問新居
之樂而詩以替之想發一大笑也
吾友新居頗一牖琴江秋水詠蒼蒹早春桑柘功猶
普明月梧桐價最廉白馬隨人移夕渚靑山識主入
朝簾知君枕上多能夢男子奇祥古有占

奉和李侯重陽韻

黃花時節客同來信轡秋風過鳳臺紅妓坐鞍仙管發丹楓挾路畫屏開孟嘉鬢短風欺帽庾亮樓高月上盃餘興更尋三瀑去白雲多處掃蒼苔

和孫東山升九東江泛舟韻

旣望淸遊霽後天一江明月兩樓船風流肯落東坡後詞賦當屆赤壁前三國稱韓想豪傑十洲通海學神仙短歌歌罷聽長簫發終夜魚龍不敢眠千古寥寥七月遊萬歸亭下木蘭舟後東坡又逢今夜一武昌何擅是秋山水嶠南多勝賞衣冠江左耀

風流定知孤鶴來淸夢莫問蹁躚揖者疇

秋興六首

急穿芭橋過東籬歲暮貞姿也自奇魁傑方知霜落後故人如見月明時風流肯落參軍帽氣味同斟處士卮一任傾街童子笑歸來滿鬢插花枝 右黃花

秋風傳信雁門關萬里靑天一字還影伴蕭蕭丹葉下聲過淅淅白雲間中郎海上來消息帝子洲前過苛閱衎衎呼群分飲啄義經盍取漸于盤 右鴻雁

秋來鱸魚也自肥漁人携到白雲扉爛蒸石鼎金膏滑細入松盤雪縷飛良宵更謀携子醉高秋忽憶季鷹歸從今欲伴南溪釣簷畔靑燈織鶴衣 右鱸魚

軟於蘿蔔快於梨浦上明沙厥土宜坡老金盤羞乳馬放翁王糝笑蹲鴟方言可信能醫病潛味仍知足療飢千古名傳諸葛菜憶曾淸渭出師時 右蕪菁

為憐蟠結草中虬故剪叢篁起小樓西蜀櫻桃慚萬顆南淮橘柚笑千頭一樽肯換涼州牧八月應隨博望侯匈犁生涯秋正富龍珠幾斗一園收 右葡萄

田家八月味猶新便是登仙獲稻晨歎作甘飡宜養老釀成春酒特醺人更謀雞黍勸留客已剪畦蔬敬賽神不識不知誰粒我怡然自謂帝堯民 右香稻

十月之望

雲亭何似雪堂高自笑書生老更豪造化藏中無盡月主人家裏不時醪石因水落全身豹松挾風驅萬壑濤若對盃盤兼有客溪山到處是臨臯

重陽拈老杜韻

三歲重陽懷未寬重陽今日始成歡興來自落龍山帽病去仍高錦里冠強借棊聲消日永全憑酒力敵秋寒嶺南十月花猶在不妨留期後日看

茱萸佳節幸無違兄弟聯襟上翠微望遠偏宜看野色坐談何妨濕林霏欲要劇飲雖停酒病慟初寒更

覓衣况値亭中花樹會夕陽㳂山路共扶歸

寒食寓白蓮寺拈韻

掃盡山橋到午時閒來不負踏靑期詩要滿軸先投轄酒爲交籌已折枝芳艸塘邊新雨霽杏花牆外夕陽移臨歧更向壚頭飮野店黃昏送客遲

遨遊已是辦花時芳艸繁陰更後期鳥語丁寧來遠谷蟬歌寥亮徧高枝凉飆入枕泉聲轉皓月當樓樹影移此地淸懷誰料得入山奇絶出山遲

寒食偶得花字一聯遂置忘域適因靜暇繼以成篇

爲愛東南景物佳淸明時節已離家迎風院僻鶯啼樹望野臺高鴈落沙萬里無雲都是月一山經雨自然花溌林往往留車轍江左衣冠不我遐

題赤壁圖後

東南幾名區赤壁江山天下無旣稱天下無所以人間有此蘇子泛舟圖小兒纔學語解誦月明星稀南飛之烏南飛烏鵲繞無枝孟德困於黃鬚兒千里舳艫兩岸旌旗釃酒于江橫槊而詩西望夏口東望武昌南斗山川鬱蒼蒼鬱蒼蒼中有英發之氣少年都督稱周郎擧帆中濤火烈風號奮人豪三國風流二喬子瞻喜讀戰國策文章世無敵失意坐海南乃欲作文爭雄於赤壁壬戌之秋與客泛舟詞鋒豈當斫案劍桂棹橫擊連環洲一縷客簫蕭蕭語風吹葉落散平楚誰知漁樵子坐歷風雲壘其文盖出縱橫氣讀之往往烟波起烟波浩茫茫輸入丹靑裏

次權承旨坪立春韻

暖雨初晴太守家竹簾深處放朝衙岸容淨洗三冬雪野勢平鋪十里沙海上何山宜採藥客中佳節近開花分庭拜獻封人祝　聖壽千千萬萬加

東都懷古

鳳凰臺上鶺鴒登過客停驂感廢興半月形容城一片孤雲蹤跡塔千層山如揖遜三傳姓地又繁華五亘陵欲問一千年故事夕陽橋外有歸僧

東萊府

撲地閭閻幾何山南獨鎭最繁華琉璃海近豪商市錦繡牆聯軟妓家邊語三分通古塞歌聲太半學新羅蓬萊作客春方暖雪後湖山畫欲花

奉贈萊伯

侍臣冠佩下東州按節三韓地盡頭繼道周南多僻陋何妨江左擅風流通宵枕穩條侯壁暇日樽開庾

亮樓蓬海仙緣前有定雙鳧已是二年留
分憂二境海同衾造物猶知友愛心雅望綏垂羊祜
帶仁聲徐按子游琴今宵也做還鄉夢元日應勞戀
闕忱中有蒼看江海客陽春一曲托知音

源泉樓同樂韻

重新佛宇是誰功莫問冥冥造化翁八相丹青花竹
裏三庵鈴鐸木雲中清秋絕壁千張錦落日高樓一
遂風從此山中無一秕桃源風俗古今同
鶴城歸路轉蕭寺不是偷閑學醉翁雲擁藍輿四山
裏星排蓮鉢一樓中客非虛度重陽節僧亦同歸太

古風治郡三年多暇日絃歌隨處與民同

曲江光風臺同樂韻

茲遊端合畫圖傳野服山巾太守遊百里烟霞無事
地一樓風月有情絃幸因宋叔登亭樂偶和堯夫擊
壤篇異日鞘鈴三道帥分明留夢此臺前

烏島同樂韻

烟收雲盡廓秋天吉日開筵縹緲邊山廓酒旗環島
嶼江村漁火擁樓船繞汀鷗鷺迎飛鳥吹浪魚龍聽
緩絃坐久不嫌風露冷蓬萊咫尺庶幾仙
茫茫烟水碧於天東指扶桑日出邊漆叟當年誇是

海恭童何處老於船半空虹繞佳人劍萬里風來太
守絃却笑人間句漏令丹砂良苦學神仙
孤島蒼蒼半落天烟波一望浩無邊樽開九月黃花
酒人倚千年赤壁船倏爾憑虛風引袂悠然坐久月
侵絃君看此地人如海十室吾鄉太半仙

源泉樓臨發值雨

明朝一別悵諸公睡覺東牕雨色濛近水簾櫳難得
月落花時節每多風鳴床王子應千遍滿軸瓊篇又
一通莫道前村多酒債農家今歲又占豐

和王溪琴

雪坡老子有仙風坐得名山石上桐造物藏中偏愛
惜良工手裏善磨礱幾曾樂瞽文操容易變韶佐
舜功往往虛堂聲自發松篁澗瑟與之通
莫道無人觧王溪峩洋眞本在江西湲潭已使羣龍
聽高樹曾經老鳳棲雷伏雪山微著象月明霞谷烱
通犀如使慶卿知此譜不應虛受藥囊提
五音流動六絃疎其體空空做太虛張以扶桑蚕腹
線挂之南國象牙梳間將流水冷冷奏時送和風靄
靄噓妙譜何須求別處當時夫子語純如
吾愛斯琴有自來風師何夜送奇材直隨清獻龜為

伴着向相如鳳作媒酬與桑榆閱歲月鳴來山水好
樓臺花時王院宮絃誦儼若春風杖屨陪

贈韓聖齊

石上瘦篁也自淸有時簫瑟作秋聲俗李麁桃爭豔
笑誰知眞箇歲寒情
高談獨得竹林淸半世詩歌已有聲故人從古柱千
里何用區區惜去情

用雅頌韻懐曲江諸友

山晩黃鸝囀禪房事事幽鷄林來信息鼇背擅風流
日永含桃節風凝大麥秋吾鄕多信上嘉客以馬休

鈴鐸火林外烟霞別院幽海東傳勝事江左集淸流
泉學三時雨風凝五月秋故人詩律壯驚世便應休

輓鄭好窩

羅泉之水冽而甘行路咨嗟井九三四好軒頭氷月
照一張琴腹地雷含大人策古經綸蘊庸學圖新理
氣操請看遺巢毛羽勁扶搖萬里可圖南
城東茅屋磬懸如轂馬闐闐集一閭顒若有孚交遂
近渾然無間接親疎庭陰花竹開懐抱簾畔雲山攬
起居壽不如仁誰勸善栽培一理竟歸虛
生平不作屢空歎透得誠關體愈胖薪或山遙未黔

竈魚何市近罕登盤釀須村白題秋興炊待倉紅供
夕餐一部心經眞活計怡然終日整衣冠

輓孫雪坡光暠

雪蒼山色鬱崔嵬一代人豪信傑魁梅丈詩中千仞
鳳劉君琴腹一聲雷天門未叅明河頌草野空抛大
樑材皓髮蒼顏江海客思君不見獨徘徊
昔我騎驢過雪山冬靑樹下笑開顔滿盤烟霞經濟
好繞屛梅竹起居閒詩稀敵手無多詠絃以知音久
不彈酒後文談仍秉燭總紅不覺日三竿
巾屨儼然長者儀一生行事對人知高風豈止南州

士雅望宜爲太學師壽域烟花三 聖世名都山水
兩賢基東門太簡西河局公獨從容哭子時

輓孫士常

學詩何不戒臨深觀過吾知孝子心上有天翁應撫
頂傍多行旅盡沾襟將探凍鯉還臨水欲哺慈烏返
失林魂若有知魂正苦朝歸甘洞暮蒼岑

輓全宗漢

永北有魯巷輪奐紫陽亭水凝小桃園山如大隱屛
亭前文杏樹垂陰覆黃庭主風自溫雅絃歌庶幾聽
主翁年德尊上應老人星滿腹崑磊氣軒昂傑魁形

雲山營別局幽邃起居寧滿聰花樹紅繞巷桑麻青
愛客自天性門扉不設扃鏤馬鳴玉枰曖蟻溢金瓶
公又喜出遊鞍馬無特停翫月臨臯下溯風橫溪汀
曩於立巖路賀公氣惺惺孰謂鷹揚呂遽隨化鶴丁
鞭馬到昏黑虛堂獨青熒巾裳似不動九原果冥冥
弱子與孝孫屢絕僅蘇醒拭淚仍撫摩眉眼有典刑
鳳旣生丹穴鵬可圖南溟乃知遺金籯不如教一經
餘慶尚未艾曾孫又寧馨大兒又九歲小兒纔數齡
所嗟早失恃含恤步伶俜余亦未甚老奄題女孥銘
青山寂無語彷徨涕自零佳城幸相近憑依賴尊靈

輓李丈亨龍

瞿鑠吾鄉九十翁眼無花霧耳無聾精應南極星分
照辯亦銀河水與通措置桑麻春巷外起居梅竹畫
屛中翩然一夜乘黃鶴庭除空餘百日紅

輓申斯文夢陽

夢中嘉訓若干篇遙想淸都識字仙華老丹忱三恒
聖太公白髮四添年天將好爵縻仁宅地設佳城
報福田闡說孫枝頻峻茂家聲應續海山絃

輓具養之

君家世世擅鳴詩王佩瓊琚大放之屋後青山應謝
眺琴中流水孰鍾期廟堂空潙賢良策郡國惟稱孝
友姿試看台村奎又暎由來丹穴鳳毛奇
千尋美木棟樑材匠石園中善養來霜後精神山偃
蹇月中氣像鶴徘徊誰憐寶劒衝星斗我愛瑤絃隱
地雷恨不同驅千里轡湖雲嶺樹夢頻回

輓孫上舍國齊

衣冠文物古東都德卲年高一鉅儒淡泊生涯安磬
室淸高心事見氷壺三朝日月康衢世一圈陰陽太
極圖了却人間多少債不知何處鶴飛孤

輓族兄錡

纂先一念不遑居經起新亭七畝墟雨夜勞心排礎
後霜朝作氣上樑初思添梅竹通啼鳥擬鑿池塘玩
躍魚魂去何曾忘此地丹旐五里一躕躇
歲暮登亭淚滿裾眼前人事一蘧廬亭東故相空留
藻松下仙翁謾揭書花會前春延上座蠶歌今夕有
歸車藏經勝似遺籯計早晩榮光荅倚閭

輓族兄鐵

散金買典籍教子善其鳴繼世知風自居鄉以直名
曾孫能嗄祖老婦尚呼卿最是傷心處新亭未落成

輓鄭丈爀、

三二

吾鄉十載領儒林談笑從容坐整襟太守下車須早問嘉賓入境每先尋安貧雅志同原憲接物和風覔展禽㩳紼應多司馬淚一生湛樂臥同衾

挽蔡文臣

端重平居罕笑言耘翁古宅典刑存浮雲字體從三世細雨農庄歷一村此夜精神應化鶴老年懷抱柰啼猿鳴呼處士碑空在緋玉無由荷 聖恩

挽鄭秀卿虎臣

東里故人宅專心教子初鄉稱醇醨石人道絶奇徐醞藉方居樂清眞又善書漑根遲食實𧁳唱逗靈輿

與李南廬鼎儼詩札

伏惟前月中得御兩執事好雨解關人造物元非戲河洛探奥旨江湖動詩思瓊琚若干篇怳如百朋賜鞍馬銜泥發愁水久未寐幸承金玉音起居果珍毖吾郡西圃丈近得勿藥利貴宗九十翁健如喬松比子房與黃石同村結好義平安李國實多事張掌議萬初善觀梅能知河伯祟行源戰勝肥雲子喫一器皆君所未忘令人感荷至如弟無一善亦蒙不遐棄長時侍湯藥半世積塵累憂來詩𢤱廢禿豪奚暇漬第聞時氣乖敢與正陽熾考隣近如何憑君問次次大資年位尊神衛寬裘地肆園花影重白眉倘穩睡琴村舊使君源源倘聯臂雲樹與香欄近來何書喫溫溫君子儒柱疚也自悴無忝好主人林棲近幽意最羨吾上舍文章日益肆僻巷小強輔自愧生如醉忝在知舊末追遊夙所企山南有淨庵好是論文字既荷前諸重兼喜初志遂無日不宜會何須待回示好事自多魔團欒縱未易櫻桃早晚紅盍此端陽暨題詩靑竹滿檢書紅燭貫使恥客又撓餘何一一記

同月十九日忠敬姑不備

耳溪先生文集卷之一

耳溪先生文集卷之二

書

與鄭好寫

前月中安東僧適過庵中道蘊湖事甚悉心竊驚訝及見來諭果然未知此事見於郵紙否若然則學話伽鄉乞飯僧之句益覺有味春兩支雖未審閑中體度一向節宣而無桂玉之嘆耶伏溱區區京醪雖無奇味而似勝村醨故忽然吟到漢江春者以爲行潦甘瓠可交於君子也豈意至理又寓於十三春字而一節深一節也耶詩中之意固非指示平坦底路陌

俾此適埴稍知一條向方感誦之極無以爲諭伯程子著書之戒蓋當時學者不務學而惟著書之爲能故所以發此語於龜山也然古之人若皆著述爲戒則書篇範經從何而出耶濂洛閩雅言不出則小子後生亦從何而述焉程子之意至於筆硯等事猶以爲玩物喪志則況著書乎蓋所以救其一時之弊也非所謂強閑而不出口也無言雖爲太上之道而時然後言吾夫子亦有取焉則況興來情適句難禁之時乎退陶之言信矣閑中如或遣興則勿以索和爲難倘可錄示以導後生亦一道耶近閱詩傳至鶴鳴章頓悟天下之理擧此而振之而庸學之道不外乎是也夫鶴鳴以下四句卽好而知其惡惡而知其美而推以至於治國平天下之道也爲此詩者其知子思曾子之道耶抑子朱子因庸學而釋之耶適見書中再引詩故偶發此語覽之或以爲可教而不外耶十三詩別紙呈似想發微哂也

與孫雪坡

不見東山翁久矣不見東山翁之詩亦久矣有人自東山來則輒問東山翁起居之安而意其以年高而廢詩也及承吾上舍文下眎之書謹審與東山翁唱

酬若干篇然後始知是翁之癖於詩而不以年高廢也詩旣不廢則尤想其起居之安也雖久不見其詩而如見吾東山翁兩皓首隔在三舍而有唱斯和蔚然有文章之盛不知老之將至而幽明感鬼神鏗鏘發金石令人欲掃百事而周旋於下風也除夕隔宵伏惟氣韻萬重如生之疎鈍年進業退又重以無一善狀而惟以親候之安爲幸耳若夫比興等事亦不謂無意者而有懷誰語有唱誰和加以村烟掃地山寒迫人古人所謂窮則工詩此虛語也雖然讀到古今詩律頓忘飢渴沈玩終夕如八百貨之肆左採驪

珠右探龜貝而克然若有得於其間也聞吾長者之贈詩東山翁不知小詩耶大詩耶五言耶七言耶遣興耶撥悶耶雖未及翫已覺淸風之動人也何不投我以瓊琚而反貯於櫝中也不能無怨於東山翁也幸因便錄眎而兼惠東山詩餘祝餞迓蔓祉

與孫雪坡

左詩右書受賜多矣歲首一拜尚稽至此豈後進輩事長老之道耶不以爲意猶復勤勤垂示以可敎之意欣悚交集無以爲謝未審春寒尚峭體度循序康旺至禱至禱答東山第二詩非惟得涉蓬萊氣象末

乃有從容揖遜之風尤爲整襟莊誦不能自已想東山翁携笻以來與同烏島上仙遊當以何時爲卜也今年壬戌也壬戌之秋與冬卽蘇子之所以賦赤壁之遊者也來詩之意蓋出於此乎然則秋以爲期耶是歲之冬耶望耶旣望耶顧此儱侗一物雖不敢望備於二客之數而尚不爲舟中枕藉之具耶願從衣履而遊夫烏島之爲觀也東望海口則有斗牛徘徊之月西望飛鶴則有翩翾戛過之狀黝者蒼者翔者跱者南飛之烏耶立者伏者蹲者呀者巉巖之豹耶斷岸千尺曲江似之連環千里商舶似之其他棹歌之互答漁火之散照與夫烟雲之縹緲山水之鬱蒼者固不下於赤壁光景則豈必搜奇遠到於南海之濱黃岡之地然後爲赤壁之遊云爾哉且長公之遊或以七月或以十月者皆隨時乘興而發也非以七月十月爲美而遊也觀於其不時之需可知耳然則雖以二月四月爲期可也八月九月爲卜可也苟値星月明朗之夕風露皎潔之夜而有客而有酒有酒而有肴則皆可以舟遊也但今春非吹簫行歌扣舷之時莫若秋冬之得其時而得其樂也于斯時也請以明月之詩窈窕之章周旋於二老之傍幸無以不

能從我外之也俾繼壬戌之遊則亦不爲虛過壬戌歲也

與孫雪坡

屢枉手書感荷實深春日向暖伏想氣韻和暢不復如寒腮呵手時矣忭仰忭仰患敬禪腮讀書實出於凭年喫飯之計有何甚麼樣子之可言耶後世東坡自有其人雖百東坡千東坡萬東坡豈初學之所可擬數者耶至於當時二客之列尚不敢齒之況所謂東坡者耶旣而釋之曰自爲二字儘有味矣曼倩之自譽毛生之自請無鹽之自比西子優孟之自爲叔

敎古亦然矣則指吾曰君當自爲後東坡者庸何傷雖然恐見不知者笑故秘不敢圭復江山始得後東坡又未知指其誰某也方秋旣望酒三行後當以三字後東坡奉我東里丈想東里丈喜謙而不自居然後屬之東山翁是翁每作詩輒自處以唐唐猶不辭況宋之東坡況後之東坡耶未知以爲如何適忝齋席丐酒欵欵無或近於廣面耶

與孫雪坡

忠敬再拜言千萬夢寐外伏承令長郎究逝之訃驚悼失色繼之以流涕也豈意仁如吾雪坡福如吾雪

坡有此月前揶揄光景耶天理如此尤可罔測昨見査兄謹問其故則上舍丈自春徂夏貴體違和長郎夙夜焦煎罔有所措方營壽具於兄江村而及其昏黑回還之際皇皇焉憖憖焉不分習坎惟知加鞭疾馳期趁夕湯之侍而乃至此變想其情境都不出孝子愛親之至意而過爲憂懼蒼黃急遽冒險臨深而不自知也況其袖間明紬一匹猶在則極令人哽塞處也雖然逝者已矣痛之無益直當付之於天以理遣之可也或云上舍本有所愼而分憐添症易至難醫之境余曰吾雪翁長者人雪翁生於大賢之門長於先生之閭書博萬卷名滿一道蔚爲東都士大夫之師表其見識甚高器宇甚大則臨變應事固當循理而必不傷生子之言何其妄也且夫逆理之慘自古有之吾夫子所不免也惜乎子夏親炙聖門篤信聖人而反有喪明之失乃知文學之科不及於德行遠矣忠敬家門不幸往年哭小童而上舍丈時在源泉樓贈之以詩詩語圓轉以東門子爲喩去歲哭舍弟上舍丈時在養眞庵投之以書意又寬譬以母至傷和四箇字爲慰則豈有寬人之憂而不自踐其言耶吾雪翁必不然矣況季郞猶在三歲乳下孫亦在

則固當自愼自重盡其天年期觀成長時節可也文學如雪坡見識如雪坡器宇如雪坡正大寬和爲一道儒宗如雪坡而安有戚戚嗟欷造化小兒所苦而乃至添症難醫之理耶至於埋窆等節一聽於令從兩賢及諸少年而飮食起居一如平時則神完氣和平日沈痛自然脫去耳死安之喜好送桑榆餘日豈非繫傳所謂知死生之說者耶夫顏子亞聖人也以顏路而喪顏子也其爲慟顧非他人之爲父子者也顏子之死時孔子年歲七十而顏路少孔子六歲則亦踰六十矣夫以衰暮之年遭此聖子之喪則宜乎

過哀生病而亦未聞因此而害壽則顏路之賢宜乎生是子也伏乞吾雪翁以聖人爲師以子夏爲戒而又無以忠敬之言廢之而爲或人之笑幸甚

與族人儒伯勸舉

謹審春和慈侍下起居萬重頃於黌舍聯枕之際勸君西行而終無意向故歸而太息曰以若儒伯之詞賦老而無成者非但門運之所蹇實爲鄉運之不幸繼而咄之曰李聖應權元晦豈皆賢於吾儒伯耶昨見蔡王汝問君動止而王汝亦不知則意者牢執不動耶如某者本非所長初無意思而弟與兒許子寓

所父曰汝往侍下人事重違父命今方秣馬待行而竊念場屋間事匪無諸益而莫如我同姓且念先亭事則吾輩二人所謂知名而無一事可成將至廢人則豈敢曰其祖之孫耶諺曰去留皆愚而去者之愚勝於留者此言雖俚亦自有理　英廟時豆商菜雇亦皆參榜而　先大王時李光國幾爲出身而終八於賞格乃至八侍此則君吾所以合手者也且聞隣邑大姓舉皆席捲則吾張所謂某某者自晝不往其果成說乎邑中行伴未知誰某而景天老兄凌意而西此非健羨否且以曠省爲憂則二孫趁庭以農務

爲劇則閏月尚供以所慎爲慮則不寒不熱之時也但坐停之意必曰出無可騎行無可齎然吾有一匹馬可以遞騎吾有數月眷可以同餐若同糧不贍則馬屢橋下賣鬣而還此等之事勿慮而但持一二日資行之具竆力周旋訪我於校上則趁曉發程安以寒泉老措大不作天門掛榜人耶仍復咄咄曰道以若在則以儒甫之賢必勸其行而奄作千古人三箇念珠安得無少一之恨耶

與花樹樓刈役所

一宵團話便是近年不易得之事況紅綠相映之節

四座俱皓也耶未審數日來僉案起居有相董工諸節一如指揮否賀與淵並忠敬昨今皆這樣人無足奉聞第　皇明年紀中景泰天順似爲錯倒處其在高明幹事愼重之道不能無然疑之端鄙意以爲英宗皇帝禪位於景皇而末乃復位歸考續史及通紀果然但英宗初非遜位於景皇也俱以宣皇帝子兄爲天子弟爲郕王而正統十四年已遭猾虜也先之亂有靑衣北狩之行故郕王以皇太后命卽皇帝位是爲景皇帝追尊上皇改元景泰是歲庚午八月虜與中國和親護送上皇上皇避位於南宮凡八

三七

年及景帝有疾儲嗣未定人心危疑故太后復命上
皇復位以景泰八年爲天順元年然則景泰紀元當
在正統天順之間矣執此以觀貴[illegible]錄
幸勿爲疑趂卽付鋟從速訖功可也

答陳好安 師憲

頃因與伯伏聞座下以所愼近臥藥圃未審日間去核處果至生新否日寒風緊珍重自愛勿以小愈忽之也騎牛詩不是吟病客意思似有出關氣不勝健羨之至東坡尺牘多有養生說不敢獨享奉獻左右來諭云可敵一醫其果得力否此乃實題目也訝以

箇中山水人物之有類藥名斷章取義以發座下一大笑也夫著書者蘓子也篇首溫公甘草也山谷黃精也曼卿石英也元章米糊也季常陳皮也寥釋沙蔘也其餘范堯夫秦少游范子豊李公擇四君子也乃若佛跡之瀑布上池水也句漏之青山丹砂穴也産於赤壁則周公瑾命藥之處而東南一大爐也羽扇綸巾佐使具也燥荻枯柴文武火也臨江之釃酒炒也連環之軸肉炙也武昌之口半夏也華容之道當歸也乃夫蘓仙之羽化也水落石出者非鍾乳耶山高月小者非官桂耶木葉盡脫者非地黃而何乾樽相屬者非枏曲而何東來之鶴豈非羽客耶南飛之鵲豈非扁鵲耶且夫繪雪之堂足以防風調水之樓足以淸心南海之茶皆可以湯黃岡之竹皆可以瀝則尺牘之說可化爲片片黃金足以敵本草一部然而調藥之方貴適其性必也燻之以靈隱之鑪瀝之以淵明之巾以集句之法畜之以回詩之妙流注之用瑪草橋果子三片和以峨嵋雪水煎半喫二紅飯後服之則雖在瘴烟窟裏自然榮衛敷潤京國手段又何足問也豬羊鴨雞逢着則喫而所可忌者惟解犢黑牧丹之醫也千萬愼之可也語其藥債則煖

肚餠價報下如何至如一日四十里牛膝比諸此餠不啻校金谷牛十二分之一也烏得以塡之耶南至日在邇伏乞閉關調養用卷中四十九分經驗方可也哀疾小瘳卽當叙同憐之懷如江上夜話時矣

與栁 相翼

日寒如此棣床湛樂伏惟萬重仰慰區區身勞碌如昨而惟以親候之安爲幸耳子舍弄璋之喜足以攄執事抱王之懷也世間何慶可以當此爲之奉賀萬萬執事亦旣爲人之祖則想必推知人抱孫之樂倘可見吾夢範兒耶是兒年纔六歲了得細書三數卷

而目今日課亦不下十數行則才若非凡吾平生笑人誇兒而非兒家之自出則亦不發此語也執事見孫之歲有吾範之前一年也執事與吾若俱到七十則執事之孫二十三歲也吾範二十二歲也夫二十二三歲之丈夫何事之不做何功之不就耶來諭中俱望攄懷之說似或然矣此皆慷慨語也但語意似指擧業此令人發大笑處也吾輩俱到白頭役役奔恥誤其一生者此也豈可以此而期[illegible]兒孫輩耶古人使子弟爲鄕而猶不免龍斷之譏則況所謂擧業者耶蓬弧之祝當以四方之志爲期而猶恐其似

已然後可以望其後來之成就也奉呵奉呵

雜著

桃源辨

余嘗畫客有示桃源圖者曰異哉桃源也俗無君長田無王稅居人得神仙術自秦迄晉幾五百有餘年遇漁舟子因落花流水入其境而始傳于世其花竹雲樹之勝雞犬猿鳥之樂與夫房櫳閭巷山溪田園之窈深秀美者乃別箇一天地也余應之曰否不然也好事者爲之也世豈有神仙耶秦皇畢六王起阿房遂築萬里長城轉輸之役起於負海怨苦之謠及於游河當此之時秦民之逃竄于林谷者去神仙不遠故劉因桃源行曰六王掃地阿房起桃源與秦分一水郭功父詩曰神仙有無何可量但愛武陵山水強元德明詩曰憶昔攜家竄巖谷秦人半向長城哭是皆詩人所以譏刺竄秦之驅民而垂誡於後王者也夫俗無君長則亂田無王稅則誅使桃源之民在堯舜之世必不容於亂誅之歸矣子烏得爲神仙之說乎且秦之去晉幾五百年而秦民入山之初稱其父老則其年亦不下六七十歲通計晉時皆洽滿六百歲矣其子孫亦學仙不死則又不知其爲幾千萬

戶桃源一區必無餘地而散居武陵及傍郡縣者多矣雖無漁子世豈有不辨桃源之理耶且武陵一縣地不過數百里其山水幽深處雖或有人跡罕到而漁子旣傳桃源之說則武陵之人將寸覓尺搜而天下之人聞桃源而緬思者又將盡入於武陵一縣數百里之內則山庄水村歷歷可窮況山開水流廣望之地耶古人有云漁父倦釣桃浪穩枕白石而夢見花下人家遂以爲桃源蓋與古之夢槐安者等耳余故曰好事者爲之也客曰子不吾信則武夷棹歌有漁郎覓桃源之說何也夫劉因元德明郭功父諸人

姑舍而子朱子豈欺余哉余應之曰固哉子之爲詩
也武夷天下之名山也其第九曲爲碧霄洞古稱小
桃源此武夷居人之所命名者也精舍所在皆丹崖
翠壁而非漁艇不濟故假其地名而寓興於棹歌非
取其眞有桃源而發也客曰苟如子說則黃唐嶺詩
有欲覓桃花源之句是皆非歟余笑曰尤溪縣古有
桃源洞故詩及之此亦前詩之意也說詩者不以辭
害意可也且吾子毋以桃源爲桃源以武夷九曲爲
桃源而示余以圖則當許君親見桃源來矣

序

隱跡庵同遊錄序

達城山南大都會也南距十里有隱跡庵高麗 太
祖駐蹕之址也歲癸丑十月八日余與儒伯作歌鹿
之行粵三日八城試日遠城中囂不可以淹留遂舍
鞍馬聯步而到是庵庵甚靜寂北有巖巖下有竹南
有樓樓之傍有泉泉之上有老松一樹忽聞讀書聲
開戶視之會者皆明經之士而惟鄭大應著述云一
與之語便同竹馬然默若五七日日以聽講爲事未
然忽悵然曰吾輩各在四百里地他日顧一識而不
易得適以萍水會哭此翟盤苦散夫可無一言以記
之乎於是子浩展紙客見開硯儒伯把筆明遠[illegible]
行仲李靈老聯膝而坐大應致權二少年拱手而[illegible]
請余爲記余不以文拙辭遂爲之列序曰趙濟末禹
白川人也居尙山之陽申必敎子浩鵝州人也居永
陽之泉谷全熙龍容見星山人也居是郡之鳴山李
正大明遠陜川人也居丹城之靑峴權正範顯文安
東人也居是縣之丹溪李佑健行仲星州人也居是
縣之江樓朴啓獜季靈密陽人也居與顯文同鄭必
任大應淸州人也居與末禹同李達臣致權載寧人
也居咸安之杜谷余與儒伯仁同人也居曲江七[illegible]

亭之西北余生之歲丙子也末禹少余五歲儒伯子
浩少末禹二歲容見少子浩一歲明遠少容見一歲
顯文少明遠三歲行仲季靈少顯文三歲大應少季
靈二歲致權少大應二歲錄畢使之讀讀畢遂抵掌
大笑復整襟講論語數章明日皆相揖而歸

記

玉溪記

溪以玉名玉其溪也古者以玉名物者多矣於爵爲
瓚於佩爲珩於瑞爲圭於冕爲琉於測天之器爲璣
爲衡於正樂之器爲球爲磬於幣爲蒲璧[illegible]於貢

四〇

爲璆琳琅玕於禮器爲瑚璉夫瑚也璉也球也琉也圭也瓚也皆得玉之一名則曷若是溪之合而名之以玉者哉玉性溫溫者德之基也水之所以發源而順其道者是耶玉氣潤潤者德之漸也水之所以進科而安其流者是耶玉容潔潔以爲德行水之所以盈以出其惡虛以鍾其美者是耶玉色栗栗以爲德容水之所以淵然成潭可遠觀而不可褻玩者是耶盤而爲渦者清瑩秀澈而懸而爲瀑者碎玉聲也觸石而走者琢磨如也穿林而噴者鏗瑲如也飛流而沫者玉屑如也安流而潭者玉盤如也月出而有沈璧

之狀星垂而有弄珠之形風來而奏鳴球之音冰澌而呈碎玉之聲信乎是溪之爲瑰奇之觀而懷寶者之所以盤旋也然則林巒之窈窕而環是溪者雖名之曰玉峯可也花木之葱蘢而媚是溪者雖名之曰琪樹可也昔文孝公盧先生以溫潤之姿皎潔之容比德於是溪而成其斐然之章涵其渾然之德宜乎比德於是溪而其人如玉也

詩酒軒記

詩酒翁不喜詠不喜飲強而自號曰詩酒軒夫詩酒之義不在於詠與飲而在乎詩酒之外詩酒之清意味得於心而寓於詩酒也李白日吟百篇詩非是愛吟詩日飲十斗酒非是愛飲酒陳眉公且云人有一字不屬而多詩意一勺不濡而多酒意瀟蕩故也夫以吟爲務者役於詩者也以飲爲事者役於酒者也爲能超然於詩酒之外而神交而心契者方知詩酒之眞意味也余嘗登公之軒飮公之酒其味淡詠公之詩其聲希噫斯翁也眞知詩酒之味者非耶斯爲之記

銘

几銘

斐其章烏其質藏詩書貯琴瑟隱於是聊求日象其靜毋妄動體其正俾自重

枕銘

臥有善念亦有惡念舜蹠之分始於一枕舜之枕耶吾其斂之蹠之枕耶吾其斬之撫當悔過高勿肆志朝晝所爲發於夢寐

鏡銘

鏡之爲物本來虛明一爲塵汚埋沒不明人曰是鏡本非精明棄不自惜此事誰明嗟嗟衆人反鑑索明明豈在外其中則明磨之又磨依舊光明

壙銘

應珠張忠敬敬夫之第二子也生於家君回甲之乙卯歲適同月而四日爲之先家君愛之異於諸孫也三歲解百許字四歲誦襄陽歌五歲讀歸去來辭及赤壁前後賦盛唐五七言六歲學西銘太極圖說七歲通孝經八歲講大學觀者輒嬉笑之今年卽九歲也以春冬有痘故不許其讀書父喜遊於四方者也吾出入輒候之若於是日也東則候我於櫻桃墻西則候我於枳樹傍李樹下南則於柳溪外北則於竹籬外候之或閱月不還則問於兄曰父幾時歸或夜深値其睡而返則問於母曰父來耶自去乳知敬其父雖於尋常夢寐間必以敬對及其病痘也憫其母曠日不食曰母飯余飯母感其言擧栝棬示食飲狀遂强食幾匙飯夫人之精神鮮不惝怳於交寐之際而汝則敬唯於父人之魂魄罕有收撿於臨絶之時而汝則勸飯於母嗚呼汝之愛敬父母蓋其天性也應珠之生在乙卯五月七日應珠之死在癸亥十二月三日應珠之瘞在是月二十八日應珠之兆在西山書堂南巳向之原銘曰

父在祖在母在兄在雪中寒山汝胡獨在

論

武王論

或問於余曰孔子生於武王之時則從太公歟從伯夷歟余應之曰孟子曰伯夷隘柳下惠不恭隘與不恭君子不由也夫子必不從伯夷矣子曰泰伯虞仲其可謂至德也已矣又曰周之德其可謂至德也已矣謂武盡美矣未盡善也夫子必不從太公矣或曰然則孔子生斯世也將何以處之子曰危邦不入孟子曰仲尼不爲已甚者夫子當武王未伐紂之時則當隱而待天下淸如伯夷太公而在武王旣伐紂之後則聖人所以隨時適宜臨事應權者亦必有道矣或曰其道何由曰夫子於甲子誅紂之日必往見武王勸立微子啓矣或曰武王不聽則奈何曰武王聖人也非不知堯舜揖遜之美而紂惡不悛生民之塗炭極矣諸侯八百不期而會故征伐出於不得已也必樂聞立啓之說而退爲西伯矣或曰然則微子至而踐天子位乎曰微子仁人也其抱器而去也只爲先王之祀不忍絶故耳苟得百里之地而繼先王之祀則足矣豈以得天下爲樂哉武王雖固讓而微子必不肯爲天子矣或曰微子旣不肯爲天子武王亦

退修西伯之職則天下無君矣天下無君可乎哉曰天下安得無君天下之謳歌朝覲訟獄者將復歸于周矣謳歌朝覲訟獄者復歸于周則武王雖欲不爲天子得乎必不得已而踐天子位矣不得已而踐天子位者非堯舜之揖遜乎然則周之至德豈獨太伯文王而已哉可謂盡美矣又盡善矣惜乎武王之不遇孔子也

武帝論

余觀武帝紀三篇以爲兩漢武也元封以前秦皇帝求仙之事也征和以後秦穆公悔過之事也假令前

後一漢武則亡秦之續耳豈不殆哉然而戾太子無告之寃不幸近於扶蘇則征和以後亦不能免秦皇帝之歸而卒賴田千秋一言而釋然感悟曰高廟神靈使公敎我遂起歸來望思之臺於湖上則亦不能無秦繆公之心也茲豈非兩漢武歟於乎人孰無過知過者鮮矣知過而能悔過者尤鮮矣但恨其悔過之不早耳若以征和以後之心擧而措之於元封時節則燕齊迂怪之士退而賢良方正直言極諫者日趨於前矣然則汲黯不爲淮陽太守董仲舒不在江都相轅固不以賢良見罷申公不以力行見疎石慶不以醇謹被譴顔異不以誹謗伏誅韓安國不至於嘔血司馬遷不至於腐刑李廣不至於自裁郭解不至於族誅田蚡不敢請考工地王恢不敢設馬邑謀路博德不敢生姦計東方朔不敢好詼諧公孫弘不敢爲布被主父偃不敢受賂金終軍不敢進符瑞司馬相如不敢著封禪書衛靑霍去病李廣利不敢言兵事孔僅桑弘羊東郭咸陽不敢言財利張湯王溫舒不敢言深文欒大李小翁不敢言禁方張騫不敢言毋寡之匿馬公卿不敢言老人之牽狗鄭當時不至於杜戶公孫賀不至於流涕兒寬之仁厚不宜負

租卜式之直言可期得雨而武功之爵不設均輸之官不置昆明之池不鑿太室之祠不興柏梁建章長楊五柞之宮不起白麟朱鴈天馬寶鼎之歌不作羽林射獵之所盡爲稼穡之場金銅承露之盤盡爲京師之錢廬山塡壑之粟足以恤江淮民鴈門閼塞之馬足以迎混邪王而承文景之豊富致成康之刑措則明堂洞開四夷賓服而三代禮樂庶幾可述何必東置樂浪玄菟南置朱崖儋耳北通令居大漠西通大夏安息然後號令於天下耶不此之爲顧乃爲秦皇帝之所爲故世之論者必以秦皇漢武並數之可

勝惜哉噫汾水秋風足以醫四十七年之病而漢之爲漢賴有此耳故余以征和以後事比之繆公悔過而以爲兩漢武云

霍光論

古之大臣必以學學者所以臨大事而不惑也無逸乃逸周公之學也協一歸一伊尹之學也伊尹學故相太甲而專美有商周公學故輔成王而德音無瑕夫臨天下之大變行天下之大權而擧措得宜進退當理者以其在我者裕而逢其源於左右也噫三代以下處周公之位而行伊尹之事者漢之霍光也光

爲人小心謹愼沈靜詳審出入禁闥二十年進止有常處不失尺寸雖伊尹周公何以加此漢武誠知人矣然而以伊尹周公之委無伊尹周公之學故往往闇於大理豈不惜哉請歷論其不學之失武帝心欲以弗陵爲嗣察羣臣惟光可屬大事故使黃門畫周公負成王朝諸侯圖以賜光後元二年上病篤光問曰誰當嗣者上曰君未諭前畫意耶然則周公之事光必不知此不學之失一也及昌邑王淫亂光憂懣獨以問所親故吏嚴延年延年曰將軍爲國柱石審此人不可何不更選賢而立之光曰於古有此否然則伊尹之事光必不知此不學之失二也始元五年有男子乘黃犢車詣北闕自稱衛太子詔使公卿將軍中二千石雜識視至者莫敢發言京兆尹雋不疑後至叱從吏收縛曰昔蒯聵出奔輒拒而不納春秋是之光聞而嘉之曰公卿大臣當用有經術明於大誼者夫春秋孔子事也孔子無與輒之事而雋不疑特以權辨折之然則孔子之事光必不知矣此不學之失三也夫伊尹周公孔子乃天下萬世人臣之表準也其輔相之道尊讓之功在於伊尹周公孔子而爲人臣者不知伊尹周公孔子之事其可乎哉譬如

醫師之不知君臣佐使之術文武調用之道而徒以謹愼詳審自信鮮不敗矣於乎光之不幸而不得聞伊尹周公孔子之大道也若幸而聞伊尹周公孔子之大道則三代之風庶幾可致豈惟百姓充實四夷賓服而已哉且伊尹之後有伊陟周公之後有伯禽而霍光死財三年子孫誅絕悲夫後之大臣處霍光之位行霍光之事者其可以不學耶霍光傳在

書王臨川伯夷論後

讀孔孟之書者當先知聖賢之微意若不知微意所在而徒以文辭爲解則往往陷於偏見獨識而不知

聖賢立言之本意王介甫伯夷論是已孔子論至德兩稱泰伯文王而不及武王孟子論性善必稱堯舜而亦不及武王則微意所在槩可見矣夫孔孟周人也於夷齊叩馬採薇之事固當諱之故屢稱伯夷詳錄伯夷而終不及此然其微意則未嘗不眎人也魯論曰伯夷餓死首陽之下又曰逸民也鄒傳曰伯夷非其君不事又曰聖之淸者蓋以叩馬採薇等事付之言外而闡其幽也司馬遷韓愈之書雖不可盡信而去古未遠聞見甚博豈敢以叩馬採薇之說鑿空撰出於伯夷耶春秋傳曰武王遷鼎於洛邑義士猶

或非之義士伯夷也左氏曰雖或浮誇而此非左氏之言乃臧哀伯告君之辭則豈有賢於哀伯而不根之說證之於諫郜鼎之事乎介甫以春秋爲斷爛紙故必不之深省耳介甫以二老天下之大老行年俱八十餘矣疑其或死於北海或死於道路或死於文王之都而不及武王之世此亦不然太公西來之初行年八十云者猶或可信而於伯夷不言其年數之幾何則其曰年皆八十餘者必以俱稱大老故耳孟子之所謂大老者非指其年皆八十也特言大德之老人也人苟有大德則年雖五十六十不害爲大老豈可以此而疑其不及武王之世耶介甫云天下之道二仁與不仁也伯夷固不事不仁之紂則必事武王之仁此亦不然子曰求仁得仁又何怨乎伯夷雖餓死於首陽不害其得仁若以此疑之則比干之死微子之去箕子之狂不得爲仁歟使比干不死於紂而臣事武王然後方可以稱其仁乎介甫云伯夷不死其烈豈獨太公哉此又不然太公恐一世之無君伯夷恐萬世之無君故伯夷叩馬之時太公曰義人也扶而去之蓋其道並行而不相悖也豈以齊稱二老而信其同烈耶孟子雖同稱伯夷伊尹柳下惠孔子

之聖而其事則大有不同者矣噫韓馬左丘雖不足信而孔孟之言其可以不信乎甚矣介甫之執拗也雖然介甫豈不知孔孟之書乎但未知聖賢微意之所在耳

二妃論

余嘗讀堯典知大堯之明於知子而二妃之德之配於舜也放齊以胤朱爲啓明而帝曰吁嚚訟可乎及四岳之舉舜也乃以二女釐降于嬀汭嬪于虞繼之曰欽哉夫天下重器也后夫人之德不侔乎天地則不可以治天下若使二妃如胤朱之不肖則帝安得

以妻舜哉嗚呼二妃其女中之舜乎方舜之浚井塗廩也作龍鳥歌脫舜之厄而成舜之聖然則四海之所以咸戴舜功者二妃之力有焉其賢如此而世以爲舜葬蒼梧二妃從之不及溺死沅湘之間或曰從舜南征三苗道死沅湘之間其所以見於楚騷秦紀及劉向鄭玄王逸之書而曰湘君湘夫人云者不可勝數獨郭璞解山海經曰帝舜之后不當降爲夫人二女疑天帝之女其他樂府諸篇有曰竹枝歌瑤瑟怨黃陵廟遠別離云者又不知其幾何則若是乎愈久而愈訛也禮曰夫人送迎不出門春秋傳曰戎事

不邇女器嗟夫南征之事非后妃之所知則安有溺死道殂之理乎帝堯之女大舜之妻不如是也且夫物之生也不一其種梅有墨菊有白竹有桃而各因其性或因其土則所謂湘江班竹云爾者豈二妃淚蹤之所染耶山或有石鐘水或有浮磬而水仙之歌馮夷之鼓往往著靈則所謂湘靈鼓瑟云爾者豈二妃怨語之所發耶於乎噫嘻吾知其訛誤之有因也堯典曰舜陟方乃殂陟昇也方乃殂所以釋陟爲殂也若曰南方則宜云下方不得言陟方而彼屈原楚產也謂舜南征而死故離騷九歌之所謂湘君湘夫人者余指二妃而秦博士之對始皇之問也以是答之漢儒及唐之詩人亦以是筆之於山經地誌及樂府諸篇也傳曰舜生於諸馮卒於鳴條紀曰舜崩於蒼梧之野蓋蒼與鳴條與梧聲相近故也且蒼梧之野有九疑山山下有洞庭湖故說者意二妃從舜迷路而曰溺死道死者然也若以二妃之賢眞有是事則豈以堯知人哲安有明於丹朱而暗於皇英也耶司馬君實有詩曰豈有逡逡渡湘水足以破千古詩人之疑矣

申孝婦道狀

生等狀以孝者百行之源而士之所鮮能也士既鮮能則況於婦人乎婦人而孝者婦人之尤所難能者也蓋千百年有一二陳孝婦唐夫人是已生等本道義城縣有月城崔氏即鵝州申龍燦之妻也大邱故師傅崔東集即其五代祖縣監壽學即其祖孝子承旨興遠之從妹也生於篤孝之家幼有卓異之行而動遵內則年十一慈母病篤晝夜侍側跬步不離藥必先嘗而後進一日母索蔘醫言害於病遂不得奉進後終身不食蔘及母卒號哭哀毀幾絕而蘇者數矣既斂之後遂收拾所餘衣巾爪髮別成一斛藏諸

四六

秘篋曰我死之日當謹奉以隨後如其言蓋其孝天性也自歸申龍燦家事舅姑如事父母晨昏溫凊之外或值天寒必親起爇火爛其突而安之朝夕菽水之外或值嘉味輒豝手開籠與其衣而沽之其姑卽安東鄭氏也行年八十齒牙脫去不能食飮崔輒求乳母或分飮食或解衣裳使之感其心而哺其姑乳母化之往往忘其子而乳之乳或中斷則無論近遠竭誠求之有乳者莫不灑之及其解孕也不喜生男而喜乳之足每上堂飮其姑餘則退而哺兒兒瘦而姑肥本來氣弱乳又見斷復竭力四求一如其初蓋

姑之所以享百歲者以崔二十年乳養之力也姑又病索醴初欲進之問醫而止自是又終身不飮醴噫酒與醴皆甘人口者也人之所嗜而獨終身絕口則非誠之篤於見物能如是乎愛乳村婦之常事而輒忘其子而飮人之姑則非誠之優於感人能如是乎且愛子人之常情而不喜生男喜乳足者非出天之誠耶七十人之稀壽而八十飮乳到百歲者非感天之誠耶生而孝於慈嫁而孝於姑者千百年惟崔氏一人而已以此觀之賢於陳孝婦唐夫人遠矣竊伏念我 聖朝敦孝礪俗之方夐越前古孝烈修啓之飭每在歲初雖閭巷匹庶苟有自盡於其父母則莫不表而旌之棹楔之典次第畢擧况以孝子承旨之妹有此卓越感天之孝行而尙爾無記者豈非鄒魯鄕士林之一大羞恥而慨然處乎玆敢撮其大節齋聲仰籲伏乞閤下特加憐察使崔氏乳養之至孝得以及時上聞生等不勝戰汗之至謹冒昧以陳

祝文

社稷壇祈雨文

皇皇社稷主我百穀民天在食靈著古昔俾我稼穡莫非爾極大地龜坼澤竭川涸旱何此酷今憂遐域

求芻與牧太守之責月不離畢日杲杲出我心如渴民靡遺孑神將不恤予豈欲活倘及今日降澤洋溢苗興斯勃我黍或或我稌翼翼至于重穋病者易蘇憂者以樂我民報德犧牲肥腯粢盛豐潔世歆芬苾

騎龍山祈雨文

大海之濆山有騎龍伊昔神翁於焉擾龍鱗虫三百至靈者龍變化不測是故稱龍行雲曰龍興雨曰龍今與汝約聽我汝龍八路同旱憂劫山龍有命自天駿奔羣龍山在治東終古祈龍郡民不恐所恃惟龍今若賜雨有靈之龍禱而不應無靈之龍有靈無靈

將卜於龍

祭文

祭族兄鐵文

嗚呼曲江一郡古稱壽鄉黃髮淵德出入成行冬春團會滿于公堂十數年間零落殆盡鄉運門祚一時俱蹇惟我宗親長老數四就中矍嗜無如公比春秋幾何七旬有二眼不生花齒不搖車起居飲食少年不如秉氣加人激節慷慨威行州閭力折守宰教誨其子甚有法度磨礲成就出於嚴父見重鄉曲知名嶺下以楚辭鳴鮮有前者公旣溉根謂食其實夫何一疾千古之訣十月之望而余候之肥膚雖敗神精不衰看我出涕琅琅有說先亭之事謂未能畢廟貌可與庖所可設箏壇理級然後落成今焉已矣抱恨而行余泣而對族兄族兄何出此言平心調養戰勝而肥氣當益壯何事不做何願不就語畢而笑曰復來候曾未叶旬遽至於斯披帷一號幽明永隔不昧者存庶幾來格

祭雞林金宗漢

於乎余年弱冠拜公於永陽逆旅未接數語知公爲傑魁人也其後五年因從弟醮行又拜於雲山別邑陪話數宵益聞其偉論也後又自附於婚姻寅緣出入情地甚密而公之孫淳從吾遊者十數年矣性甚溫雅材又茂異亦可謂近世知名之士而稱其家兒公又訪我於蓮社時柳侯光濂聽其雄辯柱傍歎曰嶺表偉人也甲戌春私家不幸屢遭喪慼哭所嬌悲憤成疾公貽書責我曰子非讀書人也何不以理遣懷某亦經傷者也而年近八旬善飯安寢矣聞此一語余亦自醫每每逢人稱公爲東門達觀後八月遇公立巖道中立馬流涕公放聲大笑曰君以後毋之逝一不西爲耶余收涕謝曰冬有達城之行謹當攜屛而歸嗚呼孰謂是歲之冬哭公於河陽歸路耶追念弱冠後四十年間筆不覺沾余襟之琅琅嗚呼

祭陳師德文

嗚呼痛哉公性純剛展也愷悌早喜詞賦晩好詩禮處家之道友愛益著居鄉凡節謙恭自處不我遐棄托我以子克稱其家一鄉佳士歲在乙卯同赴漢城仁政仙漏觀國之光陟彼南山俯臨長安逾過鐘樓呼酒團欒西瞻延詔東還宋洞三淸之水可濯可弄同舍旅食情地尤密公歸我留悵悵如失客秋九月聯枕一宵笑語琅琅自宵至朝達城一路轉至西笑

行邁忽忽未暇奉告區區此心訖與年少千里無復艱關踰嶺峽旬返庭無病爲幸豈不爾思實多慷慨欲往未往自貽踰時豈圖一別奄成千古公素多病十年藥臼吾云是疾不害爲壽承訃之初疑夢疑眞鞭馬往視乃千古人天亦難恃壽不如仁嗟我鄕運如是慘酷好翁已矣公又就木春秋鄕社誰與盍簪言念及此余懷悁悁噫公襄期修稧之辰大擬其餞臨穴沾巾老而更狂我行又西三步回頭我心悲兮病不握手葬不送野撲諸姻誼若無情者一盃替人有隕如瀉不昧者存靈其知也於乎痛哉

耳溪先生文集卷之二

耳溪先生文集卷之三

易卦爻贊

乾 乾上乾下

乾健也天道有常備其四德故曰元亨利貞彖曰時乘六龍以御天又曰首出庶物萬國咸寧示九五爲統乾之主也諸爻皆稱龍而三四不言龍者人位故也以三畫卦言之則二五當之故兩爻皆以大人稱之此乃立人極之道而爲六十四卦人位之首也二五以同德相應而餘皆無應者何也文言曰聖人作而萬物覩是豈非同聲同氣自然之應耶六爻皆聖人事也潛龍之德未必不如見龍見龍之德未必不如飛龍但位有尊卑耳亢雖過極在聖人則無亢大哉聖人體乾之道也

大哉乾乎萬物之父洪纖巨細性命均賦保合大和乃施雲雨立爲三極闢則萬戶中正純粹克體君德垂衣之象堯舜咫尺六龍隨時潛見飛躍君子法天自彊不息

初九 深山之舜龍德而隱若將終身確乎無悶

九二 發於畎畝上應九五龍德正中厥施斯普

九三 玄德升聞天下歸之危懼之地日夕孜孜

九四　大麓雷雨歷試之時上下無常進退得宜
九五　聖作物覩四海咸戴日月光華風雲際會
上九　勑天之歌戒其盛滿知進知退雍容揖遜

䷁ 坤上坤下

坤順也四德同而貞以牝馬爲言者以其厚德載物順且健故也卦辭曰主利爻辭曰無不利亦六二爲統坤之主也諸爻有曰履霜也含章也括囊也黃裳也龍戰也而取象不一者何也乾曰六龍而坤不曰六馬者此非陽尊而陰雜故耶六爻皆人臣事而無應者以其應於乾之君德也黃裳之

德出於六二地道之光括囊之智出於六三含章之貞俟時有當否耳初上乃陰之消長也苟能辯之於早則安有龍戰之舉而陰陽兩傷之理乎至哉聖人體坤之道也

至哉坤乎萬物之母飛潛動植形氣各受得朋西南克配悠久承乾有終主利居後含弘光大允合臣節黃裳之位伊周彷彿牝馬利貞柔順安吉君子體坤厚德載物

初六　陰雖甚微其可忽諸凜乎霜冰戒之在初
六二　從容中道何待時習直內方外敬義斯立

六三　或從王事代而有終歸之天子不居其功
六四　君子愼言若括囊口其患難及是以无咎
六五　美哉此爻周公當之袞衣赤舃善處危疑
上六　窮陰之節故稱陽月上玄下黃尊卑有截

䷂ 坎上震下

屯草昧也有天地然後斯有人人道必具四德故曰元亨利貞人道必立君長故曰利建侯建侯必用長子故初九以震體爲屯卦之主也卦惟二陽而五屯其膏故諸爻之義因初而起往吉者應初也往吝者舍初也班馬者乘初也泣血者遠初也聖人濟屯之義深矣

雲未成雨艸方出地三人騎馬邅險回轡獨力難濟建侯廣資陽剛君子經綸之時

初九　以貴下賤得民之象光武以之炎運復旺
六二　入涉屯否中須我友物極必反至十年久
六三　胡爲林中妄動獵心見幾而止愼勿從禽
六四　任重才弱自知甚明下求善士虛己盡誠
九五　威權去已不可大貞殷盤周宣馴致太平
上六　高而無輔乘馬安之下無強援徒有涕洟

䷃ 艮上坎下

蒙蒙昧也有開發之理故曰亨養正則聖故曰利
貞又曰童蒙求我指九二爲發蒙之主也卦惟二
陽而上則擊蒙故諸爻之義因二而起童蒙之吉
應我者也發蒙之利承我者也女蒙之失乘我者
也困蒙之吝遠我者也聖人啓蒙之意廣矣
遇險而止豈水之性盈科而進四海可放敎亦多
術蒙以養正及其成功同歸於聖

初六 刑期無刑有恥且格下民之蒙如脫桎梏
九二 發蒙之主道全德備包含廣大克濟王事
六三 舍其正應近取諸鄰女子之蒙得金失身
六四 獨無親援何由自拔大臣之蒙不學無術
六五 自處童蒙惟賢是聽太甲成王困而作聖
上九 擊蒙維何有逆有順窮兵則秦格苗則舜

䷄ 坎上乾下

需有二義一曰飮食一曰需待故曰需于酒食又
曰利涉大川夫酒食也大川也者皆爲坎象故九
五爲需之主也卦之二陰皆坎體而水之爲性上
入下出故四曰出于穴上曰入于穴出者猶或避
險而入者終難出險然而不至於凶者以其皆柔
正而順且敬故也諸爻因坎起義初无咎者不犯
難也二終吉者衍在中也三敬愼者災在外也五
貞吉者位乎中也聖人需時待物之意弘矣
雲上於天需然後雨人臨乎水需然後渡需之爲
道貴用寬綽君子取象飮食燕樂

初九 需時君子遠處畎畝志雖有須安靜自守
九二 沙上之人得中遊衍雖小有言善處患難
九三 胡爲泥中其險如此水不溺人人自溺水
六四 三陽銳進弱不可競姑虛其位知難退聽
九五 有酒醑我優遊自適同志相應所需必得
上六 在需之極忽遇暴客剛柔難敵敬字上策

䷅ 乾上坎下

訟字從言從公以其言出於公也卦辭曰利見大
人指九五爲聽訟之主也初與三陰柔不爭故不
言訟二與四剛柔相濟故不克訟在下者皆不得
盡其辭則豈九五之君大畏民志而使之然耶故
曰訟元吉上九則以剛居上極其訟者也而爻辭
又不言訟者惡其終於訟也鞶帶有德者之命服
而非所以賞訟故稱之以或或者正言其必無之
理也聖人使無訟之意嚴矣
內險外健不能無訟無情者止有孚而動聽訟非

難絶訟爲美所以君子作事謀始
初六　初不如退我弱爾強本非美事訟不可長
九二　義不敢爭吾謹避耳擊柱可乎封畱足矣
六三　坤之六三事異志同雖處危懼獲吉於終
九四　與其克訟吾寧克己犯而不較然後君子
九五　大畏民志中正其德虞芮之君不見西伯
上九　居上好訟爭民施奪雖錫命服隨得隨失

䷆ 坤上坎下

師衆也用衆之道以正爲本故曰貞又曰丈人吉
指九二也一陽爲衆陰所歸而有剛中之德上應

於五爲所寵任專制閫外故不得不爲之主也然
爲臣之道不敢自專故因五起義九二持重之帥
也六三輕進之師也六四知難之師也故以長子
繫之於五而餘爻亦然初之出師王三錫命之時
也上之旋師大君有命之時也夫禁亂誅暴號令
節制二雖主之而論功行賞開國承家五之所當
專主也此聖人不已用兵之道也歟
三代王師以順而動丈人則吉小人勿用兵法奚
爲六爻可誦衆取地水君子容衆
初六　出師之道以義爲重苟失其律雖捷焉用

九二　中權專制克盡其職承命懷邦召虎方叔
六三　托非其人安能成功非止無功適足致凶
六四　度德量力戰不務克堅壁完師廉頗李牧
六五　奉辭討罪敵乃可服將出多門鮮不敗績
上六　兵間之事或用小人至如封爵害及生民

䷇ 坎上坤下

比親輔之道也故曰不寧方來上下應也又曰元
永貞无咎以剛中也剛中指九五爲顯比之主也
二之內比應於五也四之外比從於五也有他吉
之初六先知比五者也非人傷之六三不知比五

者也至於上六則其才既不足以高人又不能自
卑而從人象所謂後夫凶指此爻也其亦防風氏
之類也歟此聖人協和萬邦之道也
人之親比如水在地上下之比原筮三字衆必有
比所以次師師憂比樂各隨其時
初六　相比之道以信爲本既有其始終无悔吝
六二　內自修省不求而應伊尹武侯必待三聘
六三　不中不正可知其失比於匪人良可咄咄
六四　君臣之際比以正道如水流濕如火就燥
九五　譬之田禽王不合圍成湯祝網諸侯咸歸

上六　陰柔自高比在人後鮮克有終況乎无首

巽上乾下

小畜畜道之小者也以一陰畜五陽而陽志能行故曰亨又曰柔得位而上下應之指六四爲小畜之主也諸陽因一陰起義初與二志存乎復而不肯受畜於四者也五與上體同乎巽而乃反助畜於四者也至於九三則寵惑過甚失其夫道竟至脫輻反目之境此所謂令不行於妻子者也然爲婦之道貞固守此則豈不危厲哉小人之畜制君子亦非小人之福也文王垂戒之意可謂嚴且切矣

聖在羑里憂患作易象取明夷時用小畜西郊之雲未能成雨我字有味微意可悟

初九　陽本在上志又貞固不受柔畜回車復路

九二　牽連而復救其同患其德正中不安私眷

九三　重剛不中爲陰所畜自失其正乃至反目

六四　諸陽之志萃於一柔虛中有孚畜君何尤

九五　推誠固結上下相畜匪我獨富與衆同欲

上九　畜旣成雨月又將盈婦人則厲君子勿征

乾上兌下

履禮也禮者人所履也履盡其則蹈危無害故曰履虎尾不咥人亨又剛中正履帝位指九五爲履之主也然下應兌悅自恃自浚故有夬履之厲正東坡所謂憂治世之明主者是也乾九五文言章九五爻辭皆取虎象而履之九五亦當其位故三與四爲尾而三曰咥人四曰愬愬初與上无應故初曰无咎上曰元吉至於九二則雖居相應之地而亦非陰陽正應故特曰利幽人之貞且以君子踐履之義觀之則三之眇不及上之視四之愬不及初之素五之夬不及二之坦蓋善履其履者莫九二若也聖人履道之正詳且密矣

天澤有截尊卑嚴整君子所履不出中正動之以禮行之以敬辨其等威民志自定

初九　履其素位居下而安飯糗之舜飮瓢之顔

九二　寬裕得中履道平坦其志幽靜物不能亂

六三　才弱志剛履非正位如躄之行如盲之視

九四　多懼之地況承剛浚體剛志柔雖危獲吉

九五　以剛應悅夬行其履明斷雖美愼勿自恃

上九　人於所履考其終始淵冰之戒猗歟曾氏

坤上乾下

泰通也君子道長故曰亨象曰后以蓋指六五爲處泰之主然以柔中之德虛已應九二剛中之臣而致泰之功都出九二故本義曰九二爲主乎泰也先儒曰泰通堯舜之世今以諸爻觀之初九之彙征非九官十二牧耶九二之包荒非皐夔稷契之輔耶九三之无往不復六四之不戒以孚非滿招損謙受益之戒耶六五之歸妹以祉非王公之尊賢而館甥於貳室者耶上六之城復于隍非元首叢脞股肱惰哉之戒耶以小往大來言之則下三爻泰也上三爻否也亂生於治之義斯可見矣

自乾坤來十變爲泰內陽外陰天地之泰進賢退邪朝庭之泰財成輔相天人俱泰

初九 草茅之士牽連而進何吉如之千載熙運

九二 處泰之道隨事周遍克配中行厥德光顯

九三 天運循環无往不復苟能艱貞庶享其福

六四 以陰居上泰過乎中翩翩之志不謀而同

六五 位尊志降順從輔弼譬諸歸妹有商帝乙

上六 積累成泰復反於否告命雖正亂不可止

☰☷ 乾上坤下

否者泰之反也小人道長故曰不利君子貞夫居中用事者六二則六二爲否之主也此其幽厲之世乎初六之拔茅非羣小牽連幷進之象耶六二之包承非羣小彈冠相慶之時耶六三之包羞九四之疇祉非君子小人用心之別耶九五之繫于包桑乃興衰撥亂之義則非周宣中興之際耶上九之先否後喜乃陽剛之材而力所優爲則非方召之爲中興輔佐者耶以小往大來言之則下三爻否也上三爻泰也危然後安之義亦可見矣

泰通之餘一變爲否內陰外陽天地之否進佞退賢朝廷之否儉德避難天人俱否

初六 以柔處微其志未變彙貞之戒勉其爲善

六二 以中正姿承順逢迎大人當之身否道亨

六三 心所包畜令人可愧窮則斯濫无所不至

九四 否旣過中陽又來復苟有君命善類之福

九五 休天下否德位俱尊苞桑之戒重言復言

上九 天道無常否傾則泰其喜可知去亂除害

☰☲ 乾上離下

同人者天與火同而二五以人位相應故也惟君子爲能通天下之志而至正大同故曰亨曰貞象曰柔得位而得中指六二爲成卦之主也卦惟一

陰而諸陽之所欲同故起義於二二五爲正應此
應而同者也三四非應而介乎二五之間不知天
理之同物莫能間故三則伏戎四則乘墉此爭而
不能同者也初上无應无爭无爭者此而同故曰
同人于門无應者遠莫之同故曰同人于郊然二
五之同獨取其應則非君子大同之道故二曰同
人于宗吝五曰大師克相遇此則不以君道取五
而繫傳但以二人同心許之也至矣哉聖人之審
異而致同也

豈惟天火人與人同天下之志聖人所通舜文雖
遠若合符節君子取象類族辨物

初九 耦畫在前非門而何苟能一出天地無涯
六二 王道无黨乃同于宗雖曰正應本非至公
九三 剛暴之志奪人之同不敢顯發三歲林中
九四 始欲踰墻攫其處子自知其非反取義理
九五 發怒二強以兵相加亦既艱止先嘯後歌
上九 同人之世居遠無與近於荷蕢亦非善處

☲☰ 離上乾下

大有者所有者大也文明應天故曰元亨彖曰柔
得尊位大中而上下應指六五爲大有之主也一

陰在上五陽宗之者以其居尊執柔處中下賢故
也諸爻之有皆六五之有故因五起義九二之積
應五也九三之亨奉五也九四之朋近五也上九
之吉從五也初九之艱遠五也自乾坤來六爻之
盛孰如大有者乎榮矣哉士之生斯世也

火在天上无幽不顯聖明臨御俊乂登進士生斯
世緼華於王君子觀象揚善遏惡

初九 賢而多財其心易動大有初九艱於子貢
九二 德可厚載才可大用偉哉伊尹任天下重
九三 公侯富有歸之天子桓文曹馬可辨於此

九四 大有過中謙而不失位當明體善觀滿月
六五 虛則有孚照則生威克自警畏四海咸歸
上九 菟裘老臣退享豐樂履信思順自天降福

☷☶ 坤上艮下

謙者有其德而不居之謂也无往不亙故曰亨謙
而能終者鮮故曰君子有終蓋指九三爲謙之主
也乾之三以君子稱坤之三以有終言而謙之三
合而言之者以其兼天道地道而有終日之勞會
章之德故也六五雖爲謙主然君道不可專尚謙
柔必用威武故其爻獨不言謙而諸爻因三起義

五五

二之鳴謙四之撝謙近乎三者也初則隔乎二而
五與上則隔乎四故初用涉五侵伐上行師也蓋
初之謙可用濟人五之謙可用治人上之謙可用
治己而二之謙貴其得中也四之謙貴其得正也
惟三之謙則兼此五者之德以其功下人者也故
象辭歸重於此美哉聖人用謙之道也
允恭克讓聖人美事居尊益光涉險爲利天地神
人好惡无異以是爲柄稱物平施
初六 柔而居卑故稱謙謙用汝涉川材德具贍
六二 和順稱中露其言面天姿自美不待強勉

九三 履得其位爲衆所宗以功下人猗歟周公
六四 主上喜謙勳臣亦然身處其間上下周旋
六五 中順之德美哉克讓恐失太柔以征不享
上六 志謙居尊不平而鳴過恭非禮威和並行

䷏ 震上坤下

豫樂也彖曰剛應而志行又曰順而動爻辭又曰
由豫皆指九四爲豫之主也初之鳴豫應於四也
三之盱豫近於四也五之貞疾失權於四也上之
有渝體同於四也惟六二柔順中正其介如石故
不係於四也且豫有六義初上逸豫也六三猶豫
也九四和豫也六五弗豫也六二先事之豫也
又曰重門擊柝以待暴客此則備豫之義也取
之不一也如此凜乎聖人用豫之戒也
豫之爲義上動下順師可以行侯可以建質諸天
地四時不忒雷出坤腹作樂崇德
初六 輕淺小人得意諠譁莫恃其寵樂極則何
六二 中正自守其介如石先事豫圖可速而速
六三 所處不正動輒有悔其心猶豫難進難退
九四 爲豫之主衆所共與良朋盍簪致天下豫
六五 沉湎於豫權去位存於乎危哉衰世之君

上六 冥豫爲痼難醫之人一變則晉勉其自新

䷐ 兌上震下

隨有二義物隨也隨物也以卦言則物隨而以爻
言則隨物也隨道可致大亨而利在貞正故曰元
亨利貞天下隨時之時王肅本作之字蓋指九五
爲隨之主也諸爻因五起義六二之失丈夫恐其
比初而去五也六三之繫丈夫許其從四而近五
也九四之有獲貞凶恐其得勢而凌五也上六之
拘繫用亨許其盡誠而隨五也以陰陽相隨之義
言則初四五之皆吉而无咎者以陽无所係也二

三上之皆係而无吉者以陰有所係也隨道之正有如是夫

澤中有雷雷動澤隨隨義大哉天下隨時隨時進退隨時遲速起居亦然向晦宴息

初九 在隨之初從正則吉交入于門去其私暱

六二 得正遠邪從非失是有一於此惟中而已

六三 業已從上斷當舍下枉道取悅亦非智者

九四 多懼之地天下隨之苟非伊周其凶可知

九五 居中應中君德日進隨道之吉莫如從善

上六 固結人心隨道盡美太王居岐襁負如市

䷑ 艮上 巽下

蠱者有事之象也治必因亂故曰元亨治蠱之道當知其先後故曰先甲後甲夫蠱者壞也東坡所謂器久不用則蟲生之人久宴溺則病生之天下久安則弊生之者是也蠱卦最難看亦无定主以成卦之主言則初六居內在下者爲主以陰陽相應之道言則上爻爲父五爻爲母而餘皆幹蠱也子故初曰幹父二曰幹母三曰幹父四曰裕父五曰幹父以君臣之道言則六五爲主而上九則處事之外餘皆有事之臣以剛柔之爻與位言則剛柔相濟者爲善初則爻柔位剛故无咎二則爻剛位柔故得中三則爻位俱剛過於剛故小有悔四則爻位俱柔過於柔故往見吝此剛柔之異而得失之判也五則以柔居剛不能創始垂統然猶爲繼世之君而能任剛陽之臣故曰用譽幹蠱之事畢矣此上九所以无事而尚志也

三蟲食皿回風落山卦才則亨涉川何難先甲後甲利久弊革君子觀風振民育德

初六 居內主事幹父之道常懷惕厲意在承考

九二 事君如母不可貞固悅則復諫以順爲主

九三 過剛有悔處巽无咎諍雖過甚義則可取

六四 寬裕之德可以循常若可大擔安能承當

六五 才堪守成賴有輔助繼世之君得臣用譽

上九 當此爻者伊呂曾思至如嚴陵何能以之

䷒ 坤上 兌下

臨大也剛浸而長故曰元亨利貞又曰說而順剛中而應爻辭又曰咸臨吉无不利指九二爲臨之主也初九之咸臨從二而浸長故曰貞吉上六之敦臨遠二而下臨故曰吉无不利六三之甘臨[illegible]柔而媚說故曰無攸利六四之至臨切比於下體

故曰无咎六五之知臨倚任於正應故曰吉且初
二咸臨者此下臨上剛臨柔也三四甘至之臨五
上知敦之臨者此上臨下柔臨剛也然則臨道豈
非上下相與之義乎
澤上有岸臨民之象化育之功天臨在上聖人則
之弘大其量敎思旣潑包含甚廣
初九 初九咸臨以正應正得行其志終必有慶
九二 九二咸臨以中應中非必順命自然感通
六三 下臨君子志柔言甘苟能一變泰之九三
六四 力小任重至誠臨下處當其位切近賢者

六五 委任四岳垂衣臨民猗歟放勳其知如神
上六 處臨之終旣篤且實以厚接物所以爲吉
☴☷ 巽上坤下
觀有二音卦名去聲六爻皆平聲彖曰大觀在上
順而巽中正以觀天下指九五爲觀之主也夫觀
者臨之對也臨則取遠觀則取近故諸爻因五起
義初之童觀二之闚觀以其遠五也三之觀我生
四之觀國光以其近五也上之觀其生略與五同
而少有賓主之異亦以其近五而有嫌故也然則
三之爻辭與五同者何也五君位也巍然在上爲

天下儀表故觀吾政之得失驗民俗之善否此乃
察人修己之道也六三居下爲衆瞻仰故觀吾道
之通塞聽進退之可否此亦察己從人之道也歟
人之以觀設敎也如此
風行地上周觀之象聖人首出萬國咸仰如盥之
始至誠顒望法天設敎大觀在上
初六 居遠於陽所見皆淺小人則可君子則吝
六二 女子之貞闚門之隙陰柔居內坤戶未闢
六三 自顧其行可退可進善哉雕開斯之未信
九四 幸於吾身親見大德歌鹿鳴兮於焉嘉客

九五 驗之天下觀我善否世皆君子方始无咎
上九 旣爲矜式亦觀其生雖未居位心則不寧
☲☳ 離上震下
噬嗑合也天下之事有所不合者以其有間也噬
嗑則通故曰亨卦有雷電明照之象故利用獄又
曰柔得中而上行指六五爲用獄之主也初上爲
受刑之人而罪有輕重故初曰屨校上曰何校中
四爻爲治獄之人而才有剛柔噬有難易故五曰
噬乾肉二曰噬膚蓋二以柔居柔五以柔居剛五
之才勝於二也五得黃金三則遇毒[illegible]而不

中五柔而得中五之位勝於三也雖然不及四之
吉者五之柔不及四之剛故也治獄之道必以剛
爲貴也歟九四以一卦言則爲間者也以六爻言
則去間者也易之不可爲典要也如此
頤中之物豈惟噬嗑天下之心去間則合天下之
理克己則復象取雷電君子明勑
初九 居下罪小屨校滅趾趾何妄動未行道理
六二 居柔得中噬膚滅鼻宜其无咎劓者見治
六三 居剛不直噬腊遇毒宜其小吝刑者不服
九四 其間漸大噬乾得矢未得中正艱貞爲美
六五 其間甚大噬乾得金既得中正貞厲爲箴
上九 居高惡積何校滅耳耳何不聽不聞義理

䷕ 艮上離下
賁飾也無文不行故曰賁亨文爲小故曰小利有
攸往賁以敦本尚儉故本義以六五爲賁之主然
取其文明之義重故程傳以六二爲主也諸爻因
二起義初之賁趾比二文明之下也三之賁濡乘
二文明之極也四之賁皤隔於二也五之賁園不
應於二也上之白賁最遠於二也然陰陽二物有
應者以應相賁無應者以比相賁四與初應求賁

於初故初賁趾四翰如二與三比附賁於三故二
賁須三濡如五與上比賴賁於主故五賁丘而上
白賁也且內賁致飾外賁質素故雜卦曰賁無色
聖人尚素不實賁也如此
山下有火照見草木人有美質方加文飾文勝則
華質過則樸君子慎之无敢折獄
初九 賁其行趾窮不失義素履而往不顧千駟
六二 須之賁飾何關本質二乃賁主言賁之實
九三 上下正陰其賁濡如苟能永貞誰敢侮予
六四 爲寇所隔人白馬白終當賁如義勝理直
六五 受人裁制變化柔質以成賁功小吝終吉
上九 居賁之上爲五所受觀於繪事禮其在後

䷖ 艮上坤下
剝落也五陰剝一陽而欲落之以至於盡也小人
長故曰不利有攸往碩果在剝之極將有復生之
理故上九爲之主也初六之剝床以足六二之剝
床以辨以其遠於上而剝陽之漸也六三之剝之
无咎以其應於上而去其黨也六四之剝床以膚
以其漸迫於上而切近灾也六五則剝及君位剝
之極也故更不言剝而別設一義以開遷善之門

故取宮人順從寵愛之道以其切比於上也聖人抑陰之意如此

時維九月天寒木落羣陰方盛一陽將剝君子隨時巽言晦跡爲人上者厚下安宅

初六 自下浸上剝床之足始之羸豕必其蹢躅

六二 漸進剝陽剝床之辨遯之黃中換其頭面

六三 介其重陰居剛應剛剝之无咎東漢呂強

六四 无陽之心剝床以膚膚受之災將滅其軀

六五 羣陰之主后妃之象統率宮人獲寵於上

上九 碩果有仁生意必復得輿剝廬分示禍福

䷗ 坤上震下

復反也陽反於下有相育萬物之道故曰亨又曰復其見天地之心心本在內故初九爲復之主也諸爻因初起義六二之休復志在下仁而復之休美者則親比於初也六三之頻復意欲遷善而復之不固者則頻失於初也六四之中行獨復許其排羣陰而應於初也六五之敦復无悔喜其因天性而不待初也上九之迷復則旣無下仁之美遷善之機又無改過之勇反本之望是乃昏迷而不能復其初也蓋上之迷復不知復也三之頻復猶知復也四之獨復獨其復也五之敦復敦其復也二之休復爲仁之復也初之不遠復復禮之復也聖人扶陽之意如此

碩果纔落陽入坤腹子畫一聲千門忽闢天地之心可見於復先王閉關奉時順則

初九 修身之道改過爲美不遠之復顏氏之子

六二 處得中正樂從君子匪智孰能里仁爲美

六三 頻復頻失不能固守欲其遷善强許无咎

六四 積陰之中獨有正應復而從道可入吾黨

六五 不待輔益篤於從善天資之美自有中順

上六 與道相反終迷不復何施而可喪師敗國

䷘ 乾上震下

无妄誠也誠者天之道故曰元亨利貞象曰剛自外來而爲主於內指初九爲无妄之主也動以天爲无妄而无妄之象茂對時時者事之端也故六爻之无妄皆因時起義初九之往吉六二之利有攸往六三之行人得牛可動之時也九四之可貞无咎九五之勿藥有喜上九之行有眚可靜之時也可動而非動失時也可靜而非靜亦失時也无妄六爻之行止災福都出於一時孚聖人隨時之

六〇

義於此可見矣
動以天理乃爲无妄苟非其正不利攸往雖无邪
心爲妄則一君子體乾對時育物
初九　以剛主內无妄之實誠則動物无往不吉
六二　順乎中正无妄之至明其道義不計功利
六三　柔而不正妄動之人縱有所得其柰失身
九四　意實无妄貞正則未勉其盡善可孚有味
九五　无妄之疾化而不革大舜周公有喜勿藥
上九　上九非妄窮則戕生漠北雲南漢唐之征

䷙ 艮上乾下

大畜畜之大者也人之所畜宜得正道故曰利貞
大畜之畜陽者六四六五而四以大臣能畜止其
君則成畜之功四爲主也小畜亦然小畜之四巽
體也大畜之四艮體也以巽畜初故有復自道之
吉以艮畜初故有厲利已之戒四雖柔爻語其大
小畜之卦體則巽陰而艮陽也二五皆中而又爲
正應故五能畜二而童加其牿二受其畜而輿脫
其輻然三曰良馬逐上曰天衢亨者皆處一卦之
終又居相應之地畜而至此畜道散矣大小畜之
別又如此

天在山中大哉其畜君子虛已蘊畜其德國君養
賢不於家食嘉言善行貴乎多識
初九　初雖強健進非其時從政者殆已而已而
九二　剛中之才爲上所畜義不可犯車乃脫輻
九三　上應同志良馬翰如然而艱貞日閑其輿
六四　禁人之惡長則扞格防微有術俾牛童牿
六五　止惡之道要在治本豕雖躁猛其勢柰豶
上九　用力之久理必通豁何謂天衢其路空濶

䷚ 艮上震下

頤養也養必以正故曰貞吉下三爻自養也上三

爻養人也卦唯二陽而初之陽求養者也故直於
上九一爻曰由頤指上九爲頤之主也初九六二
六三之凶皆震體而妄動者也六四六五上九之
吉皆艮體而知止者也六五之拂經異於六三之
拂頤者五正中而三不正中故也六四之顚頤異
於六二之顚頤者四則求下之賢而欲養天下者
也二則比下之陽而自養其身者也初之朶頤異
於上之由頤者初則求上之人而欲自養者也上
則居師傅之位而欲養天下者也君子觀頤之道
其可不以正乎

天地至大養育萬物人之所頤貞正爲吉大則心志小則口腹君子觀象愼言節食

初九　卦體中虛取龜爲義舍己循人賓主倒置

六二　不能自食上下求養皆非其類徒勞俛仰

六三　體失養正志又喜動徒事餔啜終身无用

六四　艮有虎象下視専一求養養人雖顚亦吉

六五　順從賢師共食天祿雖難濟艱可同安樂

上九　爲頤之主盡誠竭力古聖伊周憂勤兢惕

☱☴ 兌上巽下

大過陽過也中剛而本末弱故有棟撓之象剛過而中故曰利攸往亨大過四陽以居陰得中者爲善九四雖居陰然下應初六之陰而過於柔故曰有他吝九五雖得中然密比上六之陰而極於柔故曰亦可醜九三重剛而不中雖與上六爲應然亦皆不好不可以有輔故曰棟撓凶唯九二以中自守用柔相濟上無枯華過極之應下比藉茅過愼之助而能成大過生育之功故曰无不利則九二爲大過之主也以卦體言則兌爲澤巽爲木故二五皆以枯楊取象者以其楊柳之近於澤也龜山所聞蜀僧之說亦頗近理大抵此卦非他卦相

應之例也當從中分看三四爲棟而上隆下撓者四附九五之君而三則无輔過剛也二五爲楊而上華下稊者二比初六方生之陰而五比上六已盡之陰也初上爲藉茅滅頂而上愼下懼者初則承剛上則乘剛故也

大過雖過得中不越唐虞揖遜湯武誅伐大哉其時聖人所贊遯世獨立不懼不悶

初六　柔而居下藉茅之象過愼何咎其敬可尚

九二　老陽少陰過而生物澤畔枯楊其根猶活

九三　剛強太過下无輔益曷勝重任如棟之弱

九四　剛柔不過其材可用如支大厦隆然其棟

九五　上比過極男少婦老衰柳雖花无益於稿

上六　過涉之歎逢時不幸雖凶何咎見危授命

☵☵ 坎上坎下

坎陷也陽實在中故曰維心亨象曰水流而不盈爻辭曰祇既平此九五爲坎之主也諸爻因險起義初六之入于坎窞以陰柔居險之下上六之置于叢棘以陰柔居險之極也六三之枕坎勿用者輕躁失道於重險之間也六四之納牖无咎者委曲盡誠於艱險之際也九二之坎有險求小得者

剛而得中猶未離於險也九五之坎不盈祇既平者中而居尊尚可出於險也合而言之則初與上俱失道也二與五當位不當位也三與四得正不得正也君子處險之道可不慎歟

坎體中實實心爲誠誠能感通是以心亨晝夜不息如水洊至君子以之習其敎事

初六 習坎入坎外无助者自失其道惡濕居下

九二 至險之地重險之際其才剛中尚可小濟

六三 纔出坎中又入坎下進退與居無一可者

六四 爲臣處下職當盡誠開通之術因其所明

九五 水未祇平下民昏墊安得賢臣與之濟險

上六 柔弱之姿居險之極處既失道永置叢棘

䷝ 離上 離下

離麗也麗得其正故曰利貞亨象曰重明以麗乎正乃化成天下象曰繼明照于四方蓋指六二爲離之主也諸爻之義因明而起初九之錯履以其居下而剛明上九之正邦以其居上而威明九三之昃缶在前明將盡之時而昧於安常之理九四之焚突在後明將繼之時而昧於善繼之道也六二之黃離應於中順之君而明於元吉自修之道也六五之出涕迫於上下之陽而明於危懼自處之道也合而言之則初與上之无咎者明於修己治人之道也二與五之吉明於中正中順之道也三之凶四之不假言凶不明於善處善繼之道也君子用明之方可不正歟

離體中虛虛則生明明於附麗是以利貞上下相繼如日重光聖人體之照于四方

初九 陽本動物離又火性如欲出脚履之以敬

六二 文明之德正中之道風雲嘉會如火就燥

九三 拊缶而歌好送餘日樂天知命毋嗟大耋

九四 善繼之道宜有巽讓不此之爲若火炎上

六五 柔弱之君介於強敵乃至流涕終於安樂

上九 能斷能照威刑可施殲厥渠魁脅從罔治

䷞ 兌上 艮下

咸無心之感也有心於感者不能感感故去心而名卦以咸也感而遂通故曰亨利在於正故曰利貞九四貞吉而又當心位故爲咸之主也諸爻取人身爲義上一畫爲口中三畫爲腹背下二畫爲脚初之拇二之腓三之股隨體而動應於感者也五之脢不能思無所感者也上之輔頰舌以舌爲

感亦不足以感人者也唯四之心位似知感之義者然無心者無所不感有心者亦不能盡感感通之道不亦難乎且感者動也動不以正則夫婦不以禮合君臣不以道合朋友不以義合吉凶悔吝之所由生故特於九四以貞吉爲戒聖人感通之義可見於咸矣

山澤通氣夫婦造端近取諸身爻象可觀天地萬物無感不通無心之感廓然大公

初六　人微感淺其誰能信如拇之動未足以進

六二　陰性易躁征凶居吉守正順動亦不自失

九三　不能自立隨人出脚陽剛君子反徇臣僕

九四　心本如鏡物來自照執鏡隨物其照反小

九五　何謂咸臨感於不覿苟係比應淺末奚取

上六　以舌感人妾婦之徒陋哉蘇張六國之姝

䷟ 震上巽下

恒字從立心從一自以其立心如一日也變則通故曰亨利於守正故曰利貞可久之道貴於中而九二特提出能久中三字則九二爲恒之主也諸爻因中起義初之浚恒四之無禽未及乎中故初曰凶四曰非其位三之不恒上之振恒皆過乎中故三曰吝上曰凶唯二五得中然二曰悔亡五曰貞凶則其柔危其剛勝耶恒之六爻皆非盡恒之正也必如彖辭所云日月四時之道天地萬物之情然後可也蓋恒而不知變者非恒變而不知常者非恒聖人時中之義可見於恒矣

恒久之道貴得其中過者無吉不及則凶天尊地卑夫婦之常象著雷風出不易方

初六　未信而諫聽者易怒交淺求浚責望故素

九二　以中應中在悔無悔賢人德業可久可大

九三　人而不恒難爲巫醫禍福無門自己召之

九四　處非其位恒久何益雖有王良終朝無獲

六五　以順爲正婦吉夫凶君上之道貴用剛中

上六　秦皇漢武威振凶奴天下無事庸人自擾

䷠ 乾上艮下

遯退也君子退藏以伸其道故曰亨其曰小利貞者伊川曰不可大貞此指君子而言朱子曰與否初二爻相似此指小人而言也諸爻皆言遯而六二不言遯者恐其迫陽也遯之所以爲遯者二爲之主也爻皆因二起義三則與二最近故曰繫遯四則隔三應初故曰好遯初六在後上九居遠故

初曰勿用有攸往上曰無不利五得中而應二故曰嘉遯以其皆累於陰也或曰二不言遯者二爲大臣與同休戚故也亦通下三爻艮也主於止故爲不往爲執爲係也上三爻乾也主於行故爲好爲嘉爲肥然君子絶小人之道可見於遯矣

二陰方長四陽將剝君子徇道見幾而作絶之如何天山逈隔利貞之戒小人之福

初六　微者易晦何必遠遁接輿晨門不隱而隱

六二　同其休戚獨不言遯革取黃牛以有中順

九三　謂臣妾良爲閽寺繫小猶僨況當大事

九四　以剛處柔故示兩視賢佞之歸斷與不斷

九五　允執厥中克正其志巍乎休哉舜禹遜位

上九　超於事外動止綽綽採山釣水優遊飲啄

䷡ 震上乾下

大壯大者壯也猶人之血氣方剛故曰大壯利在貞固故曰亨彖曰剛以動故壯蓋指九四爲在天之雷而大壯之主也諸爻因四起義下三陽爲輻輻在下者也上二陰爲藩藩在前者也其輻既壯其藩既決則可以上進而无礙矣以陰陽進退言之則初與三以剛居剛好進者也故初征凶三羸角二以剛履柔居中自守上進者也故二貞吉五柔居中能受陽之壯故雖喪羊而无悔上柔居壯終故有進退不能而艱則吉之戒聖人所以善養浩然之氣至大至剛塞于天地之間者如此

孟氏養氣出於大壯直而剛大塞于天壤君子之勇動以義理象在雷天非禮弗履

初九　遜而出之方可做事如是銳進奈蹈凶地

六二　強哉伊人中立不倚勇於克己履禮之士

九三　兌象羣羊喜觸見窒君子小人具有所失

九四　震爲大塗利用壯輻以剛決柔不羸其力

六五　處心樂易畜止剛者白衣文叔柔治天下

上六　上極難進質柔未遂備嘗艱難吉道乃至

䷢ 離上坤下

晉進也晉既明盛故不言亨與貞彖曰柔進而上行指六五爲大明之主也諸爻因五起義初之晉如摧如者最遠於五而四爲之間也二之晉如愁如者無應於五而中以自守也六三之衆允悔亡者漸近於五而四莫之間也上九之晉其角者乘五而無可進之地也下三陰柔而順故吉无悔上二陽位不當故厲且吝君子所以難進也如此六

五以離明之德進居尊位不患其不能明照患其用明之過則通天下之志悉衆人之才而雖九四之貪而畏人如鼫鼠者亦將有改革之道况晉爲晝則鼠亦伏矣小小得失夫何煩恤哉故曰吉

離象明君坤爲賢伯麗之以順上下相得一日三接蕃馬用錫君子之進先明明德

初六 我無官守我無言責不欲悻悻有裕綽綽

六二 互坎加憂艮山又隔考能守貞王母降福

六三 旣處侯位又當順極衆所允從宜荷寵錫

九四 伏於晉晝艮鼠呈象鄙夫竊位見其情狀

六五 勿論失得自昭其德推誠委任天下之福

上九 過剛自治不能無效日已昃矣光未遍照

䷣ 坤上離下

明夷晉之反也君子當明夷之時利在知艱難而不失其貞正故曰利艱貞象曰明入地中指上六爲傷明之主也諸爻因上起義初九居無位之地而最遠於上故曰于飛垂其翼六二居大臣之位稍遠於上終能獲免故曰用拯馬壯九三居下之上與上爲應以明克暗故曰南狩得其大首六四入坤晦之門其暗尚淺有可六之道故曰于出門庭六五則迫近於難義不可去故唯艱貞自晦其明而已其當殷周之時乎聖人所處之道不同如此

殷周爻象地火善形下多明聖上極昏冥外當柔順內宜艱貞君子隨時用晦而明

初九 如烏色斯避而遠待伯夷太公北海東海

六二 左股雖夷馬賴其壯外順內明文王氣像

九三 南狩之志匪利天下桓桓武王放鷹牧野

六四 出門者誰獲其心也抱器王子遯于荒野

六五 半上落下難處其厄箕子佯狂明不可息

上六 夷入之明闇莫甚焉獨夫商辛自絶于天

䷤ 巽上離下

家人內也巽離之四與二以柔得正故曰利女貞象曰家人有嚴君九五爻辭曰王假有家指九五以剛中正爲家人之主也初之閑有家上之威如吉治家之始終也二之在中饋四之順在位家道之得正也三之嗃嗃嘻嘻如對兩家之言如是則興如是則敗也五爻皆子婦各得其陰陽之位而上九獨以陽居陰者豈非陽爲父而陰爲母耶程傳以九五之王假有家比文王信哉言乎五與二

應則五爲文王二爲太姒也三與上應則上爲王季而三爲太任也四與初應則初爲武王而四爲邑姜也一家之內交相爲助交相爲愛也如此則詩所謂刑于寡妻以御于家邦者不其然乎聖人正家之道如此

風自火出何謂家人敎成於家化行於民上有嚴君篤恩正倫愼修言行先正其身

初九　有家之始防意爲佳敎婦初來敎子孩提

六二　坤道无成中正柔順精飯冪漿孟氏有訓

九三　家道之肥儇是潤屋和順內積不羨金玉

六四　以嚴治家始悔終吉恣其所樂易失家節

九五　聖如文王后妃助內宜乎無憂所以相愛

上九　本之以信重以威之威之如何反身自治

䷥ 離上兌下

睽離也无四德故只言小事吉象曰得中而應乎剛指九二成濟睽之功而六五爲其主也睽有離合二義內卦爲離外卦爲合初之喪馬勿逐離也四之遇元夫合也二之委曲離也五之噬膚合也三之輿曳離也上之遇雨合也夫疑而後睽柔者爲甚二與五應五柔故必待噬膚而二遇巷三與上應三柔故必待天且劓而止遇雨初與四皆剛故初不待刑而四交孚也天下无終睽之時聖人處睽合睽之道有如是夫

中女少女同居異志堯之於舜觀刑于二女哉時用合乎天地異而必同同而或異

初九　喪其馬馬今至矣謹當避咎孚見南子

九二　剛柔相戾其交未固引君當道委曲相遇

六三　非眞睽孤下有同僚至誠相求同升諸朝

九四　介於二剛進退齟齬妄求者去始得應與

六五　主旣遇巷宗又噬膚睽乖之世上下相孚

上九　互坎爲豕又象弓輪始睽終合始寇而姻

䷦ 坎上艮下

蹇難也濟難必以大正之道而堅固其守故曰貞又曰利見大人指九五爲濟蹇之主也六爻皆因五起義九二之王臣蹇蹇應於五也上六之往蹇來碩比於五也九三之往蹇來反反就二而同體救五也六四之往蹇來連連於三而合力濟五也唯初六之往蹇來譽者旣無官守言責則以見幾知時不入于險難爲譽於後世也諸爻皆言往來而特於六二不言者王臣任大責重而不有其躬

則奚暇言往來哉聖人所以勸忠蓋之意吁亦切矣

水陷山峻其險如此難進易退聖人之旨指其所避許其所止行有不得反求諸已

初六 遯而无悶待天下清見幾而止沒世有名

六二 一介斷斷元無他技鞠躬盡瘁死而後已

九三 以剛居剛於止知止反就所安聊以自喜

六四 以陰居陰亦當其位推誠濟蹇和合衆志

九五 材剛位正君誠中興惜無同德西南得朋

上六 親賢從貴蹇難可紓碩大之功在斯人歟

䷧ 震上坎下

解散也屯之反也象曰天地解而雷雨作極言王者與天地合德也卦唯二陽而九四未能解初六之小人九二以陽剛中正上應六五之君獲得三小人故九二爲解之主也解者解小人之卦也六三爲小人之魁而致寇者也諸爻因三起義二之獲狐獲三也四之解拇解三也上之射隼射三也五之有孚退三也唯初六在解初而位卑才柔故无咎聖人遠小人之意可見於解卦上矣

陰陽交暢雷雨乃作屯草已萌剝果甲坼王道順時罪人咸釋君子進用小人退斥

初六 居解之初安靜休息才柔位卑不任其責

九二 居解之任守貞秉直往必有功三狐見獲

六三 陰竊高位召天下兵本非其物終亦必凶

九四 拇解初六朋孚九二雖未當位可尚其志

六五 君子之解驗於小人小人既退君子得親

上六 藏器待時獲其鷙者其害乃去太平天下

䷨ 艮上兌下

損減也損抑其過以就義理則大善而吉故曰元吉損而順理則可貞固常行而利有所往故曰可貞利有攸往處艱之時則用大牲處損之時則用二簋故曰損益盈虛與時偕行又曰損剛益柔指損乾之九三益坤之上六而爲成損之主也下三爻爲損初九曰酌損損而益上也九二曰弗損益之弗損而益上也六三曰損一人謂損一陽而益上也上三爻爲益六四曰損其疾謂損不善而從善也六五曰或益之謂虛而得益也上九曰弗損謂直而不費也此損下益上之義也

損下益上是謂之損損有三義又有四善二簋用享壘土厚本君子有損窒欲懲忿

初九　徹其所事進之宜銳苟不酌損後必難繼

九二　處說非正可觀者中不損其守方可盡忠

六三　天地之間物無不對損剛益柔陰陽相配

六四　在下之賢爲我良醫損其不善何益如之

六五　虛中順受如錫十朋天下益之厥福日增

上九　居益之極損已益人不費之惠乃至得臣

䷩ 巽上震下

益增也益者益天下之道也以行則利往以濟則利涉故曰利有攸往利涉大川象曰天施地生指乾之一陽益坤之初六而爲益之主也四應於初

故四利用爲依而初利用大作二得五之益又受初之益故曰或益之三處益時凶事不可不益故曰益用凶事四以順下而動爲益故曰利用遷國五以感人之誠爲益故曰有孚惠心上則不知益下之道而人莫益之故曰或擊之上三爻當損者也下三爻受益者也蓋二則不求益而或益上則求其益而莫益吉凶之道豈自外來莫非由心而生耳此損上益下之義也

損上益下是謂之益藏富於民孰與不足固本寧邦厚下安宅遷善改過尤切於學

初九　近君之臣委我大事苟不盡力恐累其智

六二　五觀其爻損之六五以之卜郊帝篤其祜

六三　益用凶事漢之汲黯告公用圭誠信所感

六四　益民之實見於盤庚晉鄭焉依又有周平

九五　君子之德草尚之風不問知吉益在其中

上九　非徒無益擊之者至誰怨誰咎不恒之致

䷪ 兌上乾下

夬決也以五陽決一陰而欲爲純乾故曰利有攸往又曰揚于王庭指九五爲決陰之主也諸爻因上起義五之莧陸夬夬比於上也三之君子夬夬

應於上也四之次且隔於上也二之惕號遠於上也初之壯趾最遠於上也夫以衆君子去一小人而初則曰往不勝二則曰有戎勿恤三則曰壯于頄有凶四則曰牽羊悔亡五則曰中行无咎卦辭又曰不利卽戎聖人垂戒之意深矣

澤上於天潰決之義一柔失勢五陽合志不尚剛武惟斷義利君子施祿居德則忌

初九　前進之初擧趾太高輕敵如是有同莫敖

九二　陰雨有備緩急足恃縱有夜警堅臥不起

九三　怒形於色鋒稜太露溫嶠王允便是遇雨

九四 前當兌羊傷蹇坎耳剛不下人安能克己
九五 爲決之主切近上六旣用剛中斷如莧陸
上六 天道好還剛長乃終決去小人知在其中
☰☴ 乾上巽下
姤謂不期而相遇也以一陰遇五陽而謂之女壯
者以其漸壯敵陽也一陰之月謂之蕤賓則陰爲
主陽爲賓故初六爲姤之主也諸陽之義因初而
起二之包有魚密比於初也四之包无魚有間於
初也三之臀无膚行次且承乘皆剛而進退不能
者未遇於初也五之以杞包苽只欲盡吾誠而聽

天命者无求於初也上之姤其角旣處窮極之地
又无相得之理而絶遠於初也蓋姤非正道惟近
者得之故正應者反値凶而三則厲五則含章上
則吝无咎聖人之遇不遇豈非天命耶
節屆夏至柔忽遇剛乃以一陰將迫五陽語其時
義品物咸章后象天風誥命四方
初六 金柅之貞爲小人謀羸豕之孚爲君子憂
九二 包中之魚蓋指初六獨享美物人彈長鋏
九三 下有強敵往來皆蹇知止不殆補過爲善
九四 包失其魚主反爲賓民非遠己己自遠民

九五 杞苽雖遠至誠含畜上帝乃感發於夢卜
上九 剛而在上厥象爲角何由得遇自處亢極
☱☷ 兌上坤下
萃聚也天下之聚必得大人以濟故曰亨利貞彖
曰王假有廟爻辭曰萃有位指九五爲萃之主也
陰必從陽而卦猶二陽故各從其萃初六之无咎
以其有孚勿恤而應於四也六三之无咎以其不
中不正而比於四也六二之无咎以其柔順處中
而應於五也上六之无咎以其陰柔无位而比於
五也然四非君位則當下率羣陰同心萃五然後

能大吉而无咎也爲五者亦必有元永貞之德然
後能以誠信感通天下而无咎此六爻无咎之道
也萃者盛極之時人情宜其說順而初號三嗟上
涕洟者豈非盛滿難居而禍福无常之故耶聖人
所以戒不虞之道可見於萃矣
王者有廟盖取諸萃用大牲吉見大人利苟非誠
正難合衆志豫備不虞以治戎器
初六 居萃之初孚或不終勿恤羣笑惟正是從
六二 上下相引巽順虛中物薄誠厚神明可通
六三 萃不以正人所不受處順應悅所以无咎

九四　上比下比萃道甚密居陰不正勉以大吉
九五　陽剛居尊萃得其位尚有未孚未光其志
上六　最非其據求萃不得樂極則哀痛之何益

䷭ 坤上巽下

升升進也進以巽順故曰元亨象曰柔以時升蓋言卦變之自解來也又曰用見大人指六五爲升階之主而應乎九二之剛中也初六之允升比於二而升者也九三之升虛比於四而升者也上六之冥升極於上而升者也然以萃升二卦之大人觀之則萃之大人指五而升之大人指二也大者

陽也陽居人位故通謂之大人則九二亦當爲升之主也初三之升以其近於二而升也上六之冥升以其遠於二而不知升也且以卦變論之則六四之位與德文王也文王之德上升其君於道下升諸賢於朝已又止其分而升其德則六四亦當爲升之主也上六之冥升者以求進不已之心移於貞正之事則宜矣文王純亦不已之德非利於不息之貞也歟聖人之升可見於此矣

升進之道巽順爲階舜以德聞湯以敬躋九仞之高一簣之積歸而觀象地中生木

初六　志柔體順不能自奮與上合志中途健進
九二　誠積於中不假文飾升平日月天下蒙福
九三　正而且巽上皆順應沛然莫禦如入虛境
六四　順上順下身處順極亹亹文王升其至德
六五　柔居尊位貞則得吉坤土爲階同升賢哲
上六　陰暗務升貪求無極移於進德乾乾不息

䷮ 兌上坎下

困剛揜也坎一陽陷二陰之中兌一陰蔽二陽之上此陽剛君子見困於陰柔小人之象也時雖困而道則亨身雖困而心則亨故曰困亨又有大人

之象故曰貞貞指九五也大人兼指九二也諸爻不分剛柔因時起義初與四應而九二居其間故初則曰入于幽谷四則曰困于金車二五以同德相應而上下無與故二則曰朱紱方來五則曰困于赤紱三與上皆陰而三居陽位故三則曰不見其妻上則曰動悔有悔陽爻曰征凶陰爻曰征吉者何也困極必變變則通也大抵卦以三柔揜三剛而剛吉柔凶初言困于株木三言困于石而九二曰困于酒食四言徐有終五言徐有說上六則曰困于葛藟此小人之欲其陷人而自陷者也是

豈非出乎爾者反乎爾者耶聖人所以戒小人而勉君子者如此

三陽見揜所以爲困處困之道守正安分顏樂不改悳窮无悶君子致命遂其志願

初六 處卑居險有應無救天寒木落上無蔭覆

九二 坎爲酒食五有朱紱誠則有感守中勿失

六三 背有茈刺前多疊石旣辱且危妻豈見得

九四 坎爲輪象金指九二初爲正應徐來則値

九五 上下皆傷無用紱膝濟困亨福要在誠實

上六 葛柔而蔓纒至木末上居困極動悔則吉

坎上巽下 井

井養而不窮也改邑不改井井之體也无喪无得井之德也往來井井井之用也汔至亦未繘井未及用也羸其瓶失其用也蓋言君子之道有體有用而貴乎有成也井以上出爲功故上六爲井之主也諸爻因上起義初六之井泥九二之井谷遠於上也九三之井渫六四之井甃九五之井冽近於上也以三才論之則初泥二谷井之地也三渫四甃人之事也五冽上孚井之天也象曰勞民勸相蓋古之聖人法井之德以勞來其民而勸勉以相助之道井田之制其出於此乎

井之爲德無得無喪邑改井存人自來往古之井田蓋取其象以君養民使民相養

初六 旣處汙下不能濟物自棄其井禽鳥亦絶

九二 注意於下形如漏甕只救蝦蟆傍出焉用

九三 清潔其姿未獲祿食若値明王民被其澤

六四 處正自修如井累甃只可免咎未及廣濟

九五 得中盡善如泉甘潔猶未收功故不言吉

上六 坎口不揜收用無窮博施有常井成其功

兌上離下 革

革變革也兌爲說離爲文明明則照察事理說則和順人心故曰元亨利貞曰離象也自初至二五巳日故曰巳日乃孚象曰湯武革命順乎天而應乎人指九五大人爲革之主也諸爻隨時取義初之時不如二之時故初不言吉凶而二則言吉无咎三之時不如四之時故三則言貞厲而四則言改命吉五與上有虎變豹變之時而其文有炳蔚之殊者何也蓋煥然有章者陽明之象也隱然有文者柔暗之象也革之道必以孚信爲本審謹爲重故三四五皆曰有孚而二與上皆曰征凶征吉

也唯初九則无位无援不可以有爲故曰鞏用黃牛之革聖人變革之道豈易言哉

革之爲義水火相息推諸四時乾道乃革王者受命世道遷易君子觀象于以治曆

初九 在革之初无援无時中順自固愼勿有爲

六二 文明中正處革之善尚待衆允未可遽變

九三 過剛不中乾乾惕若公言累至不可不革

九四 離下進上當革之時有孚改命其吉可知

九五 煥其有文天下於變過化存神不占而信

上六 賢愚變化自有深淺不爲已甚與其從善

䷱ 離上巽下

鼎象也子夏傳所謂初分趾也次實腹也中虛耳也上剛鉉者是也以卦變言則柔進上行得中應剛故曰元亨又曰聖人以享上帝指六五爲鼎之主也諸爻因五起義九二之鼎有實勉其從正於五也九三之鼎耳革惜其失義於五也九四之鼎折足責其失信於五也上九之鼎玉鉉許其有功於五也唯初九之鼎顚趾似近於悖而猶可出否則不能無助於近五之大臣也以上下之鼎觀之初爲下鼎之趾四爲上鼎之足二爲下鼎之實五爲上鼎之實三爲下鼎之耳上爲上鼎之鉉以鼎之全體觀之則以上出爲功故曰大吉无不利鉉有金玉之異者何也自六五之柔觀上九之剛則一爲金鉉自上九之以剛履柔而又得六五之柔則一爲玉鉉蓋鼎者重器也聖人觀象制器之義可謂嚴且正矣

帝王之器重莫如鼎于以烹飪享帝養聖巽順聰明不離於正君子取象正位凝命

初六 傾身事上如鼎顚趾妾得其人輔助天子

九二 剛得其中如鼎有實病在比陰絶之則吉

九三 有才无祿如鼎耳革上旣聰明終必受福

九四 力小德薄如鼎覆餗負其信任反用奸慝

六五 居中應剛如鉉用金爲鼎之主上帝其歆

上九 旣剛且溫如鉉庸玉上出爲用鼎乃成德

䷲ 震上震下

震動也一陽動於二陰之下而上下進也因恐懼致福故曰亨象曰震驚百里不失匕鬯謂主祭之長子也震六爻以初四爲主四則陷於四陰之中失其所以爲震故初九爲震之主也震有二義有震動之震有震懼之震初九九四二陽爻乃震之

所以爲震者震動之震也二三五上四陰爻乃爲陽所震者震懼之震也二乘初陽陽之來甚急故億喪其貝五乘四陽陽之來甚緩故無喪有事此皆處震得中者也至若六三之蘓蘓因行而无眚此乃去不正而就正者也上六之索索因懼而无咎此亦見隣戒而知戒者也盖二五之得喪三上之行止都出於上下震之緩急遠近故也初九爻辭與卦象同故於六爻之中獨言其吉且六爻亦无凶者乃知生於憂患死於安樂也聖人愼動之意如此

一索於坤爲男之長宗廟社稷主其匕鬯處震之道要在中正君子觀象恐懼修省

初九 初爲震主卦辭復發先憂後笑因懼得吉

六二 居中得正善處於震其守自固納麓不變

六三 居位不當行則无眚宜因患難去其不正

九四 處柔不正失其剛健陷於重陰不能自奮

六五 往來雖厲中以自治畏天之威于時保之

上六 陰柔不中視瞻徊徨患未及身改過固當

䷳ 艮上艮下

艮止也一陽止於二陰之上而不進也艮其背不獲其身者忘我也行其庭不見其人者不交於物也艮六爻以三上爲主而三則陷於四陰之中失其所以爲艮故上九爲艮之主也艮以人身取象上一畫有頭之象中二畫有口之象下一畫有足之象中二畫有背之象六五之艮其輔六四之艮其身以其隨上九之敦艮而止者也六二之艮其腓初六之艮其趾以其隨九三之艮其限而止者也九三之限艱蹇睽戾薰爍其中而止於一隅則危道也上九之敦剛健篤實光明其內而止於至善則吉道也聖人知止之意如此

兼山爲艮艮爲止義物我無間動靜一致各止其所治道乃備君子知止思不出位

初六 入於事初先動其趾柔難永貞戒在知止

六二 腓乃隨上欲極無奈雖非我咎心安能快

九三 過剛失中如夤分裂舉世莫與心自薰烈

六四 不能止物艮於其身雖云得正豈曰大臣

六五 艮其口輔得中居尊高宗以之三年不言

上九 非形可拘單稱敦艮大學之道止於至善

䷴ 巽上艮下

漸漸進也進以正故曰利貞以二體言艮男下巽

巺女亦爲女歸之義女歸固以漸爲吉而其利尢
在於得正矣漸之六爻皆以鴻取義鴻水鳥也木
落南翔氷泮北徂其往來有時先後有序可謂漸
進不失漸得其宜矣五與二正應而九三間之故
有三歲不孕莫之勝之象而五則曰鴻漸于陵二
則曰鴻漸于磐三與四密比而非其匹應故有婦
孕不育失其道之象而三則曰鴻漸于陸四則曰
鴻漸于木初與上漸之始終也初在卑下上處至
高故初則曰鴻漸于干上則曰鴻漸于逵蓋下三
爻互坎故曰干曰磐曰陸皆鴻之漸進于水際者

也上三爻爲巺故曰木曰陵曰逵皆鴻之漸進于
風外者也君子之漸進有序也如此

漸進有因盍觀山木位由階級敎循節目人而失
序鴻之不若君子用漸居德善俗

初六 漸初無援衆有疑端譬如雛鴈相號于干
六二 漸進其位不素其餐譬如羣鴈相樂于磐
九三 剛過而順利用御敵譬如候鴈延頸于陸
六四 用到崇班懷危棲息譬如賓鴈爰集于木
九五 下有正應間者不勝譬如帝鴈尊處于陵
上九 漸極知止退居江湖譬如色鴻掛羽雲霄

震上兌下

歸妹天地之大義而人之終始也以六爻觀之則
知六五之帝乙爲歸妹之主也二與五相應而不
言其歸妹者以帝乙之歸妹降於九二之臣故也
帝乙之賢居柔履謙而歸妹之際以德禮爲光華
不以衣服爲容飾故曰其君之袂不如其娣之袂
良也九二之賢體陰而性陽質柔而德剛此豈非
夫婦常正常久之善匹乎諸爻因二起義初居二
下卽娣之承助者也三在二上卽娣之能躐者也
四則間於二而有待者也上則違於二而無實者

也且上六不言歸妹者三上二爻皆陰而不能相
合爲夫婦則此歸妹之無終者也歸妹之得其正
道也如此

人於歸妹終始所繫在婦宜家爲母繼世以說而
動或致乖戾象取雷澤永終知獘

初九 賢而無應爲娣之象職當守恒順承于上
九二 陽明之德乃配不良中旣幽靜未變其常
六三 爲說之主失德無應人誰取之必歸爲媵
九四 德正地高過時未售不敢從人以待佳耦
六五 王姬下嫁去飾務實不敢敵陽幾望之月

上六　雷體上虛女承空筐兌又非應無血之羊

震上離下

豐大也明動相資故曰亨豐大者必至過盛故曰勿憂宜日中六五之君以柔暗之才有來章之吉故爲豐之主也諸爻因五之柔暗起義二四之豐蔀見斗以其二應於五而四比於五也其曰有孚發若者期以至誠感發於五也其曰遇其夷主者欲得初陽同輔乎五也獨九三與上六爲應而三則豐其旆而有折肱之患上則豐其屋而有無人之歎蓋不知從五故也雜卦所謂豐多故者豈非信然耶

耳溪集易贊一　五十四

豐實多故憂則豐亨如日之中如月之盈語其卦才威照并行象取雷火折獄致刑

初九　在豐之初明動相應均是陽德愼勿務勝

六二　二乃主明上應幽暗往必見疑發誠可感

九三　明雖有爲震極難動如斷右臂終不可用

九四　四亦主動下就同德蔽或可明豈無補益

六五　爲豐之主未肯虛已苟或來章天下歸美

上六　陰暗屋高天際豐屋麋鹿來遊虛無人跡

離上艮下

旅羈旅也羈旅子本無大通之理故曰小亨處旅之道不正則凶故曰旅貞吉旅不取君位故六二之中正爲旅之主也初六之志窮九四之心不快皆不及乎中者也然初則居卑下故曰旅瑣瑣四則居不高不低故曰旅于處九三之旅焚其次上九之鳥焚其巢皆過乎中然三則焚次而巢惟在也上則焚巢而無巢歸也六二之旅卽次六五之終以譽得中者也然二當位五不當位故二則曰得斧五不免凶矣之費然則處旅之善者惟六二乎雜卦曰親寡旅也不其信然耶

耳溪集易贊一　五十五

人旅世間最難處要高則取厭卑則受辱易失次舍難得童僕象取火山刑不留獄

初九　以旅在下卑猥甚矣瑣兮尾兮流離之子

六二　柔順中正處旅之善得其童僕安其舍舘

九三　過剛不中不善處旅喪其童僕焚其寢處

九四　離爲戈屬得用其柄所不快者處位未正

六五　雉象文明矢指中直以柔居尊譽命斯得

上九　飛鳥失依牝牛未畜所謂上客哀如耳塞

巽上巽下

巽順也陰爲主故曰小亨象曰重巽以申命又曰

剛巽乎中正而志行指九五爲申命之主也易九卦終於巽以權行權行之道不離中正故爻義亦以中正爲善初六之進退六四之田獲三品皆不及乎中而四則得正初則失正也九三之頻巽上九之巽在牀下皆過乎中而三則得正上則失正盡巽之道者其惟九五乎此所以貞吉而又吉也聖人裁制立爻之精於此可見

兩風相隨爲巽之義得正則吉无往不利先後周慮上下信志君子取象申命行事

初六 陰柔居卑進退不果以武治志矯其巽懦

九二 不安其居入以謂諂以鬼事人人孰無惑

九三 時雖遇巽志則過剛前倨後恭得失無常

六四 承乘兩剛善處巽者田禽三品徧及上下

九五 爲巽之主命令所出丁寧揆度先後三日

上九 居巽之極失其剛斷象設問答特爲斷按

䷹ 兌上兌下

兌說也剛中故曰亨柔外故曰利貞說道有二以君子言則九五居尊得中盡說之道故九五爲說之主以小人言則上六以柔居上處說之極故上六爲說之主也初九之和兌無應無偏以正爲說者也九二之孚兌既剛既中以道爲說者也故二爻皆言吉九四之商兌上承中正之五下比柔邪之三故曰未寧九五之孚于剝密比陰柔之人易失剛陽之德故曰有厲六三之來兌來而說之故曰不當上六之引兌引而長之故曰未光也蓋來兌之惡易見引兌之情難分故來兌則曰凶引兌則不言吉凶而戒在比爻也聖人所以遠佞人之意其嚴矣乎

上下二澤交相潤濕其義爲悅感人潑入處勞易忘在險能涉悅孰爲大朋友講習

初九 以正爲悅斷無私心和而不流其惟展禽

九二 以孚爲說積有中實雖比小人自守不失

六三 說不以道枉已從人位非其據禍必及身

九四 商度所說志未有定介然自守勿藥有慶

九五 居尊得中說道盡善剝者密比戒其或信

上六 以說爲主引至樂極極甚无味有何生色

䷺ 巽上坎下

渙散也散必有合故曰亨萃合人心莫如祭祀故曰王假有廟卦有乘木之象故曰利涉大川治渙之道必由乎正故曰利貞象曰王乃在中爻曰渙

王居指九五爲濟渙之主也畜渙之時爻皆無應
而唯三與上爲應然三則渙其躬志在外而上則
居无位之地豈能拯時之渙而及人也諸爻因比
相救初六之馬指九二而九二之几指初六象所
謂來而不窮者此也六四之元吉由九五而九五
之无咎由六四也象所謂得位上同者此也聖人
拯渙之功必因上下相比而成又何待於无位之
正應耶

渙之爻象風水浩渺水上虛舟險可濟了收合人
心誠敬爲妙先王以之享帝立廟

初六 居渙之始比二爲援坎馬美脊聊以拯渙
九二 處渙之時比初相倚互震爲木憑之如机
六三 正應在上无力可恃濟渙於身如斯而已
六四 散去朋黨萃合丘民非常之事不謀衆人
九五 臨渙發號浹於人身又散居積以恤貧民
上九 陽剛在上已出於渙絶其係戀其害乃遠

䷻ 坎上兌下

節限也中正以通故曰亨過則苦矣不可固守故
曰苦節不可貞象曰當位以節指九五爲節之主
也爻皆無應而初與四爲應然初則當節而初戒
在謹守故象曰知通塞四則順承九五剛中正之
道自然有節故象曰承上道諸爻因比相反上則
過中故曰苦節五則得中故曰甘節此甘苦之别
也三則不正故曰不節四則得正故曰安節此節
不節之别也初則守節而能知止故曰不出戶庭
无咎二則知節而不知通故曰不出門庭凶此出
處之别也非象所謂中正以通者耶且當位者或
吉或亨或无咎不當位者或嗟或凶非象所謂當
位以節者耶聖人立爻之義節節可服

澤自有節水不可盛寒暑有節以順月令哀樂中
節以正人性君子節之制敎議行

初九 陽剛得正自守愼密不出陋巷顏氏之節
九二 居說承柔失其時中可行而止節不知通
六三 臨險承剛奢濫无度說極而悲過將誰補
六四 水澤之交自然受節安於其位初無盈溢
九五 尊臨坤土作甘稼穡和平氣味與民同樂
上六 獨立不顧履險之極萬古苦節西山孤竹

䷼ 巽上兌下

中孚信也剛中爲孚故曰中孚信及無知之物故
曰豚魚吉守信之道在乎堅正故曰利貞六爻不

言中孚而獨於九五言有孚攣如則九五爲中孚之主也九二之鶴其子和者同德而應於五也六四之馬其匹亡者絶類而比於五也餘三爻所居之位各自有異虛實又復不同初九居信之初正應有他不燕則是所謂奉虛言而望誠者也九三居說之極而敵應或鼓或歌則是所謂羌无實而容長者也上九居信之極而翰音登天則是所謂不好學而无信者也皆不知從五故耳聖人感通之道非至誠而何

中孚之象如鳥抱卵豚魚可馴金石可斵無物不

感天入一理善觀風澤議獄緩死

初九 以實應虛戒在所信誠如不一心豈安穩

九二 以實應實孚如鳴鶴中心愛汝同我天爵

六三 以虛應實中无所主无故悲樂安生能度

六四 位高志巽如月幾望有孚盈缶絶類從上

九五 爲孚之主如鳥抱卯感通天下一視無間

上九 鷄豈登天音飛形留聲聞過情君子所羞

䷽ 震上艮下

小過小者過也事固待過過而後通故曰亨不失時宜之謂正故曰利貞卦體上逆下順中剛外柔

故有飛鳥之象然不類象體程氏非之是也蓋解之者釋下文飛鳥遺音之句曰有飛鳥之象而誤入於彖中耳小過之義最爲難解故朱子曰不可曉余何敢容喙於其間哉竊謂小過陰過而陽不過之時也故陰爻言過而陽爻言弗過則當以二陽爻之弗過爲絶句而一體看也何者九三以剛居正九四以剛兼柔皆弗過也蓋小過之時衆小人之所忌惡者惟此二君子而九三以艮體止於二陰之上則當防陰於下矣若或不防而從之則必見戕害之凶九四以震體動於二陰之下則

已遇陰於前矣若或相遇而往之則必有危厲之端然則爲三者當曰我旣不能過則防之可也爲四者亦曰我旣不能過則遇之必矣但不與之相從則何凶之有不與之同往則何厲之有且九三恃剛而忘備者也故於事後言凶九四隨時而順處者也故於爻下先言无咎也上六弗遇過者以其陰柔而動體處過之極動皆過之其曰弗遇者不與陽遇超過出其上也其亢如此豈无天灾人眚也耶此三爻當以九二爻例并觀可也合六爻論之則初上陰而不中過者也二五二比三五比

四兩柔相濟此君不可過臣不可過者也皆過而得中者也三四兩陽爻雖不得中三得正而四兼柔皆弗過者也聖人抑陰扶陽之意可見於小過矣

小過之體飛鳥之象二陽中處四陰外感君子隨時矯枉過正恭哀與儉雖過何病

初六 恃援喜動疾於飛鳥其過已甚莫可救了

六二 雖欲上進臣不可過回來本面守中則可

九三 陽德自正艮體能止若不過防必害君子

九四 位雖不當剛柔得宜往則過矣貞固亦危

六五 小畜之象同此爻義陰既過盛不可大事

上六 小人之過動輒違理譬如飛鳥自投網裏

䷾ 坎上離下

既濟定也既濟之時小者尚未亨故曰亨小既濟之道利在貞固故曰利貞象曰柔得中盡指六二爲既濟之主也初九九三九五陽皆居陽六二六四上六陰皆居陰於六十四卦中陰陽得位者始見於此矣蓋內三爻離也初言曳輪二言喪茀三言伐鬼方此既濟之事也外三爻坎也四言衣袽五言殺牛上言濡首此未濟之漸也聖人戒懼之意切矣

天下萬事已濟之時飲酒酩酊開花離披水火相交陰陽各半終止則亂豫思防患

初九 重剛爲輪初爲尾象既濟之初愼勿輕往

六二 婦去其茀宜無出外七經其變中固自在

九三 聖如高宗三年而克兵後之戒如師上六

六四 四在水體取舟爲義其柔如袽儲濡之備

九五 祭之受福不在備物殷周興亡此爻可浚

上六 坎中之狐濡首可厲小人用事既濟未濟

䷿ 離上坎下

未濟者既濟之反有終濟之理故曰亨象曰柔得中蓋指六五以文明爲未濟之主也諸爻因五起義九二正應於五故二曰貞吉五曰有孚四上夾輔於五故四曰貞吉上曰有孚唯初與上則陰柔不能相濟故初曰吝三曰凶蓋內三爻坎也故初言濡尾二言曳輪三言征凶此未濟之事也外三爻離故四言有賞五言无悔上言无咎此既濟之漸也未濟諸爻皆可爲既濟而唯六三一爻居險之極无出險之才故特於此爻言未濟者以非其人而居其位故也聖人所以爲萬世開太平之意

濟矣

物不可窮受以未濟月未成輪花未結蔕二體不交三陽不當君子愼之辨物居方

初六 未濟之初當知揭厲柔之輕動小狐汔濟

九二 執恭緩進中順其質唐之郭李能保終吉

六三 柔而處險不可求進然有濟具上則剛援

九四 居柔不正戒在貞吉極力用剛當如征伐

六五 五爲謙主虛中應剛何往不濟尊而益光

上九 節飮安命勿踰禮制君子有爲未濟既濟

上經首乾坤終坎離下經首咸恒終既未濟天

地之道不過陰陽而五行之用莫水火若也且乾坤坎離陰陽之正也咸恒既未濟陰陽之交不交也陰陽之往來於天地間者或不能無過差於頤大過之後以坎離繼之蓋以陰陽之中者而救大過之弊於中孚小過之後以既未濟繼之亦以陰陽之交而中者而救小過之弊也陰陽得位故曰既濟陰陽未得位故曰未濟夫未濟之義與不濟異蓋言其將濟而未及濟耳故雜卦曰未濟男之窮也斯義也奚於成都之隱者耶但伊川之所以未答者蓋欲試其所見之如何而卒乃許之之辭也且易不終於既濟而終於未濟者以示易生生不窮之義也既濟之中互未濟未濟之中互既濟者何也此非但時變相爲反覆而水火之互藏其宅故也且以人之一身譬之心火既降腎水既升可謂一身之既濟然善於康濟者豈可使升者不降降者不升耶靜極復動動極復靜一動一靜互爲其根而循環焉可也此未濟之所以繼既濟者也世之治亂亦猶於是可不戒哉離內坎外出離入坎則既濟爲未濟矣天下之生一治一亂者

蓋以陽一陰二故治日常小亂日常多刱業之主以憂勤而吉守成之君以逸樂而敗此聖人憂患後世之至意也既濟言中道未濟言中正既濟言時未濟言節夫中而失時則非行而時中之義也中而無節則非發而中節之義也易三百八十四爻皆以中爲貴而中之爲用又不出於一時字時之爲言隨其節之謂也

耳溪先生文集卷之三

耳溪先生文集卷之四

書解

朞三百行義

謹按吾夫子易大傳以乾坤之策三百有六十當朞之日堯之命羲和通閏成歲也以三百六十有六日爲朞及夫治曆明時則每歲以三百五十四日爲律者何哉盖三百六十者天地之常數也三百六十有六日者日行之全數也三百五十有四日者月行之本數也以常數言則多六日爲三百六十六日少六日爲三百五十四日朞者一歲之全日也歲者一歲之省日也閏者所以補三歲之省日湊爲三朞之全日也朞也歲也閏也各有攸當然則夫子道其常而不言其全數也放勳擧其全而兼言其閏數也至於曆紀則於常數中以多少日爲閏而未復合爲全數也朱子釋朞三百之義詳且明矣而初學者於理數上未易通曉故衍之如右

天體至圓周圍三百六十五度四分度之一繞地左旋常一日一周而過一度日麗天而少遲故日行一日亦繞地一周而在天爲不及一度積三百六十五日九百四十分日之二百三十五而與天會是一歲

日行之數也

渾天說曰天體圓如彈丸半覆地上半在地下其於在地上見者一百八十二度半强地下亦然若倍其一百八十則爲三百六十倍其二度半則爲五度其曰强者盖指其四分度之一也何以知其然也人豈有量天來耶但天無體二十八宿便是體若將南北表看則前夜某星在某處今夜差遠或別有一星又於列宿中角爲東方七星之首而日月皆從角上起天一日一夜一周了又過角些子日依舊在角上到一年後復與天會而日月之會皆係於星如正月斗柄指寅寅與亥合而日月會於亥其辰娵訾二月斗柄指卯卯與戌合而日月會於戌其辰降婁十二會皆然又天過處便是日退處日非退也以天之過而見其退耳此所以知天與日月之度也在天爲度在歲爲日天一度爲九百四十分歲一度爲九百四十分所謂二百三十五者即四分度之一也然堯時冬至與今日之冬至異日在虛者在斗星中昴者中壁盖天有三百六十五度四分度之一而有餘歲有三百六十五日四分日之一而不足故天度常平運而舒

日度常內轉而縮此唐一行所謂歲差者也東晉虞喜以五十年退一度而太過何承天倍其年而不及隋劉焯取二家中數七十五年而亦未精密由是觀之則聖人造曆之初雖未立差法而以時推步隨變隨改自與天日合其度此所以參天地贊化育也繞地左旋者先天圓圖陽皆左旋而乾乃純陽也曆家云天道左旋日月五行皆右行此以進數難筭而退數易筭故也天旣左旋則在其中者皆順隨之橫渠之說可謂破千古曆家之鴻濛也一日一周者乾之象曰天行健先儒釋之曰

一息之間天行三萬里有奇理或然也麗天而少遲者日行疾而比天則不及一度故曰少遲也與天會者以今年明年兩冬至為準而會於前一日上以成一歲此一歲日行之數也

月麗天而少遲一日常不及天十三度十九分度之七積二十九日九百四十分日之四百九十九而與日會十二會得全日三百四十八餘分之積又五千九百八十八如日法九百四十而一得六不盡三百四十八通計得日三百五十四日九百四十分日之三百四十八是一歲月行之數也

麗天而尤遲者比天與日則不及幾度故曰尤遲也曆家云日行遲月行速日行一度月行十三度有奇此亦退數也夫日者陽之精月者陰之精陽進陰退陽饒陰乏此河洛之定數也朱子曰月生於西漸漸而東釋之者云日月會於晦朔初一日日纔西墜微茫之月亦隨而墜至於初三日生明之後相去漸遠直至十五日日月相望盡一天而不相及則曉然易見之理也且日行有餘月行不足故閏以追之然後以補其數則亦可見日月之遲速也十九分度之七者盖象十九歲七閏之數

也河圖九爲天數之終十爲地數之終故曆家取其二終爲十九歲七閏之法其數則以日法九百四十分分爲十九分每分計四十九分而十九分中取七分總爲三百四十餘分此月行一日不及天與日常度之餘分也如是則月行一日不及日十二度三百四十六分半半者合毫忽之數從近而言也積二十九日四百九十九而與日會者每月積至此數則日所進過之度周得本數而月所不及之度亦進退本數恰與日會而成一月也合十二月二十九日則全日三百四十八日十二月

餘分積五千九百八十八以日法除之得六日零
三百四十八通計日與分則三百五十四日三百
四十八分此一歲月行之數也
歲有十二月月有三十日三百六十者一歲之常數
也故日與天會而多五日九百四十分日之二百三
十五者爲氣盈月與日會而少五日九百四十分日
之五百九十二者爲朔虛合氣盈朔虛而閏生焉
三百六十者以五行之氣言則各旺七十二日以
六甲之數言則每甲六十六其六十五其七十二
亦皆三百六十其爲常數者然也於常數外多五

日二百三十五者爲氣盈於常數內少五日五百
九十二者爲朔虛氣盈者二十四氣之全數也朔
虛者一十二朔之本數也全數則自今年冬至至
明年冬至前一日也本數則自今年十一月初吉
至明年十一月初吉前一日也合氣盈朔虛而閏
生夫閏者無中氣之月也日月之會在二十九日
餘有奇而二氣之日常在其內二氣者如雨水驚
蟄之類是也每三十餘會則中氣必出一會之外
入每會之初惟一氣在其月之中以望前半月從
前月望後半月從後月如是則月無久違而及日

日有餘裕而待月且月有大小歲亦有大小三百
五十四日者少歲之數也三百六十六日者大歲
之數也大月多則退數之閏在三十四箇月者有
之大月少則閏在三十三箇月者有之閏者所以
消其盈而息其虛也故曰合氣盈朔虛閏生焉者
此也
故一歲閏率則十日九百四十分日之八百二十七
三歲一閏則三十二日九百四十分日之六百單一
五歲再閏則五十四日九百四十分日之三百七十
五十有九歲七閏則氣朔分齊是爲一章也

自此以下皆以氣朔之數積之而成也一歲之閏
積氣朔之數則爲十日而餘分則八百二十七也
三歲之閏積氣朔之數則爲三十日而餘分則八
百二十七也通計則爲三十二日而餘分爲六百
單一也五歲再閏而積氣朔之數則爲五十日餘
分八百二十七通計則五十四日而餘分爲三百
七十五也但五歲內無再閏而以氣朔之本數言
則氣盈五日二百三十五分朔虛五日五百九十
二分再閏當在六歲內而槩辭有五歲再閏而文
者蓋以氣盈六日朔虛六日而再閏在五歲內舉

成數而言也自一歲餘十日零八百二十三分積至十九歲則得全日一百九十日零分積至一萬五千七百一十三以日法除之計成日一十六日零六日七十三分通前所得全日則總二百單六日零六百七十三分將此數分作七箇閏於十九年則三七為二百一十日少三日二百六十七分七閏之中合除此三日二百二十七分均作三小月則正恰好故氣朔分齊而為一章也謂之一章者以其天地之數少終於十九歲而言也論其大終則二十七章為一會九五百一十三年也八十

一章為三會三會為一統合一千五百三十九年也三統為一元合四千六百一十七年也了得章統會元則天地終而復始而為十九年一章也

故三年而不置閏則春之一月入于夏則時漸不定矣子之一月入于丑則歲漸不成矣積之之久至於三失閏則春皆入夏而時全不定矣十二失閏則子皆入丑而歲全不成矣其名實乖戾寒暑反易農桑庶務皆失其時故必以此餘日置閏月於其間然後四時不差而歲功得成以此信治百官而衆功皆廣也

夫閏之為閏雖非天用而人時之所不可無者使天與日月氣朔之有餘不足不以置閏則時序不定歲功不成何以置信天下乎大凡看書之法須要緊着思於堯典此一節有以知聖人立言之序授時之欲也何者其曰朞三百六旬有六日者總言二十四氣之全數朞之所以為朞也以閏者謂氣與朔之不齊則不可以不用閏於其間也定四時者謂置閏然後春夏可以為春夏秋冬可以為秋冬也成歲者謂四時既定則子丑之歲可以為子丑寅卯之年可以為寅卯也苟或以為朞有定

數而不以用其閏則日之運常饒月之運常歉積至三年春一月入于夏子一月入于丑又至三失閏則春皆入夏十二失閏則子年皆入於丑矣何以為財成輔相之道乎必也歸餘於閏使日月之行與天同會至十九年而氣朔平等然後農桑庶務咸得其時之釐工熙績之道也此萬世不易之一大曆象也

五行傳

太極判而為陰陽陰陽分而為五行太極理也陰陽五行氣也理必寓乎氣氣不離乎理故天一生水天

三生木天五生土三者陽之所以生地二生火地四生金二者陰之所以生合而爲五行也在天爲春夏秋冬之佐而土旺四季在地爲東西南北之位則土居中央以其相生之序則木火土金水此伏羲之先天五行也以其相克之序則水火金木土此神禹之六府五行也以其始生之序則水火木金土此箕子洪範五行也以其倒生而言則黃帝素問書之五行也以其倒克而言則漢儒五行論之五行也其性則水曰潤下火曰炎上木曰曲直金曰從革土爰稼穡其味則潤下作鹹炎上作苦曲直作酸從革作辛稼

耳溪文集卷四 九

穡作甘也人之始生五氣之精妙合而凝是謂五性曰仁義禮智信仁屬乎木義屬乎金禮屬乎火智屬乎水信屬乎土周子所謂各一其性者是也以其五事之叙則曰貌言視聽思貌爲澤水言爲揚火視爲散木聽爲收金思爲通土以其五德之用則曰肅乂哲謀聖肅爲嚴凝之水乂爲條理之木哲爲光明之火謀猶靜容之金聖猶亶方大之土也醫書亦言木屬乎肝火屬乎心金屬乎肺水屬乎腎土屬乎脾而至若手足痿痺則風入于肝故曰不仁此亦善諭也大抵貌與視屬精故精衰則目暗言與聽屬氣故氣塞則耳聾此非曉然易見者耶且貌言視聽以思爲貴肅乂哲謀以聖爲重故孟子曰心之反則思又曰大而化之之謂聖程氏四勿亦曰哲人知幾誠之於思又曰習與性成聖賢同歸者此之謂也且夫水火金木非土則不生土者五行之主圖書皆以土爲中凡天下百千萬事皆從中起故也意洪範言五行而不言陰陽大易言陰陽而不言五行蓋五行一陰陽也陰陽一太極也

大易圖說

河圖說

耳溪文集卷四 十

河與天通而馬圖出焉馬圖者人文也天道不言故假聖人手畫中說出來蓋有待於包羲氏也包羲氏繼天而王仰觀日月星辰之象俯察草木鳥獸之文而皆可以畫卦然凡天地間造化生生之序陰陽對對之數燦然備具者莫河圖若也河圖非聖人不能著其靈聖人非河圖無以神其變此所以包羲氏作而龍馬出也其圖圓圓者天也其數以一爲祖一者奇奇者一三五七九之陽數也二者耦耦者二四六八十之陰數也合而爲五十五五十五者天地之數也故大傳曰天數二十有五地數三十此吾夫子所

八六

以發明河圖之數也以五居中何也凡數之始一陽一陰而已參其一陽兩其一陰而三二之合爲五故大傳曰參天兩地而倚數此亦夫子所以發明河圖之中數也若虛其五與十則太極也奇耦各二十則兩儀也一二三四之位四象也七八九六之數八卦也五爲行之母一二三四皆因五而成六七八九且二四成六一八成九二六成八三四成七而一合九二合八三合七四合六則陰陽老少之互藏其宅者也盖五者土也水火金木非土不生猶仁義禮智非信不立也且虛其中地十則小衍之數虛其五與十

則大衍之數也以揲蓍言之則去其一而用其四十九蓍左右分之則兩儀也掛一則三才也揲四則四時也再扐則閏餘也以四計數則四九爲老陽之數四六爲老陰之數四七爲少陽之數四八爲少陰之數也以曆紀言之則二始以定剛柔二中以定律曆二終以記閏餘夫二始者一二也一奇故爲剛二耦故爲柔二中者五六也五者十干六者十二辰也二終者九與十也閏餘之法以一十九歲爲一章也以聲律言之則天之中數五五爲聲地之中數六六爲律其他運氣參同之說皆出於河圖則有是哉河圖之

成變化而行鬼神也向使河不出圖則聖人未可以畫卦耶曰無極之前元有自然之易況聖人之心與天默契則顧何待於窺圖而畫卦耶雖然有易而無圖則後之人不知其陰陽變化之根奇耦生成之原自何而出由是觀之則負圖之馬其亦靈矣哉顧命曰河圖陳于東序此萬世帝王相傳之寶也歟

洛書說

洛爲土中而龜疇出焉龜疇者彝倫也是圖也戴九履一左三右七二四爲肩六八爲足五居中位而其文如字畫故謂之書也禹治水而天乃錫之而五奇

之數統四耦之數各居其所盖主於陽以統陰而肇其變數之用也其體方方者象地也範之吉凶見於靜盖動者必靜而後成故也五行不言用皇極不言數夫不言用者衆用之所自出不言數者羣數之所由該也一二三四皆經常之疇法天以治乎人者也六七八九乃權變之疇則人以驗諸天者也五皇極一疇乃守常制變之疇與天同體爲民之則者也伏羲氏本河圖而畫八卦八卦一陰陽也神禹本洛書而敍九疇九疇一五行也五行一太極也河洛之相爲經緯表裏也如此陽居四正位以爲陰之宰陰居

四耦位以爲陽之輔其位皆三同而二異盖陽不可易而陰可易也一三七九各居五象本方之位外二四六八各因其類以附于奇數之側客主君臣之別又可見矣造化之貴陽賤陰出於自然之妙者如此其數四十有五若虛中則陰陽之數均於四十河圖左旋而五行相生洛書右旋而五行相克以對待言則相生之中有相克之勢以運行言則相克之中有相生之理盖生而不克則生者無從而裁制克而不生則克者有時而間斷矣且其數縱橫爲十五而爲七八九六消息之妙又見於此虛中五則太極也奇

耦爲二十則兩儀也一二三四合九八七六則縱橫十五互爲七八九六則四象也四方之正爲乾坤坎離四隅之偏爲兌震巽艮則八卦也

方圖說

方者地之象也地有一定之理而以靜爲主故卦圖亦然乾之內八卦列于北外八卦列于西而乾則位乎西北之隅坤之內八卦環其東外八卦環其南而坤則位乎東南之隅其中六子之內外八卦亦各以生出之次縱横于東西南北之方而正位中有對泰與否對咸與損對恒與益對既濟與未濟對中孚與小過對他卦皆然是故大傳曰天地正位山澤通氣雷風相薄水火不相射又曰雷以動之風以散之雨以潤之日以烜之艮以止之兌以說之乾以君之坤以藏之此自然之法象也然其對待之中有變動交易之義夫乾南坤北者先天之正位而今轉居西北東南艮兌坎離巽震又皆易位乃知靜中亦有動也且方圖者地圖之剛柔震離兌乾天之陽地之剛巽坎艮坤天之陰地之柔夫地道承天之行以地之剛柔應天之陰陽同一理也特在天者一逆一順卦氣所以運在地者惟主乎逆卦畫所以成也自震巽分而觀之乾與坤皆未生之卦傳曰易逆數也

圓圖說

圓者天之象也天有流行之氣而以動爲主卦圖亦然乾居南而內八卦屬于東南外八卦則始在午半遯在酉中否在亥初无妄在寅初同人在卯中履在巳初訟在申初坤居北而內八卦屬于西北外八卦則復在子半臨在卯中泰在巳初明夷在寅初升在申初師在酉中謙在亥初其餘六子各八卦亦以其類分聚於東西南北之方而流行中有對如否泰姤復之類是也震之初爲冬至離兌之中爲春分以至

乾之末而交夏至巽之初爲夏至坎艮之中爲秋分以至坤之末而交冬至亦自然之法象也然而臨爲十二月卦而以春分繫之遯爲六月卦而以秋分繫之此則先儒之所未曉者闕之可也左一邊屬陽而陽中有陰右一邊屬陰而陰中有陽此陰陽老少之互藏其宅也朱子曰坤復之間爲無極又其詩曰忽然半夜一聲雷萬戶千門次第開若識無中含有象許君親見伏羲來無中含有之象卽坤復之間乃無極而太極也

先天圖說

先天八卦易之本也以陰陽交合爲體乾稱父坤稱母故位居南北坎爲中男離爲中女故掌東西之間震爲長男巽爲長女故居東西南北之隅艮爲少男兌爲少女故居西北東南之角盖乾坤純體坎離正體故也以物性言則坎離日月也日月所出者東西故離東而坎西艮兌山澤也西北地高而山之所共宗東南地卑而水之所同聚故艮西北而兌東南震巽雷風也雷從地起風自天降故震東北而巽西南此大傳所謂天地正位山澤通氣雷風相薄水火不相射也以人時言則乾坤純陽純陰也當在子午之

半坎離陰陽之中也當在卯酉之中艮兌陰陽之浸長者也當在辰戌之半震巽陰陽之始生者也當在丑未之半此卽堯夫冬至子之半之說也且以乾交推之則月之初三爲震上弦爲兌望日爲乾望後爲巽下弦爲艮晦日爲坤以圓圖觀之則東一邊本皆是陽西一邊本皆是陰東邊陽都自西邊來西邊陰都自東邊來左邊一百九十二陽右邊一百九十二陰各相對待此天地自然之法象也

後天圖說

後天八卦易之用也以四時進退爲序乾坤以老父母不復用事而聽於六子故震兌坎離居四正位震居東爲陽主乎進兌居西爲陰主乎退離居南爲退之中坎居北爲進之中盖離得乾位以陰卦居陽坎得坤位以陽卦居陰而男女互藏其宅也震當生育之始兌當收成之始離當長養之終坎當歸藏之終巽艮以男女之長少而不用盖男未就傅女將有行也西南之坤猶半用者當其長養收成之交母道當親也西北之乾全不用者當嚴凝主靜之候父道當尊也故曰帝出乎震齊乎巽相見乎離致役乎坤說言乎兌戰乎乾勞乎坎成言乎艮也以五行之次言

離火得坤土然後生兌金坎水得艮土然後生震木則艮亦不能無用也方其先天之變得後天也乾下坤上而交泰爲乾北坤南乾則退一步居西北坤則退一步居西南乾坤旣退離上而得乾位坎下而得坤位震代父始用事於東巽代母始用事於東南且後天之易自河圖中出來坎離二卦各當夫水火之一象離當地二天七之火而居南坎當天一地六之水而居北外此六卦共當一象震者木之生當天三之木於東巽者木之成當地八之木於東南兌者金之生當地四之金於西乾者金之成當天九之金於西北艮者土之生當天五之土東北坤者土之成當地十之土於西南坤艮所以獨配矣中宮之五十者以土實寄旺於四季也

兩儀四象圖說

畫前之易有太極太極者象數未形之稱周子所謂無極而太極者是也太極判而始生一奇一耦者二是謂四象周子所謂分陰分陽兩儀立焉者是也兩儀之上各生一奇一耦而爲二畫者四是謂四象周子所謂陽變陰合四時行焉者是也蓋天地之道不過曰陰陽而已陰陽有大少剛柔之別而乾兌艮坤生於二大爲天四象離震巽坎生於二少爲地四象其曰立天之道曰陰與陽立地之道曰柔與剛者非耶兩儀分爲四象而太陽居一少陰居二少陽居三太陰居四各占水火木金之位迭運春夏秋冬之氣其曰五行之生各一其性者非耶一物上各具一陰陽以至鳥獸之微麻竹之細亦自有雌雄而惟人最靈其曰聖人定之以中正仁義而立人極者非耶或云乾坤初爻爲兩儀乾坤第二爻爲四象此說非也方其兩儀之判也未有四象四象之立也未有八卦則安得先有乾坤之名初二之變哉然則八卦已生

之後第四第五畫當以甚麽目之曰亦當以此例看物將他八卦爲太極其上第四爻爲兩儀第五爻爲四象而添一畫則六十四卦也嗚呼五行出於陰陽陰陽出於太極而語其初則無聲臭之可求故曰太極本無極

八卦圖說

或有問於余曰子知伏羲氏畫八卦之序乎以天地開闢之次言之則天開於子地闢於丑乾坤當居第一第二之位天一生水地二生火天三生木地四生金天五生土則六子當以所生之次爲位以乾坤父

九〇

母之位觀之則乾爲父坤爲母宜在第一第二之位震爲長男巽爲長女坎爲中男離爲中女艮爲少男兌爲少女則亦當以所生之次爲位而必以乾一兌二離三震四巽五坎六艮七坤八爲序者何也曰子不觀夫太極圖乎太極生兩儀兩儀生四象四象生八卦夫兩儀者陰陽也一陽分爲太陽少陰一陰分爲太陰少陽蓋太陽未交以前乾猶未生也及一奇加於其上然後爲乾而兌猶未生也然其生之勢不容已不必太陽上加一耦方知其爲兌已可卽乾而逆知其爲兌矣少陰未交以前離猶未生也及一

奇加於其上然後爲離而震猶未生也然其生之勢亦不容已不必少陰上加一耦方知其爲震已可卽離而逆知其爲震也自巽五至坤八爲序者亦然如是則乾坤定位於上下而山澤可以通氣日月可以出入雷風可以發音且震巽得位於中間而陰陽由玆始生寒暑由玆出入冬夏由玆平分是故夫子曰易逆數也

六十四卦圖說

六十四卦者八卦之八卦也夫六畫而爲八卦則三才之位成矣因而重之爲六十四卦則三才之道備矣聖人畫卦之初畫一奇一耦以爲兩儀加一奇一耦以爲四象加一奇一耦以爲八卦八卦之上加一奇一耦以爲四畫四畫之上加一奇一耦以爲五畫五畫之上加一奇一耦以爲六畫而成六十四卦明道所謂加一倍法是也當時聖人不應恁地思量而旣成物事如是齊整此非造化生生自然之妙耶自乾至泰乾之內八卦也自履至臨兌之內八卦也自同人至明夷離之內八卦也自无妄至復震之內八卦也自姤至升巽之內八卦也自訟至師坎之內八卦也自遯至謙艮之內八卦也自否至坤坤之內八

卦也節節相生對對相應而天地變化之機陰陽消息之理自將瞭於心目之間矣大抵乾坤純體坎離正體頤大過以乾坤之一中孚小過以坎離之中此八卦不可反而其餘五十六卦兩相反於雜然紛錯之中有井然統紀者此所以尤妙也且每卦各一其象而水則有二者何也以水之多於天下也夫九河動而流者也七澤靜而匯者也靜爲陰動爲陽坎水兌澤六各有陰陽動靜之別則不害爲水澤之各一其體也先天以乾爲君後天以震爲帝者何也乾爲父震爲子而統天者莫如乾主器者莫如震則此亦

爲陽之義也然則坤爲母而云致役者何也曰長女雖代母而母豈可以安坐而不親家事耶沿其流溯其源則文王之易亦伏羲之易不可以先天而遺後天也

掛一辨

謹按朞三百有置閏之法橫渠先生註云天道左旋處其中者順之朱子曰此說最好然則日月五星皆隨天而左旋也曆家獨以爲天道左旋而日月五星右行夫一大輪在外左轉則其內一小輪雖有緩急之殊而豈有右轉之理乎但曆家以天行之相近易筭處言故曰日行一度月行十三度有奇而謂之右

行且曰日行遲月行速誤認其退數也是或爲一種道理而至若近世揲蓍之一變掛一而再三變不掛一則甚不可也夫乾坤之策凡三百有六十當朞之日而置閏之法掛一一也揲左二也扐左三也揲右四也扐右五也以象五歲再閏是爲一變以至十有八變而爲六爻則陰陽之數自然分齊矣人爲萬物之靈而於天地之間參爲三才故每變必掛一而今則不然遂以初掛之變爲掛而象閏以不掛之變爲扐而當不閏之歲則與大傳所謂掛一象三再扐後

者歟全不相應而且於陰陽老少之數亦多不合是豈聖人立蓍求卦之本意耶三變掛扐之數不可廢一此兩儀三才四時閏餘之象也使聖人當時若不以掛扐爲主則將四十九蓍分而爲二之後去其一足矣何必掛之以象三才揲左之後去其所餘之奇足矣何必扐之以象閏又揲右之後去其所餘之奇足矣何必再扐之以象再閏所以然者正欲以掛扐爲主也此乃天地之常數而非人之私智所能取舍有無者京房郭璞焦贛及唐一行李淳風畢中和之徒必不爲此而其或近來術數之家去本趨末者之所爲也歟此與曆家退數置閏之說同而異故不得不辨焉

十二月辨

歲有十二月而十二月有八節八節有十六氣十六氣配六十四卦夫六十四卦者乃四時陰陽流行之氣也然而月分則乃於六十四卦中取十二卦在乾八卦以乾泰夬大壯爲四箇月在坤八卦以坤否觀剝爲四箇月至若兌震巽艮各八卦則只取一箇月復臨姤遯是也獨於坎離八卦無月分者何也坎離爲日月則日月之光冒于六合故不以月分目之耶

曰未也坎离爲水火則水火之氣流于四時故不以月分數之耶曰未也坎离乃陰陽之中陽之用始於寅陰之用始於申申與寅卽先天坎离之位也子位陽雖生而未出於地至寅則溫厚之氣始用事午位陰雖生而未害於陽至申則嚴凝之氣始用事卲子所謂用數不過乎陰陽之中者是也天地之間物無不對而惟中無對豈可以無對者目之謂某箇月耶曰乾坤爲六子之父母而純一無對然猶爲月分而於十二月爲三分之二豈以坎离之得中而無月分乎曰一雖無對然純陽純陰可以分八箇月而至於

坎离則乃天地左右之門日月之所出入也歲而春夏秋冬月而晦朔弦望日而晝夜昏朝莫不由是而出焉然則坎离之用最爲大於六子之中不可以月分論之是故易之道以中爲貴者此也中豈有可對之月耶胡玉齋云坎离非陰陽之以次而生者故不可當月分恐未必然或曰坎者陽氣之盈於陰中离者陰氣之虛於陽中者也曆家以氣盈朔虛積以爲閏月則或可當閏之數耶曰氣盈朔虛旣爲閏月則閏月自在十二月之中矣又何待於坎离也故曰中固無對然也

三十六宮辨

或有問於余曰易有六十四卦當言其六十四宮而康節詩以三十六宮目之者何也余應之曰子能盡解其詩中之義而所未曉者三十六宮耶請先言其詩義然後數及三十六宮未爲晩也其兩聯句曰因探月窟方知物未躡天根豈識人乾遇巽時觀月窟地逢雷處見天根蓋指先天圓圖而言耳夫自復至乾陽也自姤至坤陰也陽主人陰主物陽爲天根陰爲月窟而以其陰陽之往來於其間故曰都是春總論天理生生之妙無時間斷而流行不已之意也至

若三十六宮之說乃卲子之所嘗言而朱子釋之詳矣蓋以八卦之象分之則乾坤坎离不易而爲四震艮巽兌反易而爲二以六變而成八也以六十四卦之象言之則乾坤坎离頤中孚大小過不易之八卦也如屯蒙需訟之類本五十六卦反易只成二十八卦凡三十六變而爲六十四也合而數之則亦三十六宮也且上經三十卦而乾坤坎离頤大過六卦不易者也其他二十四卦則當爲十二卦合不易之六卦則十八卦也下經三十四卦而中孚小過不易者也其他三十二卦反易則當爲十六卦合不易之二

卦亦十八卦也總而數之則亦三十六宮也近世陰陽家以三十六宮之數傳易增減爲難筭故只以一乾二兌相生之次當之又以先天八卦圖乾南坤北相對之畫當之余恐初學者不知邵子之本意而易惑於術數之說故不得不辨焉

九六解

九六者老陰老陽之數也七八者少陰少陽之數也易三百八十四爻七八居多而必以九六稱之者何也曰以陽言之則七九皆陽也以陰言之則六八皆陰也但易道占其變故於陽則用九而不用七於陰

則用六而不用八是故乾之用九曰見羣龍無首吉象曰天德不可爲首也坤之用六曰利永貞象曰用六永貞以大終也曰不用七八者何也老陰老陽皆變而少陰少陽不變故也曰乾坤旣變而六子何以不變以震坎艮觀之則陰已雜於陽卦之體以巽離兌觀之則陽已雜於陰卦之體皆不可以言其變而至若純陰純陽則陰陽之極不可以不變也善用九者變剛爲柔善用六者變柔爲剛所以不爲物先而以大終也且用九用六者以變卦之凡例言也非謂易之諸爻皆九六也凡陽爻皆用九而不用七凡陰

爻皆用六而不用八用九則老陽變爲少陰用六則老陰變爲少陽不用七八故少陽少陰不變而獨於乾坤二卦言之者以其在諸卦之首而又爲純陽純陰之卦也歐陽子九六論曰七八常多九六常少蓋以揲蓍言之則七八每易遇以其或奇或耦之不齊故也九六每難遇以其老陽爲三奇老陰爲三耦故也斯言發明先儒之所未到而實有功於後世易學者也

參天兩地解

余於閒中偶觀河圖客有自湖南來者揖余而言曰

主人知參天兩地之意乎余曰未也客曰大衍之數五十而揲蓍則去其天一自天三地二以下四十九則用之故曰參天兩地且河圖之一三五天數二四地數也一生水三生木五生土者屬乎天二生火四生金者屬乎地合居中數之位故參天兩地也余曰若是則聖人當曰三天二地而倚數又當曰天三地二而倚數不應以參天兩地爲之倚數云爾子來于前吾明告子夫凡數之始自一陰一陽而起傳所謂一陰一陽之謂道是也陽之數奇而其象圓圓者天也陰之數耦而其象方方者地也物之圓者徑一而

圜三物之方者徑一而圍四夫陽則其數以一爲一而用其全擬之於象實圜三而三各一奇皆在所用故曰參天若陰則以二爲一而用其半擬之於象實圍四而四合二耦半在所用故曰兩地參兩之合爲五此河洛之數皆以五居中者也盖參天者參之以三兩地者兩之以二今夫一箇天參而三之一箇地兩而二之故三三爲九三二爲六易之書於陽爻稱九陰爻稱六者此也參兩之義當以一陰一陽看一者數祖也一而分二節節如此至於無窮凡一爲太極二爲兩儀且所謂一者非專指居中生兩儀之太

極兩者非專指太極所生之兩儀也兩儀分爲四象則兩儀爲一而四象爲兩四象分爲八卦則四象爲一而八卦爲兩是皆參兩之餘意也客曰吾問徑一三兩說得圜三圍四之義也三揖而去余爲之解

大衍數記

五者衍之母也天有五行各一其性而化生萬物萬物各有品彙譬如木之有根根有其幹幹有其枝分而至於百千萬條究其根則五行也人有五常各一其德而酬應萬事事各有條理譬如水之有源源有其泉泉有其科歠而至於百千萬泒溯其源則五常也此非五爲衍之母耶河圖之全數五十有五盖象天地之數而以五居中者五爲中數故也凡數之始不過一陰一陽而已陽之象圓圓者徑一而圍三陰之象方方者徑一而圍四圍三者以一爲一故參其一陽而爲三圍四者以二爲一故兩其一陰而爲二此五之所以爲五者也一六爲水而居於北二七爲火而居於南三八爲木而居於東四九爲金而居於西五十爲土而居於中莫不因五而得其老少奇耦之數此五十所以爲五十也五爲五十所因而自無所因故以五十爲子目而五獨盖其內地十者小衍

之數也其外四十者陰陽之數也合內外而爲五十者大衍之數也大傳所謂大衍之數五十而爲兩儀衍而爲四象衍而爲八卦衍而爲六十四卦及揲蓍也於大衍五十之中虛其天一而用其四十九掛扐三變之後又除其初掛之一而用其四十八乃於衍數中有乘除之法造化盈縮之妙固不可執一論也雖然其本則不出乎參天兩地之五是五也於五行爲土於五常爲信水火金木非土則不行仁義禮智非信則不立故曰五者衍之母也

乾坤論

太極而爲乾坤乾坤者陰陽之純而六十四卦之首也古者包羲氏之畫卦也畫一奇以象陽畫一耦以象陰積而至於一各生兩而爲六十四卦則六十四卦本八卦也八卦本一陰一陽也一陰一陽本太極也是故繫傳曰易有太極又曰一陰一陽之謂道又曰成象之謂乾效法之謂坤然則乾坤雖二體而其所以變易交易生物成物之道則一也學易者當先得乾坤門戶然後互觀陰陽交位則吉凶消長之理體用顯微之妙從可推矣何者乾之初乃潛龍而索于坤則復也復之至日閉關非勿用之義耶進於坤

之二則師也師之丈人非大人之德耶進於三則謙也謙之君子有終非君子終日之義耶進於四則豫也豫之雷出地奮非淵龍或躍之象耶進於五則比也比之顯比非聖作物覩之謂耶進於上則剝也剝之終不可用非亢之盈不可久耶坤之初乃履霜而索于乾則姤也姤之羸豕蹢躅非馴致之象耶升於乾之二則同人也同人之文明中正非直方大地道光之謂耶升於三則履也履之悅而應乎乾非或從王事耶升於四則小畜也小畜之密雲不雨非天地閉塞耶升於五則大有也大有之大中文明非文在

中之謂耶升於上則夬也夬之終不可長非龍戰于野其道窮耶抑又論之乾初九之文言曰陽在下者惜之之辭坤初六之文言曰陰始凝者危之之辭此非聖人抑陰扶陽之義耶九二曰利見六二曰無不利者貴其中正之德也九三曰終日六三曰有終者以其下卦之終而三多危故也九四曰無咎六四曰无譽者以其近君之位而四多懼故也九五曰飛龍六五曰黃裳者以其君臣尊卑之別也上九曰亢龍上六曰龍戰者以其陰陽窮極之災耶凡讀易之法須要識得內外賓主之卞然後觀乎象辭思過半矣

然則乾坤二卦所主者何爻乾天也九五言天坤地也六二言地此九五所以爲乾之主六二所以爲坤之主也以三極言則爻位同然以四德言則貞體獨異以象言則龍在天之物也馬行地之物也以用九用六言則其曰无首吉者乾可以用柔其曰以大終者坤可以變剛也且乾坤无應而同德相應者乾君也坤臣也此非皐夔稷契之不應後志於堯舜之君耶於乎乾坤始於太極而化生萬物萬物亦各有一太極太極者理也理也者無形也是故濂溪圖說曰

太極而無極

咸恒論

說卦曰山澤通氣雷風相薄咸與恒之義蓋取諸此也乾坤十變而爲否泰否泰十八變而爲咸恒咸恒夫婦之道而人倫之始故上經首乾坤下經首咸繼以恒以其乾道成男坤道成女男女交而成夫婦故也夫澤潤而山受之雷動而風發之者乃陰陽相感之道天地恒久之理咸者二少相交而以女上男下爲象婚姻之道成矣恒者二長相承而以男尊女卑爲象室家之道正矣或曰二少二長相重而有山澤風雷之體者非損益乎曰損之二少男不下女非咸感之誠也益之二長女居男上非恒久之義也他卦皆然蓋嘗論之以山澤風雷之合爲二體者而觀之則澤雷爲隨而非剛下柔之象山風爲蠱而有女惑男之象風山有女歸貞吉之漸而咸感則未也雷澤有永終知弊之義而恒久則未也山雷則有觀我朶頤之失風澤則有有他不燕之戒雷山則少者過也澤風則大者過也皆非二少二長咸得其耦者也以山澤風雷之分爲一體者而觀之則地澤之咸臨非咸感之道也雷地之恒疾非恒久之義也一陰而在五陽之上者澤天也一陽而在五陰之上者山地耶

雷天爲大壯而間有觸藩羸角之害風天爲小畜而或致脫輻反目之患澤火則二女同居而有不得志之象山火則一陽間隔而有不相賁之義先張後脫者火澤睽也先笑後咷者火山旅也水雷爲屯而有不字之貞火風爲鼎而有得妾之利澤水之困有不見妻之凶山水之蒙有勿取女之戒天風之姤有女壯之懼水山之蹇有朋來之助天澤爲履而但言辨上下之義天山爲遯而只稱畜臣妾之吉澤地爲萃而有除戎器之虞水風爲井而有羸其瓶之戒其他雷火之豐蔀風地之闚觀水澤之苦節地風之冥升雷水之解拇風水之渙血天雷匪正之眚風火利貞之戒又孰若二少二長之咸感恒久者耶子思子曰君子之道造端乎夫婦非是之謂歟咸之彖曰天地感而萬物化生聖人感人心而天下和平觀其所感而天地萬物之情可見矣恒之彖曰日月得天而能久照四時變化而能久成聖人久於其道而天下化成觀其所恒而天地萬物之情可見矣噫聖人言性於乾之彖言心於復之彖言情於咸恒之彖學易者有能因其情而知其性因其性而知其心則心統性情之妙於斯可得矣

姤復論

卲堯夫詩曰乾遇巽時觀月窟地逢雷處見天根此兩句可謂善形容姤復二卦之義矣夫月窟者羣物之窟宅也天根者諸陽之根抵也姤以一陰始生於乾下而馴致其極則必能變乾爲坤復以一陽始生於地腹而漸到其盛則亦能變坤爲乾然則陰陽根窟顧不在於乾遇巽地逢雷之處耶自復至乾凡百一十二陽自姤至坤又百一十二陰而語其初則一陰一陽也此非天根月窟往來之初程乎姤之彖言天地含章之道復之象言天地化物之心而先天圓圖又以姤復爲冬至夏至子午之中斯可見造化生成之妙循信不窮矣易之象皆言君子以而至於姤復則必曰后以先王以者何也夫風行天下誥命之象雷在地中閉關之象此皆帝王之事於此又可見先王之无一念不奉天道无一事不順天時也且以後天圖觀之則震居正東巽處東南而震爲雷巽爲風風以鼓之雷以動之大矣哉姤復變化之妙也但聖人抑陰扶陽故於消長之際淑慝之分不能不致其區畫而在復則望其朋來在姤則戒其女壯又繫其吉凶於初九初六此又人君所以辨君子小人之道也

耳溪先生文集卷之四

耳溪先生文集卷之五

附錄

輓

進士李鼎儼

海山明氣鍾人豪一代詞垣步武高抱玉下和終
見刖草玄楊子謾愁牢土中肯悔咲鷄肋天上應
催訪駿髦可耐唱酬蕭寺月南廬病伴首空搔

進士韓文健

詩人窮達摠由詩莫怨蒼天莫怨時惟有世間公
道在張君孝友盛名知

驪江李鼎基

郊寒島瘦古猶然生角偏邦况海壖地下修文如
可信世間窮罷不須憐可堪梁月猶疑白髮喜童
烏尚說玄埋玉青山名未並千秋應有史家傳

驪江李鼎揩

七印亭外曲江城豪士風流一代傾百戰場圍誰
敵手終歸林壑老書生禪樓尚記佳辰會蓬海無
緣後約成落日丹旌寒食節故人腸斷子規聲

烏川鄭雲休

軒軒風槩冠南州人是詞林第一流三刖奇琛歸

土壤十年炯悵等浮漚眼青江海誰知己頭白桑
楡獨抱愁種德由來天報慶傾看丹穴鳳毛抽

碧珎李仁純

一點文星照海東公生其地振儒風玄暉復至應
先讓光祿雖來不敢同跡阻鵬程才豈達名空蛇
榜數亦窮王樓其或重成否鯨馭隨雲上碧穹

昌寧成學萬

曲水遙遙耳谷連地靈先會降仁賢文章數百年
來最志業六旬老去堅絃上火入知白雪家中有
子繼青氈湖雲嶺樹何時契題送荒詞淚自漣

族侄應恭

文章賢哲古來窮得喪都歸造化翁公有事功能
不朽床頭易贊啓羣蒙
居家孝友是為仁處世污蹤自任眞貽厥孫謨餘
慶在絶奇天上兩猉獜
拋却人間多少思先亭花樹晚年期如何脫屣倏
然去使我臨風淚泗洏

順興安秉重

聞公長逝誦公詩少壯風流一夢疑策奏天門終
寂寞裳裁雲錦謾崴蕤升沉不足吾人恨模範留

爲後輩師爲耆文章餘慶在賢孫令子舊門楣

進士李孝相

文章不與命途謀百戰山河卷甲愁古錦寧隨花
樣變候虫渾入霹音悽傷如刀劍精還泰嶽盡膏
油味爲乳歸拜修文差可慰豈應宜選爲烘頭

驪江李相璞

東國詩聲動海曲天生巨擘耳溪濱琴碁得趣無
貪態猷猷忘形厭俗紛心事氷淸而玉潔文章流
水而行雲功名未及身先逝可惜前旌處士云

安東權寶保

昔聞諸格語先覺有天民千載尚餘韻何如吾見
親近年陪杖屨溫雅是天眞豈但文章士實爲君
子人若逢三尺雪如坐一團春雅性寬而栗令儀
美且仁南齋多術教不倦是材因近達爭趨仰羣
儒日日新嗟嗟余小子承誨倍諄諄遐想翁平素
高名早絶倫累違司馬試灑淚幾沾巾詩語愁花
鳥詞鋒泣鬼神有才奈無命安分且修身尊欽師
道地絃誦起鄕隣皇天何奪速淚灑曲江濱耆德
從何處識歌催曉頻綿綿餘慶在拜賀子孫振和
淚題哀輓彷徨寂寞晨

永陽李台相

嗟我耳溪翁胡爲有此行世無銅鏡照天促玉樓
成白首文章伯冊旌處士名有才曾卓越受氣本
淸明披冊友先哲論文牖後生易爻隨意賾詩語
使人驚鄒魯遺風在漢唐古律鳴接人欵曲意邁
我最深情溪社頻提耳江樓或刮目陪遊文酒會
行待蓬麻榮未上扶搖鳥先飛来石鯨烱寒耳谷
宅雲合屈巖瑩未得送靈轜爲哀詞語不平

族孫時學

惟公日用事不蠟且無吟海鄕魁名士印亭肯搆

人逈超末路巧養得自家眞是以高山仰臨輀涕
滿巾

烏川鄭之濟

茲鄕茲以我公重儒雅風儀大矩規釜谷追隨如
昨日松亭工課又多時數奇不幸三塲屈學邃聊
爲百世師文藻江山春寂寞詩家從此正音衰

鶴城李秉燦

於乎小子今安仰渭水月寒講席空縱以詩篇鳴
大雅誰知易賾啟羣蒙人間倘值文章厄地下應
全孝友風幸有賢孫能繼業他時宜報溉根功

瑞山 柳相翼

耳溪翁以詩鳴于東國四十餘年而年六十二以重牢丁焉悲夫余以鬢弁結髮許知音於峩洋托同心於金蘭情誼之厚不獨以通家而然也今於大歸之日不可以明知間凡例挽之謹搆五六七言及闋詞以授相紼者

洗耳溪上翁丹旌處士公理固如是否搔首問蒼穹一生經案工百倍下帷董子蒼倉飛鶴峯佳氣丙年鍾文得八耋後詞爲一世宗自成桃李蹊車馬駱門巷當世才子名一言傳陞降

丹穴元無凡毛朱喙自有佳配庇葛鳳聲及姻夭桃時節歸妹相親孚誼結親丈人尊行故人懿訓家有三遷華胄亭稱七印爲父爲兄友慈不睹不聞戒愼襟期一點浮雲眼界百家遺文今輝性癖左傳健壯手法右軍言行矜式鄉隣名聲傳播遠近積來文章古門抱送猉獜肖孫頎然頭角承武愛爾聰明記言就將日月經皅出入古今說苑貽教自從孩提成功期待早晚孔孟程朱道泵唐虞夏商文獻窮亦不悶由由老當益壯斷斷問奴田事生平教孫經工學半談論至理大關氣像太古

青山

古來消息問虹橋月到寒潭雲捲宵道裏那將心法得紫陽夫子載歌謡盥手潜心雅頌爲惺惺喚起雞鳴曉九曲櫂歌何處尋一千年後火同調許君心契伏羲交曾得連山三百爻後世子雲非子不太玄經罷自貽嘲月未圓時花未開古人論易亦云巧發得前人未發語後來君子也雖校曾氏遺書講一生齊修道理自明明常目眞工燎八條傳心妙訣揭三領學而不已人皆然期及清泉九仞井行天下廣許多規矱在吾心主一敬能

得於經仍發詩詩成不是尋常詠

庶翁太極圖看門書掩河洛星文半壁羅玄機推君平棄世世猶棄讀易牀前但下簾無邊風月慕得陰陽點揀頂時時戒範孫吾家詩禮有無忝啓蒙李工訓垂明聰慧其姿且克念風期晩晩讀書巖未涉天川先折帆天上重修白玉樓得君羨頌耀新檻

遂爲闋曰

北山之麓連抱之木飽風秀堅可伐坎坎輻大宜搆渠渠厦屋世胡不用屹立耳溪谷

繫而哀辭曰

晩年牗其後學兮已任重於先學眷彼耳溪之書塾兮樂與羣英而商確詩仙爲之前導兮想列侍乎香案側手澤新於遺集披字字而淚濕超濁世之淆雜兮上清都焉必有合顧一世之良師旣之兮懼教養之無法行有餘而學問貴家道之和洽

永陽李基鴻

下界無文上帝憂騎龍一客謫遐州仙班宿債留丹籍塵世浮名誤白頭齊魯東歸眞可惜孟郊南去有誰儔亦虬來處傳消息近日清都起玉樓

晉州鄭夏源

功名得喪等浮雲不欲區區說與君別有工夫難及處天人性命馬圖文

哀辭

碧珍李載珍

遐土之濱古稱多環琦非常之士降在叔季夫孰能不波是以操觚家皆奔競於葩藻末藝假借塵影刻鏤外面率爲兎園冊田牧俚語或衒奇自娛別穿一洎者亦未免反帽於是實敵於危二者俱非大中至正均之爲蜉蝣之羽熠燿之光以陰以夜自生自滅是豈才之罪也俗尚以也公以名家宿髫貌古文高不肯低一頭小貶焉獨帶得古騷家氣味婀娜六經蔭映百家剷鉥心目掐擢胃腸粹然爲鍾鼎之樸偉然爲劒閣之險槩其欲剪剔齊整世路之紛殽駁冗者也是故冷暖不適淺深失宜如鼎柱車而馬守閭竟墨墨無所遇迄髮耄白紛如也以其衆風而火衆裘而絺好竽而瑟樂醉而醒也其平生坎壈或恐爲卒猶視者玆倣蒿里薤露歌一闋諷而慰之其辭曰

玉攻乎錯兮良工之琢劒鳴乎匣兮大爐之躍彼魚之樂兮不宜乎陸馬之蹄齧兮耕不如犢衆皆汩汩兮惟子之竭其人如玉兮戰彼一木

祭文

江院儒生張守學

於乎僻矣吾鄉雖在海陬尚賴文獻之足徵不歸於寂寞之濱而中年以來苑有聲於嶠南七十餘州之中者蓋以吾公之在是鄉也蜀山綠是而生色崖州自是而望重文名所播不獨歐公之耳白眞工所篤不啻楊子之草玄忠信之風可觀十室之邑詩禮之訓苑有百世之芳奈之何天不憖遺奪公斯速以公而言則文獻如是而功業未成以鄉而言則學問如是而矜式未終今日之哭豈但

鄉覩已耶實是吾林之無限情私而文不盡意不昧尊靈庶賜歆顧於乎痛矣

鶴城李基元

於乎公與不佞誼分娣從情若骨肉齒隔五六深誨彌篤面命提耳去而益切蕭寺野店幾同歸橋荆圍禮羅每被誘掖如我無似敢擬聲價文章憎達古人所遭灞橋蹇驢公猶莞爾晚年功業務式生徒賛爻羲易著觧虞書農書一部利及生靈刊在奎閣鄉道推望課子教孫有箴家訓謝家寶樹天上祺獜匡鼾八妙蘇蝎其犯命與仇謀斯寡知音沉綿一疾又至數月歧術無效相如病渴時耶命耶倏忽長寐山空文藻鄉失蓍龜哭望耳谷我膓如催青烏卜吉丹旐載飄今玆泂酌已有齋覩此夜易曉覿儀何處文短辭拙一聲長號靈如有智庶幾歆斯

月城李之源

於乎惟此曲江一僻海耳地靈最鍾奎精世降文學博識之士詞場巨擘之子自昔輩出至今爲文明之鄉而公又夙生斯世才藝發越學力贍富詩參造化之工筆得雄健之體獨步騷壇冠冕斯文不幸數奇白首蹉跎一科名得失似無損益於盛名之下虛抛平生亦豈非痛恨處耶小子晚生曾未親炙乎几席之下公之孝友與敦睦之風何敢稱述而得於士友之口者雅矣慕恨之爲於公殁之後仰未蒙提耳之誨而滿架長物莫非遺墨八八卦圖賛功深透晚年工夫六六宫上樑文愈篤病裏精力世之秉筆之士必有取焉終不爲一壽紙也嗟余小子罪積穹壤月在秋七奄遭巨創新轎見星恨結幽明哀哀人世此庸何極居諸易得轂㩳已變轉眄之頃公之祥事倏而復臨拜哭虛帷彷彿乎影響而已小子之懷自不覺痛悼之無窮惟彼範孫文藝夙就筆法奇壯是知瑞雛之出於丹穴錦鋒之生於竹田也積累彼發大昌高門則方可謂祖有孫而七印故家尤有光焉惟以是慰吾公英靈也嗚呼悲夫

月城金淳

嗚呼哀哉天之生物其用各當龍門之桐律抽宫商荊山之玉器合圭璋以公觀公此理還然少也劬書高步詞場累擧道誠可拾功名世無伯樂良驥誰知詞翰餘事實行純粹常棣之兄白華之子

推以及人不畦不畛蛾子滿堂提耳淳淳山澤之
癯詩禮之訓桑楡晚紊一部義易觀象玩變悅然
有得非敢撰述粗解咫識不知不慍遁于醉鄕忘
懷得失窮阨何傷我衣之華我佩之光剡溪雪棹
乘興翺翔如何昔疾竟至不淑鄕無先進門失長
德知與不知聞者增愴淳也無似尤何可忘昔歲
青牛賓我東床視我如子課我詞章情深舅甥義
重師生孤露之餘竊喜依仰嗟嗟往塵欲言先淚
青山孤塚柱宇何處有時趍拜相對嗚咽昨歲維
夏公猶言其節晚始候問挽我床側惟仁是信遐祝

無疆俄乃告歸公心卽愴那知此別乃是永訣承
訃痛哭我懷誰知只緣魔戱情事俱缺自冬至春
我啥何遲辜負至此靦然顙泚佳城將竁乃駕靈
輀送公今夕何以慰之惟是兒孫玉樹瓊枝異時
倉報政在於斯一盃清醑畧陳悃愊尊靈有知庶
幾歆格

瑞山柳相翼

嗚呼公生遐陬殘門曾未得一命而上自朝著下
及閭巷莫不誦其詩知其名顧世之浮榮不過爲
蟻穴富貴蜃樓繁華較孰多焉噫君子辭富烈士

殉名然則古昔文章洪碩雖窮愁益工能垂耀於
死後者多矣屈宋宗於詞賦而越韓柳冠於序傳
而窮李杜工於詩而官亦卑當世之富貴繁華者
何限而至今千百後賦者序者詩者皆以六君子
稱首則觀公平生所著精液詩書易春秋英華風
騷瀛洛軌範出於韓柳洛巧得於李杜今雖不以
公爲榮以古視今今以往則必不數當塗之喧赫
者而惟以公誦法焉其所以落拓坎坷反不賢於
鵷鷺提學銀根翰林耶吾以是慰公於冥冥中
豈可以冗汩半世更贅區區耶不昧尊靈庶幾右

饗而來格嗚呼哀哉

行狀

先生諱思敬字敬夫耳溪其號也張氏系出仁同
高麗上將軍諱金用其鼻祖也麗亡有郎將諱彪
避地于興海是生諱乙濟始仕　本朝四子三婿
同時佩綬有七印亭云祖諱逵三考諱世敦贈長
春遊大山先生之門以文學稱妣淸安李氏龜撥
之女以　元陵丙子五月某日生公天姿秀異甫
就學日誦數百言人皆奇愛之先是大父處士公
僑居烏川先公以爲此地荒僻不可以居遂決

意而歸卜竁于耳溪公年纔九歲矣作詩曰百年
先墓邑九曲古江州洗耳溪何處春長山路悠其志
尚已不苟也是歲受讀小大學領解文義多儔類
所不及一日母夫人歎曰課學莫如靜專而使汝
績燈讀書恐不得專一是可恨也公曰貧者士之
常也何傷乎嘗讀孟子至求放心章忽喟然曰聖
賢之訓儘是喫緊爲人處自是專意向裏不以文
詞爲尚也丁亥秋同鄉數人捷鄉解先公曰今國
家以功令取士姑從時務以爲悅親之資不亦善
乎公僶勉俯就蔚然有能聲嘗以親命請學於崔

農叟天翼農叟曰吾雖一日長乎爾何能以師自
處乎戊申捷鄉解先公喜曰教汝時文固知有今
日也公卽上山寺蚤夜不懈期欲副親之望而竟
不利己酉冬又得雋未歸而母夫人以宿疾不幸
於試日公顚倒星奔絶而復甦凡襄奉之節務益
自盡不使人任之也服闋先公促治計偕之行公
泣對曰此後榮親之日尚多何忍以離日之科要
擧乎先公曰汝之誠孝如是必有感應之理是歲
冬果得捷鄉人遠邇皆稱其孝感云其後屢中屢
屈歸過咸昌時知縣李公秉運追感先契作詩以

贈之公曰昔我先君受讀魯論一部於　先先生音
吐尚依然顧余生晩未及摳衣是可恨也與鄭好
寬炅柳疏水齋寅樞友善時月往復相與甚歡又
與南廬東山諸老泛舟烏島作蘇長公赤壁之遊
蓋以星貞之同一丙子也嘗有一身以青年究逝
公克念鞠子哀枕席滂淚無乾而猶以悅親爲務
未嘗作悲楚之色又有稺子才性超異人皆以楊
烏擬之而亦以西疾菌化公久而疚懷至作壙誌
而悼之雪皤孫公以詩贈公曰哺烏宜盡孝舐犢
敢言悲公郞戚然改悟因作哺烏詩以自勉辛未

先公飮醴得疾日臻彌留時天寒氷凍公剖氷裸
浴連夜祈禱又嘗糞甛苦常洞如也及遭故哀毁
幾不支終身不近醴酒因謝絶公車益留意於古
人之學日取庸學心近等書沉潛講究常曰道非
高遠只在彝倫日用之間也尤以獎挈爲己任經
日勸督各因其材頗有作成之漸焉其奉先也誠
敬備至其接人也遠邇無間雖僕隷之賤不以紬
過責之也丁丑寢疾賓友來診者相續門胥等請
節之公曰毋爾也我自樂此不爲煩也因顧謂諸
生曰吾有未了之債口呼三十六宮偉頌使書之

遂悠然而逝享年六十二葬于烏川縣北屈巖負坎之原從先兆也配慶州陳氏處士舜績女先公歿與公同塋一男膺璧二女孫星弼金淳孫男心學府使餘不錄嗚呼公窮居草茅雖無事功可述而其潛修之功獨善之行槩見於遺集尚可按而知也嘗究極象數之妙而於易有圖揆求典謨之義而於書有解爲箴於枕几以盡其修齊之道爲銘於刀鈫以致其省撿之戒至若農書一篇條陳利害歷舉便宜以爲經國裕民之助雖因縣大夫傭除而公之平日經綸亦豈俗儒之可及哉曰公之從曾孫翊弘君持遺事跋涉數百里謁余叙次之顧余耄荒不堪承當而弘君遠顧之誠令人感僕遂彊疾按据而第錄如右以俟秉筆者之財擇云爾前行義禁府都事聞韶金道和謹狀

此耳溪先生逸稿也先生以聰敏穎拔之姿加勤苦種績之工承畏菴先生湖上緒餘得聞古人爲學之方日與生徒教授旨訣彬彬多成就之矣至若公車之文則亦不無肆力而乃得半豹之工能聲聞於遠近嘗赴場屋累捷累屈迺喟然歎曰此有命也不可以智力求之日取庸學心近等書沉潛講究常曰道非高遠只在日用彝倫之間以奬進後學爲已任鄉隣之負笈而來者日塡門自是聲譽播於鄉國尤工於象數之學於易而有爻象圖說於書而有典謨集解其獨詣之工靜容之業有非世人之所能知者於乎以先生之才之學卒老於嵌巖寂寞之中天意未可知若値鴻朗之運寘之於翰苑文林則其所成就豈徒止於斯而已乎可以書班管而聘上駟矣尤可慨也已赤羊竊月上澣寧海申在錫謹識

耳溪先生文集